BLV Gartenbücher

Brookes	Der eigene Garten richtig geplant und gestaltet
de Haas	Naturgemäßer Obstbaumschnitt
Fleig-Harbauer	Der japanische Garten – Wege zu moderner Gestaltung
Herwig	350 Gartenpflanzen in Farbe
Herwig/Stehling	Der Weg zum schönen Garten
Koide/Kato/ Takeyama	Bonsai
Kreuter	Der Bio-Garten
Lelley	Pilze aus dem eigenen Garten
Lesniewicz	Bonsai
Lesniewicz/Grames/ Eckardt	Die Welt des Bonsai
Michaeli-Achmühle	Gartenpraxis A–Z
Mierswa	Kleingewächshäuser – Folien und Frühbeete
Scheerer	Rosen in unserem Garten
Schubert	Im Garten zu Hause
Stangl	Gesundes Obst + Gemüse aus dem eigenen Garten
Stangl	Mein Hobby der Garten
Toms/Dahl	Krankheiten und Schädlinge an Obst und Gemüse

BLV Gartenberater

Cevat	Was fehlt denn meiner Zimmerpflanze?
Franke	Gartenanlage Schritt für Schritt
Funke	Der Obstgehölzschnitt
Gugenhan	Bunte Gärten auf Balkon und Terrasse
Herkner	Rund um den Wassergarten
Jacobi/Mierswa	Gärtnern unter Glas und Folie
Kreuter	Kräuter und Gewürze aus dem eigenen Garten
Lohmann	Öko-Gärten als Lebensraum
Oldale	Garten- und Zimmerpflanzen richtig vermehren
Schmitt/Jacobi	Der Garten im Jahreslauf
Stangl	Stauden im Garten
Widmayr	Alte Bauerngärten neu entdeckt

Marie-Luise Kreuter

Der BIO-GARTEN

Gemüse, Obst und Blumen naturgemäß angebaut

Siebte, durchgesehene Auflage

BLV Verlagsgesellschaft
München Wien Zürich

CIP-Kurztitelaufnahme der Deutschen Bibliothek

Kreuter, Marie-Luise:
Der Bio-Garten: Gemüse, Obst u. Blumen naturgemäß angebaut / Marie-Luise Kreuter. – 7., durchges. Aufl. – München; Wien; Zürich: BLV Verlagsgesellschaft, 1985.
ISBN 3-405-12805-6

Bildnachweis

Burda: 50, 65u, 162, 199, 251, 257, 258, 290, 303, 304, 320o/l, 324, 326, 329, 331, 345, 355, 375
Bühler: 65o, 98, 156, 183, 211, 230, 234, 239, 243, 276, 280, 299, 307o, 328, 341u, 371, 374o
Commed: 85
Dittmer: 69o, 177, 186, 247, 308
Felbinger: 179
Flora-Bild: 14, 222, 254, 266, 267, 271, 315
Gehm: 187
Haegi: 69m, 85u, 92, 191
Hartig: 166
Heimhuber: 301, 337u
Jesse: 59, 69u, 108u, 110o, 111o/l, 114, 170, 215, 278, 281, 283, 284, 285, 286, 288, 292, 293, 294, 301, 305, 306, 307u, 314, 349, 357, 361, 366, 372, 373, 374u
Malotki: 167
Muyschel: 68, 173
Pfau: 133
Reinhard: 110u
Seidl: 327
Sperling: 81, 194, 226
Stangl: 103, 218
Stehling: 10, 149, 153, 174, 206, 214, 235, 238, 242, 246, 280, 298, 300, 309, 312, 316, 317, 320o/r, 325, 333, 336, 337o, 340, 348, 356, 358, 359, 362, 363, 367, 383, 387
V-Dia: 108o, 111

Grafiken: Hellmut Hoffmann

Gesamtherstellung: Passavia GmbH, Passau

Printed in Germany · ISBN 3-405-12805-6

Vorwort

Es ist fast schon »modisch in«, über naturgemäße Gärten und über das alternative Leben zu schreiben. Dieses Buch schwimmt nicht auf einer Woge, die der Trend des Augenblicks hochschwemmt. Es ist auf lange und langsam gewachsenem Grund entstanden. Seit vielen Jahren beschäftige ich mich in Gedanken und in der Praxis meines Gartens mit den Problemen des biologischen Anbaus. Einen Teil meiner Erfahrungen habe ich in Büchern und Artikeln, in Rundfunk- und Fernsehsendungen weitergegeben.

Als Echo erreichen mich zahllose Fragen zu grundlegenden Problemen und zu praktischen Details. Es wurde mir immer klarer, daß die Zahl derjenigen Freizeitgärtner, die bereit und guten Willens sind, nach den Regeln der Natur zu arbeiten, unaufhörlich anschwillt. Es handelt sich nicht mehr nur um eine weltfremde Minderheit. Der Wunsch, gesundes Leben wenigstens im eigenen Garten zu verwirklichen, ist so weit verbreitet, daß auch eine umfassende und verläßliche »Gebrauchsanweisung« für den Bio-Garten nötig wurde. Es genügt einfach nicht mehr, Rezepte für Kompostanlagen und Brennesseljauche weiterzureichen.

Dieses Buch ist entstanden in dem Bemühen, fundierte Antworten auf alle wichtigen Fragen des naturgemäßen Gartens zu geben – vom Gemüseanbau bis zum Ziergarten. Es war mir wichtig, nicht nur die Probleme der Praxis möglichst umfassend darzustellen – die naturwissenschaftlichen Grundlagen sind von ebenso großer Bedeutung. Bio-Gärtner sollten nicht nur wissen, »wie man es macht«, sie sollten vor allem auch erkennen, »warum es funktioniert«. Deshalb beginnt dieses Buch mit der Beschreibung der Grundlagen. Wenn Sie sich die Mühe machen, sie zu lesen, werden Sie feststellen, daß informierte Bio-Gärtner nicht im sektiererischen Abseits stehen, sondern daß sie sich innerhalb einer Entwicklung bewegen, die alte Erfahrungen und modernste wissenschaftliche Erkenntnisse umsetzt in verantwortungsbewußtes Handeln.

Im praktischen Teil des Buches habe ich viel Mühe darauf verwendet, Ihnen »auf einen Blick« zugänglich zu machen, was man bisher nur in weitverstreuten Einzeldarstellungen fand: zum Beispiel die große Tabelle der biologischen Schädlingsabwehr, eine Übersicht über die wichtigsten biologischen Handelspräparate, eine sachliche Darstellung der verschiedenen natürlichen Düngemöglichkeiten und zahlreiche Tips zur Mischkultur.

Die Sortenempfehlungen der Nutzgarten-Kapitel wurden unter naturgemäßen Gesichtspunkten ausgewählt. Bewährte, widerstandsfähige Züchtungen und neue krankheitsresistente Sorten erhielten den Vorzug vor sensationellen Neuheiten, die auf »riesige Prachtexemplare« getrimmt sind.

Im Ziergarten werden besonders diejenigen Staudenzüchtungen empfohlen, die sich in der Erprobung durch den »Arbeitskreis Stauden« im Sichtungsgarten Weihenstephan bewährt haben. Maßstäbe wie Standfestigkeit, Blütenfülle, gute Form und klare Farben spielen eine wichtige Rolle bei der Qualitätsbeurteilung. Die Hinweise auf naturgemäße Nachbarschaften und auf die hervorragenden Züchtungen des großen Gärtners Karl Foerster sollen Ihnen helfen, auch im Blumengarten eine ebenso reizvolle wie lebensstarke Auswahl zu treffen. Bei der Zusammenstellung der Blütengehölze standen neben der Schönheit des Erscheinungsbildes auch Fragen der Ökologie im Vordergrund. So werden Sie zahlreiche Hinweise auf solche Sträucher finden, die sich auch für Vogelschutzhecken eignen, oder die anderen Tieren Nahrung und Lebensraum bieten.

Allen, die mir bei der Entstehung dieses Buches mit Ihrem Wissen und mit tatkräftiger Hilfe zur Seite standen, möchte ich an dieser Stelle herzlich danken: den Fachleuten für viele Stunden informativer Gespräche und den privaten Bio-Gärtnern für die Bereitwilligkeit, mit der sie ihre Erfahrungen der Autorin und den Lesern zugänglich machten.

Mein besonderer Dank gilt dem BLV-Verlag, der ein Bio-Garten-Buch in diesem Umfang ermöglichte und es so großzügig ausstattete. »Meine Mitarbeiter« beim Verlag haben durch ihre Sachkenntnis, durch ihre unerschütterliche Zuverlässigkeit und durch eine stets freundliche Atmosphäre der Verständigung viel dazu beigetragen, daß die Arbeit pünktlich so abgeschlossen werden konnte, wie sie nun vor Ihnen liegt.
Dank möchte ich auch meinen beiden »guten Geistern« sagen, die auf ihre Weise ganz wesentlich mitgeholfen haben: Frau Rita Abels, die das Manuskript auf ihrer schnellen Maschine in eine so saubere, für die Mitmenschen lesbare Form übertragen hat. Sie stand mir auch unter stärkstem Termindruck treu und ermunternd fröhlich zur Seite. Frau Diplom-Bibliothekarin Inge Raue übernahm die fachkundige Zusammenstellung des Registers. Ihre sorgfältige Arbeit und ihre herzliche Anteilnahme am Bio-Garten haben viel zur Abrundung dieser Arbeit beigetragen.
Ich hoffe, daß Sie, die Leser dieses Buches, nun zu erfolgreichen Bio-Gärtnern werden – dann hat sich all unsere Mühe gelohnt.

Marie-Luise Kreuter

Inhaltsübersicht

11 **Einführung**

Die Grundlagen

15 **Biologisch, organisch, natürlich – was heißt das**
16 Die Idee der Gemeinschaft

17 **Unsere Erde**
19 Der Boden, auf dem ein Garten entsteht
Sandböden 19 – Lehmböden 19 – Tonböden 20 – Moorböden 20
20 Humus, das Traumziel des Gärtners
22 Die großartige Welt der kleinsten Lebewesen
28 Der Kreislauf der Stoffe

29 **Lebenselemente der Pflanzen**
31 Pflanzenleben in der Erde – wunderbare Welt der Wurzeln
34 Pflanzenleben über der Erde – grüne Blattfabrik mit Sonnenmotoren

40 **Kein Krieg im Garten**
40 Aus Schädlingen wird man klug
42 Unkraut – ein großes Mißverständnis
43 Gartenleben – möglichst – ohne Gift

44 **Gärtnern mit der Natur**
44 Am Anfang steht das Umdenken
45 Wenn der Garten »ausflippt« – die Schwierigkeiten der Umstellung
46 Das Ziel heißt: biologisches Gleichgewicht

46 **Das Ergebnis**
46 Ein Garten ohne Ängste
47 Die Früchte der naturgemäßen Methode: Qualität, Aroma, Gesundheit

Die Praxis

51 **Der Kompost**
51 Eine Brutstätte neuen Lebens
52 Was geschieht beim Kompostieren
55 So wird Kompost komponiert
60 Alltagsfragen aus der Praxis
63 Kompost auf kleinstem Raum
64 Ein Häcksler kann (beinahe) hexen
65 Spezialkomposte
Mistkompost 65 – Laubkompost 65 – Strohkompost 66 – Rasensoden-Kompost 66 – Torf-Schnellkompost 66

66 **Mulchen und Flächenkompostierung**
66 Warme Decken für die nackte Erde
69 So werden die Teppiche im Garten ausgelegt

71 **Nie mehr umgraben**

73 **Die Düngung im naturgemäßen Garten**
73 Pflanzennahrung – Bodennahrung
Stickstoff 75 – Phosphor 75 – Kali 76 – Kalk 76 – Spurenelemente 76
79 Die wichtigsten Düngemittel für den biologischen Garten
Tierische Dünger 79 – Pflanzliche Dünger 80 – Natürliche Mineraldünger 86
87 Bodenverbesserungsmittel
Gesteinsmehle 87 – Kalk 88 – Torf 89 – Stroh 90

91 **Fruchtwechsel und Mischkulturen**
91 Damit die Erde nicht müde wird
93 Naturgemäßer Fruchtwechsel: die Mischkultur
95 Gute Nachbarn – schlechte Nachbarn

103 **Fruchtbare Hügelbeete**
Vorteile der Hügelbeetkultur 106 – Einwände gegen das Hügelbeet 106

107 **Tiere als Helfer im Garten**

108 Erkennen – beobachten – schützen
Säugetiere 108 – Vögel 109 – Kriechtiere 110 – Lurche 111 – Insekten 111 – Spinnentiere 113

114 Der Regenwurm oder die unterirdische Kuhherde

116 **Pflanzen als Helfer im Garten**

122 **Biologische Mittel zur Schädlingsabwehr**
123 Die Schädlinge
Pilze 123 – Tiere 124 – Bakterien und Viren 125

125 Hilfsmittel in der Not
Kräuterjauche – Kräuterbrühe 125 – Stäuben 128 Mechanische Abwehrmittel 128

129 Biologische Pflanzenschutzpräparate im Handel
131 Biologische Maßnahmen gegen weitverbreitete Plagegeister
Blattläuse 131 – Wühlmäuse 132 – Schnecken 132

135 Biologischer Pflanzen-Schutz

148 **Vorbeugen ist besser als Spritzen**

150 **Der integrierte Pflanzenschutz**

151 **Biologisch für Fortgeschrittene**
152 Säen und pflanzen im Zeichen des Mondes
153 Keine Hexerei: Kompostkräuter selbst gemixt
153 Im Kreis gärtnern

Verschiedene Methoden

157 **Ein Blick nach Asien**

159 **Die Pioniere des Westens**

160 **Die biologisch-dynamische Methode**

160 **Die organisch-biologische Methode**

161 **Die makrobiotische Methode**

Erfahrungen

163 **Beispiele für naturgemäße Gärten in Berichten und Bildern**
163 Unter lichtem Himmel und rauhem Wind: Ein Traumgarten im Norden
165 Aus dürrem Heideboden wurde ein fruchtbarer Garten
167 Bunter Bauerngarten im Hohenloher Land
168 Erfolgreiche Flächenkompostierung im Mini-Garten
169 Ein Garten, den die Kröten lieben
169 Bekehrung durch Tulpenzwiebeln – Kompost verwandelt einen Sandgarten
171 Vom Müllplatz zum Paradies – der Garten, der aus der Wildnis wuchs

Der Nutzgarten

175 **Allgemeine Praxis**
175 Hilfreiche Ordnung
177 Bodenvorbereitung
178 Warme Füße für den Frühling: Anzucht im Frühbeet, unter Folien und auf der Fensterbank
183 Aussaat im Freiland
184 Pflanzen und pflegen
185 Ernten und konservieren

190 **Salate und Gemüse**
190 Salate rund um das ganze Gartenjahr
195 Grün und gesund: Blattgemüse
196 Hülsenfrüchte in Hülle und Fülle
201 Zwiebelgemüse – die heilkräftigen Scharfmacher im Gemüsegarten
204 Wurzelgemüse – die Vorratskammern der Natur
209 Kohl mit Köpfchen – Deftiges und Feines zur Wahl
215 Saftige Delikatessen aus der Kürbisfamilie
219 Kartoffeln – die braunen Äpfel aus der Erde

221 Tomaten – Liebesäpfel und Indianerfrüchte
223 Delikatessen aus dem eigenen Gemüsegarten
228 Nachtisch aus dem Gemüsegarten

229 **Der Kräutergarten**
231 Ein- und zweijährige Kräuter
237 Ausdauernde Kräuter
244 Die Wildkräuter-Ecke

246 **Der Obstgarten**
247 Erdbeeren – süß wie der Sommer
250 Beeren von Sträuchern und Ranken
258 Obstbäume – Paradiesfreuden
Baumformen und Sortenwahl 259 – Die Pflanzung 260 – Allgemeine Schnittregeln 261 – Schnitt der Spindelbüsche 262 – Schnitt der Halb- und Hochstämme 263 – Schnitt der Buschbäume 263 – Düngung und Pflege 264 – Schutz vor Krankheiten und Schädlingen 265 – Ernte und Konservierung 267

268 Kernobst
Äpfel 268 – Birnen 269 – Quitten 271

271 Steinobst
Süßkirschen 271 – Sauerkirschen 271 – Pfirsiche 272 – Aprikosen 273 – Pflaumen und Zwetschen 273 – Mirabellen und Renekloden 274

274 Schalenobst
Haselnüsse 274 – Walnüsse 274

Der Ziergarten

277 **Blütenfest für einen Sommer: einjährige Blumen**

291 **Unentbehrlich – die zweijährigen Sommerblumen**

295 **Farbenpracht für viele Gartenjahre: ausdauernde Stauden**
318 Gräser – »das Haar der Mutter Erde«
Gräser, die Schatten und Feuchtigkeit lieben 318 – Gräser für trockene Sonnenplätze 318 – Gräser, die sich im Wasser spiegeln 319 – Im Blickpunkt – die Riesengräser 319
320 Farne – Pflanzen aus der Urzeit

321 **Bunte Blüten aus braunen Zwiebeln und Knollen**
323 Frühlingsblüher
328 Sommer- und Herbstblüher

334 **Teppiche aus Blättern und Blüten geknüpft: die Bodendecker**
335 Bodendecker für sonnige Plätze und lichten Schatten
340 Bodendecker für schattige Plätze

343 **Rosen – eine Gartenkönigin und ihr Hofstaat**
Pflanzung 344 – Schnitt 345 – Pflege 347 – Rosen-Arten und -Sorten 348 – Schutz vor Schädlingen 349 – Gute Nachbarschaft 350

350 **Dauerhafter Gartenschmuck: die Ziersträucher**

368 **Geborgen hinter dichten Hecken**

370 **Vorhänge aus Blättern und Blüten: Schling- und Kletterpflanzen**

376 **Bäume für den Garten**
377 Laubbäume
380 Nadelbäume

383 **Eine grüne Augenweide: der Rasen**
Bodenvorbereitung und Aussaat 384 – Düngung und Pflege 385

386 **Eine bunte Alternative: die Wildblumenwiese**

388 **Anhang**
388 Bezugsquellen
390 Zeitschriften
391 Literaturhinweise
392 Stichwortverzeichnis

Einführung

Ein Garten ist ein letzter irdischer Abglanz vom verlorenen Paradies. Er umschließt eine kleine friedliche Welt von bunten Blumen und duftenden Kräutern, von Gemüsebeeten und Obstbäumen. Auf begrenztem Raum verwirklicht der Mensch hier seine Träume vom Leben mit der Natur: Er findet Geborgenheit hinter schützenden Hecken, kann sich ausruhen und seinem Spieltrieb freien Lauf lassen. Blumen und Bäume stillen seinen Durst nach natürlicher Schönheit; mit Salaten und Äpfeln aus eigenem Anbau bringt er gesunde Delikatessen auf seinen Tisch.

Im sagenumwobenen Garten Eden lebten Menschen, Tiere und Pflanzen in ungestörter Harmonie. Nach der Vertreibung züngelten überall auf der Erde die Flammen von Mißgunst und Feindschaft hoch. Aus dem ursprünglichen Miteinander wurde erbittertes Gegeneinander.

Es blieb unserem Jahrhundert vorbehalten, diesen unaufhörlichen Krieg bis in die Gärten zu tragen. Der allgemeine Sprachgebrauch macht deutlich, was geschieht: Pflanzen und Tiere werden eingeteilt in nützlich und schädlich. Unkraut und Läuse müssen »bekämpft« und »ausgerottet« werden. Kohlweißlinge im Gemüsegarten und Gänseblümchen im Rasen werden »vernichtet«, Pilze radikal »abgetötet«. Man nennt das Pflanzen-Schutz. Aber es ist ein ungeheures Gemetzel, eine Mordmaschinerie ohnegleichen, die Schädlinge und Unschuldige gleichermaßen trifft. Nur: die milliardenfachen Opfer von Insektiziden, Fungiziden und Herbiziden sind meist so winzig, daß niemand ihren Todeskampf sieht – oder mit ansehen muß...

Dieser lautlose und weitgehend unsichtbare Tod hat vielleicht dazu beigetragen, daß chemische Schädlingsbekämpfung einige Jahrzehnte lang so überzeugt und ruhigen Gewissens ausgeübt wurde. Inzwischen bekommen wir die Folgen des verborgenen Trauerspiels zu spüren: zerstörte Böden, verschmutztes Grundwasser, anfällige Kulturpflanzen, minderwertige Früchte und neue Schädlingsrassen, die stärker und resistenter sind als je zuvor.

Immer mehr Menschen fragen sich deshalb: Kann ich nicht wenigstens in meinem eigenen kleinen grünen Reich eine Oase des Friedens und der Harmonie schaffen? Ist es möglich, Blumen, Kräuter, Gemüse und Obst auf natürliche Weise ohne Giftkrieg anzupflanzen und großzuziehen? Vorab die Antwort: Es ist möglich! Und jeder Gartenfreund, der bereit ist, ein wenig umzudenken, kann mit Erfolg einen »biologischen Garten« anlegen. Wie dieses Unternehmen in der Theorie und in der Praxis aussieht, soll in diesem Buch gezeigt werden.

An dieser Stelle möchte ich auch gleich die Grenzen abstecken. In einem privaten Garten sind biologische Methoden sehr viel leichter in die »grüne Tat« umzusetzen als in der Landwirtschaft. Die Gartenbeete sind überschaubar. Man kann zum Beispiel ohne große Schwierigkeiten Raupen und Schnecken von Hand ablesen. Ein Hobbygärtner muß seine Kulturmaßnahmen auch nicht nach wirtschaftlichen Gesichtspunkten ausrichten. Er muß mit dem Anbau von Obst und Gemüse nicht seinen Lebensunterhalt verdienen. Er braucht keine zusätzlichen Arbeitskräfte und fast keine Maschinen. Ihm geht es um farbenfrohe Blumen und um gesundes Obst und Gemüse, das frisch vom Garten in die Küche gelangt. Es kommt ihm, da Hobby und Arbeit sich im Garten verbinden, nicht auf eine Stunde mehr oder weniger an. Handarbeit und häufiges Bücken zählen zum »gesunden körperlichen Training«, das als Ausgleich zum oft »unbeweglichen« Beruf gern am Feierabend praktiziert wird. Ich hüte mich aus all diesen Gründen sehr, die Möglichkeiten und Methoden, die für den biologischen Garten gefunden und erprobt wurden, einfach auf die Landwirtschaft zu übertragen. Und Sie, die Leser und zukünftigen biologischen Gärtner, sollten dies auch nicht tun. Ackerbau ist keine Freizeitbeschäftigung.

Ein Blick zurück in unsere grüne Vergangenheit macht deutlich, wie die heutige Situation entstanden ist und wohin neue, alternative Wege führen können. Von den Früchten und Tieren der Erde lebten bereits unsere Vorfahren in grauer Frühzeit. Aber die wandernden Jäger sammelten nur wilde Pflanzen, Wurzeln und Beeren, wo sie diese gerade fanden. Dann zogen sie weiter. Ihr Eingriff in den Haushalt der Natur war kaum wahrnehmbar. Er regenerierte sich von selbst. Was der Nomade »erntete« wuchs schnell wieder nach.

Eine ungeheure Revolution fand erst statt, als die wilden Sammler in der Jungsteinzeit seßhaft wurden und anfingen, Äcker und Gärten anzulegen. Schriftliche Zeugnisse gibt es über diese ersten Versuche nicht. Vermutlich begannen die Bauern der Jungsteinzeit und der folgenden Bronzezeit aber mit Brandrodungen, so wie sie noch Jahrtausende lang bei vielen Naturvölkern der Welt üblich waren. Sie nutzten die gewonnenen Felder solange, bis sie vollkommen erschöpft waren. Dann zogen sie einfach weiter und machten neue, fruchtbare Gebiete urbar. Solange es nur wenige Menschen und reichlich jungfräuliches Land gab, war dieser frühe Ackerbau möglich. Die ausgelaugten Böden blieben bei dieser Methode der Natur überlassen, die sie auf ihre Weise wieder ins Gleichgewicht brachte. Sie hatte dazu ja reichlich Zeit. Damals vor rund 5000 Jahren.

Bereits aus germanischer Zeit ist ein Übergang zu überlegterer Nutzung der Erde bekannt. Die Bauern erfanden die Zweifelderwirtschaft. Sie wechselten zwischen Getreidebau und Brache ab. Oder sie schalteten eine längere Zeit begrünter Brache ein, ehe sie ein Feld erneut bestellten. So konnte die Natur die verbrauchten Nahrungsreserven der Erde wieder auffüllen. Die zusätzliche Düngung wurde erst um 800 n.Chr. in unseren mitteleuropäischen Regionen »erfunden«. Wie fast immer in der Menschheitsgeschichte war es die Not, die neue Entwicklungen in Gang brachte. Die Bevölkerung hatte sich vermehrt. Wenn die Menschen nicht verhungern wollten, mußten sie bessere und sicherere Methoden der Nahrungsproduktion finden. Das Ergebnis dieser Bemühungen war die Dreifelderwirtschaft. Nach zwei Jahren der Frucht folgte ein Jahr der Brache. Außerdem wurde von dieser Zeit an Stalldünger und Dünger aus organischen Abfällen auf die Felder gebracht. Er steigerte die Ernteerträge und erneuerte die verbrauchten Nährstoffe. Von nun an bildeten Erde, Menschen, Pflanzen und Haustiere einen geschlossenen Kreislauf. Fast eintausend Jahre lang funktionierte dieses System, von dem alle leben konnten, ohne daß die bewohnten Lebensräume bedrohlich belastet wurden.

Die nächste umwälzende Änderung trat erst mit dem Beginn des industriellen Zeitalters ein. Mineraldünger lösten den tierischen Dünger, landwirtschaftliche Maschinen den Pflug ab. Von der Dreifelderwirtschaft ging man zunächst zu einem jährlichen Fruchtwechsel über, dann folgten die Zusammenlegung der Felder und riesige Monokulturen. Eine einseitige Nutzung, die nur durch hohe Düngergaben und unaufhörlichen Schädlingskampf durchgehalten werden konnte. Wie lange noch?

Eine neue Zeit des Umbruchs scheint gekommen. Die Begeisterung für die Errungenschaften der Moderne kühlte ab, weil die Nachteile überall sichtbar werden. Dies bedeutet nicht – wie viele im Übereifer meinen – daß Chemie und Technik Erfindungen des Teufels sind. Im Gegenteil: beide sind großartige Beispiele für die Möglichkeiten, die menschlicher Geist zu erschließen vermag. Der Fehler lag in der Maßlosigkeit, mit der die Vertreter der Naturwissenschaften sich weite Bereiche des Lebens rigoros untertan machten. In vernünftigen Grenzen bedeuten Chemie und Technik sicher einen Segen für die Menschheit. Dies sollte auch ein überzeugter biologischer Gärtner bedenken. Je mehr sachliche Gespräche es zwischen den »Biologischen« und den »Chemischen« gibt, desto besser für die Erde und die Menschen! Denn durch Feindschaft und Intoleranz entstehen niemals positive Veränderungen.

Veränderungen aber sind auf beiden Feldern nötig. Die wichtigsten Mittel des Ackerbaus wurden immer auch auf die Gärten übertragen. Im

Bauerngarten früherer Jahrhunderte benutzte man den gleichen tierischen Dünger, der auch auf die Felder gefahren wurde. In den Gärten unseres Jahrhunderts werden seit rund 40 Jahren mit der gleichen Selbstverständlichkeit die Mineraldünger und chemischen Spritzmittel verwendet, die für die Großkulturen des Ackerbaus entwickelt wurden. Wir wissen heute, daß Erde, Pflanzen und Tiere unter dieser Behandlung leiden. Unsere Umwelt ist – nicht nur durch die Landwirtschaft – bedrohlich aus dem Gleichgewicht geraten. Im Gegensatz zu früheren Epochen haben wir aber weder Zeit noch Raum, um die Regenerierung der Natur überlassen zu können. Diesmal ist die Natur auf die wachsende Vernunft der Menschen angewiesen. Die Landwirtschaft wird neue – oder alte erneuerte – Anbaumethoden finden müssen, die die Fruchtbarkeit der Erde bewahren. Und die Gärtner müssen dies auch versuchen. Sie haben es leichter, denn sie können von heute auf morgen mit der Erprobung naturgemäßer Arbeitsweisen beginnen. Es gibt bereits unzählige, nach biologischen Methoden bearbeitete Gärten, die beweisen, wie erfolgreich eine solche Umstellung ist. Jeder kann biologisch gärtnern, und jeder kann auf diese Weise auf einem kleinen Stück Erde dazu beitragen, die Welt, in der wir leben, ein wenig gesünder und friedlicher zu gestalten.

Immer noch sind Gärten ein Stück vom Paradies – wir sollten alles tun, um es zu bewahren.

Die Grundlagen

Biologisch, organisch, natürlich – was heißt das?

Biologisch – dieses Wort ist zu einem Schlagwort geworden, das aus der Diskussion um die Alternativen für eine gesündere Welt nicht mehr wegzudenken ist. »Biologisch« wird angewendet auf Gärten, Nahrungsmittel, Pflanzenschutzmittel und Weltanschauungen, ein gutgemeinter, aber meist sehr schillernder Begriff. Deshalb wollen wir gleich zu Anfang versuchen, ihn fest zu umreißen. Gärtner stehen immer mit beiden Füßen auf der Erde, deshalb müssen auch die Worte, mit denen sie umgehen, »Hand und Fuß« haben.
Biologie ist nach Auskunft des neuen Brockhaus »die Wissenschaft vom Lebendigen«. Im »Neuen Großen Gartenlexikon« von Georg E. Siebeneicher findet sich unter dem Begriff »Biologischer Landbau« die Definition: »Gesamtheit naturgemäßer = biologisch begründeter Verfahren im Land- und Gartenbau ... Biologischer Landbau (auch als lebensgesetzlicher, naturgemäßer, organischer oder organisch-biologischer Landbau bezeichnet) ist entstanden als Reaktion auf Überhandnehmen chemischer Verfahren, speziell in Düngung und Pflanzenschutz.«
Daraus wird schon deutlich, daß es nicht nur *die* biologische Methode, sondern verschiedene biologische Richtungen gibt. Mögen die Details auch unterschiedlich sein, die Grundprinzipien sind allen, die biologisch gärtnern, gemeinsam. Albert von Haller beschreibt sie in seinem Buch »Die Wurzeln der gesunden Welt« so: »Im biologischen Gartenbau gilt es die vielfältigen Beziehungen der Kulturpflanzen zu den Lebewesen des Bodens, zu Luft und Wasser, zu Klima und Kleinklima zu berücksichtigen und jede Kulturmaßnahme auf ihre Wirkung auf das Ganze zu prüfen.« Und weiter: »Im biologischen Anbau geht es daher nicht nur um den Einsatz von organischen Stoffen, sondern auch um ihre Qualität. Düngung mit Mist besagt noch nicht, daß es sich um eine biologische Methode handelt. Um hohe Qualität zu erreichen, ist im biologischen Gartenbau die Kompostierung von ausschlaggebender Bedeutung.«
Auch zu der Bezeichnung »natürlich« muß noch ein klärendes Wort gesagt werden. Nach natürlichen Methoden gärtnern bedeutet nicht, der Natur einfach ihren Lauf lassen. Seit Jahrtausenden haben die Menschen in ihren Gärten Pflanzen in »Kultur« genommen. Sie versuchten auf verschiedene Weise höhere Erträge zu gewinnen. Nur so konnte eine wachsende Menschheit ernährt werden. Wer dicke Kohlköpfe ernten will, der muß »künstlich« eingreifen. Was die Natur wild wachsen läßt, wird ihm nie genügen. Auch der biologische Gärtner ist in diesem Sinn ein »kultivierter« Gärtner. Er bemüht sich allerdings, seine Eingriffe ins natürliche Gefüge so zu gestalten, daß keine Störungen entstehen. Er versucht in der künstlichen Welt seines Gartens ein neues Gleichgewicht zu schaffen – in Übereinstimmung mit der Natur. Natürlich heißt hier: der Natur gemäß.

Die Idee der Gemeinschaft

Ein biologischer Gärtner handelt nicht als Herrscher in seinem Garten. Um es einmal ganz altmodisch auszudrücken: Tiere und Pflanzen sind seine Brüder. Dies ist keine weltfremde Romantik. Auch unsere westliche Wissenschaft beginnt langsam zu erkennen, was die großen Philosophen des Ostens und viele Naturvölker schon lange intuitiv wußten: Alles Leben auf der Welt ist in unendlich komplizierten Kreisläufen miteinander verbunden. Das am höchsten entwickelte Wesen ist deshalb abhängig davon, daß die einfachsten Lebensformen funktionieren. Wenn die winzigen Bakterien im Boden zugrunde gehen, so läuten sie auch den Untergang für Pflanzen, Tiere und Menschen ein.

Schon 350 v. Chr. erkannte der taoistische Philosoph Dschuang Dsi: »Nun ist das, was man die Welt nennt, die Einheit aller Geschöpfe.« Über 2000 Jahre später meinte der Anthropologe Lévi-Strauss, daß es höchste Zeit sei für die Kulturen des Westens, »zu lernen, daß der Mensch letzten Endes nur ein Lebewesen unter anderen ist, das nur unter der Voraussetzung weiterleben kann, daß es diese anderen respektiert.« Albert Schweitzer nannte diesen Respekt »die Ehrfurcht vor dem Leben«.

Nach diesem Leitmotiv sollten alle handeln, die biologisch gärtnern. Es klingt altmodisch, aber es ist nur so alt und so jung wie das Leben. Die Gesetze des Lebens sind nicht von Menschen gemacht. Die Menschen können nur *mit* diesen Gesetzen leben. Handeln sie dagegen, so sind sie auf Dauer immer die Verlierer.

So war die Wüste Sahara einmal die Kornkammer Nordafrikas. Römische Mißwirtschaft richtete sie zugrunde. Die Indianer Nordamerikas lebten Jahrtausende lang im Einklang mit einer intakten Natur. 200 Jahre weißer Herrschaft genügten bereits, um weite Regionen des Kontinents in unfruchtbare Steppen zu verwandeln. Maßlosigkeit und Profitgier ließen die Menschen vergessen, daß die Reserven der Erde nicht unerschöpflich sind. Aber es gibt auch ein uraltes Gegenbeispiel: China. 1943 schrieb Sir Albert Howard in seinem landwirtschaftlichen Testament: »Der Kleinbesitz in China, zum Beispiel, liefert noch einen stetigen Ertrag, und trotz einer 4 Jahrtausende dauernden Bewirtschaftung ist die Bodenfruchtbarkeit nicht verringert worden.«

In chinesischen Gärten und Häusern gibt es keine gedankenlos weggeworfenen Abfälle. Alles organische Material wird zu Kompost und Dünger weiterverarbeitet. Für die westliche Wegwerfgesellschaft müßte die 4000jährige Fruchtbarkeit chinesischer Böden zumindest ein Grund zum Nachdenken sein. »Wir besticken unser Land« – sagen chinesische Gärtner noch heute. Roland Rainer, der China 1973 durchreiste, meint, daß in diesem poetischen Bild eine Grundeinstellung deutlich wird: »die Bereitschaft zu liebevoller, arbeitsintensiver, gärtnerischer Pflege des ganzen Lebensraumes mit allen Konsequenzen.« Dies könnte die Beschreibung einer Landschaft sein, in der es nur biologische Gärten gibt!

Noch einmal zum Schluß die Frage: Was heißt also biologisch gärtnern? Es bedeutet ganz einfach gesagt: mit der Natur arbeiten, nie gegen sie. Dies setzt voraus, daß ein Gärtner die Gesetzte dieser Natur kennt und daß er ständig selber mit wachen Augen beobachtet, was in seinem Garten geschieht. Dieses »zurück zur Natur« darf aber niemals ein Rückschritt in veraltete Techniken sein. Biologische Methoden sind – auf uralten Grundlagen – Entwicklungen, die in die Zukunft weisen. Auch sie bedienen sich der wissenschaftlichen und technischen Errungenschaften unserer Zeit. Aber sie tun es behutsam.

Deshalb sind biologische Gärtner auch keine weltfremden Träumer, sondern Realisten, die ihre Träume vom Garten in die Wirklichkeit umsetzen. Sie alle könnten sich den Satz des großen Gärtners Karl Foerster auf die Gartentür schreiben: »Wer Träume verwirklichen will, muß wacher sein und tiefer träumen als andere.«

Unsere Erde

Die Erde ist die braune Haut, die unseren Planeten umgibt. Es ist jene mehr oder weniger krümelige Masse, in der die Pflanzenwurzeln gedeihen. Der »gewachsene Boden« kann mehrere Meter dick oder nur wenige Zentimeter dünn sein. Aber nur die obere 20–30 cm starke Schicht besteht aus fruchtbarem Humus. Wir nennen diese zwei Handbreit Boden noch heute mit der ehrfürchtigen Bezeichnung unserer Vorfahren »Muttererde«. Und sie ist es wirklich: die »Mutter Erde«, die Pflanzen, Tiere und Menschen ernährt. Wenn der Erde eines Tages die Erde ausgehen sollte, dann wird unsere kleine Welt wieder zu einem toten Stern.

Rund 12600 km Durchmesser hat unser Planet. Die Humusschicht ist nur eine hauchdünne Decke, die über diesen Riesenball ausgebreitet ist. An vielen Stellen hat sie große Löcher – dort dehnen sich die Wasserweiten der Meere, ewiges Eis, nackte Riesengebirge oder Wüsten aus. Rund 3,2 Milliarden Hektar wären theoretisch landwirtschaftlich nutzbar. Aber nur die Hälfte davon wird bebaut und ernährt zur Zeit alle Menschen, die auf dieser Welt leben. Die andere Hälfte wäre nur unter großem Aufwand zu kultivieren. Der riesige Rest kann landwirtschaftlich nicht genutzt werden. Theoretisch steht heute für einen Erdbewohner etwa 1 Hektar Land zur Verfügung. Im Jahr 2000 wird es voraussichtlich nur noch die Hälfte sein.

Acker- und Gartenerde ist also überall auf der Welt eine Kostbarkeit. Sie ist im wahrsten Sinn des Wortes eine der Grundlagen des Lebens. Entstanden ist dieses inhaltsreiche, lebendige Material in Jahrmillionen. Die Erde mit ihren verschiedenen Schichten setzt sich zusammen aus mineralischen und organischen Bestandteilen. In den unermeßlichen Zeiträumen, während das Leben sich auf unserem Planeten entwickelte, mahlten die Elemente die Urgebirge zu Staub. Stürme und Wasser, Hitze und Kälte nagten an den Steinen, sprengten sie auf, zerkleinerten sie durch die Jahrtausende. Langsam lagerte sich dieser Steinstaub ab und bildete Schichten. Noch heute bekommen wir einen Eindruck von diesem riesigen, geduldigen Mahlwerk der Natur in den großen Stromtälern der Welt – dort wo sie noch nicht reguliert wurden. In Ägypten, zum Beispiel, brachten – bis zum Bau des Assuanstaudammes – alljährlich die Wasser des Nils den fruchtbaren Schlamm, den sie aus den Gebirgen Äthiopiens auswuschen, mit in die Ebenen. Wo er am Ufer abgelagert wurde, da blieben, wenn das Wasser abzog, gedüngte, fruchtbare Äcker zurück. Denn der auf mechanisch-physikalische Weise entstandene feine Sand aus den Gebirgen enthält Mineralien und Spurenelemente.

Die Zusammensetzung dieser wichtigen Nährstoffe ist überall auf der Welt verschieden, je nachdem aus welchem Gestein der Boden entstand. Es gibt die sogenannten Urgesteine, die durch urweltliche Vulkanausbrüche entstanden. Zu ihnen gehören unter anderem Granit, Basalt und Porphyr. Die Sedimentgesteine haben sich im Laufe der Erdgeschichte sedimentiert, das heißt abgelagert. Dazu gehören zum Beispiel Sandstein, Kies und Moränengestein. Die Metamorphite sind Gesteinsarten, die durch ungeheuren Druck, durch erdgeschichtliche Verschiebungen oder starke Hitzeeinwirkung umgestaltet wurden. Dieser Metamorphose waren zum Beispiel Schiefer und Gneis ausgesetzt. Schließlich gibt es noch die Kalkgesteine, die meist durch Ablagerungen urweltlicher Tiere und Pflanzen entstanden. Dazu gehören Dolomit und Jura.

Sie alle bildeten durch ihre Verwitterungsprodukte die Grundlagen der Erde. Daraus wuchs langsam in Jahrmillionen der Boden. Er war so verschieden wie die Gebirge der Kontinente. Zu den lokalen Schichten kam an manchen Orten feiner Gesteinsstaub hinzu, der über Tausende von Kilometern mit dem Wind um den Erdball wanderte – der Löß zum Beispiel. Wo er sich niederließ, entstand besonders fruchtbare, lehmige Ackererde. Chinas berühmte »gelbe Erde«, aber auch die Magdeburger Börde sind Beispiele dafür.

Aber es waren nicht die Gesteine allein, die Erde schufen. Auch die Pflanzen und Tiere, die in späteren Zeiträumen unsere Welt bevölkerten, trugen mit dazu bei, neue Erde zu bilden. Aus ihren organischen Abfallprodukten entstand und entsteht stets aufs neue jene kostbare oberste Schicht, die wir Humus nennen. Dieser wunderbare Umwandlungsprozeß begann bei den ersten Flechten und Moosen, die sich in Felsspalten auf winzigen Mengen verwitterten Gesteins ansiedelten. Wenn sie abstarben, zersetzten sie sich und bauten ganz langsam eine neue Erdschicht auf. Das vollendete Beispiel dieser natürlichen Humusbildung ist der Mischwaldboden. Ohne jeden Eingriff von außen erneuert hier die Natur in einem ständig geschlossenen Kreislauf den Bestand an »lebendiger Erde« und die Nährstoffe im Boden.

Zwischen diesen verschiedenen Arten der »Erschaffung der Erde« liegen viele Millionen Jahre. Die Bodenarten, die dabei entstanden, sind sehr verschieden. Es gibt braune, schwarze, rote und gelbe Erde. Neben trockenem Wüstensand entstanden fruchtbare Lehmböden. Es gibt saure, torfhaltige Moorböden, leichten Sand und schwere, undurchlässige Tonböden. Dazwischen findet man alle möglichen Mischverhältnisse. Für Bauern und Gärtner ist die Unterteilung in folgende Bodenarten von praktischer Bedeutung: Sandboden, lehmiger Sand, sandiger Lehm, Lehmboden, toniger Lehm, Ton.

Für die Entstehung dieser Erdarten hat die Natur unendlich lange Zeiträume gebraucht. Dieser Prozeß dauert noch heute an. Immer noch verwittert Felsgestein, entsteht aus organischen Abfällen neue Erde. Der Humus gehört also zu denjenigen »Bodenschätzen«, die nachwachsen,

Humoser Waldboden, der aus Pflanzenresten entstand und ständig »nachwächst«. Hier ist der natürliche Kreislauf geschlossen.

die sich regenerieren können. Dies geschieht aber nur dort, wo die uralten Regeln der Natur eingehalten werden. Andernfalls ist es durchaus möglich, innerhalb kurzer Zeit fruchtbares Land in Wüsten zu verwandeln. Oft unwiederbringlich. Sinkender Grundwasserstand, Versteppung und Bodenerosion sind Symptome solcher Verwüstuntungen, die durch menschliche Fehlleistungen entstehen. Die Natur präsentiert unweigerlich ihre Rechnung, wenn ihre Gesetze mißachtet werden. Viel Einsicht ist nötig, damit nicht ein Wort von Chateaubriand Wirklichkeit wird: »Die Wälder waren vor den Menschen da – die Wüsten folgen ihnen nach.«

Der Boden, auf dem ein Garten entsteht

Der Grund-Stoff, mit dem ein Gärtner umgeht, ist die Erde. Wo immer jemand einen Garten pachtet oder als Eigentum erwirbt, hat die Natur bereits die grundlegenden Voraussetzungen geschaffen, mit denen der Gärtner fortan leben und arbeiten muß. Er muß seine Pflege- und Düngemaßnahmen danach einrichten, ob er mageren Sand, fetten Lehm oder sauren Moorboden vorfindet. Über die wichtigsten Eigenschaften in diesen Böden muß ein Gartenfreund Bescheid wissen, ehe er zu Hacke und Düngersack greift. Das bedeutet in der Praxis:

Sandböden

Sie sind luft- und wasserdurchlässig; sie erwärmen sich leicht, kühlen aber auch schnell aus. Der Nährstoffgehalt dieser Böden ist gering. Sie sind immer in Gefahr, »vom Winde verweht« zu werden. Ihr Vorteil: mühelose mechanische Bearbeitung.
Ein kurzer Blick in die physikalischen und chemischen »Geheimnisse« der Natur macht deutlich, warum Sandböden in der eben beschriebenen Weise reagieren. Sandkörner haben physikalisch gesehen eine Kugelstruktur. Aus diesem Grund können sie nicht dicht aufeinander gepackt werden. Sie rollen auseinander und so bilden sich in Sandböden die milliardenfachen Zwischenräume, durch die zum Beispiel das Regenwasser hindurchrinnt wie durch ein Sieb. Die Wissenschaftler sagen: der Porenraum ist groß in diesem Bodentyp. Die Luft, mit Luftstickstoff und Sauerstoff, ist dagegen reichlich vorhanden. Aus chemischer Sicht betrachtet haben Sandböden einen hohen Anteil an Quarzkörnern, andere Mineralien, die für die Pflanzenernährung so wichtig sind, fehlen dagegen. Quarz (chemisch Kieselsäure) trägt zur Erwärmung des Bodens bei und spielt eine Rolle bei der gesunden Strukturbildung der Pflanzen. Sandböden kommen als reine Sandböden und in unterschiedlicher Mischung mit mehr oder weniger Lehmanteil vor.
Erkennungsmerkmal: Sand rieselt durch die Finger, wenn man eine Bodenprobe aufnimmt.
Wichtig für den Gärtner ist auf solchen Böden die Vermehrung des Humusanteils und der organischen Substanz. Dadurch wird die anfangs zu durchlässige Erde bindiger. Stein- und Tonmehl, lehmhaltiger Kompost und Bodenbedeckung gehören zu den wichtigsten Kulturmaßnahmen.

Lehmböden

Dies sind humusreiche Böden, die Wärme, Wasser, Luft und Nährstoffe gut zu speichern vermögen. Sie enthalten auch Kalk. Physikalisch betrachtet besteht die Struktur dieser guten, fruchtbaren Erde aus Plättchen, die mehr oder weniger dicht aufeinander gelagert sind. Das Bild der aufgeschichteten Plättchen macht anschaulich deutlich, daß diese Struktur viel »engmaschiger« sein muß als diejenige der Sandböden. Für die Nährstofflagerung und die Arbeit der Bodenlebewesen sind die Voraussetzungen in lehmhaltiger Erde sehr günstig. Es gibt auch hier verschiedene Abstufungen zwischen schweren, milden und humosen Lehmböden.

Erkennungsmerkmal: Humusreicher Lehm zerbröckelt zwischen den Fingern zu weichen Krümeln. Diese haften zusammen ohne zu kleben.
Wichtig für den Gärtner ist auf solchen guten Gartenböden die »normale«, biologische Bodenpflege. Kompost, Bodenbedeckung und Fruchtwechsel erhalten und vermehren die Fruchtbarkeit der lehmigen Erde.

Tonböden

Sie sind von Natur aus schwer, undurchlässig für Luft und Wasser. Sie erwärmen sich nur langsam. Bei diesen Böden ist die Struktur des Lehms bis zum negativen Extrem ausgebildet. Die physikalische Schichtung ist sehr dicht. Diese Böden neigen dazu, bei Trockenheit sehr hart zusammenzubacken. Sie reißen dann wie geplatzte Ziegelsteine auseinander. Bei nassem Wetter klebt die Tonerde zusammen. Tonböden haben zwar die Fähigkeit, Nährstoffe zu lagern, aber sie lassen sich nur schwer bearbeiten und lockern.
Erkennungsmerkmal: Ton läßt sich in der Hand zusammendrücken zu einem zähen Klumpen, der Ähnlichkeit mit »Plastilin« hat. Man könnte Plastiken daraus formen!
Wichtig für den Gärtner: Tonböden müssen mit Hilfe von Sand und regelmäßiger Kompostversorgung gelockert werden. Bodenbedeckung fördert die Bildung der Gare. Tiefwurzelnde Gründüngung lockert den Untergrund.
In schwierigen Fällen muß dräniert werden. Tonböden sind fruchtbar, wenn es gelingt, ihre Struktur zu verbessern.

Moorböden

Sie sind aus organischen Ablagerungen aufgebaut. Hochmoorerde ist sauer, nährstoffarm und stark wasserhaltig.
Erkennungsmerkmal: Eine Bodenprobe läßt sich leicht zusammendrücken wie ein Schwamm, sie ist stark torfhaltig.
Wichtig für den Gärtner: Hochmoorerde braucht zur Aufbesserung Sand, Lehm (Gesteinsmehl), Kalk und Kompost. Bei guter Pflege kann durchaus ein lockerer, nährstoffreicher Gartenboden entstehen. Niedermoorböden haben dagegen genügend Kalkgehalt; sie sind neutral bis schwach alkalisch.

Humus – das Traumziel des Gärtners

Alle Aufmerksamkeit und alle Sorgfalt des biologischen Gärtners gilt der obersten 20 cm dicken Erdschicht in seinem Garten: dies ist die Humusschicht. Sie wimmelt von Leben, ist ständig im Auf- und Abbau begriffen, verändert sich zum Guten oder zum Schlechten. Diese Mutterbodenschicht hat den intensivsten Einfluß auf Wachstum und Gesundheit der Pflanzen. Wo diese zwei Handbreit Humus in gutem Zustand sind, da ist der Garten fruchtbar!
Die Humusschicht kann der Gärtner direkt durch seine »biologischen« Kulturmaßnahmen beeinflussen. Er kann sie pflegen, ernähren und vermehren. Sie steht im Mittelpunkt all seiner Bemühungen. Warmer, lockerer, nährstoffreicher Humus – das ist das Traumziel jeden Gärtners. Wie dieser ideale Zustand zu erreichen ist, wird im praktischen Teil dieses Buches ausführlich beschrieben. Vorerst müssen wir uns einmal klarmachen, was dieses Zauberwort bedeutet. Was ist das für ein Stoff, aus dem die fruchtbare Erde gemacht ist? Zunächst einmal: Humus ist mehr als die Summe seiner physikalischen, chemischen und biologischen Eigenschaften. Er ist ein lebendiger Organismus – und damit, wie alles Lebendige, letzten Endes unberechenbar.
Das ist einer der Gründe, warum ein guter biologischer Gärtner nicht nur eine Menge Sachverstand braucht, sondern auch ein warmes Herz und wache Augen, die ebenso liebevoll wie genau beobachten können.

Eine unendliche Generationenreihe von Gärtnern und Bauern hat durch die Jahrtausende hindurch die Erde bearbeitet, beobachtet und ihre gesammelten Erfahrungen an die Kinder und Kindeskinder weitergegeben. Diese Kette reicht bis in unsere Zeit. Deshalb möchte ich an dieser Stelle einige prominente »Zeugen« zitieren, die ihre Erkenntnisse über die Erde bereits an die Nachwelt weitergereicht haben. Dr. Fritz Caspari schreibt über den »unterirdischen Lebensraum«:

»Boden: das ist weder totes Erdreich noch leblose Dunkelheit und weit mehr als nur Speicherstätte pflanzlicher Nährstoffe. Denn der Boden lebt! Nimm es wie Du willst: er bewegt sich, schichtet sich um, verwandelt seine Materie, verteilt die Nachbarelemente Luft und Wasser in seinen Adern, bietet einer Fülle von Lebewesen Existenz, Schutz und Nahrung, dem Tier so gut wie der Pflanze, – er lebt genau so wie die Luft, der Wald, dein Körper oder das Meer! Immer und überall, auch wo nie der Mensch den Spaten ansetzte, bildet er für sich einen lebendigen, in sich geschlossenen Organismus, eine Welt mit ausgeprägtem Eigenleben. Du freilich nimmst nur eine einzelne, letzte Auswirkung von alledem wahr: das Phänomen der Fruchtbarkeit als sichtbares Zusammenspiel von Bodenleben und Pflanzenleben.«

Die besonderen Eigenschaften des Humus beschreibt Caspari so: »Was Humus chemisch ist, das entzieht sich unseren Kenntnissen. In einer umweltgebundenen Stoffwechselbeziehung zu einer Unzahl tierischer und pflanzlicher Organismen stehend, ist er die Grundlage für den Ernährungskreislauf zwischen Boden, Pflanze, Tier und Mensch. Anwesenheit und Eigenart des Humus bestimmen den physikalischen Zustand der Böden (Garezustand). Dem hohen Kohlenstoffgehalt des Humus entnimmt die Pflanze Energie und Aufbaustoffe, in Form von Zucker, Eiweiß oder stickstoffhaltigen Zwischenprodukten. Humus färbt den Boden dunkel und macht ihn damit zum Wärmespeicher. Humoses Bodengefüge zieht stark aufsaugende Pflanzennährstoffe, Luft und Wasser speichernd, in sich hinein (Sorption). Einem Schwamm vergleichbar, der mit dem Boden verwachsen ist, schützt dieses Humusgefüge als lebendige Bodendecke die Landschaften der Berge und Ebenen vor jeder Erosion durch Wasser (Verschlämmung) und Wind (Verstauben).«

Sehr klar und treffend charakterisiert Albert von Haller den wunder-vollen Zustand der Humusschicht: »Was verleiht dieser dünnen Schicht jene Fruchtbarkeit, die eine unerschöpfliche Fülle lebender Gestalten hervorbringt? Fruchtbarkeit kann weder chemisch noch physikalisch definiert werden, sondern ist ein ökologisches Zusammenspiel zwischen Lebewesen (Mensch, Pflanze, Tier) und dem Boden mit seinen organischen und anorganischen Bestandteilen.«

Jeder, der in seinem Leben mit der Erde arbeitete, oder besser mit ihr zusammenarbeitete, machte seine eigenen Erfahrungen, gelangte zu persönlich gefärbten Einsichten. Dennoch gleichen sich die grundlegenden Gedanken auf erstaunliche Weise. Sir Albert Howard zitiert auf die Frage »Was ist Humus«? zunächst den Experten Waksman:

»Eine komplexe Anhäufung von braun- bis dunkelgefärbten, amorphen Stoffen, die während der Zersetzung von pflanzlichen und tierischen Rückständen durch Kleinlebewesen unter aeroben oder anaeroben Bedingungen gewöhnlich in Böden, Komposthaufen, Torfmooren und Wasserbehältern gebildet werden. ... Humus ist ein natürliches Gebilde; er ist ebenso wie pflanzliche, tierische und mikrobische Substanzen eine zusammengesetzte Einheit; er ist chemisch betrachtet sogar noch komplexer, da alle diese Stoffe zu seiner Bildung beisteuern. Humus besitzt eigenartige physikalische, chemische und biologische Eigenschaften, die ihn von anderen natürlichen, organischen Stoffen unterscheiden. Humus bildet in sich oder durch Wechselwirkung mit bestimmten anorganischen Bestandteilen des Bodens ein

komplexes, kolloidales System, dessen verschiedene Bestandteile durch Oberflächenkräfte zusammengehalten werden ...«
Und dann fügt Howard eine wichtige eigene Schlußfolgerung an: »Vom Standpunkt der Chemie und Physik betrachtet, ist daher Humus kein einfacher Stoff; er wird aus einer Gruppe von sehr komplexen organischen Verbindungen gebildet, die von der Natur des ihn bildenden Rückstandes, von den Bedingungen, unter denen die Zersetzung stattfindet, und von dem Ausmaß der Zersetzung abhängig sind. Humus kann deshalb nicht überall der gleiche Stoff sein. Außerdem ist er lebendig und wimmelt von Kleinlebewesen, die den größten Teil ihrer Nahrung aus diesem Substrat erhalten. Humus ist im natürlichen Zustand dynamisch, nicht statisch.«
Humus ist dynamisch! Er lebt und verändert sich. Deshalb darf der Gärtner, der diese natürliche Kostbarkeit in seinem Garten »erzeugen« möchte, nicht nach starren Regeln handeln. Er muß sich seiner ganz speziellen Gartensituation anpassen und das Beste daraus zu machen versuchen. Er handelt dann nach einem der ältesten Gesetze des Lebens: Auf der Erde haben immer diejenigen überlebt, die sich am geschicktesten angepaßt haben! Dies bedeutet nicht im moralischen Sinn Anpassung als Unterwürfigkeit. In der Auseinandersetzung mit den natürlichen Elementen geht es um eine angepaßte Reaktion. Ein Gärtner beobachtet »die Verhältnisse« auf seinem Stück Erde so genau wie möglich. Und dann zieht er die für seine Arbeitsweise nötigen klaren Schlußfolgerungen. So paßt er sich mit seinen Handlungen den natürlichen Voraussetzungen an.
Wie man den besten Humus erzeugt, hat die Natur dem Gärtner in ihren Laub- und Mischwäldern vorgemacht. Er braucht das Beispiel nur anzuschauen und auf die besonderen Umstände im Garten sinngemäß zu übertragen. Natürlicher Wald wächst in »Mischkultur«. Sein Boden ist von Gräsern, Kräutern und niedrigem Unterholz bedeckt. Nirgends gibt es nackte Erde. Fallendes Laub, verwelkte Pflanzen und dürre Zweige bilden ständig eine lockere, langsam verrottende Bodenschicht. Darin sind auch die »Abfälle« der Tiere ein wichtiger Bestandteil. Aus der zerfallenden organischen Substanz entsteht mit Hilfe der kleinen Bodentiere und der Mikroorganismen wieder neue Erde. Diese Walderde ist bester, duftender Humus. Er vermag das Regenwasser zu speichern, und er füllt ständig die Nährstoffreserven auf. Abbau und Aufbau halten sich in diesem intakten System das Gleichgewicht. Ein Wald muß nie gedüngt werden, obgleich er eine Fülle stattlicher Gewächse ernährt. In der Natur gibt es allerdings auch keine Verschwendung. Alles wird gebraucht und einer nützlichen Verwendung zugeführt. So bleiben die Reserven erhalten, so entsteht ein Gleichgewicht zwischen Krankheit und Gesundheit, zwischen Leben und Tod. Das ist das Geheimnis der natürlichen Fruchtbarkeit und des gesunden Bodens.

Die großartige Welt der kleinsten Lebewesen

Wenn ein Gärtner von einem seiner Beete eine Handvoll Erde aufnimmt, so hält er eine Welt in Händen. Er sieht mit seinen Augen nicht viel davon – nur braune Krümel und allenfalls einen Regenwurm oder einen Tausendfüßler. Dennoch ist diese Handvoll Erde erfüllt von milliardenfachem Leben. Es ist eine Welt der winzigen Dimensionen. Der Gärtner müßte Augen von der Schärfe eines Elektronenmikroskops haben, um sie erkennen zu können. Wäre dies möglich, so würde es ihm vor ehrfürchtigem Staunen die Sprache verschlagen.
In 1 dm^3 Erde aus einer 15 cm dicken Schicht Wiesenboden leben zum Beispiel 1551000000 Aufguß-, Geißel- und Wimpertierchen, 50000 Fadenwürmer, 220 Springfüße, 14 Tausendfüßler, 5 Schnecken und 2 Regenwürmer. Eine unvorstell-

Die Humusschicht ist von wimmelndem Leben erfüllt. Jede »Etage« hat ihre eigenen hochspezialisierten Bewohner. Die Vergrößerungen zeigen winzige Ausschnitte aus dieser unglaublich vielfältigen Welt.

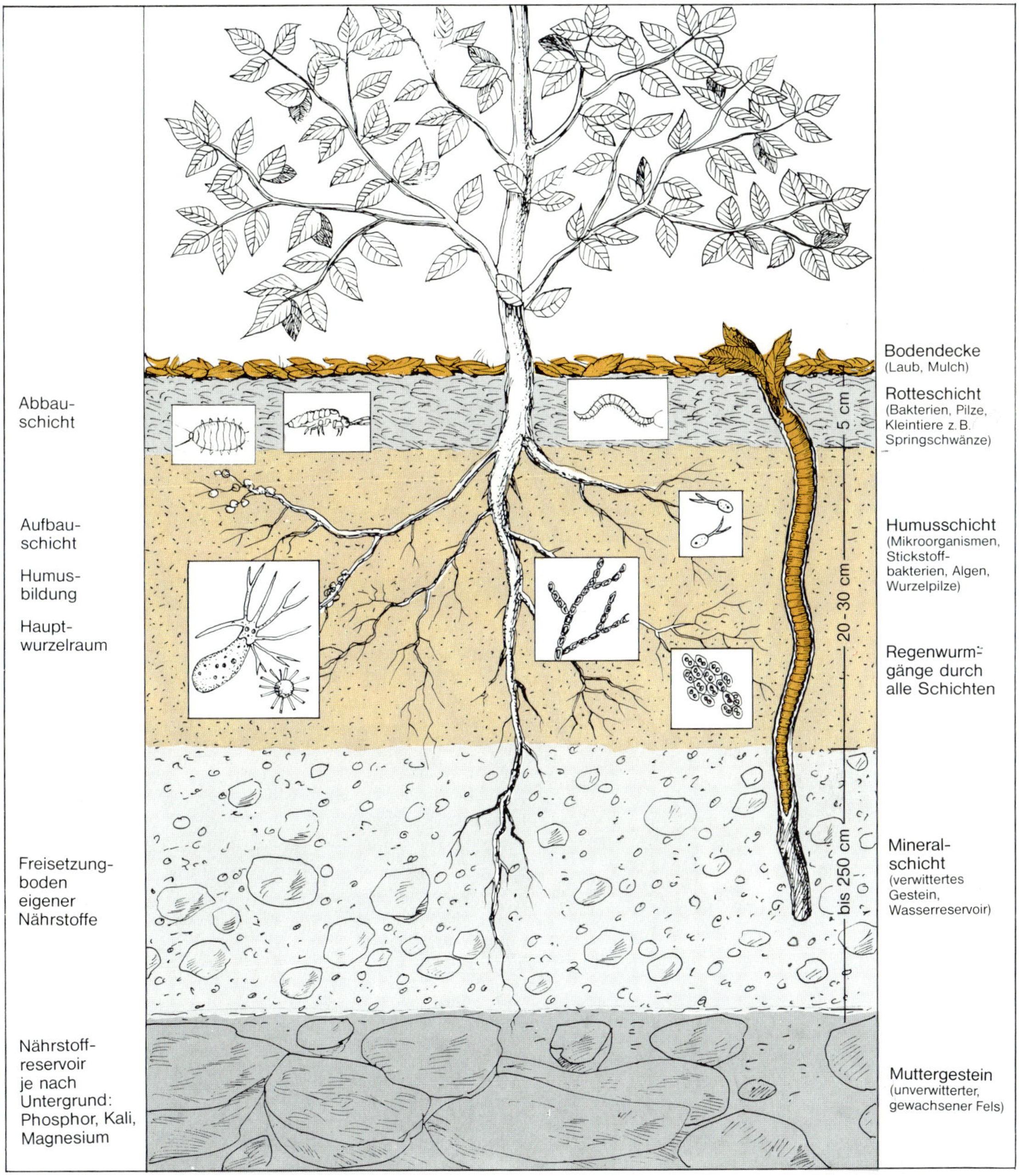

bare Fülle lebendiger Geschöpfe. Der Schweizer Forscher A. Stöckli hat sie so genau untersucht und gezählt. Noch phantastischer wird das Gewimmel in einer Untersuchung von Prof. Sauerlandt, der die Lebewesen in 1 m² Ackererde bestimmte. Es handelte sich um schwach-humosen Sandboden, die untersuchte Schicht war 20 cm dick. Auf ein Gartenbeet übertragen, wäre das ein Stück Erde, auf dem etwa drei Kohlköpfe wachsen könnten. »Zu ihren Füßen« leben dann in einem durchschnittlichen Boden:

4 Billionen Bakterien und Pilze (Mikroflora)
0,5 Millionen Geißeltierchen (Flagelaten)
1 Million Fadenwürmer (Nematoden)
200 000 Milben
100 000 Springschwänze (Collembolen)
80 000 Ringelwürmer (Enchytraeiden)
80 Regenwürmer

Im Kompost, wo die Mikroorganismen besonders rege tätig sind, ist die Fülle der winzigen Lebewesen am größten. Wenn ein Gärtner eine Handvoll Kompost ergreift, so hält er mehr lebendige Wesen in der Hand als es Menschen auf der Erde gibt! Wer sich in einer stillen Gartenstunde einmal klargemacht hat, wie reich und kompliziert das Leben in der Erde ist, der wird fortan sicherlich behutsamer und ehrfürchtiger mit diesem Mikrokosmos umgehen.

Um die Zusammenhänge besser zu verstehen, wollen wir nun einen Blick in die sonst unsichtbare Welt der Bodenlebewesen werfen. Die Milliardenheerscharen der winzigen Heinzelmännchen leben und arbeiten in verschiedenen Schichten. Alles ist bestens organisiert und sinnvoll aufeinander abgestimmt. Die oberste Schicht ist die sogenannte Rotteschicht. Sie ist in Gärten, die nach der biologischen Methode bearbeitet werden, immer sehr reichhaltig, weil alle Beete mit einer Mulchdecke (nach dem Vorbild des Waldbodens!) zugedeckt sind. Unter diesem Vorrat an organischem, lang-

Blick in eine meist unsichtbare Welt: eine große Amöbe in einem Wald aus Pilzformen, bewohnt von Bakterien.

sam verrottendem Material, befindet sich der Lebensbereich derjenigen Kleinlebewesen, die die »grobe Arbeit« leisten. Sie zerkleinern alle »Abfälle«, die in den Boden gelangen: Blätter, Strohhalme, Grasschnitt, sogar Pappe und vieles andere mehr. Ihr Geschäft ist die erste Stufe der Zersetzung des organischen Materials. Pilze, Bakterien und Algen sind hier milliardenfach tätig. Diese Mini-Wesen nennt man Mikroben. Unter ihnen gibt es auch die ganz »harten Burschen«, die sogar Holz, Horn und Chitin zu knacken vermögen. Ihnen zur Seite stehen in der Rotteschicht auch Kleintiere, die der Gärtner mit bloßem Auge erkennen kann: die Regenwürmer, Asseln, Tausendfüßler, Drahtwürmer und viele andere. Damit die Rotte harmonisch ablaufen kann, benötigen die Lebewesen in der oberen Schicht Luft, Wärme und Feuchtigkeit. Man nennt die Rotte deshalb auch einen aeroben (luftliebenden) Prozeß. Stimmen die Bedingungen nicht, so schlägt die Situation um in einen anaeroben (luftscheuen) Prozeß. Dies bedeutet: Kälte, Nässe und Fäulnis. »Speckige« Bodenschichten sind die Folge. Sie enthalten pflanzenschädliche Stoffe. Dies ist eine »Entgleisung«, die im biologischen Garten normalerweise nicht passieren darf.
Die Rotteschicht ist etwa 5 cm dick. Darunter beginnt die eigentliche Humusschicht. Sie kann, je nach Lage, 10–30 cm stark sein. In dieser Region breiten sich die meisten Wurzeln aus. Hier findet kein Abbau, sondern ein Aufbauprozeß statt. In der Humusschicht sind andere Mikroorganismen tätig. Sie setzen die »vorgekauten« Substanzen der Rotteschicht so um, daß sie von den Pflanzen aufgenommen werden können. Dabei ernähren sie sich auch von den toten Leibern der abgestorbenen Bakterien, die eine Etage höher lebten.
In diesem wichtigen, zweiten unterirdischen Lebensraum besteht eine enge Wechselwirkung zwischen Bodenleben und Pflanzenwurzeln. Die einen leben von den Stoffwechselprodukten der anderen. Was sich dabei an chemischen Umwand-

Mykorrhiza an einer Buchenwurzel.
Unten: Querschnitt einer Birkenwurzel mit Pilzgeflecht.

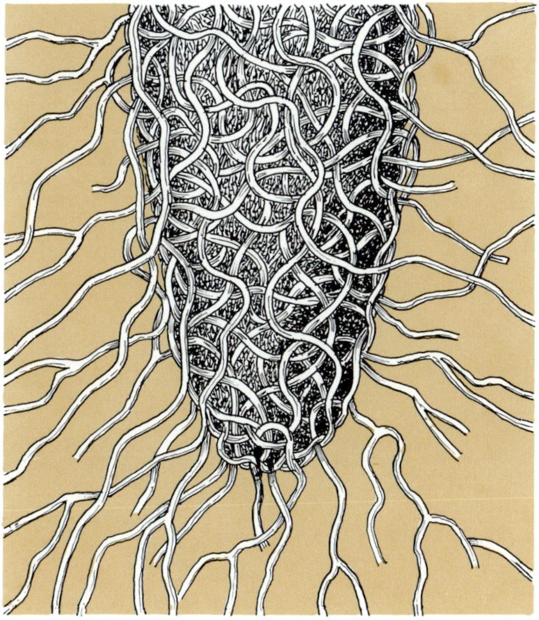

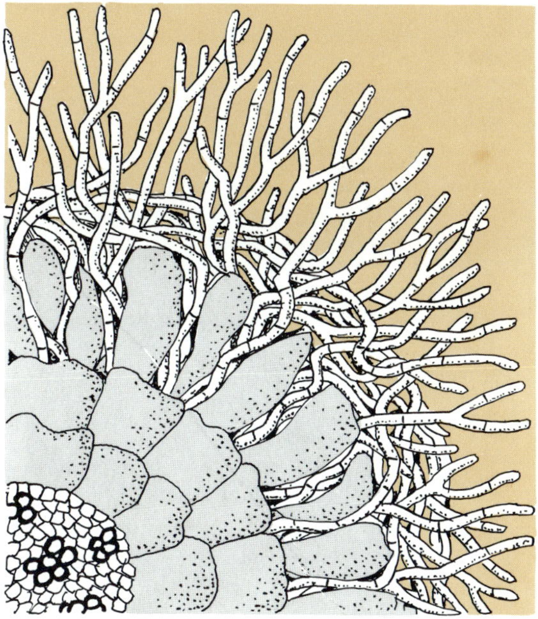

Düngerfabrikanten im Garten: Stickstoffknöllchen an den Wurzeln von Leguminosen.

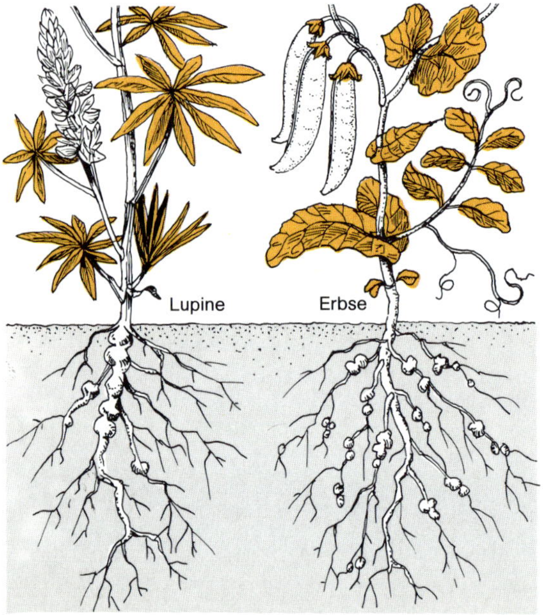

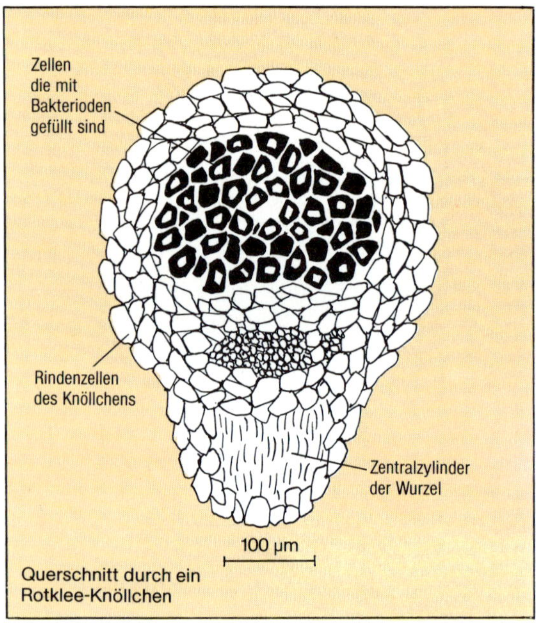

Querschnitt durch ein Rotklee-Knöllchen

lungen abspielt, ist außerordentlich kompliziert. Wir wollen deshalb nur die für einen Gärtner wichtigen Ergebnisse festhalten: In der Humusschicht werden von den Mikroorganismen Nährlösungen produziert. Es entstehen Kohlensäure und Stickstoff. Blaualgen und Azotobacter-Bakterien können zum Beispiel Stickstoff in geringen Mengen im Boden binden. Die winzigen Körper anderer Bakterien enthalten auch Kali und Phosphorsäure. Wenn sie absterben, gehen diese Nährstoffe in geringen Mengen in den Humus über.

Wir wollen uns – stellvertretend für alle anderen – zwei Hauptakteure dieses riesigen unterirdischen Schauspiels etwas näher ansehen. Eine wichtige Rolle in der Humusschicht spielen Pilze und stickstoffsammelnde Bakterien, die mit den Wurzeln der Pflanzen eine enge Gemeinschaft (Symbiose) bilden. Sir Albert Howard hat die Bedeutung der Mycorrhiza (Pilzwurzeln) anschaulich beschrieben: »Verwandtschaftliche Beziehungen ermöglichen es bestimmten im Bodenhumus lebenden Pilzen, in die lebenden Zellen der Wurzeln einzudringen und ein inniges Zusammenleben mit den Pflanzen zu errichten.... Wenn man ein geeignetes Präparat solcher Wurzeln unter dem Mikroskop untersucht, so kann man alle Stufenfolgen in der Verdauung des Pilzmycels beobachten. Bei Beendung des gemeinsamen Zusammenlebens zerstört die Wurzel den Pilz und vermag auf diese Weise die Kohlenhydrate und Eiweißstoffe aufzunehmen, die der Pilz z.T. aus dem Humus des Bodens gelöst hat. Die Mycorrhiza bilden mithin die lebende Brücke, die einen fruchtbaren humusreichen Boden und die darauf wachsenden Pflanzen unmittelbar verbindet und durch welche fertige und für den sofortigen Verbrauch geeigneten Nahrungsstoffe vom Boden an die Pflanze überführt werden können.«

Ein ähnlich wunderbares »Teamwork« vollbringen die Knöllchenbakterien an den Wurzeln der Schmetterlingsblütler (Leguminosen). Sie sind in der Lage, den Stickstoff aus der Luft zu binden.

Die Wirtspflanzen ziehen daraus ihren Nutzen. Ein Teil des Stickstoffs geht auch nach dem Absterben der Erbsen, Bohnen oder Kleepflanzen in den Boden über und trägt so zur natürlichen Stickstoffdüngung bei. Daß diese Nutzbarmachung des Luftstickstoffs keineswegs selbstverständlich ist, sondern fast ans Wunderbare grenzt, macht Dr. Fritz Caspari deutlich:

»Was die Technik erst vor 40 Jahren (Haber-Bosch seit 1915) unter gewaltigen Anstrengungen, hohen Drücken und Temperaturen in riesigen Apparaturen fertig bekam, – die Pflanze macht das seit jeher so nebenbei. Sie verwandelt einen der beständigsten Stoffe der Erde, den Stickstoff, in Verbindungen, die unmittelbar zum Aufbau der Pflanzenkörper dienen können.« Und der finnische Nobelpreisträger Prof. Dr. h. c. Virtanen ist sogar davon überzeugt: »Die biologische Stickstoffbindung ist neben der Kohlendioxyd-Assimilation ein Prozeß von fundamentaler Bedeutung für das gesamte Leben auf unserer Erde.«

Der dritte Hauptdarsteller im großen Zusammenspiel der »Unterirdischen« ist für den Gärtner besonders wichtig: der Regenwurm. Unter den sichtbaren Lebewesen spielt er eine ganz besondere Rolle. Er arbeitet an der Rotte, aber seine langen Gänge führen durch alle Schichten in die Tiefe. Sie tragen ebenso zur Durchlüftung des Bodens bei wie zur Wasserverteilung. Seine Ausscheidungen sind reinster Super-Humus. Regenwurmkothäufchen enthalten siebenmal so viel Stickstoff, dreimal soviel Kali, doppelt soviel Kalk und sechsmal soviel Magnesium wie normale Gartenerde. Über diesen fleißigen kleinen Gehilfen des biologischen Gärtners wird im Kapitel »Tiere als Helfer« noch ausführlicher berichtet.

Die beiden oberen Bodenschichten unterscheiden sich nicht nur durch ihre unterschiedlichen Bewohner und deren Arbeitsweise. Auch der Humus, der in diesen beiden Abschnitten entsteht, ist von verschiedener Art. In der oberen Rotteschicht entsteht jene fruchtbare Erde, die immer wieder nachwächst. Sie ist aber relativ leicht vergänglich. Man nennt ihren Zustand auch »mikrobielle Gare«. Der Humus besteht hier aus großen, lockeren Krümeln, die durch Regen zusammengeschlagen werden können oder in Hitze und Kälte erstarren. Unter ungünstigen Bedingungen wird dieser Humus wieder zerstört.

In der tieferen, eigentlichen Humusschicht entsteht dagegen der sogenannte Dauerhumus. Man nennt diesen Zustand auch makromolekulare Gare. Die Bodenkrümel sind hier kleiner, intensiver verkittet und beständiger. Sie verbinden sich mit den im Boden vorhandenen Huminstoffen. So entstehen stabile Ton-Humuskomplexe. Wichtigste Eigenschaft der im übrigen noch nicht endgültig erforschten Huminstoffe ist ihr Stickstoffgehalt. Sie bilden, wenn sie reichlich vorhanden sind, ein Stickstoffreservoir im Boden, dessen Nahrungsvorräte nur langsam mineralisiert und an die Pflanzen weitergegeben werden. Also eine gut eingeteilte Vorratswirtschaft der Natur.

Die Krümelbildung der Erde ist eines der großen Wunder der lebendigen Natur. Unzählige Lebewesen wirken emsig und pausenlos, damit diese braunen Erdbröckchen entstehen und zusammenkleben. Das Geflecht der Pilze und die Schleimstoffe der Bakterien halten die lebendige Konstruktion aus Staub und Mikrobenleibern zusammen. Die Wissenschaftler nennen diesen Vorgang »Lebendverbauung«. In diesem sprachlichen Bild wird deutlich, daß die Fruchtbarkeit der Erde, von der wir alle leben, aus unendlich vielen winzigen Lebewesen buchstäblich zusammenwächst. Müssen wir vor diesen Heerscharen kleiner stiller Arbeiter nicht die größte Achtung haben? Der »Brehm des Pflanzenlebens« Raoul R. Francé hat die große Gemeinschaft der Lebewesen im Boden das Edaphon genannt (edaphisch ist griechischen Ursprungs und bedeutet: den Boden betreffend). Der biologische Gärtner sieht eine seiner Hauptaufgaben darin, diese feinorganisierte Welt zu schützen und zu pflegen – zu seinem eigenen Nutzen.

Alle diese phantastischen, vielseitigen, lebendigen Prozesse, von denen bisher die Rede war, spielen sich in den beiden oberen Bodenzonen, der Rotteschicht und der Humusschicht, ab. Daran schließt sich nach unten zunächst die Mineralschicht an. Sie besteht aus verwittertem Gestein. Die Tätigkeit von Bodenlebewesen nimmt hier mit zunehmender Tiefe immer weiter ab. In diesem Bereich können aber aus den vorhandenen Mineralen noch Nährstoffe für die Pflanzen freigesetzt werden. Die Mineralschicht, die bis 2,50 m dick sein kann, hat auch die Funktion eines Wasserreservoirs. Darunter beginnt die Schicht des Muttergesteins, das ist der gewachsene Fels, der tief in die Erde reicht.

Der Kreislauf der Stoffe

Wo die verschiedenen Schichten des Bodens intakt sind, wo die milliardenfachen Heerscharen Hand in Hand arbeiten, da entsteht die Bodengare, jener reife Humus, von dem alle Gärtner und Bauern träumen. Dieser Boden ist dann in der Lage, Regenwasser und Nährstoffe zu speichern. Er ist reich an Stickstoff und Kohlensäure. Er ist locker, porös, warm und luftig. Wie ein solcher Boden in der Praxis entsteht, wird im zweiten Teil dieses Buches beschrieben. Vorerst ist es wichtig für den künftigen biologischen Gärtner, zu begreifen, daß das Verständnis für das Bodenleben die Grundlage all seiner Bemühungen ist.

Die Natur bietet ihm ein perfektes System und Milliarden kostenlose Helfer an. Der biologische Gärtner braucht sie nur sinnvoll zu nutzen.

Er erspart sich dann viel unnötige Mühe – wie zum Beispiel das jährliche Umgraben. Er erspart sich auch viel Geld – wenn er die natürliche Düngerproduktion der Erde fördert, muß er kaum Dünger zukaufen. Schließlich spart er auch Energie – sowohl in Form von menschlicher Arbeitskraft als auch bei der industriellen Erzeugung.

Der biologische Gärtner gliedert sich wieder bewußt in den natürlichen Kreislauf ein. Er fördert und pflegt mit allen Mitteln das Bodenleben. Er macht sich klar, daß jeder grobe Eingriff in diese fein organisierte Welt nur stören, schlimmstenfalls zerstören kann. Er ernährt deshalb nicht die Pflanzen, er ernährt den Boden. Kompost, Bodenbedeckung und Gründüngung sind dabei seine wichtigsten Punkte auf der »Speisekarte des Gartens«. Denn wo die Bodenlebewesen genügend organische Masse serviert bekommen, da produzieren sie auch reichlich diejenigen Stoffe, die Boden und Pflanzen brauchen: Stickstoff, Kohlensäure, Kali, Phosphor und Spurenelemente. Es ist eine oft bewiesene Tatsache, daß in Böden, die systematisch nach biologischen Methoden bearbeitet werden, alle wichtigen Nährstoffe stets vorhanden sind. Sie »wachsen nach«!

Der biologische Gärtner schließt den natürlichen Kreislauf der Stoffe, indem er alle organischen Abfälle der Erde wieder zuführt. Sie dankt es ihm durch ihre blühende Gesundheit, die sich auf den ganzen Garten und alle Gewächse überträgt – letzten Endes auch auf den Menschen, der sich von diesen Pflanzen ernährt.

Sir Albert Howard, der ein Leben lang biologische Methoden in Europa und Indien erprobte, hat dieses Fundament aller natürlichen Bodenbearbeitung in seinem »Landwirtschaftlichen Testament« anschaulich beschrieben. Was er über den Kreislauf von Abbau und Aufbau in der Landwirtschaft sagt, gilt gleichermaßen für jeden biologischen Gärtner:

»Die Bodenfruchtbarkeit ist der Zustand, der sich aus dem Arbeiten des Naturkreislaufes ergibt. Es muß immer eine vollständige Ausgeglichenheit zwischen den Vorgängen des Wachstums und den Vorgängen des Absterbens vorhanden sein. Die Folgen dieses Zustandes sind ein lebendiger Boden, reiche Ernten von guter Qualität und ein Viehbestand, der den Glanz der Gesundheit besitzt. Der Schlüssel zu einem fruchtbaren Boden und einem gedeihenden Landbau ist der Humus.«

Lebenselemente der Pflanzen

Pflanzen sind Wesen, die in zwei Welten leben: Mit ihren Wurzeln greifen sie tief ins dunkle, feuchte Erdreich. Dort suchen sie festen Halt, verklammern und verankern sich mit abertausend Schlingen und Windungen. Dort in der Tiefe saugen sie auch das lebensnotwendige Wasser auf, dort finden sie die Nährstoffe, die die Mikroorganismen ihnen zubereiten. Mit Stengeln, Blättern und Blüten aber wachsen die Pflanzen über die Erde hinaus – dem Himmel entgegen. Von dort strahlt das Sonnenlicht auf sie herunter. Von dort, aus der Höhe der Atmosphäre, fällt der lebenspendende Regen. Und überall, vom niedrigsten Blatt bis zum höchsten Baumwipfel, ist der oberirdische Körper einer Pflanze von der Luft umspült.

Beide Reiche – die dunkle Erde und die lichtdurchfluteten Lufträume – sind für eine Pflanze von lebenswichtiger Bedeutung. Sie kann (von extremen Ausnahmen abgesehen) nur im Zusammenspiel von Himmels- und Erdkräften leben. Dies sind die vier Elemente der Pflanze: Wasser, Erde, Luft und Licht.

In aller Stille entnehmen die grünen Gewächse diesen Elementen, was sie zum Leben brauchen. Pflanzen sind imstande, Sonnenenergie direkt zu nutzen. Sie können Kohlendioxyd aus der Luft umwandeln in brauchbare Nährstoffe. Pflanzen sind die einzigen Lebewesen auf der Welt, die anorganische, mineralische Stoffe aus der Erde aufnehmen und in organische Verbindungen umsetzen können!

Im Körper einer lebenden Pflanze spielt sich ständig eine Fülle komplizierter, chemischer Prozesse ab. Obgleich sie sich selbst nie von der Stelle rührt, hält sie doch eine kleine Welt in Bewegung. Die Nährstoffe, die sie erzeugt, fördern aber nicht nur ihr eigenes Wachstum und Wohlergehen. Sie dienen Tieren und Menschen auf der ganzen Welt als Nahrung. Pflanzen bilden direkt oder indirekt die Lebensgrundlage aller Geschöpfe auf unserem Planeten. Innerhalb der ineinander greifenden Nahrungskette sind sie das wichtigste Glied.

Auch darüber sollte ein Gärtner, der täglich mit diesen stillen Geschöpfen umgeht, ab und zu nachdenken. Wenn die Pflanzen zugrundegehen, sterben ihnen Tiere und Menschen nach. Der Erde würde dann – wie in einem Horrorfilm – ihr grünes Kleid vom Leib gerissen. Felder und Gärten verdorrten, Wälder stürzten in sich zusammen. Die Wurzeln, die den Boden wie ein riesiges, unterirdisches Netz umspannen, würden zerfallen. Sturm und Regen hätten nun leichtes Spiel. Die fruchtbare Erde würde in alle Winde verstreut. Zurück bliebe ein verwüsteter Stern.

Noch lebt die Natur, noch sind unzählige Pflanzen in der Obhut von Bauern und Gärtnern gut aufgehoben. Aber die Elemente, aus denen sie sich immer wieder aufs Neue aufbauen, sind an vielen Orten gefährdet: das Wasser, die Luft und die Erde mit ihrem wimmelnden Mikrokosmos.

Wasser gehört zu den Grundvoraussetzungen des Lebens auf der Erde. Die Wissenschaftler glauben, daß die ersten Lebewesen ursprünglich im Wasser entstanden sind. Wie auch immer – Gärten und Pflanzen sind jedenfalls ohne dieses flüssige Element undenkbar. Wasser steht den Gewächsen »von oben und von unten« zur Verfügung. Das Grundwasser ist das ständige Feuchtigkeitsreservoir in der Erde. Nachschub kommt vom Himmel: Regen, Schnee und Tau fallen als lebenspendender Niederschlag.

Dieses Wasser aus der Atmosphäre besteht aber keineswegs nur aus neutraler Flüssigkeit. Es bringt Stickstoff in Form von Ammoniak und sogar geringe Mengen Phosphorsäure mit. Messungen ergaben, daß in Westeuropa im Jahr durchschnittlich 10–30 kg Stickstoff auf 1 ha Boden herunterregnen. Der Stickstoffgehalt im Tau ist sogar noch höher. Ein Boden, der in gutem, garem Zustand ist, saugt diese Wassermengen mit ihren Inhaltsstoffen auf wie ein Schwamm und hält sie lange in günstiger Verteilung fest. In schlechten Böden läuft das Wasser entweder in den Untergrund ab, oder es staut sich und verursacht Fäulnis und Morast.

Der Wasserkreislauf: Pflanzen verdunsten über die Blätter Feuchtigkeit, die aufsteigt, Wolken bildet und als Regen auf die Erde zurückfällt. Wurzeln saugen ihn auf, der Kreis schließt sich.

Für die Pflanzen spielt das Wasser in der Erde und im Säftestrom ihrer Körper die wichtige Rolle des Transporteurs. Mit Hilfe von Flüssigkeit werden alle wichtigen Nährstoffe dorthin geschleust, wo sie gebraucht werden. Wasser ist aber auch wichtig für das Wachstum der Pflanzen und für eine pralle Füllung der Zellen. Um 1 kg Pflanzenmasse zu erzeugen, benötigt eine Pflanze 0,5 m^3 Wasser. Man braucht sich als anschauliches Beispiel nur das saftstrotzende Blatt eines Kürbisgewächses vorzustellen – ohne Flüssigkeit würde es zu einem kleinen grünen Faserhäufchen zusammenfallen! Wie das Wasser in den »grünen Adern« kreist und wie phantastisch alle Produktionsströme im Inneren einer Pflanze gesteuert sind, werden wir später noch feststellen können – bei einem Blick nach unten in die Wurzelwelt und bei einem Blick nach oben »in die Fabrikationsanlagen« der grünen Blätter.

Die **Luft** ist ein Element, das sowohl in der Atmosphäre als auch im Boden verbreitet ist. Wichtigster Bestandteil der Luft ist der Sauerstoff. Ihn brauchen Menschen und Tiere zum Atmen. Auch die Pflanze »atmet«, wenn auch auf andere Weise, wie wir im nächsten Kapitel ausführlicher erfahren werden. Sauerstoff ist – sowohl im Stoffwechsel der Pflanzen als auch bei der Tätigkeit der Bodenlebewesen – wichtig für alle chemischen Verbrennungsvorgänge.

Die Luft der Atmosphäre besteht zu etwa 78% aus Stickstoff, zu 20% aus Sauerstoff, zu 1% aus Edelgasen und zu 0,03% aus Kohlendioxid. Ganz anders ist die Bodenluft zusammengesetzt. In normaler Gartenerde besteht sie aus 10% Sauerstoff, aus 50% Stickstoff und aus 40% Kohlensäure. Hier ist der Reichtum an Kohlensäure also unvergleichlich größer als in der »Atemluft«. Dieses Übergewicht entsteht durch die Tätigkeit der Bodenlebewesen und ihre Umsetzungsprozesse. Für die Pflanzen ist dieses riesige Kohlensäureangebot von großem Vorteil, denn es ist eine der Grundlagen ihrer Ernährung. Je lebendiger der Boden ist, desto reichlicher sprudelt auch die natürliche Kohlensäurequelle. Caspari stellt fest, daß aus 1 ha garen Bodens 2–5 kg Kohlensäure in der Stunde aufsteigen. Ein großer Teil davon wird von den Pflanzen aufgenommen, der Rest füllt die Kohlendioxidreserven der Atmosphäre auf.

Das **Sonnenlicht** ist für die Pflanzen der wichtigste Energieträger. Es setzt den Motor ihres Stoffwechsels in Gang. Nur mit Hilfe des Lichts können die Prozesse der Fotosynthese und der Assimilation in den grünen Blättern ablaufen. Dabei wird die Lichtenergie in chemische Energie umgewandelt. Pflanzen haben im Gegensatz zu den Menschen keine Schwierigkeiten bei der Ausnützung dieser unerschöpflichen natürlichen Kraftquelle. Sie vermögen die Sonnenenergie direkt zu nutzen.

Pflanzen sind allerdings auch sehr stark abhängig von der Intensität des Lichts und von seinem Rhythmus, der sich in Tag- und Nachtstunden gliedert. Die grünen Gewächse sind von ihrer Beziehung zum Himmelsgestirn so stark geprägt, daß ihre »Lichtgewohnheiten« sich sogar vererben! Sogenannte »Kurztagspflanzen« zum Beispiel, die in ihrer Heimat zu bestimmten Jahreszeiten mit wenigen Stunden Tageslicht auskommen müssen, halten an dieser Gewohnheit der früh hereinbrechenden Dunkelheit auch dann fest, wenn sie in andere Breiten »umgesiedelt« werden. Ihre innere Uhr richtet sich auch nach hundert Jahren in der Fremde noch nach dem Sonnenrhythmus ihrer Heimat. Der Weihnachtsstern und das Flammende Käthchen sind dafür anschauliche Beispiele auf unserer Fensterbank. Sie blühen nur, wenn sie im Herbst ein paar Wochen »früh schlafen gehen können«. Das bedeutet, sie müssen einige Stunden lang künstlich verdunkelt werden.

Die **Erde** – das vierte Lebenselement der Pflanzen – haben wir im vorigen Kapitel schon näher kennengelernt. Steigen wir nun noch einmal hinunter in die Welt der Wurzeln. Diesmal wollen wir uns nicht die Bodenorganismen, sondern das unterirdische Leben der Pflanzen näher anschauen.

Pflanzenleben in der Erde – wunderbare Welt der Wurzeln

Eine Hälfte des Pflanzenkörpers befindet sich ständig in feuchter Dunkelheit. Die Wurzeln bohren und tasten sich durch lockeres oder steiniges Erdreich. Sie folgen beharrlich der »Witterung« von Wasser und Nährstoffen. Was diese unterirdischen Organe dazu befähigt, blind aber zielsicher ausfindig zu machen, was der Pflanze nützt, das können weder Chemiker noch Biologen auf eine Kurzformel bringen. Die sensiblen Fähigkeiten der Wurzeln gehören sicher zu den größten Wundern im Reich des Lebendigen. Bei einem Blick in die meist für unsere Augen verschlossene Welt des Bodens werden drei Hauptfunktionen der Wurzeln sichtbar:

- Sie dienen der Verankerung des Pflanzenkörpers.
- Sie nehmen Wasser und Nährstoffe auf, die dann durch ein inneres Röhrensystem bis zu den Blattspitzen hochgepumpt werden.
- Bei bestimmten Pflanzen werden die Wurzeln zu dicken Vorratsbehältern »aufgebläht«. In den Wurzeln der Möhren, Rüben und Sellerieknollen sind zum Beispiel stattliche Nährstoffreserven angelegt. Sie werden dadurch zu besonders wertvollen Nahrungsmitteln.

Die Wurzelsysteme der verschiedenen Pflanzen sind sehr unterschiedlich angelegt. Sie passen sich immer den Bedingungen des Klimas, des Bodens und der Pflanzengestalt perfekt an. Dieses Ergebnis einer Jahrtausende langen Entwicklung zeigt sich zum Beispiel darin, daß Gewächse trockener Steppengebiete lange Pfahlwurzeln ausbildeten, die manchmal bis zu 10 m tief wachsen, wo sie das Leben erhaltende Grundwasser erreichen. In humusreichen, feuchten Böden bleiben die Wurzeln dagegen in der oberen, nahrhaften Erdschicht. Vor allem krautige Pflanzen, die meist keine langen Wurzeln ausbilden, durchwachsen in Wiesen und Laubwäldern oft nur die Schicht der oberen 15 cm.

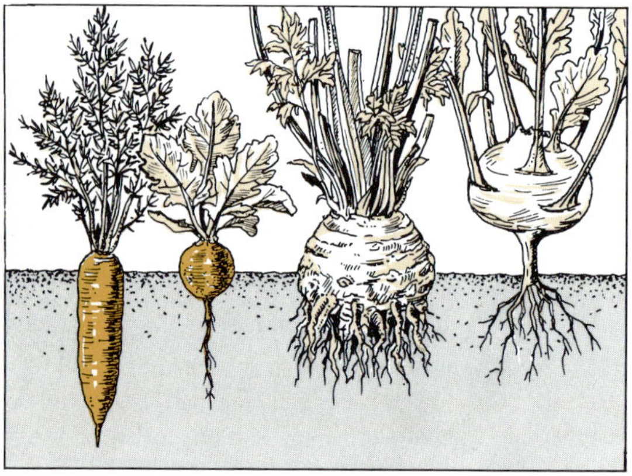

Verdickte Wurzelformen, die als Nährstoff-»Spardosen« dienen: Möhren, Rote Bete, Sellerie und Kohlrabi.

Manche Bäume, wie zum Beispiel die Kiefern, sichern ihr Leben durch ein doppeltes System ab. Sie entwickeln eine bis zu 6 m lange Hauptwurzel und gleichzeitig ein flaches System zahlreicher Seitenwurzeln. Abenteuerliche Sonderformen der Verankerung bilden die Stelzwurzeln der Mangroven, die über tropische Sümpfe herausragen und die Haftwurzeln, mit denen sich viele Orchideen in den Ästen der Urwaldbäume festklammern. Hier ist die Welt der Wurzeln gleichsam auf den Kopf gestellt. Sie haben sich »in die Lüfte« geschwungen.

Für den Gärtner unserer Breiten sind diese Seitenwege tropischer Vegetation aber nicht von Bedeutung. Er lebt und arbeitet mit denjenigen Kulturpflanzen, die normalerweise eine Tiefe von 1–2 m durchwurzeln. Die Verankerungen der Pflanzen werden immer aus den alten, verholzenden Wurzelsträngen gebildet. Das Netz der zarten, jungen Faserwurzeln dient der Nahrungsaufnahme. Bei ihren langen Wegen durch das Erdreich stoßen die Wurzeln oft auf Hindernisse. Steine, undurchlässige Erdschichten oder das Netz der Konkurrenz versperren ihnen den kürzesten Weg. So winden sich Wurzelarme oft durch enge Spalten, oder sie drehen sich solange um einen Felsbrocken, bis sie ihn »umgangen« haben. Auf diese Weise entstehen manchmal sehr bizarre Wurzelformen, die die Menschen aller Zeiten faszinierten. Die knorrigen Gnome aus der unterirdischen Welt sind Symbole des zähen Überlebenswillens stummer Geschöpfe, die ihr ganzes Leben am gleichen Ort zubringen.

Einen auffälligen Kontrast zu den kräftigen, stabilen Verankerungswurzeln bilden die jungen Wurzelspitzen mit ihren feinen Haarwurzeln. Diese Spitzen sind sehr empfindlich und lebendig. Ihr Gewebe erneuert sich ständig. Eine Wurzelhaube schützt sie auf ihrem harten Weg durch das Erdreich. An den Wurzelspitzen bilden sich ständig feinste Haarwurzeln. Sie haben nur eine kurze Lebensdauer. Aber ununterbrochen wachsen neue Härchen nach. Schon mancher ernsthafte Forscher hatte bei der Betrachtung dieser sinnreichen Konstruktion den Eindruck, als sei die empfindliche Wurzelspitze der Pflanze eine Art Sinnesorgan. Francé hat diese bildhafte Vorstellung anschaulich beschrieben:

»Alle Fähigkeiten der Wurzel vereinigen sich in der Wurzelspitze. Das ist das einzige, was sich sagen läßt. Schon Darwin hat sie mit einem Gehirn verglichen. Man könnte diesen Vergleich noch erweitern und die Wurzel mit einem feinen kleinen Wurm in Parallele stellen, der das Erdreich tastend und prüfend, wenn auch unendlich langsam abkriecht, da Feuchtigkeit suchend, dort ausweichend oder eine schädliche Luft witternd, durchaus nicht stets nach der Tiefe sondern dorthin strebend, wo die Erhaltung des Ganzen, dessen Teil er ist, am besten gesichert ist. Und wo sie jene Bodenmikroben findet, die zur Lebensgemeinschaft der Wurzel gehören.«

Wie auch immer dieses wunderbare Organ »im Innersten« beschaffen sein mag, eines ist jedenfalls gesicherte Erkenntnis: Über die feinen Haarwurzeln nehmen die Pflanzen die im Wasser gelösten Nährstoffe aus dem Boden auf. So gelangt die nahrhafte Brühe, an der die Mikroorganismen ständig arbeiten, in den Säftestrom der Gewächse.

Durch die feinen Haare an den Wurzelspitzen gelangen Wasser und Nährstoffe in die Leitungsbahnen der Pflanzen. Links: Wurzelquerschnitt mit Haarwurzeln. Rechts: Wurzelspitze mit Haube.

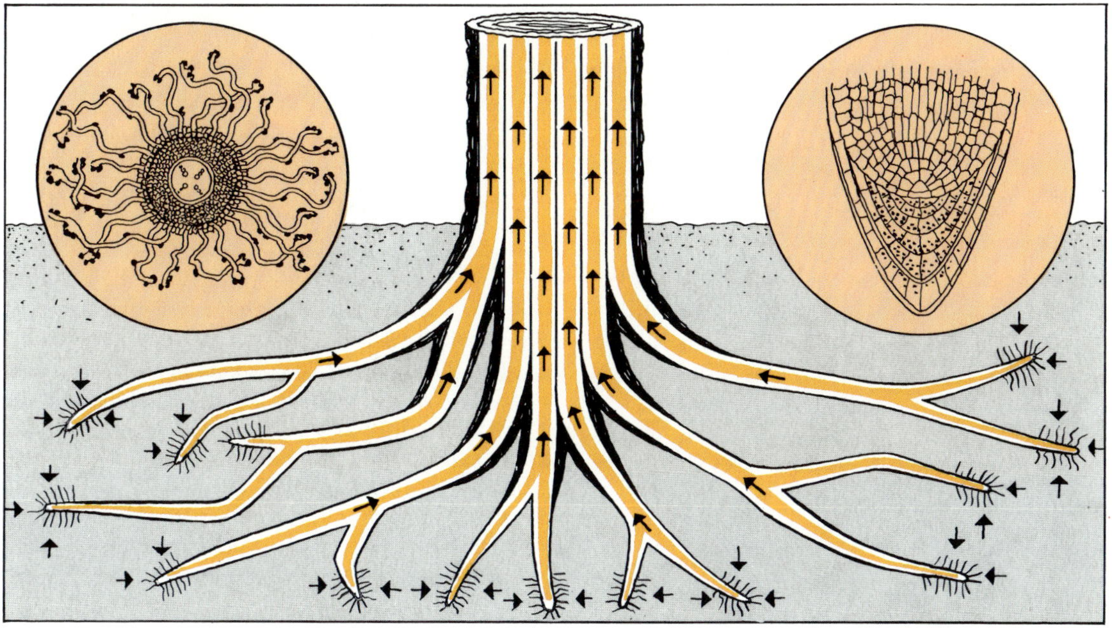

Bis vor kurzem glaubte man, daß Pflanzen einzig und allein wasserlösliche Substanzen aufnehmen können. Dieser Gedanke war auch die Grundlage der Düngung mit chemischen Salzen. Neue Forschungen – die sich unter dem Elektronenmikroskop bestätigten – ergaben, daß die Wurzeln auch winzige noch lebende organische Substanzen direkt aufnehmen können: Mikro- und Makromoleküle, Aminosäuren, Enzyme, Teilchen von Zellen und Plasma. Dr. Rusch und Professor Virtanen haben entdeckt, daß die im Wurzelbereich tätigen Bakterien die Endformen des Plasmas so »vermitteln«, daß die Pflanzenorgane sie direkt annehmen und als Bausteine für neue organische Substanzen benutzen können. Die Wissenschaftler nennen dieses Phänomen den Kreislauf der lebenden Substanz.

Der biologische Gärtner kann aus diesem komplizierten unterirdischen Stoff-Wechsel-Geschehen die praktische Schlußfolgerung ziehen, daß seine Pflanzen nicht nur mit Mineralstoffen sondern auch ständig mit organischer Substanz versorgt werden müssen.

Die Wurzelspitzen sind übrigens sehr wählerisch bei der Auswahl. Unter gleichen Bodenbedingungen entnehmen sie dem gemischten Angebot immer nur diejenigen Nährstoffe, die »ihre Pflanze« benötigt. Dies ist dann bei einem Kohlkopf eine ganz andere »Menüzusammenstellung« als bei einer Rose. Die Pflanzen wählen also ganz individuell aus dem Nährstoffangebot des Erdreiches aus, was sie gerade brauchen. Darwins Vergleich vom Gehirn der Pflanze in der Wurzelspitze drängt sich auch in diesem Zusammenhang auf.

Die Wurzeln nehmen aber nicht nur Stoffe aus dem Boden auf, sie sondern auch selber Säuren aus dem Stoffwechsel der Pflanzen aus. Diese Säuren tragen mit dazu bei, feste Bodenbestandteile zu lösen und sie so zu verflüssigen, daß die Wurzeln sie aufsaugen können. In tieferen Bodenschichten lösen die Säureausscheidungen auch

Mineralien auf. Diese Ausflüsse aus dem Säftestrom der Gewächse beeinflussen auf ihre Weise die zahlreichen Umformungsprozesse im Boden. Sie können – im richtigen Verhältnis – zum Aufbau der Gare beitragen. Wo sie einseitig in größeren Mengen ausgeschieden werden – zum Beispiel in ausgedehnten Monokulturen –, können die Pflanzensäuren aber auch zur Bodenmüdigkeit führen.
Für den praktischen Gärtner ist noch ein »oberirdischer Wink« wichtig für sein Verständnis der

Sie gleichen sich wie ober- und unterirdische Spiegelbilder: Baumkrone und Kronentraufe (Wurzelraum).

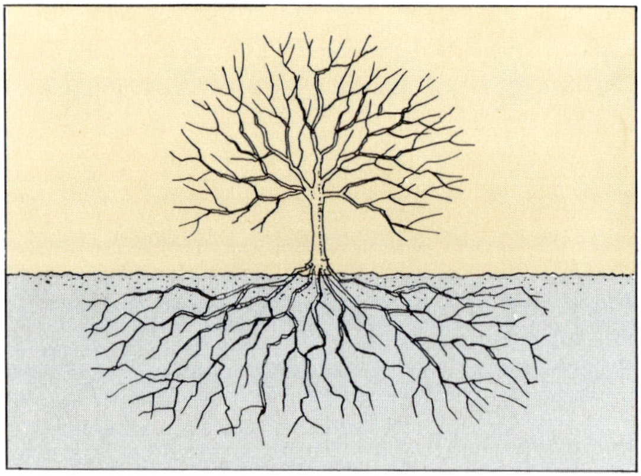

Blattkonstruktionen lenken den Regen zu den Wurzeln.

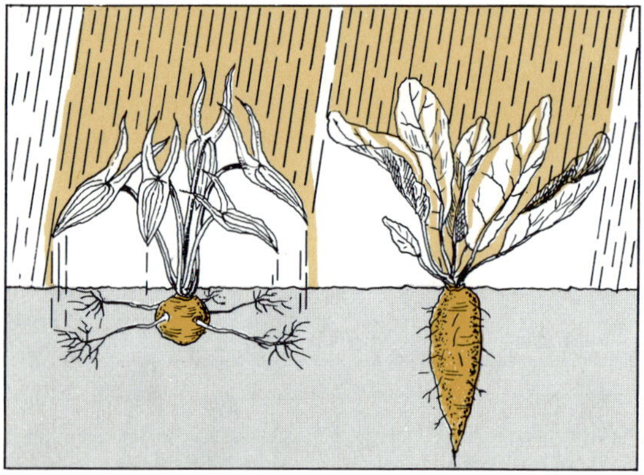

unterirdischen Zusammenhänge. Die Natur ist immer bestrebt, möglichst funktionelle Formen zu entwickeln. Sie neigt nie zur Verschwendung. So sind manche Blatt- und Baumkronenkonstruktionen so beschaffen, daß sie das Regenwasser genau dort hinleiten, wo sich im Boden das dichteste Netz von Wurzelspitzen befindet. Pflanzen mit senkrechten Pfahlwurzeln oder Rübenwurzeln besitzen Blätter, die das Wasser zur Mitte hin abfließen lassen. Bei großen Bäumen läuft das meiste Wasser dagegen über die Krone nach außen ab. Es rinnt genau in die Kronentraufe, wo sich die feinen Faserwurzeln ausbreiten. Bei einem Baum gleichen sich der Bereich der Wurzeln und die Form des Wipfels wie Spiegelbilder. Ihre Funktionen sind aufeinander abgestimmt – so wie überall im Pflanzenreich die unterirdische Nahrungsaufnahme und die Nahrungszubereitung in den grünen Blättern kombiniert werden zu einem großartigen, ineinander spielenden Produktionsprozeß.

Pflanzenleben über der Erde – grüne Blattfabrik mit Sonnenmotoren

Aus der wunderbaren Welt der Wurzeln steigen wir nun ans helle Tageslicht in einen nicht minder phantastischen Bereich des Pflanzenlebens. In den grünen Blättern spielt sich der zweite Akt des spannenden Schauspiels »Pflanzen schaffen Nahrung, Energie und neues Leben« ab. Je näher die Wissenschaft mit Elektronenmikroskopen und chemischen Analysen in die verborgene Wirklichkeit der Blätter eindrang, desto aufregender waren die Erkenntnisse über die Prozesse, die sich dort abspielen: in Sekundenbruchteilen, stündlich, täglich, jahraus, jahrein, seit Milliarden Jahren!
Der große Pflanzenforscher R.H. Francé schrieb voller Bewunderung: »Einer ungeheuren Fabrik ist so ein Blatt zu vergleichen, in der zahllose kleine Sonnenmotoren aufgestellt sind, die im Sonnenlicht chemisch tätig sind. Nur sind es merk-

würdige lebende Maschinen, die sich von selbst dort hinstellen, wo die besten Arbeitsbedingungen herrschen; sie sind Maschine und Arbeiter zugleich.«

Der Ire Brendan Lehane vermittelt in seinem Buch »Macht und Geheimnis der Pflanzen« einen lebendigen Eindruck von diesem allgegenwärtigen kosmisch-irdischen Wechselspiel:

»Verzehrt man bei Tageslicht ein frischgepflücktes Blatt, ist etwas von dem, was man zu sich nimmt, noch vor acht Minuten Teil der Sonne gewesen. Soviel Zeit benötigt das Sonnenlicht nämlich, um die Erde zu erreichen. Die Umwandlung dieser Sonnenenergie in Nahrung braucht zusätzlich nur noch den Bruchteil einer Sekunde. Trotz der Geschwindigkeit, mit der sich dieser Prozeß vollzieht, bildet er den wesentlichen Schlüssel für alles Leben auf der Erde. Er findet zwischen Sonnenaufgang und Sonnenuntergang in den Weltmeeren in jeder Kiesel- oder Stabalge, auf dem Trockenen in jedem Blatt statt.«

Was aber spielt sich nun im einzelnen ab? Die Pflanzen nehmen durch winzige Spalten an der Blattunterseite Kohlensäure bzw. Kohlendioxid aus der Luft auf. Dies ist ein Grundstoff des Lebens in Gasform. Gleichzeitig steht ihnen das Urelement Wasser zur Verfügung, das von den Wurzeln her durch ein verzweigtes Röhrennetz aufsteigt. In den grünen Blättern spielen sich nun »weltbewegende« Verwandlungen ab: Wasser wird in seine Bestandteile Wasserstoff und Sauerstoff zerlegt. Das Kohlendioxid wird aufgespalten in Kohlenstoff und Sauerstoff. Aus diesen chemischen Einzelbausteinen setzt die Pflanze nun einen neuen Grundbaustoff zusammen: die Glukose. Man nennt dieses neue Produkt aus der grünen Blattfabrik in der Sprache der Chemiker Kohlenhydrat. Im Alltagsleben begegnet uns dieser Stoff in den verschiedensten Abwandlungen als Zukker. Der Sauerstoff, der bei diesem »Arbeitsgang« übrigbleibt, wird durch die Blattoberfläche wieder an die Atmosphäre abgegeben. Er bereichert unsere Atemluft.

Die Pflanzen sind also in der Lage, aus Wasser und Kohlendioxid den Nährstoff Zucker selber herzustellen. Die Energie, die für diesen Prozeß benötigt wird, liefert die Sonne. Der Vermittler zwischen den Himmelsstrahlen und den irdischen Grundstoffen ist das Chlorophyll in den Zellen der Blätter. Den gesamten Prozeß der biochemischen Umwandlung unter der Mitwirkung von Sonnenenergie und Chlorophyll nennt man die Photosynthese.

Sehen wir uns das Chlorophyll, den grünen Farbstoff in den Blättern, einmal näher an. Es befindet sich in den Zellen an der Blattoberseite und in den Stengeln. Seine äußere Gestalt gleicht etwa einem länglichen Reiskorn. Ein wichtiger Bestandteil des Chlorophyllmoleküls ist Magnesium. Die Chloroplasten, wie die eigentlichen Blattgrünkörper auch genannt werden, sind innerhalb ihres Zellgehäuses beweglich. Sie können hin- und herrollen. Auf diese Weise passen sie sich den Lichtverhältnissen an. Es kann zum Beispiel geschen, daß die Chlorophyllkörner sich bei zu grellem Sonnenlicht eng nebeneinander drängen und an den Zellwänden aufreihen. Bei normaler Beleuchtung verteilen sie sich dagegen über die ganze Zelle. Solche Reaktionen fallen natürlich unterschiedlich aus, je nachdem, um welche Pflanze es sich handelt. Schattengewächse benötigen schnellere Abwehrmaßnahmen, wenn sie plötzlich glühender Mittagssonne ausgesetzt sind, als Pflanzen, die viel Licht lieben.

Die Blätter sind gleichfalls beweglich. Sie können sich der Sonne zudrehen. Dann bieten sie ihrer Energiequelle die größtmögliche Oberfläche an, um ihre Kräfte möglichst intensiv zu nützen. Die Chlorophyllkörner bewegen sich mit und rollen in die günstigste Lage. Sobald sie von den Impulsen des Lichts getroffen werden, setzen sie die Umwandlungsprozesse in Gang.

Auf der ersten Stufe wird Wasser in Wasserstoff und Sauerstoff gespalten. Der Sauerstoff wird dann ausgeschieden. Den Wasserstoff übernimmt ein Enzym. Ein zweites Enzym wird mit neugeschaffener chemischer Energie aufgeladen. Dieser Prozeß ist ganz und gar abhängig vom Licht und seiner Energie. Er benötigt aber keine Wärme. Man nennt diesen Vorgang auch Lichtreaktion. Die zweite Produktionsstufe spielt sich im Dunkeln ab; sie wird deshalb Dunkelreaktion genannt. Hierzu wird auch Wärme benötigt. Die beiden mit wertvoller Fracht beladenen Enzyme treffen in dieser zweiten »grünen Fabrikhalle« auf den Kohlenstoff, der von außen aus der Luft ins Blatt eingedrungen war in Form von Kohlendioxid. Das eine Enzym entlädt an dieser Stelle seine Energie, damit das andere seinen Wasserstoff mit dem Kohlenstoff verbinden kann. Aus dieser Vereinigung entstehen dann Kohlenhydrate und Zucker.

Dieses kostbare Endprodukt eines komplizierten Umwandlungsprozesses braucht die Pflanze bei weiteren lebenswichtigen Vorgängen, zum Beispiel bei der »Atmung« und als Brennstoff bei allen biologischen Verbrennungsprozessen. Aus Zucker wird aber im Blatt unter anderem auch Stärke gebildet. Sie dient den Pflanzen, wenn sie reichlich erzeugt werden kann, nicht nur als tägliche Nahrung, sondern auch als Reserve für magere Zeiten. Stärke wird in Wurzeln und Knollen eingelagert wie in lebendige Vorratsbehälter. Was der Pflanze ein langes Leben sichern soll, ist aber auch den Menschen von Nutzen: Kartoffeln und Sellerieknollen zum Beispiel sind durch die Sparkasse der Natur besonders nahrhaft!

Alle bisher beschriebenen Produktionsabläufe in der grünen Blattfabrik dienen der Aufnahme von lebenswichtigen Stoffen. Die Biologen nennen sie deshalb auch Assimilation, das bedeutet Aneignung oder Angleichung. Die Assimilation ist ein Aufbauprozeß. In eine kurze Formel konzentriert sieht der ganze komplizierte Vorgang so aus: Kohlendioxid + Wasser + Lichtenergie ergibt die Endprodukte Zucker und Sauerstoff.

Der umgekehrte Prozeß wird Dissimilation genannt. Dies bedeutet Ausstoßung oder, chemisch betrachtet, die Umwandlung zusammengesetzter, organischer Verbindungen in einfachere Verbindungen. Die Dissimilation ist also ein Abbauprozeß. In unserer grünen Blattfabrik geht es dabei um den Abbau des selbsterzeugten Zuckers. Er besteht ja aus einer Kohlenstoffverbindung und wird als Brennstoff benutzt, so wie wir mit Kohlen heizen und Wärme erzeugen. Ein Feuer im Ofen brennt aber nur dann ordentlich, wenn es genügend Luft, das heißt Sauerstoff bekommt. Auch die Pflanze braucht Sauerstoff, um ihren Zucker in Energie umzusetzen. Dabei gibt sie die freiwerdende Kohlensäure nach außen ab. Da dieser Wechsel von Stoffen der Atmung von Menschen und Tieren ähnelt – Sauerstoff wird aufgenommen, Kohlensäure ausgeatmet –, nennt man diesen Prozeß auch bei der Pflanze »Atmung«.

Zwei wichtige Unterschiede zwischen den beiden Fabrikationsbereichen Assimilation und Dissimi-

Schema der Photosynthese: Lichtenergie trifft auf das Chlorophyll und setzt den Zyklus in Gang.

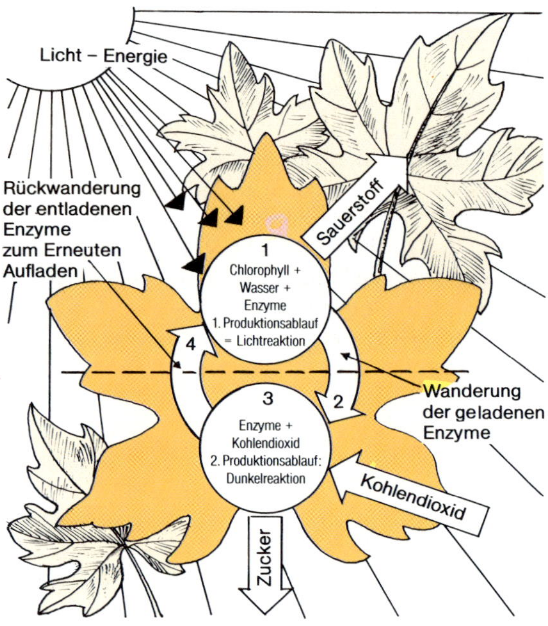

lation sollten Sie sich merken: Die Assimilation mit der Photosynthese verbraucht Energie, die sie von außen, von der Sonne bezieht. Sie ist abhängig vom Tageslicht. Nachts ruht die Arbeit in diesen »Werkstätten«. Bei der Dissimilation wird dagegen Tag und Nacht durchgehend produziert. Die Pflanze benutzt betriebseigene Stoffe, sie ist unabhängig. Außerdem verbraucht sie keine Energie, im Gegenteil: sie erzeugt Energie. Diese ist ein Abbauprodukt, das bei der Umsetzung des Zuckers entsteht.

Ihre »hauseigene« Energie benötigt die Pflanze, um viele lebenswichtige Vorgänge in ihrem Organismus in Gang zu halten – so ähnlich wie wir Strom benötigen, damit unsere Maschinen laufen. Dissimilation ist im Gegensatz zur Assimilation kein in sich geschlossener Produktionsablauf. Sie umfaßt eine Fülle verschiedener Prozesse mit unterschiedlichen Endprodukten. Einige davon können sogar ohne Sauerstoff ablaufen. Solche »luftscheuen« Abbauprozesse sind zum Beispiel die Alkoholgärung und die Milchsäuregärung. Doch dies würde uns zu weit in die Welt der Chemie führen.

Für einen praktischen Gärtner ist es aber von Bedeutung, wenigstens über die wichtigsten biochemischen Abläufe in seinen Pflanzen Bescheid zu wissen. Wenn es ihm zum Beispiel klar geworden ist, daß die grünen Gewächse für viele lebenswichtige Prozesse Sauerstoff benötigen, dann wird er viel leichter begreifen, daß Sauerstoffmangel schwere Schäden in seinen Kulturen hervorruft. Verdichtete Böden, zu enge Pflanzung, aber auch stickige Lagerräume behindern die Arbeit in den grünen Produktionsstätten. Denn sogar eingekellerte Möhren, Kohlköpfe und Wintersalate sind keineswegs »tote Ware«. Ihr Stoffwechsel arbeitet immer noch, wenn auch sehr reduziert. Und dazu braucht er Luft und Sauerstoff!

Wir haben nun einen Blick mit Elektronenaugen tief hinein in die innersten Bereiche des Pflanzenlebens geworfen. Von den Wurzeln in der feuchten dunklen Erde bis hinauf zu den grünen Blättern, in denen die »goldenen Sonnenmotoren« laufen. Alle Arbeitsgänge und alle Produkte, die wir in diesen phantastisch funktionierenden Pflanzenwerkstätten kennenlernten, sind abhängig von einem lebenswichtigen Urstoff: vom Wasser. Ohne Wasser gibt es kein Leben auf dieser Welt. Ohne dieses besondere flüssige Element würde auch der ganze komplizierte Apparat der Pflanzen zusammenbrechen. Denn Wasser löst die Nährstoffe in der Erde. Es drängt durch die Poren der Wurzelhaut, steigt aufwärts und kreist durch die grünen Adern der Pflanzen, um Stickstoff, Kali, Phosphor und Spurenelemente zu den Zellen zu bringen. Wasser wird in den Blättern chemisch gespalten, um neue Bausteine des Lebens bilden zu können. Wasser transportiert schließlich auf dem umgekehrten Weg, zurück in die Tiefe, diejenigen Nährstoffe, die im oberirdischen Pflanzenkörper erzeugt werden. Zwei große Ströme steigen ständig auf und nieder in den lebendigen Gewächsen.

Aber das kostbare Naß ist nicht ungefährdet – es verdunstet. Die Pflanzen schwitzen täglich große Mengen Wasser aus. Bei starker Hitze kann dies gefährlich werden. Dann hängen die Blätter schlaff herunter, in den grünen Werkshallen läuft die Produktion »auf Sparflamme«. Wassernachschub ist in solchen Stunden lebenswichtig, sonst vertrocknen die Blätter, und ihre feinen komplizierten Anlagen sind für immer zerstört. Ähnliche Katastrophen können auch im Wurzelbereich geschehen.

Der ununterbrochene Kreislauf des Wassers beginnt im Boden, steigt durch die Leitungssysteme der Pflanzen in die Blätter und entweicht dort zum Teil als Wasserdampf in die Atmosphäre. Als Regenwasser kehrt er später zurück in den Boden. Dieser geschlossene Kreis ist ein technisches und biologisches Meisterwerk der Natur. Denn das Wasser muß ja von den Wurzeln bis zu den höchsten Baumkronen entgegen der Schwerkraft hochsteigen. Da es im Boden keine künstlichen

Wasserleitungsbahnen im Stengel eines Kürbis. (Längs- und Querschnitt). Unten: Durch Spaltöffnungen an der Blattunterseite »schwitzt« die Pflanze Wasserdampf aus; Kohlendioxid tritt hier ein.

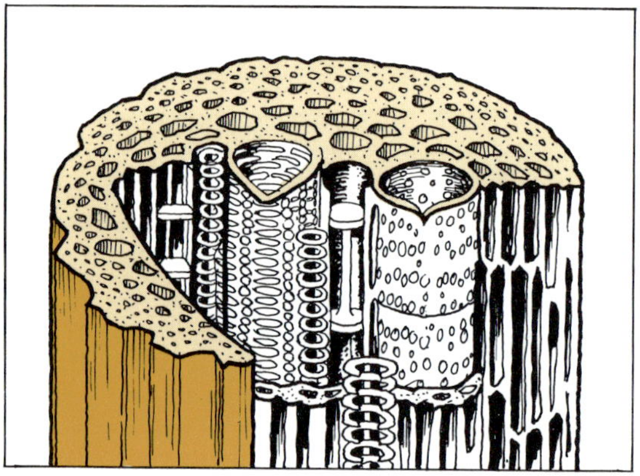

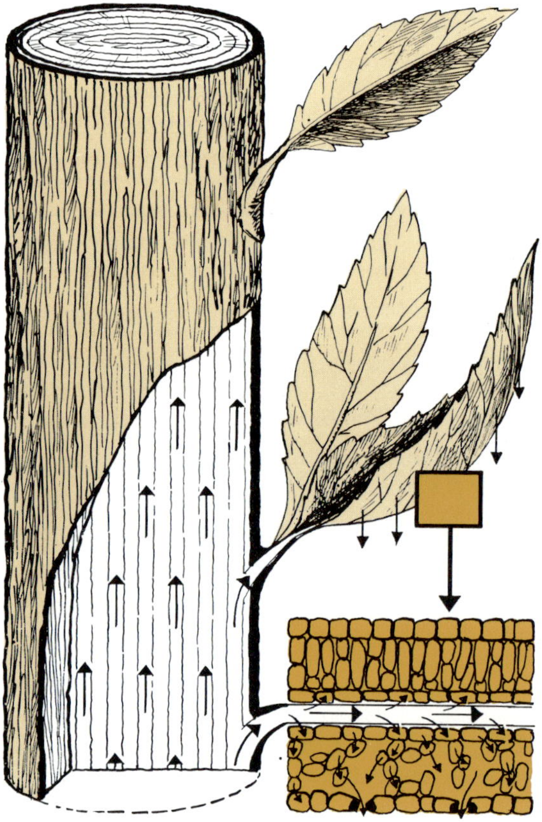

Pumpstationen gibt, müssen die Gewächse ihre eigenen Wasserpumpen besitzen. Der Druck, der die Flüssigkeit hochtreibt, wird durch zwei unterschiedliche Kräfte ausgeübt: durch die Osmose und durch die kapillaren Kräfte. In beiden Fällen wird Wasser an- und hochgesaugt. Bei der Osmose geschieht dies von Zelle zu Zelle. Die Membranen der Zellwände sind so geschaffen, daß die Zuckerlösung im Inneren nicht herausdringen kann. Das Wasser, das von außen an die poröse Wand drängt, kann aber die feinen Öffnungen durchdringen. »Schuld« an diesen ungleichen Verhältnissen sind die verschieden großen Moleküle der Stoffe.

Die Zuckerlösung in der Zelle saugt nun das Wasser solange an, bis sie gesättigt ist und die Zelle so prall gefüllt mit Flüssigkeit, daß die Wand nicht mehr nachgeben kann. Der optimale osmotische Druckausgleich ist erreicht. Der Innendruck, den die flüssige Zellfüllung auf die gespannte Zellwand ausübt, wird von den Wissenschaftlern Turgor (lateinisch: Schwellung) genannt. Dieser Turgor sorgt immer aufs Neue dafür, daß sich Stengel und Blätter fest anfühlen und daß sie straff aufgerichtet sind. Hängen die Blätter dagegen schlaff herunter, knicken die Stengel, so stimmt etwas mit der Wasserversorgung nicht. Die Zellen warten dringend darauf, daß die Wurzeln flüssigen Nachschub besorgen.

Im Inneren des Pflanzenkörpers wird das Wasser mit Hilfe der Osmose von Zelle zu Zelle aufgesaugt. Am Ende der Kette – im letzten Blatt einer Stangenbohne zum Beispiel – ist die Saugkraft am größten. So gelangt der Säftestrom langsam aber beständig bis zu den äußersten Spitzen der Pflanzen.

Die zweite Kraft, die das Wasser nach oben zieht, ist die kapillare Kraft. Flüssigkeit steigt in Röhren hoch, je enger der Durchlaß, desto höher klettert sie. Ähnlich wie Tinte auf einem Löschblatt breitet sich so das Wasser in den Pflanzen bis in die feinsten Haarröhrchen (capillum = Haar) aus. Damit das Wasser überall hingelangen kann, besitzen die

Pflanzen weitverzweigte Leitungssysteme, die wie Röhren von den Wurzeln über Stengel und Stämme bis zum letzten Blatt reichen. Dies ist ein ähnlich lebendiges Netzwerk wie die Adern, die die Körper von Menschen und Tieren durchziehen. Nur fließt statt Blut Wasser durch die Pflanzenkörper.

Ein zweites System von feinen Kanälen führt zur Außenhaut der Blätter. Es sind Luftleitungen, durch die überschüssiges Wasser aus dem grünen Gewebe austreten kann. Die Pflanze transpiriert. Winzig kleine Spalten oder »Münder« an der Blattunterseite öffnen und schließen sich automatisch. Stehen Stengel und Blätter unter starkem Wasserdruck, so kann der Überfluß nach außen verdunsten. Bei Wassermangel werden »die Luken dichtgemacht«, damit die Pflanzen nicht vertrocknen. Dieser Mechanismus funktioniert aber nicht hundertprozentig. Denn durch die kleinen Spalten nimmt die Pflanze ja auch Kohlendioxid von außen auf. Sie kann diese Öffnungen also nur zeitweise »verriegeln«.

Durch die Transpiration und die gleichzeitige Verringerung des Wasserstandes im Inneren der Pflanze entsteht ein Sog, der wieder neue Flüssigkeit nach oben zieht. Das Schwitzen hängt bei den grünen Gewächsen ähnlich wie bei den Menschen mit warmer, trockener Außentemperatur und Verdunstung zusammen. Wenn die Luft um sie herum an feuchten Tagen mit Wasserdampf gesättigt ist, kann die Pflanze nicht schwitzen. Damit ihr Säftestrom aber weiter zirkuliert und auch ständig erneuert und mit Nährstoffen beladen wird, greift sie zur Notlösung »Guttation«. Das ist eine Ausscheidung von Wassertropfen durch Drüsen an den Blatträndern. Sie kann nur durch den hohen Druck möglich gemacht werden, der im Flüssigkeitshaushalt der Pflanzen herrscht. Man nennt dieses stoßartige Austreten von Säften auch »Bluten«. Wer im Frühling einen Birkenast abschneidet, der wird dieses hervorquellende »Pflanzenblut« in besonders heftiger Form erleben.

Guttation: Wasserausscheidung an den Blatträndern.

Der ständige Wasseraustausch einer Pflanze mit ihrer Umwelt ist ein gewaltiges Unternehmen, das ganz wesentlich zur Erhaltung des Lebens auf der Erde beiträgt. Bäume sind dafür die anschaulichsten Beispiele. Eine Birke verdunstet an einem warmen Tag 400 Liter Wasser in die Atmosphäre. Wälder haben einen »Umsatz« von Millionen Litern Flüssigkeit, die aus dem Boden gepumpt und dann zum Teil wieder an die Luft abgegeben werden. Diese Feuchtigkeit steigt auf, bildet am Himmel Wolken und fällt irgendwann wieder als Regen herunter auf die Erde. Es sind die Pflanzen selber, die dafür sorgen, daß das lebendige Naß nicht ausbleibt und daß es im Boden nicht überhand nimmt. Nur ein Viertel der Regenmenge auf der Erde entsteht durch die Verdunstung der Meere. Drei Viertel des Niederschlages sind ein Erzeugnis der grünen Pflanzen.

So greifen alle wichtigen Lebensprozesse wie Glieder einer Kette ineinander. Immer wieder schließen sich die lebendigen Kreisläufe. Jedenfalls solange der Mensch nicht in blindem Egoismus in dieses feine Räderwerk greift und den eingespielten Mechanismus stört. Dann geschieht was Lehane beschwörend beschreibt: »Entwaldetes Land besitzt keine Stimme, mit der es nach Wasser rufen könnte. Die Wolken ziehen darüber hinweg und bewahren den Regen für andere, grünere Gebiete.«

Für den biologischen Gärtner, der ja auch ein Pflanzen- und Umweltschützer ist, bedeutet das Wissen um die innersten Zusammenhänge eine große Hilfe für viele praktische Entscheidungen. Wässern und düngen, die Sorge für einen luftigen Standort und die Auswahl richtiger Lichtverhältnisse – alle diese alltäglichen Handgriffe im Garten wird er nun mit anderen Augen betrachten und mit wacherem Bewußtsein ausführen. Wer weiß, wie die lebendigen Prozesse ablaufen, wer staunend erkennt, wie kompliziert sie ineinandergreifen, der wird sich hüten, mit groben Maßnahmen feine Netze zu zerreißen. Ein Gärtner, der in seinem grünen Reich nicht nur wohlgefällig die pralle Oberfläche seiner Salatblätter betrachtet sondern gleichsam hindurchsieht und erfaßt, was sich »unter der Haut« abspielt, ein solcher Gärtner wird erst zu einem echten »Grünen«. Er bleibt sein Leben lang ein aufmerksamer Lehrling der Natur.
Sie schlägt ihm das Buch der chemischen, physikalischen und biologischen Gesetze auf, die zwischen Himmel und Erde gültig sind. Nirgends kann er mehr lernen, als in diesem strengen Unterricht, der doch die ganze bunte Fülle des Lebens vor ihm ausbreitet. Wer Augen hat zu sehen, der sehe!

Kein Krieg im Garten

Aus Schädlingen wird man klug

In der Natur scheidet niemand die lebenden Wesen in »gut« und »böse«. Jede Pflanze, jede Mikrobe, jedes Tier hat seinen Platz und seine Aufgabe. Alles, was lebt, versucht ständig sich zu ernähren, zu vermehren und möglichst lange zu behaupten. Stets werden die Schwächeren, die Unvorsichtigen, die weniger Angepaßten als erste beiseite gedrängt oder aufgefressen. So sorgt die Natur in einem beständigen Wechselspiel zwischen Leben und Tod dafür, daß das Gleichgewicht zwischen ihren Geschöpfen erhalten bleibt.
Wie sollte sonst das unvorstellbar reiche Leben in unberührten Urwäldern oder weiten Steppenlandschaften funktionieren? Diese großen natürlichen Lebensräume erhalten sich selbst. Kein ordnender Eingriff von außen ist nötig. Schäden können hier nur Naturkatastrophen oder Menschen anrichten.
Die Behauptung, daß eine Blattlaus oder ein Kohlweißling ein »Schädling« ist, stammt ebenfalls vom Menschen. Nur in seinen Augen, an seinen egoistischen Interessen gemessen, richtet da ein »Mitbewohner« seines Gartens Schaden an. Weil ein Gärtner nicht mehr so viele große, unversehrte Kohlköpfe ernten kann, wie er sich ausgerechnet hat – weil seine Rosen für einen Liebesgruß nicht mehr so makellos schön sind, wie er es sich wünscht – deshalb sagt er: Du schadest mir! Mein Tisch ist nicht für ungebetene Mitesser gedeckt. Weg mit dir! Natürlich haben Gärtner und Bauern einen berechtigten Anspruch darauf, die Erzeugnisse ihrer Mühen auch selber zu ernten. Sie bauen Obst und Gemüse an, weil sie sich selbst, ihre Familie und eine große Zahl anderer Menschen von diesen Früchten der Erde ernähren wollen. Es besteht ein wesentlicher Unterschied zwischen wildem Wachstum in der freien Natur und den »gezähmten« Kulturen auf dem Acker und im Garten. Die kultivierten Nutz-Pflanzen sollen größer, gesünder und ertragreicher sein als ihre wilden Vorfahren in Wäldern und Wiesen. Deshalb müssen sie auf gute Eigen-

schaften gezüchtet, gedüngt und gewässert werden. Der Mensch bietet ihnen möglichst vorteilhafte Lebensbedingungen an, damit sie zu seinem Nutzen üppig gedeihen.
Jeder Garten und jeder Acker ist eine »künstliche«, eine kultivierte Welt. Das freie Wechselspiel der Natur wird hier in Grenzen gehalten. Die ordnende Hand des »Kultivators« greift immer wieder ein und lenkt die Entwicklung der Pflanzen in seinem Sinne. Die wichtigste Frage lautet dabei: Bleibt der »Herr des Gartens« dennoch ein »Diener der Natur«? Solange der Gärtner die Gesetze der großen natürlichen Lebensgemeinschaft achtet, von der auch der Mensch mit all seinen Bemühungen nur ein Teil ist, solange bleibt auch in seinem Garten ein Gleichgewicht der Kräfte erhalten. Es herrscht keine Wildnis, aber auch nicht die strenge Ordnung eines Exerzierplatzes. In einem solchen naturgemäßen oder biologischen Garten wird es immer eine begrenzte Zahl von »Schädlingen« geben. Aber sie werden nie zur Plage. Sie nagen ja nicht nur die gehegten Früchte und Blumen an; viele kleine Tiere – von der lästigen Schnecke bis zur emsigen Ameise – gehören zur Gesundheitspolizei im Grünen. Sie beseitigen, was schwach und krank ist und sorgen dafür, daß Verwesendes nicht lange liegen bleibt. Derjenige Gärtner, der die lebendigen Zeichen der Natur richtig zu deuten weiß, wird sogar aus Schädlingen klüger. Sie zeigen ihm nämlich, wo sie plötzlich in Scharen auftauchen, daß er irgendetwas falsch gemacht hat. Anstatt zu schimpfen und zu spritzen, sollte er zuerst einmal nachdenken, ob er den kleinen Mitessern nicht sogar selbst die Gartentür geöffnet hat. Der bekannte Experte Sir Albert Howard war jedenfalls davon überzeugt, daß Schädlinge seine »landwirtschaftlichen Professoren« waren!
Für einen biologischen Gärtner bleiben immer die Zusammenhänge wichtig: Wo Läuse, Raupen oder Milben völlig vertrieben werden, fällt ein Glied in der Nahrungskette der vielen anderen Lebewesen aus. Meisen, Marienkäfer und Raubmilben, die natürlichen Feinde der »Schädlinge« leiden Hunger und können nicht genügend Nachkommen ernähren. In diesem Sinne wird der »Schädling« plötzlich zum »Nützling«. Er ist ein Teil des unsichtbaren Netzwerkes, das alle Lebewesen miteinander verbindet und voneinander abhängig macht. Wo diese Verflechtungen zerschlagen werden, sind unübersehbare Ketten-Reaktionen die Folge. In einem biologischen Garten sind »Schädlinge« deshalb ganz einfach Lebewesen, die man zwar in Grenzen halten aber keineswegs »bekämpfen« und »ausrotten« muß. In erträglichem Rahmen *müssen* sie sogar ihre Rolle im großen Gartenspiel behalten. Doch dies ist kein Kampfspiel. Der biologische Gärtner will keinen Krieg in seinem friedlichen Reich. Er sieht die Gegensätze der Interessen mit anderen Augen an. Auf seine Weise überträgt er so die Gesetze der Natur auf ein Stück kultiviertes Land.
In einem nautrgemäßen Garten wird das Schädlingsproblem vorwiegend durch positive Maßnahmen gelöst: Alle Nützlinge werden gefördert. Sie helfen mit, Krankheiten und »Mitesser« in Grenzen zu halten. Es ist eine alte Erfahrung, daß die meisten Schädlinge Schwächeparasiten sind. Sie befallen zuerst diejenigen Pflanzen, die Wachstumsstörungen aufweisen. Vorbeugend wählt der biologische Gärtner deshalb Sorten aus, die zu seinem Klima und zu seinen Bodenverhältnissen passen. Richtige Pflanzabstände, genügend Licht, Luft, Wasser und Dünger gehören ebenfalls zu den wichtigen Voraussetzungen für gesundes, kraftvolles Wachstum. Mischkulturen machen es vielen Schädlingen schwer, Fuß zu fassen, weil sie ihre »Spezialitäten« darin mühsam suchen müssen. Eine sinnvolle Bodenpflege mit Kompost und Mulchdecken fördert ganz besonders die Gesundheit der Pflanzen und damit ihre Abwehrkräfte.
Umgekehrt nimmt die Schädlingsgefahr überall dort gefährliche Ausmaße an, wo die Anbaumethoden sich am weitesten von allen natürlichen Voraussetzungen entfernt haben. Riesige Mono-

kulturen, wie sie für den modernen Ackerbau typisch sind, bieten speziellen Schädlingen beste Vermehrungsmöglichkeiten. Vor ihnen breitet sich ja oft kilometerweit ein Schlaraffenland aus. Ihre Feinde haben dort entweder keine Lebensgrundlage oder sie werden bei Spritzungen mit chemischen Insektiziden mit vernichtet.
Der nächste Akt in dieser ländlichen Tragödie wird beherrscht von den resistenten Rassen. Die Stärksten haben – wie überall in der Natur – überlebt. Sie werden immun gegen die bisher benutzten Gifte. Intensivere Mittel müssen erfunden und auch angewendet werden. Der mörderische Teufelskreis dreht sich endlos weiter. Denn bisher ist es noch niemals gelungen, einen der winzigen Feinde wirklich auszurotten. Eher kann es geschehen, daß die »Kampfmittel« wie ein Bumerang zurückschlagen und denjenigen treffen, der sie einsetzte. So müssen – nach einem Bericht von O. Hitschfeld – in kalifornischen Obstplantagen die Farmer zur Blütezeit mit Pollenpistolen losziehen, um die Arbeit von Hummeln und Bienen zu übernehmen. Denn alle diese nützlichen Insekten, die für die Bestäubung im wohldurchdachten System der Natur eingesetzt werden, waren längst totgespritzt. Was gegen die Schädlinge gerichtet war, traf noch viel härter die Nützlinge.
Wehrlos gegen Schädlinge werden Pflanzen oft auch durch übertriebene Düngung. Riesige Gewächse mit aufgeschwemmtem Gewebe bringen zwar viele Pfunde auf die Waage, aber keine gute Kondition. Ähnlich wie allzu reichlich ernährte Wohlstandsbürger sind sie anfällig für Krankheiten. Denn groß und dick bedeutet keineswegs gesund und stark – weder beim Menschen noch beim Kohlkopf!
Für den privaten Gärtner stellt sich das Schädlingsproblem von vorneherein viel einfacher dar als für den Bauern, der möglichst viel verkaufen muß. Dieser muß sich dabei oft genug nach äußerlichen Merkmalen richten, weil der kurzsichtige Konsument es so wünscht. Im Garten dagegen dürfen die Kohlköpfe ruhig eine Nummer kleiner und die Äpfel ein wenig unregelmäßig gewachsen sein. Wenn sie dafür wohlschmeckend, gesund und giftfrei geerntet werden, so ist das allemal ein Gewinn!

Unkraut – ein großes Mißverständnis

Wo jeder »Schädling« seine guten Seiten hat, da kann auch das »Unkraut« kein Teufelszeug sein. Im Gegenteil: Es gehört zu den nützlichsten Pflanzen, die im Garten wachsen! Und es bietet sogar alle seine guten Eigenschaften umsonst an. Bei Licht betrachtet: Es gibt überhaupt kein Unkraut. Es gibt nur Wildkräuter. Und diese Kräuter aus den unerschöpflichen Beständen der Natur gedeihen nur dort, wo sie Bedingungen vorfinden, die ihnen behagen. Jeder Gärtner hat also das Un-Kraut, das er verdient!
Vor allem ordentliche Gartenfreunde, denen öfter der Rücken schmerzt vom mühsamen Unkrautjäten, werden jetzt vielleicht empört widersprechen. Welche guten Eigenschaften sollen denn Hahnenfuß und Löwenzahn haben? Sie verbergen mehr als ihr bescheidenes Aussehen ahnen läßt! Viele Wildkräuter gehören zu den Heilpflanzen. Ihre wertvollen Inhaltsstoffe – zu denen auch Mineralstoffe gehören – kommen nicht nur den Medizinern sondern auch dem Gartenboden zugute. Gemischte Unkräuter ergeben einen hervorragenden Kompost. Wer sie ausreißt und sie als Mulchdecke zwischen die Kulturpflanzen legt, der verbessert mit diesen wilden, kraftvollen Gewächsen den Boden.
Einen wichtigen Dienst erweisen die Un-Kräuter dem Gärtner durch ihre Zeichensprache. Sie zeigen ihm allein durch ihre Anwesenheit und durch die Gesellschaft, in der sie auftauchen, wie sein Boden beschaffen ist. Man nennt diese Wildpflanzen deshalb auch Zeiger-Pflanzen. Wer

mühsam die zähverankerten Wurzeln des Hahnenfußes jätet, der sollte dies als Mahnung auffassen: sein Boden neigt zu Staunässe und ist verdichtet. Hahnenfuß, Wucherblumen, Sauerampfer und Breitwegerich sind solche Zeiger, die schwere, undurchlässige Böden signalisieren. Sie raten dem Gärtner dringend dazu, seine Erde zu pflegen und den Humus zu verbessern.
Wo sich dagegen die leichte, grüne Decke der Vogelmiere ausbreitet, da darf der Gärtner zufrieden sein. Dieses Unkraut zeigt ihm, daß seine Gartenerde locker und humusreich ist. Nährstoffreichen Boden und hohen Stickstoffgehalt verraten Greiskraut, Schwarzer Nachtschatten und Kletten-Labkraut.
Unkraut wächst also nicht zufällig. Manche dieser ungebärdigen Wildlinge gehören zu den Pionieren, die unbeirrt dort Land erobern, wo für zartere Naturen die Lebensbedingungen noch zu hart sind. Solche Pionierpflanzen sind zum Beispiel Löwenzahn, Gänsedistel und Greiskraut. Sie lockern mit ihren tiefreichenden Wurzeln verhärtete Erde auf und holen noch aus tiefen Schichten Nährstoffe herauf.
Schädlinge gehören zur Gesundheitspolizei im Garten. Unkraut heilt gestörte Bodenverhältnisse. Von diesen ausgleichenden Eigenschaften wußten alle Bauerngenerationen, die ihre Felder ein Jahr lang brachliegen ließen. In dieser Zeit eroberten die Wildkräuter den Boden zurück. Sie regenerierten ihn durch ihre vielfältigen Ausscheidungen. Sie sammelten Stickstoff und andere Nährstoffe. Sie durchwurzelten die Erde und hinterließen einen krümeligen, luftigen Boden.
Reste dieses uralten selbsttätigen Heilungsprozesses spielen sich im Garten ab, wenn plötzlich – wie von Geisterhand verstreut – dieses oder jenes Unkraut auftaucht. In der Erde liegt ständig milliardenfacher Samenvorrat. Aber dies ist eine »schlafende Reserve«. Es keimen immer nur diejenigen Kräuter, die mit untrüglichem Instinkt ihre Chance wittern. Sie tauchen auf, wenn ihre Stunde schlägt. Und sie verschwinden von einem Jahr zum anderen, wenn die Verhältnisse sich ändern.
Ein aufmerksamer, biologischer Gärtner wird deshalb beim Unkrautjäten nie schimpfen. Er wird beobachten, was da ungerufen auf seinen Beeten wächst, und er wird seine Schlußfolgerungen daraus ziehen. Denn er weiß: Plagen werden wilde Kräuter ihn nur, wenn er grobe Fehler macht. Auch Alwin Seifert, der Pionier des biologischen Gartens, wußte dies: »Alte Märchenweisheit zeigt auf, was es mit den Unkräutern auf sich hat: sie sind die wirklichen Gartenzwerge, die echten Heinzelmännchen. Wer zornig auf sie ist, wer ihnen mit Gift zuleibe rückt, dem spielen sie einen Schabernack nach dem anderen. Wer mit ihnen im rechten Sinn umzugehen versteht, dem sind sie immer bereite, geduldige und treue Helfer und Heiler.«
Und André Voisin nimmt vor den Wild-, Heil- und Un-Kräutern im Geiste den Hut ab, wenn er sagt: »... bedauerlich, daß der Mensch so unhöflich ist, derartig wertvolle Kräuter als Unkräuter zu bezeichnen, deren höchst bemerkenswerte Eigenschaften wir jetzt allmählich entdecken.«

Gartenleben – möglichst – ohne Gift

Da für einen biologischen Gärtner alle Lebewesen in seinem Garten zu einem großen, zusammenhängenden System gehören, wird er niemals Gewaltmaßnahmen ergreifen. Er ist einfach nicht naiv genug zu glauben, daß man »etwas gegen Läuse spritzen« kann, ohne gleichzeitig Millionen Unschuldige zu treffen und zu töten. Wer einen Garten im Sinne der Natur bearbeitet, der darf aber auch nicht zimperlich sein und beim Anblick einiger krabbelnder Tierchen gleich in Panik geraten. Er muß sich daran gewöhnen, daß sie dazugehören. Die kleine Springspinne, die schleimige Schnecke und die beißfreudige Ameise zählen

ebenso zu seinen grünen Genossen wie die hübschen roten Marienkäfer, die jeder gern hat.
Im Grunde bilden sie alle eine verschworene Gemeinschaft, die das gleiche Feld beackern: Pflanzen, Tiere und Menschen. Wenn jeder seine Aufgabe erfüllt und sich an seinen Platz einordnet, funktioniert auch das Ganze. Es ist Sache des Gärtners, den Überblick zu behalten und die Abläufe so zu steuern, daß kein Lebewesen aus dem grünen Teamwork ausbricht. Geschieht dies dennoch – etwa bei einer Masseninvasion von Schädlingen oder Unkraut – so wird ein biologischer Gärtner nicht erbost zurückschlagen. Er wird immer versuchen, möglichst ohne Gift und Kriegswerkzeuge auszukommen. Nur im äußersten Notfall ist, in streng begrenztem Rahmen, einmal eine härtere Maßnahme erlaubt.
Bei einer akuten Lungenentzündung muß der Arzt Penicillin spritzen, eine Tasse Kräutertee könnte in dieser gefährlichen Situation nicht schnell genug helfen, im Gegenteil, sie bedeutet sträflichen Leichtsinn. Bei einer gewöhnlichen Erkältung wäre die starke Medizin dagegen unangebracht. In diesem Fall genügt es völlig, die Abwehrkräfte des eigenen Körpers mit bewährten natürlichen Hausmitteln zu mobilisieren. Es schadet gar nichts, wenn der Schnupfen zwei Tage länger dauert. Der Mensch muß wieder lernen, den normalen Rhythmus der positiven und negativen Strömungen in seinem Körper zu akzeptieren. Er muß sie eine zeitlang ertragen können. Ähnlich verhält es sich auch mit seinem Garten. Die altmodische Tugend der Geduld gehört zu den wichtigsten Eigenschaften eines biologischen Gärtners. Es wäre viel einfacher, auf den Knopf einer Spritze zu drücken und innerhalb von Minuten lästige Störenfriede zu vertreiben. Damit würde er zwar rein äußerlich für Ruhe und Ordnung sorgen, aber es wäre die Ruhe eines Friedhofes. Die Ordnung der feinen ökologischen Zusammenhänge gerät durch solche Gewaltmaßnahmen durcheinander. Diese Folgen sind viel schlimmer als eine vorübergehende Läuseplage. Deshalb sollte ein biologischer Gärtner auch in schwierigen Situationen seinem Wahlspruch treu bleiben: Ich töte nicht, ich fördere das Leben.

Gärtnern mit der Natur

Am Anfang steht das Umdenken

Wer sich dafür entscheidet, im Sinne der Natur zu gärtnern, der muß bereit sein, den Rücken grade zu halten und Stehvermögen zu beweisen. Romantische grüne Träume, bestickt mit Rosen und Radieschen, genügen nicht. Es geht beim biologischen Gärtnern um die Wirklichkeit und um das Herz aller Dinge. Wer Leben gewinnen will, muß stark sein – auch im Paradiesgarten!
Dies sei nicht als Abschreckung gesagt, es ist eine Aufforderung, mutig und konsequent zu sein. Denn von heute auf morgen geschehen keine Wunder. Am Anfang steht das Umdenken. Wer biologisch Gärtnern möchte, der sollte zu diesem Unternehmen ein volles und vorbehaltloses Ja sagen. Bevor er zur Hacke und zur Samentüte greift, muß er sich klar machen, worum es ihm geht. Es genügt nicht, gegen etwas zu sein. Die negative Definition »Wir benutzen keine künstlichen Dünger und keine giftigen Spritzmittel« – reicht nicht aus. Die positive Zielsetzung ist viel wichtiger: Wir arbeiten mit der Natur und mit allen modernen Erkenntnissen, die uns auf diesem

Gebiet weiterführen. Bodenpflege, Kompost, Mulchen, organische Düngung, Mischkulturen und die Einbeziehung aller nützlichen Helfer aus dem Tier- und Pflanzenreich gehören zu den Hauptpunkten im biologischen Gartenprogramm.
Aber diese Begriffe dürfen keine Schlagworte bleiben. Wer damit arbeiten will, der muß sehr genau wissen, was damit gemeint ist. Das Gärtnern nach der Natur erfordert zuerst ein Grundwissen und dann die Bereitschaft, ständig zu beobachten, zu lernen und neue Erkenntnisse hinzuzugewinnen. Wer nur oberflächlich einige biologische Mittel ausprobieren möchte, der wird es nicht weit bringen. Natürlich wirkt das Rezept der Brennesseljauche gegen Läuse oder die Bierfallen gegen Schnecken auch im »normalen Garten«. Aber danach hat er sich noch lange nicht in einen biologischen Garten verwandelt.
Dies ist der Grund, warum am Anfang dieses Buches der Leser und Gärtner zuerst in die Geheimnisse des Boden- und Pflanzenlebens eingeführt wird, ehe die ersten Schritte in die Praxis getan werden. Nehmen Sie die kleine Mühe dieses kurzen grünen Studiums auf sich. Es wird Ihnen viele Enttäuschungen, die aus Unwissenheit entstehen, ersparen. Sie werden auch bald merken, daß die Wissenschaft von der Erde und den Pflanzen spannender sein kann als jeder Krimi!

Wenn der Garten »ausflippt« – die Schwierigkeiten der Umstellung

Bei allem guten Willen: Es ist nicht ganz einfach, einen Garten auf naturgemäße Methoden umzustellen. Die vielgepriesene – und unzählige Male bewiesene – Harmonie zwischen Boden, Pflanzen und Tieren stellt sich nicht sofort ein. Der zukünftige biologische Gärtner muß sich nicht nur mit grünem Wissen, sondern auch mit Geduld wappnen. Er muß zum Beispiel einmal zusehen können, wie eine Läuseplage seinen Kirschbaum peinigt – auch wenn ihm das Herz blutet und es ihm in den Fingern zuckt, zur nächsten Spritze zu greifen.
Er muß sich auch vom gewohnten Gedanken des »ordentlichen« Gartens mit den blitzblank geharkten Flächen lösen. Die Mulchdecke, die für die Bodenpflege so wichtig ist, wird niemals so manierlich aussehen wie die »nackten« Beete. Selbst die heilige herbstliche Handlung, das Umgraben, muß ein biologischer Gärtner aus seinem Gewohnheitskatalog streichen. Anfangs wird ihm dies alles schwerfallen. Denn nichts ist für den Menschen schwieriger als das Denken in neuen Bahnen. Vor allem dann, wenn der Erfolg noch auf sich warten läßt. Zwei bis drei Jahre braucht ein Garten, bis die neuen Methoden wirksam werden. Solange muß der Gärtner konsequent und geduldig bleiben.
Wenn der Garten »ausflippt«, muß er unbedingt die Ruhe bewahren. Es kann zu regelrechten »Entzugserscheinungen« kommen. Ähnlich wie der Körper eines starken Rauchers rebelliert, wenn ihm plötzlich die gewohnten Anregungen vorenthalten werden, so kann auch ein Garten eine zeitlang »aus dem Häuschen geraten«. Solche Entgleisungen pendeln sich aber wieder ein, wenn der Gärtner standhaft auf dem einmal eingeschlagenen Weg fortschreitet.
An dieser Stelle taucht immer wieder die Frage auf: Kann ich denn meinen eigenen kleinen Garten wirklich biologisch bearbeiten, wenn meine Nachbarn ringsum weiter spritzen? Wenn die Gärten sehr nahe aneinander stoßen, so sind die Probleme dieser ungleichen Nachbarschaft nicht von der Hand zu weisen. Die Situation wird zumindest schwieriger. Dennoch haben viele Beispiele aus der Praxis bewiesen, daß eine konsequente Anwendung der biologischen Methode einen Garten und seine Pflanzen so »stark machen«, daß sie sich gegen viele Widerwärtigkeiten durchzusetzen vermögen. Man sollte also nichts unversucht lassen. Oft genug hat auch schon das positive Beispiel eines üppigen »Gartens ohne

Gift« die Nachbarn dazu verlockt, es auch einmal »anders herum« zu versuchen. Und die Zahl derjenigen, die wieder gesund und natürlich leben möchten, wächst ständig. Vertrauen Sie darauf, daß das Bessere sich langsam aber sicher durchsetzt!

Noch ein Gegenargument, das biologischen Gärtnern den Mut zum Weitermachen nehmen könnte, soll hier ausgeräumt werden: »Die biologischen Gärten machen ja viel mehr Arbeit!« Das stimmt einfach nicht. Die Gewichte verlagern sich nur. Und manche Mühe wird im Garten der Natur sogar viel leichter. Sie brauchen zum Beispiel nicht mehr umzugraben. Sobald das System der Bodenbedeckung sich eingespielt hat, wächst viel weniger Unkraut auf den Beeten. Es wird im Keim erstickt. Und die Erde unter der Mulchschicht ist so locker, daß sie sehr leicht bearbeitet werden kann. Zeit und körperlichen Einsatz verlangt natürlich der Kompost. Aber auch hier läßt sich vieles praktisch organisieren. Und das Ergebnis ist wirklich die Mühe wert.

Das Ziel heißt: biologisches Gleichgewicht

Das Ende des langen Weges führt nicht ins Paradies, aber in einen harmonischen irdischen Zustand: Der Garten lebt im biologischen Gleichgewicht. Dies bedeutet, daß sich Boden, Mikroorganismen, Tiere und Pflanzen in einem ausgewogenen Lebensverhältnis zueinander befinden. Ein großes, vielseitiges Zusammenspiel ist entstanden. Abbau und Aufbau, Gesundheit und Krankheit, Tod und Leben halten sich die Waage. Dieser Zustand ist deshalb natürlich, weil die Natur, wo immer sie frei waltet, um solche Ausgeglichenheit bemüht ist. Die Bäume wachsen eben nicht in den Himmel! Man könnte auch sagen, ein Garten, in dem sich das Leben naturgemäß abspielt, ist ein funktionierendes ökologisches System auf kleinstem Raum. Spätestens von diesem Zeitpunkt an wird es in einem biologischen Garten keine wirklichen Katastrophen, keine extremen Erscheinungen mehr geben.

Wenn ein Gärtner merkt, »es fängt an zu funktionieren«, dann braucht er mit Worten nicht mehr überzeugt zu werden. Er hat mit seinen Händen, seinen Augen und all seinen Sinnen erfahren: Es geht – der biologische Garten ist kein Traum, er ist blühende Wirklichkeit. Der Gärtner ist der Natur auf die Spur gekommen, er geht mit ihr im Gleichschritt. Aber dies ist eine Erfahrung, die jeder »am eigenen Leib« und im eigenen Garten machen muß. Sie vermittelt jenes tiefe, dauerhafte Glücksgefühl, das die Chinesen schon in alten Zeiten über alles priesen:

»... und willst Du ein Leben lang glücklich sein, so werde Gärtner.«

Das Ergebnis

Ein Garten ohne Ängste

Bis hierher haben wir uns vor Augen geführt, was in einem biologischen Garten geschieht. Wir haben uns die allgemein gültigen Gesetze der Natur klargemacht, nach denen sich das Boden- und das Pflanzenleben abspielen. Daraus haben wir die wichtigsten Konsequenzen abgeleitet für einen Gärtner, der naturgemäß arbeiten möchte. Im großen und ganzen wurde dabei deutlich, wie

das Prinzip des biologischen Gartens funktioniert. Was aber ist das Ergebnis aller Mühen und Freuden? Welche ganz konkreten, handgreiflichen Vorteile hat dieser »Beinahe-Paradiesgarten« zu bieten?
Nun können wir endlich den ersten Schritt in den Alltag und in die Praxis tun: Ein biologischer Gärtner pflückt im Vorübergehen einen Apfel vom Baum, reibt ihn an seiner Jacke ab und gibt ihn seinem Kind. Er braucht dabei nicht nachzurechnen, wann er das letzte Mal Gift gespritzt hat und bangen, ob die Wartezeit schon abgelaufen ist. Er ist sicher: Dieser Apfel ist saftig, vitaminreich und gesund. Man braucht ihn nicht zu schälen. Sein Kind kann herzhaft hineinbeißen – die Frucht in seinen Händen hat nur gute Eigenschaften – keine gefährlichen Nebenwirkungen.
Der biologische Garten ist ein Garten ohne Ängste. Niemand braucht sich hier vor direkten Giftspuren oder versteckten Kampfmaßnahmen zu fürchten. Vor allem Kinder und Haustiere können ungezwungen herumtollen und überall zugreifen. Da in dieser friedlichen grünen Oase kein Krieg geführt wird, werden auch keine Aggressionen erzeugt. Man lauert sich nicht gegenseitig auf, um bei der nächsten Gelegenheit zuzuschlagen – man lebt nicht gegeneinander sondern miteinander. Der biologische Garten ist im weitesten und einfachsten Sinn ein pazifistischer Garten.
Natürlich ist dieser Zustand keine weltfremde Faulenzer-Idylle. Die Belastungen der Umwelt machen sich auch in jedem naturgemäßen Garten bemerkbar. Der Gärtner kann solchen Gefährdungen nicht ausweichen. Er kann nur seinen Garten »stark machen« und alle positiven Kräfte gegen negative Einflüsse mobilisieren. Seinem Stück Erde wird es dann ähnlich ergehen, wie einem Menschen, der gesund lebt und sich abhärtet: Er ist widerstandsfähiger. Ein gesunder Mensch kann seelenruhig in eine überfüllte Straßenbahn steigen, in der es von Grippebazillen wimmelt. Solange die Abwehrkräfte in seinem Körper ausreichen, wird er sich nicht infizieren!
Man sollte sich aber sehr nüchtern klarmachen, daß sowohl die körperliche Gesundheit als auch der gesunde Garten immer das Ergebnis von Arbeit und Disziplin sind. Müßiggang macht weder stark noch glücklich. Deshalb ist die Freizeit, die ein Gärtner »im Schweiße seines Angesichts« verbringt, sicher gut genutzte Zeit. Er vollbringt ein friedliches Werk, verrichtet eine sinnvolle Tätigkeit – für sich selbst und für die große Gemeinschaft der Lebewesen.

Die Früchte der naturgemäßen Methode: Qualität, Aroma, Gesundheit

Immer noch werden die »Biologischen« bei vielen Gelegenheiten als Spinner und Träumer beiseite geschoben. Ihr Idealismus vielleicht noch in Ehren – aber was da in ihren Gärten wächst, kann doch mit modernen Erzeugnissen überhaupt nicht konkurrieren! Die seltsamsten Vorurteile machen die Runde: biologische Äpfel sind verschrumpelt, schorfig und wurmstichig. Die Kohlköpfe bleiben klein und unansehnlich. Die Ernteergebnisse lassen ganz allgemein zu wünschen übrig. Von all diesen verschrobenen Vorstellungen stimmt nur eines: biologisch gezogenes Gemüse ist tatsächlich oft etwas kleiner als die umfangreichen Prachtstücke, auf die mancher Gärtner, der kräftig mit Stickstoff düngt, so stolz ist. Der Grund: Der Kohlkopf, der naturgemäß ernährt wurde, hat bis zu 23 % weniger Wasser in seinem Gewebe. Er besitzt also mehr Substanz. Sein Minus an Gewicht bedeutet ein Plus an Qualität!
Diesen Begriff der Qualität müssen wir uns einmal genauer ansehen, um dem Wert biologischer Erzeugnisse wirklich gerecht zu werden. Die grundlegenden Forschungen auf diesem wichtigen Gebiet hat Prof. Schuphan in der Bundesanstalt für Qualitätsforschung pflanzlicher Erzeugnisse in Geisenheim durchgeführt. Qualität ist ein

schwer abzugrenzender Begriff, der nach ganz verschiedenen Gesichtspunkten betrachtet werden kann. Für einen hauptberuflichen Pflanzen-Erzeuger, für einen Bauern also, hat ein Kohlkopf eine gute Qualität, wenn er hohe Erträge bringt und am Markt gefragt ist.
Der Händler, der den Kohl weiterverkauft, beurteilt seine Qualität nach einem ansprechenden, möglichst makellosen Aussehen und danach, ob er sich gut hält, wenn er ein paar Tage im Laden liegt. Seine Ware wird offiziell in Handelsklassen eingeteilt. Größe, Form, Farbe und Fehlerfreiheit sind die Merkmale für die Beurteilung. Klasse I bedeutet also: groß, gut gefärbt, einwandfreie Oberfläche.
Der Verbraucher kauft meist mit den Augen und achtet dabei auf diese rein äußerlichen Merkmale. Die kosmetische Schönheit steht hoch im Kurs. Doch »wie's da drinnen aussieht« fragt selten jemand. Die Hausfrau ahnt meist erst in der Küche, daß hinter der glänzenden Fassade oft »fauler Zauber« verborgen ist: Die Erdbeeren und Tomaten schmecken trotz ihres ansprechenden Erscheinungsbildes nach Wasser. Der Kohl riecht unangenehm aus dem Topf. Dem Salat fehlt es an Kraft und Saft. Da nur rein äußerliche Maßstäbe an die Handelsklassen angelegt werden, braucht man sich nicht über solche Mängel an geschmacklicher Qualität zu wundern. Schlimmer ist, daß oft auch die wichtigen Inhaltsstoffe, Vitamine, Mineralstoffe und organische Säuren zum Beispiel, zu kurz kommen. Nach diesen Bestandteilen, die doch den eigentlichen Wert unserer Nahrung ausmachen, fragt nämlich keine Qualitätskontrolle.
Prof. Schuphan hat versucht, ein neues Begriffssystem für die Beurteilung der Qualität unserer Nahrungspflanzen zu entwickeln. Danach sollten »äußere Beschaffenheit, Gebrauchswert und biologischer Wert untersucht werden. Wer biologisch gärtnert oder den Wert biologisch angebauten Gemüses beurteilen will, der sollte Prof. Schuphans Definition des »biologischen Wertes« kennen:
»Die Pflanze als biologisches System unterliegt *naturbedingten* Lebensprozessen, die fermentgesteuert nach biochemischen Regeln ablaufen. Dadurch wird – je nach möglichem Umwelteinfluß und düngungsbedingten Anbaumaßnahmen – die Bildung wertgebender pflanzlicher Inhaltsstoffe, die für die Ernährung und Gesunderhaltung des Menschen notwendig sind, positiv oder negativ beeinflußt. Solche Inhaltsstoffe der Nahrungspflanze sind unter anderen Aminosäuren – insbesondere essentielle, die zum Aufbau von hochwertigem Eiweiß dienen – Kohlenhydrate, stoffwechselregelnde organische Säuren, ebenso wirkende geschmackgebende ätherische Öle, die aber auch antimikrobiell-aktiv sind, Vitamine – insbesondere Vitamin C, das Provitamin A, Carotin, krebshemmende Flavonoide, Mineralstoffe und Spurenelemente.
Diese wertgebenden Stoffe und die in ihrer gesunderhaltenden Wirkung noch immer verkannten Rohfaser-Substanzen bedingen den Wert einer pflanzlichen oder pflanzenbetonten Kost. Sie kann zur Verhütung einer Reihe gefürchteter Zivilisationskrankheiten beitragen, wie umfangreiche Beobachtungen namhafter Ärzte während des zweiten Weltkrieges in Deutschland und in der Schweiz sowie jüngste experimentell belegte britische Befunde beweisen konnten.
Unser Begriff ›biologischer Wert‹ orientiert sich positiv an der Höhe der Gehalte wertgebender pflanzlicher Inhaltsstoffe, aber auch negativ wertmindernd an unerwünschten Naturstoffen und an oberirdisch oder unterirdisch aufgenommenen toxischen Fremdstoffen, zum Beispiel Pestiziden und Schwermetallen.«
In Prof. Schuphans Forschungsinstitut wurde in zahlreichen Versuchen festgestellt, daß Gemüse und Obst nach organischer Düngung eindeutig höhere Wertstoffgehalte aufwies als Vergleichspflanzungen mit Mineraldüngung. Im Durchschnitt wurden 28% mehr Vitamin C, 18% höherer relativer Eiweißgehalt, 19% mehr Zucker, 18% mehr Kalium, 10% mehr Calcium, 13%

mehr Phosphor und 77% mehr Eisen gemessen. Biologisch angebauter Spinat enthielt dagegen 93% weniger Nitrat und 12% weniger Natrium. Schädliche Stoffe werden also durch den natürlichen Anbau zurückgedrängt.

Dies ist nur ein kleiner Einblick in die Arbeit neuester wissenschaftlicher Forschung. Die Ergebnisse sind veröffentlicht und jedem zugänglich. Der wirkliche, der innere Wert biologisch angebauter Früchte und Gemüse ist also auch mit konventionellen, wissenschaftlichen Untersuchungsmethoden bewiesen worden.

Aber auch das äußere Erscheinungsbild der biologischen Gartenfrüchte kann sich durchaus sehen lassen. Wo die naturgemäßen Methoden sachkundig und konsequent angewendet werden, da sehen Äpfel, Erdbeeren, Tomaten und Möhren appetitlich und rundherum ansehnlich aus. Sie sind gut gewachsen und haben keine Würmer oder Schadstellen – abgesehen von einem normalen Prozentsatz des Unvollkommenen, der immer mit einkalkuliert werden muß.

Eines der wichtigsten Kennzeichen naturgemäß angebauter Früchte ist aber ihr hervorragendes Aroma. Dieses Qualitätsmerkmal kann jeder testen. Man braucht dazu keine Laboratorien. Die Zunge eines unverdorbenen Feinschmeckers genügt völlig. Wer jemals in einem biologischen Garten einen Apfel vom Baum pflückte und sofort hineinbiß, der weiß, wie aromatisch, wie saftig, wie »vollmundig« eine solche Frucht schmeckt. Auffallend ist auch der Geschmacksunterschied bei Tomaten. Sie sind so würzig, daß mancher, der diese Freuden kaum noch kannte, spontan ausruft: »Das schmeckt wie früher!« Früher – das sind dann meist Erinnerungen an Großmutters Garten, in dem die biologische Methode noch die normale Methode war.

Mit Kartoffeln, Erdbeeren und knackigen Salatköpfen ließen sich diese Kostproben biologischer Feinschmeckerqualität noch lange fortsetzen. Für den Gärtner ist dabei vor allem wichtig zu wissen, daß sich die Sorgfalt seiner Bodenpflege direkt auf den Geschmack seiner Pflanzen auswirkt. Daran sollte er auch gelegentlich bei der Arbeit denken: Eines Tages wird ihm dann der Kompost – in verwandelter Gestalt – auf der Zunge zergehen.

Ein wichtiges Ergebnis aller gärtnerischen Mühen ist auch die gute Haltbarkeit biologischer Früchte. Daß man Kohlköpfe, Kartoffeln oder Äpfel, die weniger Wasser enthalten, länger lagern kann, erscheint auf den ersten Blick einleuchtend. Die Gefahr der Fäulnis ist von vorneherein geringer.

Ein biologischer Gärtner erntet in seinem privaten Paradies aber nicht nur handfeste irdische Erzeugnisse, die sich in Kilogramm wiegen und in Zentimetern vermessen lassen. Er trägt jeden Tag Gesundheit in seine Küche. Gemüse und Früchte, die er nach der naturgemäßen Methode angebaut hat, sind im weitesten Sinn Heilpflanzen. Die Gesundheit aus dem Garten beginnt schon damit, daß die Schalen mitgegessen werden. Dicht unter dieser natürlichen Haut der Früchte befinden sich oft die meisten Vitamine. Die harten Fasern der Schale gehören zu den wichtigsten Ballaststoffen, die der Darm für eine regelmäßige Tätigkeit braucht. Der allgemein höhere Gehalt an wertvollen Inhaltsstoffen ist geradezu eine verborgene Apotheke im Inneren der biologischen Gartenerzeugnisse. Wer regelmäßig solches Gemüse und solches Obst ißt, der wird die positiven Auswirkungen einer gesunden Ernährung bald spüren. In einer Zeit, in der Wohlstandskrankheiten zum Alltag gehören, in der Arzneimittel zum täglichen Brot geworden sind, klingt dies fast wie ein Märchen aus alter Zeit: Es führt ein direkter Weg vom gesunden Garten zum gesunden Menschen. Jeder kann auf dieser Straße zum Ziel kommen. Sie ist nicht bequem, aber zuverlässig. Als Wegzehrung für unterwegs sollten Sie nur ein wenig Mut zum Umdenken mitbringen, ein offenes Herz und offene Augen, die nicht durch Vorurteile getrübt sind, und die Bereitschaft zuzupacken. Denn ohne Arbeit gewinnt niemand das Paradies zurück.

Fangen wir also an – mit der Praxis.

Die Praxis

Der Kompost

Eine Brutstätte neuen Lebens

Der Kompost ist das Herz jedes biologischen Gartens. Oder weniger poetisch ausgedrückt: Der Kompost ist der Bauch des Gartens. In seinen Eingeweiden werden die »Abfälle«, die der Gärtner im Lauf des Jahres sammelt, verdaut und umgesetzt. Dabei entstehen neue Nährstoffe, die die Gartenerde »ernähren« sollen.

Der Kompost ist ein Ort der Verwesung, aber er ist kein Friedhof. Alles Lebendige besteht in seinen festen, sichtbaren Formen nur eine begrenzte Zeit. Die Rosen des Sommers verwelken. Die duftenden Blätter, die ein paar Tage lang das Kunstwerk einer Blüte bildeten, lösen sich und fallen zu Boden. Das letzte Feuerwerk der bunten Astern zerschlägt der Herbstregen. Die späten Chrysanthemen verbrennen unter der eisigen Berührung einer Frostnacht. Mit scharfem Messer trennt der Gärtner das zierliche Laub von seinen Möhren. Vom Salat und vom Wirsingkohl löst er die harten äußeren Blätter ab. Alle diese Reste eines sommerlangen, üppigen Pflanzenlebens treten ihre letzte Reise zum Kompostplatz an.

Aber dort findet keine Beerdigung statt. Der biologische Gärtner trifft hier alle Vorbereitungen für die Umwandlung des Vergehenden in neue Formen des Lebens. Die Kompostierung ist eine Auferstehung, die sich unmerklich und leise vor unseren Augen vollzieht. Bunte Erscheinungsbilder und feste Strukturen lösen sich auf. Aber sie verschwinden nicht in einem wesenlosen Nichts. Sie zerfallen in winzige Bausteine, aus denen dann im unendlichen Wechselspiel der Natur andere Gestalten zusammengesetzt werden. Aus den Resten eines vergangenen Gartenjahres wächst neue Erde für die Fruchtbarkeit kommender Jahreszeiten. Grüne Blätter und bunte Blüten wandelten sich in braunen Humus. Wo immer der Gärtner diese Komposterde seinen Pflanzen zu Füßen legt, da entsteht aus der Vergänglichkeit neues blühendes Leben.

Wer die schöpferische Kunst des Kompostierens erlernen will, der sollte sich immer wieder vor Augen halten, daß der »Kreislauf der Stoffe« kein mechanischer Ablauf sondern ein Wunder des Lebens ist. Der langgestreckte braune Hügel bildet einen warmen, atmenden Organismus, in dem sich – ähnlich wie in einem Körper – eine Fülle komplizierter Prozesse abspielt. R.H. Francé hat sein ehrfürchtiges Staunen vor diesem ewigen »Stirb und Werde« schon vor Jahrzehnten beschrieben:

»Der tote Körper wird so der Erde wieder nutzbar gemacht; er wird zurückgeführt in den Kreislauf der Stoffe, und nicht ein Quentchen von ihm geht verloren. Nach einiger Zeit wird er von lebendigen Wesen in der Atemluft, im Wasser und in der Nahrung wieder aufgenommen; er wird neuerdings zum Bestandteil eines lebendigen Körpers, und dasselbe Atom Kohlenstoff, das einmal dem Leib Cäsars angehörte, war seit dem vielleicht in

Sauberer Kompostplatz, der gut zugänglich ist.

einem Veilchen, in einem Insekt, in einem Vogel oder in vielen Menschen und wandert weiter mit der Menschheit in die unbekannte Ferne. Und es verdankt dies eigentlich nur den Verwesungspflanzen, die das starre Gefüge der Toten auseinanderreißen.«

Was geschieht beim Kompostieren?

Wie spiegeln sich nun die Spielregeln der Ewigkeit in der täglichen Praxis? Nach welchen Gesetzen laufen die Lebensprozesse im Kompost ab? Das Wesen der Ver-Wesung haben zwei »Kompost-Wissenschaftler« anschaulich beschrieben:
»Wenn ein Lebewesen – Pflanze oder Tier – stirbt, gibt es sein bisheriges Wesen auf: es »verwest«. Die vom Leben gebildete Ordnung löst sich auf und strebt scheinbar dem Chaos zu. Aber sofort greifen neue Ordnungskräfte ein, die nun bei der Kompostierung zielgerichtet werden müssen. Der Abbau wird von Lebewesen bewirkt, von denen die meisten mikroskopisch klein sind und daher Mikroben genannt werden.« (Dr. E. Spohn).
»Ehe aber von einer Humusbildung überhaupt gesprochen werden kann, muß zunächst einmal die äußere Form, in der diese Abfälle und Abgänge uns in die Hände kommen, zerfallen sein (Dissimilation). Einmal in ihrem Leben haben sie ja Gestalt angenommen und in dieser Gestalt bestimmte Wachstumsenergien aufgespeichert. Diese Energie muß als Wärme frei gemacht werden, ehe sich Humus wieder bilden kann.« (Dr. Fritz Caspari).
In einem Komposthaufen laufen ähnliche Umsetzungsprozesse ab wie in der Humusschicht des Bodens. Organische Stoffe werden zerkleinert, ihre Strukturen werden aufgebrochen. Eine riesige Umwandlungsmaschinerie wird in Gang gesetzt. Die Materie durchwandert die Körper von

Milliarden kleinen Lebewesen. Sie nimmt dabei neue Formen an und wandelt die Zusammensetzung ihrer Inhaltsstoffe. Im Boden wie im Kompost entsteht dabei neue Erde. In beiden Fällen sind Pilze, Mikroorganismen, kleine Bodentiere wie die Springschwänze und vor allem die Regenwürmer am Werk. Der Gärtner nennt den Ablauf dieses wimmelnden Teamworks: die Rotte. Die Verwesung organischer Substanzen auf dem Kompostplatz ist also kein Fäulnisprozeß. Deshalb wird es dort auch keine ekelhaften Zersetzungserscheinungen, keinen unangenehmen Gestank und keine Fliegen geben.

Die Rotte muß allerdings vom Gärtner sinnvoll gelenkt werden, damit sie einen harmonischen Verlauf nimmt. Sie benötigt dazu Wärme, Luft und Feuchtigkeit. Man könnte auch sagen: Energie, Sauerstoff und Wasser. Wo eines dieser wichtigen Elemente fehlt, da schlägt die Rotte um, sie wird falsch »programmiert«. Ein Kompost, der vor Nässe trieft, der außerdem so fest geschichtet wurde, daß kein Sauerstoff ihn durchdringen kann, ein solcher Kompost wird unweigerlich faulen. In seinem Inneren entstehen dichte, dunkle, speckige Schichten. Sein unangenehmer Geruch lockt alle diejenigen Spezialisten unter den Mikroorganismen an, die die frische Luft scheuen. Sie setzen in Windeseile höchst unerwünschte, anaerobe Prozesse in Gang. Die winzigen »Aasgeier« des Bodenlebens haben ein – zumindest aus ihrer Sicht – ideales Betätigungsfeld gefunden.

Wenn pflanzliche und tierische Stoffe auf diese Weise unter Luftmangel zersetzt werden, entstehen unter anderem die Verbindungen Schwefelwasserstoff, Buttersäure, Ammoniak und Methan. Fliegen werden von diesen »Duftstoffen« angelockt und legen ihre Eier in einem solchen »Misthaufen« ab. Auch anderes Ungeziefer und Ratten wittern hier ein Paradies nach ihrem Geschmack. Die Gefahr, daß der fehlgeleitete »Kompost« zu einer Brutstätte von Krankheitserregern wird, ist groß. Nicht nur für Menschen, auch für Pflanzen ist ein solches Produkt giftig. Wurzeln, die mit faulenden Stoffen in direkte Berührung kommen, sterben ab! Wer eine solche übelriechende, verwesende Masse auf seine Beete bringt, der muß damit rechnen, daß Krankheiten und Schädlingsbefall die rebellierenden Antworten der Natur sein werden.

Außer dem Fäulnisgeruch und der schmierigen Substanz gibt es noch ein weiteres typisches Merkmal, woran ein ungeübter Gärtner erkennen kann, daß er den Kompost nicht richtig komponierte: Die Zersetzung geht sehr langsam vor sich. Ein solches »Unglück« geschieht meist dann, wenn die Abfälle einfach ohne Überlegung auf einen Haufen geworfen werden. Diese »wilde Deponie« entwickelt sich dann nach ihren eigenen wilden Gesetzen.

Ein guter Kompost muß dagegen sorgfältig aufgebaut werden. Der Gärtner muß ihn pflegen und seine Aktivitäten behutsam aber zielsicher in die richtige Richtung lenken. Denn die Erzeugung neuer Erde ist nicht nur ein kreativer, sondern auch ein sehr kultivierter Vorgang. Die sterbenden organischen Massen, die zum Kompost aufgeschichtet werden, dienen als Nahrungsangebot für die Kleinlebewesen. Denn Humus ist ein Stoffwechselprodukt der Mikroorganismen und der Bodentiere!

Diese winzigen, zum größten Teil unsichtbaren Heerscharen brauchen aber zum Leben Sauerstoff und Feuchtigkeit. Das Kompostmaterial muß deshalb locker und luftdurchlässig aufgeschichtet werden. Bei trockenem Wetter muß der Gärtner nicht nur seine Beete sondern auch seinen Kompost gießen. Und dabei ist Fingerspitzengefühl nötig, damit aus der angenehmen Feuchtigkeit keine triefende Nässe entsteht.

Die Wärme, die für eine gute Rotte erforderlich ist, erzeugen die Mikroorganismen selbst. Sie ist ein Produkt ihres Stoffwechsels. Caspari hat den ganzen positiven Verwesungsprozeß, der in einem Kompost abläuft, auf eine anschauliche Kurzformel gebracht: »... eine Art milder Verbrennungsprozeß, bei dem Wärme erzeugt und die organische Masse mikrobiell in Humus übergeführt wird.« Da diese Verwandlung sich nur vollzieht, wenn genügend Luft vorhanden ist, nennt man die Rotte einen aeroben (luftliebenden) Vorgang im Gegensatz zur Fäulnis, die anaerob (luftscheu) abläuft.

Die Milliarden Helfer, die für einen klugen biologischen Gärtner zum »Nulltarif« arbeiten, verlangen nichts als günstige Lebensbedingungen. Es verhält sich mit ihnen so ähnlich wie mit den legendären Heinzelmännchen von Köln: Wer sie gut behandelt und ihre bescheidenen Wünsche erfüllt, für den schaffen sie im Dunkel der Nacht – und im Dunkel des Komposthaufens – unermüdlich. Die munteren Zwerge waren mit warmer Milch zufrieden, die Mikroorganismen wollen außer Sauerstoff und Wasser mit reichlich Stickstoff versorgt werden. Sie brauchen diesen Nährstoff, um körpereigenes Eiweiß aufzubauen. Für die Energieerzeugung benötigen sie dagegen Kohlenstoff. Diese beiden Grundelemente spielen eine wichtige Rolle für den Stoffwechsel der Bodenlebewesen. Die Mikroorganismen brauchen nämlich 30 Einheiten Kohlenstoff, um 1 Einheit Stickstoff zu verwerten. Das günstigste Stickstoff-Kohlenstoff-Verhältnis beträgt also für sie 30:1. Fachleute sprechen in diesem Zusammenhang vom C/N-Verhältnis. C ist das chemische Zeichen für Kohlenstoff (lateinisch: carboneum), und N ist das chemische Zeichen für Stickstoff (lateinisch: nitrogenium). Wir wollen die wissenschaftliche Kurzformel einmal in ein anschauliches Bild übertragen: Der Kohlenstoff liefert den Brennstoff, mit dem die Bodenlebewesen ihren Ofen heizen, auf dem sie dann ihre Nährbrühe garkochen. Sie brauchen dabei 30 Kohlen, um aus einem Topf voll Stickstoff Eiweiß zuzubereiten.

Wenn dieses ideale Verhältnis im Kompost vorhanden ist, dann spielt sich die Rotte, jener »milde Verbrennungsprozeß«, rasch und harmonisch ab. Verschiebt sich das ideale C/N-Verhältnis aber, so verändert sich auch das Arbeitstempo der Mikroorganismen und dabei der Ablauf der Rotte. Man spricht dann von einem engeren oder von einem weiteren C/N-Verhältnis. Das bedeutet in der Praxis: Bei einem weiten C/N-Verhältnis wird der Anteil von Kohlenstoff immer größer, der Stickstoffvorrat aber immer geringer. Die Umsetzung der organischen Stoffe im Haufen verläuft in diesem Fall wesentlich langsamer.

Für den Kompostgärtner ist – nachdem er die theoretischen Grundregeln eingesehen hat – die praktische Schlußfolgerung wichtig: Den Kohlenstoff finden die Mikroorganismen im organischen Material vor. Damit ist ihr Tisch immer gedeckt. Die Stickstoffmenge aber wechselt mit den unterschiedlichen Bestandteilen des Kompostes. Die wichtige Schlüsselfrage lautet also: Welche Zutaten bringen das wichtige Nährelement Stickstoff in die Kompostmischung? Frische grüne Abfälle enthalten relativ günstige Mengen dieses Düngers. Deshalb genügen in der Regel geringe zusätzliche Stickstoffgaben, die beim Aufsetzen dünn zwischen die Pflanzenmasse gestreut werden. Die folgende Übersicht zeigt, wie das C/N-Verhältnis einiger wichtiger organischer Stoffe aussieht. Die C/N-Verhältniszahl gibt dabei an, wieviel mal mehr Kohlenstoff (C) als Stickstoff (N) in einem bestimmten Material vorhanden ist.

C/N-Verhältnis der wichtigsten Kompoststoffe.

Grünmasse (aus frischen Gartenabfällen)	7
Rasenschnitt	12
Kot landwirtschaftlicher Nutztiere	15
Stapelmist nach dreimonatiger Lagerung	15–20
Stroh von Hülsenfrüchten (Erbsen und Bohnen sind Stickstoffsammler!)	15
Luzerne (Gründüngungspflanzen, Stickstoffsammler!)	15–25
Küchenabfälle	23
Kartoffelkraut	25
Fichtennadeln	30
Schwarztorf	30
Baumlaub	50
Weißtorf	50
Getreidestroh	50–150
Sägemehl	511

Aus dieser Übersicht läßt sich ablesen, daß es im Bereich des privaten Gartens nur wenige organische Materialien gibt, die ein sehr ungünstiges, weites C/N-Verhältnis haben. Dazu gehören zum Beispiel Laub, Weißtorf, Stroh und als Extremfall Sägemehl. Durch eine möglichst vielseitige Mischung kann der Gärtner aber leicht Mängel ausgleichen und Einseitigkeiten verhindern.

Um die Mikroorganismen ein wenig lukullischer zu ernähren und das Leben im Kompost in Schwung zu bringen, eignen sich einige organische Dünger, die einen hohen Stickstoffanteil mitbringen, besonders. Der Kompostgärtner sollte sich für diesen Zweck merken: Horn- und Blutmehl, sowie Schaf-, Ziegen-, Kaninchen- und Schweinemist. Stickstoffhaltig ist auch Jauche aus Kuhmist oder Brennesseljauche. Mit solcher Flüssigdüngung kann der Haufen ab und zu begossen werden. Andere Düngerzusätze sind dann nicht mehr erforderlich.

In einem fertig aufgesetzten Kompost verläuft die Rotte in zwei Phasen. In den ersten Wochen machen sich die abbauenden Bodenlebewesen ans Werk. Der Auflösungsprozeß der Materie spielt sich rasch und hitzig ab. Nur wenn nicht ständig genügend Sauerstoff durch den Haufen zirkuliert, besteht in dieser Zeit die Gefahr, daß die Zersetzung des Lebendigen in Fäulnis umschlägt. Ein luftiger Kompost wird in dieser Anfangsphase im Inneren 50–80 °C warm. Nur Mikroben, die sich in solcher Hitze wohlfühlen, versammeln sich nun in der zerfallenden organischen Masse und lösen ihre festen Formen auf.

Nach einiger Zeit (bei günstigen Wettervoraussetzungen schon nach 2–3 Wochen) fällt der Haufen zusammen und seine Temperatur sinkt wieder auf etwa 40 °C. Die erste Generation der abbauenden Bodenlebewesen hat ihre Arbeit getan. Andersgeartete Mikroorganismen tauchen nun auf. Sie sind immer allgegenwärtig, aber sie greifen erst ein, wenn »ihre Stunde schlägt«. Sie übernehmen die rohbearbeiteten Stoffe, und sie ernähren sich auch ganz ungeniert von den toten Körpern ihrer Vorgänger. Der Schichtwechsel vom Abbau zum Aufbau vollzieht sich in der Erdfabrik Kompost ähnlich wie im Boden. Mit den winzigen Humusherstellern wandern auch die Regenwürmer in den Haufen und beteiligen sich in der wohligen, luftigen Wärme an der Umsetzung der organischen Substanzen.

Nach längstens 9 Monaten ist dieser Prozeß abgeschlossen. Aus buntgemischten Abfällen wurde wieder braune Erde. Oft dauert dieses »Wunder« auch weniger lang. Spezialmethoden und Kompostbeschleuniger verkürzen in vielen Fällen die Umwandlung der Materie um viele Wochen und Monate. Diese Unterschiede entstehen aber nur durch Variationen im Detail. Das Prinzip der Kompostherstellung bleibt sich immer gleich. Hat ein biologischer Gärtner erst einmal verstanden, »worum es geht«, dann darf er auch experimentieren. Denn nur wer die Regeln und die Gesetzmäßigkeiten genau kennt, der kann die Spiel-Räume ermessen, die für individuelle Erfahrungen bleiben. Wer Kompost mit Erfolg zubereiten will, braucht zuerst seinen Verstand. Aber er muß auch mit Gefühl handeln und abwägen. Und ein wenig Liebe gehört unbedingt dazu. Denn alles Lebendige ist mehr als ein Rechenexempel.

So wird Kompost komponiert

Da der Kompost das Herzstück eines biologischen Gartens ist, sollte der Gärtner den Platz dafür mit Bedacht aussuchen. Schon die Lage kann entscheidend auf eine günstige oder ungünstige Entwicklung der Rotte einwirken. Brennende Sonne, austrocknende Winde und tiefer, kalter Schatten müssen auf jeden Fall vermieden werden. Feste Regeln gibt es allerdings nicht. Da jeder Kompost milde, feuchte Wärme braucht, muß man ihn in heißen, von der Sonne verwöhnten Landschaften vor der Ausdörrung schützen. Dort legt man ihn am besten im kühlenden Schatten von Hecken oder Bäumen an. Eine abgelegene,

Ein Kompost muß richtig »komponiert« und sachgemäß aufgebaut werden. Anfänger sollten sich genau an die erprobte Zusammensetzung der Schichten halten.

finstere Ecke sollte es aber nicht sein. In Gegenden, die mit nassen, kalten Sommern rechnen müssen, wählt der Kompostgärtner besser einen Platz aus, den die wenigen, wärmenden Sonnenstrahlen wenigstens zeitweise erreichen können. »Lichter Halbschatten« ist hier die zutreffendste Standortbeschreibung.

Schutz vor allen Extremen der Witterung braucht ein Kompost immer. Rauhe Winde hält der biologische Gärtner durch Hecken ab. In großen Gärten kann er dazu kräftige, starkwüchsige Sträucher auswählen, die gleichzeitig Nistplätze und Nahrung für seine Freunde, die Vögel, bereithalten. Es ist eine alte Erfahrungstatsache, daß Holunder und Haselnuß sich als besonders freundliche Nachbarn für den Kompost erweisen. Wo reichlich Abstand gehalten werden kann, eignen sich auch Feuerdorn oder Weißdorn. Natürlich bilden auch blühende Ziersträucher einen ebenso hübschen wie schützenden Rahmen.

In kleinen Hausgärten, wo jeder Meter Boden kostbar ist, verbindet ein geschickter Gärtner gleich zwei nützliche Aspekte miteinander. Der Windschutz kann hier aus Nutzpflanzen bestehen, aus einer Reihe hohem Zuckermais, aus Stangenbohnen oder einem Brombeerspalier. Eine Hecke aus stattlichen Sonnenblumen oder Gitter, die dicht mit einjährigen, rankenden Sommerblumen zuwachsen, haben auch ihre Vorteile. Wicken, bunte Winden, Zierkürbisse und Kapuzinerkresse bilden nicht nur einen Wind- sondern auch einen reizvollen Sichtschutz. Sie schirmen mit Charme den biologischen Arbeitsplatz vor den Blicken derjenigen ab, die ihren Garten zwischendurch auch als Genießer und Faulenzer erleben möchten.

Meist wird der Kompost im hinteren Teil des Gartens angelegt. Es sollte aber kein dunkler, schwer erreichbarer, unordentlicher Winkel sein. Der Kompost muß ja gepflegt werden, und der Gärtner muß sich bei allen Arbeiten gut bewegen können. Auch für die Schubkarre und eine Jauchetonne muß Raum eingeplant werden. Eine saubere Anlage und gutdurchdachte Arbeitsabläufe vereinfachen manche Mühe. Legen Sie möglichst gleich zu Anfang Plattenwege an, die zwischen den einzelnen Kompostmieten verlaufen. Es genügt völlig, wenn einfache Betonplatten in Sand eingebettet werden. Durch diese saubere Abgrenzung können Sie bei jedem Wetter an Ihren Kompost gelangen. Wie angenehm das sein kann, werden Sie spätestens dann einsehen, wenn Sie mit einem Eimer voller Küchenabfälle zuerst durch schlammige Erde waten müssen. Schließlich legen die festen Wege auch die Grenzen der Komposthaufen fest. So entsteht eine saubere Einteilung, die dem Gärtner die Planung erleichtert.

Die Größe des Kompostes hängt von der vorhandenen Fläche und vom Bedarf an organischer Bodenverbesserung ab. Wo kein Platz für eine Kompostmiete bleibt, da kann man sich gut mit Silos, Komposttonnen oder sogar mit Kompostsäcken helfen. Doch davon wird später noch die Rede sein. Hier soll zunächst der Aufbau eines »klassischen« Komposthaufens beschrieben werden. Seine Grundfläche mißt in der Breite 1,50 m bis 2,00 m, die Länge kann beliebig begrenzt werden. Sie richtet sich einfach nach den Gegebenheiten. Die Höhe des aufgeschichteten Materials soll 1,50 m nicht überschreiten. Es ist sehr praktisch, wenn zwei oder mehr Mieten parallel nebeneinander angelegt werden. Dann macht das Umsetzen weniger Arbeit. Der Gärtner kann einfach das Material von einer Grundfläche auf die daneben liegende schaufeln. Außerdem hat er immer Kompost mit unterschiedlichem Reifegrad vorrätig.

Biologische Anfänger sollten sich einprägen: Ein Kompostplatz ist kein Wanderzirkus! Planen Sie ihn von Anfang an so sorgfältig, daß er immer an der gleichen Stelle bleiben kann. Denn wo einmal eine Kompostanlage richtig »in Schwung« gekommen ist, da bleiben stets Reste des vielfältigen Lebens zurück. Sie stecken den nächsten Haufen wieder mit Bakterien und Pilzen an. Es bildet sich

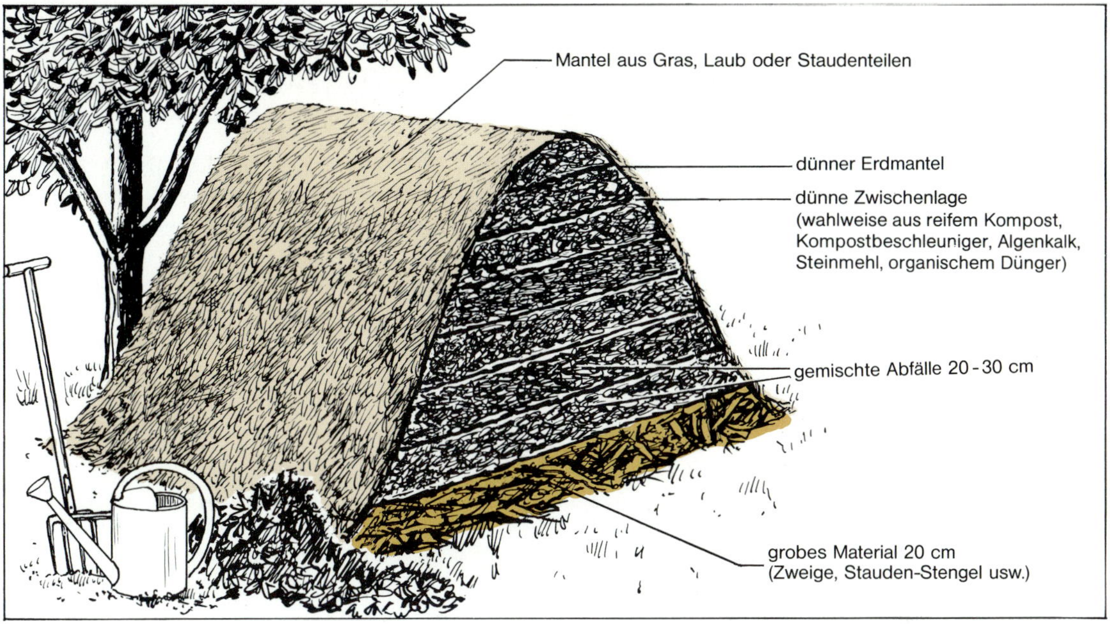

so eine positive Infektionsquelle, eine Brutstelle des Bodenlebens.

Sehr wichtig ist es auch, den Kompost immer auf lebendiger Erde zu errichten. Von dort steigen unzählige Tiere in den Haufen hinauf, vom Regenwurm bis zum Springschwanz. Sie können sich aber auch dorthin in die schützende Tiefe zurückziehen, wenn ihre Aufgabe im Kompost erfüllt ist, oder wenn ihre Lebensbedingungen sich verschlechtern. Dies kann ebenso bei klirrendem Frost im Winter wie bei sengender Hitze im Sommer geschehen.

Damit sich keine Nässe im Kompost stauen kann, hebt der biologische Gärtner auf der Grundfläche eine flache 10–20 cm tiefe Grube aus. Hat sein Garten lehmigen Boden, so füllt er die Vertiefung mit Sand. Diese Schicht wirkt als Dränage. Hat ein Garten sandigen Boden, so wendet er die umgekehrte Methode an: Er füllt humosen Lehm unter den Kompost. Diesmal hat die Zwischenschicht die Aufgabe, Regenwasser und Sickersäfte aus der Zersetzung zu speichern. So rinnt die lebenswichtige Feuchtigkeit nicht zu rasch durch den Sand in die Tiefe. Diese Unterlagen bleiben immer bestehen. Darüber wird das buntgemischte Kompostmaterial aufgeschichtet.

Sorgfältig sortiert ein biologischer Gärtner immer wieder aus, was bei der Herstellung neuer Erde fehl am Platze ist: Glas, Draht, Steine, Blech, Alufolie und Plastikreste verrotten nicht und gehören deshalb nie in die lebendige Mischung. Alle organischen Abfälle aus dem Garten werden dagegen wieder verwendet: Grasschnitt, Unkraut, Laub, Gemüseabfälle, Obstreste, verwelkte Blumen, Staudenstengel, verbrauchte Erde aus Kästen und Kübeln, Hecken- und Baumschnitt. Auch alles, was im Haushalt abfällt, sollte zurück in den Garten wandern. Ein biologischer Gärtner hat deshalb grundsätzlich zwei Mülleimer in der Küche! Der erste wird mit Dosen, Glas, Plastik und unverrottbarem Verpackungsmaterial gefüllt. Im zweiten Behälter sammelt er Obst- und Kartoffelschalen, Gemüsereste, Eierschalen, Kaffeesatz, Tee, Haare aus dem Kamm und aus der Hundebürste, Staubsaugertüten, Papiertücher, verwelkte Schnittblumen und noch manches andere mehr. Sogar Zeitungspapier, Pappe und Sägemehl können kompostiert werden. Diese Stoffe müssen aber angefeuchtet werden, damit sie besser verrotten.

Alle diese unterschiedlichen Abfälle aus Haus und Garten bringen natürlich sehr verschiedene In-

Ein guter Platz für den Kompost: der Holzbehälter steht im Halbschatten, abgeschirmt durch eine Hecke und hohe Sonnenblumen.

haltsstoffe mit. Außerdem wechselt ihre Zusammensetzung ständig mit den Jahreszeiten. Je bunter und vielseitiger die Mischung ausfällt, desto reichhaltiger wird auch der Kompost, der daraus entsteht. Damit aus dem Sammelsurium kein Chaos wird, sammelt ein biologischer Gärtner zunächst alle Abfälle an einem besonderen Platz oder – noch besser – in einem einfachen Silo. Aus ein paar Brettern kann man sich einen solchen Sammelbehälter leicht selber bauen. Kompostlegen oder Gitterkästen, wie man sie im Handel kaufen kann, eignen sich natürlich auch.

Hat sich genügend Material angesammelt, so wird es herausgeschaufelt und gründlich vermischt. Abfälle, die zu naß geworden sind, werden flach ausgebreitet, damit sie wieder antrocknen können. Zu trockene Stoffe werden dagegen noch einmal angefeuchtet. Mit dem Spaten zerkleinert der biologische Gärtner alle groben Brocken. Stengel und dünne Äste werden »auf Spannlänge«, das sind etwa 10 cm, zerschnitten. Denn je kleiner die Einzelteile sind, desto schneller und gründlicher setzt die Rotte ein.

Die unterste Schicht eines neuen Komposthaufens sollte möglichst aus grobem, locker aufgeschichtetem Material bestehen. Zerkleinerter Baum-und Heckenschnitt eignet sich dazu ebenso gut wie die harten Stengel vieler Stauden, die im Herbst abgeschnitten werden. Über dieser Dränage, die für Luftzirkulation und Wasserabzug sorgt, wird ein »klassischer« Kompost nun lagenweise aufgeschichtet. Der Gärtner beginnt zunächst auf einer Fläche von 1–2 m Länge. Später kann die Miete dann weiter angebaut werden. Eine etwa 20 cm hohe Schicht aus gemischten Abfällen breitet er locker aus. Darüber streut er ein paar Hände voll stickstoffhaltigen tierischen Dünger aus als anregende Nahrung für die Bodentiere. Sehr bewährt hat sich eine Mischung aus Horn-, Blut- und Knochenmehl, das außer Stickstoff auch noch Phosphor enthält. Es folgt ein Hauch von kohlensaurem Kalk oder Algenkalk. Diese Zugabe wird nur ganz sparsam über die Fläche gepudert – wie Zucker über einen Kuchen. Darüber wird eine dünne Schicht Erde oder Kompost vom Vorjahr ausgebreitet. Ist die gesamte Masse eher trocken und herrscht außerdem warmes Wetter, so gießt der biologische Gärtner noch etwas warmes, abgestandenes Wasser darüber. An feuchten Herbsttagen ist dies natürlich nicht nötig. Dann folgt die nächste 20 cm hohe Schicht aus Abfällen, die wieder mit Dünger, Kalk und Erde überstreut wird.

Nach oben soll der wachsende Hügel immer schmaler werden. Zuletzt, wenn er etwa 1,50 m Höhe erreicht hat, sieht er aus wie ein niedriges Erdzelt. Als Schutz gegen Kälte und Austrocknung erhält der ganze Komposthaufen zum Schluß einen warmen Mantel. Wer genügend Erde in seinem Garten findet (Aushub von Wegen oder verbrauchte Kübelfüllungen), der deckt die Miete zuerst mit einer Humusschicht zu. Der »Stoff« des Mantels muß die Eigenschaft einer porösen Haut haben: schädliche Einflüsse von außen hält er ab. Aber von innen müssen Luft und Feuchtigkeit entweichen können. Aus Laub oder Stroh kann der biologische Gärtner sehr gut eine solche atmende Hülle über den Haufen breiten. Grasschnitt eignet sich auch. Alte Schilfmatten und Säcke erfüllen den gleichen Zweck. Notfalls kann man auch Torf verwenden. Wichtig ist immer das Ergebnis: eine warme, luftige Abdeckung.

Diese klassische Art, Kompost zu komponieren, kann auf vielerlei Weise abgewandelt werden. Das Prinzip bleibt dabei immer unverändert: gute Mischung aller organischen Abfälle, feuchter Allgemeinzustand, lockerer luftiger Aufbau, Wärmeschutz.

Die Varianten spielen sich im Detail ab. Bei den Zutaten kann jeder biologische Gärtner sein eigenes Hausrezept entwickeln. Die Kombinationen sind ja auch abhängig von den wechselnden Gartensituationen. So haben nur wenige Freizeit-Grüne ständig genug Erde übrig, um daraus Schichten und Abdeckungen zusammenzutragen. Schließlich baut man nicht alle Jahre Wege oder

Sitzplätze! Das ist aber kein Grund zum Verzagen. An den Wurzeln der ausgerissenen Unkräuter bleibt immer soviel Erde hängen, daß der Kompost mit diesem lebendigen Element versorgt ist. In die Zwischenlagen streut der biologische Gärtner dann statt Erde Steinmehl oder Tonmehl. Sie bestehen aus Urgestein, das zu feinem Staub zermahlen wurde. Diese Steindünger sind reich an Mineralstoffen und Spurenelementen. (Im Kapitel »Bodenverbesserungsmittel« sind sie ausführlich beschrieben.) Ihre Zusammensetzung ist unterschiedlich, je nachdem aus welchem Gestein sie stammen. So gibt es zum Beispiel einige kalkhaltige Steinmehle. Wo sie verwendet werden, da verzichtet der Gärtner natürlich auf das zusätzliche Streuen von Kalk oder Algenkalk.
Tonmineralien wie zum Beispiel »Montmorillonit« sind besonders wertvoll für sandige Gärten. Dort gelangt ja auch in den Kompost zunächst wenig Humus. Das Tonmehl hat die Eigenschaft, überdimensional aufzuquellen. Es kann sehr viel Wasser aufnehmen. Außerdem bindet es Nährstoffe. Für den Kompostgärtner besitzen die Steinmehle ein ganzes Bündel von Vorteilen. Sie bereichern das Leben im Haufen. Sie ersetzen ihm fehlende Erde. Und sie vertreiben unangenehme Gerüche, denn Steinmehl bindet Ammoniak (eine Stickstoffverbindung, die bei der Zersetzung ent-

steht). Deshalb streut der biologische Gärtner diesen feinen Gesteinsstaub auch über frisches Material in seinem Sammelbehälter und in seine Jauchetonne. So schont er die Nasen seiner Nachbarn und verdirbt den Fliegen den Geschmack an seinen Abfällen.
Anstelle der festen organischen Stickstoffdünger (Mist oder Horn- und Blutmehl) kann man den Komposthaufen auch mit flüssigem Dünger begießen. Dazu benutzt der biologische Gärtner selbstangesetzte Jauche aus Brennesseln oder Kuhmist. (Wie man sie herstellt, ist im Kapitel »Jauche – flüssige Düngung« beschrieben.) Auf diese Weise schlägt er zwei Fliegen mit einer Klappe: der Kompost erhält feinverteilte Nährstoffe und wird gleichzeitig angefeuchtet.

Alltagsfragen aus der Praxis

Wie ein Komposthaufen funktioniert und wie man ihn eigenhändig aufbaut, wird nun sicher jedem Leser klar geworden sein. Aber Theorie und Praxis sind zweierlei Schuhe. Im Alltag ergeben sich immer wieder ganz spezielle Probleme. Auf die wichtigsten Fragen soll deshalb hier gleich Antwort gegeben werden.
Kompost-Starter werden heute überall im Handel angeboten. Ist ihre Anwendung nötig und sinnvoll? Der biologische Gärtner sagt in seiner Fachsprache, ein Kompost soll »geimpft« werden. Das bedeutet, daß anregende Mittel zugesetzt werden, die das Bakterienleben schneller in Schwung bringen und die Rotte fördern. Vor allem in Gärten, die gerade auf die biologische Methode umgestellt werden, ist eine solche »Spritze« sehr empfehlenswert. Auf alten, gepflegten Kompostplätzen genügt die stets lebendige Unterschicht und die anregende Wirkung von ein paar Schaufeln voll fertigem Kompost. In solchen Gärten sind ja auch stets genügend Vorräte an hochwertigem Superhumus vorhanden.
Anfänger sollten einen fertiggemixten Kompost-Starter aus dem Angebot des Handels benutzen. Diese Substanzen werden zwischen die einzelnen Schichten des Komposthaufens gestreut. Die käuflichen Kompostbeschleuniger enthalten sehr verschiedene Wirkstoffe und wechselnde Kombinationen. Folgende Bestandteile können darin verarbeitet sein: Stickstoff, Tonminerale, Spurenelemente, Kräuterauszüge, Bodenorganismen (zum Beispiel Azotobakter-Bakterien), fossile Kohlenwasserstoffe und Bakteriennährböden.
Ein hellhöriger, biologischer Gärtner bemerkt bei dieser Aufzählung, daß viele der genannten Stoffe in einem gutgemischten Kompost sowieso vorhanden sind. Deshalb ist die Frage »impfen oder nicht« ein wenig umstritten. Schaden können diese Zusatzstoffe bei richtiger Anwendung aber auf keinen Fall. Und wie gesagt: dem Anfänger-Kompost helfen sie sicher auf die Sprünge!
Samentragendes Unkraut gehört nicht in den Kompost! Diese Warnung hört man immer wieder. Aber die Erfahrung vieler biologischer Gärtner spricht dagegen. Allerdings spielen bei dieser etwas heiklen Angelegenheit Können und Wissen eine wichtige Rolle. Samendes Unkraut und schlimme Wucherkräuter (wie zum Beispiel Quekken und Giersch) müssen unbedingt in der Mitte des Haufens eingelagert werden. Dort entwickelt sich die größte Hitze. Sie zerstört die Keimkraft der Samen. Dort zersetzen sich auch die gefährlichen Wurzelunkräuter.
Wer trotzdem Angst vor unkrautverseuchter Erde hat, der schichte dieses Material gesondert auf und überstreue es mit Kalkstickstoff. Dieser industriell hergestellte Salzdünger wirkt auch als Herbizid und vernichtet Unkrautsamen. Er ist aber nicht ungefährlich und sollte nur selten und gesondert benutzt werden.
Kohlstrünke, faules Obst und kranke Pflanzen werden oft mit mißtrauischen Augen betrachtet. Kann man es wagen, sie in den Kompost zu bringen, ohne ihn zu schädigen und Krankheiten zu verbreiten? Hier gilt eine ähnliche Antwort wie für samentragendes Unkraut. Kranke Pflanzenteile

werden in der Mitte des Haufens der keimtötenden Hitze ausgesetzt. Die Umsetzungsprozesse in einem guten Kompost sind so wirksam, daß ein biologischer Gärtner keine Angst vor Infektionen zu haben braucht. Vorsicht ist nur zu Beginn der Umstellung geboten. In dieser Zeit sind die Kräfte des Lebens und ihre Schutzmechanismen noch nicht stark genug. Anfänger sollten vor allem Pflanzen, die von der gefährlichen Kohlhernie befallen sind, vernichten.

Gesunde Kohlstrünke müssen sehr kleingeschnitten werden, weil sie nur langsam verrotten. Besondere »Härtefälle« werden besser verbrannt. Im übrigen schaden feste Bestandteile dem Kompost nicht. Sie lockern die Mischung auf und sorgen für luftige Stellen.

Holzstückchen und Zweige kommen dem Haufen gleichfalls zugute. Sie werden kleingeschnitten und unter alle Schichten gemischt. Diese sperrigen Stoffe, die sich nur langsam zersetzen, halten das Kompostgemisch locker.

Gras und Laub bilden, wenn sie allein oder in dicken Schichten aufgehäuft werden, schnell dichte, undurchlässige Lagen. Bei frischem Grasschnitt ist die Gefahr der Fäulnis besonders groß. Laub enthält meist zuviel Säure. Beide Stoffe lagern zu dicht aufeinander. Dadurch entsteht Luftmangel und damit Lebensraum für anaerobe Mikroorganismen. Deshalb müssen Gras und Laub möglichst locker mit anderen Abfällen vermischt werden, bevor sie in den Kompost gelangen.

Luftröhren können die Sauerstoffzufuhr im Kompost verbessern. Manchmal genügt es, mit einem runden Pfahl in den Haufen hineinzustoßen und so Kanäle zu schaffen. Dauerhafter sind durchlöcherte Rohre oder aus Drahtgitter zusammengedrehte Säulen, die im Abstand von etwa 1 m in die Mitte gesteckt werden. Sie wirken wie Kamine. Diese Hilfsmaßnahmen sind normalerweise nur in großen Komposthaufen nötig. Kleine Anlagen bleiben von selbst luftig, weil nicht so viel Material aufeinanderliegt.

Ein Test des Kompostzustandes kann sehr nützlich sein. Greifen Sie sich eine Handvoll Erde heraus und pressen Sie sie zusammen. Die Masse soll etwa die Feuchtigkeit eines ausgedrückten Schwamms haben. Wenn Ihnen Brühe zwischen den Fingern herausläuft, ist der Kompost zu naß. Es besteht Fäulnisgefahr. Bröckelt die Erde, so ist er zu trocken und könnte schimmeln.

Ob im Inneren des Haufens speckige Schichten entstehen, können Sie so ähnlich prüfen wie die Hausfrau, die eine Stricknadel in den Kuchen sticht. Nehmen Sie stattdessen einen alten Besenstiel und bohren Sie ihn tief in den Kompost. Zeigt er beim Herausziehen schmierige, schwarze Rückstände, so ist das ein Alarmzeichen. Im Inneren gibt es eine faulige Schicht, die auseinandergerissen und gelüftet werden muß! Setzen Sie diesen Haufen so schnell wie möglich um.

Mit einem Erdthermometer können Sie außerdem die Wärmeentwicklung in Ihrem Kompost überprüfen.

Das Umsetzen war früher ebenso selbstverständlich wie mühsam. Das galt für die Zeiten, in denen Kompost 2–3 Jahre gelagert wurde. Heute ist er nach spätestens 9 Monaten fertig. Kleine, sorgfältig aufgesetzte Haufen müssen überhaupt nicht mehr umgesetzt werden. Größere Mieten bleiben luftiger und lockerer, wenn sie – nachdem sie sich gesetzt haben – einmal umgelagert werden. Dabei schichtet der Gärtner das Außenmaterial nach unten und das Innenmaterial nach oben. Ein Gebot der Stunde ist das Umsetzen immer dann, wenn die Zersetzung im Haufen nicht harmonisch verläuft.

Zeit zum Aufsetzen des Kompostes ist fast immer. Nur Frost und Schnee verursachen eine natürliche Pause. Der Herbst ist besonders günstig zum Aufbau von Kompost, weil sich um diese Zeit die meisten Abfälle im Garten anhäufen. Sobald es kalt wird, stockt allerdings das Leben in einem solchen spät angelegten Haufen. Er braucht mehr Zeit, bis er reif wird. Denn meist setzt erst im Frühjahr die nötige Wärmebildung wieder ein.

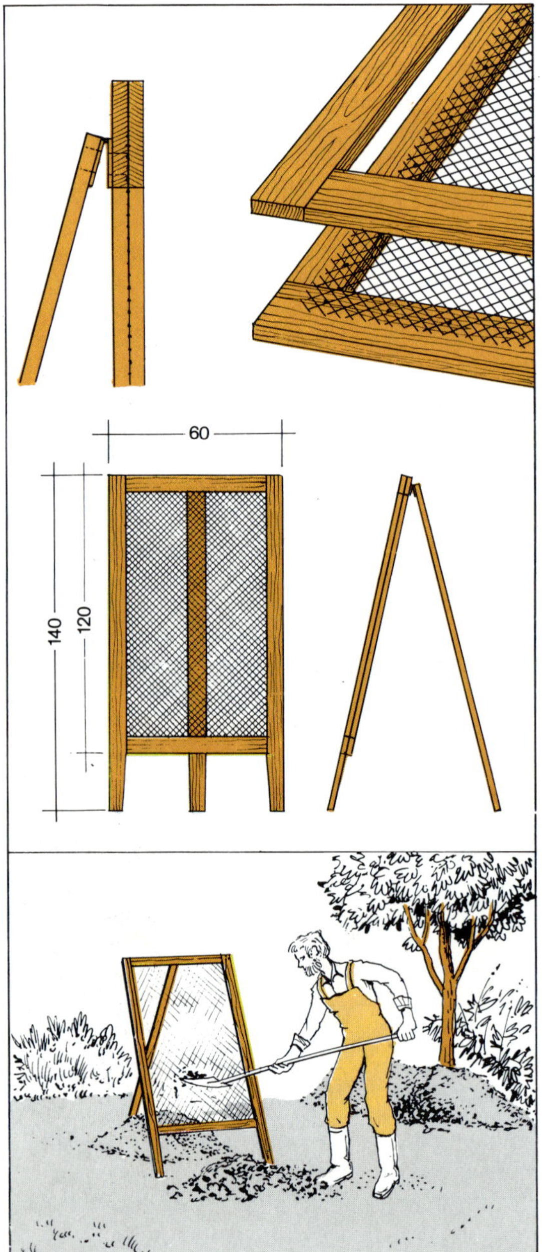

Vom Frühling bis zum Herbst kann jederzeit Kompost zubereitet werden. In diesen Monaten zersetzt sich das organische Material am schnellsten. Meist ist es schon brauchbar, wenn die abgeernteten Beete für den nächsten Winter vorbereitet werden.

Kompost ist reif, wenn alle Abfälle sich in braune, krümelige Erde zersetzt haben. Sie riecht nach gutem Laubwaldboden! Ein leichter Pilzduft gibt ihr die charakteristische Note. Ein sicheres Zeichen dafür, daß der Rotteprozeß abgeschlossen ist, ist auch der Rückzug der Regenwürmer. Der reife, erdige Kompost wird durch ein Sieb geworfen. Grobe Reste, die eine längere Zersetzungszeit benötigen, wandern zurück zum Abfallbehälter. Schon nach wenigen Monaten erhält der biologische Gärtner aber ein wichtiges Zwischenprodukt: den Mulchkompost. Dieses noch nicht ganz verrottete, grobe Material ist noch von wimmelndem Leben erfüllt. Seine Aktivität und seine Nährstoffreserven sind zu diesem halbreifen Zeitpunkt besonders groß. Mulchkompost ist deshalb sehr wertvoll zur Anregung des Bodenlebens auf den Gartenbeeten.

Früher war man der Ansicht, daß Kompost 2–3 Jahre reifen müsse. Heute weiß man über das Leben im Boden genauer Bescheid und kommt deshalb zu anderen Schlußfolgerungen. Der biologische Gärtner kann sich nach diesen drei Regeln richten:

Mulchkompost kann in halbreifem Zustand schon nach 2–3 Monaten verwendet werden.

Reifer Kompost ist spätestens nach 9 Monaten fertig.

Alter Kompost, der länger als 1 Jahr liegt, geht langsam in einen mineralisierten Zustand über.

Ein Durchwurfsieb für den Kompost können Sie leicht selber bauen. Sie benötigen dafür Holzlatten, Scharniere und Maschendraht, der nur feinkrümelige Erde durchläßt.

Das bedeutet, die organische Materie wird wieder zu den anorganischen Bestandteilen abgebaut. Dieser alte Kompost wird also nicht besser, im Gegenteil: Er verliert mit der Zeit an Lebendigkeit und an Nährstoffen.

Die Verwendung des Kompostes richtet sich nach dem Zweck, den der Gärtner erreichen möchte. Gut ausgereifter Kompost ist eine milde, ausgewogene Form von dauerhaftem Humus. Saatbeete, Frühbeetkästchen und Saatrillen werden mit dieser feinkrümeligen Erde angereichert. Reifen Kompost gibt der Gärtner auch in die Pflanzlöcher.

Halbreifen Mulchkompost darf er dagegen niemals direkt mit den Wurzeln in Berührung bringen. Dieses Material arbeitet ja noch. Es braucht deshalb viel Sauerstoff. In einem zugeschütteten Loch können unter Luftmangel sehr schnell Fäulnisprozesse entstehen, die dann die Wurzeln schädigen. Mulchkompost wird immer oberflächlich auf den Beeten ausgebreitet und nur leicht eingeharkt. Er soll nur Kontakt mit der Erde bekommen. Dann überträgt seine eigene Lebensfülle sich mit all ihren Anregungen auf seine nächste Umgebung. Er wirkt wie Sauerteig beim Brotbacken.

Auch der reife Kompost wird nur leicht in die Oberfläche eingeharkt. Niemals – unter gar keinen Umständen – darf Kompost untergegraben werden! Um das kostbare Leben dieser Supererde gegen ausdörrende Hitze, gegen Kälte und auch gegen starke, verschlämmende Regengüsse zu schützen, breitet der biologische Gärtner eine leichte Decke aus organischem Material darüber aus. (Mehr darüber im Kapitel »Mulchen«.)

Der beste Zeitpunkt zur Verteilung von Kompost liegt im Herbst, solange die Erde noch warm und lebendig ist, und im Frühling, sobald der Boden sich wieder erwärmt und die Kleinlebewesen wieder aktiv werden. Auf kalte oder gar gefrorene Erde sollten Sie keinen Kompost verteilen. Auch während des Sommers können Sie jederzeit ein Beet, das bepflanzt werden soll, mit dem kostbaren Humus versorgen. In der heißen Jahreszeit ist eine Abdeckung besonders wichtig, damit Feuchtigkeit und Aktivität im Kompost erhalten bleiben.

Kompost auf kleinstem Raum

Für viele Gärtner ist der Kompost keine Frage des guten Willens sondern ein Platzproblem. In solchen Nöten helfen die vielen praktischen Behäl-

Selbstgebaute Kompostbehälter aus Brettern und Ziegeln.

ter, die im Handel angeboten werden: Silos, Tonnen und Spezialsäcke. Die meisten haben die Form eines rechteckigen Kastens. Sie bestehen aus Holzstämmen, Brettern, Plastikmaterial, verzinktem Blech oder Drahtgittern. Auf jeden Fall müssen sie so konstruiert sein, daß die Luft durch Schlitze oder Löcher zirkulieren kann. In geschlossenen Behältern, wie zum Beispiel in der Komposttonne nach dem »System Mücke«, wird das organische Material besonders stark erwärmt und zersetzt sich schnell. Natürlich können Sie sich eine hölzerne Kompostlege auch selber bauen.

Im übrigen gelten alle Regeln, die für den Komposthaufen aufgestellt wurden, auch für die verschiedenen Silos: lebendiger Untergrund, das lockere Aufschichten der verschiedenen Stoffe und die Beobachtung von Feuchtigkeit und Wärme. Alle seitlich geschlossenen Kästen haben den Vorteil, daß die Abfälle nicht durch Vögel, Hühner oder gar Ratten zerwühlt werden.

Die Kompostsäcke sind die simpelste Form eines Behälters. Sie besitzen natürlich Luftlöcher. Das Abfallmaterial muß aber sehr stark zerkleinert werden, wenn es gleichmäßig verrotten soll. In diesem Sonderfall muß unbedingt ein Kompoststarter eingestreut werden. (Eine genaue Gebrauchsanweisung wird mitgeliefert.)

Ein Häcksler kann (beinahe) hexen

Die praktischen kleinen Maschinen, die nicht nur Holz sondern auch andere grobe Gartenabfälle

Kompostsilos zum Selberbauen:
aus Maschendraht (a), Drahtgeflecht (b) und durchlöcherten Tonnen (c).
Im Handel erhältlich: Silo aus verzinktem Blech (d) und Kompostlege aus Holz (e).

Kompostmiete, umpflanzt mit Ringelblumen und Mais.

Kompostsilos auf schmalem Raum, Erbsen als Sichtschutz.

fein zerkleinern, haben für große und für kleine Gärten ihre Vorteile. In weitläufigen Anlagen fällt oft besonders viel Baum- und Heckenschnitt an, der in Handarbeit nicht bewältigt werden kann. Ein Häcksler macht ohne Mühe handliches Kompostmaterial daraus. In kleinen Gärten ist kein Platz für Abfälle vorhanden. Alles muß möglichst rasch umgesetzt werden. Fein zerkleinerte Stoffe verrotten schneller. Hier sorgt eine »Hexe« für schnelle, saubere Kompostierungsmöglichkeit. Die Maschinen werden elektrisch oder mit Benzinmotor angetrieben.

Spezialkomposte

Der buntgemischte »Einheitskompost« ist ein Allheilmittel für jeden Garten. Er enthält von allem und für alles etwas. Aber Gärtner und Pflanzen haben oft auch ganz spezielle Wünsche. Erfahrene unter den »Biologischen« finden mit der Zeit ihre besonderen Mischungen selbst heraus. Einige erprobte Rezepte sollen vor allem dem Anfänger Anregungen geben.

Mistkompost

Wer noch größere Mengen Mist bekommen kann, der sollte ihn gesondert kompostieren. Kuhmist, Pferdemist, Schweinemist oder Geflügelmist kann einzeln oder gemischt verwendet werden. Er wird schichtweise aufgesetzt. Zwischen jede Lage streut der Gärtner Erde oder Kompost. Kalk darf in diesem Fall nicht dazugegeben werden. Strohiger Mist benötigt regelmäßige Feuchtigkeit. Nach 3–4 Monaten wirkt sich einmaliges Umsetzen günstig aus. Nach 6 Monaten ist ein nährstoffreicher Kompost für Starkzehrer entstanden.

Laubkompost

Laubblätter – möglichst von verschiedenen Baumarten – werden gut vermischt. Ein wenig Grünzeug, zum Beispiel Brennesseln, kann mit den Blättern vermengt werden. Zwischen 30 cm hohe

Laubschichten streut der Gärtner Kompost oder Steinmehl und einen tierischen Dünger (etwas Mist oder Horn-, Blut-, Knochenmehl). Ein Kompostbeschleuniger ist empfehlenswert. Im Frühling wird die stark zusammengefallene Mischung umgesetzt. Ein paar Monate später (je nach Witterung) ist sehr gute, dunkle Erde entstanden. Halbverrottetes Laub eignet sich hervorragend zum Mulchen. Laubkompost, der ohne Kalk angesetzt wurde, kann für Rhododendren und Azaleen verwendet werden.

Strohkompost

In vielen Fällen geben die Bauern dieses gute organische Material gern ab, weil sie selbst nichts mehr damit anfangen können. Angefeuchtetes Getreidestroh wird 30 cm hoch aufgeschichtet. Dann folgt eine Zwischenlage aus Kompost und wenig Kalk. Darüber wird erneut Stroh ausgebreitet. Der fertige Haufen muß öfter begossen werden. Stickstoffhaltige Jauche (aus Brennesseln oder Blutmehl) wirkt günstig, weil Stroh ein weites C/N-Verhältnis hat. Dieser Spezialkompost ist stark kieselhaltig. Er beugt Pilzschäden vor. Erdbeeren, Zwiebeln und Möhren lieben ihn besonders.

Rasensoden-Kompost

Wer ein Stück Wiese urbar macht oder eine Ecke Rasen in ein Blumenbeet verwandeln möchte, der sollte die Rasensoden sorgfältig mit dem Spaten ausstechen. Sie werden mit der grünen Seite nach unten aufgeschichtet. Die Erdseite wird jedesmal mit Kalk bepudert. Dieser Spezialkompost braucht etwa ein Jahr zur Reife.

Torf-Schnellkompost

Ein Ballen Torf (ohne Düngezusätze!) muß ausgebreitet und gründlich angefeuchtet werden. Er besteht zwar aus organischer Substanz, diese ist aber im Laufe einer langen Entwicklung in einen sterilen und unbelebten Zustand verfallen. Torf hat vor allem die Eigenschaft, Wasser zu speichern. Unter dieses Grundmaterial mischen Sie etwa 10 kg Steinmehl, möglichst ein paar Schaufeln voll alten Kompost, einen Kompostbeschleuniger und etwa 20 kg Dünger (Horn-, Blut-, Knochenmehl oder getrockneten Mist). Das gutgemischte, feuchte Material wird nach den Regeln der Kompostierung aufgeschichtet und abgedeckt. Alle 2–3 Wochen muß es umgesetzt werden. Dann entsteht schon nach 2–3 Monaten fertige, brauchbare Komposterde.

Mulchen und Flächenkompostierung

Warme Decken für die nackte Erde

Nackte Erde ist allen Elementen schutzlos ausgeliefert. Gnadenlose Sonnenstrahlen dörren sie aus, saugen ihr die lebensspendende Feuchtigkeit aus allen Adern. Der Wind wirbelt die staubtrokkene Oberfläche fort. Regen prasselt auf ihre braune Haut, zerschlägt die feine Struktur der Krümel, verschlämmt den Humus. Unter der Kruste entsteht Atemnot. Die Luftröhren der Erde sind verstopft. Tief dringt im Winter der Frost durch alle Poren in die Tiefe und lähmt das Bodenleben.

Soweit darf es in einem biologischen Garten nie kommen. Ein Gärtner, der mit der Natur arbeitet, hat auch die schützende Bodendecke seinem großen Vorbild abgeschaut. Denn in der »freien Wildnis« gibt es keine nackte Erde. Immer ist die

Humusschicht von einem Pflanzenteppich oder von organischem »Abfall« überzogen. Wenn diese grüne Decke irgendwo aufgerissen wird – durch Naturgewalten, durch Tiere oder Menschen – so sprießen in kürzester Zeit Wildkräuter aus der braunen Erde und schließen die gefährliche, offene Wunde. Wo dies nicht geschieht, da ist das ökologische System gestört. Die Erde ist nicht mehr in der Lage, aus eigener Kraft heilende Regenerationsprozesse einzuleiten. Dann wachsen die Wüsten, fressen sich verkarstete, tote Flächen ins lebendige Fleisch einer Landschaft.

Bodenbedeckung ist also keine Erfindung der Gärtner sondern eine Schutzmaßnahme, die die Menschen aus dem erprobten Erfahrungsschatz der Natur übernommen haben. Im biologischen Garten soll kein Beet, keine noch so kleine Fläche offen liegenbleiben. Es gibt zwei Möglichkeiten, die Erde zuzudecken: das Mulchen und die Flächenkompostierung.

Zum Mulchen verwendet der Gärtner zerkleinerte, organische Abfälle: Grasschnitt, Stroh, Laub, Unkraut, Blätter von Gemüse- und Blumenbeeten, Erbsenstroh und Kartoffelkraut. Dieses frische Material wird als lebendige Decke über die Beete und in die Reihen zwischen den Kulturen ausgebreitet. Für die Flächenkompostierung benutzt der biologische Gärtner angerotteten, halbreifen Kompost. Er wird gleichfalls als Abdeckung ausgebreitet, braucht aber selber auch eine schützende Hülle. Deshalb streut der Gärtner noch eine dünne Schicht aus Gras oder Unkraut über die Flächenkompostierung.

Welchen Zweck erfüllen nun diese natürlichen Decken, die die nackte Erde einhüllen? Zunächst erzeugen sie, wie jede Decke, Wärme. In diesen behaglichen Temperaturen fühlen sich die Bodenlebewesen – wir wissen das ja inzwischen vom Kompost – sehr wohl. Besonders in der kalten Jahreszeit hält die höhere Wärme das Leben in der Humusschicht länger in Gang. Bei einem Großversuch auf dem Gelände der Bundesgartenschau in Bonn haben die Gärtner diesen Vorgang genau gemessen und beobachtet. Die naßkalten Lehmböden in der Rheinaue wurden mit einem lockeren Teppich aus Rindenabfällen ausgelegt. Darunter blieb die Bodentemperatur im eisig kalten Winter 1978/79 um 2 °C wärmer als in der »normalen« Umgebung. Die Unterschiede wurden immer wieder gemessen. Im Frühling setzte das neue Wurzelwachstum unter den Rindenpolstern früher ein als an freien Stellen. Trotz des harten Winters trieben die Sträucher, die in diesen geschützten Zonen gepflanzt wurden, rechtzeitig und gesund aus. Dieses Beispiel aus den »großen Gartenspielen« soll nur verdeutlichen, wie sehr ein Gärtner das Kleinklima in seinem begrenzten Bereich verbessern kann durch einfache aber logische Maßnahmen. Im kleinen Privatgarten gelingt dies noch viel leichter als auf ausgedehnten Flächen.

Unter einer Mulchdecke bleibt der Boden aber nicht nur wärmer. Er behält auch seine Feuchtigkeit und erlangt eine lockere, krümelige Struktur. Die Abdeckung verhindert, daß zuviel Wasser aus der Erde aufsteigen und verdunsten kann. Sie schirmt aber auch übermäßige, austrocknende Hitze von außen ab. Für die luftige, humose Erde sorgen die Mikroorganismen und die Regenwürmer, die im Schutz der Bodendecke besonders rege arbeiten. Sie finden hier nicht nur sehr angenehme, feucht-warme Umweltbedingungen, sondern auch reichlich zusätzliche Nahrung. Das verrottende organische Material wird von den unzähligen Lebewesen begierig in die Erde hineingezogen und buchstäblich aufgefressen. Ein aufmerksamer Gärtner kann fast zusehen, wie Hälmchen und Blattreste im Zeitlupentempo in den Erdritzen verschwinden – in die Tiefe gezerrt von den meist unsichtbaren »Wurzelzwergen«.

Durch das kräftig angeregte Bodenleben sprudeln auch die natürlichen Kohlensäurequellen besonders reichlich. Dieser lebenswichtige Stoff wird ja in der Erde von den Mikroorganismen erzeugt. Er steigt von dort auf an die Oberfläche. Begierig nehmen ihn die Pflanzen durch die winzigen Spal-

Jeder Rasenschnitt liefert kostbares Mulchmaterial für die Gemüsebeete.

ten an der Unterseite ihrer Blätter auf. Sie brauchen ihn, um den lebenswichtigen Nähr- und Energiestoff Zucker herzustellen. Der Kohlensäurereichtum ist eine der chemisch-biologischen Erklärungen dafür, daß Pflanzen auf gemulchten Beeten so üppig wachsen!
Wildwuchs hat es dagegen schwer unter der Mulchdecke. Er kann kaum hochwachsen. So vermag der biologische Gärtner den Teufel mit Beelzebub auszutreiben: er kann das Un-Kraut mit einer Unkrautdecke unterdrücken.
Gebremst wird auch die zerstörerische Gewalt schwerer Regenfälle. Der federnde, organische Teppich filtert und verteilt die Wassermassen. Die Erde darunter kann nicht zusammengeschlagen werden. Sie spritzt auch nicht hoch und verschmutzt die Früchte. Für Erdbeerbeete bedeutet dies zum Beispiel einen großen Vorteil. Leichte Böden schützt die Mulchdecke auch vor der Erosion. Sie trocknen nicht so schnell aus und können vom Wind nicht mehr so leicht fortgetragen werden.
Fassen wir die positiven Folgen der Bodenbedeckung noch einmal kurz zusammen.

Vorteile des Mulchens für die Gartenerde und die Pflanzen:

- Erhaltung von Wärme, Feuchtigkeit und luftiger Bodenstruktur. Dadurch entsteht ein günstiges Kleinklima.
- Gute Ernährung der Mikroorganismen und Kleinlebewesen im Boden. Dadurch werden Nährstoffe erzeugt, die Humusschicht wird vermehrt.
- Schutz des Bodens vor Regengüssen und Wind. Verhärtungen, Verschlämmung und Zerstörung der Humusschicht werden verhindert.
- Die Kulturpflanzen haben gleichmäßige Wachstumsbedingungen, und sie werden besonders reichlich mit Kohlensäure versorgt.

Vorteile des Mulchens für den Gärtner:

- Weniger Hackarbeiten, weil der Boden locker bleibt.

Verschiedene Methoden des Mulchens: mit Laub (oben), mit Senfsaat (Mitte) und mit Folie (unten).

- Weniger jäten, weil das Unkraut unter der Decke erstickt.
- Weniger gießen, weil der Boden keine Feuchtigkeit verliert.
- Weniger düngen, weil die Mikroorganismen reichlich Nährstoffe und Humus produzieren.
- Leichter und sauberer ernten, weil die Früchte nicht von Erde bespritzt werden. Fallobst fällt weich!

So werden die Teppiche im Garten ausgelegt

Zuerst lockert der Gärtner die Erde seiner Beete mit einer kleinen Hacke oder einem Grubber oberflächlich auf. Dadurch wird das feine Röhrensystem im Boden (Kapillarsystem) unterbrochen. Die aufsteigende Feuchtigkeit kann nicht bis nach oben dringen und verdunstet deshalb auch nicht. Dies ist der erste und einfachste Schutz des biologischen Gärtners gegen das Austrocknen seiner Beete.
Die Flächen, auf die eine Mulch- oder Kompostdecke ausgebreitet werden soll, müssen unbedingt locker und feucht sein. Frisches, saftiges Material wie Unkraut, Gras oder Gemüseabfall darf nur dünn aufgetragen werden. Alle Mulchstoffe werden vorher zerkleinert und vermischt. Unter der Bodendecke – in der Übergangszone zwischen Erde und Mulch – spielt sich ein ständiger Rotteprozeß ab. Deshalb braucht diese organische Schicht unbedingt genügend Sauerstoff. Sonst kann – ähnlich wie im Kompost – schädliche Fäulnis einsetzen. Das ist der Grund, warum eine Mulchdecke möglichst nur wenige Zentimeter dick sein soll. Kompaktere Schichten verhindern die Luftzirkulation. Nur leichtes, trockenes Material – wie zum Beispiel Strohstreu – darf etwas reichlicher aufgetragen werden. Im übrigen ist es besser, die Mulchdecke immer wieder aufzufüllen, sobald sie verrottet ist.

Im Prinzip erzeugt ein biologischer Gärtner mit dem System der Bodenabdeckung Kompost an Ort und Stelle. Er spart sich dabei das Auf- und Umsetzen. Der Humus wächst immer dort nach, wo er ihn braucht: auf seinem Beet. Deshalb können die Ab- und Aufbauprozesse auch ähnlich wie auf dem Kompostplatz noch durch zusätzliche Anregungen des Bodenlebens unterstützt werden. Biologische Gärtner streuen deshalb – je nach Bedarf – noch ein wenig Steinmehl, Algenkalk, organische Dünger und sogar Kompostbeschleuniger über das Mulchmaterial. Es verrottet dann schneller und ist noch »nahrhafter«.

Im Spätsommer und im Herbst können alle freien Beete mit einer solchen Bodendecke überzogen werden. Im Frühling findet der Gärtner darunter einen feinkrümeligen, garen Boden, der bereit ist für die neuen Kulturen. Nur die Saatrillen und die Pflanzlöcher werden dann freigelegt und bearbeitet. Zwischen den Reihen bleiben die Reste der Decke noch liegen. Während der warmen Jahreszeit mulcht der Gärtner so lange alle freien Zwischenräume, bis die Kulturpflanzen so dicht zusammenwachsen, daß sie selber eine lebendige Bodendecke bilden. Auf diese Weise entsteht dann die gesunde »Schattengare«.

Halbreifer Kompost wird gleichfalls als Bodendecke benutzt. Er wirkt sehr anregend auf das Leben in der Humusschicht. Da er feucht und warm bleiben muß, schützt der Gärtner diese Kompostfläche durch eine leichte Decke aus Gras, Stroh oder anderem Mulchmaterial. Dieser Kompost, dessen Rotteprozesse noch in vollem Gange sind, darf nie mit den Wurzeln der Pflanzen in Berührung kommen!

Außer dem halbreifen Kompost und dem frischen grünen Mulchmaterial können auch noch andere Stoffe als Bodendecker verwendet werden: **Stroh, Laub, Holzspäne, Papier und Pappe,** wenn man diese zerkleinert und anfeuchtet. **Torf** kann im Notfall benutzt werden, er darf aber keine »Dauereinrichtung« sein, denn er macht den Boden mit der Zeit sauer. Günstig wirkt er dagegen bei Moorbeetpflanzen, wie zum Beispiel Rhododendron und Heidekraut.

Schwarze Plastikfolie schützt den Boden zwar vor Verdunstung, und sie erzeugt auch Wärme. Aber sie läßt keine Feuchtigkeit von außen eindringen, und sie unterdrückt die Luftzirkulation. Für die Bodenlebewesen hat sie natürlich keinerlei »Nährwert«. **Geschlitzte Folien** sorgen dagegen für bessere Luft- und Feuchtigkeitsregulierung. Organischen Nachschub können sie aber auch nicht liefern.

Bei allen offenkundigen Vorteilen hat die Bodenbedeckung aber auch einige wenige Schwachpunkte. Vorsicht ist geboten bei schweren Böden. In regenreichen Sommern muß die Mulchschicht hier sehr durchlässig sein, damit keine stauende Nässe und Fäulnis entstehen können.

In feuchten Gärten besitzt die Bodendecke oft eine besondere Anziehungskraft für Schnecken. Der Gärtner muß dann seine biologischen Fallen aufstellen (siehe Kapitel »Biologische Maßnahmen gegen weitverbreitete Plagegeister«). Auch Mäuse können – besonders im Winter – die Vorteile eines warmen Polsters entdecken. Unter Obstbäumen sollte die Mulchschicht deshalb im Winter nicht zu dick gestreut werden. Zwischen dem Stamm und der Abdeckung soll ein freier Ring ausgespart bleiben.

Zum Schluß noch ein paar Mulchtips für Spezialisten:

Auch mit **Steinen** kann man den Boden abdecken. Vor allem in heißen, trockenen Landschaften, wo im Sommer frischer, grüner Abfall Mangelware ist, hilft man sich mit Steinplättchen, die die Erde zudecken und die Feuchtigkeit erhalten. Für Küstenbewohner bilden die angeschwemmten Algen ein hervorragendes Mulch- und Kompostmaterial – solange man sicher ist, daß sie nicht aus verseuchten Gewässern stammen!

Spezialmulch mit krankheitsabwehrenden Eigenschaften kann man aus bestimmten Pflanzenresten herstellen. Nach den Erfahrungen biologischer

Gärtner soll ausgelegtes Tomatenkraut durch seinen irritierenden Geruch Kohlpflanzen gegen den Kohlweißling schützen. Es soll auch Zwiebel- und Möhrenfliegen abwehren. Probieren Sie es aus! Vielleicht finden Sie noch andere heilsame Kombinationen.

Gründüngung ist natürlich auch hervorragend zum Mulchen geeignet. Senfsaat oder Leguminosen werden zum Beispiel abgemäht und bleiben als grüne Decke liegen. Über diese »Spezialisten« wird aber im Kapitel »Pflanzliche Dünger« ausführlich berichtet.

Lebende Teppiche aus Bodendeckern kann man auch knüpfen. Sie spielen im Ziergarten eine besonders reizvolle Rolle. Diese niedrigen, ausdauernden Stauden wachsen mit der Zeit so dicht zusammen, daß sie jedes Unkraut unterdrücken. Unter der schützenden Pflanzendecke bleibt der Boden lange feucht. Unterschiedliche Teppichstauden bewachsen schattige Stellen unter Sträuchern und Bäumen ebenso wie trockene, sonnige Hänge.

Ein biologischer Gärtner, der die fruchtbaren Wirkungen der Bodenbedeckung in seinem Garten erfahren hat, wird sich sicher nie mehr von dieser Methode abwenden. Aber seine Beete sehen nie so braun und leergefegt aus wie in den »sauberen« Gärten, die den Eindruck machen, als würden sie mit dem Staubsauger gepflegt. Mulchdecken dürfen zwar auch nicht unordentlich aussehen, aber sie wirken eben wie natürlicher »Bodenbelag«. Das ist bestimmt kein Nachteil. Vielleicht müssen wir nur unsere Sehgewohnheiten etwas ändern. Die Schönheiten der Natur haben manchmal ungehobelte Kanten. Perfekte Oberflächen stammen meist von Maschinen. Biologische Gärtner sollten zuerst die Frage nach dem Sinn stellen. Dann erschließt sich die Schönheit, die »von innen kommt« ganz von selbst.

Nie mehr umgraben

Im Herbst muß ein biologischer Gärtner, vor allem einer, der es noch werden will, noch von einem weiteren altehrwürdigen Brauch Abschied nehmen: vom Umgraben. Nach einem ungeschriebenen Gesetz hat seit Urväter Zeiten das Gartenland in grober Scholle zu überwintern. Die »Biologischen« sind ganz anderer Ansicht. Und sie können ihre Meinung logisch begründen.

15–20 cm tief reicht normalerweise die lebendige Humusschicht. Das ist ziemlich genau die Tiefe eines Spatenstiches. Mit einem einzigen Ruck wird beim Umgraben die sorgfältig aufgebaute Schichtenbildung auf den Kopf gestellt. Die luftabhängige obere Lage fällt in die sauerstoffärmere Tiefe. Ihre Bewohner werden buchstäblich begraben. Die Nährstoffproduzenten der Wurzelzone werden dafür ins Freie befördert. Wo die Humusschicht dünner ist, wird sogar toter Unterboden nach oben geworfen. Das ganze fein abgestimmte System, das die verschiedenartigen Bodenlebewesen im Laufe eines Jahres aufgebaut hatten, wird durcheinander gerüttelt und zerrissen. Das herbstliche Umgraben gleicht für die Bewohner der Erde einem zerstörerischen Erdbeben. Ihre Wohnbereiche stürzen zusammen. Sie müssen danach noch einmal von vorn beginnen. Der »Altmeister« der naturgemäßen Gartenpraxis, Alwin Seifert, hat sehr anschaulich und mitfühlend beschrieben, welche Katastrophen sich beim gutgemeinten Schollengraben abspielen:

»Schon das Durcheinanderwerfen der verschiedenen Bodenschichten, wie es das Umgraben, das Fräsen oder tiefes Pflügen mit dem Wendepflug zur Folge hat, bringt einen Teil des Lebens in ihm zum Absterben und damit eine Minderung der Fruchtbarkeit oder mindestens eine Verzögerung schnellen Wachstums: Was dazu bestimmt ist, in der lufthaltigen obersten Bodenschicht durch grobe mechanische Zerkleinerung die Verrottung einzuleiten, kann in der dichteren Unterschicht, wo eine ganz andere Aufgabe zu lösen ist, nicht gedeihen und umgekehrt. Diese ungeheuerlich kleinen Bodenlebewesen haben natürlich auch eine ungeheuerlich dünne, und damit empfindliche Haut. Jede, sagen wir Verschärfung des Bodenwassers, in dem sie schwimmen, geht sofort durch die Haut hindurch und tötet ab.«

Für den biologischen Gärtner ergibt sich aus alledem und aus den Erkenntnissen, die er in den vorangegangenen Kapiteln erlangt hat, die Schlußfolgerung: die natürliche, so sorgsam gepflegte Schichtenbildung des Bodens muß unbedingt erhalten bleiben! Auch im Winter! Im Normalfall bedeutet das: nie mehr Umgraben! Nur in besonderen Situationen darf die Erde mechanisch bearbeitet und gewendet werden, zum Beispiel, wenn Land urbar gemacht wird oder wenn der Boden stark vernachlässigt ist.

Die vielgepriesene Frostgare, die die groben durchgefrorenen Schollen mürbe macht, kann als Gegenargument nicht standhalten. Es stimmt zwar, daß schwerer Boden nach dieser Überwinterung leicht auseinanderfällt. Aber schon der erste, starke Frühlingsregen schlägt diese lockere Krümelung wieder zusammen. Sie ist nicht beständig. Und damit war alle Mühe vergebens.

In einem biologischen Garten bleibt der Spaten also im Herbst arbeitslos. Stattdessen lockert der Gärtner seine Beete mit der Grabgabel auf, ohne die Erde zu wenden. Er sticht die Zinken nur in den Boden und bewegt die Gabel ruckartig hin und her. Die belebten Schichten werden so locker und luftdurchlässig. Ihre Lage aber bleibt ungestört.

Spezialgeräte zur Bodenlockerung: »Grubbi« hat zwei Zinken (links). Mit Steinen beschwert, dringt er tiefer ein (Mitte). Der »Sauzahn«, auch als »Azet-Wühler« im Handel, besitzt einen sichelförmigen Zinken (rechts).

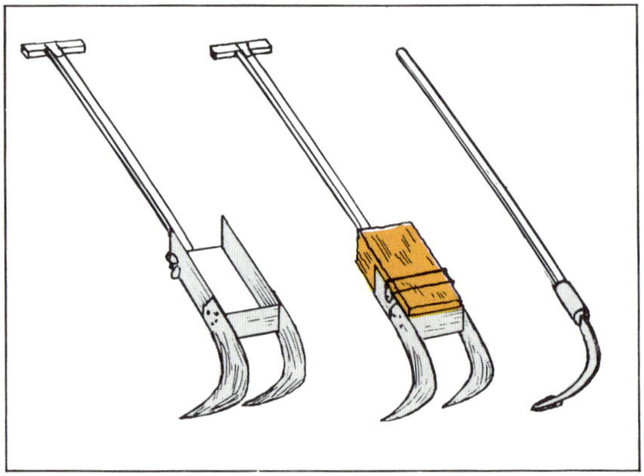

So wird ein Streifen Land nach dem anderen bearbeitet. Für schwere Böden hat sich ein Spezialgerät bewährt: der »Sauzahn«. Sein sichelförmig gebogener Zinken lockert ebenfalls die Erde bis in die Tiefe, ohne sie umzuwenden. In gepflegten, humosen Böden genügt oft sogar die leichte Bearbeitung mit einem Grubber oder einer kleinen Hacke. Sie werden nur durch die obere Schicht gezogen.

Anschließend streut der Gärtner die Dünger aus, die er für nötig hält. Die Wahl hängt vom Bodenzustand und von der Fruchtfolge ab. Niemals wird frischer tierischer Dünger vergraben. Er darf nur in die oberste Schicht eingeharkt werden, wo für alle nun einsetzenden Abbauprozesse genügend Sauerstoff vorhanden ist.

Auch den halbreifen Kompost verteilt der biologische Gärtner im Herbst auf seine Beete. Er bleibt gleichfalls an der Oberfläche und wird nur vorsichtig mit der Hacke oder dem Grubber in die Erde »verrührt«. Eine dünne Kontaktzone genügt, um die Verbindung der beiden lebendigen Organismen – Humus und Rohkompost – herzustellen. Sie werden nach dieser ersten flüchtigen Berührung schnell aktiv und entwickeln ein enges Zusammenleben.

Die letzten Wintervorbereitungen bestehen im biologischen Garten dann in der Verteilung warmer Decken. Alle Beete und alle Baumscheiben

werden, wie es im Kapitel »Bodendecken« beschrieben ist, mit schützendem und nährendem Material zugedeckt. Diese Teppiche aus organischem Abfall gleichen den Wintervorbereitungen, die die Natur selber trifft: Wo das Laub herunterfällt und erfrorene Halme sich zu Boden beugen, da entsteht überall in Wald und Flur die gleiche wärmende Hülle, wie sie der biologische Gärtner über seine Beete breitet. Zwischen Stauden und Ziersträuchern läßt er deshalb auch die abgefallenen Blätter liegen. Er nutzt sie als natürliche Hilfskräfte. Wer hier mit eisernem Besen Ordnung halten wollte, der würde auf Kosten des Lebendigen kalte Pracht im Garten schaffen.
Der biologische Gärtner kann nach seinen wohlüberlegten Wintervorbereitungen seelenruhig die Hände in den Schoß legen. Unter seinen warmen, luftigen Decken bleibt das Bodenleben noch lange munter. Wenn ringsum schon der Frost seine scharfen Zähne ansetzt, herrschen in den geschützten Beeten noch immer höhere Temperaturen. Regenwürmer und Mikroorganismen arbeiten weiter an der Zersetzung und Umwandlung des nahrhaften Mulchmaterials. Sie treffen die besten Vorbereitungen für den nächsten Frühling, während der Gärtner keine Hand mehr zu rühren braucht. In solchen Herbst- und Wintertagen wird es ganz besonders deutlich: biologische Gärtner arbeiten nicht nach veralteten großväterlichen Methoden. Im Gegenteil: sie benutzen alle naturwissenschaftlichen Erkenntnisse, um der Natur gerecht zu werden. Biologisch Gärtnern heißt auch: den Kopf benutzen, damit der Rücken nicht vom unnötigen Bücken schmerzt!

Die Düngung im naturgemäßen Garten

Pflanzennahrung – Bodennahrung

Im ungezähmten »Garten« der Natur braucht niemand zu düngen. Die Wildnis ernährt sich selbst. Viele ihrer grünen Geschöpfe verhungern aber auch beim ständigen Kampf um Licht, Luft, Wasser und Nährstoffe. Nur die lebensstarken Gewächse setzen sich durch und vermögen die Reserven der Natur zu nützen, die sich – wo sie ungestört blieben – ständig erneuern.
Die Kulturpflanzen des Menschen sind dagegen empfindliche, anspruchsvolle Gewächse. Sie wurden zu besonderen Zwecken gezüchtet und benötigen auch besondere Pflege. Auch im naturgemäßen, biologischen Garten dürfen Gemüse, Obst und Blumen nicht einfach ihrem Schicksal überlassen werden nach dem Motto: Alles wächst von selbst, die Mutter Natur wird's schon recht machen! Sie wird sicher nicht untätig bleiben, die gute alte »Mutter Natur«, aber sie wird nach den Gesetzen der Wildnis handeln. Dabei könnte es dem erhofften Paradies des biologischen Gärtners so ähnlich ergehen, wie den Städten der Mayas: ein Dschungel lebensstarker Gewächse überwuchert mit vitaler Kraft alle Spuren feinsinniger Kultur. So wie die indianischen Städte im Würgegriff der Urwaldlianen zusammenbrachen, so gingen die Radieschen, die Salatköpfe und die Tomaten eines vertrauensseligen Gärtners unter im Ansturm der Wildpflanzen, die sich ihren Lebensraum im Handumdrehen zurückerobern würden.
Auch im biologischen Garten geht es also nicht ohne Pflege und gesunde Ernährung. Wer dicke Kohlköpfe und eine reiche Erdbeerernte heimtragen möchte, der muß etwas dafür unternehmen.

Wie überall gilt auch hier die Regel: Alle Pflanzen entnehmen dem Boden Nährstoffe. Sie brauchen sie, um ihre eigene Gestalt damit aufzubauen und um ihre täglichen Lebensbedürfnisse zu stillen. Damit auf die Dauer keine Mangelerscheinungen auftreten, müssen diese verbrauchten Nährstoffe wieder an den Boden zurückgegeben werden. Sonst leiden die nachfolgenden Kulturen Hunger.

Was bedeutet aber Düngung für einen biologischen Garten? Hier gilt vor allem der Grundsatz: Nicht die Pflanze sondern das Bodenleben wird ernährt. Es wird zu eigener Produktion angeregt. Natürliche Düngung erreicht also – auch wenn sie direkt aufs Land gestreut wird – die Pflanzen im allgemeinen erst auf dem Umweg über das Bodenleben. Die organischen Dünger, die in diesem Kapitel beschrieben werden, müssen erst durch Mikroorganismen aufgeschlossen und in eine für die Pflanzen verfügbare Form umgewandelt werden. Dies geschieht entweder auf dem Umweg über den Kompost oder aber direkt im Boden. In gepflegter, humusreicher Erde sind ständig unzählige Lebewesen damit beschäftigt, Nahrung herzustellen – für sich selbst und für die Pflanzen. Aber erst wenn genügend Wasser in dieser »Garküche« zur Verfügung steht, kann eine Nährbrühe zusammengebraut werden, die die Wurzeln durch ihre winzigen Porenöffnungen aufnehmen können.

Auch chemisch hergestellte Nährsalze sind wasserlöslich und werden den Pflanzen als nahrhafte Flüssigkeit verabreicht. Dies war ja gerade im vorigen Jahrhundert die revolutionierende Entdeckung des Justus von Liebig: »Die Pflanze nährt sich von wasserlöslichen Nährstoffen.« Die gesamte Erzeugung des sogenannten »Kunstdüngers« und seine weltweite Anwendung beruht auf dieser Erkenntnis. Gibt es denn überhaupt einen Unterschied zwischen der organischen und der chemisch zubereiteten Suppe? Handelt es sich nicht in beiden Fällen um eine Flüssigkeit, in der lebensnotwendige Nährstoffe aufgelöst wurden?

Der biologische Gärtner muß dazu folgendes wissen:

Chemische Düngesalze sind sehr leicht löslich und können deshalb von den Wurzeln auch sehr schnell und mühelos aufgenommen werden. Die Pflanzen haben bei ständiger und intensiver Düngung mit diesen salzigen Nährlösungen praktisch keine Auswahlmöglichkeit. Sie nehmen, was ihnen eingeflößt wird. Eine Überdüngung ist leicht möglich. In den Blättern sammelt sich dann unter Umständen überschüssiges Stickstoffsalz an (Luxuskonsum!). Auch der osmotische Druck wird durch die Salze verändert. Dadurch steigt mehr Wasser in das Pflanzengefüge. Die Folgen sind aufgeschwemmtes Gewebe und nachlassende Widerstandskraft.

Das Wurzelsystem wird in diesem »Schlaraffenland« geradezu zur Faulheit animiert. Nahrungssuche wird ja überflüssig. Caspari berichtet, daß die Knöllchenbakterien, deren Stickstoffproduktion praktisch nicht mehr gefragt ist, ihre Tätigkeit einstellen und verschwinden. Auch die Regenwürmer ziehen sich zurück, wo die Erde systematisch mit löslichen Salzen gedüngt wird.

Das Bodenleben wird nicht mehr gefordert und verarmt. Die Reizwirkung der konzentrierten Salze auf das Wachstum zieht außerdem einen hohen Humusverbrauch nach sich. Die Struktur der Böden verändert sich. Chemische Dünger sind allein aber nicht in der Lage, neuen Humus zu bilden. Deshalb läßt die Qualität der wertvollen Gartenerde nach, wenn nicht auf andere Weise zusätzlich für organischen Nachschub gesorgt wird. Vor allem in leichten Sandböden ist zudem die Gefahr groß, daß ein Teil der teuren künstlichen Nährstoffe im Erdbereich nicht festgehalten werden kann und in den Untergrund geschwemmt wird. Dort entstehen ungewollte aber gefährliche Salzkonzentrationen.

Die wichtigsten Nachteile der chemischen Salzlösungen für die Pflanzen kann jeder Gärtner selbst beobachten. Seine Gewächse besitzen weniger Widerstandskraft gegen Krankheiten und

Schädlinge. Wo des Guten zu viel getan wird, da wachsen aufgeschwemmte, wenig nahrhafte Pflanzen heran. Ihr Aroma und ihre Würze lassen nach. Das Ergebnis aller Mühen schmeckt oft genug nach Wasser!

Die organische Düngung arbeitet dagegen immer zuerst mit dem Bodenleben zusammen. Die Nährstoffe werden langsam – sozusagen nach Bedarf – gelöst und den Pflanzen angeboten. Sie können – und diese Möglichkeit nehmen sie auch wahr – auswählen, was sie gerade brauchen. Eine gleichmäßige Ernährung mit gesunder Mischkost ist dadurch leichter zu erreichen. Überschüssige Nährstoffe werden von den Mikroorganismen festgehalten. Sie können deshalb nicht so schnell ausgewaschen werden.

Organische Dünger dienen nicht nur als Nahrungsgrundlage für die Pflanzen. Sie verbessern auch allgemein die Bodenfruchtbarkeit, weil sie gleichzeitig die Kleinlebewesen zur Arbeit anregen und ernähren. Die ideale Düngung im biologischen Garten besteht deshalb immer aus Kompost. Darin sind alle notwendigen Nährstoffe und Spurenelemente in ausgewogener Mischung vorhanden. Zusätzliche Nahrung brauchen Erde und Pflanzen in humusarmen Gärten vor allem in den Zeiten der Umstellung auf die biologische Methode. »Zusatzfutter« benötigen auch die starkzehrenden Gewächse, zum Beispiel Kohl, Gurken, Sellerie, Tomaten und Kartoffeln.

Eine sinnvoll auf die Gartenverhältnisse abgestimmte organische Düngung hat viele Vorteile: Die Pflanzen wachsen kräftig und gesund. Ihr Gewebe enthält kein überschüssiges Wasser, deshalb sind sie haltbar und lagern sich gut. Gegen Krankheiten und Schädlinge sind diese gesundernährten Gewächse sehr widerstandsfähig. Zu den positiven Folgen einer natürlichen Düngung gehören auch würziges Aroma und knackiger Wohlgeschmack. Denn eine Frucht schmeckt so gut oder so schlecht wie die Nahrung, mit der sie selbst aufgewachsen ist.

Um seinen Gartenpflanzen die richtige Menükombination aufzutischen, muß ein biologischer Gärtner aber auch genau über die Hauptnährstoffe Bescheid wissen, die die grünen Gewächse benötigen. Dazu gehören Kohlenstoff, Sauerstoff und Wasserstoff. Diese Grundelemente besorgen sich die Pflanzen selber aus der Luft und aus dem Boden. Stets nachgefüllt werden müssen Stickstoff (N), Phosphor (P) und Kali (K). Nach ihren chemischen Bezeichnungen nennt man sie abgekürzt auch NPK-Dünger. Hinzu kommen noch Kalk und Spurenelemente.

Stickstoff

fördert das Wachstum der Triebe und Blätter. Er ist der Stoff, der zur Bildung der lebenswichtigen Eiweißverbindungen gebraucht wird. Das natürliche Stickstoffreservoir ist die Luft. Bestimmte Bodenlebewesen sind Spezialisten, die den luftigen, anorganischen Stickstoff festhalten und in organische Formen umwandeln können. Dazu gehören zum Beispiel Knöllchenbakterien und andere Mikroorganismen.

Stickstoff-Dünger sind Leguminosen (Gründüngung, die Stickstoff durch Knöllchenbakterien im Boden anreichert) und die Handelsdünger Hornmehl, Hornspäne und Blutmehl. Tierische Dünger mit relativ hohem Stickstoffanteil sind Schaf- und Ziegenmist.

Überdüngung mit Stickstoff verursacht Geilwuchs, schwammiges Gewebe und Krankheitsanfälligkeit. Die Pflanzen »schießen ins Blatt«, Blüte und Fruchtbildung leiden darunter. Starke Stickstoffüberdüngung kann sogar zu Verbrennungen führen. Strohmulch kann in Notfällen helfen. Er reißt Stickstoff an sich, weil er ein sehr weites C-N-Verhältnis hat.

Stickstoff-Mangelerscheinungen äußern sich in gelblichen Blättern. Die Verfärbung kann sogar bis in Rot-Lila-Töne übergehen.

Phosphor

fördert vor allem die Blüten- und Fruchtbildung. Er ist maßgeblich am Eiweißaufbau beteiligt. In gepflegten Humusböden sind Phosphorverbindungen meist ausreichend vorhanden. Wo das Bodenleben aktiv ist, da wird auch genug Phosphor für die Pflanzen verfügbar gemacht.

Phosphor-Dünger sind Knochenmehl, Rohphosphat und Thomasmehl. Ein tierischer Dünger mit hohem Phosphorgehalt ist Geflügelmist (Hühner-, Tauben- und Guano-Vogelmist).

Überdüngung mit Phosphor verursacht Hemmungen im Stoffwechsel. Die Pflanzen können bestimmte Spurenelemente wie Eisen und Kupfer nicht mehr aufnehmen. Wachstumsstörungen sind die Folge.

Phosphor-Mangelerscheinungen zeigen sich in rötlichen oder bräunlich-violetten Blattverfärbungen, schlechter Wurzelbildung und geringem Fruchtansatz.

Kali

sorgt für die Festigkeit des Pflanzengewebes und für einen stabilen Aufbau. Es fördert die Wurzel- und Knollenbildung. Da Kali die Wasserabgabe hemmt, schützt es die Gewächse vor Dürre und Frostschäden. Dieser Nährstoff ist besonders wichtig für den Stoffwechsel der Pflanzen. Er spielt eine Rolle bei der Photosynthese und bei der Bildung von Stärke und Zucker. Kali ist in den meisten Böden vorhanden, muß aber von den Mikroorganismen in pflanzenverfügbare Formen umgewandelt werden. Je lebendiger ein Boden ist, desto weniger leidet er unter Kalimangel.

Kali-Dünger sind Holzasche, Algenprodukte und Kalimagnesia (Patentkali). Tierische Dünger mit hohem Kaligehalt sind Geflügelmist, getrockneter Rinderdung und Schweinemist. Auch Knochenmehl enthält reichlich Kali.

Überdüngung mit Kali zeigt sich in Wuchshemmungen. Im Boden können durch Kaliüberschuß Magnesiummangel und Kalkarmut entstehen.

Kali-Mangelerscheinungen erkennt man daran, daß die Blätter an den Rändern braun werden und schließlich absterben. Die Pflanzen wachsen nicht gut und können sehr plötzlich eingehen.

Kalk

bindet die Säuren im Boden. Er festigt die Krümelstruktur und regt das Bodenleben an. Kalk gehört zu den wichtigen Bausteinen, mit denen Pflanzen ihre Inhaltsstoffe bilden. Er ist auch am Ionenaustausch beteiligt.

Kalk-Dünger sind kohlensaurer Kalk, Kalkmergel, Magnesiumkalk, Branntkalk, Thomasmehl, Gesteinsmehl und Algenkalk.

Überdüngung durch Kalk verdrängt Kali. Der Boden wird stark alkalisch. Die meisten Pflanzen bevorzugen aber leicht saure Erde.

Kalkmangel zeigt sich in schlechtem Wurzelwachstum. Der Boden wird sauer.

Spurenelemente

brauchen die Pflanzen nur in geringen Mengen – eben in Spuren. Trotzdem sind sie für Wachstum und gesundes Gedeihen sehr wichtig. Sie bedeuten für die Pflanzen etwas ähnliches wie die Vitamine für die Gesundheit der Menschen.

Magnesium ist maßgeblich an der Bildung des Blattgrüns beteiligt. Es hat auch Einfluß auf die Lösung des Phosphors im Boden. Magnesiummangel zeigt sich durch krankhafte Veränderungen an den Blatträndern und zwischen den Blattadern. Dieses Spurenelement ist in bestimmten Steinmehlsorten und im Algenkalk enthalten.

Eisen ist gleichfalls an der Bildung des Blattgrüns beteiligt und spielt eine wichtige Rolle im Pflanzenstoffwechsel. Wo der Boden zuviel Kalk enthält, da wird Eisen gebunden und kann von den Gewächsen nicht mehr genutzt werden. Eisenmangel zeigt sich durch Gelbfärbung der Blätter (Chlorose). Die Blattadern zeichnen sich als grünes Netz ab. Wo zu hoher Kalkgehalt der Grund des Übels ist, hilft als Gegengabe Torf oder saurer Spezialkompost aus Laub oder Holzabfällen.

Kupfer ist Bestandteil der Enzyme und deshalb an Stoffwechselvorgängen beteiligt. Es schützt das Blattgrün. Bei Kupfermangel färben sich die Blätter hell, die Spitzen trocknen ein. Im Urgesteinsmehl, in Basaltmehl und in Algenprodukten ist dieses Spurenelement enthalten.

Molybdän spielt eine wichtige Rolle bei den Stickstoffumwandlungen innerhalb der Pflanzen und für die stickstoffbindenden Bodenbakterien im Humus. Molybdänmangel tritt nur in sauren Böden auf. Die Blätter der Pflanzen zeigen Mißbildungen, der Blumenkohl bildet keine Rosen. Der pH-Wert des Bodens muß dann ausgeglichen werden, zum Beispiel durch Algenkalk.

Die Tabelle zeigt einige wichtige Düngemittel, die im biologischen Garten verwendet werden, und ihre unterschiedlichen Nährstoffkombinationen. Ein Gärtner, der über den Zustand seiner Erde genau Bescheid wissen möchte, muß nicht nur die Nährstoffe, sondern auch den Säuregehalt des Bodens kennen. Fachleute sprechen in diesem Zusammenhang von der Bodenreaktion und vom pH-Wert. Hinter diesem wissenschaftlichen Begriff verbirgt sich ganz einfach die Tatsache, daß ein Boden, chemisch gesehen, sauer oder alkalisch reagieren kann. Um die genauen Werte zu ermitteln, wurde eine internationale Skala festgelegt. Die Zahl 7 auf dieser Skala bestimmten die Wissenschaftler als »Neutralpunkt«. Unter 7 zeigen die Bodenwerte eine immer stärker werdende saure Reaktion an. Über 7 beginnt die alkalische Bodenreaktion.

Für den Gärtner ist es wichtig zu wissen, daß die meisten Kulturpflanzen eine schwachsaure Bodenreaktion und pH-Werte zwischen 6 und 7 bevorzugen. Ausgesprochen sauer lieben es die Moorbeetpflanzen, zu denen Rhododendren, Azaleen und Heidekraut gehören. In alkalischen Böden fühlen sich nur wenige Pflanzen wohl. Schwachalkalisch darf die Erde für Süßkirschen, Kohl, Sellerie und Möhren sein.

Kalk bindet Säuren und verändert die Bodenreaktion in Richtung auf den alkalischen Bereich.

Düngemittel	Stickstoff (N) %	Phosphor-Säure (P_2O_5) %	Kali (K_2O) %	Kalk (Ca) %	Spuren-elemente	organische Substanz %
Hornspäne Hornmehl	10–14	4–5	–	6	wenig	60–80
Blutmehl	11–15	1,3–1,5	0,7–0,8	0,8	reichlich	60–70
Knochenmehl	3–4	21–30	0,2	30–31	mittel	–
Horn-, Blut-, Knochemehl	7–9	12	0,3	13	mittel	bis 70
Rindermist getrocknet	1,64	1,55	4,25	4,19	mittel	45
Rindermist (frischer Stallmist)	0,4	0,2	0,5	0,5	mittel	25
Pferdemist (frischer Stallmist)	0,5	0,3	0,4	0,2	mittel	30
Hühnermist	1,5–1,7	1,5	0,8–1	3	reichlich	25–30
Peru-Guano	7	11–12	2–2,5	12–20	reichlich	40–50
Holzasche	–	2–4	6–10	30–35	reichlich	–
Thomasmehl	–	16–20	–	45–50	reichlich	–
Kalimagnesia	–	–	25	–	5–8% Magnesium	–

Torf macht die Erde sauer. Natürlich kann ein Gärtner die Zusammensetzung seines Bodens und den Nährstoffgehalt nicht einfach feststellen, indem er eine Handvoll Erde aufnimmt und daran schnuppert. Genaue Aufschlüsse sind nur durch chemische und biologische Untersuchungen zu ermitteln. Eine solche Analyse kann sehr nützlich sein, vor allem bei der Umstellung auf naturgemäße Methoden. Sie erspart auch einem biologischen Gärtner planlose, blinde Düngeversuche.

An verschiedenen Stellen im Garten werden Bodenproben eingesammelt, dann gut miteinander vermischt, in Plastiktüten verpackt und im Paket verschickt.

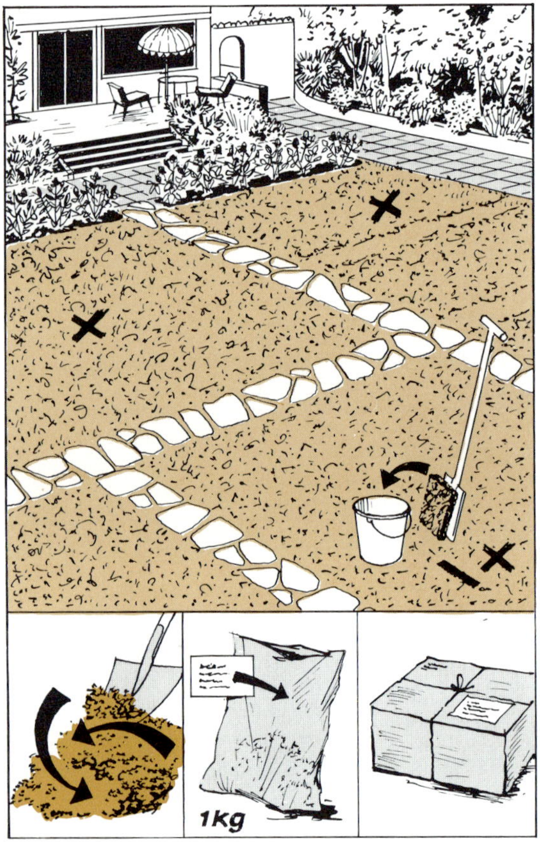

Er kann ja erst nach mehreren Jahren systematischer Humuspflege sicher sein, daß sein Boden ein Gleichgewicht aller wichtigen Elemente erreicht hat. Bis es soweit ist, muß er Nährstoffe ergänzen, wo es nötig ist und versuchen, die günstigste Bodenreaktion zu erreichen. Alle diese Einzelmaßnahmen geschehen im biologischen Garten aber immer in engem Zusammenhang mit der allgemeinen Bodenpflege und dem Humusaufbau.
Es gibt im Handel kleine Bodentester-Sets, mit deren Hilfe man eigene Untersuchungen selbst durchführen kann. Genauere Auskünfte bekommt man aber aus wissenschaftlichen Labors. Dorthin verschickt der Gärtner mehrere Bodenproben, die er an verschiedenen Stellen im Garten entnommen hat. Diese Erde wird gut vermischt, in Plastiktüten verpackt und als Paket an eine der folgenden Adressen versandt:

Baden-Württemberg
Staatliche Landwirtschaftliche Untersuchungs- und Forschungsanstalt Augustenberg, Neßlerstr. 23, Postfach 410943, 7500 Karlsruhe 41
Landesanstalt für Landwirtschaftliche Chemie, Postfach 106, 7000 Stuttgart 70

Bayern
Bayerische Hauptversuchsanstalt für Landwirtschaft der Technischen Universität München, 8050 Freising-Weihenstephan
Bayerische Landesanstalt für Bodenkultur und Pflanzenbau München – Landwirtschaftliches Untersuchungsamt –, Luxburgstr. 4, 8700 Würzburg

Hessen
Landwirtschaftliches Untersuchungsamt und Versuchsanstalt, Rheinstr. 91, 6100 Darmstadt
Hessische Lehr- und Forschungsanstalt für Wein-, Obst- und Gartenbau, Beinstr. 15, 6222 Geisenheim
Landwirtschaftliches Untersuchungsamt und Versuchsanstalt, Am Versuchsfeld 11, 3500 Kassel-Harleshausen

Niedersachsen
Landwirtschaftliche Untersuchungs- und Forschungsanstalt, Hochstr. 18, 3300 Braunschweig
Landwirtschaftliche Untersuchungs- und Forschungsanstalt, Finkenbornerweg 1A, 3250 Hameln
Landwirtschaftliches Untersuchungsamt und Versuchsanstalt, Mars-la-Tour-Str. 4, 2900 Oldenburg

Nordrhein-Westfalen
Landwirtschaftliche Untersuchungs- und Forschungsanstalt, Weber-Str. 61, 5300 Bonn
Landwirtschaftliche Untersuchungs- und Forschungsanstalt, Kanalstr. 240, 4400 Münster

Rheinland-Pfalz
Landwirtschaftliche Untersuchungs- und Forschungsanstalt, Obere Langgasse 40, 6720 Speyer
Landes-Lehr- und Versuchsanstalt für Weinbau, Gartenbau und Landwirtschaft, Institut für Bodenkunde, Egbert-Str. 18–19, 5500 Trier

Schleswig-Holstein
Landwirtschaftliche Untersuchungs- und Forschungsanstalt, Gutenbergstr. 75–77, 2300 Kiel

In diesen Bodenuntersuchungsstellen können folgende Werte analysiert werden: Korngröße des Bodens, Wasser- und Luftkapazität, Nährstoffgehalte an Stickstoff, Phosphor, Kali, Kalkvorrat und Bestimmung des pH-Wertes.

Für einen Gärtner, der mit naturgemäßen Methoden arbeitet, wäre es darüberhinaus natürlich wichtig zu erfahren, wie der biologische Zustand seines Bodens aussieht. Die Fragen nach reichem oder spärlichem Bodenleben, nach der Zahl der Mikroorganismen und nach der Güte der Humusproduktion wären hier vorrangig.

Antworten darauf erteilen Ihnen diese Spezialinstitute:

Dr. Volker Rusch, Reuterberg, 6348 Herborn/Dill

Dr. Fritz Balzer, Obere Ellenberg 5, 3551 Amönau (Kr. Marburg-Biedenkopf)

Die wichtigsten Düngemittel für den biologischen Garten

Tierische Dünger

Frischer strohiger Rindermist gehört seit alten Zeiten zu den wichtigsten Naturdüngern. Er enthält alle Nährstoffe in ausgeglichener, milder Zusammensetzung. Wichtig: Alle tierischen Dünger werden ohne Kalk kompostiert. Er entbindet den wertvollen Stickstoff. Als Ammoniak würde er nutzlos in die Luft entweichen. Gut ist es dagegen, den Rindermist mit nichtkalkhaltigem Steinmehl zu überstreuen.

Frischer Mist darf – wenn überhaupt – nur im Herbst oberflächlich und dünn über die Beete gestreut werden, so daß er über Winter verrotten kann. Rindermist eignet sich als Dünger für starkzehrende Gewächse.

Getrockneter Rindermist ist besonders reich an Kali. Dieser Nährstoff fehlt in den meisten anderen organischen Düngern oder er ist darin nur in geringen Mengen vorhanden. Ein Handelsprodukt aus einwandfreier Rinderhaltung ist zum Beispiel »California Rinderdung«. Besonders gut eignet sich dieser Dünger für Rosen, Möhren und Sellerie.

Pferdemist gehört, wie jeder weiß, zu den hitzigen Düngern. Man benutzt ihn deshalb als Packung zum »Aufheizen« der Frühbeete. Er hat ähnliche Nährstoffgehalte wie Rindermist. Beide können vermischt und gemeinsam kompostiert werden.

Schweinemist ist ein kalter Mist. Er enthält fast keinen Kalk, dafür aber Kali und etwas Stickstoff. Genau wie alle anderen tierischen Exkremente sollte er kompostiert werden. Dann eignet er sich besonders für Sellerie, Lauch und Himbeeren.

Schaf-, Ziegen- und Kaninchenmist gehören zu den hitzigen Düngern. Ihr Stickstoffgehalt kann Geilwuchs hervorrufen. Am besten werden sie einzeln, oder mit anderem Mist vermischt, kompostiert. Sie eignen sich für starkzehrende Gemüse.

Eine Gründüngungsmischung aus Lupinen und Kleearten sammelt Stickstoff an und lockert den Boden mit tiefreichenden Wurzeln.

Geflügeldünger haben im Gegensatz zu den meisten anderen Mistarten einen hohen Kaligehalt. Ihr Hauptnährstoff ist allerdings der Phosphor (bis zu 12% bei Guano). Auch der Stickstoffanteil ist beachtlich. Da sich dieser Stickstoff im Geflügelmist besonders schnell umsetzt, können bei Überdüngung Verbrennungen entstehen. Geflügelmist ist hitzig! Er sollte mit Erde vermischt kompostiert oder als Jauche angesetzt werden. Es gibt Hühner-, Enten- und Taubenmist. Peru-Guano besteht aus den Exkrementen und den Kadavern der wilden Seevögel, die seit Jahrhunderten an den Küsten Perus in meterdicken Schichten abgelagert wurden. Dieser Naturdünger wird abgebaut und verkauft. Er ist besonders stickstoff- und phosphorreich. Achten Sie auf »Echten Guano«; es gibt auch Mischdünger mit geringem Guano-Anteil. Geflügeldünger eignen sich für starkzehrendes Gemüse. Sie werden nur sparsam verwendet. Guano fördert auch die Blütenbildung bei Zimmer-, Balkon- und Gartenblumen.

Horn-, Blut- und Knochenmehl sind tierische Düngemittel, die aus Schlachthausabfällen hergestellt werden. Diese organischen Dünger sind in praktischen Portionen verpackt. Sie sind unkompliziert in der Anwendung und können im Garten zu vielen Zwecken benutzt werden.

Horn gibt es in verschiedenen Ausführungen: mehr oder weniger fein gemahlen oder als Hornspäne. Je grober die Substanz ist, desto langsamer wird sie im Boden umgesetzt. Horndünger enthalten vor allem Stickstoff und Phosphor. Blutmehl hat einen besonders hohen Stickstoffgehalt. Hinzu kommt etwas Phosphor und Kali. Knochenmehl (entleimt oder gedämpft) hat von diesen drei Schlachthausdüngern den höchsten Phosphorgehalt. Hinzu kommt ein mittlerer Stickstoffgehalt und ein wenig Kali. Horn-, Blut- und Knochenmehl können miteinander vermischt werden. Es entsteht dann ein organischer »Volldünger«, in dem die drei wichtigen Hauptnährstoffe NPK ebenso enthalten sind wie eine Fülle von Spurenelementen. Für den Laien ist es aber schwierig, das günstigste Mischungsverhältnis zu finden. Deshalb sind in diesem Fall fertige Handelsdünger empfehlenswert. Ein bewährter Naturdünger aus Horn-, Blut- und Knochenmehl ist zum Beispiel »Oscorna«.

Ein wichtiger Gesichtspunkt ist bei allen tierischen Düngern, die im biologischen Garten die Erde verbessern sollen, zu beachten: Sie müssen aus einwandfreier, möglichst naturgemäßer Viehhaltung stammen. Mist von Tieren, die mit Antibiotika und Hormonfutter aufgezogen werden, ist schädlich! Ein biologischer Gärtner sollte zum Beispiel nie Hühnermist aus den riesigen Legefabriken verwenden, in denen die Tiere unter vollkommen unnatürlichen Bedingungen »leben« müssen! Die Exkremente sind ja das indirekte Ergebnis der Fütterung und des Stoffwechsels.

Pflanzliche Dünger

Die Gründüngung

Die Bodenverbesserung mit Hilfe grüner Pflanzen ist eine sehr alte Düngemethode. Sie stammt ursprünglich aus dem Ackerbau, kann aber mit Abwandlungen auf den Garten übertragen werden. Die Gründüngung bietet verschiedene Vorteile gleichzeitig an: Die dichte oberirdische Pflanzenmasse schützt den Boden vor Verdunstung und unterdrückt das Unkraut. Werden die Blätter abgemäht oder ausgerissen, so liefern sie Material zum Mulchen und zum Kompostieren. Das vitale ausgedehnte Wurzelwerk dieser Pflanzenspezialisten bringt weitere wichtige Vorteile: Der Boden wird gelockert, durchlüftet und mit organischer Masse angereichert. Einige Grünpflanzen sind in der Lage an ihren Wurzeln Stickstoff zu sammeln. Diese Düngerproduktion funktioniert allerdings nur im Teamwork mit bestimmten Bakterien. Andere Pioniere, deren Wurzeln sehr tief reichen, tragen durch ihre Ausscheidungen dazu bei, Nährstoffe aus den Mineralien des Bodens zu lösen. Weil die unterirdischen Wirkungen der Grün-

düngung so wichtig sind, werden die Wurzeln möglichst nicht ausgerissen, wenn die oberirdische, grüne Decke wieder entfernt wird.
Im Nutzgarten wird die Gründüngung als eine Art »Schichtwechsel« eingesetzt. Überall dort, wo ein Beet abgeerntet ist, kann vorübergehend eine Pflanzenart eingesät werden, die die Erde regeneriert. Eine wichtige Rolle spielt die Gründüngung bei der Erschließlung eines Baugrundstücks. Dort hinterlassen Maschinen und Handwerker oft einen völlig verwüsteten und verdichteten Boden. Die »grünen Pioniere« können hier helfen, wieder Luft und Leben in die Erde zu bringen. Sie sollten vor jeder anderen Kulturmaßnahme ausgesät werden.
Stickstoffsammelnde Pflanzen sind die Leguminosen. Zu ihnen zählen einige Kleearten, Wicken, Lupinen und auch die Gemüsepflanzen, Erbsen, Bohnen und Sojabohnen. Mit den Wurzeln dieser Pflanzen bilden bestimmte Bakterien eine enge Lebensgemeinschaft (Symbiose). Sie sammeln Stickstoff, der in Knöllchen abgelagert wird. Deshalb spricht man von Knöllchenbakterien. Mit Hilfe der Leguminosen kann der Gärtner eine gezielte Stickstoffdüngung durchführen.
Senf ist für kleine Gärten ein praktischer, billiger und raschwachsender Gründünger. Die Pflanzen keimen so schnell wie Kresse. Ihre weitverzweigten Wurzeln hinterlassen einen feinkrümeligen Boden. Senf kann jederzeit bis spät in den Herbst ausgesät werden. Über Winter frieren die Pflanzen ab. Im Sommer reißt man sie dort aus, wo Platz für Kulturpflanzen benötigt wird. Rings um die Saatreihen und die Pflanzlöcher bleibt der Senf als lockere Bodendecke liegen.
Vorsicht: Wo Kohl angepflanzt wird, darf kein Senf ausgesät werden. Beide sind Kreuzblütler und damit Konkurrenten. Sie entziehen dem Boden die gleichen Nährstoffe. Die Phacelia (Bienenfreund) ist hier als Zwischensaat oder Vorfrucht geeignet.
Gelbe Senfsaat kann man überall im Handel kaufen. Besonders empfehlenswert ist »Dr. Franck's Hohenheimer Gelbsenf« (der selbsttätige biologische Spaten im Garten).
Gründüngungsmittel für kleine Gärten werden seit kurzem im Handel angeboten. Dies ist eine praktische Neuerung. Denn bisher gab es viele grüne Bodenverbesserer nur in großen Mengen, die für Ackerbauern gedacht waren. Private Gärtner mußten mühsam nach freundlichen Händlern suchen, die bereit waren, die kleinen Portionen abzuwiegen. Die neuen Gründünger für Hausgärten haben außer der handlichen Packungsgröße auch den Vorteil, daß ihre Mischungen auf unterschiedliche Gartenverhältnisse bereits abgestimmt sind. So gibt es zum Beispiel die Sperli-Bodenkur als »Grünhumus« für leichte und mittlere Böden (mit Lupinen, Inkarnatklee und Phacelia), als »Grünaktiv« für schwere Böden (mit tiefwurzelnden Pflanzen, wie Lupinen, Akkerbohnen, Saatwicken und Ölrettich) und als »Schnellgrüner« zur Stickstoffsammlung und Bodenbegrünung (mit Klee, Weidelgras und Lupinen). Auch das »Rotenburger Kombi-Gemenge« ist auf eine stickstoffsammelnde Leguminosenmischung abgestimmt.
Gründüngung kann vor oder nach der Gartenkultur ausgesät werden. Einige dieser Bodenverbesserer und Naturdünger eignen sich auch als Zwischenfrucht, zum Beispiel Senf und Kresse.
Algendünger sind Dünger, die aus dem Meer stammen und gleichfalls Pflanzenprodukte. Viele Küstenbewohner, so zum Beispiel die Bauern der Bretagne und die Landwirte Chinas, schätzten die Nährstoffe der Algen und des Seetangs schon seit Jahrhunderten. Heute weiß man, daß Algen sehr viel Kali, etwas Stickstoff und wenig Phosphor enthalten. Wertvoll ist vor allem ihr hoher Gehalt an Spurenelementen und Magnesium. Einige Arten haben bis zu 33% Kalkgehalt (Kalkalgen).
Im Handel werden Produkte aus zwei verschiedenen Algenarten angeboten: Präparate aus getrockneten Grün- und Braunalgen sowie Algenkalk, der aus den Skeletten der Korallalgen ge-

wonnen wird. Algenkalk ist reich an Magnesium und enthält außerdem noch andere Spurenelemente und Kieselsäure. Er aktiviert den Boden. Ein Meeresalgendünger aus Braun- oder Kieselalgen ist zum Beispiel »Algifert«. Das Mittel wird zur biologischen Blattdüngung verwendet; es stärkt die Widerstandskraft der Pflanzen.

Holzasche ist ihrem Ursprung nach gleichfalls ein Pflanzendünger. Jeder Gärtner kann sie selber herstellen, wenn er große Äste oder verholzten Rosenschnitt verbrennt. Auch die Holzasche aus dem offenen Kamin kann als Dünger verwendet werden. Im Handel wird hochwertige Buchenholzkohle verkauft. Holzasche ist ausgesprochen kalireich. Sie enthält auch Kalk und Spurenelemente. Dieser Dünger wirkt pilz- und fäulnishemmend. Gemüse, die Kali brauchen, zum Beispiel Möhren und Sellerie, können mit Holzasche gefördert werden. Streuen Sie den feinen Staub dünn in Saatrillen und Pflanzlöcher. Auch Rosen lieben Holzasche. Dieser kalireiche Dünger ist ganz allgemein eine gute Ergänzung zu den meisten kaliarmen tierischen Naturdüngern.

Jauche – flüssige Düngung

Sowohl tierische als auch pflanzliche Dünger können in Wasser angesetzt und als flüssige Lösungen direkt an die Pflanzen gegossen werden. Diese Jauchedüngung ist immer dann angebracht, wenn man einen kräftigen Wachstumsschub erreichen will. Starkzehrende Gewächse wie Kohl und Tomaten können solche schnellwirkenden Sonderrationen während der Vegetationszeit gebrauchen. Jauche ist im allgemeinen stickstoff- und kalihaltig. Man muß also vorsichtig damit umgehen, um Verbrennungen und geile Triebe zu vermeiden. Durch Verdünnung ist es aber leicht möglich, auch milde Jauchelösungen herzustellen.

Zunächst benötigt der Gärtner für die flüssige Düngerproduktion ein nicht zu kleines Holz- oder Plastikfaß. Es kann auch ein Steinguttopf sein. Metallfässer eignen sich nicht so gut, weil während der Gärung zwischen dem Metall und der Brühe ungünstige chemische Reaktionen stattfinden können. Über die Öffnung sollten Sie einen Holz- oder Drahtrost legen, damit keine Vögel oder andere kleine Tiere in die Flüssigkeit fallen können. Andererseits läßt das durchbrochene Gitter genügend Luft zirkulieren.

Für Pflanzenjauche wird zunächst das Grünzeug eingefüllt, dann das Wasser darüber gegossen. Regenwasser wäre ideal; wo es nicht vorhanden ist, da benutzen Sie am besten abgestandenes

Holzfässer, Steinguttöpfe und Eimer für die Jauche.

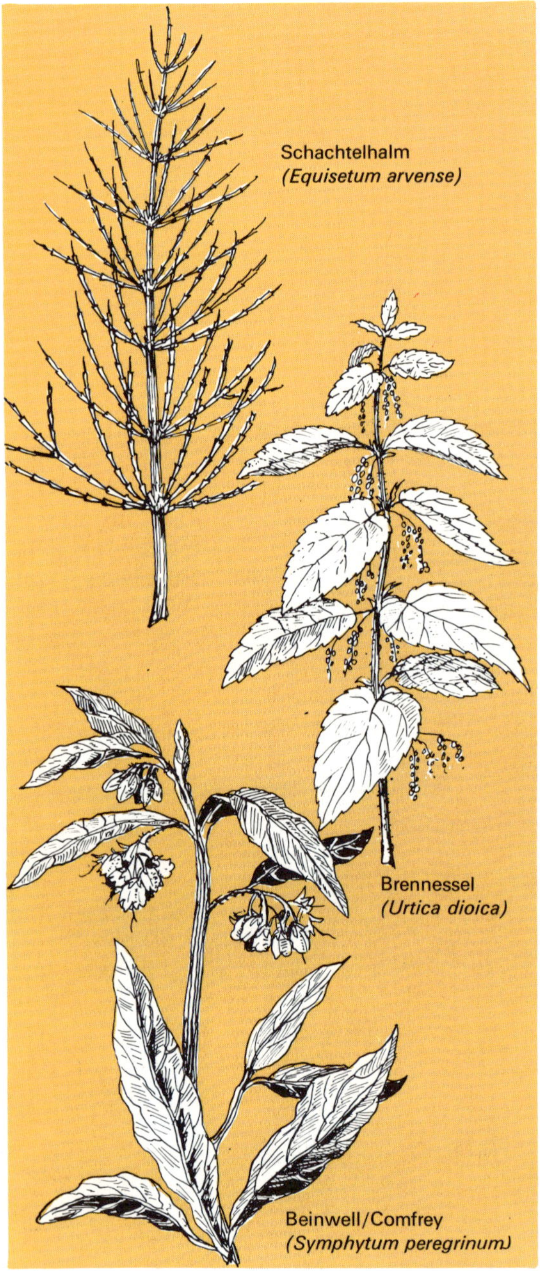

Wasser, das einige Zeit der Sonne ausgesetzt war. Füllen Sie die Tonne nicht bis zum Rand, denn während der Gärung schäumt die Jauche hoch. An einem sonnigen Platz verläuft dieser Prozeß schneller. Mindestens einmal am Tag müssen Sie Ihre Jauche kräftig durchrühren, damit Sauerstoff in den Zersetzungsprozeß gelangt.

Jauche entwickelt immer unangenehme Gerüche. Ein paar Hände voll Steinmehl oder etwas Baldrianblütenextrakt können diese Begleiterscheinungen mildern. Manche Jauche-Spezialisten verpacken das Grünzeug in poröse Säcke, ehe sie es in der Tonne versenken. So wollen sie verhindern, daß die schleimige, zersetzte Pflanzenmasse später die Gießkanne verstopft. Sie können die Brühe aber auch vor dem Gebrauch sieben. Die Jauche muß ja auf jeden Fall abgemessen und verdünnt werden. Im Normalfall rechnet man mit einem Verhältnis von 1:10. Haben Sie in einem kleinen Topf einen sehr intensiven Extrakt angesetzt, dann verdünnen Sie besser auf 1:20. Auch für empfindliche Gewächse verwenden Sie lieber schwache Düngerlösungen.

Ihre Jauche ist fertig zum Gebrauch, wenn sie eine dunkle Farbe angenommen hat und nicht mehr schäumt. Meist ist das nach 2 Wochen der Fall. Nun können Sie auch einen Deckel auf das Faß legen. Folgende Pflanzen eignen sich zur Herstellung flüssiger Dünger:

Brennesseln ergeben eine ideale Jauche für biologische Gärten. Sie wirkt ausgleichend und heilend, fördert das Wachstum und die Chlorophyllbildung. Regenwürmer lieben Böden, die mit Brennnesseljauche gedüngt werden. Verwendet wird das ganze grüne Kraut vor der Blüte. Zerschneiden Sie die Stengel in handliche Länge. Auch getrocknete Brennesseln können Sie verwenden.

Beinwell oder Comfrey *(Symphytum officinale* und *peregrinum)* sind stark eiweißhaltige Heilpflanzen. Sie können im Garten angebaut und mehrmals im Sommer abgeerntet werden. Die großen Blätter liefern reichlich Material für Jauche. Die Comfreybrühe ist stark stickstoff-

und kalihaltig. Nach Erfolgsberichten biologischer Gärtner fördert sie ganz besonders Tomatenpflanzen. Comfreyblätter können auch gut mit Brennesseln gemischt werden.

Gemischte Kräuter können gleichfalls in Wasser angesetzt werden: Hirtentäschel, Schachtelhalm, Kamille sowie Zutaten aus dem Gewürzgarten wie Pfefferminze, Ysop, Majoran und viele andere. Ein biologischer Gärtner, der die Natur genau und liebevoll beobachtet, darf bei der Zusammenstellung solcher Pflanzenjauchen ruhig experimentieren. Die Kräuter können untereinander und mit Brennesseln oder Comfrey vermischt werden. Auch Rainfarn, Farnkraut, Löwenzahn, Zwiebeln und Knoblauch eignen sich als Material für Flüssigdünger. Sicher gibt es noch andere Möglichkeiten, die auf die Entdeckung einfühlsamer Gärtner warten.

Ein wenig tierischer Dünger, zum Beispiel Horn-, Blut- und Knochenmehl und Kompost-Starter, können zur Abrundung ebenso unter die Kräuterbrühe gemischt werden wie eine Schaufel voll reifer Kompost.

Flüssiger Mist entsteht, wenn Sie tierische Exkremente in der gleichen Weise wie die Pflanzen in einer Tonne mit Wasser ansetzen. Kuhmist ohne Stroh, frischer oder getrockneter Hühnerdung und Guano eignen sich dazu. Auch hier helfen Zusätze von Steinmehl und Heilkräutern.

Jauche wird möglichst an trüben Tagen auf feuchte Erde verteilt. Gießen Sie die verdünnte Brühe in den Wurzelbereich der Pflanzen, nicht über die Blätter! Besonders bei trockenem Wetter besteht sonst Verbrennungsgefahr. Je milder eine Pflanzenjauche angesetzt ist, desto weniger sind unerwünschte Begleiterscheinungen zu befürchten. Mit dieser »Nahrung aus der Gießkanne« können Sie im Mischkulturen-Beet sehr gezielt düngen. Ganz gefahrlos ist die Wirkung aller Jauchen, wenn Sie den Kompost damit begießen. Dieser »Umweg« lohnt sich immer. Der große Vorteil der Naturdüngung mit Jauche: Sie ist sehr preiswert, und Sie wissen immer »was drin ist«.

Regenwasser eignet sich besonders gut zum Gießen und zum Ansetzen der Pflanzenjauche. Oben: die Regenrinne wird angezapft. Unten: gärende Brennesseljauche.

Natürliche Mineraldünger

Es ist ein weitverbreiteter Irrtum, Mineraldünger grundsätzlich mit chemischen, künstlichen oder synthetischen Düngern gleichzusetzen. Unter »Kunstdüngern« versteht man nur die wasserlöslichen, industriell hergestellten Düngesalze. In der Natur gibt es reiche Mineralvorkommen, deren Salze oder Gesteine abgebaut und dann als Dünger benutzt werden. Auch in biologischen Gärten! Kalk, Rohphosphat und Kalisalze gehören dazu. Und sie sind keineswegs des Teufels! Allerdings sollten sie nur dann benutzt werden, wenn ein Boden unbedingt Phosphor, Kali oder Kalk braucht.

Um die Nebel, die sich um den Begriff »Mineral« angesammelt haben, ein wenig zu lichten, ist es vielleicht nützlich, wenn auch ein biologischer Gärtner sich einmal einprägt, wie dieses Wort aus dem Fachbereich der Geologie im Lexikon definiert wird. Im »Brockhaus« ist unter dem Stichwort »Mineralien« nachzulesen:

»... chemisch und physikalisch einheitliche nicht an Lebewesen gebundene oder von Menschenhand erzeugte Bestandteile der Erdkruste und der Meteorite, auch Reste abgestorbener Lebewesen und Neubildung bei Bränden an Bauten und Hochöfen«.

Zu den wichtigsten Mineralien auf der Erde gehören unter anderen: Elemente (Spurenelemente), Sulfide, Nitrate, Oxide, Sulfate, Phosphate und Silikate. Mit solchen Stoffen, zum Teil Ablagerungen aus den Urzeiten unseres Planeten, haben wir es zu tun, wenn wir von »natürlichen Mineraldüngern« sprechen. Sie stammen sozusagen »aus dem Bauch der Erde«.

Um sie wieder für die Erde nutzbar zu machen, müssen sie allerdings zuerst »von Menschenhand« bearbeitet werden.

Rohphosphat entstand in lange zurückliegenden Erdzeiträumen, als die Knochen und die Zähne toter Tiere in kalkhaltigen Gewässern chemisch umgesetzt wurden. Daraus wuchsen Ablagerungen, die heute abgebaut und industriell verarbeitet werden. Als feinvermahlenes Produkt kommt Rohphosphat heute in den Handel. »Hyperphos« enthält etwa 26% Phosphorsäure und wirkt sehr langsam. Dieser Dünger eignet sich für saure und neutrale Böden. Schnellwirkende Phosphorsalze (zum Beispiel Superphosphat) sind für biologische Gärten nicht empfehlenswert.

Thomasmehl fällt als Nebenprodukt bei der Verhüttung phosphorhaltiger Eisenerze an. Die feinvermahlene Schlacke enthält etwa 15 % Phosphorsäure. Hinzu kommen Mangan, ein hoher Kalkanteil und Spurenelemente. Thomasmehl gibt seine Wirkstoffe langsam ab, da sein Phosphatgehalt erst von den Bodenorganismen aufgeschlossen werden muß. Deshalb wird es über Winter im Garten ausgestreut. Thomasmehl eignet sich wegen seines Kalkgehaltes vor allem für saure Böden.

Kalimagnesia (Patentkali) stammen aus Salzablagerungen urzeitlicher Meere. Sie werden im Bergbau gewonnen. Kalisalze enthalten Kochsalz. Sie müssen, um nicht pflanzenschädlich zu wirken, aufbereitet werden. Zu empfehlen sind Kalidünger mit hohem Kalianteil und möglichst wenig Kochsalz. Patentkali ist ein solcher chlorfreier Kali-Magnesiumdünger.

Biologische Gärtner sollten wissen: Kalisalzdünger setzen sich schnell im Boden um (im Gegensatz zu den langsam wirkenden Phosphorsalzen). In lehmigen und tonhaltigen Böden ist der Nährstoff Kali meist ausreichend vorhanden. Unter Kalimangel leiden vor allem Sand- und Moorböden. In biologischen Gärten, die schon länger nach naturgemäßen Methoden bearbeitet werden und die deshalb eine lebendige, aktive Humusschicht besitzen, ist eine direkte Kalidüngung meist nicht nötig. Hier genügen die Kalianteile in der Pflanzenjauche, im Kompost und wenig Holzasche. Durch das aktive Bodenleben werden die Kalireserven in der Erde ständig für die Pflanzen aufgeschlossen.

Ganz allgemein sollte ein biologischer Gärtner sich einprägen: Wo nicht unbedingt wegen akuter Mangelerscheinungen eine direkte Nährstoffversorgung notwendig wird, da sollten alle Düngemittel zuerst in den Kompost gestreut werden (natürlich nicht alle auf einmal, sondern in individueller Auswahl). Über diesen »Umweg« wirken sie besonders harmonisch, da sie bereits in die vielfältigen Umsetzungsprozesse einbezogen werden. Anderenfalls müssen Dünger 2–4 Wochen bevor ein Beet bepflanzt oder eingesät wird, ausgestreut werden. Der Gärtner harkt sie in die oberste Bodenschicht ein – am besten, wenn der Boden feucht ist. Bei trockener Witterung muß anschließend gewässert werden. Auch im Herbst kann schon »auf Vorrat« gedüngt werden.

Dünger bedeuten für den biologischen Garten Hilfsmittel. Sie sind keine ständige Einrichtung. Nur wo es wirklich notwendig ist, werden sie gezielt eingesetzt. Wer einen gepflegten, lebendigen Humus besitzt, kann weitgehend auf zusätzliche Dünger verzichten.

Bodenverbesserungsmittel

Außer den direkten Nährstofflieferanten, den Düngern, gibt es für biologische Gärten noch einige Mittel, die allgemein den Zustand des Bodens verbessern. Sie regen entweder die Tätigkeit der Kleinlebewesen an, oder sie nehmen auf chemisch-physikalischem Wege Einfluß auf die Erde. So verbessern sie ihre Struktur, ihren Säuregehalt oder ihre Fähigkeit, Wasser festzuhalten. Wer diese Mittel im richtigen Zusammenhang einsetzt, der kann viel damit erreichen.

Gesteinsmehle

Ein mehlfeiner Staub aus Gesteinen entsteht seit Jahrmillionen überall, wo die Naturgewalten im Zeitlupentempo die Gebirge abschleifen. Wind, Wasser und Gletschereis zermahlen die Oberfläche der Felsen. Der Wind trägt den Staub fort und lagert ihn irgendwo ab. Aber auch die großen Flüsse der Erde bringen seit undenklichen Zeiten dieses Steinmehl aus ihren Quellgebieten in den Bergen hinunter in die Ebenen. Als fruchtbaren Schlamm wälzen die langsam und träger gewordenen Wasser den Felsenstaub an die Ufer. In den großen Stromtälern des Nil, des Ganges und des Yangtsekiang entstanden auf diese Weise fruchtbare Ackerlandschaften. Die Ströme düngten die Felder mit dem Mineralreichtum der Gebirge.

Etwas Ähnliches spielt sich im Zeitraffertempo ab, wenn Gesteine industriell bearbeitet werden. Auch hier fällt feiner Staub ab. Er besitzt die gleichen Eigenschaften wie das unendlich langsam gewachsene Naturprodukt. Diese Gesteinsmehle aus Basaltwerken oder Granitbrüchen sind der »Nilschlamm des kleinen Mannes«.

Gesteinsmehl ist allerdings nicht gleich Gesteinsmehl. Die Zusammensetzung der Inhaltsstoffe wechselt, je nachdem aus welchem Gebirge das Material stammt. Unterschiedlich ist vor allem der Gehalt an Kalk, Kali und Magnesium. Allen Steinmehlen gemeinsam ist ihr Reichtum an Spurenelementen aller Art. Der feine fruchtbare Staub wirkt aber nicht als direkte Düngung. Die Mineralien und Spurenelemente müssen zuerst im Boden gelöst und aufbereitet werden. Dies geschieht vor allem durch die Mikroorganismen, aber auch durch physikalisch-chemische Prozesse. Die gute Wirkung der Steinmehle ist deshalb sehr abhängig von der Lebendigkeit der Humusschicht.

Diese Bodenverbesserungsmittel besitzen einige ganz große Vorteile, die kein anderes Präparat im biologischen Garten bieten kann: Sie bilden eine Art Düngersparbüchse im Boden. Ihre Wirkstoffe gelangen ganz langsam und kontinuierlich in den lebendigen Kreislauf. Deshalb kann ein Gärtner mit Steinmehl praktisch keine Düngefehler machen. Für Anfänger und für Gärten, die gerade auf naturgemäße Methoden umgestellt werden, bedeuten sie daher eine wichtige Hilfe auf dem Weg zur Fruchtbarkeit.

Steinmehle verbessern außerdem die Fähigkeit des Bodens, Wasser und Nährstoffe festzuhalten.

Wo regelmäßig Steinmehl gestreut wird, da werden die Bodenkrümel stabiler, da nehmen die wertvollen Huminstoffe zu, da vermehren sich die Mikroorganismen, da gibt es immer Nahrungsreserven. Der Felsstaub hat auch die Eigenschaft, seine Oberfläche außergewöhnlich weit auszudehnen. Dadurch kann sehr viel lebenswichtige Feuchtigkeit im Boden gebunden werden. Dadurch steigt aber auch die Fähigkeit zum Ionen-Austausch. Dies ist ein so wichtiger Vorgang für die Pflanzenernährung, daß er kurz erklärt werden muß. Kleine Bodenteilchen besitzen die Fähigkeit, winzige elektronisch-geladene Molekülteile an ihrer Oberfläche festzuhalten. Sobald das Element Wasser hinzukommt, können diese Miniteilchen gegen andere chemisch gleichwertige Teilchen ausgetauscht werden. Die winzigen Einheiten, mit denen hier »gehandelt« wird, nennt man Ionen. Da einige Steinmehle ihre Oberfläche sehr weit ausdehnen können, haben sie Platz für viele Ionen, die sie dann im großen Wechselspiel des Bodenlebens den Mikroorganismen oder den Pflanzen als Nährstoffe anbieten können.

Eine solche Quellfähigkeit besitzen vor allem die Tonmehle. Sie werden nach ihren Fundorten in Frankreich oder Amerika Montmorillonit oder Bentonit genannt. Diese Steinmehle, die reich an wertvollen Tonmineralien sind, eignen sich besonders zur Verbesserung sandiger Böden. Außerdem gibt es noch die sogenannten Urgesteinsmehle, die meist aus Granit oder Basaltmehl bestehen. In der Schweiz kennt man das Gesteinsmehl »Gotthard«, das aus verschiedenen Gesteinen des gleichnamigen Gebirges gemischt wird. Es besitzt eine ähnliche Zusammensetzung wie der Nilschlamm. Aus Kalksteinmagnesium wird dagegen ein kalk- und magnesiumreiches Steinmehl gewonnen, das sich besonders für kalkarme, saure Böden eignet.

Beim Kauf eines Steinmehls muß der Gärtner immer auf die Zusammensetzung achten. Sie sollte diejenigen Stoffe enthalten und diejenigen Eigenschaften besitzen, die seiner Erde fehlen. Steinmehldüngung und Bodenverbesserung bedeuten immer die Wahl des kleinsten Risikos. Grobe Fehler kann niemand damit machen.

Kalk

Kalk ist, so wie er heute gefunden und abgebaut wird, ein Mineral. Er wird aus Kalkgestein wie Marmor, Kreide, Dolomit oder Mergel gewonnen. Da diese Gesteine aber in sehr weit zurückliegenden Zeiten der Erdgeschichte aus Ablagerungen von Tieren und Pflanzen entstanden sind, gehörte dieses versteinerte Material ursprünglich einmal zu den organischen Stoffen. Aus diesem lebendigen Zustand versank es gewissermaßen in einen anorganischen Tiefschlaf. Caspari definiert sehr treffend: »Kalk ist ein fossiles Produkt aus lebendigem Stoffwechsel geologischer Epochen.« Im Garten wird dieses »Fossil« wieder zum Leben erweckt. Kalk bindet Säuren im Boden. Er schließt Nährstoffe auf. Er verbessert die Krümelstruktur und regt das Bodenleben an. Dennoch ist Vorsicht geboten beim Umgang mit diesem Bodenverbesserer. Ein Übermaß an Kalk kann Schäden hervorrufen, die nur schwer wieder zu regulieren sind. Es entsteht eine stark alkalische Bodenreaktion. Dadurch werden wichtige Spurenelemente, aber auch die Phosphorsäure in der Erde gebunden. Sie sind für die Pflanzen nicht mehr erreichbar, so daß Mangelkrankheiten entstehen.

Eine kräftige Kalkdüngung kann zunächst sehr wachstumsanregend wirken. Sie hat aber durch den gesteigerten Stoffwechsel der Pflanzen auch einen höheren Humusverbrauch zur Folge. Wenn dann nicht für organischen Nachschub gesorgt wird, verarmt der Boden. »Kalk und Humus fressen sich gegenseitig auf.« (Caspari). Nicht umsonst sagten die Bauern früher: »Kalk macht reiche Väter und arme Söhne!«

In einem nach biologischen Methoden gepflegten Garten ist das Kalkproblem eigentlich nur eine Randerscheinung. Durch die naturgemäßen Pflegemaßnahmen wird der Kalkgehalt im allgemeinen ausgeglichen sein. Deshalb sollte sich der biologische Gärtner vor allem einige grundsätzliche Gesichtspunkte merken. Böden mit niedrigem pH-Wert brauchen eine Kalkaufbesserung. Aber gerade hier ist besondere Vorsicht geboten, weil zum Beispiel leichte Sandböden größere Mengen dieses Minerals nicht verkraften können. Lehmige Böden enthalten meist genügend Kalkvorräte. Auch ihr pH-Wert liegt in der Regel in einem schwachsauren bis neutralen Bereich, der den meisten Pflanzen zusagt. Wenn schwere lehmige oder sogar tonige Böden dennoch einmal unter Kalkmangel leiden, so können sie mit schnellwirkendem Branntkalk versorgt werden. Genauen Aufschluß über den Kalkgehalt eines Bodens gibt eine Bodenanalyse. Der Gärtner kann auch selbst eine schnelle Probe machen, wenn er sich den überall im Handel erhältlichen Kalkprüfer »Calcitest« besorgt.

Einen deutlichen Fingerzeig in Richtung Kalkgehalt können auch Pflanzen geben. Schlechten Kalkzustand signalisieren zum Beispiel Hahnenfuß, Stiefmütterchen, Bauernsenf und Hasenklee. Von gutem Kalkzustand »erzählen« dagegen Ackerwinde, Hauhechel, Gauchheil, Löwenzahn, Leinkraut, Lichtnelke, Salbei und Wegwarte.

Biologische Gärtner können den Kalkgehalt ihrer Gartenerde am besten im Gleichgewicht halten, wenn Sie mäßig aber regelmäßig kalkhaltige Düngemittel verwenden. Dazu gehören: Steinmehl, Knochenmehl, Gründüngung und Kompost. Auch Thomasmehl enthält Kalk. Eine Extradüngung mit Kalk ist bei konsequenter Anwendung der biologischen Maßnahmen meist nicht mehr nötig. Kalkdünger für »Notfälle« sind:

Kalksteinmehl ist ein kohlensaurer Kalk, der aus gemahlenem Kalkbruch besteht. Er eignet sich für leichte und mittelschwere Böden.

Kalkmergel besteht aus einer erdigen Mischung, die Ton, Sand und 50–75% kohlensauren Kalk enthält. Er wirkt mild und langsam und eignet sich deshalb vor allem für leichte Böden. Mergel ist ein seit Jahrhunderten gebrauchter Kalkdünger, der besonders empfohlen werden kann.

Kohlensaurer Magnesiumkalk enthält das wichtige Spurenelement Magnesium.

Branntkalk entsteht aus gebranntem Kalkstein. Er ist sehr »durstig« und verbindet sich schnell mit dem Wasser in der Erde. Deshalb wirkt er in sehr kurzer Zeit. Branntkalk eignet sich für schwere Böden. Er darf aber nie auf leichten Sandböden eingesetzt werden.

Löschkalk wirkt ähnlich wie Branntkalk.

Meeresalgenkalk ist ein Produkt aus den Ablagerungen der Korallalgen. Er enthält 80% kohlensauren Kalk, 10% Magnesium und viele Spurenelemente. Für biologische Gärten ist er besonders empfehlenswert.

Kalkdünger werden am besten im Herbst auf den Erdboden gestreut und nur sehr oberflächlich eingeharkt. Der raschwirkende Branntkalk kann auch noch im Frühling – spätestens 14 Tage vor der Aussaat oder Pflanzung – verwendet werden. Vergessen Sie aber nie: kleine Kalkgaben, wenn nötig öfter wiederholt, sind besser und ungefährlicher als eine starke Kalkdüngung!

Torf

Torf wird in vielen Gärten als Mädchen für alles benutzt. Es ist geradezu eine gedankenlose Unsitte geworden, überall den braunen Mull auszustreuen, weil es so »schön ordentlich aussieht«. Sogar Rosen werden im Herbst bis zur »Halskrause« mit Torf eingepackt. Die meisten Freizeitgärtner vergessen dabei zwei wichtige Gesichtspunkte: Torf macht den Boden, wo er ständig benutzt wird, sauer. Und: Torf besitzt in seiner Naturform keinerlei Düngewirkung. Er wird zwar im Handel »Düngetorf« genannt, aber das ist ein mißverständlicher Name. Nährstoffe besitzen nur die Torfmischdünger, die mit Stickstoff, Phosphorsäure, Kali und Spurenelementen künstlich angereichert werden.

Der besondere Wert des Torfs liegt in seiner Fähigkeit, viel Feuchtigkeit aufzunehmen. Dadurch kann er sowohl in schweren als auch in leichten Böden den Luft- und Wasserhaushalt verbessern. In sandiger Erde dient Torf als Feuchtigkeitsreservoir, in lehmiger Erde bindet er überschüssiges Wasser. Sehr gefährlich kann es sein, trockenen Torf in den Boden einzuarbeiten. Er nimmt dann keine Feuchtigkeit auf, und die Pflanzen in der näheren Umgebung können regelrecht verdursten. Wo dieser physikalische Bodenverbesserer benutzt wird, da muß er vorher immer gut angefeuchtet werden.

Im biologischen Garten wird Torf nur gezielt eingesetzt: zur Regulierung des Wasserhaushaltes, als Abdeckungsmaterial für den Kompost und als Torfschnellkompost. Außerdem kann im Notfall ein zu stark alkalisch reagierender Boden mit Torf in eine saure Richtung gelenkt werden. Eine naturgemäße Wohltat ist dieses Produkt der Sümpfe für Moorbeetpflanzen. Rhododendren, Azaleen, Heidekraut und Hortensien brauchen Torf als Bodenverbesserung. Rosen lieben dagegen lehmige Erde. Es ist Unsinn, sie mit saurem Material zu »füttern«. Zum allgemeinen Verständnis der Zusammenhänge trägt sicher die Entstehungsgeschichte dieses vielgepriesenen braunen Stoffes bei. Torf ist überwiegend organisches Material. Verwesende Pflanzenteile wurden unter Wasser durch Sauerstoffmangel konserviert. Wir haben es sozusagen mit »Mumien« zu tun, einem merkwürdigen Grenzzustand zwischen Leben und Tod. Es gibt Niedermoortorf, der kalkhaltig ist und einen neutralen bis schwach alkalischen pH-Wert besitzt. Er entstand aus verschiedenen Wasserpflanzen. Hochmoortorf setzt sich dagegen hauptsächlich aus Moosen zusammen. Er ist arm an Nährstoffen und Kalk. Die ältere Form des Hochmoortorfes ist der Schwarztorf. Dieses Material ist schon stärker zersetzt und nimmt weniger Wasser auf.

Für den Gärtner ist die jüngere Form des Hochmoortorfes, der sogenannte Weißtorf, am wichtigsten. Er ist wenig zersetzt und kann durch seine faserige Struktur am besten schwere Böden lokkern und reichlich Wasser aufnehmen. Wer viel Torf benutzt, der sollte auch einmal daran denken, daß durch den rasanten Abbau dieses Naturstoffes Sumpfgebiete und Moore mit ihren reichen Lebensgemeinschaften unwiderbringlich vernichtet werden!

Stroh

Stroh wird von Gärtnern noch verhältnismäßig wenig benutzt. Es könnte aber anstelle von Torf als Mittel zur Strukturverbesserung schwerer und leichter Böden eingesetzt werden. Da Stroh ein Abfallprodukt ist, das alle Jahre wieder erzeugt wird, bedeutet seine Nutzung keinerlei Raubbau. Wertvolle Naturschätze könnten dadurch geschont werden.

Im Handel wird das Produkt »Bihutherm« angeboten, das aus fein zerkleinertem Getreidestroh besteht und mit Stickstoff sowie rottefördernden organischen Substanzen angereichert ist. Dadurch wird das von Natur aus weite C/N-Verhältnis des Strohs auf günstige Werte reduziert. Dies bedeutet ganz einfach: Die Mikroorganismen haben es leichter, sich auf dieses organische Material zu stürzen und es zu zersetzen. Deshalb fördert der Strohdünger das Bodenleben und die Humusbildung. Durch die starke Aktivität entsteht sogar zeitweise erhöhte Bodenwärme (daher der Begriff »therm«). Gleichzeitig bewirkt das Material, ähnlich wie Torf, eine Lockerung und Durchlüftung des Bodens. Sowohl in lehmiger als auch in sandiger Erde wird der Wasserhaushalt verbessert.

Ein biologischer Gärtner hat noch mehr als jeder andere Verantwortung zu tragen für die Erde. Er sollte deshalb nie unüberlegt oder aus Bequemlichkeit irgendein Verbesserungsmittel in seinem Garten einsetzen. Immer häufiger wird in Zukunft die Frage auftauchen: Ist das, was mir in meinem kleinen Garten das Leben leichter macht, nicht in der großen Natur unter viel zu hohen Verlusten gewonnen worden?

Die »hausgemachte« Bodenverbesserung bleibt deshalb im biologischen Garten wichtiger als alle Zusatzstoffe.

Fruchtwechsel und Mischkulturen

Damit die Erde nicht müde wird

Das wußten die Bauern in Mitteleuropa schon vor über 1000 Jahren: Kulturpflanzen laugen den Boden aus, wenn sie lange Zeit auf der gleichen Stelle angebaut werden. Die Erde wird müde. Deshalb »erfanden« unsere Vorfahren die Dreifelderwirtschaft und die zusätzliche Düngung. Nach Sommer- und Wintergetreide folgte ein Jahr der Brache. Das war die Zeit, in der die »Mutter Erde« ausruhen und neue Kräfte sammeln konnte.

Im kleinen, intensiv bewirtschafteten Bereich eines Gartens, wo auf verhältnismäßig engem Raum eine vielfältige Mischung aus Gemüse, Obst und Blumen gedeihen soll, wurde der Fruchtwechsel zur Fruchtfolge abgewandelt. Auch dies ist eine systematische Reihenfolge, die sich meist über einen Zeitraum von drei Jahren verteilt. Dann beginnt der grüne Zyklus wieder von vorn. Die Brache fällt aus, weil im Garten die fehlenden Nährstoffe durch Kompost und Dünger ersetzt werden können.

Der Fruchtfolge liegen ganz bestimmte Naturbeobachtungen zugrunde. Die Gemüsepflanzen entnehmen zum Beispiel dem Boden unterschiedliche Nährstoffmengen. Deshalb teilte man sie ein in Starkzehrer, Mittelzehrer und Schwachzehrer. Auf einem gutgedüngten Beet wachsen im 1. Jahr die Starkzehrer, die reichlich Nährstoffe brauchen. Im 2. Jahr werden an ihrer Stelle die Mittelzehrer angebaut, deren Ansprüche schon etwas geringer sind. Im letzten und 3. Jahr folgen die bescheidenen Schwachzehrer, die sozusagen mit den »Brotkrumen vom Tisch der Reichen« vorliebnehmen. Dann sind die Vorräte erschöpft, und das Beet muß mit neuer Nahrung versorgt werden, ehe wieder anspruchsvollere Gewächse darauf gedeihen können.

Dieser Anbaurhythmus ist ebenso alt wie bewährt. Auch heute noch können biologische Gärtner danach ihren Garten und ihre Fruchtfolge einteilen. Man weiß allerdings inzwischen, daß Bodenmüdigkeit nicht allein durch den Verbrauch der wichtigsten Nahrungsreserven entsteht. Die Pflanzen nehmen nämlich nicht nur Stoffe aus der Erde auf, sie scheiden auch selber durch die Wurzeln bestimmte Substanzen aus. Diese reichern sich im Boden an, wenn über längere Zeit die gleichen Gewächse am gleichen Platz stehen. Auch bei Monokulturen besteht diese Gefahr, weil Riesenmengen der gleichen Pflanzenart gleichzeitig auf die Erde einwirken. Ein naturgemäßer Garten sollte immer von jeder Form der Monokultur weit entfernt sein. Er bleibt um so gesünder, je bunter die Mischung seiner Gewächse ist und je wohlüberlegter die Abwechslung seiner Pflanzen geplant wird.

Dieser Wechsel kann in zwei Formen stattfinden, entweder in zeitlicher Reihenfolge, dann sprechen wir vom Fruchtwechsel, der sich über mehrere Jahre verteilt, oder in räumlicher Folge, dann sprechen wir von der Mischkultur. Hier spielt sich das gesunde Wechselspiel innerhalb jedes Beetes ab. Die Mischkultur ist ein permanenter Fruchtwechsel, der ständig auf kleinstem Raum rotiert. Beide Arten des Gärtnerns haben ihre Vorteile und ihre Spielregeln.

Die dreijährige Fruchtfolge setzt voraus, daß der Gärtner seinen Garten in 3 Quartiere einteilt. Jede dieser Flächen kann mehrere Beete enthalten. Im 1. Jahr gehört das 1. Quartier den Starkzehrern, das 2. Quartier den Mittelzehrern, das 3. Quartier den Schwachzehrern. Im 2. Jahr rücken alle Gruppen jeweils ein Quartier weiter. Im 4. Jahr ist die ursprüngliche Reihenfolge wieder erreicht. Damit die wohlüberlegte Ordnung nicht durcheinander gerät, macht sich der Gärtner am besten einen Plan, auf dem alle seine Beete ebenso eingezeichnet sind wie die einzelnen Kulturen und die Jahreszahlen.

- Zu den Starkzehrern gehören alle großen Kohlarten (Weißkohl, Rotkohl, Wirsing, Blumenkohl, Rosenkohl, Chinakohl), Gurken, Kartoffeln, Lauch, Sellerie und Kürbis. Die Beete für diese Kulturen müssen schon im Herbst gut

vorbereitet werden. Sie bekommen außer Kompost auch eine organische Düngung. Kompostierter und verrotteter Mist (Kuhmist oder Geflügelmist), getrockneter Rinderdung, Guano oder eine Mischung aus Horn-, Blut- und Knochenmehl eignen sich dazu. Wichtig ist, daß alle Hauptnährstoffe darin enthalten sind. Steinmehl bildet dazu eine gute Ergänzung wegen des reichen Gehaltes an Spurenelementen. Während der Wachstumszeit werden die Starkzehrer noch mehrmals mit einer Kopfdüngung aus Brennesseljauche versorgt.

Zu den »Düngerfressern« gehören auch Tomaten und Rhabarber. Diese Früchte machen aber den Reigen des Fruchtwechsels nicht mit. Rhabarber bleibt als Staude immer am gleichen Platz und Tomaten bilden die Ausnahme von der Regel: Sie gedeihen am besten im Umkreis ihrer eigenen »Ausdünstungen«. Deshalb sollten sie jedes Jahr auf dem selben Beet gepflanzt werden.

- Zu den Mittelzehrern gehören Zwiebeln, Knoblauch, Möhren, Rote Bete, Fenchel, Salate, Spinat, Schwarzwurzeln, Radieschen, Kohlrabi, Paprika und Melonen. Die Nährstoffversorgung dieser Gewächse wird in der Hauptsache mit Kompost gedeckt. Im Frühling kann je nach Kultur auch etwas organischer Dünger gestreut werden. Während der Hauptwachstumszeit können sie ab und zu einen kräftigen Schluck Pflanzenjauche bekommen.
- Zu den Schwachzehrern gehören Bohnen, Erbsen und Kräuter. Sie werden nur mit Kompost versorgt. Die Leguminosenfrüchte Bohnen und Erbsen reichern die Beete zusätzlich mit Stickstoff an. Sie nehmen nicht nur, was sie brauchen, sie geben der Erde auch etwas zurück. Besonders vorsichtig muß man mit jeglicher Düngung bei den Kräutern sein. Darüber erfahren Sie alle näheren Einzelheiten im »Kräuter-Kapitel«.

Mischkulturenbeet
mit verschiedenen Salaten,
Grünkohl und Rosenkohl.

Diese Einteilung der Pflanzen gibt dem Gärtner aber nur Richtlinien an die Hand. Die 3 Felder überschneiden sich zum Teil, die Grenzen sind nicht immer streng zu ziehen. So sind zum Beispiel einige Praktiker der Ansicht, daß Frühkartoffeln und Sellerie auch zu den Mittelzehrern gerechnet werden können. Andere geben Karotten, Radieschen, Spinat und Zwiebeln lieber einen Platz bei den Schwachzehrern. Diese Variationen im Detail sind abhängig von den persönlichen Erfahrungen und von der individuellen Gartensituation. Auf nährstoffreichem lehmigem Boden kann sicher nicht viel passieren, wenn Möhren in dritter Tracht ausgesät werden. Sie finden noch genug »Futter« vor. Auf sandigen Böden kann nach 3 Jahren aber schon spürbar Nährstoffmangel herrschen!

Die zweijährige Fruchtfolge ist deshalb eine logische Entwicklung aus der Tatsache, daß man einen Teil der Mittelzehrer zu den Starkzehrern und einen anderen Teil zu den Schwachzehrern zählen kann. So bleiben 2 Quartiere übrig, die jährlich ausgewechselt werden. Das Prinzip des Fruchtwechsels bleibt dabei gleich.

Die vierjährige Fruchtfolge ähnelt am meisten dem alten Rhythmus des Ackerbaus. Der Garten wird diesmal in 4 Quartiere eingeteilt. Die 3 ersten Felder bieten wie gewohnt Platz für Stark-, Mittel- und Schwachzehrer. Das 4. Quartier wird mit Gründüngung eingesät. Damit sie gut gedeiht, versorgt der Gärtner diesen Teil des Gartens vor der Einsaat mit verrottetem Mist oder organischem Dünger. Wenn im folgenden Jahr die Starkzehrer auf diese guternährte Gründüngung folgen, benötigen sie auf dem ausgeruhten Beet nur noch Kompost.

Das Thema Fruchtwechsel ist also so etwas wie ein festes Rahmenprogramm mit wechselnden Einzelvorstellungen. Zu den beweglichen Details gehört auch die Frage der sogenannten »Nebenfrüchte«. Dazu zählen Salat, Radieschen und Kohlrabi. Sie haben eine kurze Entwicklungszeit und stellen keine komplizierten Ansprüche. Deshalb benötigen sie auch kein eigenes Beet. Sie können überall, wo Platz übrigbleibt, eingefügt werden. Diese »Lückenbüßer« sorgen deshalb auch immer für frischen Nachschub, weil sie nicht gleichzeitig sondern in unregelmäßigen Abständen nach Bedarf nachgesät werden.

Ausnahmen von der Regel des rhythmischen Wechsels bilden nicht nur die Tomaten sondern auch die Erdbeeren. Sie bleiben 3 Jahre auf demselben Beet.

Naturgemäßer Fruchtwechsel: die Mischkultur

Die bunten und doch wohlüberlegten gemischten Gartenkulturen sind der Natur abgeschaut. In der Wildnis gibt es kein einseitiges »Monopol« einer einzigen Pflanzenart. Immer finden sich verschiedene Gewächse an einem Ort zusammen. Sie ergänzen sich gegenseitig und sind den ganz speziellen Bedingungen eines Platzes angepaßt. Boden, Feuchtigkeit, Licht, Wärme und Wind spielen dabei eine Rolle. Die Auswahlbedingungen der Natur sind streng. Die Pflanzen, die sich letzten Endes an ihrem Standort behaupten, vertragen sich miteinander. Sie sind gute Nachbarn! Sogar mit den Tieren dieses begrenzten Lebensraumes haben sie eine Art Interessengemeinschaft gebildet. Die Wissenschaftler nennen diese natürliche Form des gemischten Zusammenlebens von Pflanzen und Tieren eine Biozönose (griech.: Lebensgemeinschaft).

Eine vielseitige, harmonische Pflanzengemeinschaft wird auch in der Mischkultur angestrebt. Sie ist eine Art »Garten-Biozönose«. Man könnte sie aber auch die naturgemäße Form des Fruchtwechsels nennen. Beobachtungen aus der Natur werden dabei auf Gartenverhältnisse übertragen.

In der Mischkultur wie in der freien Natur wächst die Pflanzengemeinschaft im Laufe einer Vegetationsperiode dicht zusammen. Dadurch schat-

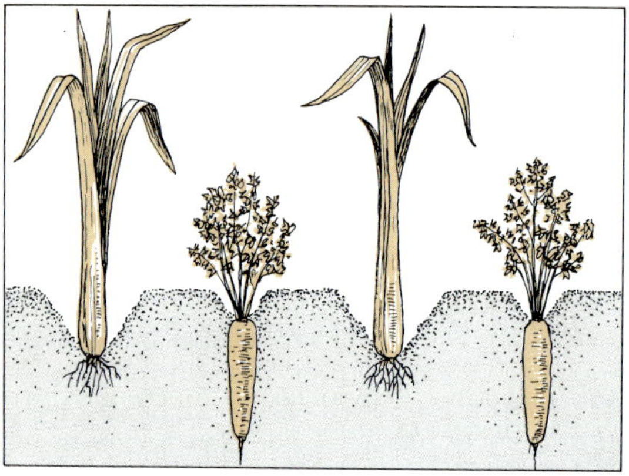

Die Mischkultur von Lauch und Möhren ergänzt sich sehr harmonisch – sowohl oberirdisch als auch im Wurzelraum.

tieren die Blätter den Boden und schützen seine Feuchtigkeit vor Verdunstung.
Die wohlüberlegte Mischung verschiedener Gewächse auf einem Beet soll sich sowohl oberirdisch als auch unterirdisch ergänzen. Die Pflanzen müssen also so ausgewählt sein, daß sie sich nicht mit ihren Blättern und Früchten bedrängen. Es muß immer genügend Raum für Licht und Luft bleiben. Im Wurzelbereich ist eine harmonische Ergänzung besonders wichtig. Die Mischkulturen entnehmen dem Boden unterschiedliche Nährstoffmengen. Sie geben aber selber verschiedene Substanzen aus ihrem Stoffwechsel ab. So entsteht ein Wechselspiel aus Geben und Nehmen. Die Erde wird nie einseitig überbeansprucht.
Die Wurzelausscheidungen und die Düfte der Pflanzen spielen sicher eine wichtige Rolle für die Nachbarschaft. Manche Gewächse können sich buchstäblich »nicht riechen«. Sie gehen ein oder sie kümmern, wenn man sie im Garten zu engem Nebeneinander zwingt. Andere fördern sich gegenseitig. Sie gedeihen üppiger und gesünder, wenn sie ihre wechselseitigen Einflüsse spüren. Bestimmte Pflanzennachbarschaften wirken sogar vorbeugend oder abwehrend auf Krankheiten und Schädlinge. Caspari berichtet, daß die Sympathien oder Antipathien unter Pflanzen sich ganz augenfällig am Wurzelwerk ablesen lassen. Nach seinen Beobachtungen durchflechten sich die Wurzeln »artfreundlicher« Pflanzen so sehr, daß sie fast eine Einheit bilden. »Artfeindliche« Pflanzen ziehen sich dagegen mit ihren Wurzeln auf einen engen Raum zurück. Sie distanzieren sich.

Alle Pflanzenkombinationen beruhen größtenteils auf den Jahrzehnte langen Beobachtungen und Erfahrungen biologischer Gärtner. Sie können deshalb auch immer durch neue Experimente ergänzt werden. Wissenschaftliche Untersuchungen bringen allmählich mehr Licht in die naturwissenschaftlichen Zusammenhänge, die hinter den offensichtlichen Gesetzmäßigkeiten der Mischkulturen stehen. Im Kapitel »Pflanzen als Helfer« werden Sie noch einiges über die Allelopathie (das ist die Wissenschaft von der gegenseitigen Beeinflussung der Pflanzen) und über die Phytonzide (biologische Wirkstoffe, die die Lebensprozesse der Pflanzen anregen oder hemmen) erfahren. Hier soll zunächst von der Praxis die Rede sein.
Auf einem Mischkulturenbeet gedeihen gleichzeitig Pflanzen mit verschiedener Reife- und Erntezeit. Sie haben unterschiedliche Nährstoffansprüche, denn Starkzehrer, Mittelzehrer und Schwachzehrer werden nicht mehr nach Beeten getrennt. Buschige und breitblättrige Gewächse wachsen neben schmalen Gestalten, die entweder gerade in die Höhe oder senkrecht in die Tiefe drängen. Gemüse mit flach ausgedehntem Wurzelwerk wechseln sich mit tief wurzelnden ab.
Dieses bunte Gemisch ist allerdings nicht zufällig zusammengewürfelt. Der Mischkultur muß stets ein durchdachter Plan zugrunde liegen. Ähnlich wie bei der Fruchtfolge wird er am besten aufgezeichnet und regelmäßig benutzt. Diese geistige Anstrengung muß ein naturgemäß arbeitender Gärtner schon auf sich nehmen. Dafür ist der praktische Arbeitsaufwand zumindest nicht größer als bei »normalen« Kulturen. Gutfunktionierende Mischkulturen machen sogar im Sommer weniger Mühe, weil die dichte Pflanzendecke über dem Beet und die Mulchschicht zwischen den Reihen am Boden kaum Unkraut aufkommen lassen. Auch zur Hacke oder zur Gießkanne muß der Gärtner nur selten greifen.
Der Ertrag dieses intensiven Gemüseanbaues ist sehr reich, er liegt meist über den Ernteergebnis-

sen von Einzelbeeten. Ein großer Vorteil besteht auch im zeitlich gut verteilten »Angebot« für Küche und Keller. Die Zwischenfrüchte wie Salat, Spinat, Radieschen, Kresse und andere Kräuter reifen in Abständen immer wieder nach. Sie werden dann abgeerntet, damit die Hauptfrucht Platz zum Reifen bekommt. So lichten sich zwar die Reihen der Mischkultur immer wieder, aber sie bleiben nie leer! Wo eine Pflanzenart geerntet wurde, da sät der Gärtner entweder eine andere nach oder er schließt die Lücke mit Gründüngung oder Mulch.

Da die nährstoffhungrigen und die genügsamen Gewächse nun auf einem gemeinsamen Beet stehen, muß die Bodenvorbereitung und Düngung darauf abgestimmt sein. Nur Flächen, die für eine Mischung aus Stark- und Mittelzehrern bestimmt sind, werden im Herbst mit verrottetem Mist oder organischem Dünger versorgt. Alle anderen bekommen nur Kompost. Diejenigen Gemüse, die während der Vegetationszeit reichlich Nährstoffe benötigen, werden gezielt mit Brennesseljauche oder einer anderen hausgemachten Düngerjauche gegossen. Für organischen Nachschub auf den Beeten sorgen im übrigen ständige Bodenbedekkung und Reihen mit Gründüngung. Senf, Spinat und Kresse eignen sich dazu im Gemüsegarten besonders. Ihre Reste dienen als Mulchmaterial!

Gute Nachbarn – schlechte Nachbarn

»Es kann die schönste Pflanze nicht gedeihen, wenn es den bösen Nachbarn nicht gefällt«, so könnte man das klassische Schillerzitat für den Garten abwandeln. Ein biologischer Gärtner, der erfolgreich mit Mischkulturen arbeiten möchte, muß deshalb zunächst einmal über die »Sympathien und Antipathien« im Pflanzenreich informiert sein. Grundsätzlich gilt: eine große Zahl von Gewächsen verträgt sich miteinander und beeinflußt sich gegenseitig günstig. Eine relativ kleine Anzahl verträgt sich nicht und beeinflußt sich gegenseitig ausgesprochen negativ. Eine dritte Gruppe verhält sich neutral. Mit Hilfe der Tabelle S. 96/97 kann man sich einen Überblick über die besten Nachbarschaftsverhältnisse verschaffen.

An dieser Tabelle der guten und schlechten Nachbarn kann man ablesen, daß auch die Kräuter eine wichtige Rolle in den Mischkulturen spielen. Sie leisten bestimmten Gewächsen Gesellschaft und wechseln mit den Gemüsereihen ab. Die aromatischen Würzpflanzen tragen zum Teil dazu bei, den Wohlgeschmack ihrer Nachbarpflanzen zu verbessern. Dies geschieht zum Beispiel bei Frühkartoffeln, die mit Kümmel und Koriander zusammen gesetzt werden. Dill und Möhren üben einen ähnlich guten Einfluß aufeinander aus. Sie können sogar in einer Reihe zusammen ausgesät werden. Auch die Kombination Kresse und Radieschen hat günstige Einwirkungen auf das Aroma. In diesem Fall werden die Radieschen würziger.

Viele Kräuter bewähren sich aber in den Mischkulturen auf andere Weise: Sie wehren Schädlinge ab! Schnittsellerie schützt Kohlkulturen vor Erdflöhen und Raupen. Von Salbei, Rosmarin, Thymian, Pfefferminze und Beifuß wird berichtet, daß sie den gefürchteten Kohlweißling abschrekken. Wahrscheinlich durch ihre intensiven Düfte. Bohnenkraut hält die Läuse von den Bohnen ab. Kapuzinerkresse und auch die Gartenkresse schützen Tomaten und Obstbäume gegen Blatt- und Blutläuse.

Für einen biologischen Gärtner ist es besonders wichtig, solche Möglichkeiten natürlicher Schädlingsabwehr auszunützen. Er sollte auf diesem Gebiet auch selber experimentieren und versuchen, tiefer in die Geheimnisse der Pflanzen- und Tierbeziehungen in seinem Garten einzudringen. Eine Übersicht über die Pflanzen, die dem Gärtner als stille »Nothelfer« zur Seite stehen, finden Sie im Kapitel »Pflanzen als Helfer«.

Damit der Anfänger im Dschungel der Mischkul-

Nachbarn für die Mischkultur

Pflanze	Gute Nachbarn	Schlechte Nachbarn
Buschbohnen	Kohlarten, auch Kohlrabi, Kopfsalat, Pflücksalat, Gurken, Sellerie, Kartoffeln, Tomaten, Rote Bete, Bohnenkraut	Fenchel, Erbsen, Knoblauch, Lauch, Zwiebeln
Endivien	Stangenbohnen, Fenchel, Lauch, Kohlarten	
Erbsen	Möhren, Radieschen, Gurken, Zucchini, Mais, Kopfsalat, Kohlarten, Kohlrabi, Fenchel, Dill	Zwiebeln, Lauch, Knoblauch, Bohnen, Kartoffeln
Erdbeeren	Knoblauch, Kopfsalat, Lauch, Radieschen, Buschbohnen, Spinat, Boretsch	Kohlarten
Fenchel	Gurken, Feldsalat, Zichoriensalat, (Zuckerhut, Chicorée, Radicchio), Pflücksalat, Kopfsalat, Endivien, Erbsen, Salbei	Tomaten, Bohnen
Gurken	Mais, Bohnen, Erbsen, Sellerie, Zwiebeln, Lauch, Rote Bete, Kopfsalat, Kohl, Fenchel, Dill, Kümmel, Koriander	Tomaten, Kartoffeln, Radieschen
Kartoffeln	Kohlarten, Kohlrabi, Spinat, Mais, dicke Bohnen, Meerrettich, Tagetes, Kapuzinerkresse, Pfefferminze, Kümmel, Knoblauch	Sonnenblumen, Tomaten, Kürbis, Gurken, Sellerie
Knoblauch	Rosen, Lilien, Tulpen, Erdbeeren, Obstbäume, Himbeeren, Tomaten, Rote Bete, Möhren, Gurken	Stangenbohnen, Kohlgewächse, Erbsen
Kohlarten	Kartoffeln, Sellerie, Rote Bete, Tomaten, Spinat, Pflücksalat, Kopfsalat, Endivien, Lauch, Erbsen, Kamille, Dill, Pfefferminze, Beifuß, Kümmel, Koriander	Senf *(Sinapis alba)*, Zwiebeln, Knoblauch, Erdbeeren
Kohlrabi	Bohnen, Spinat, Spargel, Sellerie, Schwarzwurzeln, Rote Bete, Radieschen, Lauch, Kopfsalat, Kartoffeln, Erbsen	
Kopfsalat	Radieschen, Kresse, Kerbel, Möhren, Gurken, Erdbeeren, Zwiebeln, Zichoriensalat, Tomaten, Bohnen, Spargel, Schwarzwurzeln, Rote Bete, Mais, Lauch, Kohlrabi, Kohlarten, Fenchel, Erbsen, Dill, Pfefferminze	Sellerie, Petersilie
Lauch	Zwiebeln, Sellerie, Möhren, Tomaten, Schwarzwurzeln, Kopfsalat, Kohlrabi, Kohlarten, Erdbeeren, Endivien, Kamille	Bohnen, Rote Bete, Erbsen
Mais	Tomaten, Kopfsalat, Bohnen, Gurken, Zucchini, Kürbis, Melonen, Kartoffeln	Sellerie, Rote Bete
Mangold	Radieschen, Rettich, Kohlarten, Möhren	

Pflanze	Gute Nachbarn	Schlechte Nachbarn
Meerrettich	Kartoffeln, Obstbäume	
Möhren (Karotten)	Zwiebeln, Tomaten, Zichoriensalat, Radieschen, Rettich, Mangold, Lauch, Knoblauch, Erbsen, Dill, Schnittsalat, Schnittlauch, Schwarzwurzeln, Rosmarin, Salbei	
Pflücksalat/ Schnittsalat	Tomaten, Spargel, Schwarzwurzeln, Rote Bete, Radieschen, Rettich, Kohlarten, Fenchel, Dill	
Radieschen/ Rettich	Kopfsalat, Tomaten, Bohnen, Spinat, Mangold, Kohlrabi, Kohlarten, Möhren, Erbsen, Kapuzinerkresse, Kresse	Gurken
Rote Bete	Zwiebeln, Kohlarten, Kohlrabi, Pflücksalat, Knoblauch, Gurken, Dill, Kümmel, Koriander	Stangenbohnen, Spinat, Kartoffeln, Mais, Lauch
Schwarzwurzeln	Lauch, Kopfsalat, Pflücksalat, Kohlrabi	
Sellerie	Tomaten, Buschbohnen, Lauch, Kohlrabi, Kohlarten, vor allem Blumenkohl, Gurken, Kamille	Mais, Kopfsalat, Kartoffeln
Sonnenblumen	Gurken	Kartoffeln
Spargel	Tomaten, Petersilie, Gurken, Pflücksalat, Kopfsalat	Knoblauch, Zwiebeln
Spinat	Erdbeeren, Rote Bete, Tomaten, Stangenbohnen, Radieschen, Rettiche, Kohlrabi, Kohlarten, Kartoffeln (nach der Methode von Gertrud Franck als Vor- und Zwischenfrucht und als Mulchmaterial für alle Mischkulturenbeete)	
Tomaten	Möhren, Spinat, Sellerie, Rote Beete, Radieschen, Rettich, Zichoriensalat, Pflücksalat, Petersilie, Kopfsalat, Mais, Lauch, Kohlrabi, Kohlarten, Knoblauch, Kapuzinerkresse	Kartoffeln, Gurken, Fenchel, Erbsen
Zichoriensalat	Tomaten, Stangenbohnen, Kopfsalat, Möhren Fenchel	
Zucchini	Zwiebeln, Stangenbohnen, Mais, Kapuzinerkresse	
Zwiebeln	Möhren, Rote Bete, Zichoriensalat, Kopfsalat, Gurken, Erdbeeren, Dill, Kamille, Bohnenkraut	Kohlarten, Bohnen, Erbsen

Beispiele für gute und »heilsame« Nachbarschaft: links Zwiebeln und Möhren, rechts Erdbeeren und Zwiebeln.

turen nicht von der Vielzahl der Möglichkeiten verwirrt wird, sollen hier noch einmal einige wichtige Alltagskombinationen, die in jedem Garten vorkommen, vorgestellt werden:

Frühe Möhren – Zwiebeln
Späte Möhren – Lauch
(Beide Kombinationen schützen sich gegenseitig gegen Möhren- und Zwiebelfliege.)
Bohnen – Möhren – Blumenkohl
Sellerie – Lauch
Möhren – Salat – Schnittlauch
Tomaten – Petersilie
Tomaten – Sellerie
Salat – Radieschen – Kohlrabi
Kohl – Buschbohnen

Besonders schlechte Nachbarn sind:

Fenchel – Tomaten
Buschbohnen – Zwiebeln
Kohl – Zwiebeln
Tomaten – Erbsen
Erbsen – Bohnen
Kartoffeln – Sonnenblumen
Kohl – Senfsaat

Ein Gärtner, der diese auffallend ungünstigen Kombinationen vermeidet, kann bei den übrigen Gewächsen schon nicht mehr allzu viel falsch machen. Er kann nur mit zunehmender Erfahrung immer bessere Zusammenstellungen finden. Die Mischungen werden von Garten zu Garten immer etwas unterschiedlich ausfallen. Denn das Klima und die Bodenverhältnisse üben ja auch ihre Einflüsse auf Wachstum und Gedeihen aus. Für Anfänger folgen hier drei praktische, unkomplizierte Beispiele, mit denen er die Mischkultur in seinem Garten einüben kann.

Früher Kohl, Salat, Kohlrabi, Radieschen, Kresse

Auf einem 1,20 m breiten Beet wird im Frühling in der Mitte eine Reihe Kohlpflanzen gesetzt (nach Geschmack Blumenkohl, Wirsing, Weißkohl oder Spitzkohl). Rechts und links davon hat je eine gemischte Reihe mit Radieschen und Kresse Platz. Daneben schließt sich je eine Reihe Kopfsalat (Maikönig) an, dann folgen je eine Reihe Kohlrabi und an den äußersten Rändern noch einmal je eine Reihe Radieschen und Kresse gemischt.
Als erste können Radieschen und Kresse geerntet werden. Dann haben die Salatköpfe genug Platz, um runde Köpfe zu bilden. Sie räumen als nächste das Beet. Der Kohl in der Mitte kann sich nun nach Belieben ausdehnen. Wo noch genügend Zwischenraum bleibt, da kann der Gärtner noch einmal späte Kulturen nachsäen, zum Beispiel Wintersalate oder Spinat. Auch Senfsaat als Gründüngung wäre eine gute Zwischenlösung.

Anfangs wirkt dieses Mischkulturenbeet sehr dicht bepflanzt, aber die Reihen lichten sich, wenn frühe Früchte geerntet werden.

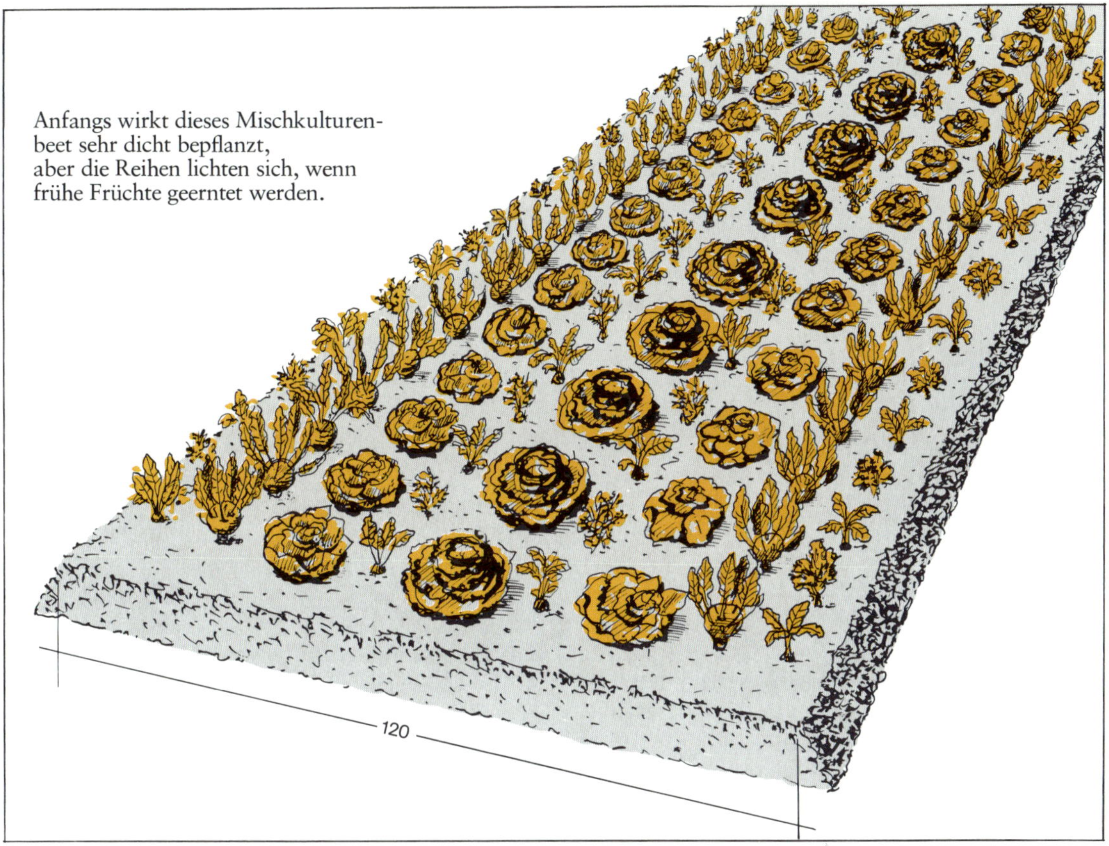

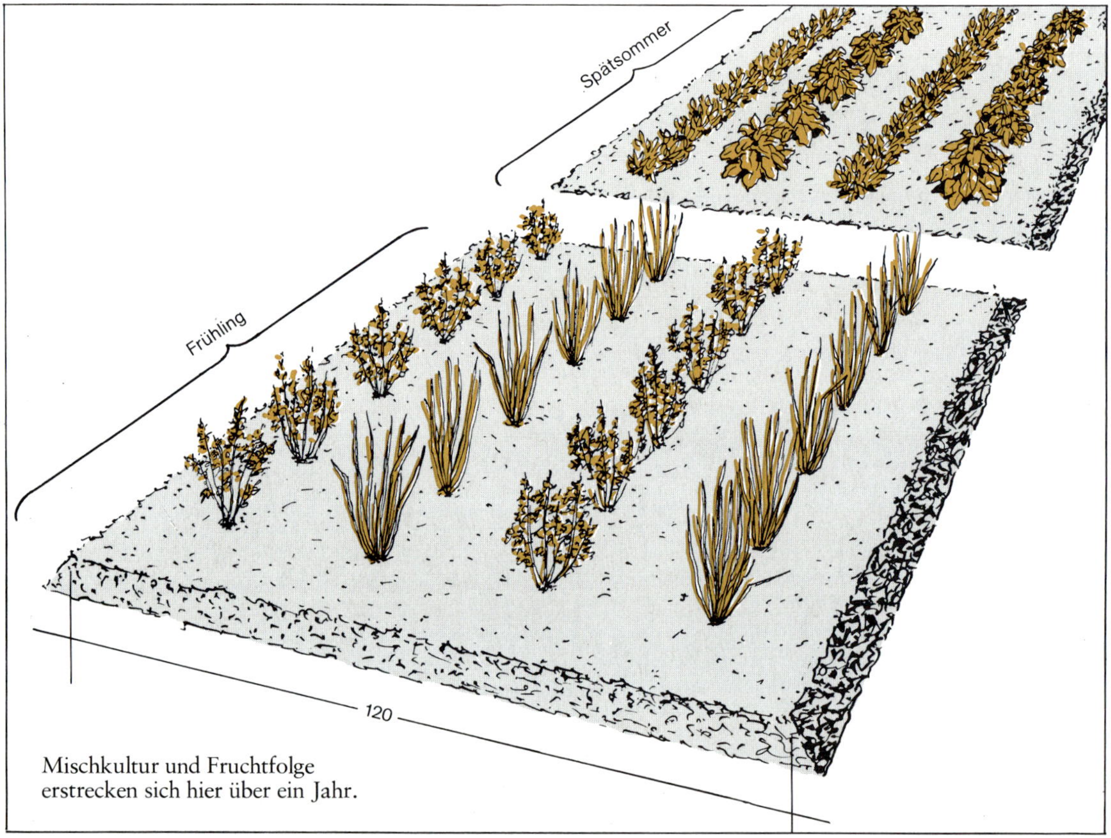

Mischkultur und Fruchtfolge erstrecken sich hier über ein Jahr.

Zwiebeln und Möhren, Feldsalat und Spinat

Im Frühling werden auf das Beet in wechselnden Reihen frühe Möhrensorten oder runde Karotten ausgesät. Dazwischen pflanzt der Mischkulturen-Gärtner Steckzwiebeln oder Schalotten. Nach der Ernte im Spätsommer folgt eine zweite Kultur, in der sich Reihen aus Feldsalat und Spinat abwechseln.

Die Kombination von Zwiebeln und Möhren zeigt besonders anschaulich, auf welch vielfältige Weise sich gekonnte Mischkulturen günstig ergänzen. Diese beiden Gemüse schützen sich wechselseitig vor Schädlingen, sie wehren die Zwiebel- und die Möhrenfliege ab. Sie sind aber auch gute Partner bei der Raumaufteilung: Möhren wachsen tief und senkrecht in den Boden, während Zwiebeln ihre Wurzeln flach ausbreiten. Sie behindern sich also nie. Die Kultur bleibt auch aus diesem Grunde luftig und gesund.

Die späten Aussaaten von Feldsalat und Spinat schließen den Kreis der Fruchtfolgen sogar über die kalte Jahreszeit. Diese winterharte Mischkultur überzieht das Beet bis zum nächsten Frühling mit einer grünen Pflanzendecke. Sie macht es dem Gärtner möglich, auch im Schnee noch frische Vitamine zu ernten. Die Spinatwurzeln reichern den Boden mit Saponinen an, seine Blätter halten ihn feucht und schattig.

Auch Kartoffeln eignen sich zur Mischkultur.

Frühkartoffeln, Spinat, Radieschen, Kapuzinerkresse, Grünkohl, Lauch

In der Mitte des Beetes werden mit reichlich Abstand zwei Reihen Frühkartoffeln gepflanzt. Dazwischen sowie rechts und links je eine Reihe Spinat und Radieschen. An den Außenrändern sät der Gärtner die nicht rankende Kapuzinerkresse aus, die runde Büsche und eine hübsche blühende Einfassung bildet. Bis die Kartoffeln sich ausbreiten, sind Spinat und Radieschen geerntet. Die Kapuzinerkresse ist nicht nur eine schützende Begleitpflanze für die Kartoffeln; ihre Blätter und Blüten liefern auch einen gesunden, würzigen Salat. Bei dieser Mischkultur brauchen die Kartoffeln nicht angehäufelt zu werden. Nach der Kartoffelernte können in abwechselnden Reihen Grünkohl und Lauch als Spätfrüchte und Wintergemüse ausgepflanzt werden.

Die »Erdäpfel« hinterlassen einen lockeren, garen Boden, der nur noch einmal mit Kompost und etwas organischem Dünger angereichert werden muß. Auch Brennesseljauche läßt das späte Gemüse noch einmal kräftig wachsen. Gleich nach der Pflanzung sollte das Beet mit einer Mulchschicht zugedeckt werden, die bis zum nächsten Frühling liegenbleibt. Der schlanke Lauch und der rundliche Grünkohl ergänzen sich sehr gut in den Platzansprüchen.

Wer einige Zeit mit den Mischkulturen experimentiert hat, der wird ein Gespür dafür bekommen, was in seinem Garten besonders gute, gesunde, ertragreiche Nachbarschaften bildet. Natürlich gibt es auf diesem interessanten Gebiet auch einige Spezialisten, die die Kunst des Kombinierens fast zur Vollendung entwickelt haben. So hat die Gutsfrau Gertrud Franck in ihrem großen Bauerngarten in Oberlimpurg bei Schwäbisch Hall seit Jahrzehnten mit Mischkulturen experimentiert. Sie entwickelte im Laufe der Jahre ein eigenes Prinzip. Ihr Garten ist nicht mehr in einzelne Beete eingeteilt. Sie markiert stattdessen in 1,60 m Abstand die Quartiere durch Spinatstreifen. Dazwischen werden im Frühling in 40 cm Abstand auf dem gesamten Gartenland Reihen mit Spinat ausgesät. Sie schaffen eine regelmäßige Unterteilung und dienen gleichzeitig als Gemüse, als Beschattung für die heranwachsenden Kulturen und später, wenn die Reste ausgehackt werden, als Mulchmaterial.
Für die Bestellung teilt Gertrud Franck jedesmal ein 1,60 m breites Quartier in Hauptkulturen (zwei Außenreihen), Mittelkultur (eine Mittelreihe) und Kleinkulturen (zwei Zwischenreihen) ein. Diese Reihen werden immer zwischen den Spinatlinien gezogen. Die Hauptkultur – zum Beispiel Bohnen, Tomaten, Kartoffeln oder Kohl – bestimmt den Charakter jedes Quartiers. Die Nebenkulturen werden nach den Gesichtspunkten der guten Nachbarschaft dazu ausgesät.
Die Methode von Gertrud Franck hat den Vorteil, daß ein Gemüsegarten dadurch sehr übersichtlich geordnet ist. Ihre Abstände sind so gewählt, daß zwischen den Pflanzen genügend Platz bleibt, um den Boden ständig zu mulchen und mit Kompost versorgen zu können. Da es keine festen Wege gibt, wird nirgends kostbarer Platz verschwendet. Trittwege entstehen überall dort von selbst, wo der Spinat abgeerntet ist. Die Bodendecke dient als federnde »Pufferzone« unter den Schuhen des Gärtners.

Für biologische Gärtner lohnt sich eine nähere Beschäftigung mit dieser besonderen Form der Mischkultur. Sie ist nicht nur durch jahrzehntelange Praxis sondern auch durch ein wohldurchdachtes theoretisches System solide untermauert. (Weitere Informationen finden Sie in Gertrud Francks Buch, das im Literaturverzeichnis am Ende dieses Buches zu finden ist.)
Ähnliche Erfahrungen wie die Gutsfrau Gertrud Franck kann sicher jeder gewissenhafte biologische Gärtner auf seinem Stück Erde machen. Deshalb sei hier zur Ermutigung aus ihrer Schrift »Gesundheit durch Mischkultur« zitiert, wie weit man es mit natürlichen Methoden bringen kann:
»Unser Boden ist durch diese einfache, arbeitsparende, billige Methode so ertragreich geworden, daß er im Ertrag kaum noch gesteigert werden kann. Versuche mit Blutmehl und Borstendüngung haben ergeben, daß, wenn der Boden seinen höchsten Humusgehalt (Stickstoffgehalt) erreicht hat, jede Zusatzdüngung wirkungslos bleibt. ...
Gesäter Weißkohl, der nachher auf die richtige Entfernung verzogen und gut angehäufelt wurde, hatte ein Kopfgewicht von 11,5 kg ohne jegliche mineralische oder organische Stickstoffdüngung. Viele Tomatenpflanzen haben weit über 100 Früchte an einem Stock gebracht. ...
Wer einmal beobachtet hat, wie eine Pflanzenart der benachbarten Schutz gewährt vor pflanzlichen und tierischen Schädlingen und Erkrankungen, der möchte diese mühelose Schädlingsbekämpfung nicht mehr missen.«

Fruchtbare Hügelbeete

Gesundes, kräftig entwickeltes Gemüse und reiche Blütenpracht sind der Traum jedes Gärtners. Im biologisch bearbeiteten Garten versucht man diese üppige Fülle mit sanften Mitteln zu erreichen: auf rundlichen Hügelbeeten zum Beispiel gedeihen alle Pflanzen besonders gut. Diese Spezialmethode – Gärtnern auf erhöhten Beeten – geht auf sehr alte Erfahrungen zurück. In vielen ländlichen Gärten wurden bestimmte Gemüsearten schon immer angehäufelt oder auf niedrige Reihenhügel gepflanzt. Schalotten und Gurken erhalten noch heute solche erhöhten Standorte.

In Südchina wird die Hügelkultur seit Jahrhunderten intensiv genutzt. Peter Chan, ein in der Nähe von Kanton aufgewachsener Chinese, brachte die Methode der »raised-bed«, der erhöhten Beete, nach Amerika. Er versuchte auch den Menschen im »goldenen Westen«, die so großzügig mit Land, Saatgut und Dünger umgingen, zu erklären, warum in Asien die Hügelgärten so sorgfältig angelegt und so erfolgreich bebaut werden. Diese sanft gerundeten Beete vergrößern die Anbaufläche. Ihre Erde ist locker, mit Kompost und organischem Dünger bestens versorgt und leicht zu bearbeiten. Die Dränage funktioniert hervorragend. Die klugen, geduldigen Asiaten versuchen auf diese Weise einen möglichst hohen Ertrag mit möglichst wenig Arbeitsaufwand auf kleinstem Raum zu erreichen. Die Realität des Lebens zwingt sie dazu: Wo so viele Menschen

Üppig bewachsenes Hügelbeet mit ringförmig angelegter Mischkultur. Auf dem »Rücken« ist die Mulchdecke sichtbar. Sie hält Feuchtigkeit fest, denn die Hügel trocknen rasch aus. An den Seiten sorgen die Pflanzen für Schattengare.

zusammen leben, da muß jeder Quadratmeter Erde ausgenützt werden, ohne daß er »ausgelaugt« wird. Mit Hilfe der erhöhten Beete gelingt beides: höhere Ernten und ständig erneuerte Fruchtbarkeit. In China ist man nicht an Verschwendung gewöhnt. Deshalb ist diese asiatische Gartenpraxis so naturgemäß. Denn auch die Natur vergeudet nie sinnlos ihre Kräfte.

Peter Chans chinesische Hügelbeete sind niedrig im Vergleich zu den deutschen, von denen anschließend die Rede ist. Sie sind, wenn man die krummen inch-Maße umrechnet 15,24 cm hoch. Der Rücken des Hügels ist 91,44 cm breit, die Basis mißt 121,92 cm, das entspricht also unserer normalen Beetbreite von 1,20 m. Die Länge kann den persönlichen Gartenverhältnissen angepaßt werden.

Die Anlage ist einfach. Das Beet wird sorgfältig ausgemessen. Dann gräbt der Gärtner die abgegrenzte Grundfläche um und säubert sie von Steinen und Unkraut. Im biologischen Garten kann diese vorbereitende Bodenbearbeitung natürlich auch ohne Spaten bewältigt werden. Dann wird die Erde mit Kompost und organischem Dünger angereichert. Der flache Hügel entsteht, indem der Gärtner die Erde zur Mitte hin hochzieht und anhäufelt. An den Rändern bilden sich dadurch von selbst tiefere Rinnen, die später das Gießwasser auffangen.

Der chinesische Hügel ist ein leicht zugängliches Beet, das nie mit Füßen getreten wird. Er wird regelmäßig mit Kompost versorgt und kann nach den Regeln der Mischkultur bepflanzt werden.

Mächtiger und höher wölben sich dagegen die deutschen Hügelbeete auf. Hermann Andrä hat in den sechziger Jahren diese Methode entwickelt. Hans Beba hat sie ausgebaut und jahrelang damit experimentiert. Die Anlage der »Germanenhügel« ist aufwendiger und macht eine reiche Materialsammlung nötig.

Querschnitt durch ein Hügelbeet, das nach der Methode von Beba/Andrä aufgebaut wurde.

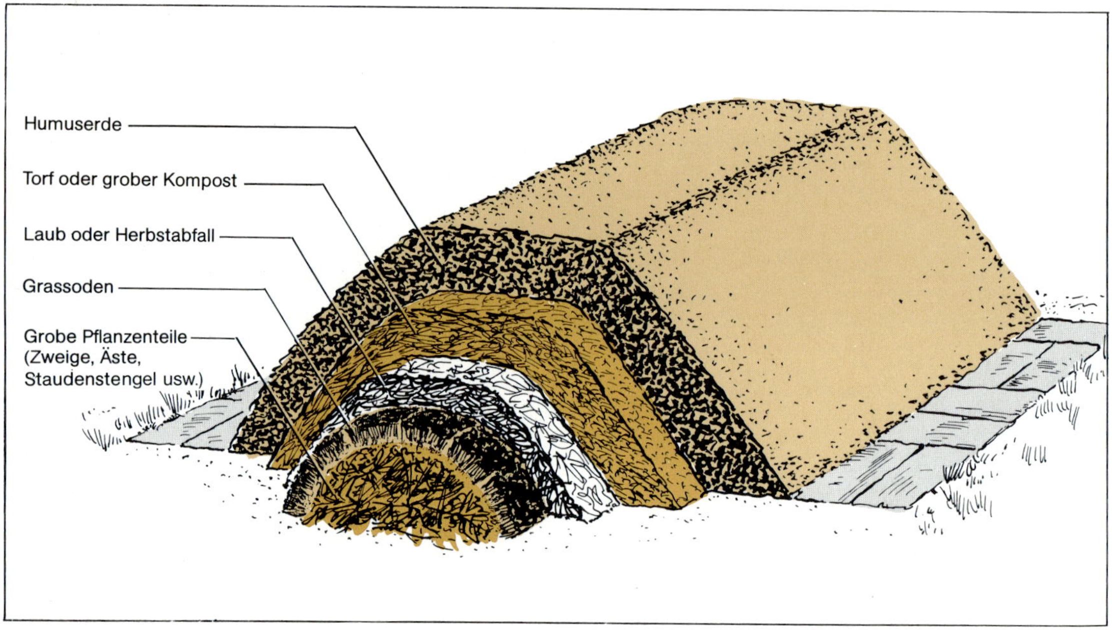

Die Grundfläche ist 1,20–1,50 m breit und beliebig lang; die Höhe des fertigen Hügels erreicht 60–70 cm. Zunächst wird eine etwa 25 cm tiefe Grube ausgehoben. Die Erde legt der Gärtner beiseite, denn sie wird später wieder gebraucht. Wenn das Hügelbeet auf Wiesen- oder Rasengelände angelegt wird, so werden die Grassoden spatentief ausgehoben. Als unterste, luftige Schicht häuft der Gärtner nun zerkleinerte Äste, harte Stengelstücke von Dahlien oder Stauden und anderes grobes Material auf. Etwa einen halben Meter hoch wird dieser schon in Hügelform gewölbte Kern aufgeschichtet. Er füllt aber nicht die ganze Grundfläche aus, sondern ist an den Breitseiten 50 cm und an den Schmalseiten 60–70 cm kürzer.

Die zweite Lage besteht im Idealfall aus den Rasenplatten, die mit der grünen Seite nach unten über den Reisigkern gelegt werden. Wer keine Grassoden zur Verfügung hat, der baut diese etwa 15 cm dicke Schicht aus Grasschnitt, Stroh oder gemischten Gartenabfällen. Darüber werden ein paar Schaufeln voll Erde verteilt und festgeklopft. Dabei wird immer deutlicher die Form des Hügels herausmodelliert. Nun wird eine 25 cm dicke Laubschicht ausgebreitet, möglichst aus gemischten Blättern, die unbedingt feucht sein müssen. Dieses Material wird mit etwas Erde vermengt und dann mit 5 cm Humus abgedeckt. Nun folgen eine 5 cm dicke Schicht aus Mistkompost, der möglichst viele Regenwürmer enthalten sollte, und als nächstes eine 10 cm dicke Schicht aus gut durchfeuchtetem Torf. Die oberste Decke des Hügels besteht aus einem 15 cm dicken Erdmantel, der aus reifem Kompost, Torf und Gartenboden gemischt wurde. Der Hügel hat nun auch seine endgültige rundliche Form mit leicht abfallenden Hängen erreicht. Für die spätere Bepflanzung ist es wichtig, daß ein so hohes Beet möglichst in Nord-Süd-Richtung angelegt wird. In der Ost-West-Lage entsteht sonst ein heißer Süd- und ein schattiger Nordhang.

Bei der Pflanzung von Gemüse kann sich ein biologischer Gärtner in etwa an die Regeln der Mischkultur halten. Die Reihen werden in ovalen Ringen um den ganzen Hügel herumgezogen. Auf dem »Rücken« stehen hohe Gewächse, wie zum Beispiel Tomaten. Erdbeeren mit ihren vielen Ranken und Kartoffeln bekommen einen »Berg« für sich allein. Am besten legt der Gärtner ein neues Hügelbeet im Herbst an. Bis zum Frühling kann es dann noch ein wenig zusammensinken. Es ist aber auch ohne weiteres möglich, das Beet sofort nach dem Aufbau »einzuweihen«. Über die Erfolge mit der Hügelbeetkultur berichten viele biologische Gärtner mit großer Begeisterung. Da ist die Rede von einer einzigen Spinatpflanze, die 80 cm(!) Durchmesser erreichte und als Mittagessen für 3 Personen die Teller füllte. Es werden Riesenkohlköpfe und Körbe voll Tomaten von den fruchtbaren Hügeln geerntet. Ich meine, man sollte es aber auch im biologischen Garten nicht übertreiben. Eine Überdüngung ist nämlich nicht nur mit synthetischem Stickstoff, sondern auch mit organischen Düngemethoden möglich. Diese Gefahr besteht anscheinend bei allzu eifrigen Hügelbeetspezialisten. Übertreibung und Überdüngung gehören aber nicht zu den empfehlenswerten naturgemäßen Methoden.

Betrachten wir das Hügelbeet deshalb mit ebenso liebevollen wie kritischen Blicken. Ohne jeden Zweifel gedeiht das Gemüse ausgezeichnet und sehr üppig auf sachgemäß gebauten Hügeln. Dazu trägt einesteils die Wärme bei, die sich bei den Abbauprozessen im Inneren entwickelt. Zum anderen wirkt das sich langsam zersetzende Material »im Bauch« des Beetes ähnlich wie ein Komposthaufen. Und jeder Gärtner weiß, wie üppig ein Kürbis gedeiht, wenn man ihn leichtsinnigerweise auf diesen kostbaren Abfallhaufen setzt.

Die Wärmeentwicklung ist natürlich im ersten Jahr in einem frisch gebauten Hügel am größten. Sie läßt mit zunehmender Verrottung des Materials in den nächsten Jahren nach. Gleichzeitig bildet sich eine immer dicker anwachsende Humusschicht. Das Hügelbeet »hält« etwa 5–6 Jahre. Dann ist aus dem aufgeschichteten organischen Material eine ungefähr 30 cm hohe Humusschicht entstanden. In der Zwischenzeit muß allerdings »nachgefüttert« werden – mit Kompost und organischem Dünger. Was bei geschickter Ausnutzung aller Vorteile auf den fruchtbaren Hügeln gedeihen kann, beschreibt Hans Beba aus eigener Erfahrung:

»Zuerst ging es mit dem Salat vorwärts, so daß wir nach 4 Wochen den ersten herrlich zarten Kopfsalat ernten konnten. Darüber war die Freude schon sehr groß. Als nächstes Gemüse kam der Spinat, der auch sehr üppig gediehen war. Dann kam der Blumenkohl, der so schön und groß wurde, daß alle Besucher nur so gestaunt haben. Als der Salat geerntet war, wurden dort Mitte Mai die Tomaten gepflanzt. Die Tomaten wurden auch so schön und üppig, wie ich sie zuvor noch nicht gesehen hatte. Auf dem Hügel wurde dann laufend, wo nur ein Plätzchen frei wurde, neuer Salat gepflanzt.

Im Laufe der Jahre habe ich allerlei Experimente gemacht, was man so alles aus einem Hügelbeet herausholen kann. Ich habe auf ein und derselben Stelle zum Beispiel viermal in einem Sommer Salat geerntet. Zweimal hintereinander Kopfsalat, dann eine Reihe Eissalat und zum Schluß Winterendiviensalat. Aber nicht nur Salat, Tomaten, Blumenkohl und Wirsing gedeihen auf dem Hügelbeet, sondern auch Bohnen, Gurken, Porree und was es sonst noch an Gemüsesorten gibt. Es war und ist der wahre Wunderhügel.«

Hügelkultur ist ein Tummelplatz für experimentierfreudige biologische Gärtner, aber sie bewährt sich auch als Helfer in manchen Gartennöten. So überbrücken die Hügel zum Beispiel Engpässe während der Umstellungszeit. In jedem Fall gilt hier das alte Wort: Probieren geht über studieren. Die rundlichen Beete beweisen besonders anschaulich, daß es in einem naturgemäßen Garten keine Patentrezepte gibt. Noch mehr als anderswo kommt es hier auf eigene Erfahrung, auf jahrelange Beobachtung und vor allem auf ein gesundes Maß an. Deshalb sollen die Vor- und Nachteile der Hügelbeetkultur hier noch einmal einander gegenübergestellt werden. Die richtigen Schlüsse mag jeder daraus in der eigenen Praxis ziehen.

Vorteile der Hügelbeetkultur

Erwärmung des Bodens. Dadurch kann im Frühling früher ausgesät und gepflanzt werden. Im Herbst dauert die Reifezeit etwas länger. Dieser Vorteil macht sich vor allem in rauhen Gegenden bemerkbar.

Vermehrung des Humus. Ist das Beet erst einmal aufgebaut, entsteht Jahr für Jahr fast von selbst fruchtbare Erde. Dieser Vorteil ist besonders wichtig in Gärten mit sehr schlechtem Boden. Die Hügelbeete »überbrücken« im wahrsten Sinn des Wortes die Situation. Deshalb sind sie auch während der Umstellung auf die biologische Methode zu empfehlen. In den ersten schwierigen Jahren kann auf dem Hügel bereits reichlich gesundes Gemüse geerntet werden. So bleibt dem restlichen Gartenland genug Zeit für den Aufbau der Humusschicht.

Die Anbaufläche wird vergrößert, die Ernte fällt sehr reich aus. Vor allem in kleinen Gärten trägt dieser Vorteil dazu bei, die Selbstversorgung mit frischem Gemüse zu ermöglichen.

Eine gute Dränage ist durch den groben Kern des Hügels gesichert. Auf diesem Beet kann keine stauende Nässe entstehen.

Reiches Wurzelwachstum ist durch den lockeren, humusreichen Aufbau der Schichten möglich.

Arbeitserleichterung, weil man sich nicht so tief zu bücken braucht.

Einwände gegen das Hügelbeet

Verschiebung der natürlichen Bodenschichtung. Die Abbauschicht (Laub, Gras, organischer Abfall, Gehölzschnitt) wird tief nach unten verlagert. Die Lebewesen der Rotteschicht brauchen aber viel Sauerstoff! Deshalb befinden sie sich im Gar-

tenboden in der oberen Humusschicht. Es besteht die Gefahr, wenn ein Hügel nicht wirklich luftdurchlässig gebaut ist, daß undurchlässige Zwischenlagen und Fäulnis entstehen können.
Gefahr für die Wurzeln, die normalerweise die Rotteschicht meiden. Im Hügelbeet liegt sie unter den Wurzeln, in der normalen Erde über dem Hauptwurzelbereich. Diese Gefahr scheint aber für die meisten Pflanzen nicht groß zu sein, da über der Rotteschicht eine reichlich dicke Humusdecke aufgebaut wird, die normalerweise als Wurzelregion ausreicht.
Der Hügel trocknet rasch aus, in heißen Sommern kann dies zum Problem werden. Feuchtigkeit rinnt rasch nach unten, kann aber aus dem gewachsenen Boden nicht in den Hügel aufsteigen. In den ersten Jahren muß viel gegossen werden. Mulchen ist auf den »Hängen« schwieriger als auf flachen Beeten. Auch dieser Feuchtigkeitsschutz kann nicht voll eingesetzt werden.
Mäuse und Wühlmäuse benutzen die Hügel gern als Unterschlupf.
Zuviel Aufwand – meinen manche biologischen Gärtner. Sie wenden ein, daß man zusätzliche Wärme und frühere Aussaat auch im Frühbeet und unter leichten Folientunneln erreichen kann. Die Humusanreicherung mache weniger Arbeit, wenn man mit Flächenkompostierung auf normalen Gartenbeeten arbeite.
Die Entscheidung für oder gegen Hügelbeete ist sicher auch eine Frage des gärtnerischen Temperaments. Vielleicht sollten die biologischen Experimentierer mehr als bisher ihre Aufmerksamkeit den nur sanft gerundeten chinesischen Hügeln zuwenden. Sie bleiben der Erde näher und haben sich seit Jahrhunderten bewährt.

Tiere als Helfer im Garten

»In der Natur ist ein ewiges Auf und Ab von Nützlingen und Schädlingen. Laßt sie nur alle, dann frißt das eine das andere auf.« Diese Naturbeobachtung samt ihrer gelassenen Schlußfolgerung stammt von Goethe.
Im 20. Jahrhundert verloren die Menschen schneller die Geduld, sie nahmen sich wohl oft auch nicht mehr die Zeit, genau hinzuschauen. Schädlinge wurden nicht mehr ihren natürlichen Feinden überlassen sondern in großangelegten »Feldzügen« vernichtet. Neue Mittel der Chemie, die es bis zum Beginn der zwanziger Jahre nicht gegeben hatte, machten dies möglich. Der tödliche Regen der Insektizide traf aber Feinde und Freunde gleichermaßen. Die natürliche Balance zwischen Fressen und Gefressenwerden geriet in unkontrollierte Taumelbewegungen. Aber oft schlug das lautlose Wehklagen in der Natur nach kurzer Zeit in Hohngelächter um.
Die Rote Spinne ist ein Beispiel für die Härte, mit der winzige Lebewesen zurückzuschlagen vermögen. Der kleine Schädling wurde so lange von einer bestimmten Raubmilbenart in Schach gehalten, bis die Giftspritze »aufräumte«. Die Milben gingen zugrunde und die Rote Spinne hatte endlich freie Bahn. Sie entwickelte sich in kurzer Zeit zu einem der gefährlichsten Obstbaumschädlinge. Inzwischen hat man solche Zusammenhänge erkannt und beobachtet die Wechselbeziehungen in der Natur wieder genauer. Aber Goethesche Gelassenheit ist schwieriger geworden. Biologische Gärtner müssen wieder lernen, daß Tausende für sie umsonst arbeiten, wo die richtigen Lebensbedingungen geschaffen werden. Aber das

Die Larve einer Florfliege spießt eine Blattlaus auf.
Unten: Igel auf Schneckenjagd.

geduldige Zuschauen ist oft nicht leicht. Manchmal muß man eine Faust in der Gartenschürzentasche machen, wenn Läuse über die Obstbaumblätter krabbeln oder Raupen an den Kohlpflanzen nagen. Wer jetzt radikal eingreift, der entzieht den Nützlingen die Lebensgrundlage. Wer Geduld hat, der wird beobachten können, wie eine Vielzahl kleiner Tiere sich auf die »gedeckten Tische« stürzt. Niemals rotten die »natürlichen Feinde« ihre Gegenspieler ganz aus. Aber wo sich wieder ein Gleichgewicht der Arten einpendelt, da bleiben die Schädlinge in erträglichen Grenzen.
Allerdings muß ein Gärtner seine Freunde und Helfer auch kennen und erkennen, wenn er erfolgreich mit ihnen zusammenarbeiten will. Auch die Nützlinge gehören ja oft zu den krabbelnden oder schwirrenden Tieren, die bei vielen Menschen Abwehrreaktionen auslösen. Ich werde nie eine kleine spätsommerliche Szene vergessen, bei der eine Florfliege ihr Leben lassen mußte. Das Insekt hatte sich ahnungslos auf einer Tischdecke niedergelassen. Eine Frau erschlug es mit der Hand und stieß dabei voller Abscheu das Wort »Ungeziefer«! aus. Alles ging so schnell, daß ich nicht mehr eingreifen konnte. Dieser sinnlose Tod war doppelt traurig. Florfliegen sind bezaubernde Geschöpfe mit durchsichtigen grüngeäderten Flügeln und goldenen Augen. Sie gleichen eher einem märchenhaften Elfenwesen als einem häßlichen »Ungeziefer«. Die Florfliegen sind aber nicht nur wunderschön, sie gehören auch zu unseren nützlichsten Helfern im Garten: Ihre Larven vertilgen große Mengen Blattläuse!

Erkennen – beobachten – schützen

Dieser Wahlspruch gilt für alle, die mit der Natur zusammenarbeiten wollen. Die »Steckbriefe« der wichtigsten Tiere, die im Garten bei der Schädlingsregulierung mithelfen, sollen Ihnen dabei als Wegweiser dienen.

Säugetiere

Fledermäuse sind selten geworden, weil ihnen Schlupfwinkel in Scheunen und Höhlen fehlen. Diese Insektenfresser besitzen eine Flughaut, die zwischen dem Rumpf und den Gliedmaßen angewachsen ist. Sie können sich hervorragend in der Dunkelheit orientieren. Die kalte Jahreszeit verbringen sie im Winterschlaf, dann hängen sie kopfunter an der Decke ihrer Verstecke.

- Nutzen: Fledermäuse fangen die »Nachtschwärmer« unter den Insekten, zum Beispiel Eulenschmetterlinge, Wickler, Spanner und Schnaken.
- Schutz: Die Tiere sind harmlos, obgleich sie vielen Menschen unheimlich erscheinen. In Ruhe lassen und Schlupfwinkel erhalten, damit hilft man ihnen am meisten.

Igel sind ebenso beliebt wie nützlich. Wenn Gefahr droht, rollen sie sich zusammen, stellen die

Stacheln auf und werden zu uneinnehmbaren Festungen. Igeljunge kommen im Frühling zur Welt, bis zum Herbst bleibt die Familie zusammen und geht in der Dämmerung gemeinsam auf Jagd. Den Winter verbringen die »Stachelhäuter« schlafend in warmen Höhlen. Ihr Herz schlägt nur noch ganz langsam, zwei bis drei Atemzüge in der Minute schalten alle Lebensfunktionen »auf Sparflamme«.

- Nutzen: Igel fressen Schnecken, Engerlinge, Würmer, Raupen, Mäuse und sogar Schlangen. Gegen Erdbeeren oder Äpfel zum Nachtisch haben sie allerdings auch nichts einzuwenden.
- Schutz: Vor allem eine ungestörte Ecke unter Sträuchern, wo Laub und Äste liegenbleiben. Dort können Igel sich ein Nest bauen und sicher überwintern. Kein Schneckenkorn, keine Insektizide!

Maulwürfe werden von vielen Gärtnern nicht als Bundesgenossen betrachtet sondern als Störenfriede, die durch ihre Erdhaufen den Rasen und die Gemüsebeete verunzieren. Wo sie durch solche Wühlarbeit am falschen Ort lästig werden, da kann man sie vergraulen, indem man petroleumgetränkte Lappen in die Gänge legt. Fangen und töten sollte ein Gärtner diese eifrigen Insektenjäger aber nie. Der Maulwurf kann einschließlich Schwanz bis zu 17 cm lang werden. Er hat ein samtiges schwarzes oder graubraunes Fell, kräftige, schaufelartige Grabepfoten, eine langgezogene Schnauze und winzige halbblinde Augen.

- Nutzen: Maulwürfe fressen Würmer, Insekten, Larven, Puppen, Engerlinge, Nacktschnecken und räumen sogar die Nester der schädlichen Wühlmäuse aus. Sie müssen täglich so viel Nahrung zu sich nehmen, wie sie selber wiegen!
- Schutz: Um Verständnis werben bei erbosten Gärtnern.

Spitzmäuse sind leicht an ihrem spitzen Rüsselschnäuzchen, dem kurzen Schwanz und einem unangenehmen Moschusgeruch zu erkennen. Sie fressen keine Pflanzen und richten auch sonst keine Nageschäden an.

- Nutzen: Die Spitzmäuse fangen nachts Schnekken, Insekten und Larven. Sie fressen jede Nacht mindestens soviel, wie sie selber wiegen!
- Schutz: Nicht mit Gift spritzen. Hunde und Katzen beißen Spitzmäuse tot, ohne sie zu fressen. Zumindest Hunde kann man daran hindern.

Vögel

Sie gehören zu den fleißigen Helfern im Garten, die jeder kennt. Ihre nützliche Tätigkeit unter-

Stare gehören, trotz einiger Unarten, zu den Nützlingen.

Meisen sammeln viele Kilo Raupen für ihre Jungen.

malen sie mit melodischem Gesang oder munterem Gezwitscher. So gewinnen sie leicht die Herzen der Menschen. Einige Vogelarten können aber auch Ärger oder gar Schäden anrichten. Amseln, Spatzen und Stare haben sich in unserer zivilisierten Umwelt so sehr vermehrt, daß sie manchmal in Scharen in den Garten einfallen. Sie zerwühlen Saatbeete, scharren kleine Pflanzen aus dem Boden, fressen Samen und »stehlen« große Mengen Obst. Dagegen muß sich auch ein Naturfreund schützen. Netze, Folien und blinkende Alustreifen halten die gefiederten »Halbstarken« fern, ohne ihnen zu schaden.

Mit Nistkästen macht der Gärtner die Vögel in seinem Garten heimisch. Wichtig: nach der Brutzeit putzen!

Futterplätze, die regelmäßig versorgt werden müssen, helfen den Vögeln, den Winter zu überstehen.

Denn auch diese Vögel haben trotz ihrer schlechten Angewohnheiten auch nützliche Eigenschaften: Sie fangen Würmer (leider auch Regenwürmer), Insekten und Raupen. Die Spatzen räumen auch unter den Unkrautsamen auf. Ein Meisenpärchen soll in einem einzigen Sommer bis zu 30 kg Raupen zur Fütterung der Jungen zusammenschleppen. Auch Rotkehlchen, Rotschwänze und Finken helfen tatkräftig mit.

- Nutzen: Vor allem zur Ernährung der Jungen fangen Vögel große Mengen Insekten, Raupen, Larven, Maden und Läuse. Einige vertilgen auch Unkrautsamen.
- Schutz: Wichtig sind vor allem Nistplätze. In einem naturgemäßen Garten sollten möglichst Hecken und Sträucher gepflanzt werden, die Vögeln Schlaf- und Wohngelegenheiten bieten. Zusätzlich werden Nistkästen aufgehängt. Die Fluglöcher sollen nach Südosten gerichtet sein. Im Herbst, wenn alle Jungtiere ausgeflogen sind, werden die Kästen gereinigt, damit Krankheiten und Ungeziefer sich nicht ausbreiten können. Nistkästen gibt es für die Höhlenbrüter, zu denen Meisen, Baumläufer, Kleiber und Rotschwänzchen gehören, Nisthilfen auch für Schwalben. In Hecken, Bäumen und am Boden brüten dagegen Rotkehlchen, Finken und Zaunkönige.

Eine Vogeltränke oder ein kleines Wasserbecken gehören unbedingt zum Vogelschutz im Garten. In harten Wintern muß eine Futterstelle eingerichtet werden.

Kriechtiere

Blindschleichen sind keine gefährlichen Schlangen sondern Echsen. Ihr schlangenförmiger Körper ist auf dem Rücken graubraun gefärbt und

Frösche gehören zu den fleißigen Insektenjägern.

schwarz gestreift. Der Bauch ist dunkel. Die Tiere lieben feuchte Wiesen und Gartenecken.

- Nutzen: Blindschleichen fangen nachts Nacktschnecken, Würmer und Insekten.
- Schutz: Ungestört lassen, vor stöbernden Haustieren bewahren.

Lurche

Erdkröten und Grasfrösche werden leider oft mit Ekel betrachtet. Wer sie näher kennenlernt, der wird sie bald als gute Freunde im Garten begrüßen. Die Erdkröte ist braun gefärbt und mit Warzen bedeckt. Dafür hat sie schöne, goldfarbige Augen. Auch der Grasfrosch hat einen bräunlichen Rücken, der Bauch schimmert heller. Beide Tiere brauchen eine Wasserstelle, wo sie im Frühling ihren Laich ablegen. Eine dichte, feuchte Uferpflanzung dient ihnen als Schutz. Beide Tiere wandern auch in die Nachbarschaft.

- Nutzen: Erdkröten und Grasfrösche fressen die schädlichen Nacktschnecken, außerdem Würmer und Insekten.
- Schutz: Geeignete Lebensbedingungen im Garten schaffen und Freunde für die »häßlichen« Kröten gewinnen. Diese »Nackthäuter« sind sehr empfindlich gegen Gifte aller Art!

Insekten

Florfliegen, die auch Goldaugen oder Blattlauslöwen genannt werden, sind schlanke Insekten mit großen durchsichtigen grüngeäderten Flügeln und goldfarbigen Augen. Diese Elfen unter den Insekten ernähren sich von Honigtau und Wasser. Große Räuber sind dagegen ihre Larven. Sie schlüpfen aus Eiern, die an langen Stielen unter Blättern und Ästen befestigt sind. Die bräunlichen Larven packen mit ihren zangenförmigen Kiefern Blattläuse, Spinnmilben, Schild- und Blutläuse. Nach 18 Tagen spinnen sie sich in weiße kleine Kokons ein. Darin vollzieht sich die wunderbare Umwandlung von der gefräßigen Larve zum durchsichtigen »Goldauge«.

- Nutzen: Eine einzige Larve frißt 200–500 Blattläuse und andere Schädlinge.
- Schutz: Keine Insektizide, Fungizide und ölhaltigen Mittel spritzen! Im Winter suchen die erwachsenen Florfliegen geschützte Winkel in kühlen Speichern, Schuppen und Gartenhäusern auf. Biologische Gärtner verschieben dann den Hausputz bis zum Frühling, wenn die Blattlauslöwen wieder ins Freie schweben.

Marienkäfer sind nicht immer rot. Es gibt auch gelbe und andersfarbige Arten. Auch die Zahl und

Ein Marienkäfer räumt unter Blattläusen auf.

Eine Vielzahl nützlicher Tiere jagt in der Erde, am Wasser und in der Luft nach Schädlingen. Sie alle gehören zu den Freunden des Gärtners, die ein natürliches Gleichgewicht erhalten.

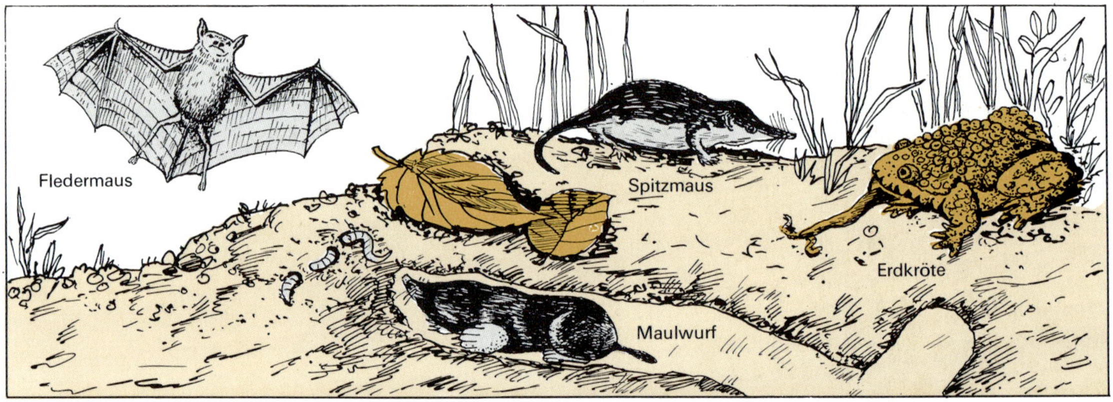

die Größe der dunklen Punkte variiert. Wichtig ist es vor allem, die Larven zu erkennen: Sie schlüpfen aus gelben, senkrecht aufgestellten Eiern, sind dunkel graublau gefärbt und gelb gepunktet. Wenn sie sich verpuppen, rollen sich diese Larven kugelförmig zusammen. Dann hängen sie an »Füßchen« an Blättern oder Stengeln. Man erkennt sie an ruckartigen Bewegungen, wenn man sie berührt.

- Nutzen: Käfer und Larven fressen vor allem große Mengen Blattläuse. Eine Larve vertilgt 350–400 der kleinen Schädlinge. Nach der Winterruhe sind Marienkäfer besonders hungrig und räumen deshalb schon im Frühling kräftig im Garten auf.
- Schutz: Nicht mit Gift spritzen. Wo Läuse ausgerottet werden, verhungern die Marienkäfer oder wandern aus.

Laufkäfer: Zu ihnen gehören u.a. der Goldlaufkäfer, der Gartenläufer und der Puppenräuber. Sie haben alle lange, kräftige Beine und feste dunkle Flügeldecken.

- Nutzen: Die Käfer und ihre Larven gehören zu den Räubern, die Puppen, Raupen und Schnekken jagen, kleine Arten auch Läuse und Milben.
- Schutz: Vor allem als Nützlinge erkennen und nicht aus Unkenntnis tottreten. Achten Sie auf die grün-goldenen Flügel!

Ohrwürmer stehen zu unrecht im Ruf, in Menschenohren zu krabbeln und dort mit ihren Kneifwerkzeugen Unheil anzurichten. Das ist ein Märchen! Die Zangen am Hinterleib können nur kleinen Tieren Respekt einflößen, wenn das Weibchen in den Erdröhren seine Jungen verteidigt.

- Nutzen: Der Ohrwurm ist ein nächtlicher Räuber, der Insekten, vor allem Läuse frißt. Er knabbert aber auch gelegentlich Pflanzen an. Sein Speisezettel ist also gemischt.
- Schutz: Im biologischen Garten wird der Ohrwurm als »Haustier« gehalten und regelrecht zur Jagd auf Obstbaumschädlinge angesetzt. Dazu hängt man Blumentöpfe, die mit Holzwolle vollgestopft werden, kopfunter in die Bäume. In diesen Höhlen verstecken sich die Ohrwürmer tagsüber gern. Nachts gehen sie dann an Ort und Stelle auf Jagd.

Schlupfwespen sind kleine, nur 5–30 mm lange Insekten. Es gibt viele unterschiedliche Arten. Sie haben dunkle, glänzende Körper, eine »Wespentaille«, schimmernde Flügel und einen langen Legestachel. Mit diesem »Mordinstrument« bohren die Schlupfwespen Blattläuse an und legen ihre Eier in den lebenden Tieren ab. Die Schlupfwespenlarve frißt von innen her ihren Wirt auf und überwintert dann verpuppt in der hohlen Laus.

- Nutzen: Ein Schlupfwespenweibchen kann 200–1000 Läuse mit Eiern belegen. Größere Arten stechen auch Gespinstmotten und die Raupen der Kohlweißlinge an.
- Schutz: Auf die Blattlausmumien achten, in denen die Schlupfwespen überwintern. Baumschnitt nicht gleich verbrennen!

Schwebfliegen werden manchmal mit den Wespen verwechselt und deshalb getötet. Sie sind schwarzgelb gemustert, aber relativ klein (7–15 mm). Man erkennt sie an ihrem schnellen geräuschlosen Flug. Sie können ihre Flügel so schnell bewegen, daß sie in der Luft auf der Stelle »stehenbleiben«. Ihre Eier legen sie in Blattlauskolonien ab. Die hellen, weiß oder gelblich gefärbten Larven sehen aus wie Maden.

- Nutzen: Die erwachsenen Schwebfliegen leben von Blütenstaub und Honig. Sie spielen eine wichtige Bestäuberrolle. Die Larven ernähren sich dagegen von Blattläusen.
- Schutz: Nicht mit Wespen verwechseln.

Wanzen haben in der freien Natur nützlichere Eigenschaften als in den Betten der Menschen. Es gibt viele unterschiedliche Raubwanzen, die Schädlinge vertilgen. Sie sind im Durchschnitt nur 3–7 mm groß.

- Nutzen: Wanzen fressen vor allem Spinnmilben, aber auch Blattläuse und kleine Raupen.
- Schutz: Kein Gift spritzen! Nicht davor ekeln sondern beobachten und ihre Rolle im »vernetzten System« erkennen.

Spinnentiere

Dazu gehören die **Kreuzspinnen,** die **Springspinnen,** die **Wolfsspinnen** und noch viele andere. Durch ihre Gestalt und ihre Größe unterscheiden sie sich sehr. Einige bauen Netze, andere leben am Boden. An ihren »Spinnenbeinen« erkennt sie jeder.

- Nutzen: Spinnen gehören zu den erfolgreichsten Schädlingsjägern. Sie fangen Fliegen, Falter, Käfer, Raupen, Wanzen, Läuse und viele andere Insekten.
- Schutz: Nicht aus Ekel töten, kein Gift spritzen.

Raubmilben gehören auch zu den Spinnentieren. Sie haben Ähnlichkeit mit den schädlichen Spinnmilben, produzieren aber kein Gespinst. So kann man sie unterscheiden. Raubmilben sind nur 0,5 mm groß; sie sitzen an den Unterseiten der Blätter.

- Nutzen: Raubmilben töten die Rote Spinne. Sie werden für die biologische Schädlingsbekämpfung bereits systematisch gezüchtet.
- Schutz: Nicht mit schädlichen Spinnmilben verwechseln!

»Krabbeltiere« sind in Gefahr, als »Ungeziefer« erschlagen zu werden. Prägen Sie sich nützliche Freunde ein!

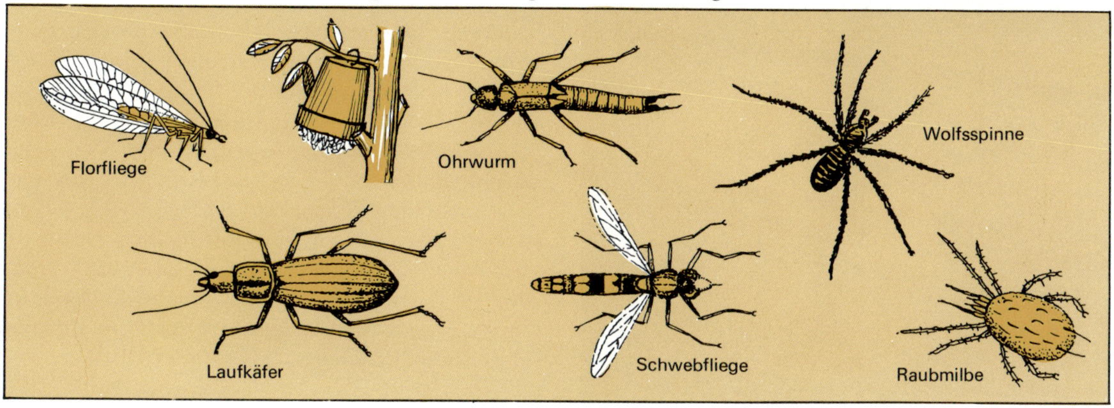

Der Regenwurm oder die unterirdische Kuhherde

Auch in der Erde gibt es unzählige Tiere, die dem kundigen Gärtner in die Hände arbeiten. Von den Milliarden winzigen Bodenlebewesen haben wir schon oft in den verschiedensten Zusammenhängen gesprochen. Hier wollen wir nur den größten unterirdischen Helfer noch einmal etwas näher in Augenschein nehmen: den Regenwurm. Über sein arbeitsreiches Leben und über seine erstaunlichen Leistungen könnte man ein ganzes spannendes Buch schreiben. Aber auch dieser kurze Ausflug ins Reich der rosabraunen Ringelwesen enthüllt Wunder über Wunder. Regenwürmer sind kleine Ackerbauern, die metertief den Boden durchgraben. Ein ganzes Leben lang stopfen sie unaufhörlich Erde und organische Abfälle in sich hinein und scheiden am anderen Ende fruchtbarste Humushäufchen aus. Ihr ganzer Körper ist ein einziger Darmkanal. Darin vermischen sich organische Bestandteile und mineralische Bodenteilchen zusammen mit den Verdauungssekreten zu feinsten dauerhaften Krümeln. So entstehen die begehrten Ton-Humus-Komplexe.

Regenwürmer gehören zu den nützlichsten Tieren im Garten, sie produzieren kostenlos Dünger!

Regenwurm-Kothäufchen enthalten hohe Nährstoffkonzentrationen: Im Durchschnitt zweimal soviel Phosphor, dreimal soviel Kali, siebenmal soviel Stickstoff, zweimal soviel Kalk und sechsmal soviel Magnesium wie die Erde in der näheren Umgebung. Einen preiswerteren Düngerfabrikanten kann sich kein Gärtner wünschen. Zumal da die Regenwürmer keine Einzelgänger sind, sondern gute Erde in Scharen bevölkern. In einem Hektar Gartenboden können 80000–130000 dieser Tiere leben. Sie bringen es auf ein Gewicht von 6–8 Zentnern! In einem Hektar Ackerboden wiegen die gesammelten Regenwürmer soviel wie eine Kuh. Deshalb nennt man sie auch »die Kuh im Acker«. Diese kleine unterirdische Herde setzt in einem Jahr das 70fache ihres eigenen Gewichtes in feinsten, fruchtbaren Humus um.

Außerdem sorgt dieses bewegliche Heinzelmännchen mit seinem Röhrensystem für eine gute Durchlüftung des Bodens. Durch seine zahlreichen Gänge verteilt sich das Regenwasser. Auch die Pflanzenwurzeln folgen gern den vorgearbeiteten Kanälen, deren Wände mit besten Nährstoffen austapeziert sind.

Jeder Regenwurm ist Männchen und Weibchen zugleich. Diese Zwitter steigen in feuchten Nächten aus ihren Erdröhren, umarmen sich lange im Schutz der Dunkelheit und befruchten sich gegenseitig. Dann verschwinden sie wieder in der Erde und legen dort ihre Eier ab. Starke Regengüsse, die die Gänge mit Wasser füllen, treiben die Würmer in Scharen an die Erdoberfläche. Vielleicht stammt daher ihr deutscher Name. Sie scheuen aber nicht den Regen, sie leiden in den überschwemmten Röhren an Luftmangel. Draußen aber lauert eine noch größere Gefahr: die Sonne. Wenn es ihnen nicht gelingt, sich schnell wieder in ihr feuchtdunkles Element einzugraben, sterben sie im tödlichen Licht, das ihre Blutsubstanz zerstört.

Es gibt auf der Welt viele verschiedene Regenwurmarten. Für den Gärtner in unseren Breiten sind vor allem zwei Gruppen von Bedeutung: die Mistwürmer, die man auch Kompostwürmer nennt *(Eisenia foetida)* und die Ackerregenwürmer *(Lumbricus terrestris)*. Die hellroten Mistwürmer werden 6–8 cm lang und vermehren sich schnell. Sie leben von frischen organischen Abfällen und brauchen viel Feuchtigkeit und Wärme. Deshalb ist der Komposthaufen ein idealer Lebensraum für sie.

Die Ackerwürmer sind größer, dicker, braun bis graubraun gefärbt und haben ein flaches Schwanzende. Sie dringen tief in den Boden ein, oft bis in die mineralischen Schichten. Ihre Nahrung besteht aus Erde, abgefallenen Blättern, abgestoßenen Wurzelstückchen und ähnlichen Stoffen. Sie sind die lebendigen Spaten, die dem Gärtner viele Mühen abnehmen. Er sollte sie halten wie eine kleine Viehherde im Boden, wie gute Haustiere, die genährt und gepflegt werden müssen, damit sie reichen Ertrag bringen!

Für Gärten mit schlechten Böden und für solche, die gerade auf die naturgemäße Methode umgestellt werden, lohnt sich eine regelrechte Regenwurmzucht. Bauen Sie sich zu diesem Zweck eine Holzkiste, die im Garten oder im Keller untergebracht werden kann. Die unterste Lage sollte aus Stroh oder Laub bestehen. Dann wird der Behälter mit abwechselnden Schichten aus Stallmist, Kompost und organischen Abfällen gefüllt. Wer keinen Mist bekommen kann, der nimmt mit gemischtem Material aus Küche und Garten vorlieb. Streuen Sie etwas Steinmehl oder Tonmehl dazwischen und überbrausen sie alles mit warmem Regenwasser, so daß das Material angenehm feucht ist. Mit einem Sack oder Plastikfolie wird der Regenwurmbrutkasten zum Schluß abgedeckt. Er darf, solange er bewohnt ist, weder zu warm noch zu kalt werden. Besondere Leckerbissen für Ihre geringelten Haustiere sind übrigens Lauch- und Zwiebelreste, Kaffeesatz, Obst- und Weintrester und feuchte, zerkleinerte Wellpappe.

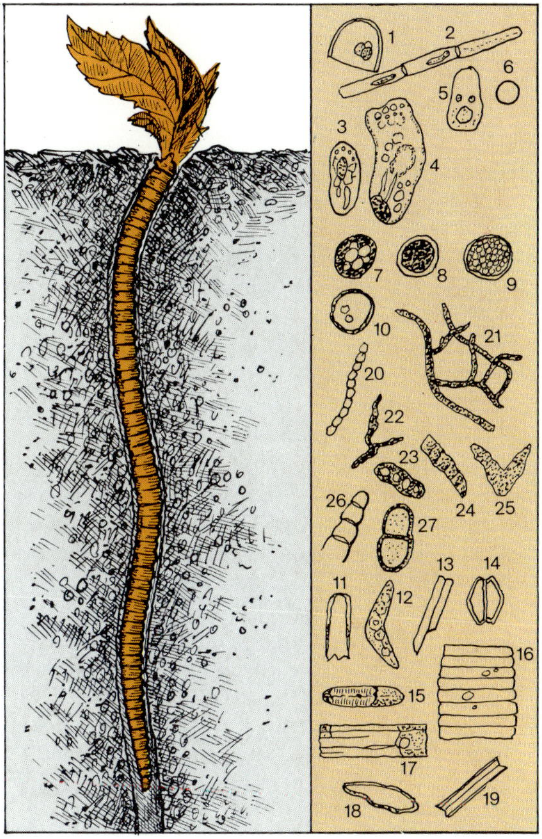

Der Regenwurm ist wie ein einziger großer Darmkanal gebaut. Was am Ende herauskommt, zeigt die Zeichnung (nach Francé); Regenwurm-Ausscheidungen, 350fach vergrößert: 1, 2, 5, 6 = Teile von Grünalgen; 3, 4 = Teile von Rädertierchen; 7–10 und 20–27 = Bodenpilze und Sporen; 11–19 = Erdkieselalgen.

Nach 4–6 Monaten können Sie Ihren Garten mit den fleißigen Würmern bevölkern. Bringen Sie aber vor allem die gelblichen oder braunen, stecknadelkopfgroßen Wurmeier nach draußen. Die alten Regenwürmer wechseln nicht mehr gern ihre Umgebung. Im Kompost oder unter der Mulchdecke Ihrer Beete werden die Jungtiere bald ausschlüpfen. Für die Vermehrung eignet sich besonders der kanadische Tennessy Whiggler. Bezugsquellen für die Regenwurmzucht finden Sie im Anhang dieses Buches.

Die Regenwürmer gehören sicher zu den wichtigsten Tieren, die dem Gärtner helfen, den Garten gesund zu erhalten. Sie vertilgen keine Schädlinge, aber sie tragen viel zur Bereicherung der Humusschicht und damit zu gesundem, widerstandsfähigem Pflanzenwuchs bei. Diese einfachen Wesen, die ohne Arme und Beine die Erde durchwühlen, sind ein unersetzliches Glied im Ökosystem der Erde. Aber sie haben eine empfindliche Haut. Mit Salzkonzentrationen und Giftspritzungen vertreibt man sie wie einst die hilfreichen Heinzelmännchen.

Biologische Gärtner sollten im Geiste stets den Hut ziehen vor diesen stillen fleißigen Mitarbeitern, die keinen Stundenlohn nehmen. Französische Bauern pflegten früher zu sagen: »Le bon Dieu, der liebe Gott weiß, wie man fruchtbare Erde macht, und er hat sein Geheimnis den Regenwürmern anvertraut.« Der große Grieche Aristoteles betrachtete sie als die »Eingeweide der Erde«. Und Charles Darwin schrieb 1881 über die Regenwürmer:

»Der Pflug ist einer der allerältesten und wehrtvollsten Erfindungen des Menschen; aber schon lange, ehe er existirte wurde das Land durch Regenwürmer regelmäszig gepflügt und wird fortdauernd noch immer gepflügt. Man kann wohl bezweifeln, ob es noch viele andere Thiere gibt, welche eine so bedeutungsvolle Rolle in der Geschichte der Erde gespielt haben, wie diese niedrig organisirten Geschöpfe«.

Pflanzen als Helfer im Garten

Gärtner, die begonnen haben, im Sinne der Natur zu handeln, und Leser, die sich aufmerksam bis zu dieser Buchseite durchgearbeitet haben, werden sich nicht mehr darüber wundern, daß auch Pflanzen tatkräftige Helfer im Garten sein können. Obgleich sie nie einen Laut von sich geben und sich niemals von ihrem Standort fortbewegen, können diese stillen Geschöpfe doch eine deutliche Sprache sprechen und sogar Schädlinge in die Flucht schlagen. In den Kapiteln über das Un-Kraut und die Mischkulturen war davon schon die Rede. Meist handelte es sich dabei um Erfahrungen aus der Praxis. Gärtner und Bauern beobachteten Jahre – oder sogar Generationen lang – die Kulturpflanzen und ihre Verhaltensweisen untereinander. Das Ergebnis waren Ratschläge für günstige Kombinationen, die sich im Gartenalltag immer wieder bewährt hatten.

Seit etwa 50 Jahren nimmt sich auch die Wissenschaft der auffallenden Nachbarschaftsverhältnisse unter den Pflanzen an und versucht, die Gesetzmäßigkeiten zu klären, die sich dahinter verbergen. Bereits 1937 schrieb der Direktor des pflanzenphysiologischen Institutes an der Universität Wien, Professor Hans Molisch, ein Buch »Der Einfluß einer Pflanze auf die andere – Allelopathie«. Aber diese wissenschaftliche Arbeit geriet bei uns wieder in Vergessenheit. In Rußland dagegen ging man den geheimnisvollen Wechselbeziehungen der Pflanzen weiter nach. Vor allem Professor Tokin vom Institut für Mikrobiologie und Virologie in Kiew fand hochinteressante Einzelheiten heraus. Er prägte den Begriff der Phytonzide. Das sind verschiedene biologische Wirkstoffe, die von Pflanzen gebildet werden.

Phytonzide wirken auf die Lebensprozesse benachbarter Gewächse und kleiner Lebewesen anregend oder hemmend. Sie können Bakterien und Pilze töten, Insekten und Würmer vergiften, sie können aber auch Nachbarpflanzen zu besonders üppigem Wachstum anregen. Phytonzide bilden sich in Blättern und Früchten ebenso wie in Wurzeln. Sie werden in die Luft, ins Wasser oder in den Boden ausgeschieden und entfalten dort ihre unterschiedlichen Wirkungen. Albert von Haller, der in einer kleinen Broschüre wichtige Ergebnisse der russischen Forschung in deutscher Sprache zugänglich machte, nennt die Phytonzide »Ordnungskräfte«.

Wir können hier nur einen kurzen Blick hinter die Kulissen der Naturgesetze werfen. Wer sich näher mit diesen interessanten Forschungen beschäftigen möchte, der lese dazu die Spezialliteratur, die im Anhang dieses Buches aufgeführt ist. Einige Beispiele sollen dem biologischen Gärtner anschaulich vor Augen führen, wo diese geheimnisvollen, unsichtbaren Phytonzide sich in der täglichen Praxis bemerkbar machen:

Schnittblumen halten sich nicht in der Vase, wenn ein »Störenfried« in der Gemeinschaft auftaucht. Reseda zum Beispiel läßt andere Blüten schnell welken. In diesem Fall scheiden die Stiele Phytonzide aus, die auf die Nachbarn toxisch wirken. Ähnliches geschieht bei den Pflanzengemeinschaften im Garten. Tokin berichtet zum Beispiel von Versuchen, bei denen Veilchen und Roggen zusammen ausgesät wurden. Alle Veilchensamen gingen dabei auf. Sobald die Wissenschaftler aber das wohlriechende Blümchen zusammen mit Weizen aussäten, keimte kein einziges Veilchen. In diesem Fall fand die Verbreitung hemmender Substanzen in der Erde statt.

Auf der Ausscheidung bestimmter Phytonzide beruht sicher auch die Wirksamkeit der Studentenblumen (Tagetes) gegen die Wurzelälchen (Nematoden).

Diesmal waren es holländische Wissenschaftler von der landwirtschaftlichen Hochschule Wageningen, die herausfanden, daß die Wurzeln der Tagetes wasserlösliche Stoffe ausscheiden, die toxisch auf die Wurzelälchen wirken. Noch interessanter wurde diese Entdeckung, als man feststellte, daß die natürlichen Pflanzenwirkstoffe

Natürliche Nematodenfeinde: Wurzelausscheidungen der Tagetes, räuberischer Nematode und parasitäre Pilze.

ähnliche Verbindungen enthalten wie die Anti-Nematoden-Mittel der chemischen Industrie.

Dieser kurze Blick in die Forschung soll einem biologischen Gärtner zweierlei beweisen: Die Natur hält immer noch viele Überraschungen und unerforschte Zusammenhänge bereit. Daß wir sie noch nicht alle durchschauen, ist sicher kein Beweis dafür, daß es sie nicht gibt. Und zum anderen: Sehr oft bestätigen wissenschaftliche Untersuchungen Erfahrungen aus der Praxis erst viel später. Dabei kann der zeitliche Abstand Jahrzehnte oder sogar Jahrhunderte betragen. Wenn wir also hier Pflanzen als Gartenhelfer vorstellen und einordnen, dann haben diese Tips nichts mit nebulösem Aberglauben zu tun. Im Gegenteil: Sie sind konkrete Wirklichkeit, deren Geheimnisse manchmal erst in den brodelnden Dämpfen chemischer Retorten enthüllt werden. Für den Gartenalltag sind die wissenschaftlichen Hintergründe zwar aufschlußreich, aber noch wichtiger sind die praktischen Ergebnisse. Jeder Gärtner kann mit diesen Empfehlungen aus der Praxis experimentieren und seine eigenen Erkenntnisse hinzugewinnen. Aus der Tabelle S. 118 können Sie ablesen, welche Pflanzen in Ihrem Garten als »grüne Schutzengel« eingesetzt werden können.

Pflanzen helfen Pflanzen

Krankheit/Schädling	Abwehrende Pflanzen	Besonders wirksame Kombinationen
Ameisen	Lavendel, Rainfarn, Feldsalat	Rosen und Lavendel
Blutläuse, Blattläuse	Kapuzinerkresse, Lavendel, Bohnenkraut	Kapuzinerkresse unter Obstbäumen und neben Brokkoli, Rosen und Lavendel, Bohnen und Bohnenkraut
Erdflöhe	Wermut, Pfefferminze	–
Fliegen	Basilikum, Rainfarn, Nußbäume	Nußbaum am Sitzplatz
Kartoffelkäfer	Meerrettich, Taubnessel	–
Kohlweißling	Dill, Salbei, Rosmarin, Thymian, Pfefferminze, Beifuß, Tomaten	Kohl und Tomaten oder Kohl mit Kräuter-Randpflanzung
Mäuse, Wühlmäuse	Knoblauch, Kaiserkronen, Wolfsmilch, Hundszunge, Steinklee	Steinklee auf Baumscheiben, Kaiserkronen oder Wolfsmilch als schützende Randpflanzung
Mehltau (Echter M.)	Knoblauch (allgemein bakterizid und fungizid), Schnittlauch	einige Knoblauchpflanzen unter Obstbäumen, zwischen Erdbeeren und Rosen
Möhrenfliege	Zwiebeln, Salbei	Möhren und Zwiebeln
Nematoden (Wurzelälchen)	Tagetes (Studentenblumen, Sammetkäppchen), Ringelblumen	Teppich- oder Randpflanzen zu Rosen, Kartoffeln, Tomaten
Säulenrost, Johannisbeerrost	Wermut	Wermut zu Johannisbeersträuchern
Schnecken	Senfsaat, Zwiebeln, Knoblauch, Kapuzinerkresse, Salbei, Ysop, Thymian	Senf zu Dahlien und als Trennsaat zwischen Gemüsepflanzen
Zwiebelfliege	Möhren (Karotten)	Zwiebeln und Möhren

Unter den hilfreichen Pflanzen spielen die Kräuter mit ihren intensiven Wirkstoffen eine wichtige Rolle. Sie tauchen in der »Schutzengel-Tabelle« immer wieder auf. Mit echten »grünen Tips« helfen vor allem die Wildkräuter dem Gärtner auf die Sprünge. Sie sind beredte Zeugen der Bodenbeschaffenheit. Wer ein Grundstück kauft oder einen Garten pachtet, der sollte sich sehr genau die vorhandene Unkraut-Flora anschauen. Wo in einem kultivierten Garten plötzlich bestimmte Unkräuter wie eine Invasion auftauchen, da klagen sie oft unmißverständlich über Kulturfehler oder Nährstoffmangel. So können Ackerschachtelhalm, Ackerminze und Kriechender Hahnenfuß zum Beispiel auf schwere Bodenverdichtungen, aber auch auf Staunässe hinweisen. Vogelmiere und Brennessel verraten dagegen: wir wurzeln in gutem Humus! Die Tabelle S. 120/121 »übersetzt« die Zeichensprache der Pflanzen. Sie macht deutlich, was Zeigerpflanzen zeigen können.

Anzeiger für nährstoff- und humusreiche Böden.

1 Große Brennessel *(Urtica dioica)*
2 Ackerhellerkraut *(Thlaspi arvense)*
3 Franzosenkraut *(Galinsoga parviflora)*
4 Bingelkraut *(Mercurialis annua)*
5 Persischer Ehrenpreis *(Veronica persicum)*
6 Vogelmiere *(Stellaria media)*
7 Erdrauch *(Fumaria officinalis)*
8 Echte Kamille *(Matricaria chamomilla)*
9 Schwarzer Nachtschatten *(Solanum nigrum)*

Anzeiger für schwere, verdichtete Böden.

1 Mutterkraut *(Matricaria inodora)*
2 Kriechender Hahnenfuß *(Ranunculus repens)*
3 Löwenzahn *(Taraxacum officinale)*
4 Schlangenknöterich *(Polygonum bistorta)*
5 Ackerminze *(Mentha arvensis)*

Zeigerpflanzen

Bodenart/Bodenzustand	Charakteristische Wildkräuter, Leitpflanzen
Nährstoffreicher Boden (vor allem Stickstoff)	Weißer Gänsefuß, *Chenopodium album* Franzosenkraut, *Galinsoga parviflora* Ackerhellerkraut, *Thlaspi arvense* Schwarzer Nachtschatten, *Solanum nigrum* Große und Kleine Brennessel, *Urtica dioica* und *U. urens* Hirtschentäschel, *Capsella bursa-pastoris* Melde, *Atriplex patula* Erdrauch, *Fumaria officinalis* Bingelkraut, *Mercurialis annua*
Stickstoffarmer Boden	Besenginster, *Cytisus scoparius* Hornkraut, *Cerastium* Frühlings-Hungerblümchen, *Erophila verna* Mauerpfeffer, *Sedum acre* Ziest, *Stachys recta*
Magnesiumreicher Boden	Roter Fingerhut, *Digitalis purpurea* Gamander, *Teucrium* Stinkende Nieswurz, *Helleborus*
Kalireicher Boden	Roter Fingerhut, *Digitalis purpurea* Bärenklau, *Heracleum laciniatum*
Humusreichtum gute Bodengare	Vogelmiere (Sternmiere), *Stellaria media* Efeublättriger Ehrenpreis, *Veronica hederifolia* Persischer Ehrenpreis, *Veronica persica* Echte Kamille, *Matricaria chamomilla* Brennessel, *Urtica dioica* und *U. urens*
Garekranker Boden	Mutterkraut, *Matricaria inodora* Knöterich, *Polygonum* Quecke, *Agropyron*
Schwerer, verdichteter Boden (Lehm bis Ton)	Ackerschachtelhalm (Katzenschwanz, Zinnkraut), *Equisetum arvense* Löwenzahn, *Taraxacum officinale* Kriechender Hahnenfuß, *Ranunculus repens* Ackerminze, *Mentha arvensis*
Nasser Boden	Sumpfziest, *Stachys palustris* Kriechender Hahnenfuß, *Ranunculus repens* Ackerminze, *Mentha arvensis* Ampfer-Knöterich, *Polygonum lapathifolium* Beinwell, *Symphytum officiale*
Leichter, sandiger Boden	Klatschmohn, *Paver argemone* Königskerze, *Verbascum thapsus* Vogelfuß, *Ornithopus perpusillus* Vogelmiere, *Stellaria media* Hasenklee, *Trifolium arvense*

Bodenart/Bodenzustand	Charakteristische Wildkräuter, Leitpflanzen
Trockener Boden	Färberkamille, *Anthemis tinctoria* Graukresse, *Berteroa incana*
Lehmiger Boden (sandiger Lehm, lehmiger Sand)	Herbstzeitlose, *Colchicum autumnale* Kamille, *Matricaria chamomilla* Wilde Möhre, *Daucus carota* Löwenzahn, *Taraxacum officinale* Huflattich, *Tussilago farfara* Ehrenpreis, *Veronica persica* Bingelkraut, *Mercurialis annua* Flockenblume, *Centaurea scabiosa* Wiesenfuchsschwanz, *Alopecurus pratensis*
Salziger Boden	Stranddistel, *Eryngium maritimum* Löffelkraut, *Cochlearia officinalis* Salzbinse, *Juncus gerardi* Salzdreizack, *Triglochin maritima*
Saurer Boden	Hederich, *Raphanus raphanistrum* Stiefmütterchen, *Viola tricolor* Arznei-Ehrenpreis, *Veronica officinalis* Ackerziest, *Stachys arvensis* Stechpalme *Ilex aquifolium* Hohlzahn, *Galeopsis segetum*
Kalkarmer Boden	Stiefmütterchen, *Viola tricolor* Kleiner Ampfer, *Rumex acetosella* Bauernsenf, *Sinapsis arvense* Aufrechter Sauerklee, *Oxalis fontana* Adlerfarn, *Pteridium aquilinum* Hundskamille, *Anthemis arvensis* Dreiblättriger Ehrenpreis, *Veronica triphyllos* Feldspark, *Spergula arvensis*
Guter Kalkzustand des Bodens	Gamander, *Teucrium chamaedrys* Kleine Wolfsmilch, *Euphorbia exigua* Ringelblume, *Calendula officinalis* Leinkraut, *Linaria vulgaris* Wiesensalbei, *Salvia pratensis* Wegwarte, *Cichorium intybus* Löwenzahn, *Taraxacum officinale* Ackerglockenblume, *Campanula rapunculoides* Großer Wiesenknopf, *Sanguisorba minor* Acker-Gauchheil, *Anagallis arvensis*

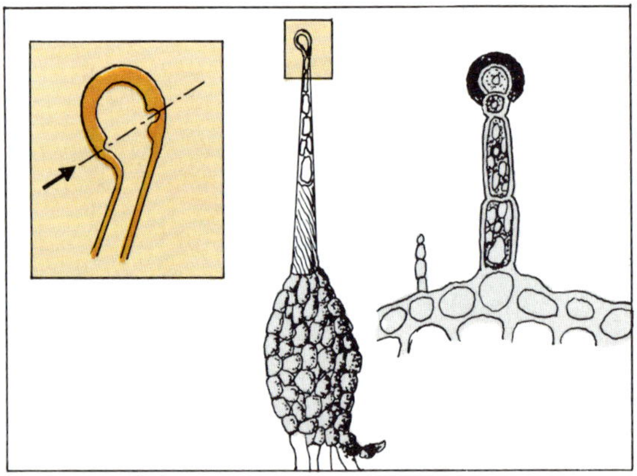

Das Brennesselhaar wirkt wie eine Injektionsspritze. Nach Abbrechen des Köpfchens tritt das Gift aus.

Als Helfer des Gärtners sind in diesem Kapitel nur »lebende Pflanzen« beschrieben. Sie stellen ihre Dienste an Ort und Stelle zur Verfügung, dort wo sie wachsen. Natürlich machen sich Pflanzen im biologischen Garten auch noch auf andere Weise nützlich: Sie werden als Jauche angesetzt oder als Spritzbrühe gegen Schädlinge. Besonders bekannt wurde der Brennessel-Kaltwasserauszug. Die Brennhaare des Nesselkrautes, die wie kleine Giftpfeile wirken, werden als Spritzmittel gegen die weichhäutigen Läuse eingesetzt. Aber diese »erste Hilfe mit Pflanzen« leitet schon über zum nächsten Kapitel. Dort geht es nicht mehr nur um Unterstützung sondern um direkte biologische Schädlings-Abwehr.

Biologische Mittel zur Schädlingsabwehr

Das Ziel jedes biologischen Gärtners bleibt es – auch in schwierigen Zeiten – das natürliche ökologische Gleichgewicht zwischen »schädlichen« und »nützlichen« Lebewesen zu bewahren oder wiederherzustellen. Mittel gegen »Schädlinge« dürfen nur als Notwehrmaßnahmen betrachtet werden. Deshalb sprechen wir im naturgemäßen Garten auch nicht von Schädlings-Bekämpfung, sondern von Schädlings-Abwehr. Es geht immer nur darum, Mitbewohner der Erde in ihre Schranken zu verweisen, wenn sie einmal »aus der Rolle fallen«.

In diesem Kapitel finden Sie auf zahlreichen Seiten eine Fülle praktischer Ratschläge. Dennoch sollte eigentlich in roten Buchstaben darüber stehen: Nur im Notfall aufschlagen und benutzen! Negative Maßnahmen, die Leben vernichten, dürfen nie zur Gewohnheit werden, selbst dann nicht, wenn sie unsere Ernten schützen sollen. Biologische Gärtner müssen sich mit dem Gedanken vertraut machen, daß letzten Endes nur positive Handlungen auch positive Folgen haben. Alles andere ist eine Illusion, eine schillernde Seifenblase aus der Trickkiste unserer Zivilisation, die eines Tages an der Härte der Realität zerplatzen wird.

Gärtner, die in stillen Stunden einmal in 60–100 Jahre alten Gartenzeitschriften blättern, werden sich wundern, wie wenig Raum damals die Fragen der Schädlings-Abwehr einnahmen. Der Grund dafür bestand sicher nicht in paradiesischen Zuständen. Aber die praktischen Tips zur Eindämmung von Schnecken, Raupen oder Läuseplagen, die man auch zu Urgroßvaters Zeiten an die Gärtner weitergab, bestanden größtenteils aus bewährten Hausmitteln.

Jeder konnte sie selber herstellen oder in der nächsten Drogerie besorgen. Ihre Wirksamkeit reichte offenbar aus, um den größten Teil der Ernte sicherzustellen. So wurden sie beide satt:

der Gärtner und ein überschaubarer Schädlingsbestand. Heute lebt von der »Schädlingsbekämpfung« eine ganze riesige Industrie. Vergessen Sie das nie, wenn Sie darüber nachdenken, ob »der Zweck die Mittel heilige« – oft füllt er nur die Kassen der Hersteller!

Die »Schädlinge«

Doch zurück zu den biologischen Schutz- und Abwehrmaßnahmen. Das Wort »Schädling« ist ein sehr umfassender und deshalb unklarer Begriff. Mit welchen Schäden und mit welchen Schädlingen haben wir es denn zu tun im Garten?

Pilze

Sie gehören zu den niederen Pflanzen, die ohne Chlorophyll leben. Sie bestehen aus fadenförmigen Zellen. Diese feinen, mit bloßem Auge erkennbaren Fäden nennt man das Pilz-Mycel. Pilze ernähren sich von toten oder lebenden organischen Substanzen. Sie wachsen mit ihren Fäden in das Gewebe hinein und entziehen ihm Nährstoffe. Zur Vermehrung – durch Sporen – benötigen sie viel Feuchtigkeit und Wärme. Im Boden spielt eine Vielzahl von Pilzarten eine außerordentlich wichtige Rolle bei den Abbauprozessen und bei der Humusbildung.

Oberirdisch können bestimmte Pilze aber große Schäden an den Kulturgewächsen anrichten. Sie gehören zu den Parasiten, die im Gewebe ihrer Wirtspflanzen wuchern und die Leitgefäße unterbrechen. Allerdings müssen dazu die »richtigen Verhältnisse« herrschen: stickiges Treibhausklima und weiches Pflanzengewebe, das vor allem durch übermäßige Stickstoffdüngung entsteht, begünstigen den Pilzbefall. Unter den 3000 bekannten Pilzkrankheiten sind dies die wichtigsten:

Bodenschadpilze befallen Zwiebeln, Knollen und Wurzeln. Gefährdet sind zum Beispiel Tulpen- und Gladiolenzwiebeln, Astern (Asternwelke), Kohlpflanzen (Schwarzbeinigkeit der Setzlinge, Umfallkrankheit, Kohlhernie).

Baumkrebs verursacht Schäden, die tief ins Gewebe hinein wuchern und den Saftfluß unterbrechen. Äste und Zweige, die oberhalb dieser Infektionsquellen wachsen, sterben mit der Zeit ab.

Blattflecken sind eine Pilzkrankheit, die Sellerie und Tomaten befällt. Auf den Blättern zeigen sich helle, bräunliche Flecken, die eintrocknen und ganze Pflanzenteile absterben lassen.

Grauschimmelpilze sind besonders stark verbreitet und in den Gärten sehr gefürchtet. Sie benötigen immer ausreichend Feuchtigkeit zu ihrer Entwicklung und gelten als typische »Schwächeparasiten«. Der deutlich erkennbare »graue Schimmel« auf den Blättern oder an anderen Pflanzenteilen schädigt Erdbeeren, Trauben, Salat, Gurken, aber auch Geranien und Alpenveilchen.

Kraut- und Knollenfäule trifft vor allem die Nachtschattengewächse Kartoffeln, Tomaten und Paprika. Das Kraut der Kartoffeln stirbt nach der Infektion ganz ab. Die Knollen faulen.

Rostkrankheiten weisen eine Besonderheit auf: Sie entstehen nur, wenn die Pilze zwei verschiedene Pflanzenarten vorfinden, die sie für ihre Vermehrung benötigen. Auf bestimmten Zwischenwirten entwickeln sich die Pilzsporen, die dann auf andere Pflanzen überwechseln und rostfarbige Flecken verursachen. Rosen, Bohnen und Johannisbeeren sind besonders gefährdet.

Echter und Falscher Mehltau gehören zu den am weitesten verbreiteten Pilzkrankheiten. Der Echte Mehltau entwickelt sich auch bei trockenem Wetter, der Falsche vor allem in nassen Sommern. An einem »mehligen« Blattbelag erkennt man den Echten Mehltau. Er trifft Rosen, Gurken, Erbsen, Obstbäume und Weinreben. Der Falsche Mehltau zeigt sich durch »mehligen« Belag unter den Blättern und weiß-gelbe Flecken auf der Oberseite. Gefährdet sind besonders Reben, aber auch Zwiebeln, Salat und Kohl.

Tiere

Sie bilden die größte Gruppe ungebetener Mitesser und umfassen mindestens einige hunderttausend Arten, die auf vielfältige Weise in das große ökologische System verstrickt sind. Meist haben sie »nützliche« und »schädliche« Funktionen zugleich. Ein Eingriff muß deshalb immer sehr sorgfältig überlegt werden. Die »Schadtiere« können in drei große Gruppen eingeteilt werden:

Insekten bringen es auf mindestens 1 Million Arten auf der Welt. Sie können sich sehr rasch vermehren und dadurch ganz plötzlich in Massen auftreten. Solche Plagen sind aber stark abhängig vom Klima, vom Nahrungsangebot und auch von der Anwesenheit ihrer natürlichen Feinde. Wer bei einer Masseninvasion von Läusen in Panik gerät, der muß wissen, daß die Nützlinge meist in einem Drei-Jahres-Rhythmus auftreten. Dabei werden sehr sinnreiche Gesetzmäßigkeiten wirksam: Im ersten Jahr vermehren sich bei starkem Schädlingsbefall auch die Nützlinge sehr rasch, weil sie sich hervorragend ernähren können. Im zweiten Jahr beherrschen die »guten Geister« den Garten. Dafür ist ihr Tisch aber weniger reichlich gedeckt als in »Schädlingszeiten«. Also vermehren sich die Nützlinge nicht mehr so üppig. Im dritten Jahr können die Schädlinge wieder »den Kopf heben«. Und dann beginnt das Schaukelspiel von neuem, vorausgesetzt, es hat niemand »dreingeschlagen« und die Gewichte verschoben.

Die Insekten »kränken« die Pflanzen des Gärtners durch Fraßschäden und durch Saugschäden. Sie durchlaufen verschiedene Entwicklungsstadien; deshalb fressen sie sich nicht nur als erwachsene Tiere sondern auch als Larven, Raupen und Maden durch den Garten. Da es aber in unseren Breiten fast nie vorkommt, daß sie ganze Bäume oder Gemüsebeete kahlfressen, hält sich der Schaden der Insekten meist in Grenzen. Vor allem dort, wo ihre Gegenspieler aktiv bleiben. Leider können Insekten aber beim Ansaugen der Pflanzen Viruskrankheiten übertragen.

Zu den »schädlichen« Insekten gehören die Läuse, Wanzen, Fliegen, Falter, Motten, Wespen, Mükken, Käfer, Ameisen und viele andere. Sie werden sie, soweit sie für den Gartenfreund von Bedeutung sind, in der großen Pflanzenschutztabelle wiederfinden.

Milben gehören nicht, wie viele Menschen glauben, zu den Insekten, sondern zu den Spinnentieren. Die meisten sind winzig klein, 0,1–0,5 Millimeter, und können nur mit einem Vergrößerungsglas genauer erkannt werden. Viele dieser Mini-Spinnentiere gefährden die Gewächse des Gartens überhaupt nicht. Einige Milbenarten schädigen die Pflanzen, weil sie den Saft aus den Blättern saugen. Diese werden gelb und sterben ab.

Besonders verbreitet ist die Rote Spinne, die Obstkulturen befällt. Die Kräuselmilbe gefährdet Pfirsiche, Reben und Erdbeeren, die Bohnen-Spinnmilbe die Gemüsebeete. Durch chemische Giftspritzungen werden die Feinde der Milben, die Raubmilben, meist radikal vernichtet, während die Schadmilben überleben und sich rasch wieder vermehren.

Nematoden sind winzige Fadenwürmer oder Älchen, die größtenteils im Boden leben. Sie spielen eine sehr nützliche Rolle bei der Humuslösung. Nur ganz wenige Nematodenarten befallen Pflanzen und schädigen die Wurzeln oder Stengel. Eine besondere Gruppe bildet Zysten; darin können die Eier und Larven, sicher verpackt, lange Zeiträume überleben. Die schützenden kleinen Paketchen werden an Wurzeln befestigt, oft an Unkräutern. Erst wenn in der Nähe wieder Pflanzen nach dem Geschmack der Älchen angebaut werden, erwachen die kleinen Schädlinge zu neuen, unerwünschten Aktivitäten. Fruchtwechsel, Mischkultur und Mulchdecken, die den Unkrautwuchs verhindern, gehören deshalb zu den vorbeugenden Maßnahmen gegen Nematoden. Älchen befallen vor allem Zierpflanzen wie Phlox und Chrysanthemen, aber auch Tomaten, Kartoffeln und Erdbeeren. Wurzeln, Stengel oder Blätter sterben ab.

Weichtiere können im Garten zur Plage werden. Zu den schädlichen Vertretern gehören die Nacktschnecken und die Gehäuseschnecken. Ihre unersättliche Freßlust ist jedem Gärtner bekannt. Sie werden bei den »Plagegeistern« auf Seite 131–134 ausführlich besprochen.

Wildlebende Säugetiere können gleichfalls im Garten Schaden anrichten. Sie kommen aber nicht überall vor. Hasen und Kaninchen machen allerdings manchen Gärtnern zu schaffen. Sie fressen Nelken, junges Gemüse und andere »Leckerbissen« ab. Ratten und Mäuse richten eher Schaden in den Wintervorräten als auf den Beeten an. Wühlmäuse gehören dagegen zu den wirklichen Schädlingen. Sie fressen Wurzeln, Rinde, Gemüse und Erdbeeren an. Auch sie werden im Abschnitt »Plagegeister« ausführlicher behandelt.

Bakterien und Viren

Sie gehören zu den winzigen Lebewesen, die mit bloßem Auge nicht erkennbar sind. Nur Elektronenmikroskope machen sie sichtbar. Die Bodenbakterien gehören mit ihren zahlreichen Arten zu den nützlichsten Lebewesen. Andere Bakterien verursachen bei Tieren und Menschen Krankheiten. Auch Pflanzen können von Bakterien infiziert werden. Die Folgen sind unter anderem Krebswucherungen und Fäulniserscheinungen. Bakterienkrankheiten sind zum Beispiel die Stengelfäule bei Kartoffeln und Mais und der Feuerbrand, der vor allem die Triebspitzen der Birnbäume absterben läßt. Es gibt keine wirksamen Spritzmittel gegen Bakterienkrankheiten!

Viren sind noch kleiner als die einzelligen Bakterien. Sie entwickeln sich in lebenden Zellen. Mißbildungen, Zwergwuchs und Farbwechsel der Blattadern zeigen oft an, daß eine Virusinfektion stattgefunden hat. Auch Gelbsucht und mosaikartige Flecken deuten auf die unsichtbaren Schädlinge in den Zellen. Pflanzen, die von einer Viruskrankheit befallen werden, kann man durch keine Spritzung retten.

Hilfsmittel in der Not

Kräuterjauche – Kräuterbrühe

Im biologischen Garten schießt man nicht mit Kanonen auf Spatzen. Die natürlichen Mittel erzielen auf weniger problematische Weise den gewünschten Erfolg. Sie sind außerdem, wenn man sie selber herstellt, sehr preiswert! Für das Ansetzen selbstgemachter Spritzmittel genügt ein 10-l-Eimer. Die Pflanzen für die hausgemachte Brühe können Sie selber sammeln oder sogar in einer Gartenecke halbwild wachsen lassen. Brennnesseln, Schachtelhalm und Rainfarn zählen ja zum Un-Kraut. Beinwell und Wermut gehören sogar in den Heilkräutergarten. Verwenden Sie von Brennessel, Schachtelhalm, Beinwell und Wermut das ganze Kraut mit Stengeln und Blättern vor der Blüte. Beim Rainfarn benutzen Sie die blühende Pflanze.

Getrocknete Kräuter bekommen Sie in Drogerien, Apotheken, Kräuterhäusern und im biologischen Spezialversand. Die in den Rezepten angegebenen Mengen können schwanken, da auch die Wirkstoffgehalte der Pflanzen nicht konstant sind. Probieren Sie soviel wie möglich selber aus!

Die Herstellung von **Kräuterjauche** ist im Dünger-Kapitel ausführlich beschrieben. **Kräutertee** erhalten Sie, wenn Sie die Pflanzen frisch oder getrocknet mit kochendem Wasser überbrühen und die Mischung einige Zeit ziehen lassen. Für die **Kräuterbrühe** weichen Sie die vorgeschriebene Pflanzenmenge 24 Stunden in Wasser (möglichst Regenwasser!) ein und kochen das Ganze dann etwa $\frac{1}{2}$ Stunde bei geringer Hitze. Die Brühe muß anschließend abkühlen und wird durchgesiebt. **Kräuterauszüge** werden mit frischen oder getrockneten Pflanzen in kaltem Wasser angesetzt. Sie dürfen höchstens 3 Tage lang stehen und nicht in Gärung übergehen.

Brennessel-Jauche wirkt als Insektenabwehr und stärkt die Widerstandskräfte der Pflanzen. 1 kg frische Brennesseln (die große oder die kleine Art) werden mit 10 l Wasser angesetzt. Von getrockneten Brennesseln genügen 100–200 g. Die vergorene Jauche muß 10fach verdünnt werden. Sie kann in den Wurzelbereich der Pflanzen, auf den Boden oder – stark verdünnt – über die Blätter gegossen werden.

Beißende Brennessel-Brühe wird in der gleichen Menge und Mischung angesetzt, darf aber nicht vergären. Dieser Kaltwasserauszug bleibt 12–24 Stunden stehen (allerhöchstens 3 Tage) und wird dann unverdünnt ausgespritzt. Er wirkt gegen Blattläuse.

Die »brennenden« Substanzen der Nessel gehen verloren, wenn die Brühe zu lange stehenbleibt.

Beinwell-Jauche (**»Comfrey«**) wird genau wie Brennessel-Jauche hergestellt und auch zum gleichen Zweck verwendet. Beide Pflanzen kann man ebenso wie die fertige Jauchebrühe mischen. Sie ergänzen sich mit ihren Wirkstoffen.

Ackerschachtelhalm-Brühe: Von diesem Kraut, auch Zinnkraut oder Katzenschwanz *(Equisetum arvense)* genannt, werden 1 kg frische oder 150 g getrocknete Pflanzen 24 Stunden in 10 l Wasser eingeweicht. Am nächsten Tag läßt man diese Brühe etwa $\frac{1}{2}$ Stunde lang leise kochen. Dann muß sie abkühlen und wird später durchgesiebt.

Vor dem Ausspritzen verdünnen Sie Ihre Schachtelhalm-Brühe mit der 5fachen Menge Wasser. Sie ist stark kieselsäurehaltig und wirkt vor allem vorbeugend gegen Pilzkrankheiten. Das Präparat stärkt die Pflanzen auch gegen Milbenbefall. Spritzen Sie Schachtelhalm bei trockenem Wetter, an sonnigen Tagen. Brennessel-Jauche und Schachtelhalm-Brühe können gemischt und gemeinsam versprüht werden. Sie können auch der Brennessel-Jauche eine Handvoll Katzenschwanzkraut hinzufügen.

Farnkraut-Jauche oder -Brühe: Dazu können Sie den Wurmfarn *(Dryopteris filix-mas)* und den Adlerfarn *(Pteridium aquilinum)* verwenden. Jeweils 1 kg frische oder 100 g trockene Pflanzen werden in 10 l Wasser angesetzt. Farnkraut-Jauche verwenden Sie unverdünnt als Winterspritzung. Sie wird direkt auf die Pflanzen oder Bäume gesprüht und hilft gegen Schild-, Schmier- und Blutläuse.

Adlerfarn-Jauche verdünnen Sie im Vorfrühling mit der 10fachen Menge Wasser und spritzen Sie dann gegen Blattläuse. Während des übrigen Jahres benutzen Sie diese Jauche unverdünnt. Sie wird auf die Pflanzen und auf den Boden verteilt und wirkt dann auch gegen Schnecken. Adlerfarn besitzt einen hohen Kaligehalt und kann deshalb bei Kalimangel als Nährstoffausgleich wirken. Gießen Sie diese Jauche auch auf den Kompost. Beide Farnkräuter können ebensogut als Brühe angesetzt werden.

Rainfarn-Brühe oder -Jauche: Der Rainfarn *(Tanacetum vulgare)* gehört nicht zu den Farnkräutern. Sein deutscher Name täuscht ein wenig. 300–500 g frische Pflanzen oder 30 g getrocknetes Kraut und 10 l Wasser werden entweder als Jauche, Brühe oder Tee angesetzt. Im Winter spritzen Sie diese Flüssigkeit unverdünnt auf die Pflanzen, im Sommer auf den Boden. Zur Nachblütenspritzung oder zur Herbstspritzung wird die Rainfarn-Brühe mit der 2fachen Menge Wasser verdünnt. Dieser Wildkräuterauszug wirkt allgemein gegen Ungeziefer, vor allem aber gegen Erdbeerblütenstecher, Erdbeermilben, Brombeermilben, Himbeerkäfer, Blattwespen, Rost und Mehltau.

Wenn Sie Rainfarn-Brühe mit Schachtelhalm-Tee mischen und noch 100 g Kochsalz hinzufügen, erhalten Sie ein Spritzmittel gegen die Blattfleckenkrankheit an Tomaten und Kartoffeln. Rainfarn wird im Volksmund auch Wurmfarn genannt, weil er als Hausmittel gegen Würmer Verwendung fand. Heute weiß man, daß das Kraut auch toxische Inhaltsstoffe hat und nicht ungefährlich ist. Achten Sie deshalb darauf, daß die Brühe nicht von Kindern getrunken wird.

Wermut-Jauche oder -Brühe stellen Sie aus 300–500 g frischem Kraut vom Wermut *(Artemisia absinthium)* oder 30 g getrockneter Droge und 10 l Wasser her. Im Frühling wird die Jauche unverdünnt gegen Blattläuse, Säulchenrost an Johannisbeeren, Brombeermilben, Raupen und Ameisen auf die Pflanzen gespritzt. Im Juni bis Juli wirkt der 3fach verdünnte Tee gegen Blattläuse und Apfelwickler. Im Herbst spritzen Sie die 2fach verdünnte Brühe gegen die Brombeermilben.

Tomaten-Auszug wird aus 2 Handvoll Blättern und ausgebrochenen Seitentrieben hergestellt. Zerdrücken Sie das frische Material und lassen Sie es in 2–3 l Wasser 3 Stunden ziehen. Dieser Pflanzenauszug wird alle 2 Tage mit der Gießkanne über die Kohlpflanzen gegossen zur Flugzeit der Kohlweißlinge. Er wirkt gegen die Schmetterlinge und die Raupen.

Knoblauch-Zwiebel-Jauche stellen Sie aus 500 g Zwiebeln und Knoblauch her, die mit 10 l Wasser angesetzt werden. Die vergorene Jauche wird 10fach verdünnt auf den Boden der Beete und auf Baumscheiben gegossen. Sie steigert die Abwehrkräfte gegen Pilzkrankheiten, vor allem bei Kartoffeln und Erdbeeren. Zwiebeln und Knoblauch können gemischt oder einzeln verwendet werden. Man kann auch noch die Blätter der schwarzen Johannisbeeren darunter mischen.

Zwiebelschalen-Brühe entsteht aus 20–50 g Schalen, die in 1 l Wasser 4–7 Tage durchziehen sollen. Diese Brühe spritzen Sie gegen Milben und gegen Pilzkrankheiten, wie zum Beispiel die Tomaten- und Kartoffelbraunfäule. Zwiebelschalen-Tee wirkt allgemein gegen Ungeziefer. Ein Teeaufguß aus 75 g gehackten Zwiebeln oder Knoblauchzehen und 10 l Wasser kann unverdünnt auf die Pflanzen und auf den Boden gespritzt werden. Er hilft gegen Erdbeermilben, andere Milben und Pilzkrankheiten. Bei allen Zwiebel- und Knoblauchpräparaten spielt wahrscheinlich der hohe Schwefelgehalt der Pflanzen eine entscheidende Rolle.

Quassia-Brühe setzen Sie mit 150 g Quassia-Bitterholz (aus der Apotheke) und 2 l Wasser an. Dann fügen Sie noch 2 l Schachtelhalm-Brühe hinzu und 10 l Wasser, in dem 250 g Schmierseife aufgelöst wurde. Diese Mischung kann vom Frühjahr bis zum Herbst unverdünnt auf die Pflanzen gespritzt werden. Sie wird gegen Blattläuse und andere tierische Schädlinge eingesetzt. Nur im Notfall verwenden! Das Mittel wirkt als Magen- und Ätzgift auf alle Insekten, also auch auf die nützlichen! Für Warmblütler ist Quassia ungiftig.

Schmierseifen-Lösung wird 2%ig angesetzt und gegen Läuse gespritzt. Achten Sie darauf, daß Sie in der Drogerie oder Apotheke reine Schmierseife erhalten.

Spiritus-Seifen-Lösung gewinnen Sie, wenn Sie 200 g Schmierseife in heißem Wasser auflösen und dann mit 10 l Wasser verdünnen. Fügen Sie noch 1/3 l Brennspiritus hinzu. Diese Mischung hilft gegen Läuse.

Schwefelleber-Seifen-Lösung wird hergestellt aus 50 g Schwefelleber (Hepar sulfuris, eine Mischung aus Netzschwefel, Pottasche und Kaliumkarbonat) und 10 l Wasser. Die Mischung wird gut durchgerührt und dann mit 3 l heißem Wasser vermischt, in dem 90 g Schmierseife aufgelöst wurde. Eventuell noch einmal mit 2–3 l Wasser verdünnen. Diese Brühe ist ein ungiftiges Mittel gegen Pilzbefall. Sie hilft gegen Schorf und Mehltau.

Wasserglas oder Natriumsilikat ist stark kieselsäurehaltig. Es wird in 0,5–2%iger Verdünnung angesetzt und für die Winterspritzung der Obstbäume verwendet. Im Sommer kann man die Lösung der vorbeugenden Pilzspritzung an Obstbäumen und Weinstöcken beimischen.

Theobaldsche Lösung wird zuerst in zwei Gefäßen angesetzt. Im ersten Eimer 1 kg Kalisalz (40%ig) in 3 l heißem Wasser auflösen und abkühlen lassen. Dann wird noch 100 g Natriumwasserglas in der Flüssigkeit verrührt. Im zweiten Eimer lösen Sie 1 kg gebrannten Kalk in 10 l Wasser auf. Schütten Sie dann diese »Kalkmilch« durch ein Tuch mit der Lösung des ersten Eimers zusammen und fügen Sie noch soviel Wasser hinzu, daß Sie zum Schluß 20 l Flüssigkeit haben.

Mit dieser Brühe spritzen Sie Ihre Obst- und Beerengehölze bis sie vor Nässe triefen. Die Flüssigkeit bildet, wenn sie trocknet, eine harte Hülle um die Knospen. Sie schützt so vor Vogelfraß.

Stäuben

Gesteinsmehl wird über die taufeuchten Pflanzen gestreut (nicht bei windigem oder regnerischem Wetter). Der feine Staub wirkt gegen Läuse und vorbeugend gegen Pilzerkrankungen. Diese Maßnahme sollte möglichst jede Woche wiederholt werden während der Hauptwachstumszeit. Ein Ring aus Steinmehl, um Gurken oder Salatpflanzen gestreut, hält Schnecken ab. Bei Regenwetter funktioniert diese Schädlingsabwehr allerdings nicht.

Algenkalk streut man gleichfalls über die Blätter der Pflanzen. Er fördert die Widerstandsfähigkeit gegen Insekten und Pilzerkrankungen, insbesondere gegen Schorf, Mehltau, Krautfäule, Kartoffelkäfer, Lauchmotte und Erdflöhe. Vorsicht: nicht bei kalkempfindlichen Gewächsen anwenden!

Holzasche stäubt man ähnlich wie Steinmehl morgens auf die taufeuchten Pflanzen. Sie wirkt gegen Läuse. Schnecken kann man mit einem Ring aus Holzasche rund um die Pflanzen abwehren. Die Asche ist kalkhaltig und deshalb nicht geeignet für Moorbeetpflanzen, wie zum Beispiel Azaleen und Hortensien.

Mechanische Abwehrmittel

Die mechanischen Mittel helfen mit, ganz bestimmte Schädlinge abzuwehren. Sie wirken sehr gezielt. Die meisten dieser Fangmethoden sind seit Generationen bekannt. Sie galten »im Zeichen des Fortschritts« als altmodisch, vielleicht auch deshalb, weil sie mit Arbeit verbunden sind. Im biologischen Garten weiß man wieder zu schätzen, daß Fallen, Netze und andere Mittel dieser Art keinerlei unerwünschte Nebenwirkungen haben!

Fallen stellt man vor allem auf, um Wühlmäuse zu fangen (siehe auch unter »Weitverbreitete Plagegeister«). Sie sind überall im Handel erhältlich. Zu den Fallen zählen aber auch im Boden eingegrabene Gläser, in denen man »wie früher« Käfer und vor allem Maulwurfsgrillen fängt, die sich aus diesen »Gruben« nicht mehr befreien können.

Auch die mit Bier gefüllten Schalen, in denen die Schnecken ertrinken, gehören zu den Tricks der Fallensteller. Feuchte Säcke, listig ausgelegte Bretter und ausgehöhlte Kartoffeln verwandeln sich ebenfalls in einen »Hinterhalt«, in dem sich Schnecken, Engerlinge und Tausendfüßler versammeln. Der Gärtner muß sie dann nur noch sammeln und – leider – umbringen. Sehr friedliche Menschen tragen sie fort – an Stellen, wo sie keinen Schaden anrichten.

Netze und Staniolstreifen sollen vor allem die Vögel von Obstbäumen und Beerensträuchern fernhalten. An die flatternden und blinkenden Bänder gewöhnen sich die Tiere aber schnell. Wirksamer sind Kunststoffnetze, die überall im Handel erhältlich sind.

Leimringe sind Fallen für diejenigen Insekten, die an Baumstämmen auf- und abkriechen (zum Beispiel Frostspanner). Sie sind im Fachhandel zu kaufen.

Kohlkragen können Sie selber herstellen. Runde Scheiben aus Teerpappe werden an einer Stelle bis zur Mitte aufgeschnitten und dann als »Kragen« um die Stengel der Kohlpflanzen gelegt. Die Kohlfliegen werden dadurch gehindert, ihre Eier am unteren Stengelteil abzulegen. Sie können die Stiele des Kohls auch mit Lehmbrei bestreichen. Der gehärtete Überzug hält die Kohlfliegen ebenfalls ab.

Zäune aus feinem Maschendraht rings um die Gemüsebeete halten die Hasen ab. Sie müssen mindestens 80 cm hoch sein, damit die Tiere sie nicht überspringen können. Spezielle Schneckenzäune schützen gegen diese gefräßigen Schädlinge. Gärten und Beete können damit eingefaßt werden (im Handel unter dem Namen »Bio-Fix-Schneckenzaun«, siehe Bezugsquellen).

Handarbeit kann im kleinen Garten viel dazu beitragen, Schädlinge in Grenzen zu halten. Sammeln Sie zum Beispiel Kartoffelkäfer oder Kohlweißlingsraupen regelmäßig ab. Wer rechtzeitig kranke Blätter (Mehltau) oder Früchte entfernt und vernichtet, schützt die Pflanzen vor Ansteckung. In früheren Jahrhunderten schüttelte man Bäume und andere Gewächse. Die Schädlinge fielen dann herunter und konnten gesammelt und vernichtet werden. Wer genug Zeit hat, der kann auch heute noch diese umweltfreundliche Methode anwenden. Zur Handarbeit gehört auch der Wasserschlauch, mit dessen kaltem Strahl Sie Läuse von Pflanzen abspritzen können. Bei einem geringen Läusebefall sollten Sie die Tiere zwischen den Fingern zerdrücken. So schonen Sie wenigstens andere Lebewesen.

Biologische Pflanzenschutzpräparate im Handel

Der naturgemäße Gartenbau hat inzwischen so viele Anhänger gefunden, daß es sich auch für den Handel lohnt, spezielle biologische Präparate herzustellen und zu verkaufen. Die wichtigsten Bezugsquellen finden Sie im Anhang dieses Buches. Die folgende Tabelle zeigt Ihnen eine Auswahl käuflicher Pflanzenschutzmittel.
Bedenken Sie aber bei der Anwendung dieser Präparate stets: Auch »natürliches« Gift bleibt ein Gift. Mittel wie zum Beispiel die Pyrethrum-Produkte sollten nur in Notfällen eingesetzt werden. Sie belasten zwar nicht die Umwelt, reißen aber doch Löcher ins Netz des ökologischen Systems.

Biologische Pflanzenschutzpräparate

Mittel	Bestandteile	Wirkung direkt oder vorbeugend
Bio-S Ledax-san Pilzvorbeuge	Kräuterpräparat, u.a. aus Brennesseln, Schachtelhalm und Zwiebelgewächsen, hinzu kommt Netzschwefel	allgemein gegen Pilzkrankheiten, besonders im Obstbau gegen Schorf
SPS	Wildkräuterpräparat, u.a. aus Hahnenfußgewächsen	vorbeugend gegen Pilz- und Viruskrankheiten
ECO-Erdbeerspritzmittel	Kieselpräparat	vorbeugend gegen Grauschimmel – Fruchtfäule bei Erdbeeren
Artanax	auf Phytonzid-Basis hergestellt aus Wildkräutern, Meeresalgen und Naturmineralien (u.a. Rainfarn, Zwiebelschalen, Meerrettich), wenig Netzschwefel	stärkt die Widerstandskraft der Pflanzen gegen Pilzerkrankungen und Schadinsekten, wirkt direkt gegen Mehltau, Schorf, Monilia, Rost, Braunfäule
Algifert-Spritzpulver Algifert-Flüssigextrakt	Konzentrat aus Nordmeeralgen, über 90 verschiedene Spurenelemente	stärkt die Widerstandskraft der Pflanzen gegen Pilz- und Viruserkrankungen, sowie gegen Schadinsekten aller Art
Buchenholz-Kohlengrieß	kalireiche Holzkohle	pilz- und fäulnishemmend
Polymaris universal	Flüssigdünger aus Nordmeeralgen, Heil- und Wildkräutern, organischen Düngemitteln	wirkt zellstärkend und gesundend, beugt Pilzerkrankungen und Schädlingsbefall vor

Mittel	Bestandteile	Wirkung direkt oder vorbeugend
Eco-min	Silizium, Spurenelemente, verschiedene Naturmineralien	vorbeugend gegen Pilzerkrankungen und Schadinsekten, ausgenommen Moorbeetgewächse
Bio Blatt Spritzmittel	pflanzliches Pflegeöl aus Sojabohnen	stärkt die Widerstandskraft gegen Pilzerkrankungen, wirkt direkt gegen Echten Mehltau an Rosen und anderen Zierpflanzen; zugelassen von der Biologischen Bundesanstalt
Equisan Schachtelhalm-Extrakt	Schachtelhalm	stärkt die Widerstandskraft gegen Pilzerkrankungen
Tannalgin	flüssiges Konzentrat aus Algen und Kräutern	vorbeugend gegen Pilzkrankheiten und Schadinsekten bei Koniferen, Rhododendren und anderen Immergrünen, auch im Gemüse- und Obstbau
Bio Gemüse Streumittel	Kiesel-Kräuterpräparat	allgemein zur Stärkung der Widerstandskraft gegen Krankheiten
Etermut	ätherische Duftstoffe verschiedener Wildkräuter, auf Phytonzid-Basis	Abwehr der Möhrenfliege
ECO-Ameisenspritzmittel	auf Kräuter- und auf Phytonzid-Wirkstoff-Basis	Vertreibung (keine Ausrottung) von Ameisen
Spruzit-Gartenspray Spruzit flüssig Ledax-wg Insektenschutz	Pyrethrum-Blütenextrakt (Nervengift für Kaltblüter und Insekten)	vernichtet Läuse aller Art, weiße Fliege, Spinnmilben, Fraßkäfer, Larven, Raupen, Erdflöhe
Spruzit-Staub	Pyrethrum-Blütenextrakt	direkte, schnelle Vernichtung von Kartoffelkäferlarven, Erdflöhen, Läusen an Gemüsekulturen
Parexan	Pyrethrum-Blütenextrakt	Kontakt- und Fraßgift, vernichtet Thrips, Kartoffelkäfer, Blattläuse, Kohlweißlinge, Frostspanner
Bio-Myctan	Pyrethrum-Blütenextrakt, Schwefel	kombiniertes Mittel gegen Schildläuse und Schadinsekten, sowie gegen Mehltau
Dipel	Bakterienpräparat (Bacillus thuringiensis), in Pulverform	gegen Raupen, vor allem Kohlweißling, Frostspanner, Gespinstmotte
Quiritox	Pflanzenwurzeln, Johannisbrot, Cumarin	gegen Wühlmäuse, schmerzlos
Kirschfliegenfalle	Leimfolien mit gelber Lockfarbe	gegen Kirschfliegen

Mittel	Bestandteile	Wirkung direkt oder vorbeugend
Preicobakt Bio-Baumanstrich Rindenkräftigung	pflanzlich-mineralische Natursubstanzen, u.a. natürliche kieselsaure Salze, Tonerden, Pflanzendrogen	vorbeugende Obstbaum- und Beerensträucherpflege, Schutz vor Kaninchen und Knospenfraß, vorbeugend gegen Schädlinge und Frostrisse
Rosenstärkung	Heilpflanzen, Meeresalgen, Hefen, Reifekompost, organische Düngemittel	allgemeine Stärkung der Widerstandskraft
Wurzelstärkung	Wildkräuterauszüge, Knoblauch, Zwiebeln	erhöht Widerstandskraft gegen Pilzinfektionen, fördert Wurzelbildung
Promanal	Weißöl (Mineralöl)	Winterspritzung gegen San-José-Schildlaus, Rote Spinne, Blut- und Schildläuse, Gespinstmotte, Frostspanner, Sitka-Fichtenlaus

Biologische Maßnahmen gegen weitverbreitete Plagegeister

Unter den kleinen Plagegeistern, die selbst einem gutwilligen Gärtner das Leben manchmal zur »grünen Hölle« machen können, gibt es einige, die besonders weitverbreitet sind. »Was machen Sie gegen Schnecken?« oder: »Wissen Sie, wie man die Wühlmäuse wieder los wird?«. Diese hilfesuchenden Fragen gehören beinahe überall zu den Standardgesprächen am Gartenzaun. Im Laufe der Zeiten wurden gegen diese hartnäckigen Mitbewohner im Gemüse- und Blumenparadies die verschiedensten Mittel erprobt. Ihre Wirksamkeit ist sicherlich auch von wechselnden Gartensituationen abhängig. Oft hilft eine Kombination mehrerer Präparate am besten. Sie müssen deshalb selber ausprobieren, womit Sie die größten Erfolge erzielen. Um Ihnen das Herumfragen und Suchen zu erleichtern, finden Sie in der folgenden Übersicht die Mittel gegen die drei großen Gartenplagen auf einen Blick.

Blattläuse

Sie überwintern in ihren Eiern in Rindenritzen und an mehrjährigen Pflanzen. Es gibt verschiedene Arten. Durch ihre Saugtätigkeit entziehen sie den Pflanzen Nährstoffe. Ihre zuckerhaltigen Ausscheidungen locken Ameisen an und einen Pilz, der dann den schwarzen Rußtau auf den Blättern bildet. Blattläuse übertragen auch Viruskrankheiten!

Vorbeugung: Gesunde, ausgewogene Ernährung der Gartenpflanzen, günstiger Standort, regelmäßige biologische Bodenpflege, Mischkultur. Überdüngte Pflanzen mit aufgetriebenem, weichem Gewebe sind besonders anfällig für Läusebefall. Aber auch schlechternährte »Kümmerlinge« sind gefährdet.

Natürliche Feinde: Marienkäfer, Schwebfliegen, Florfliegen, Schlupfwespen, Ohrwürmer, Raubwanzen.

Sanfte Abwehr: Den Boden öfters lockern, kräftig gießen, die Tiere ablesen und zerdrücken oder befallene Blätter und Triebe ausknipsen. Eventuell mit scharfem Wasserstrahl abspritzen. Brennessel-Jauche oder flüssige Algendünger stärken die Abwehrkräfte.

Als natürliche Spritz- und Stäubemittel wirken: Algenstaub, Asche, Gesteinsmehl sowie Spritzbrühen aus Brennesseln, Rainfarn- oder Zwiebelschalen-Tee. Auch Quassiaholz- oder Schmierseifen-Brühe können eingesetzt werden.

Harte Notwehr: Pyrethrum-Mittel.

Wühlmäuse

Man nennt sie auch Schermäuse, Erdratten und Wühlratten. Die Tiere werden 12–20 cm groß, haben eine gedrungene Kopfform und einen bis zu 10 cm langen Schwanz. Die Ohren sind fast im Fell verborgen. Das Haarkleid ist dunkelbraun bis gelbbraun gefärbt. Damit Sie die Wühlmaus nicht mit dem Maulwurf verwechseln, hier noch einige Unterschiedsmerkmale:
Die Wühlmaushügel haben eine flachere Form als die Maulwurfshügel. Die Gänge der »Erdratte« besitzen glatte Wände ohne Wurzelreste, sie verlaufen gerade, ihr Durchmesser ist oval und gleicht einem stehenden Ei. In den Maulwurfgängen hängen Wurzelreste, sie sind meist rundlich geformt, selten queroval, sie verlaufen in Biegungen oder Zickzacklinien. Wühlmausgänge werden von den Tieren immer nach außen verschlossen.
Die schädlichen Nager können in manchen Gegenden zu einer wahren Plage werden. Sie fressen die Wurzeln von Gemüsepflanzen und Obstgewächsen und nagen die Rinde von Obstbäumen und Rosen an. Wühlmäuse gehören auch zu den Überträgern von Infektionskrankheiten.
Vorbeugung: Mulchdecken in gefährdeten Gärten sorgfältig kontrollieren und möglichst flach halten.
Natürliche Feinde: Greifvögel, Waldkauz, Schleiereule, Wiesel, Iltis, Hauskatzen.
Sanfte Abwehr: Rund um den Garten oder um gefährdete Stellen Pflanzen setzen, die die Nager mit der empfindlichen Nase »nicht riechen können«: Kaiserkronen *(Fritillaria imperialis)*, Knoblauch, Wolfsmilch *(Euphorbia lathyris)*, Hundszunge *(Cynoglossum officinale)*, Schwarze Johannisbeeren.
In die Gänge Substanzen legen, die einen abschreckenden Geruch ausströmen: Thujazweige, Nußbaumblätter, Knoblauchzehen, Fischköpfe.
Flaschen schräg in die Erde eingraben. Darin erzeugt der Wind einen Pfeifton, der den feinen Ohren der Wühlmäuse unangenehm ist.
Harte Notwehr: Fallen aufstellen, die man in verschiedenen Ausführungen im Handel kaufen kann. Gehen Sie beim Aufstellen vorsichtig ans Werk, denn Wühlmäuse sind kluge Tiere, die empfindlich auf Menschengeruch reagieren. Sie sind bei der geringsten Witterung gewarnt. Ziehen Sie deshalb Handschuhe an oder reiben Sie Ihre Hände mit Erde ein.
Pflanzliche Giftköder auslegen, zum Beispiel Quiritox. Das Cumarin, das in diesem Mittel enthalten ist, verhindert die Blutgerinnung. Die Wühlmäuse sterben schmerzlos; sie verwesen nicht, sondern mumifizieren. Für andere Tiere, die sie finden, bedeuten sie keine Gefahr.
Die früher angewendeten Radikalkuren, wie zum Beispiel die Abgase eines Zweirades in die Gänge zu lenken oder Mineralöl hineinzuschütten, verbieten sich in einem naturgemäßen Garten von selbst. Diese Umweltverseuchung steht in keinem Verhältnis zur Wühlmausvertreibung.
Versuchen Sie mit den vorher beschriebenen Mitteln möglichst gemeinsam mit Ihren Nachbarn gegen die gefräßigen Nager vorzugehen. Sonst wandern die Tiere aus den angrenzenden Gärten später wieder zurück.

Schnecken

Es gibt sie in vielen Variationen. Im Garten plagen uns vor allem die Nacktschnecken. Zu ihnen gehören die großen roten, schwarzen oder braunen Wegschnecken und die kleinen weißgrauen, schwarzen oder braunen Nacktschnecken. Diese gefräßigen Tiere können sich in nassen Jahren massenhaft vermehren und großen Schaden anrichten. Nachts und bei Regenwetter gehen sie auf Nahrungssuche. Sie fressen vor allem Jungpflanzen und zarte Triebe ab. Salat, Dahlien, Tagetes und Saatbeete sind besonders gefährdet. Die Schleimspuren verraten den Weg der Schnekken. Gehäuseschnecken gehören eher zu den Nützlingen. Sie fressen vor allem Verfaulendes und die Eigelege der Nacktschnecken!
Vorbeugung: Schneckenabwehrende Pflanzen als

Zwischensaaten oder Bodendecke, zum Beispiel Senf, Kapuzinerkresse, Farn- und Tomatenblätter.
Der Schneckenzaun (»Bio-Fix«) ist eine Schweizer Erfindung. Er besteht aus verzinkten Blechen, deren Oberkante ein besonders gebogenes Profil besitzt. Diese Kanten können die Schnecken nicht übersteigen. Mit einem solchen Zaun können gefährdete Kulturen oder ganze Gärten eingefriedet werden. Eine gute Hilfe für Grundstücke, die an feuchte Wiesen oder Waldränder grenzen.
Eine deutsche Variante ist der »emca-Schneckenzaun«. Er besteht aus Plastikbändern, in die zwei dünne Drähte eingelassen sind. Eine kleine Batterie setzt sie unter schwachen Strom. Die Schnekken reagieren auf die Berührung wie die Kühe auf den elektrischen Weidezaun: Sie gehen dem unangenehmen Stromstoß aus dem Weg. Mit diesem Plastikzaun können Beete oder größere Gartenstücke eingefaßt werden.
Aus trockenem Sägemehl oder aus scharfem Sand können Sie Abwehrstreifen um besonders gefährdete Pflanzen auslegen.
Natürliche Feinde: Igel, Kröten, Blindschleichen, Eidechsen, Laufkäfer, Spitzmäuse, Vögel.
Mehr oder weniger harte Notwehr: Der Schnekkenfang ist fast immer eine ebenso unappetitliche wie grausame Angelegenheit.
Streuen Sie Kalk, Gesteinsmehl oder Holzasche rings um gefährdete Kulturen. Diese Methode hilft allerdings nur bei trockenem Wetter.
Stellen Sie Fallen. Holzbretter, feuchte Säcke, große Gemüseblätter, ausgehöhlte Pampelmusen oder Gurken und umgestülpte Salatköpfe eignen sich dazu. Unter diesen Ködern verkriechen sich die feuchtigkeitsliebenden Tiere am Tag. Sie können sie dort in großen Mengen einsammeln. Anschließend wird es allerdings schwierig. Wenn die Aktion einen Sinn haben soll, müssen die Tiere nun umgebracht werden. Manche »Praktiker« empfehlen, sie mit einer Schere oder einem scharfen Messer zu zerschneiden. Ich finde, diese Methode ist eines naturfreundlichen Gärtners un-

Der »Bio-Fix«-Schneckenzaun kann als Frühbeetumrandung dienen und empfindliche Aussaaten schützen.

Ein Schneckenzaun schützt einen kleinen Gemüsegarten. Die Spezial-Umrandung ist jahrelang haltbar.

würdig! Dies ist brutaler Mord, und man sollte das Gemetzel nicht mit »biologischem« Mäntelchen verbrämen. Das Überstreuen mit Salz ist mindestens ebenso grausam. Die Tiere lösen sich dabei qualvoll langsam auf. Bleibt nur noch das Überbrühen mit kochendem Wasser. Dabei tritt der Tod wenigstens schnell ein.
Es soll aber auch Menschen geben, die sich die Mühe machen, ein Eimerchen voll Schnecken zum

nächsten Wald- oder Wiesenstück zu tragen und dort auszuleeren. Ich berichte darüber ganz bewußt an dieser Stelle. Auf Europäer, die gewohnt sind, »zweckmäßig« zu denken, mag diese kleine Rettungshandlung lächerlich oder doch zumindest übertrieben wirken. Für einen Buddhisten wäre sie dagegen die einzige akzeptable Möglichkeit. Denn für ihn gibt es keinen Unterschied zwischen einem kleinen oder einem großen Mord. Denken Sie als Natur-Gärtner zumindest einmal darüber nach!

Ebenerdig eingegrabene Joghurtbecher, gefüllt mit Bier, dienen als wirksame Schneckenfallen.

Bierfallen nehmen Ihnen wenigstens das eigenhändige Umbringen ab. Graben Sie Blumenuntersetzer oder Joghurtbecher ebenerdig in die Beete ein. Sie werden am Abend mit frischem Bier gefüllt. Schnecken aller Größen werden von diesem Hopfen- und Malzduft wie magisch angezogen. Sie ertrinken im Bier.
Im Handel wird die geschickt konstruierte »Ex-Arion-Schneckenfalle« angeboten. Sie funktioniert nach dem gleichen Prinzip wie ein simpler Becher, ist aber durch ein Dach geschützt. So können Regengüsse den »Todestrunk« nicht verwässern. Alle Bierfallen müssen regelmäßig kontrolliert und gesäubert werden. Kippen Sie den Inhalt auf den Kompost.

Schneckenbrühe wird aus den mit heißem Wasser übergossenen Tieren hergestellt. Die Flüssigkeit bleibt 3–4 Tage stehen, wird dann abgesiebt und mit der Gießkanne über die Beete gebraust. Der Extrakt aus den toten Tierleibern wirkt abschreckend auf alle Artgenossen.
Enten können, wenn sie abgerichtet sind, die natürlichste Schneckendezimierung betreiben: sie fressen sie auf. Geeignet sind dafür vor allem die indischen Laufenten. Jungpflanzen und Saatbeete muß man allerdings vor ihnen schützen. Größere Gewächse sind durch Entenschnäbel nicht mehr gefährdet. Wer Laufenten als »Schneckenpolizei« einsetzen möchte, der muß ihnen ein flaches Wasserbecken und einen schützenden Unterstand im Winter zur Verfügung stellen. Die Tiere sollen wenigstens zu zweit gehalten werden. Sie erreichen ein Alter von 15–20 Jahren und vertragen sich mit anderen Haustieren.
Gegen die wichtigsten Plagegeister haben Sie nun eine Fülle abwehrender Mittel kennengelernt. Sie können auswählen, welche Ihrer Mentalität und Ihren Gartenverhältnissen am meisten entgegenkommen. Aber damit sind natürlich noch nicht alle Probleme gelöst. Die folgende Tabelle soll Ihnen in kurzer, übersichtlicher Form Antworten auf die immer wieder gestellten Fragen geben: Welcher Schädling, welche Krankheit ist das? Was kann ich dagegen tun? Welche Präparate kann ich kaufen, welche selber herstellen?
Dies ist der Versuch, die Mittel der biologischen Schädlingsabwehr einmal »auf einen Blick« übersichtlich darzustellen. Gleichzeitig soll die Tabelle Ihnen auch helfen bei der Erkennung der wichtigsten Krankheitsbilder und Schädlinge. Viele Fragen, die in der täglichen grünen Alltagspraxis auftauchen, können Sie mit Hilfe dieser systematischen Pflanzenschutz-Beschreibung hoffentlich selbst beantworten. Sie soll Ihnen vor allem das Suchen und Herumblättern in weitverstreuten Einzeldarstellungen ersparen. Denn wenn es einmal brennt, braucht auch ein Bio-Gärtner schnelle Hilfe!

Biologischer Pflanzen-Schutz

Krankheit oder Schädling	Daran erkennen Sie den Schaden	Besonders gefährdete Pflanzen	Vorbeugende Schutz-Maßnahmen	Hausgemachter Pflanzen-Schutz	Biologische Pflanzenschutz-Präparate im Handel	Anwendung
Älchen oder Fadenwürmer (Nematoden) 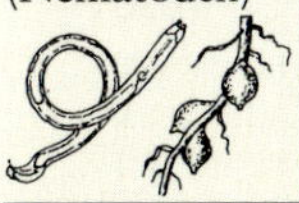	Abgestorbene Wurzeln; Mißbildungen an Stengeln, Wurzeln und Blättern.	Zierpflanzen, Kartoffeln, Tomaten, Erdbeeren	Mischkulturen, Mulchen, kein Unkraut wuchern lassen.	Studentenblumen *(Tagetes)* und Ringelblumen *(Calendula)* pflanzen.	Sperling's Gartendoktor (biologische Bodendesinfektion)	*Tagetes* und Gartendoktor können gezielt bei Befall eingesetzt werden.
Ameisen (Rasen- und Holzameisen) 	Abgebissene Wurzeln und Stengel, ausgegrabene Samen, vermehrte Blattlauskolonien.	—	Lavendel, Majoran und Thymianpflanzen; mit Tomatenblättern und Farnkrautmulchen.	Pflanzenjauche sprühen, Algenkalk stäuben, Fallen mit Honigwasser aufstellen, heißes Wasser auf die Nester gießen.	ECO-Ameisen-streumittel (Vertreibung, keine Ausrottung!); Spruzit-Präparate	Nur wenn Ameisen durch starke Vermehrung lästig werden. Sie erfüllen auch nütz liche Aufgaben!
Asseln 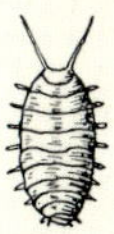	Fraßlöcher an Blättern, Stengeln und Wurzeln; abgenagte Keimlinge.	Keimende Saat	Spitzmäuse schonen, nichts Faulendes liegenlassen, Gesteinsmehl stäuben.	Fallen stellen: ausgehöhlte Kartoffeln, Bretter, feuchte Säcke.	Pyrethrum-Mittel	Nur in Notfällen spritzen!
Blattflecken-Krankheit 	Pilzerkrankung: helle bis bräunliche Flecken, die eintrocknen; Blätter sterben ab.	Sellerie, Tomaten, Chrysanthemen	Mischkultur; Baldrianblüten-Extrakt oder Zwiebelschalen-Tee spritzen.	Tomaten mit Magermilch spritzen, Schachtelhalm-Tee drei Tage hintereinander sprühen, kranke Blätter und Pflanzen verbrennen.	Bio-S; Ledax-San	Alle Spritzungen mehrfach wiederholen; Schachtelhalm bei feuchtem Wetter anwenden.

Blattläuse 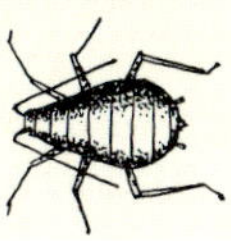 siehe »Biologische Maßnahmen gegen weitverbreitete Plagegeister«, S. 131

Krankheit oder Schädling	Daran erkennen Sie den Schaden	Besonders gefährdete Pflanzen	Vorbeugende Schutz-Maßnahmen	Hausgemachter Pflanzen-Schutz	Biologische Pflanzenschutz-Präparate im Handel	Anwendung
Blutläuse 	Unter wollig-weißen Wachsausscheidungen versteckte braune Läuse; beim Zerdrücken tritt ein braunroter Saft heraus. Rindenschäden und Wucherungen.	Apfelbäume, seltener Birne, Weißdorn, Rosen, Ulmen	Wahl widerstandsfähiger Sorten; Schlupf- und Zehrwespen schonen! Kapuzinerkresse auf Baumscheiben säen.	Abbürsten der Rinde, kranke Zweige ausschneiden, Farnextrakt oder Schmierseifen-Spirituslösung spritzen	Preicobakt, Bio-Baumanstrich, Rindenkräftigung oder Ledaxstamm; Winterspritzung mit Promanal	Öl vor dem Öffnen der Knospen spritzen, dabei auf Bienen Rücksicht nehmen!
Drahtwürmer (Larven der Schnellkäfer) 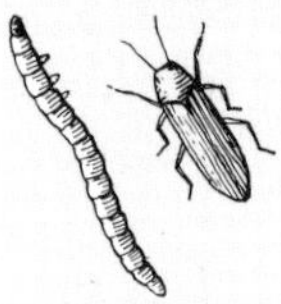	Abgefressene Wurzeln und junge Pflanzen, Fraßlöcher in Möhren und Kartoffeln.	Salat	Natürliche Feinde schonen: Maulwurf, Kröten, Spitzmäuse, Laufkäfer, Vögel; Boden locker halten.	Fallen auslegen: halbierte Kartoffeln oder Möhren; Salat als Fangpflanzen setzen.	—	Wenn die Salatpflanzen welken, vorsichtig ausgraben und Drahtwürmer fangen.
Engerlinge (Larven des Maikäfers) 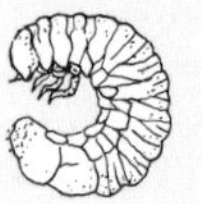	Abgefressene Wurzeln.	Salat, Erdbeeren, Rosen	Natürliche Feinde schonen: Stare, Spatzen, Igel, Maulwurf, Spitzmaus; Boden öfter hacken und locker halten.	Knoblauch als Zwischenfrucht pflanzen; Salat als Lockpflanze verwenden.	—	Drei Jahre lebt der Engerling im Boden, im vierten Jahr fliegt der Maikäfer aus. Er tritt nicht mehr in Massen auf.
Erbsenwickler 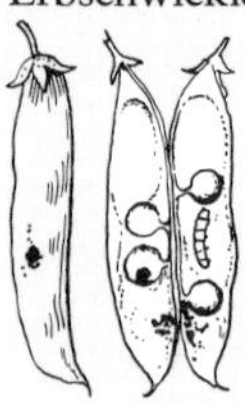	Angebohrte Früchte, Kothäufchen in den Schoten, zerfressene Samen.	Erbsen und Bohnen	Der Flugzeit (Mai bis Juni) ausweichen durch frühe oder späte Aussaat; Mischkultur mit Tomaten.	Algenkalk streuen.	Pyrethrum- oder Rotenon-Mittel	Abends spritzen, zweimal gegen Ende der Blütezeit.

Krankheit oder Schädling	Daran erkennen Sie den Schaden	Besonders gefährdete Pflanzen	Vorbeugende Schutz-Maßnahmen	Hausgemachter Pflanzen-Schutz	Biologische Pflanzenschutz-Präparate im Handel	Anwendung
Erdbeerblütenstecher 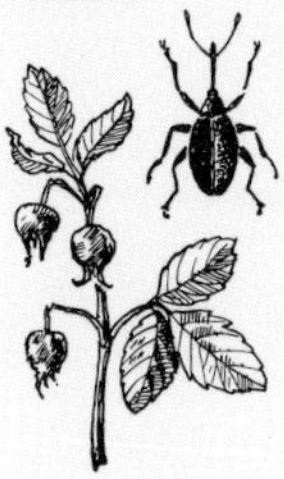	Blütenknospen vertrocknen und fallen ab.	Erdbeeren, Himbeeren, Brombeeren, Rosen	Mulchen, im Frühling mit Farnkraut.	Kranke Knospen entfernen, Rainfarn-Tee spritzen.	Pyrethrum-Präparate spritzen.	Rainfarn-Tee nach der Ernte auf Pflanzen und Boden sprühen; Handelspräparate sofort einsetzen, wenn der Schaden sichtbar wird.
Erdflöhe 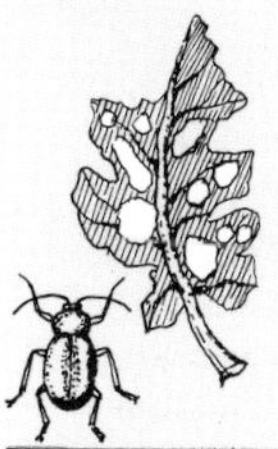	Löcher in den Blättern.	Kreuzblütler: Kohl, Kohlrabi, Radieschen, Rettiche	Boden feucht halten (bei Trockenheit beste Erdflohvermehrung!), Mulchen; Mischkulturen mit Salat und Spinat.	Wermut- oder Rainfarn-Brühe spritzen, Algenkalk oder Gesteinsmehl ausstreuen.	Parexan oder Spruzit spritzen.	Kräuterspritzungen zweimal wöchentlich bei Befall; die Rotenon-Mittel nur im Notfall.
Gespinstmotte 	Fraßschäden an Knospen und Blättern; Gespinste an den Blättern, in denen es von Räupchen wimmelt.	Apfel-, Quitten- und Pflaumenbäume	Vögel im Garten ansiedeln, Schlupfwespen schonen; Weißdorn anpflanzen, er zieht die Gespinstmotte an.	Gespinste herausschneiden, Raupen abschütteln; mit scharfem Wasserstrahl spritzen, mit Schmierseifen-Spritus-Lösung spritzen.	Preicobakt, Bio-Baumanstrich, Rindenkräftigung oder Ledaxstamm auf die Stämme streichen; Promanal spritzen; Bacillus-thuringiensis-Präparate.	Preicobakt im Herbst und Frühling anwenden; Promanal, bevor sich die Knospen öffnen; Bacillus-thuringiensis-Präparate bei akutem Befall.
Gitterrost 	Pilzerkrankung: orangegelbe Flecken auf den Blättern, im Herbst kleine Höcker mit faserigen »Gittern«.	Birnbäume (Zwischenwirte des Pilzes sind Zierwacholder!)	Wacholder im Garten beobachten, Spindel- oder keulenförmige Verdickungen herausschneiden.	—	Wacholder und und Birnen bei Befall mit Bio-S oder Ledax-san spritzen.	Spritzungen nach 10–14 Tagen wiederholen.

Krankheit oder Schädling	Daran erkennen Sie den Schaden	Besonders gefährdete Pflanzen	Vorbeugende Schutz-Maßnahmen	Hausgemachter Pflanzen-Schutz	Biologische Pflanzenschutz-Präparate im Handel	Anwendung
Grauschimmel 	Grauer Schimmelbelag auf Blättern und Früchten; das Gewebe stirbt ab, es entstehen rotbraune Flecken.	Trauben, Erdbeeren, Himbeeren, Salat, Gurken, Geranien, Gladiolen, Tulpen	Besondere Gefahr besteht in nassen Jahren; schwache Pflanzen werden zuerst befallen. Regelmäßige Bodenbearbeitung, luftiger Stand, Mulchen, gesunde Sortenwahl, Überdüngung vermeiden.	Mit Schachtelhalm-Jauche und Brennnessel-Jauche gießen; Knoblauch als Zwischenkultur; kranke Pflanzenteile vernichten.	Algenpräparate, Bio-S, Bio-Blatt, Pilzvorbeuge oder Ledax-san spritzen.	Am besten vorbeugend!
Johannisbeerrost oder Säulchenrost 	Pilzkrankheit: Zwischenwirte sind Kiefern, die dann blasige, orangefarbene Pusteln bekommen; an den Johannisbeerblättern bilden sich an der Blattunterseite ebenfalls gelbe Flecken und Pusteln, die Blätter fallen ab.	Schwarze Johannisbeeren, Stachelbeeren	Die Nachbarschaft von Kiefern meiden, Wermut als Nachbarpflanze.	Schachtelhalm-Tee und Wermut-Brühe spritzen.	Bio-S, Pilzvorbeuge und Ledax-san spritzen.	Wermut-Brühe im Frühling, Schachtelhalm-Tee öfter spritzen.
Kartoffelkäfer 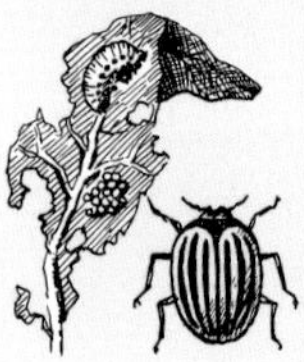	Blätter werden bis zum Stengel abgefressen.	Kartoffeln, seltener Tomaten, Bilsenkraut, Tollkirsche	Alle pflanzenstärkenden Maßnahmen, Humuspflege; gesunde Pflanzen werden kaum angegriffen.	Käfer absammeln, Blätter mit Algenkalk oder Gesteinsmehl überstäuben, Brennessel-Jauche.	Algenextrakte, Pyrethrum-Präparate spritzen.	Vor allem vorbeugende Maßnahmen; Pyrethrum-Gift nur bei starkem Befall.

Krankheit oder Schädling	Daran erkennen Sie den Schaden	Besonders gefährdete Pflanzen	Vorbeugende Schutz-Maßnahmen	Hausgemachter Pflanzen-Schutz	Biologische Pflanzenschutz-Präparate im Handel	Anwendung
Kartoffelschorf 	Pilzkrankheit: braune rissige Flecken an den Knollen.	Kartoffeln	Gesundes Saatgut, Bodenmüdigkeit vermeiden, Boden auf Kalkgehalt untersuchen lassen; zu viel Kalk fördert den Pilzbefall.	—	—	Nur vorbeugende Maßnahmen!
Kraut- und Knollenfäule 	Pilzkrankheit: braune Flecken auf Blättern und Stengeln, das Kraut stirbt ab; braungraue, eingesunkene Flecken auf den Knollen, darunter Fäulnis; auf Tomatenfrüchten braun-grüne bis schwärzliche Flecken, Früchte verhärten.	Kartoffeln, Tomaten, Paprika	Gesundes Saatgut, anfällige Sorten (Bintje!) meiden, befallene Pflanzen sofort vernichten.	Mit Brennnessel-Brühe spritzen, Algenkalk und Gesteinsmehl stäuben, Tomaten mit Magermilch oder Knoblauch-Zwiebelschalen-Tee spritzen.	Algenpräparate, Bio-S, Pilzvorbeuge oder Ledaxsan spritzen.	Am besten vorbeugende Mittel; bei Befall Bio-S oder Ledaxsan zwei- bis dreimal wöchentlich spritzen.
Kirschfruchtfliege 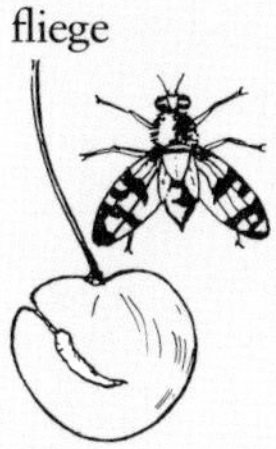	Maden im Fruchtfleisch; die Kirschen faulen.	Alle Kirschensorten, vor allem bei warmer Witterung (frühe Sorten weniger)	Frühe Sorten pflanzen, kranke Früchte sofort aufsammeln und vernichten, Baumscheiben mulchen.	Wermut-Tee spritzen (verhindert die Eiablage).	Kirschfliegen-Fallen aufhängen.	Wermut-Tee mehrfach 3 Wochen nach der Blüte spritzen Kirschfliegen-Fallen zur Flugzeit. (Mai bis Juli) aushängen.

Krankheit oder Schädling	Daran erkennen Sie den Schaden	Besonders gefährdete Pflanzen	Vorbeugende Schutz-Maßnahmen	Hausgemachter Pflanzen-Schutz	Biologische Pflanzenschutz-Präparate im Handel	Anwendung
Kohlfliege 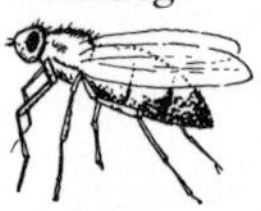 	Fraßschäden der Maden an den Wurzeln und am Stengelhals; die Blätter werden schlapp, sterben ab.	Kohlgewächse, Rettiche	Beim Pflanzen die Flugzeit der Kohlfliege (Ende April bis Anfang Mai) meiden, Jungpflanzen tief setzen, Mischkultur mit Tomaten, Bio-Gemüsestreumittel ausstreuen.	Kohlkragen anbringen, Stengel mit Lehmbrei bestreichen, mit Kräuter-Jauche gießen, mit Holzasche, Gesteinsmehl oder Algenkalk bestreuen, infizierte Pflanzen verbrennen.	Schmierseifen-Brühe spritzen.	Vor allem vorbeugende Maßnahmen ergreifen und junge Kohlpflanzen beobachten.
Kohlhernie 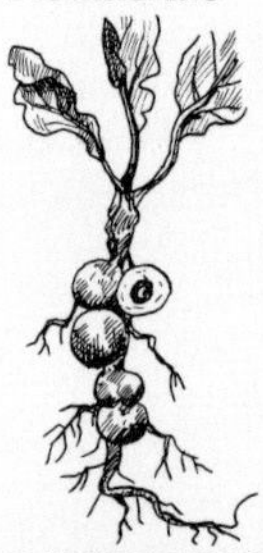	Pilzkrankheit: die Sporen bleiben jahrelang im Boden; Wucherungen und Knoten an den Wurzeln.	Kohlgewächse, Radieschen, Rettiche, Levkojen, Goldlack	Boden lockern, Mischkulturen, Kalken, Gründüngung ohne Kreuzblütler (kein Senf!), Zwiebeln und Lauch als Vorkultur, kranke Pflanzen verbrennen.	Mit Schachtelhalm-Tee spritzen, mit Jauche aus Kohlblättern Jungpflanzen gießen.	Bio-S oder Ledax-san spritzen.	Spritzmittel mehrfach in kurzen Abständen bei starkem Befall; mehrjährigen Fruchtwechsel einschalten.
Kohlherzdrehmücke 	Die Blätter krümmen und kräuseln sich, später Fäulnis.	Alle Kohlarten	Fruchtwechsel und Mischkultur, gute Bodenpflege, Kohlaussaat mit Algenkalk stäuben.	—	Pyrethrum- und Rotenon-Präparate spritzen.	Die Handelsmittel dreimal wöchentlich ins Herz der Jungpflanzen spritzen, frühzeitig während der Flugzeit der Mücke, Ende Mai bis Anfang Juni.

Krankheit oder Schädling	Daran erkennen Sie den Schaden	Besonders gefährdete Pflanzen	Vorbeugende Schutz-Maßnahmen	Hausgemachter Pflanzen-Schutz	Biologische Pflanzenschutz-Präparate im Handel	Anwendung
Kohlweißling (Raupen) 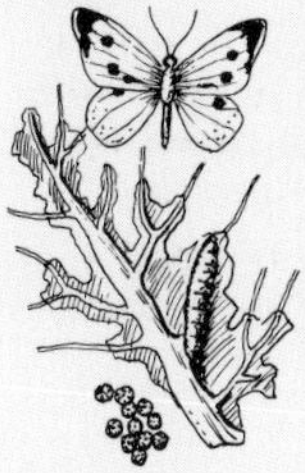	Die Blätter werden bis auf das Gerippe abgefressen.	Kohlarten, Meerrettich, Levkojen	Schlupfwespen schonen, Mischkulturen mit Tomaten, Sellerie und Spinat, Bodendecke aus Ligusterzweigen.	Wermut-Tee und Tomatenblätter-Brühe spritzen, Algenkalk stäuben, Eier und Raupen ablesen, Schmierseifen-Spiritus-Lösung spritzen.	Dipel oder Pyrethrum-Mittel spritzen.	Die Handelspräparate bei starkem Befall direkt auf die Raupen spritzen; die biologischen Hausmittel vor allem vorbeugend anwenden.
Kräuselkrankheit 	Pilzkrankheit: Wucherungen an den Blättern, Kräuseln, verformte Triebe.	Pfirsichbäume	Kompost und Mulch auf die Baumscheiben, Kapuzinerkresse und Knoblauch unterpflanzen.	Schachtelhalm-Tee und Brennessel-Jauche spritzen.	Bio-S, Pilzvorbeuge oder Ledax-san spritzen.	Schachtelhalm-Tee, Bio-S, Pilzvorbeuge und Ledax-san bereits im Herbst über dic Bäume und den Boden sprühen.
Lauchmotte 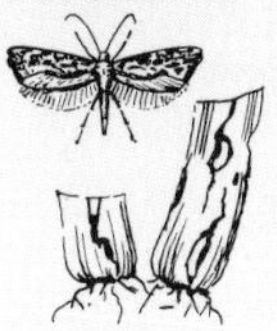	Fraßspuren an den Blättern, Fraßgänge im Inneren der Pflanze, Absterben der Herzblätter.	Lauch, Zwiebeln	Mischkultur mit Möhren und Sellerie; mit Schachtelhalm-Jauche gießen.	Kranke Blätter zurückschneiden, Larven in den Gängen zerdrücken, mit Rainfarn-Tee spritzen.	Bacillus-thuringiensis oder Pyrethrum-Präparate spritzen.	Handelspräparate nur bei starkem Befall verwenden.
Maulwurfsgrille oder Werre 	Wurzeln und Knollen werden abgefressen (auch nützlich: frißt Insekten und Würmer).	Vor allem junge Frühbeetaussaaten	Natürliche Feinde schonen: Spitzmäuse, Stare, Amseln, Maulwürfe.	Gänge ausgraben, Nester vernichten, Petroleumlappen in die Gänge legen, Gläser als Fallen ebenerdig eingraben.	Pyrethrum-Präparate	Pyrethrum-Gift nur im Notfall direkt in die Gänge gießen

Krankheit oder Schädling	Daran erkennen Sie den Schaden	Besonders gefährdete Pflanzen	Vorbeugende Schutz-Maßnahmen	Hausgemachter Pflanzen-Schutz	Biologische Pflanzenschutz-Präparate im Handel	Anwendung
Mehltau, Echter 	Pilzerkrankung: auch bei trockenem Wetter; mehliger Belag auf den Blättern, frühzeitiges Vertrocknen.	Gurken, Obstbäume, Stachelbeeren, Weinreben, Rosen, Zierpflanzen (Astern, Rittersporn, Phlox)	Mehltauresistente Sorten pflanzen, luftiger Stand.	Schachtelhalm-Tee oder Schwefelleber-Seifen-Lösung.	Artanax, Bio-S, Bio-Blatt, Pilzvorbeuge oder Ledax-san spritzen.	Kräuterpräparate möglichst vorbeugend anwenden, Bio-Blatt und Schwefelpräparate bei Befall.
Mehltau, Falscher 	Pilzkrankheit: nur in nassen Jahren; weißgelbe Schimmelflecken auf der Blattoberseite, auf der Blattunterseite weißgrauer Pilzrasen.	Rosen, Reben, Kohlarten, Spinat, Zwiebeln, Salat	Boden lockern, luftiger Stand, resistente Sorten pflanzen, kranke Pflanzenteile vernichten.	Mit Brennessel-Jauche gießen, Schachtelhalm-Tee spritzen.	Artanax, Bio-S oder Ledax-san spritzen; Algenpräparate.	Schachtelhalm-Tee und Handelspräparate öfter vorbeugend spritzen.
Möhrenfliege 	Rotbraune Fraßgänge in den Wurzeln; Möhren stinken, Blätter verfärben sich und sterben ab.	Möhren (seltener Petersilie, Sellerie, Pastinake, Kerbel, Dill, Kümmel)	Mischkultur mit Zwiebeln, Lauch, Schnittlauch, Knoblauch; offene, windige Lage, kein Mist, frühe Aussaat, Bio-Gemüse-streumittel ausstreuen.	Starkduftende Kräuter (Rainfarn, Dill, Lavendel) zwischen die Reihen legen; mit Kräutertees oder mit Knoblauch-Zwiebel-Brühe überbrausen.	Etermut	Etermut von Mitte Mai bis August über die Reihen streuen im Abstand von 2–3 Wochen; Zwiebel-Knoblauch-Brühe beim Auflaufen der Saat.
Monilia 	Verbreitete Pilzkrankheit: Zweige trocknen ein, Früchte zeigen gelb-braune Ringe, trocknen wie Mumien ein.	Kern- und Steinobst	Meerrettich auf die Baumscheiben pflanzen; krankes Obst vernichten, kranke Zweige herausschneiden.	—	Artanax, Bio-S, Pilzvorbeuge, Ledax-san spritzen.	Möglichst bei den ersten Anzeichen oder vorbeugend spritzen.

Krankheit oder Schädling	Daran erkennen Sie den Schaden	Besonders gefährdete Pflanzen	Vorbeugende Schutz-Maßnahmen	Hausgemachter Pflanzen-Schutz	Biologische Pflanzenschutz-Präparate im Handel	Anwendung
Mosaik-Virus 	Helle, gelbliche oder auch dunkle Blattflecken, momosaikartig gescheckt; manchmal Beulen im Blatt.	Gurken, Kürbis, Melonen, Zucchini, Kartoffeln, Blumenkohl, Bohnen	Blattlaus-Abwehr, die Tiere übertragen Viren.	Kranke Pflanzen vernichten, Brennessel-Rainfarn- oder Wermut-Brühe spritzen.	—	Kräuterspritzungen alle 14 Tage wirken nur allgemein vorbeugend; direkte Maßnahmen sind unmöglich.
Obstmade (Apfelwickler) 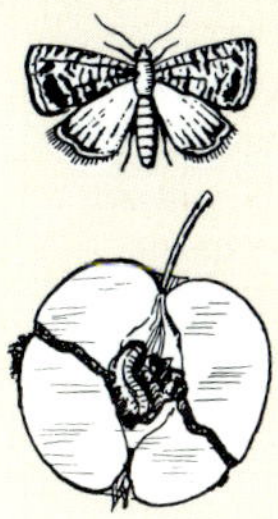	Zuerst kleine Eier auf den Früchten, späder Madengänge im Fruchtfleisch und Kerngehäuse, Kothäufchen am Eingangsloch.	Äpfel	Nützlinge schützen: Vögel, Fledermäuse, Schlupfwespen; Fallobst sofort entfernen, Rindenpflege; am Stamm 20 cm über dem Boden Wellpappkragen als Fallen anbringen (darin verkriechen sich die Raupen des Wicklers), kontrollieren und verbrennen.	Wermut- und Rainfarn-Tee oder Schmierseifen-Brühe spritzen.	Bacillus-thuringiensis-Präparate oder Pyrethrum-Mittel spritzen.	Wermut- und Rainfarn-Tee vorbeugend spritzen; der Geruch irritiert die Insekten bei der Eiablage; Handelspräparate nur bei direktem Befall.
Pflaumenwickler 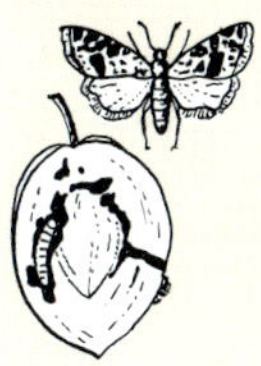	Loch in der Außenhaut, Fraßspuren in den Früchten, Kot in den Gängen; Pflaumen fallen ab.	Pflaumen und Zwetschen	Vögel im Garten heimisch machen.	Kranke Früchte sammeln.	Pyrethrum-Mittel spritzen.	Handelspräparate im Abstand von 10 Tagen mehrmals spritzen; beste Zeit die der Eiablage von Mai bis Juni oder im Juli/August.

Krankheit oder Schädling	Daran erkennen Sie den Schaden	Besonders gefährdete Pflanzen	Vorbeugende Schutz-Maßnahmen	Hausgemachter Pflanzen-Schutz	Biologische Pflanzenschutz-Präparate im Handel	Anwendung
Rost 	Pilzkrankheit: rostbraune Flecken auf den Blättern.	Sellerie, Erbsen, Bohnen, Rosen, Johannisbeeren, Pflaumen	Mulchen, gesunde Sortenwahl, Mischkultur.	Kranke Blätter sammeln und vernichten; mit Schachtelhalm-Tee spritzen.	Artanax, Pilzvorbeuge	Artanax-, Pilzvorbeuge- und Schachtelhalm-Spritzung öfter wiederholen, möglichst vorbeugend.
Rote Spinne 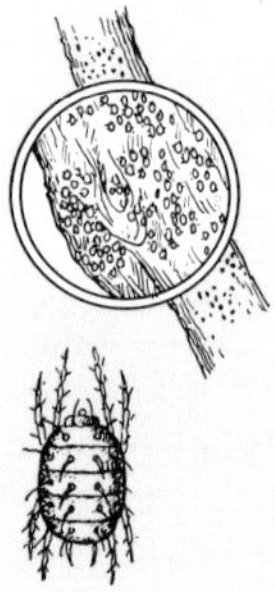	Milbenkolonien auf den Blattunterseiten, bräunliche Verfärbung; das Gewebe zerfällt, die Blätter fallen ab.	Obstbäume	Natürliche Feinde schonen (keine chemische Spritzung): Raubmilben und Raubwanzen; alle biologischen Pflegemaßnahmen wirken vorbeugend: Kompost, Steinmehl, Mulchen, Brennessel-Schachtelhalm-Brühe.	Kranke Pflanzenteile vernichten; mit kaltem Wasserstrahl bei Sonne abspritzen, danach mit Schachtelhalm-Rainfarn-Wermut-Brühe spritzen; Seifen-Spiritus-Brühe.	Pyrethrum-Präparate spritzen, Winterspritzung mit Promanal, Baumanstrich mit Preicobakt, Bio-Baumanstrich, Rindenkräftigung oder Ledaxstamm.	Pyrethrum- oder Rotenon Präparate nur bei akutem Befall (z.B. bei Umstellung eines Gartens); Wintermittel vorbeugend anwenden.
Rußtau 	Pilzkrankheit: im Spätsommer schwärzlicher »Ruß«-Belag auf Blättern und Früchten; entsteht auf dem Honigtau der Blattläuse, auch im Gefolge der Weißen Fliege.	Obstbäume, Johannisbeeren, Rosen (Es entsteht kein ernsthafter Schaden, nur das Aussehen leidet.)	Läuse und Weiße Fliege rechtzeitig abwehren.	—	—	—

Krankheit oder Schädling	Daran erkennen Sie den Schaden	Besonders gefährdete Pflanzen	Vorbeugende Schutz-Maßnahmen	Hausgemachter Pflanzen-Schutz	Biologische Pflanzenschutz-Präparate im Handel	Anwendung
Rutenkrankheit 	Pilzerkrankung: violette oder rotbraune Flecken an den Zweigen; die Triebe trocknen ein.	Himbeeren	Himbeeren als Waldpflanzen behandeln: saure Bodenreaktion, Mulchen, möglichst mit Laub, Stroh oder Torf, gleichmäßig feucht halten; dichten Wuchs vermeiden, abgetragene Ruten zurückschneiden.	Abwechselnd Schachtelhalm-, Brennnessel-, Kamillen-Brühe spritzen, mit etwas Wermut; kranke Zweige ausschneiden und verbrennen; evtl. Standort wechseln.	Preicobakt oder Ledax-stamm spritzen.	Pflanzenbrühe zu Beginn der Krankheit im Abstand von 14 Tagen spritzen; Handelspräparate vorbeugend im Frühling und Herbst anwenden.
Schildläuse 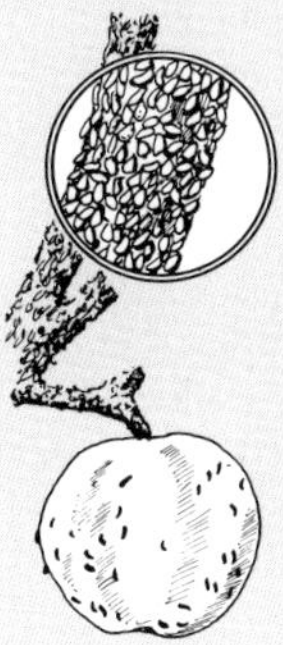	Krusten aus dem festen »Schild« der Läuse an Zweigen und Stämmen, Saugschäden.	Obstbäume, vor allem Äpfel, Birnen, Pfirsiche; Rosen	Stamm-anstrich	Stämme abbürsten; an Rosenzweigen die Läuse zerdrücken.	Preicobakt, Bio-Baum-anstrich, Rinden-kräftigung, Ledax-stamm, Promanal, Spruzit-Präparate	Stamman-strich mit Preicobakt, Bio-Baum-anstrich, Rinden-kräftigung oder Ledax-stamm und die Winter-spritzung mit Weißöl wirken vorbeugend; Spruzit-Rotenon-Präparate nur bei akutem Befall.
Schnecken 	siehe »Biologische Maßnahmen gegen weitverbreitete Plagegeister«, S. 131					

Krankheit oder Schädling	Daran erkennen Sie den Schaden	Besonders gefährdete Pflanzen	Vorbeugende Schutz-Maßnahmen	Hausgemachter Pflanzen-Schutz	Biologische Pflanzenschutz-Präparate im Handel	Anwendung
Spinnmilben 	Kleine, weiße Flecken und feinstes Gespinst auf der Blattunterseite; bei Erdbeeren auch Verkrüppelung von Blättern, Blüten und Knospen.	Bohnen, Gurken, Kürbisgewächse, Erdbeeren, Chrysanthemen, Hortensien, Gewächshauskulturen	Natürliche Feinde schonen: Raubmilben, Raubwanzen; Kompost, Mulchen; Erdbeeren in Mischkultur mit Knoblauch, Lauch oder Zwiebeln; Brennessel-Schachtelhalm-Brühe spritzen; Gewächshäuser lüften.	Schachtelhalm-Rainfarn-Wermut-Brühe spritzen.	Pyrethrum-Präparate spritzen; Raubmilben einsetzen, vor allem in Gewächshäusern (spezielle Züchtung!).	Handelspräparate nur bei akutem Befall; sonst vorbeugend allgemeine biologische Maßnahmen.
Sternrußtau 	Pilzkrankheit: runde, schwarzbraune Flecken auf den Blättern, Blattabfall.	Rosen	Kranke Blätter entfernen; richtige Bodenpflege und Düngung.	Holzasche ausstreuen, Schachtelhalm-Tee spritzen.	Artanax, Bio-S, SPS, Ledax-san, ECO-Rosen-Spritzmittel, Rosenstärkung	Hausgemachte Mittel und Handelspräparate möglichst vorbeugend anwenden, bei Befall hintereinander.
Schwarzbeinigkeit, Umfallkrankheit 	Verschiedene Pilzinfektionen: dunkle Einschnürung am Stengelende; Pflanzen fallen um und sterben ab.	Kohl, auch Salat, Gurken, Tomaten, vor allem Sämlinge und Jungpflanzen	Sorgfältige Saatbeetvorbereitung mit Reifekompost und Steinmehl; gesundes Saatgut, nicht zu dicht säen und pflanzen, Frühbeete ausreichend lüften, Fruchtwechsel.	Schachtelhalm-Tee spritzen.	Bio-S, Ledax-san, Algenextrakte spritzen.	Schachtelhalm-Tee, Bio-S und Ledax-san auf die Erde und auf die Sämlinge spritzen; Algenpräparate über die Sämlinge gießen.

Krankheit oder Schädling	Daran erkennen Sie den Schaden	Besonders gefährdete Pflanzen	Vorbeugende Schutz-Maßnahmen	Hausgemachter Pflanzen-Schutz	Biologische Pflanzenschutz-Präparate im Handel	Anwendung
Tausendfüßler 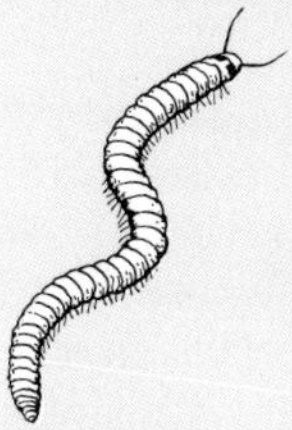	Fraßstellen an Pflanzen und Früchten.	Erdbeeren, Gurken, Blumen	Gesteinsmehl über die Pflanzen stäuben.	Fallen stellen und die Tiere sammeln: halbierte Kartoffeln oder umgestülpte Blumentöpfe.	—	Tausendfüßler sind nützliche Humusbildner Schädliche Vermehrung nur bei andauernd nassem Wetter.
Thrips (Blasenfuß) 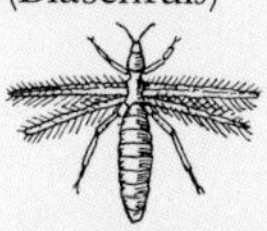	Helle, scheckige Flecken auf den Blättern, Unterseite schmierig.	Erbsen, Zwiebeln, besonders bei warmem Wetter	Fruchtwechsel, luftiger Stand, gleichmäßige Feuchtigkeit, früher Aussaattermin.	—	Pyrethrum-Präparate	Vor allem vorbeugen durch biologische Kulturmaßnahmen.
Weiße Fliege (auch Kohlmotte) 	Kolonien weißgeflügelter Insekten an den Blattunterseiten, Saugflecken; Rußtau als Folge der Honigausscheidung.	Besonders in Gewächshäusern, Frühbeeten und an Zimmerpflanzen: Tomaten, Gurken, Fuchsien, Geranien, Primeln; im Freiland: Kohl	Für gute Lüftung sorgen.	Mit Brennessel-Kaltwasser-Auszug spritzen	Pyrethrum-Mittel spritzen.	Pyrethrum-Präparate nur bei starkem Befall, dann mehrmals hintereinander im Abstand von 10 Tagen.
Wühlmaus 	siehe »Biologische Maßnahmen gegen weitverbreitete Plagegeister«, S. 131					
Zwiebelfliege 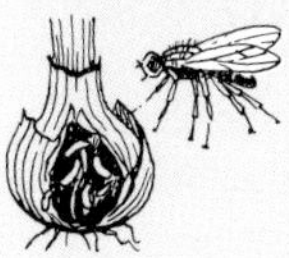	Maden zerfressen die Zwiebeln und die Röhrenblätter von innen; anschließend Fäulnis.	Zwiebeln, Lauch, Knoblauch	Mischkultur mit Möhren, stark »riechende« Dünger meiden, späte Aussaat, Bio-Gemüsestreumittel ausstreuen.	Algenkalk oder Gesteinsmehl über Steckzwiebeln stäuben; Kräutertees (Rainfarn, Wermut); kranke Pflanzen verbrennen.	—	Flugzeit der Fliege (Mitte April bis Mai bei der Aussaat umgehen; Tee zweimal wöchentlich ausbringen.

Vorbeugen ist besser als Spritzen

»Nun kann mir im biologischen Garten nichts mehr passieren. Auch im giftfreien Anbau darf ich ja notfalls zur rettenden Spritze greifen.« So werden Sie vielleicht beruhigt denken, nachdem Sie die zahlreichen natürlichen Abwehr-Maßnahmen gegen Schädlinge studiert haben.

Machen Sie so wenig wie möglich Gebrauch davon, möchte ich Ihnen dagegen raten, obgleich ich alle diese Mittel sorgfältig für Sie zusammengestellt habe: denn Vorbeugen ist immer besser als Spritzen! Deshalb folgt dieser Abschnitt, der im logischen Zusammenhang am Beginn des Schädlingskapitels stehen müßte, erst an dieser Stelle. Er soll Sie davor bewahren, wieder unbewußt in die Rolle des »Herrschers« im Garten zu verfallen.

Machen Sie sich als naturgemäßer Gärtner immer wieder klar: Was ich verhüten kann, brauche ich nicht zu bekämpfen. So wandelt sich der Pflanzenschutz wirklich wieder zum Schutz der Pflanzen. Wer die biologischen Anbaumethoden konsequent durchführt, der betreibt gleichzeitig die wirkungsvollste Schädlings- und Krankheitsabwehr. Denn alle diese Maßnahmen zielen darauf ab, gesunde Verhältnisse zu schaffen, in denen starke widerstandsfähige Pflanzen gedeihen. Die meisten Schädlinge aber sind Schwächeparasiten. Sie können sich nur dort stark vermehren, wo sie schwache »Angriffsflächen« vorfinden. Diese Voraussetzungen bieten zum Beispiel überdüngte Pflanzen mit aufgeschwemmtem Gewebe, aber auch Gewächse, die sich durch engen, dunklen Standort nur kümmerlich entwickeln.

Vorbeugender Pflanzen-Schutz besteht im biologischen Garten nicht in negativen Reaktionen, sondern vor allem in positiven Maßnahmen:

Bodenpflege ist im wahrsten Sinn des Wortes die »Grundlage« für gesundes, kräftiges Wachstum. Wer die dazu gegebenen Anleitungen befolgt, der wird das Pflanzenschutz-Kapitel nicht allzu oft um Rat fragen müssen.

Mischkulturen helfen mit, Schädlinge abzuwehren und die Kulturpflanze stark und widerstandsfähig zu machen. Monokulturen sind dagegen für Schädlinge »ein gefundenes Fressen«. Sie können sich dort besonders stark vermehren. Natürliche Feinde finden im »Einheitsfeld« oft keine Lebensmöglichkeiten. Einseitige Spezialkulturen schaffen auch die Voraussetzungen für Spezialisten unter den ungebetenen »Mitessern«.

Harmonische Düngung bewirkt auch harmonisches Wachstum. Überdüngung (vor allem durch Stickstoff) schwächt die Pflanzen ebenso wie Nährstoffmangel. Eine ausgewogene Nahrungsversorgung gehört zu den Voraussetzungen eines gesunden Pflanzenlebens. Kompost, Mulchdekken, Steinmehl und Pflanzenjauchen sind milde Düngemittel, mit deren Hilfe ungesunde Extreme vermieden werden.

Der richtige Standort trägt gleichfalls zu einer guten Entwicklung bei. Achten Sie deshalb im Garten auf die Ansprüche, die die verschiedenen Gewächse an die Licht-, Wärme-, Feuchtigkeits- und Bodenverhältnisse stellen. Pflanzen Sie keine Schattenstauden in die volle Sonne und keine lichthungrigen Gewürzkräuter in finstere Ecken. Beschäftigen Sie sich erst ein wenig mit den Lebensgewohnheiten der Pflanzen, die Ihnen anvertraut sind. Und geben Sie dann »jedem das Seine«. So vermeiden Sie Fehlentwicklungen. Mancher Schädling wird dann vergeblich auf der Lauer liegen, um einen Schwächling zu entdecken.

(Praktische Hinweise für die Standortwahl finden Sie im zweiten Teil des Buches bei allen Pflanzenbeschreibungen, sowohl im Gemüse- als auch im Ziergarten.)

Gesundes Saatgut und richtige Sortenwahl schaffen von Anfang an bessere Voraussetzungen für eine kräftige Entwicklung der Pflanzen. Samen und Pflanzen aus biologischem Anbau haben eine bessere Qualität als solche aus Monokulturen. Nehmen Sie kein überzüchtetes Saatgut. Achten Sie dagegen auf neue Sorten, die speziell gegen Krankheitsanfälligkeit gezüchtet wurden: zum Beispiel mehltauresistente Salat-, Gurken- oder Asternsorten.

Hübsch und gesund: Mischkultur im Bauerngarten mit Gemüse, Kräutern und leuchtenden Feuerlilien.

Wählen Sie Gemüse-, Obst- und Blumenarten so aus, daß sie zum Klima Ihres Wohnortes passen. Wärmebedürftige Kulturen führen in rauhen Höhenlagen meist nur zu Enttäuschungen, Bergpflanzen gedeihen dagegen ausgesprochen schlecht in milden Tiefebenen und nährstoffreichen Böden.
Wenn Sie diese einfachen, logischen und doch so wichtigen Voraussetzungen beachten, gehen Sie manchem Ärger und manchem Mißerfolg aus dem Weg. Wenn dann extreme Witterungsverhältnisse oder eine längere Abwesenheit durch Reisen Ihren Garten doch einmal aus dem Gleichgewicht bringen, dann können Sie sich guten Gewissens mit einem der vielen Präparate aus dem Schädlingskapitel helfen. Es handelt sich dann wirklich um Hilfs-Mittel, nicht mehr und nicht weniger.

Der integrierte Pflanzenschutz

Hinter diesem auf den ersten Blick etwas undurchsichtigen Doppelbegriff verbirgt sich eine Art Übergangszone vom chemischen zum biologischen Pflanzenschutz. Die integrierte Methode kombiniert verschiedene Verfahren: gesundheitsfördernde Kulturmaßnahmen, Schutz und direkter Einsatz der Nützlinge, biologische Mittel, biotechnische Mittel und chemische Präparate. Chemische Spritzmittel werden nur gezielt eingesetzt. Sie sollen möglichst so zusammengesetzt sein, daß die Nützlinge geschont werden. Sogenannte »systematische Mittel« wirken nur auf bestimmte Lebewesen giftig, für alle anderen bedeuten sie keine Gefahr. Hinzukommt, daß im integrierten Pflanzenschutz auf möglichst niedrige Giftmengen und auf eine möglichst geringe Zahl der Spritzungen geachtet wird.
Das Ziel dieser kombinierten Methode ist es, die »Schadschwelle« möglichst niedrig zu halten. Der integrierte Pflanzenschutz ist deshalb vor allem für den Erwerbsanbau von Bedeutung. Der Versuch, auf diese Weise von den ebenso teuren wie gefährlichen Giftgewohnheiten loszukommen, ist sicherlich begrüßenswert. Zeichen des Umdenkens und der Mäßigung machen sich hier bemerkbar. Die Suche nach einem vernünftigen, gangbaren Weg wird auch in der Definition deutlich, die Professor Franz und Dr. Krieg in ihrem Buch »Biologische Schädlingsbekämpfung« zur Situation des integrierten Pflanzenschutzes geben:
»Eine ideale Schädlingsbekämpfung besteht heute nicht mehr darin, möglichst viele Krankheitserreger und Schädlinge in möglichst kurzer Zeit (gewöhnlich mit chemischen Mitteln) abzutöten. Vielmehr versucht man, den Systemcharakter unserer Umwelt auszunutzen; das heißt, daß sich nicht mehr alle Maßnahmen allein nach dem Schädling ausrichten, sondern nach der übergeordneten Lebensgemeinschaft, somit nach den dort lebenden Tieren, den dort wachsenden Pflanzen sowie nach den dort wirkenden unbelebten Faktoren wie Klima oder Boden. Die Steuerung der Schädlingspopulation soll vor allem verhindern, daß diese die ›wirtschaftliche Schadensschwelle‹ oder ein anderes, vom Menschen gesetztes Niveau überschreitet. Dabei ist es wesentlich, daß sich die Einzelmaßnahmen nicht gegenseitig stören und daß man die im Öko-System schon vorhandenen begrenzenden Tendenzen erhält und fördert.«
Hier wird ganz deutlich: die Erkenntnis, »wir sitzen alle im gleichen ökologischen Boot« und der Wunsch nach möglichst hohem Gewinn in der Landwirtschaft sollen mit Hilfe des integrierten Pflanzenschutzes unter einen Hut gebracht werden.
Damit das jeweils günstigste Mittel eingesetzt werden kann, werden die Kulturen – meist sind es Obstanlagen – ständig kontrolliert und beobachtet. Sowohl von Schädlingen als auch von Nützlingen machen die Mitarbeiter Stichproben. Sie sammeln die Tiere an bestimmten Stellen und zählen sie aus. So wird eine Überschreitung der Schadschwelle festgestellt. Gleichzeitig weiß man aber auch, ob natürliche Feinde vorhanden sind, deren Einsatz miteinkalkuliert wird. Die Zahlen des Warndienstes lösen allerdings bei ganz bestimmten Werten Alarm aus. Für den Apfelwickler wird es zum Beispiel schon gefährlich, wenn 1–2 frische Einstiche pro 100 Früchte entdeckt werden. Dann muß der Erwerbsanbauer bereits etwas unternehmen, damit der Schädling nicht weiter um sich greifen kann.
Sie merken schon, der integrierte Pflanzenschutz mit seinen kombinierten Maßnahmen und seiner am Gewinn orientierten Schadschwelle hat für den biologischen Privatgärtner keine direkte Bedeutung. Im kleinen Garten ist es viel sinnvoller, die naturgemäßen Methoden konsequent anzuwenden. Es geht ja nicht um möglichst hohe, sondern um möglichst gesunde Ernten. Der integrierte Pflanzenschutz bedeutet deshalb in diesem Buch nur eine theoretische Information für den biologisch arbeitenden Gartenfreund. Er sollte zumindest wissen, worauf diese Methode beruht,

und er sollte diese Erkenntnis auch, wo immer es möglich ist, an interessierte Mitmenschen weitergeben. Für Bauern und Erwerbsgärtner eröffnen die kombinierten, möglichst giftarmen Methoden einen Weg, der ein Stück weiter in eine gesündere Zukunft führt.

Zum Schluß – nach so vielen Worten über die Schäden, die der Mensch nicht hinnehmen will – noch ein paar Gedanken über diejenigen Lebewesen, die den Garten mit uns teilen und die so oft den größeren Schaden erleiden. Der Schutz unserer »kleinen Brüder« ist selbst im integrierten, modernen Pflanzenschutzsystem wieder zu Ehren gekommen. Man wird nicht mehr belächelt, wenn man Vögel, Ameisen oder gar Würmer als Bundesgenossen betrachtet und ihre Lebensgewohnheiten achtet. Diese »Ehrfurcht vor dem Leben« müssen wir uns allerdings immer wieder von neuem erwerben. In einem alten Büchlein über Obstbaumzucht aus dem Jahre 1855 fand ich, daß die Gärtner früherer Zeiten auch nicht immer geduldige Engel waren.

»Der Saat, den Knospen und den Früchten des Kirschbaumes sind bei uns besonders gefährlich der Spatz und Fink. Sie sind unermüdete Insektenjäger, besonders zur Zeit, in der sie Junge haben. Als Baumzüchter möchte ich sie nicht vertilgt wissen, auch nicht als Oekonom und Forstmann. Während mir ersterer etliche Pfund Kirschen frißt, und letzterer mir den Winter durch und im Frühling (er thut es ja blos aus Noth) einige Fruchtaugen von den Bäumen aushackt, würden mir ohne sie die Raupen den ganzen Baum kahl fressen.

›Wenn du drischest, sollst du dem Ochsen das Maul nicht verbinden‹, sagt Moses. Und ich sage dir: Wenn dir diese Vöglein das ganze Jahr hindurch nützen, und der Fink dich dazu noch so erfreut mit seinem Gesang, so sollst du ihnen zur Zeit der Ernte auch den Schnabel nicht zubinden oder sie gar tödten; es wäre Undank. ... Er hat ein Recht, unter deinem Dache zu wohnen, in deinen Gärten sich zu nähren. Lasse es ihm, er hat es von Gott, daß er sei der Beschützer deiner Bäume, Garten- und Feldgewächse. Du darfst nicht fürchten, daß er in Unzahl heranwachse, so du ihn schonest; es gibt noch Unverstand genug, der ihm und seiner Brut an's Leben geht.«

Biologisch für Fortgeschrittene

Ein Koch, der die Regeln der Soßenzubereitung, des Fleischbratens und des Salatmixens erlernt hat, kann später die erprobten Rezepte nach eigenem Geschmack abwandeln. Eine Schneiderin, die die Grundschnitte beherrscht, darf sich auch an raffinierte Modelle heranwagen. Ähnlich ergeht es auch einem Gärtner, der eine zeitlang seine praktischen Erfahrungen mit der naturgemäßen Gartenmethode gemacht hat. Er kann, nachdem er die Lehrjahre hinter sich hat, als »Fortgeschrittener« auch einmal Versuche machen, die über die »normalen Alltagsgewohnheiten« hinausgehen. Die Beteiligung an solchen Experimenten ist natürlich ganz freiwillig. Jeder sollte so gärtnern, wie es seinem ganz persönlichen Lebensgefühl entspricht. Die folgenden Beispiele sind nur als Anregung gedacht. Sie eröffnen einige neue Ausblicke, die über den eigenen Gartenzaun hinausweisen. Sie zeigen: Wir haben noch längst nicht alle Geheimnisse zwischen Himmel und Erde entdeckt. Es bleibt noch vieles zu erforschen. Natur und Gärten sind noch ein weites Versuchsfeld.

Säen und pflanzen im Zeichen des Mondes

Wer in den Mond schaut, hat normalerweise das Nachsehen. Im biologischen Garten verhält es sich umgekehrt: Wer nach dem Mond Ausschau hält, gewinnt einen Vorsprung im Pflanzenwachstum! Diese Erkenntnis ist nicht neu. Es gehörte zu den Jahrhunderte alten Bauerntraditionen in vielen Ländern der Erde, bei der Aussaat »nach dem Mond zu sehen«. Dabei spielte es immer eine Rolle, ob es sich um Früchte über oder unter der Erde handelte. Ihre Wachstumsrhythmen waren nach der Überzeugung alter Bauernkalender mit dem auf- und absteigenden Mond eng verbunden. Der Engländer Thomas Tusser beschrieb diese Wechselwirkung zwischen Himmels- und Erdkräften in seinem Handbuch für die Landwirtschaft, das 1515 erschien:

»Sä' Erbsen und Bohnen, wenn der Mond abnimmt,
der sie früher sät, der sät sie zu früh,
daß sie mit den Planeten ruhen und aufgeh'n,
gedeihen und tragen in Fülle und Weisheit.«

Nachdem diese alten Bauernregeln einige Zeit vergessen und ins Reich des Aberglaubens abgeschoben worden waren, griffen Gärtner und Wissenschaftler unserer Tage sie wieder auf. Vor allem die Anthroposophin Maria Thun hat jahrzehntelang mit Aussaaten nach den verschiedenen Mondphasen experimentiert. Sie beobachtete dabei den Lauf des großen Nachtgestirns durch die Tierkreiszeichen. Das ist der sogenannte siderische Umlauf. Frau Thun stellte in zahlreichen Versuchsreihen fest, daß es einen Zusammenhang zwischen dem Wachstum der Pflanzen und den zum Zeitpunkt der Aussaat wirksamen Planetenstellungen gibt. Praktisch bedeutet dies: Wer genau zum Zeitpunkt der günstigsten Mond-Tierkreis-Konstellation sät oder pflanzt, der kann mit reichen Ernten rechnen. Ein solcher Mond-Gärtner macht sich die kosmischen Kräfte für die Erde nutzbar.

Frau Thun unterteilt die Pflanzen des Gartens nach vier charakteristischen Merkmalen: die Blattgewächse, die Fruchtgewächse, die Wurzelgewächse und die Blütengewächse.
Jede dieser Gruppen ist drei Tierkreiszeichen zugeordnet:

- Blattgemüse: Fische, Krebs, Skorpion.
- Fruchtgewächse: Widder, Löwe, Schütze.
- Wurzelgewächse: Stier, Jungfrau, Steinbock.
- Blütengewächse: Zwilling, Waage, Wassermann.

Wenn der Mond im Sternbild der Fische steht, sollten also Blattgewächse gesät oder gepflanzt werden. Sie gedeihen dann besonders gut, weil sie von der günstigsten kosmischen Strahlung getroffen werden. Sie stehen im wahrsten Sinn des Wortes unter einem guten Stern. Da der Mond nur ein bis zwei Tage in einem Tierkreiszeichen verweilt, wechseln sich die Saattermine der vier Pflanzengruppen ständig ab.
Zu den Blattgewächsen gehören: Salat, Spinat, Kohl, Kräuter, Lauch, Kohlrabi. Zu den Fruchtgewächsen gehören: Gurken, Bohnen, Tomaten, Erbsen, Erdbeeren, Obst. Zu den Wurzelgemüsen gehören: Möhren, Sellerie, Rüben, Rote Bete, Radieschen, Kartoffeln. Zu den Blütengewächsen gehören: alle Blumen. Wichtig ist, daß am Tag der günstigsten Sternkonstellation die Erde auf dem Beet, das gerade bepflanzt werden soll, noch einmal durchgeharkt und »bewegt« wird. Der Boden ist dann besser bereit, den »kosmischen Impuls« aufzunehmen.
Wer sich mit dieser Methode einmal näher beschäftigen oder danach arbeiten möchte, der besorge sich die jährlich neu erscheinenden »Aussaattage« von Maria Thun. In dieser Broschüre sind die monatlichen Sternkonstellationen und die dazugehörigen Saat-Termine in einem Kalendarium verzeichnet. Bereichert wird die Lektüre durch Erfahrungsberichte aus der »Mondforschung«. (Zu beziehen über die im Anhang genannten Firmen mit biologischem Spezialversand.)

Es gibt übrigens inzwischen zwei Doktorarbeiten, die sich mit dem Einfluß der Sternkonstellationen auf das Pflanzenwachstum beschäftigen. (Abele, Universität Gießen, 1973 und Graf, TH Zürich, 1977) Sie bestätigen die Versuchsreihen von Maria Thun zum Teil. Ein ganz wichtiges Ergebnis: Eine deutliche Beeinflussung durch kosmische Konstellationen zeigt sich nur auf biologisch-dynamisch oder auch auf biologisch-organisch gepflegten Böden. Konventionell bearbeitete Gärten reagieren offenbar auf solche sensiblen Impulse nicht.

Keine Hexerei: Kompostkräuter selbst gemixt

Mit viel gesundem Menschenverstand hat die Engländerin May E. Bruce ein eigenes Rezept für »Schnellkompost« entwickelt. Das wichtigste dabei ist ein Präparat, das die Rotte beschleunigt. Miss Bruce nennt es einen »Aktivator«. Diese »Spritze« für den Kompost besteht aus einem Kräuterpulver, das biologische Gärtner, die über Erfahrung und Fingerspitzengefühl verfügen, leicht selber herstellen können. Die naturliebende Engländerin hat es dankenswerterweise allen interessierten Mitmenschen zugänglich gemacht. Sie brauchen zur Herstellung vor allem Wildkräuter: Wilde Kamille *(Matricaria chamomilla)*, Löwenzahn *(Taraxacum officinale)*, Baldrian *(Valeriana officinalis)*, Schafgarbe *(Achillea millefolium)*, Brennessel *(Urtica dioica)*, Eichenrinde *(Quercus robur)* und reinen Bienenhonig.
Die Pflanzen können Sie selber sammeln oder im Garten ziehen. Sie werden am Vormittag, nachdem der Tau getrocknet ist, geschnitten und dann im Backofen bei höchstens 35 °C langsam getrocknet. Reiben Sie die Blätter anschließend durch ein feines Haarsieb und bewahren Sie das Pulver – von jedem Kraut einzeln – in Schraubgläsern auf. Die rauhe äußere Eichenrinde zerkleinern Sie am besten auf einer Küchenreibe und sieben sie anschließend durch. Vermischen Sie schließlich noch den Honig mit Milchzucker (aus der Apotheke oder Drogerie). Ein Tropfen Honig wird mit einem gestrichenen Teelöffel voll Zucker verrührt, bis sich die Substanzen ganz verbunden haben.
Für eine Vorratsmischung stellen Sie alle Zutaten zu gleichen Teilen zusammen: zum Beispiel von jedem Kraut und vom Honig-Milchzucker je einen Teelöffel voll. Vermengen Sie alles gründlich in einem Porzellanmörser und bewahren Sie Ihre fertige Kräutermixtur dann in einem verschlossenen Schraubglas auf. Für den Gebrauch im Garten nehmen Sie nach der Empfehlung von Miss Bruce soviel von Ihrem gemischten Pulver »als sich auf ein Zehnpfennigstück häufen läßt, in einem halben Liter Regenwasser«. Füllen Sie die Mixtur in eine Flasche, schütteln Sie alles gut durch und lassen Sie die Flüssigkeit noch 24 Stunden stehen.
Dann können Sie Ihren fertig aufgesetzten Kompost mit dem Kräuter-Aktivator impfen. Bohren Sie mit einem Stock in Abständen von 30–60 cm rundherum tiefe Löcher in den Haufen. In jede Öffnung gießen Sie sechs Eßlöffel voll Kräuterbrühe und stopfen alles wieder mit feiner, trockener Erde fest zu. Der Kompost verrottet nach dieser anregenden »Spritze« besonders schnell und harmonisch.
Weitere Hinweise für diese Methode, die jeder erfahrene Gärtner ausprobieren kann, finden Sie im Literaturverzeichnis am Ende dieses Buches. Der Kräuter-Aktivator ist übrigens unter dem Namen »Quick-Return-Pulver« auch im Handel als fertiges Präparat zu kaufen.

Im Kreis gärtnern

Die Energien der Erde versucht ein Amerikaner mit seinem System des »Circle Gardening«, des Gärtnerns in Kreisen, anzuzapfen. Mister Langham legt alle seine Beete kreisrund an. Die Ränder werden leicht aufgeschüttet, in der Mitte entsteht eine Mulde. Alle Kulturpflanzen sollen in diesem fast magischen Rund besonders gut gedeihen. Der amerikanische Experimentier-Gärtner ist davon überzeugt, daß die runde Vertiefung in jedem Beet eine Verbindung zum Energiefeld der Erde schafft, »so daß selbst der leiseste Windhauch, der den Rand des Kreises streift, einen Energiewirbel verursacht, der die Pflanzen füttert.« Zur Theorie des Kreis-Gartens gehört auch die Überzeugung: »Wachstum ist Energie, die sich in Spiralen durch die lebenden Pflanzen bewegt mit Kreiseln von wechselnder Geschwindigkeit. Die Idee des Kreisgärtnerns besteht darin, ein Energie-System in Zusammenarbeit mit der Natur zu schaffen.«

Auf den ersten Blick mögen Ihnen solche Überlegungen und Experimente als »Spinnerei« erscheinen. Wir Menschen des »aufgeklärten Westens« sind es nicht mehr gewöhnt, unsichtbare Kräfte als Realität anzuerkennen. Sie liegen auch weitgehend außerhalb unseres »normalen« Erfahrungsbereiches – nicht weil es sie nicht gibt, sondern weil wir nicht mehr mit ihnen umgehen können.

Ich habe im Sommer 1979 hoch im Norden von Schottland den berühmten Garten von Findhorn besucht. Dort hat eine Gruppe von Menschen, die nach Wegen geistiger Erneuerung sucht, ein paar hundert Quadratmeter sandige Stranddünen in schwarzen, fruchtbaren Humus verwandelt. Dies geschah mit Hilfe einer sehr irdisch-handfesten Methode:

Die Findhorn-Leute bereiten einen hervorragenden Kompost, der zum Teil aus frisch gesammelten Nordmeeralgen besteht. Gleichzeitig sind diese Menschen, die aus allen Alters- und Berufsgruppen stammen, davon überzeugt, daß man auch geistige Kräfte »gewinnen« kann: für das Gedeihen der Pflanzen ebenso wie für die Entwicklung der Menschen. In Findhorn beginnt jede Gartenarbeit mit einer kurzen Meditation, bei der die Menschen sich an den Händen fassen und ein geschlossenes Rund bilden. Auch in diesem schottischen Garten wird an manchen Stellen der Kreis als besonderes Kraftfeld benutzt. So ist zum Beispiel die Mitte des Kräutergartens – nach einem sehr alten Klostergartenplan – ringförmig angelegt.

Um kranke oder besonders empfindliche Pflanzen legt man einen schützenden Kreis aus kleinen Kieselsteinen. Er soll schädliche Einflüsse fernhalten.

Wer mit offenen Sinnen durch die Gärten von Findhorn geht, spürt, daß hier eine eigenartige Intensität »in der Luft liegt«, eine Ausstrahlung, die man als Realität empfinden, aber nicht unmittelbar mit dem Verstand erklären kann.

Die vollkommene, geschlossene Kreisform hat in allen Hochkulturen der Welt stets eine tiefe symbolische Bedeutung gehabt. Symbole sind aber keine dekorativen Zeichen, sondern sichtbare Kurzformeln für verborgene Wirklichkeiten. Symbole haben Aus-Wirkungen.

Betrachten Sie einmal 10 Minuten lang ganz in Ruhe das Bild eines japanischen Gartens: ein paar Steine, Wellenlinien im Sand, eine zerzauste Kiefer, viel Leere, viel Stille. Sie werden nach einiger Zeit zu spüren beginnen, daß die wenigen »Zeichen« dieses Gartens etwas »ausstrahlen«. Sie funktionieren wie Kontaktstellen, wie Relais zwischen kosmischen und irdischen Realitäten. Ähnliche Kräftespiele setzen möglicherweise auch die Kreise im Garten in Bewegung. Gärtner, die nicht nur den Vordergrund sondern auch die Hintergründe der Natur kennenlernen möchten, können sicherlich noch ungeahnte Welten entdecken. Daß sie dabei durchaus mit den Füßen auf der festen Gartenerde bleiben, beweisen am Ende so greifbare Resultate wie runde Salatköpfe und dicke Kartoffeln.

Dieses Kapitel kann nur ein winziger Anstoß für sensible, fortgeschrittene Gärtner sein. Weitere Expeditionen in unerforschte grüne Welten müssen Sie selbst unternehmen.

Verschiedene biologische Methoden

»Paths are many, truth is one.« – »Es gibt viele Wege, die alle zu einer einzigen Wahrheit führen.« Diesen ebenso weisen wie toleranten Satz hörte ich einmal von einem Swami, der aus Indien kam. Er könnte auch als Leitspruch über allen Bemühungen stehen, Gärten nach naturgemäßen Methoden zu bearbeiten. Auch auf diesem Feld gibt es viele unterschiedliche Wege, die doch alle zu einem gemeinsamen Ziel führen: zu lebendigen, fruchtbaren Böden, zu gesunden Pflanzen und zu der Achtung vor der Gemeinschaft aller Lebewesen.

»Die biologische Methode« oder »den alternativen Garten« gibt es nicht. Es existieren nur vielerlei Experimente, Erfahrungsberichte, Theorien und »Richtungen«. Was ich Ihnen in diesem Buch bisher vermittelt habe, sind die Grundlagen, die allen biologisch Gärtnernden gemeinsam sind: Humuspflege, Kompost, organische Düngung und möglichst ungiftige Schädlingsabwehr. Machen Sie sich nun, zum Abschluß unseres großen Rundgangs durch den naturgemäßen Garten, noch ein Bild von verschiedenen biologischen Methoden, die jedem zur Erprobung offenstehen.

Ein Blick nach Asien

Weder die »Biologischen« noch die »Grünen« haben die naturgemäßen Gartenbaumethoden erfunden. Ein kurzer Blick nach Osten, weit zurück in die Vergangenheit, lehrt uns Bescheidenheit:
»Es ist das kleine Feld, das sorgfältig mit zurechtgemachten Abfällen von Mensch und Tier gedüngt und nach Art unserer Gartenbeete bepflanzt und gepflegt wird. Dadurch erfolgt eine ständige Humufizierung. Das bedeutet wiederum eine Erhöhung der Bindigkeit, die dann eine wenigstens relative Verfestigung der so überaus leicht beweglichen Lößerde herbeiführt. Unter den gegebenen Umständen wird hier ein – wenn auch wahrscheinlich nicht genügender – Ausgleich angebahnt, der doch faktisch seit 5000–7000 Jahren ausgiebige Ernte ermöglichte. Den Wert dieser ›organischen Bodenpflege‹ kann man aus einer Gegenüberstellung ermessen. Man braucht sich nur zu vergegenwärtigen, was in einer viel kürzeren Ära aus den europäischen Böden geworden ist und in welcher beängstigend kurzen Zeitspanne die amerikanischen Weizenländer zugrundegehen. ...
Der chinesische Bauer hat mehr für seinen Boden getan, als von einem sonst so wenig kundigen Menschen vorausgesetzt werden kann. ...
›1000 Jahre vor dem Brand von Troja‹ – nämlich 4000 v. Chr. – hatte man bei den Söhnen des Ming bereits eine genaue Klassifizierung des Bodens vollendet, die ihn nach Farbe, Struktur und

Ein chinesischer Garten – bearbeitet nach den uralten Regeln naturgemäßer Bodenpflege.

seinen sonstigen Eigenschaften unterschied und zugleich angab, wie er danach am besten zu behandeln und zu bebauen sei. Wo stand Europa um diese Zeit? Diese ganze Entwicklung macht es verständlich, daß man in China bei der Methode des ›kleinen Feldes‹ blieb. ...

Was immer in China geschah – an die Bodenständigkeit wurde nicht gerührt. Die kaiserlichen Geschlechter der Söhne der Sonne wechselten, sie gingen unter und neue traten an ihre Stelle. An dem Fünfgestirn Weizen, Hirse, Gerste, Bohne, Soja änderte sich nichts. Auch nicht an dem phantastischen Eifer, mit dem das Land gepflegt, bewässert, bepflanzt, gedüngt wurde.«

Dieses Loblied auf die chinesischen Bauern stammt von Anni Francé-Harrar, die vergleichende Bodenforschung betrieb. Ähnlich beeindruckt von den sichtbaren Erfolgen chinesischer Bodenpflege war auch Prof. Dr. King, der Chef der Abteilung für Bodenbehandlung im Landwirtschaftsdepartment der Vereinigten Staaten war. Nach einer mehrmonatigen Studienreise schrieb er 1911 in seinem berühmt gewordenen Buch »Farmers of Forty Centuries« (40 Jahrhunderte lang Bauern): »Die Düngemittel, die in den Chinesen-Dörfern in Form von Latrineninhalt, Viehdünger, Haushaltsabfall, alten K'angs u. a. gesammelt werden, verarbeitet man sorgfältigst zu Kompost, erhält diesen bei der rechten Feuchtigkeit, damit die Fermentierung unter günstigen Verhältnissen vor sich gehen kann, und pulverisiert ihn zuletzt mit äußerster Sorgfalt, bevor das Kompostmaterial über die Felder gestreut wird.

Wenn ich eben von den Voraussetzungen für die

Fermentbildung sprach, wollte ich damit natürlich nicht sagen, daß der chinesische Bauer die biochemischen Prozesse, um die es sich hier handelt, kennt. Er hat durch jahrhundertelanges praktisches Experimentieren gefunden, daß gewisse Verfahren zu einem guten Resultat führen, und nach diesen Regeln arbeitet er mit einer untrüglichen Sicherheit, die von der modernen Wissenschaft nicht vervollkommnet, sondern nur erklärt werden kann ...«

Die Pioniere des Westens

Die Neu- und Weiterentwicklung biologischer Arbeitsmethoden im Garten- und Landbau kann auch bei uns in Europa bereits auf einige Jahrzehnte zurückblicken. Bereits zu Beginn des 20. Jahrhunderts gaben die »Väter des biologischen Gartens« wichtige Anstöße für eine neue Denkweise. 1924 hielt der Gründer der Antroposophie, Dr. Rudolph Steiner, seinen »landwirtschaftlichen Kurs« im schlesischen Koberwitz. Er legte damit die Grundlagen für die biologisch-dynamische Landbaumethode.
Der Engländer Sir Albert Howard entwickelte in den Jahren 1924 bis 1931 in Indien eine besondere Art des Kompostierens, die unter dem Namen Indore-Verfahren bekannt wurde. Howard düngte schon damals die Felder seiner indischen Versuchsgüter ausschließlich mit seinem selbsthergestellten Kompost, der aus den pflanzlichen und tierischen Abfällen seines Betriebes bestand. Seine konsequente Humuswirtschaft war sehr erfolgreich. 1948 veröffentlichte Howard seine Erfahrungen in dem Buch »Mein landwirtschaftliches Testament«. Zusammen mit Lady Balfour setzte Sir Howard in England seine Arbeit fort. Die Methode Howard-Balfour, die auf Recycling, der Wiederverwendung aller organischen Abfälle durch Kompostierung, beruht, ist vor allem in angelsächsischen Ländern verbreitet.
Einer der frühen Pioniere des naturgemäßen Gartens war in Deutschland Alwin Seifert. Sein Name ist untrennbar mit der ehrenvollen Rückkehr des Kompostes in den Garten verbunden. Seifert war davon überzeugt, daß es allein mit Hilfe von gutem Kompost möglich sei, den Boden im Garten fruchtbar zu erhalten und die Kulturpflanzen widerstandsfähig gegen Krankheiten und Schädlinge zu machen. Sein Buch »Gärtnern, Ackern – ohne Gift«, das 1957 zuerst unter dem Titel »Der Kompost« erschien, wurde zur Bibel unzähliger biologischer Gärtner.
Der Schweizer Dr. H. Müller und der deutsche Arzt Dr. H.P. Rusch entwickelten nach individuellen Anfängen gemeinsam die Methode des organisch-biologischen Gartenbaues. Bereits 1932 gründete Dr. Müller in der Schweiz ein Schulungszentrum, die »Landbauschule Möschberg«. 1946 wurde eine Absatzorganisation, die »Anbau- und Verwertungsgenossenschaft Heimat« (AVG) ins Leben gerufen, die Bio-Gemüse vertrieb.
In Frankreich entstand in den 60er Jahren die Methode Lemaire-Boucher. Der landwirtschaftliche Sachverständige Jean Boucher und der Lehrer an einer Gartenbauschule Raoul Lemaire entwickelten gemeinsam ein System zur Erhaltung und Vermehrung der Bodenfruchtbarkeit, das außer Kompost vor allem Korallalgenprodukte in die Düngung einbezieht.
Die beiden bei uns bekanntesten Methoden und eine östlich geprägte Alternative wollen wir uns näher ansehen.

Die biologisch-dynamische Methode

In dieser sehr spezialisierten Methode, die heute in der ganzen Welt verbreitet ist, wird mit Kompost und organischen Düngemitteln gearbeitet. Erlaubt ist auch die Verwendung »natürlicher Mineralien«, z. B. Thomasmehl und Kalimagnesium. Der wichtigste Unterschied zur organischen Methode besteht darin, daß die Wirkung kosmischer Kräfte (dynamos = Kraft) einbezogen wird.
Die biologisch-dynamisch arbeitenden Bauern und Gärtner verwenden Spezialpräparate, in denen kleinste feinstoffliche Mengen wirksam werden, ähnlich wie in der Homöopathie. Die sechs Kompostpräparate bestehen aus Schafgarbenblüten, Kamillenblüten, Brennesselpflanzen, gemahlener Eichenrinde, Löwenzahnblüten und Baldrianblütensaft. Das Hornmist-Präparat wird aus Kuhmist hergestellt. Es fördert die Lebensprozesse im Boden und wird vor, während und nach der Saat beziehungsweise Pflanzung auf die Erde gespritzt. Das Hornkiesel-Präparat besteht aus feingemahlenem Quarz. Es wird während des Wachstums über die Pflanzen gespritzt und fördert die Assimilation und die Reife. Alle diese Spezialpräparate werden nach »geisteswissenschaftlichen« Erkenntnissen und besonderen Vorschriften hergestellt. Sie sind im Handel nicht erhältlich. Die Berater der biologisch-dynamischen Methode geben sie nur persönlich weiter.
Bei der Aussaat richten sich die Anhänger dieser Methode nach den Mondzyklen. Sie empfehlen das Umgraben, weil der Boden durch diese Bewegung aufnahmebereit wird für kosmische Impulse.
Die biologisch-dynamische Methode kann zwar von jedermann angewendet werden, es bleibt dann aber bei einer sehr äußerlichen, eher mechanischen Tätigkeit. Für ein tieferes Verständnis der Zusammenhänge ist eine Beschäftigung mit der Antroposophie und ihrer umfassenden Weltanschauung unerläßlich.

Die organisch-biologische Methode

nach Müller-Rusch

Besondere Aufmerksamkeit widmen die Anhänger dieser Methode dem Zustand der Bodenorganismen. Das Bakterienleben soll sich so reich wie möglich entfalten. Zur Verbesserung armer Böden entwickelte Dr. Rusch ein besonderes Bakterienpräparat, das unter dem Namen »Symbioflor« im Handel ist. Es wird über den Boden und über den Kompost gespritzt. Den Zustand des Bakterienlebens im eigenen Garten kann man durch Spezialuntersuchungen testen lassen (siehe S. 79).
Eine wichtige Rolle spielt im organisch-biologischen Gartenbau die ständige Bodenbedeckung. Auch Steinmehl wird regelmäßig in die Humuspflege einbezogen. Sein reicher Gehalt an Spurenelementen soll dafür sorgen, daß aus gesunder Erde gesunde, vollwertige Nahrungspflanzen für Menschen und Tiere wachsen.
Im übrigen empfiehlt die Müller-Rusch-Methode alle biologischen Maßnahmen, die der Verbesserung des Humus dienen: Kompost, Flächenkompostierung mit Stallmist, Gründüngung, Pflanzenjauche und Mischkultur. In Gärten, die organisch-biologisch bearbeitet werden, ist das Umgraben verpönt. Der natürliche Aufbau der Humuszone darf nicht durcheinander geworfen werden, da sich nach Ansicht von Dr. Rusch nur in ungestörten Schichten das Bodenleben harmo-

nisch und reichhaltig entwickelt. Dieser Zustand ist wiederum die Grund-Voraussetzung für die Erhaltung der Fruchtbarkeit. Die Anhänger der organisch-biologischen Methode sind davon überzeugt, daß sie durch ihre Art des Anbaus einen direkten Beitrag zur Erhaltung der Gesundheit leisten können. Diese Variante des naturgemäßen Gärtnerns kann, mit persönlich geprägten Abwandlungen, von jedem erlernt und praktiziert werden.

Die makrobiotische Methode

Dieses Spezialgebiet soll hier kurz umrissen werden, um anzudeuten, wie vielfältig die Variationen zum Thema »natürlicher Garten« sein können. Die Idee zu diesem von weltanschaulichen Überzeugungen geprägten System entstand 1916 in den Schützengräben der Westfront. Sie wurde hauptsächlich von Rudolf Kraft entwickelt. Grundlage ist die makrobiotische Ernährungslehre, bei der ein reichhaltiges Angebot von Spurenelementen eine große Rolle spielt.

Auch im makrobiotischen Garten werden Spurenelemente in Form eines speziellen »Biokonzentrates« verwendet. Als Dünger benutzt man tierische und menschliche Exkremente, die aber erst dann in den Garten gebracht werden, wenn sie die Kompostierung durchlaufen haben. Kompost und besondere Formen der Bodenbedeckung sind auch innerhalb dieser Methode wichtige Elemente der Gartenarbeit.

Auch die makrobiotischen Gärtner beziehen kosmische Kräfte in ihre Arbeit ein. Sie handeln dabei nach den Lehren des Zen-Buddhismus. Die gegensätzlichen Kräfte Yin und Yang beherrschen danach alles Leben auf der Welt von der kleinsten Körperzelle bis zum fernsten Planetensystem. Die Pflanzen werden nach den Prinzipien dieser Ordnung eingeteilt in Gewächse, die vorwiegend Yin- oder vorwiegend Yang-Charakter haben. Dies ist wichtig für den Zeitpunkt der Aussaat. Auch die Anhänger der makrobiotischen Methode säen und pflanzen nach einem Saatkalender, der von kosmischen Gesetzen bestimmt wird und jedes Jahr neu erscheint.

Dieser kurze Einblick in verschiedene biologische Anbaumethoden soll Ihnen nur als Anregung dienen. Wer sich näher mit dem einen oder anderen System beschäftigen oder danach arbeiten möchte, dem sei die Lektüre weiterführender Bücher empfohlen. Sie finden dazu Tips im Anhang unter dem Stichwort »Literaturhinweise«.

Noch etwas sollte Sie der Blick in die abwechslungsreiche Welt biologischer Möglichkeiten lehren: Toleranz. Das Leben ist dort am lebendigsten, wo es in Bewegung bleibt. Dafür sorgen auch immer wieder Gärtner, die trotz aller Erdgebundenheit nach neuen Sternen suchen. Auch die »Grünen« sind noch lange nicht am Ende aller Weisheit. Denken Sie, wenn Sie das »Rechthabenwollen« und das Verlangen nach »festen Regeln« überkommen sollte, ab und zu an die unsterbliche Erkenntnis:

Wie süß ist alles erste Kennenlernen!
Du lebst solange nur, als Du entdeckst.
Doch sei getrost: unendlich ist der Text
und seine Melodie gesetzt aus Sternen.

Erfahrungen

Beispiele für naturgemäße Gärten in Berichten und Bildern

Papier ist geduldig. Auch die Blätter dieses Buches haben bis hierher stillgehalten und sich auf vielen Seiten mit zahlreichen grünen Theorien und biologischen Tips bedrucken lassen. Daraus werden Sie, die Leser und Gärtner, hoffentlich einigen Nutzen ziehen. Sie haben, wenn alles gutgegangen ist, einen klaren Überblick über die Möglichkeiten des naturgemäßen Gärtnerns gewonnen. Sie wissen nun, worum es geht und wie man es macht. Und sie können ihre Erkenntnisse im eigenen Garten anwenden.

Und trotzdem: Das Leben ist gar nicht so – es ist ganz anders! Mögen die grundlegenden Gedanken noch so richtig und notwendig sein – in der grünen Wirklichkeit wuchern oft ungeahnte Probleme aus allen Ecken. Jeder einzelne Gärtner muß mit einer einmaligen Situation fertig werden. Kein Stück Erde gleicht dem anderen. Deshalb werden sich Erfahrungen und gute Ratschläge aus der eigenen Praxis niemals genau mit dem decken, was im Gemüsegarten nebenan oder auf einem 500 km entfernten Kompostplatz geschieht. Lassen Sie sich nicht verwirren, wenn auch bei Ihnen »alles etwas anders« ist.

Zum »Mut machen« sind die folgenden Erfahrungsberichte gedacht. Gärtner und Gärtnerinnen aller Altersstufen erzählen aus ihren kurzen oder langjährigen biologischen Gartenerfahrungen. Sie lassen auf diese Weise andere teilhaben an ihren Erfolgen, verschweigen aber auch ihre Schwierigkeiten nicht. Ihre Gärten liegen über ganz Deutschland verstreut. Das Klima und die Bodenbedingungen sind sehr unterschiedlich. So wird der »biologische Garten« noch einmal von vielen Seiten beleuchtet. Sie erhalten manchen guten Rat über den Zaun, der aus persönlichen Experimenten stammt. Vielleicht wäre dieser oder jener Tip nie zu ihnen gedrungen, wenn sich nicht diese Gartenfreunde bereitgefunden hätten, ihre Erfahrungen mit Ihnen zu teilen.

Vor allem aber soll der Blick in andere Gärten Ihnen beweisen: es geht! So viele private Gärtner haben unter den verschiedensten Bedingungen mit der naturgemäßen Methode Erfolg gehabt, daß auch Sie es wagen dürfen. Sie können dabei nur gewinnen!

Unter lichtem Himmel und rauhem Wind: Ein Traumgarten im Norden

Unser Garten liegt hoch im Norden Deutschlands. Das Klima hier erinnert an das skandinavische: Nach langen Wintern geht das Frühjahr – meist beschränkt auf wenige Tage – direkt in den Sommer über, der meist kurz, aber oft sehr schön ist.

Nicht immer gibt es frühe Fröste, der Herbst ist milde bis in den Dezember hinein. Im Januar, zuweilen erst im Februar, kommt der Winter, der sich oft hartnäckig bis April/Mai hält.
Die nordischen Sommer bringen ein enormes Wachstum, was durch die Fülle des Lichtes bedingt ist. Die Nächte sind kurz, und die Pflanzen nutzen die langen Tage aus. Immer wieder staunen wir über das vollsaftige, schöne reichliche Grün, über das Längenwachstum von Büschen und Bäumen und den Reichtum an Beeren in allen Knicks (große Wallhecken). Kommt zur Sommerzeit noch Regen dazu, dann versperren meterlange neue Triebe den Weg in wenigen Tagen. Als Hinzugezogener muß man da viel lernen. Sparsam und bedacht Bäume und Sträucher pflanzen. Im Hernach tut das Abhauen geliebter Bäume weh und macht viel Arbeit.
Als wir vor gut 10 Jahren unser Grundstück kauften, war es ein verwilderter Acker, der 3 Jahre nicht bebaut war, ohne Baum und Strauch. Der vordere Teil des Gartens besteht aus Sandboden, der dann bis in die Tiefe des Gartens in Lehm übergeht (Moräne). Von Anfang an haben wir mit Kompost gearbeitet. Es fielen ja Berge von Unkraut an. Wegen der Dauerunkräuter wurde er gesiebt. Dazu gab es – und gibt's noch – Mist für's Frühbeet, die Erdbeeren und Rosen. Dazu Knochenmehl für die Kompostzubereitung und für die Dahlien, die mit allerschönsten Blüten dafür danken. Dazu ist im Laufe der Jahre noch ein reiner Laubkompost hinzugekommen, ohne Kalkzugaben, der unseren Rhododendren und ihrer Pflanzengemeinschaft zugute kommt. Die Obstbäume und Beerensträucher bekommen normalen Kompost und werden außerdem gemulcht, was wir auch mit Erfolg bei den Erdbeeren tun. Meinem Rosenbeet habe ich im vergangenen Herbst eine etwa 15–20 cm dicke Schicht Kuh-Mist gegeben, die mit Torf leicht abgedeckt, bis heute liegt. Erfolg: wenig Unkraut, kein Hacken, auch in der trockensten Zeit genügend Feuchtigkeit und ein überreiches Blühen.
Im Gemüsegarten arbeitet mein Mann nur mit Kompost. Außerdem nutzt er seit Jahren die Vorteile des Senfs, den er auf jedes Stückchen Land sät, das noch Zeit bis zur nächsten Pflanzung hat. Das Gemüse ist zart, schmackhaft und wächst in Fülle. Zum Beispiel ernte ich von einer 3 m langen Bohnenreihe gut einen Wassereimer voll Bohnen. Die Möhren sät mein Mann sehr sorgfältig nicht zu dicht, so wachsen große, schwere Früchte heran. Bei den Kartoffeln zieht er die Furchen und überdeckt die eingelegten Kartoffeln mit Kompost. Der Lohn dieser Mühe sind sehr wohlschmeckende Kartoffeln. Seit 3 Jahren reichen die Äpfel – der beste hier oben ist wohl der 'Holsteinische Cox' – bis zum Frühjahr. Es gibt reichlich Erdbeeren, Stachelbeeren, noch mehr Johannisbeeren. Die Roten Johannisbeeren bringen pro Strauch zwei Wassereimer voll Beeren, die Schwarzen je die Hälfte.
Auf die Staudenbeete streue ich im Herbst oder Frühjahr eine dünne Schicht Kompost, die soweit es geht, eingeharkt wird. Etwa ein Viertel des Gartens hat sich mit Bodendeckern eingewachsen. Hier wird nicht gedüngt, nicht gehackt, sondern gewähren gelassen wie im Wald. Nur daß man mal zugeflogene Disteln oder Löwenzahn rausholt. Alles blüht, gedeiht und bringt Frucht. Jedes Jahr verschenke ich körbeweise Pflanzen und Gemüse, und es wird nicht weniger.
Natürlich haben wir auch unseren Kummer im Garten. Die Ernte wird zwar überreich, aber sie kommt durch die lange kalte Witterung spät. Ohne Frühbeet oder Gewächshaus zum Anziehen der Pflanzen muß man lange auf die ersten Salatköpfe warten.
Wie gut ist es da, daß der Feldsalat bis April von den Beeten geerntet werden kann. Zu seinen frischgrünen Blattrosetten suche ich mir jungen Löwenzahn und schneide ihn mit den ersten Spitzen des Schnittlauchs zum Salat.
Es gibt auch Pflanzen, die bei uns nicht heimisch werden wollen. Wie habe ich mich zum Beispiel mit den Löwenmäulchen abgemüht, oder eines

Tages im Sommer finden wir den Kohl voller Raupen. Wie gern möchten wir da soweit wie der Meister Alwin Seifert sein, bei dem es keine Raupen mehr gab (siehe sein Buch »Gärtnern, Ackern – ohne Gift«). Dabei haben die Fliegenschnäpper sozusagen Überstunden gemacht, ganz zu schweigen von den über 20 Vogelpärchen, die ihre Jungen in unserem Garten großgezogen haben. Doch die Raupen schlüpften aus, als schon alle Vögel flügge waren. Aber was soll's! Sammeln wir sie halt ab. Und aller Kummer verfliegt, wenn wir sieben Schritte weitergehen und vor dem Phloxbeet stehenbleiben. Die späte Nachmittagssonne taucht diese Blütenfülle in ein unwirkliches Licht – in eine wundersame violett-blau-rot-rosa-weiße Glut voller Duft und Schönheit. Hier werden wir ganz still und froh und wissen, noch ist Sommer, eine gute Zeit, eine reiche Zeit. Eine Zeit zum Danken und Freuen.
(Ein Blumen- und Gemüsegarten in Schierensee bei Kiel.)

Aus dürrem Heideboden wurde ein fruchtbarer Garten

Über dunkler, mürber Erde leuchtete das Gold der Königskerzen und das lichte Blau der Rittersporntürme. Es war ein grauer Regentag im Sommer 79, als ich den Heidegarten bei Bremen betrat. Dennoch glühte dieses Stück Land – farbig, üppig und fruchtbar. Der Besitzer pflanzte gerade Lauch. Unter seinen weißen Haaren blitzten die blauen Augen mit dem Rittersporn um die Wette.
Der 70jährige hat diesen Garten seit fast drei Jahrzehnten nach biologischen Methoden bearbeitet. Er ist ein Beispiel dafür, daß die naturgemäßen Anbauweisen schon eine lange Tradition haben. Die überall sichtbaren und mit Händen greifbaren Erfolge waren Anlaß genug, dieser Art des Gärtnerns ein Leben lang treu zu bleiben. Der Anfang auf dürrem, sterilem Heideboden war schwer. Er verlangte Mut, Weitsicht und Durchhaltevermögen. Weit und breit gab es keinen Regenwurm. In 30–50 cm Tiefe verlief unter dem gesamten Gelände eine undurchdringliche Schicht aus »Raseneisenerz«, eine durch Ausscheidungen des Heidekrautes entstandene Podsohlzone. Versuche, den eisenharten Untergrund mechanisch zu lockern, erwiesen sich als unmöglich. Der »biologische Gärtner« schaffte es mit »sanften Mitteln«. Systematische Kompost- und Humuspflege wirkten bis in die unlebendige Tiefe.
Heute ergreift der weißhaarige Gärtner einen Silberstahlstab und sticht ihn zum Beweis ins Kartoffelbeet. Mühelos dringt er 75 cm tief ins schwarze Erdreich. Wenige Schritte weiter, jenseits des Gartenlandes, stößt der Stab nach 10 cm auf einen undurchdringlichen Widerstand: Hier ist die Eisenschicht noch allgegenwärtig.
Zu Beginn der Kultivierung wurde »alles Grüne zum Kompost gemacht und dann dem Sand einverleibt.« Es dauerte eine Weile, bis sich die ersten leisen Anzeichen eines Wandels bemerkbar machten. Aber dann wurde es immer besser. Über der »verheideten Düne« begann dunkler Humus zu wachsen. Heute mulcht der mit seinem Garten alt gewordene Heidegärtner im Sommer die Wege, weil die Kulturen auf den vor Fruchtbarkeit überquellenden Beeten so dicht zusammenwachsen, daß er dort keine Abdeckung mehr verteilen kann. Eine interessante Beobachtung: Die Regenwürmer schwärmen von der Flächenkompostierung auf den Wegen in die Gemüsequartiere aus. Die Beetränder sind besonders fruchtbar, dort gedeihen die Pflanzen auffallend gut.
Der erfahrene alte Gärtner schätzt besonders den Wert der selbst angesetzten Jauche. »Sie verteilt die Wirkstoffe viel feiner als Kompost«. Die Zutaten bestehen aus Brennesseln, Comfrey, Algenmehl und Bentonit. Er machte auch die Erfahrung, daß Tagetes die Porrée- und die Möhrenfliege vertreiben. Seine besondere Aufmerksamkeit aber gilt dem Regenwurm. Er berichtet aus jahrzehntelanger Naturbeobachtung:

»Die Wege zwischen den Beeten in meinem Garten sind jedes Jahr die selben. Letztere haben im Winter eine Decke aus im Herbst noch eingesäter, dann im Winter abgefrorener Grünmasse, aus im Winter wachsendem Grün wie Winterwicke und Vogelmiere oder aus einer Lage gebreiteten Strohs oder zerkleinerten Gartenabfällen. Will ich im Frühjahr auf den Beeten Saaten einbringen, so ziehe ich die Reste dieser Haut ab, verteile sie auf den Wegen und lasse sie dort liegen. Die Wege haben also dann eine durch den Tritt verfestigte Decke an organischer Masse.
Auf Nahrungssuche wandert der Regenwurm in die Wege ein und hat dort ein winterfeucht bleibendes Quatier. Dessen gute Erwärmung bei Sonnenschein und später auch unbeschatteter Lage veranlaßt ihn zur Eiablage, so daß vor Mitsommer die neue Generation seiner Nachkommen leicht wahrnehmbar ist, wenn ich die erwähnte Deckschicht untersuche.
Die Rotte bei dieser Art von Flächenkompostierung verläuft schnell. Ich muß für rechtzeitige Nachfütterung sorgen. Die im Sommer schon reichlich anfallenden Gartenabfälle werden gegebenenfalls zerkleinert auf den Wegen ausgebreitet, mit Brennessel- und Comfrey-Jauche ausreichend benetzt sowie mit Strohhäcksel oder anderem Material abgedeckt. Der Rote Mistwurm *(Eisenia foetida)* liebt einen Dungguß von in Wasser aufgelösten Kuhfladen, in den einige Tropfen Baldrianblüten-Preßsaft verrührt werden.
Im Herbst alsdann findet der Wurm auf den benachbarten Beeten genügend Nahrung von absterbenden Pflanzen, so daß er sich über die Gartenfläche verteilt. Dann wird der auf den Wegen reifgewordene, weitgehend in Regenwurmkot verwandelte Kompost mit der Plattschaufel abgehoben und über die abgeernteten Beete verteilt, wo er die langsamen Umsetzungen der organischen Massen zur Winterzeit fördert. Die Wege sind wieder aufnahmebereit. Im Frühjahr beginnt dieses Kreislaufgeschehen aufs Neue.«
(Ein blumenumkränzter Nutzgarten bei Bremen.)

Links: Blick in den üppig blühenden »Traumgarten im Norden«.
Unten: Der »Heidegärtner« bei seinen eingegrabenen Jauchefässern.

Bunter Bauerngarten im Hohenloher Land

Neben dem Wohnhaus reihen sich in einem ländlichen Nutzgarten die Gemüsebeete aneinander. Sonnenblumen, Ringelblumen, Tagetes und Rosen leisten den Gurken und Kartoffeln Gesellschaft. Die Tomatenstöcke können die Fülle roter Kugeln kaum tragen. Die Apfelbäume nebenan biegen sich unter der Last der Früchte.
Dieser Garten liegt etwa 340 m hoch in der Hohenloher Ebene. Der Untergrund besteht hier aus Muschelkalk, der hitzig reagiert und schnell austrocknet. Darüber liegt schwerer Kalkmergelboden. Früher wurde der Garten – nach alter Art – mit Mist und geringen Mengen von Nährsalzen gedüngt. »Kompost« gab es auch. Aber er bestand aus riesigen, zusammengeworfenen Haufen, die innen immer speckig wurden.
1969 wurde der Garten auf die »Methode Gertrud Frank« (siehe Kapitel »Mischkultur«) umgestellt. Erstes Ergebnis der biologischen Mühen: 2 Jahre lang ging der Ertrag zurück! Auch die Apfelbäume machten in der Übergangszeit Schwierigkeiten. Sie wurden von Läusen befallen und mußten mit »Spruzit« gespritzt werden.
Aber dann normalisierte sich alles wieder. Die Erträge erreichten normale Mengen – ohne Zusatzdüngung. Wenn heute in den Nachbargärten über Läuse-Invasionen geklagt wird, bleiben Gemüsebeete und Obstbäume im biologischen Garten frei von Schädlingen. Der schwere Mergelboden ist im Laufe von 8 Jahren so locker geworden, »daß man im Frühling 15 cm tief die Hand mit dem Arm in die Erde stecken kann.«
Der Hausgarten, der die Familie mit Obst und Gemüse versorgt, wird mit den folgenden naturgemäßen Mitteln gepflegt: Kompost wird jetzt in

schmalen, zeltförmigen Mieten aufgesetzt. Er kann zum Teil schon nach 2–3 Monaten verwendet werden. Der beste Zeitpunkt ist dann erreicht, »wenn der Regenwurm den Haufen verläßt«. Auch im Gartenland haben sich die Würmer auffallend vermehrt. Auf alle abgeernteten Beete wird bis Ende September Senf ausgesät, der den schweren Boden durchwurzelt und lockert. Brennnesseljauche dient als »Stimulationsmittel« zur Gesundung der Pflanzen und gegen Schädlinge. Das Kartoffelstück und die Erdbeeren erhalten eine Basaltmehldüngung, die im Februar oder im Herbst über den Boden gestreut wird. Die Selleriepflanzen werden mit heimatlichen Genüssen verwöhnt: Da sie ursprünglich am Meer zu Hause waren, bekommen sie ab und zu einen Eßlöffel Kochsalz ins Gießwasser.

Im März verteilt die »biologische« Gärtnerin auf alle Flächen »Oscorna« (Horn-Blut- und Knochenmehl). Die Erdbeeren, die im rauhen Klima der Hohenloher Ebene früher immer von Milben befallen wurden, sind inzwischen ganz gesund. Neben den Rosen sorgen Tagetes dafür, daß sich keine Schädlinge einnisten.

Besonders gesund und bekömmlich sind offenbar auch die Früchte dieses Gartens. Die gallekranke Schwester der Gärtnerin wünscht sich so oft wie möglich frisches Gemüse und Kartoffeln aus diesem natürlichen Anbau: »Sie spürt immer den Unterschied – die bessere Verträglichkeit!«

Auch ein gallenkranker Professor, der eines Tages zu Besuch weilte, machte diese Erfahrung. »Ich will nichts mitnehmen, ich vertrage keine Gurken«, wollte er das angebotene Gastgeschenk zuerst ablehnen. »Herr Professor, diese Gurken und Tomaten vertragen Sie bestimmt,« beteuerte die biologische Gärtnerin. Der Gast ließ sich überreden und bestätigte später in einem Brief, daß er alles zu seinem eigenen Erstaunen einwandfrei vertragen habe. Von diesem Tag an bestellte er immer frisches Gemüse!

Die Hausfrau und Gartenfreundin, die diesen ländlichen Garten bestellt, ist ein Beispiel dafür, daß es zum Umdenken nie zu spät ist. Nach mehr als 50 Lebensjahren probierte sie es noch einmal »andersherum«. Ein mutiger Versuch, wenn man bedenkt, daß auf dem Lande die Menschen eher dazu neigen, am Altvertrauten festzuhalten. Heute bekennt die »bekehrte«, biologisch gärtnernde Schwäbin: »Man braucht gar nicht mehr so viel Boden, weil der Ertrag so hoch ist. Der Boden quillt über. Man sieht den Erfolg. Deshalb werde ich nie mehr eine andere Methode anwenden«.

(Ländlicher Gemüse- und Obstgarten mit bunter Blumeneinfassung in Schwäbisch Hall-Hessenthal.)

Erfolgreiche Flächenkompostierung im Mini-Garten

Unser Nutzgarten (Gärtlein!) ist nur ca. 10 m² groß und liegt an einem Südhang innerhalb eines großen Blumengartens. Im vorletzten Herbst wurden wir animiert, nicht mehr umzugraben, sondern die Flächenkompostierung vorzuziehen. Wir haben die ganze Fläche abgedeckt mit allen Garten- und Pflanzenresten einschließlich der Kräuter, Salatabfälle, Tomatenstöcke, Mangold- und Krautreste, Laub und so weiter. Damit der Wind, der hier sehr stark wehen kann, die Abfälle nicht wegtragen konnte, haben wir die ganze Fläche mit Baustahlmatten und zum Teil mit Schlitzfolie abgedeckt. Der Erfolg war verblüffend: Die Abfälle waren schon im zeitigen Frühjahr bis auf ein paar Strünke vollkommen verschwunden, übriggeblieben war eine feine lockere und tiefgründige Humusschicht. Zum ersten Male gelang es mir im darauffolgenden Gartenjahr, kerzengerade Möhren zu ernten! Der Befall an Ungeziefer und die Verunkrautung waren so gering wie nie, lediglich ein paar graue Läuse verirrten sich in meine Mini-Kultur. In diesem Herbst sind wir genau so verfahren und freuen uns natürlich, daß uns jetzt und in Zukunft das Umgraben erspart bleibt!

(Kleiner Nutzgarten in Eningen bei Reutlingen.)

Ein Garten, den die Kröten lieben

Im milden, luftfeuchten Klima der Rheinebene liegt der Gemüsegarten einer Heilpraktikerin. Der frühere Acker, am Dorfrand gelegen, hat lehmigen Boden. Er wurde zu Beginn der Umstellung gepflügt, gefräst und dann ein Jahr lang mit Gründüngung eingesät. »Da unten wachsen keine Kartoffeln«, warnten die Bauern im Dorf. Aber die erste Ernte der »Erdäpfel« fiel sehr gut aus.

Von Anfang an wurde der Garten mit Kompost versorgt, den die Gärtnerin mit den biologisch-dynamischen Spezialpräparaten impfte. Vor der Pflanzung wird er auf die Beete verteilt. Als Zusatzdünger hat sich »Oscorna« (Horn-Blut-Knochenmehl) bewährt. Die Kartoffeln bekommen kompostierten Pferdemist, der mit Steinmehl und Erde schichtweise aufgesetzt und mit Torf abgedeckt wird. Hinzu kommen die biologisch-dynamischen Präparate. Schon nach 5 Monaten besteht der Haufen aus »Krümelerde, die nicht mehr nach Mist riecht«. Gemulcht wird im Garten der Heilpraktikerin mit Wiesenschnitt.

Die Tomaten bekommen zweimal wöchentlich Brennesseljauche oder Tomatenblätterjauche. Auch die Stangenbohnen gedeihen besser mit Pflanzenjauche. Im Frühling wird überall im Garten Schachtelhalmbrühe verteilt. Der Bodenzustand in diesem Garten nahe am Rheinstrom war von Anfang an nicht schlecht. Auch das milde Klima bietet günstige Voraussetzungen für gutes Wachstum. Die Erträge sind mit Hilfe der teils biologisch-dynamischen, teils biologisch-organischen Methode auffallend gut.

Nur während der Umstellung gab es Schwierigkeiten mit Raupen an den Kohlköpfen. Dagegen half das Ausstreuen von Holzasche und das Spritzen mit unverdünntem kaltangesetztem Brennesselauszug. Nach etwa 2–3 Jahren wurde dieser ländliche, naturgemäße Garten zum Sammelpunkt für Regenwürmer, Marienkäfer, Ohrwürmer und Kröten. Diese selten gewordenen Insektenfänger mit den Goldaugen wanderten ganz von selbst ein. Sie sind sonst nirgendwo in den Nachbargärten zu finden. Der »Garten ohne Gift« zieht sie offenbar wie magisch an. Die Kröten werden wieder heimisch auf einem Stück Erde, von dem ihnen keine Gefahr droht.

(Ländlicher Gemüse- und Heilkräutergarten in Römerberg bei Speyer.)

Bekehrung durch Tulpenzwiebeln – Kompost verwandelt einen Sandgarten

Alles begann mit dem Ärger über winzige Tulpenzwiebeln. Sie wurden von Jahr zu Jahr kleiner. »Ich habe im Anfang den besten Kunstdünger benutzt, den es auf dem Markt gab«, berichtet der passionierte Gartenfreund. »Ich habe versucht, sie zu bewässern, weil man sagt, in Holland werden sie bewässert. Ich habe mir spezielle Tulpenbücher gekauft. Aber die Tulpenzwiebelgröße nahm nicht zu.« Damals riet ihm ein anderer Gärtner: »Biologisch geht es besser!«

Der enttäuschte Tulpengärtner probierte es – sozusagen als letzten Versuch. Er setzte die Zwiebeln diesmal in Erde, die er mit Kompost und Holzasche vermischt hatte. Im nächsten Frühling erschienen Tulpenblüten, die doppelt so groß waren wie bisher. Im folgenden Sommer staunte der Gärtner noch mehr: Bei der Ernte »kamen ganze Nester von Tulpenzwiebeln heraus, »die jeweils zwei Sondergrößen und mehrere kleinere Zwiebeln enthielten. Drei Jahre lang wurde das Experiment fortgeführt – mit buchstäblich wachsendem Erfolg.

Der Garten, in dem diese »Bekehrung« stattfand, besteht aus »reinem, gelbem Mauersand. Er hatte vorher ab und zu Mist bekommen, hauptsächlich aber Kunstdünger. 50–60 Jahre lang wurde er so bearbeitet und war immer noch sehr sandig.« Das Klima ist mild, typisch für die Rheinebene nahe bei Bonn.

Seit etwa 12 Jahren arbeitet der Freizeitgärtner nun konsequent nach naturgemäßen Methoden. Das erste Experiment im eigenen Garten hatte ihn überzeugt. Dennoch machte er nicht von Anfang an alles richtig. So konnte er sich zum Beispiel nicht von der Gewohnheit des herbstlichen Umgrabens trennen. »Damit habe ich mir sehr viel Kompost selbst vernichtet. Den Kompost, den ich im Frühling ausgestreut habe, den habe ich im Herbst untergegraben. Das mache ich natürlich schon seit einigen Jahren nicht mehr. Und seit dieser Zeit wächst alles noch wesentlich besser!«
Ich streue heute im Herbst soviel wie möglich Kompost aus. Ich mulche soviel wie möglich mit Laub. Dieses Laub bekomme ich von Nachbarn, die Ziergärten haben und von dieser Methode nichts wissen wollen. Außerdem habe ich einen großen Vorteil: Seit ungefähr 2 Jahren bekomme ich aus Fischteichen Algen, die ich mit unter den Kompost mische.«
Dieser engagierte Freizeitgärtner hat inzwischen nicht nur die allgemeinen Regeln des biologischen Gärtnerns erlernt, er hat auch eigene Experimente durchgeführt. Die Grundlage seines Erfolges ist sicher eine genaue, unbefangene Beobachtung der Naturvorgänge. Hinzu kommt der Mut zu persönlichen Schlußfolgerungen. Drei Beispiele – die Kompostherstellung, der Kartoffelanbau und die Obstbaumpflege zeigen, wie dieser Gärtner seinen individuell geprägten naturgemäßen Arbeitsstil fand.
»Ich lasse frisches Grün zuerst vor dem Komposthaufen liegen und etwas anwelken. Innerhalb einer Woche sammle ich soviel an, daß ich einen halben Kasten voll bekomme. Wenn die Menge zu klein ist, erwärmt sie sich nicht. Dann stecke ich ein Thermometer hinein und wenn die Temperatur bei 40–50 °C liegt, gebe ich das Kräuterpulver dazu.« (Nach der Methode von M.E. Bruce selbst hergestellt.)
Der Kompostkasten wurde selbst gebaut aus Kunststoff-Fensterrahmenprofilen. Zwischen den Latten bleiben immer 6 cm »Luft«. Das Gestell

Der selbstgezimmerte Kompostbehälter wird gefüllt, nachdem sich genügend »Abfall« angesammelt hat.

mißt 2,10 m in der Länge und 1,45 m in der Breite. »Ich achte darauf, daß immer eine kleine Decke auf der letzten Schicht liegt, zum Beispiel aus Kunststoffplatten, damit die Wärme nicht so schnell verlorengeht. Auch zuviel Regen wird dadurch abgeschirmt. Zudem schützt diese Decke vor dem Austrocknen.«
Zu den gemischten grünen Abfällen fügt der Gärtner noch Steinmehl, dünn gestreute Küchenabfälle ohne Fett und zerkleinerte Holzstückchen hinzu. Die unterste Schicht besteht immer aus grobem Materal, zum Beispiel Himbeerreisig oder Erbsenreiser. Nach den Erfahrungen dieses Gartenfreundes sollte Wermut nicht unter den Kompost gemischt werden.
Ein gutes Beispiel für die Wirksamkeit dieses Kompostes sind alljährlich die Kartoffeln. »Meine Kartoffeln setze ich auch in ein Stück Land, das ich nie umgrabe. Ich grabe nur Löcher, in die ich eine halbe Kohlenschaufel voll Kompost und etwas Basaltmehl fülle. Dort hinein setze ich meine kleinen Kartoffeln.«

Den Glauben daran, daß Kompost die beste Grundlage für Kartoffeln ist, gewann der Gärtner durch ein Zufallsexperiment. Als in einem Frühling das Saatgut sehr teuer war, benutzte er einfach Restbestände aus einer Kiste, die den Winter mehr schlecht als recht überstanden hatten. Die Knollen waren sehr klein und besaßen keine Keime. Sie wurden in die mit Kompost ausgefütterten Pflanzlöcher gelegt und zusätzlich noch mit Brennesseljauche und Kräuterpulverlösung übergossen. Dann zog der Gärtner die Löcher einfach mit Erde zu. Der Nachbar nebenan pflanzte am gleichen Tag große vorgekeimte Saatkartoffeln.
Anfangs hinkten die biologisch versorgten Mini-Erdäpfel nach. Sie kamen 14 Tage später aus der Erde. Das Laub wuchs nur 40–50 cm hoch, während es im Nachbargarten 60–70 cm erreichte. Im Sommer mulchte der biologische Gärtner mit einer dünnen Grasdecke. Seine Kartoffeln wurden nicht angehäufelt. Sie erhielten im Laufe des Sommers zwei- bis dreimal einen Guß Brennesseljauche, einmal »SPS« und eine Spritzung mit Schachtelhalmbrühe, die gegen Krautfäule vorbeugen sollte.
Der wichtigste Unterschied zwischen den beiden verschiedenen Anbaumethoden diesseits und jenseits des Zauns aber zeigte sich im Herbst: Das Kartoffellaub im biologischen Garten blieb sehr lange grün, während es im Nachbargarten schon abgestorben war. Die Ernte aus dem kompostgedüngten »mickrigen« Saatgut ergab viele große und mittlere Knollen, fast keine kleinen Kartoffeln. Der Nachbar erntete dagegen aus dem besseren Saatgut weniger Knollen, die im Schnitt viel kleiner waren. Mehr gab der sandige Boden bei der konventionellen Bearbeitung nicht her. Dieses Kartoffel-Wettrennen wird nun schon seit 3 Jahren mit dem immer gleichen unterschiedlichen Ergebnis durchgeführt.
Sichtbare Erfolge erzielt der überzeugte biologische Gärtner auch bei seinen Obstbäumen: »Seit einigen Jahren gieße ich um die Obstbäume Brennessel- und Kräuterjauche innerhalb der Kronentraufe. Ein mittelgroßer Pflaumenbaum bekommt ungefähr einen Eimer Brennesseljauche, der beim Gießen 1:3 verdünnt wird. Gewöhnlich gieße ich, wenn es trübe ist oder wenn es regnet. Dabei habe ich festgestellt, daß die Blätter meiner Pflaumenbäume immer saftig grün sind. Der Wurmbefall ist wesentlich geringer. Früher waren die Blätter vollständig verlaust. Damals habe ich noch mit »E 605 forte« gearbeitet, aber es war nicht möglich, die Bäume längere Zeit läusefrei zu bekommen. Jetzt verwende ich überhaupt kein Gift mehr. Nicht einmal »Spruzit«. Die Früchte finde ich sogar noch etwas süßer als früher.«
Der Gärtner, dessen sandiger Boden in den letzten Jahren so auffallend gesunde Erträge bringt, faßt seine 12jährigen Erfahrungen mit der naturgemäßen Methode so zusammen: »Früher mußten wir im Sommer sehr oft und sehr lange mit der Gießkanne im Garten stehen, weil hier in dem Sandboden die Pflanzen sehr schnell vertrockneten. Das Gießen hatte nur den einen Sinn: die Pflanzen am Leben zu erhalten. Gewachsen sind sie dadurch nicht. Seit wir Kompost und Mulch in den Garten bringen, ist das anders geworden. Es gibt jetzt Jahre, in denen wir nicht einmal die Gießkanne benutzen müssen, um die Pflanzen am Leben zu erhalten. Und die Erde ist heute wesentlich lockerer als zu der Zeit, als ich noch gegraben habe.«
(Großer Hausgarten mit Gemüse, Obst, Blumen und vielen Kräutern in Siegburg-Kaldauen.)

Vom Müllplatz zum Paradies – der Garten, der aus der Wildnis wuchs

Ein junges gartenbegeistertes Ehepaar zog 1972 um und ließ sich auch durch widrige Umstände nicht entmutigen. Der »Garten« hinter dem Mietshaus wurde als Müll- und Brennplatz benutzt. Die beiden erhielten die Erlaubnis, ein Stück der Wildnis urbar zu machen. Der Boden erwies sich als Sand mit kiesigem Untergrund. Das Klima am Stadtrand von Köln ist mild mit kurzen, schneearmen Wintern.

Als erstes wurde ein Komposthaufen angelegt, denn »biologisch infiziert« war das Ehepaar bereits. Sofort erschien ein mißtrauischer Nachbar am Zaun. Die beiden geben eine Ehrenerklärung ab, daß der »Misthaufen« nicht stinken wird.

Im Frühling 1973 frißt ein unerkannt gebliebenes Kaninchen die ersten geschenkten Kohlrabipflanzen ab. Um weiteren Enttäuschungen zu entgehen, zieht der Gärtner einen niedrigen Maschendrahtzaun rings um das Gemüsestück. Dann wird der erste Kompost verteilt. Ende des Jahres stellt die Gärtnerin fest: »Ernte – außer Prachtradieschen und Schnittsalat recht dürftig. Teils durch zu spätes Pflanzen, zum anderen weil der Boden ohne Gehalt ist.« Die beiden nehmen noch ein Stück Wiese »unter den Spaten« und kaufen ein Foliengewächshaus.

Das Gartenjahr 1974 beginnt mit einer großen Freude: Im Kompost tauchen die ersten Regenwurmkolonien auf. Die Ernte ist schon »erheblich« größer. In diesem Jahr beginnt ein unfreiwilliges Experiment, das mit einem verblüffenden Ergebnis enden wird. Die junge Frau erwartet ihr zweites Kind, und das Bücken fällt ihr schwer. So wirft sie Grasschnitt, Brombeerranken, Zweige und Pappkartons in einer Ecke hinter dem Gewächshaus einfach aufeinander. Mit der Absicht: nächstes Jahr, wenn alles wieder leichter geht, kann man Ordnung schaffen! Vater schimpft daraufhin lautstark über den »Misthaufen«, findet aber selber nicht die Zeit, das Übel aus der Gartenwelt zu schaffen.

1975 wird dieser »Grobkompost« angestochen. Ergebnis: phantastisch! Er ist locker und gar nicht – wie vorgestellt – pappig. Er wird ungesiebt in den Boden eingebracht und auch als Mulchdecke verwendet. Vater ändert sein Urteil über Mutters Gartenkünste: »Du bist ein Prachtkind!«

Nachträgliche Überlegungen bringen Licht in die Vorgänge, die diesen unbeabsichtigten Erfolg verursachten. Wäre allein der Grasschnitt in der Ecke gelagert worden, so hätte das Ergebnis sicher faulige Schichten gezeigt. Die Vermischung mit dem groben Material hatte dagegen ständig für genügend Luft gesorgt. Deshalb konnte eine gesunde Rotte einsetzen. Der Haufen hatte übrigens einen »Mantel« aus Pappe, die sich langsam mit auflöste. Auf seinem »Rücken« gediehen prachtvolle Zucchini und Kürbchen.

In diesem Sommer 1975 führt die Gärtnerin eine »Gemüse-Ertrags-Statistik«. Der Boden hat sich so sichtbar verbessert, die Ernte fällt so reichlich aus, daß sie das Ergebnis auch einmal in handfesten Zahlen ermitteln möchte. Sie schreibt also regelmäßig folgende Fakten auf: Datum des Tages, Menge der Ernte, Tagespreis des jeweiligen Gemüses pro Stück oder Pfund, Gesamtpreis. Für Strauchbohnen sieht die Bilanz am 18.7. so aus: Ernte 3,25 kg, Tagespreis pro kg 2,80 DM. Gesamtpreis 9,10 DM. Die Erbsen bringen am 22.6. 3 kg auf die Waage. Der Tagespreis beträgt 3,70 DM pro kg, der Gesamtwert der eigenen Ernte wird danach mit 11,10 DM notiert.

Unter anderem erntet das Ehepaar 1975 aus jeweils einer Tüte Saatgut, die meist nicht einmal ganz verbraucht wurde:

10,5 kg Erbsen (Wert nach Durchschnittpreisen 35,35 DM), 7,25 kg Strauchbohnen (Wert nach Durchschnittpreisen 19,85 DM), 26½ Stück Kohlrabi (Wert nach Durchschnittspreisen 14,86 DM).

Aus 80 Stück Saatgutkartoffeln wachsen rund 40 kg Kartoffeln im Wert von 35,80 DM. Den Rekord erbringt das Gewächshaus mit 91,58 kg Gurken, die im Laden 143,60 DM gekostet hätten. Schlechte Erträge zeigen nur die Möhren. Die Möhrenfliege konnte noch nicht vertrieben werden.

In diesem ertragreichen Jahr, in dem der Garten zusehends gesünder wurde, kommt auch die zweite Tochter zur Welt. Dompfaffen, Meisen, Rotkehlchen und Pfauenaugen finden sich von

selbst ein und werden mit Freude beobachtet. Noch ein Erfolg: auch der Nachbar ist nun von den guten Wirkungen der biologischen Methode überzeugt. »Sein Kompost steht jetzt Rücken an Rücken mit unserem.«
1976–1979 baut das Freizeitgärtner-Ehepaar den naturgemäßen Anbau weiter aus. Mutter ist für die Blumen, für die Anzucht im Gewächshaus und für das Einmachen der Ernte zuständig. Ihre Spezialität sind süß-saure Gurken im Steintopf. Vater ist Gemüsebauer und Komposthersteller. Er hat inzwischen »Vorräte« angelegt: zwei bis drei umgesetzte Komposthaufen und der bewährte Grobkompost stehen ständig zur Verfügung. Normaler Kompost ist nach 5–6 Monaten reif. Als Zusätze bekommen die Haufen nur Reste von Reifekompost und Kalk. Die Zusatzdüngung im Garten besteht aus Guano und Horn-Blutmehl, die in Torf eingearbeitet werden. 1978 ergibt ein Bodentest: die Erde ist alkalisch. Seitdem werden die Kalkgaben im Kompost stark eingeschränkt.
Im Garten dieser jungen Familie wachsen auch die beiden kleinen Töchter »im biologischen Gleichgewicht« auf. Für sie ist Kompost die natürlichste Sache der Welt. Eines Tages findet die vierjährige Stefanie einen Regenwurm beim Spielen, hebt ihn behutsam auf und bringt ihn zum Kompost. Ihre Freundin sieht zu und ekelt sich: »iieh!«
Sagt Stefie: »Nix iieh! Das sind gute Tiere, die wohnen bei uns im Komposthaufen. Die richtige Wohnung ist eine Kaffeetüte. Und da haben sie ganz viele Kinder!«
Die große siebenjährige Schwester Christiane hat schon ihren eigenen Garten, der selbstverständlich auch mit Kompost versorgt wird. Da sie ständig von allen Seiten hört, wie gut diese dunkle braune Erde ist, und daß sie wunderbare Dinge vollbringt, fragt Stefie eines Tages: »Wenn ich Kompost esse, werde ich dann auch so groß wie Christianes Sonnenblumen?«
(Buntgemischter Hausgarten mit Foliengewächshaus und Kindergärtchen am Stadtrand von Köln.)

Oben: Riesen-Gurkenernte im Biogewächshaus.
Unten: Kartoffeln.

Der Nutzgarten

Allgemeine Praxis

Hilfreiche Ordnung

Auf den Plänen alter Kloster- oder Schloßgärten sind die Gemüsebeete in übersichtlicher, meist symmetrischer Anordnung angelegt. Noch heute – viele Jahrhunderte später – könnte ein Gärtner sich in dieser Einteilung zurechtfinden und die Quartiere entsprechend sinnvoll bepflanzen. Solche Ordnung ist kein Zufall. Sie hat sich in der Praxis bewährt und erleichtert die Arbeit.

Auch naturgemäß denkende Gärtner sollten, ehe sie zur Hacke und zur Samentüte greifen, Bleistift und Papier benutzen. Zeichnen Sie einen einfachen Plan, und teilen Sie dabei Ihren Nutzgarten so ein, daß Sie beim Fruchtwechsel stets den Überblick behalten. Ordnung zwischen Gemüse-, Kräuter- und Obstkulturen hat auch ganz alltägliche praktische Vorteile: Sie können leichter Unkraut jäten, säen, pflanzen und ernten.

Legen Sie auf jeden Fall Wege zwischen den Beeten an. Diese anfängliche Mühe macht Ihnen später das Gartenleben viel leichter. Die einfachste Form der Einteilung kann aus schlichten »Trampelpfaden« bestehen. Messen Sie zunächst die Beete ab. Sie sollten immer 1,20 m breit sein. Das ist ein bewährtes Arbeitsmaß. Der Gärtner kann von beiden Seiten bis zur Mitte der Fläche »hantieren«. Er bleibt dabei mit den Füßen auf dem Weg, die Humusschicht wird niemals unnötig festgetreten. Als günstige Wegbreite können Sie 30 cm einplanen. Dieses Maß ist aber kein Muß. In kleinen Gärten, wo der Platz rar ist, können die Pfade etwas schmaler ausfallen, in weiträumigen Anlagen auch breiter und bequemer. Festgetretene Erde ist, wie gesagt, die einfachste Unterteilung.

Dauerhafter sind Plattenwege. Sie können dafür einfache, preiswerte Betonplatten verwenden, die in einem Sandbett verlegt werden. Auch Ziegelsteine oder Natursteine eignen sich natürlich für eine solche Abgrenzung. Feste Wege dieser Art haben viele Vorteile: Sie halten lange, sie sind mühelos sauberzuhalten und sie verhindern den Unkrautwuchs von einem Beet zum anderen. Außerdem können Sie bei jedem Wetter an die Pflanzen herantreten. Auch nach einem Gewitterguß ist es dann möglich, einen Kohlkopf zu schneiden oder ein paar Möhren zu ziehen, ohne im Schlamm zu versinken.

Zum Charakter eines naturgemäßen Gartens passen auch sehr gut rustikale Eisenbahnschwellen. Diese schweren Eichenbalken sind unverwüstlich. Mit solchen Schwellen können Sie Beete abgrenzen oder Wege verlegen. Bei Regenwetter kann die Holzoberfläche allerdings glitschig werden. Dies müssen Sie bedenken, wenn Sie sich für ein solch schönes, dauerhaftes Naturmaterial entscheiden.

In alten Bauerngärten wurde der Nutzgarten oft

Eine übersichtliche Einteilung des Nutzgartens erleichtert viele Arbeiten. Vor allem bleibt die Übersicht über die Fruchtfolge besser gewahrt.

durch Kieswege und niedrige Buchsbaumhecken unterteilt. Im Zentrum befand sich ein buntes Blumenrondell. Auch von solchen liebenswert-praktischen Anregungen aus den »Bio-Gärten« vergangener Zeiten können Sie sich bei der Gestaltung anregen lassen.
Die Länge der Beete richtet sich ganz nach Ihren Gartenverhältnissen und Ihrer Familiengröße. Wer große Mengen ernten möchte, der wird möglichst lange Beete einrichten. Wer sich von allem etwas, buntgemischt und abwechslungsreich wünscht, der braucht mehrere kleine Unterteilungen. In diesem Fall ist es praktisch, wenn Sie einen Mittelweg anlegen und die Beete rechts und links von dieser Achse anordnen.
Wenn Sie nach den Regeln des Fruchtwechsels gärtnern wollen, müssen Sie den ganzen Garten von Anfang an in vier Quartiere einteilen. Dabei kann jedes Quartier mehrere Beete umfassen. Sie wechseln dann immer zwischen den großen Gruppen der Starkzehrer, Mittelzehrer und Schwachzehrer ab. Das vierte Feld gehört den Tomaten, den Erdbeeren und dem Rhabarber, die »standorttreu« sind und deshalb das Wechselspiel nicht mitmachen. Wenn Sie nach den Regeln der Mischkultur gärtnern möchten, dann genügt die einfache Beeteinteilung.
Zur Gliederung des Gartens, die von Anfang an geplant sein muß, gehören auch schützende Hekken. Sie dürfen aber nie so hoch wachsen, daß der Gartenraum dadurch schattig und stickig wird. Die Einfassung soll vor allem Wind und Kälte abschirmen und dadurch ein günstiges Kleinklima schaffen. Licht und Sonne dürfen dabei nicht ausgesperrt werden. Selbstverständlich teilen Sie auch dem Kompost einen günstigen ausgesuchten Platz zu. In seiner Nähe sollten möglichst auch die Jauchetonnen untergebracht sein. Wenn Sie Hügelkulturen ausprobieren möchten, müssen diese Spezialbeete ebenfalls sorgfältig in Nord-Süd-Richtung eingeplant werden. Überdenken Sie alles gründlich, denn später machen Änderungen viel Arbeit.

Gartenwege aus rustikalen Ziegelsteinen.

Bodenvorbereitung

Über das Leben im Boden und über die Humuspflege haben Sie in diesem Buch schon soviel Grundlegendes erfahren, daß wir uns hier auf die wichtigsten Arbeitsvorgänge beschränken können. Da ein biologischer Gärtner nicht mehr umgräbt, gehören zu seinen Werkzeugen vor allem: eine starke Grabgabel mit vier Zinken, eine handliche Hacke, ein kleiner Grubber, mit dem man zwischen den Reihen arbeiten kann, und ein Rechen. Ein sehr praktisches, speziell für den biologischen Garten entwickeltes Gerät ist der »Sauzahn«. Er besteht aus einem einzigen, sichelförmig gebogenen Zinken, der durch das Erdreich gezogen wird. So kann der Gärtner den Boden tief lockern ohne die Schichten umzuwenden. Besonders in schweren lehmigen Böden zeigt dieser »Sauzahn« seine großen Vorteile. Seine wohldurchdachte Form – auch der Stiel ist leicht gebogen – verringert den Kräfteaufwand. Der »große Bruder« dieses Gerätes ist der »Grubbi«. Beide Werkzeuge lassen sich verhältnismäßig leicht durch das Beet ziehen. Die normale Hacke, mit der man solche Bodenlockerungen sonst bewältigen muß, geht dagegen »auf's Kreuz«.

Bereiten Sie möglichst im Herbst Ihre Beete schon aufs nächste Frühjahr vor. Lockern Sie den Boden entweder mit dem Sauzahn, dem Grubbi oder mit der Grabgabel, die Sie tief einstechen und dann ruckweise bewegen. Um diese Jahreszeit verteilen Sie auf allen freien Flächen 2–3 cm hoch Grobkompost, der mit einer Mulchschicht über Winter abgedeckt wird. Überall dort, wo Sie im nächsten Jahr Gemüse mit hohen Nährstoffansprüchen, also die sogenannten Starkzehrer, pflanzen wollen, verteilen Sie im Herbst oder im zeitigen Frühjahr je nach Bedarf und Bodenzustand auch organischen Dünger. Spätester Termin: 3–4 Wochen vor der Pflanzung oder Aussaat. Sie können gutverrotteten Mist, Horn-Blut-Knochenmehl, getrockneten Rinderdünger oder Guano verwenden.

Eine gute Vorbereitung, die den Stallmist ersetzt, ist auch eine Gründüngung. Wenn Sie die Herbstarbeit nicht mehr schaffen, sollten Sie wenigstens alle Beete mit Mulch abdecken. Bei frostfreiem Wetter können Sie im März noch Kompost im Garten verteilen. Die Beete der Mittelzehrer versorgen Sie, wo dies nötig erscheint, mit einem organischen Vorratsdünger. Eine Mischung aus Horn-Blut- und Knochenmehl oder grobe Hornspäne, die sich nur langsam zersetzen, eignen sich hier besonders.

Denken Sie daran: Kompost und Dünger werden nur flach mit einer Hacke oder dem Grubber in die oberste Bodenschicht eingearbeitet. Im Frühling brauchen Sie die Erde Ihrer Beete nur noch einmal leicht und locker durchzuziehen.

Warme Füße für den Frühling: Anzucht im Frühbeet, unter Folien und auf der Fensterbank

Nach langen Wintermonaten, die arm an frischen Vitaminen sind, ist die früheste Ernte aus dem eigenen Garten besonders wertvoll. Mit ein wenig »künstlicher« Wärme können Sie dem Frühling auf die Sprünge helfen und einen Wachstumsvorsprung gewinnen.

Der warme Frühbeetkasten ist eine altbewährte Einrichtung. Sie können ihn aus Brettern selber bauen. Die Rückwand muß 20–25 cm höher sein als die Vorderseite, so daß die Fenster schräg aufliegen. Wählen Sie den Platz für das Treibbeet immer so, daß es nach Süden geöffnet wird. Sie wollen ja auch die Sonne als Energiespender nutzen! Zur Abdeckung können Sie ausrangierte Fenster oder Plexiglasscheiben benutzen.

Bereits im Herbst wird in diesem »Mistbeet« 40–60 cm tief die Erde ausgehoben. Füllen Sie das »Loch« mit lockerem Laub und Gartenabfall. Im Februar, wenn der Gartenboden oft noch gefroren ist, können Sie diese Schicht leicht entfernen und die organische »Heizung« in Form von Pferdemist einbringen. Er wird schichtweise festgetreten – insgesamt etwa 20–30 cm hoch. Darüber füllen Sie 20 cm gute Gartenerde oder reifen Kompost. Dann schließen Sie die Fenster, so daß keine kalte Außenluft eindringen kann. Der hitzige Pferdemist erwärmt nun die darüberliegende Erde. Dies ist wichtig, weil Samen Wärme und Feuchtigkeit brauchen, um zu keimen. Eine zusätzliche »Außenpackung« aus Laub oder Stroh wirkt als nützliche Wärmedämmung.

Wenn Sie keinen Mist bekommen können, dient eine Strohpackung als Fußbodenheizung. Füllen Sie das Material bereits im Herbst in den Kasten. Im Februar übergießen Sie das Stroh durchdringend mit Brennesseljauche oder einer anderen Düngerbrühe. Treten Sie auch diese Packung fest und schichten Sie zuletzt gute Erde darüber.

Foliengewächshaus für warme Kulturen.

Im Handel sind zahlreiche praktische Frühbeetkonstruktionen erhältlich. Sie bestehen aus Plastik, Plexiglas, Asbestzement oder Holz. Dazu gibt es auch elektrische Heizsysteme, die in der Erde verlegt werden. Wer selbst nicht handwerklich begabt ist, der kann in diesem gut sortierten Angebot sicher ein passendes Modell finden.
Preiswert und leicht zu handhaben sind **Folientunnel.** Sie bestehen meist aus halbrunden Metallbügeln, die in die Erde gesteckt werden und das Beet überspannen. Darüber werden Plastikfolien ausgebreitet, so daß ein niedriger Tunnel entsteht. Ein solches mobiles kleines Warmhaus können Sie auch leicht selber herstellen. Bei den meisten Konstruktionen müssen die Plastikbahnen seitlich mit Brettern und Steinen beschwert werden, damit die durchsichtige Abdeckung festen Halt erhält. Besonders einfach funktionieren die geschlitzten **»mitwachsenden« Folien.** Ihre Oberfläche ist durchbrochen und deshalb dehnbar. Diese Plastikbahnen legen Sie einfach auf den Boden des Beetes. Sie wölben sich mit den wachsenden Pflanzen hoch. Das Material vergrößert die Wärme und ist gleichzeitig durchlässig für Luft und Feuchtigkeit.
Bei allen anderen Kästen oder Tunneln muß der Gärtner sorgfältig auf die Wärmeregulierung und auf rechtzeitiges Gießen achten. Unter Glas und Folie können die Temperaturen sehr rasch hochsteigen, wenn die Frühlingssonne scheint. Dann muß gelüftet oder sogar mit Strohmatten schattiert werden. Rechtzeitig am Nachmittag muß der Gärtner wieder »alle Luken schließen«, damit über Nacht die Wärme gespeichert bleibt. Gießen Sie am Morgen oder am späten Nachmittag, niemals zur Mittagszeit, denn Wassertropfen wirken dann auf den zarten Blättern wie Brenngläser!
Frühbeetaussaaten machen also Arbeit, man darf sie nie längere Zeit aus den Augen lassen. Aber diese Mühe lohnt sich, denn die erste frühe Ernte ist ein Hochgenuß und zugleich beste Medizin – eine herrliche Frühjahrskur aus dem Garten!
Der kostbare Platz im Warmen muß wohldurchdacht genutzt werden. Säen Sie Radieschen, Frühlingsrettiche und Kresse aus. Dazu gehört Schnittsalat, der rasch wächst. Einen weiteren Vorsprung gewinnen Sie, wenn Sie sich die ersten Kopfsalatpflanzen vom Gärtner besorgen. Graben Sie aus den Freilandbeständen zwei Ballen Schnittlauch aus, die in der Wärme bald zu treiben beginnen. Auch ein paar Körner Dill und Boretsch sollten Sie noch ausstreuen. Die ersten frischen Kräuter machen Ihren Salat zur unvergleichlichen Delikatesse!
Geschützte warme Saatbeete können Sie natürlich auch als Aussaatplatz für kälteempfindliche Sämereien benutzen. Sowohl Sommerblumen als auch Gemüse wachsen hier wohlbehalten heran. Im Sommer gedeihen Melonen, Paprika, Gurken, Auberginen und andere Südländer im Schutz von Glas und Folie.
Aber nicht nur unter sondern auch hinter Glas ziehen geschickte Gärtner ihre Pflanzen vor. Auf

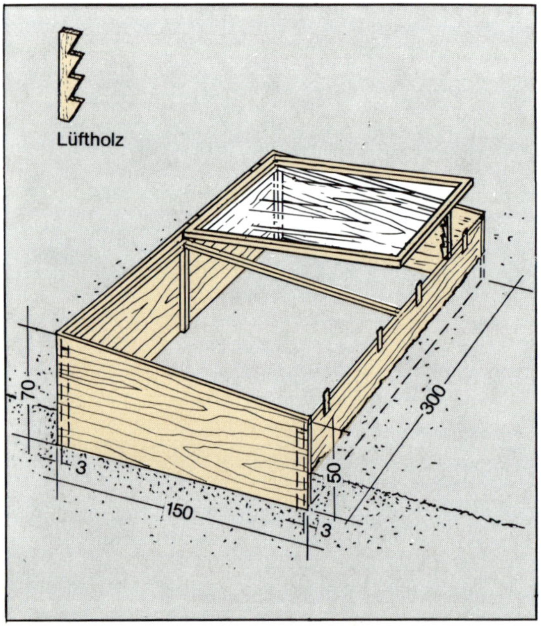

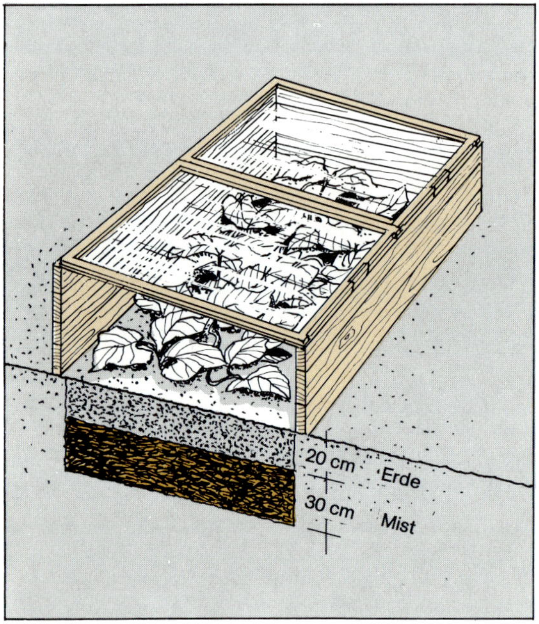

einer warmen **Fensterbank,** direkt hinter der Scheibe, können Schalen und Töpfe aufgestellt werden, die Sie mit einer sandigen Erdmischung füllen. Darin säen Sie diejenigen Gewächse aus, die erst nach den Eisheiligen, also ab Mitte Mai, ins Freiland dürfen. Basilikum, Tomaten, Paprika, Zucchini und andere wärmebedürftige Pflanzen gedeihen in diesem wohlbehüteten Kinder-Garten. Unter einer Glasscheibe oder einer Plastikhaube entsteht auch in einem Topf ein feuchtes Gewächshausklima, in dem die Samen schnell keimen.

Die stärksten Jungpflanzen setzen Sie dann einzeln in kleine Tontöpfe oder in Torftöpfe um. Unter Gärtnern nennt man das pikieren. Sie müssen hell stehen, regelmäßig gegossen werden und brauchen viel frische Luft, damit sie sich abhärten und nicht zu langbeinigen Schwächlingen hochschießen. Achten Sie beim Lüften aber darauf, daß kein Durchzug entsteht. In einer geschützten Balkonecke oder in einem Frühbeet können Sie Jungpflanzen am besten auf den Umzug ins Freiland vorbereiten.

Aus Holzbrettern und Fensterrahmen können Sie einen Frühbeetkasten selber bauen. Eine Mistschicht darunter dient als ›Fußbodenheizung‹ (links). Diese Modelle gibt es fertig im Handel: mit selbstlüftenden Fenstern (1) und als Plexiglaskonstruktion ›am Stück‹ (2). Leicht nachzubauen: Tunnel und Hauben aus Drahtbügeln, Plexiglas und Plastikfolie (3–7).

1
2
3

4
5
6
7

Anzucht auf der Fensterbank: Scherben über Abzugslöcher legen, in feine Erde säen, übersieben, Jungpflanzen in Ton-, Plastik- oder Torftöpfe pikieren.

Im Frühling herrscht Hochbetrieb im Garten. Ab Mai können vorgetriebene Pflanzen ins Freiland umziehen.

Aussaat im Freiland

Bereiten Sie ein Saatbeet immer sorgfältig vor. Es muß locker, feinkrümelig, feucht und nahrhaft sein. Wo Sie gemulcht haben, brauchen Sie die Decke nur beiseite zu schieben, um dazwischen die Reihen zu ziehen. Benutzen Sie dazu eine Gärtnerschnur, dann werden sie auch schnurgerade. Wer gutes Augenmaß hat, der kann die Reihen aber auch »aus der freien Hand« mit dem umgekehrten Stiel der Hacke ziehen. Die Rillen füllen Sie dann mit feingesiebtem Reifekompost und stäuben noch ein wenig Steinmehl darüber.

Besorgen Sie sich das beste Saatgut, das Sie bekommen können, es garantiert Ihnen bereits den halben Erfolg und gesundes Wachstum. Für die Aussaat sollten Sie unbedingt den richtigen Zeitpunkt abpassen. Die Termine stehen auf den Saattüten, und Sie finden sie auch bei den Einzelbeschreibungen der Gemüse und Blumen in diesem Buch. Aber Zahlen und Daten nützen gar nichts, wenn das Wetter nicht mitmacht. Ungeduldige Gärtner, die in kalte, nasse Erde säen, erleben oft Rückschläge und Enttäuschungen. Merken Sie sich eine ganz einfache, natürliche Regel: Was keimen und wachsen soll, braucht Wärme und Feuchtigkeit. Kartoffeln zum Beispiel, die Sie 10 Tage später bei günstigem Wetter in den warmen Boden legen, holen die Zeit rasch wieder ein. Sie wachsen gesünder als solche, die einen Kälterückschlag erleiden.

Bei der Wahl des günstigsten Termins müssen Sie aber auch bedenken, daß Sandböden sich schneller erwärmen und deshalb auch früher bearbeitet werden können. Schwere, lehmige Böden dürfen Sie erst betreten, wenn sie krümelig geworden sind. Solange diese Erde an den Gartenstiefeln kleben bleibt, sollten Sie sie »in Ruhe lassen«.

Für die Wärme im Freiland ist die Natur zuständig, für die Feuchtigkeit können Sie selber sorgen. Samen werden ja nur dünn mit Erde bedeckt, die Schicht soll nur so dick sein, wie der Durchmesser

Aussaat im Freiland: mit der Gärtnerschnur Reihen abstecken, Rillen mit dem Rechen zuziehen.

des Korns. Dann drücken Sie mit der Hand oder der Rückseite des Rechens die Reihen leicht fest und gießen vorsichtig an. Da diese dünne Abdeckung sehr schnell austrocknen kann, wenden Sie am besten einen alten Gärtnertrick an: Legen Sie in den ersten 10 Tagen feuchte Säcke über das Saatbeet. Sobald die Keime die Erde durchstoßen, ist die schwierigste Zeit überstanden. Bedenken Sie: Wer über schlechtes Saatgut schimpft, der hat oft nur vergessen, seine Aussaat gleichmäßig feucht zu halten!

Und noch ein Tip: Säen Sie nicht zu dicht, sonst treten sich die jungen Pflanzen später unterirdisch auf die Füße. Sie bekommen nicht genug Luft, Wasser und Nahrung und wachsen schlecht. Bewahren Sie ruhig den Rest der Körner in der Tüte auf. Viele Sämereien bleiben längere Zeit keimfähig. Im nächsten Jahr streuen Sie dann ein paar Samen auf ein feuchtes Löschblatt und machen eine Keimprobe. Wenn von 10 Körnern mehr als 5 aufgehen, können Sie das Saatgut noch benutzen.

Pflanzen und pflegen

Viele Gemüsesaaten werden, nachdem die Saat aufgegangen ist, noch einmal verpflanzt. Bei manchen genügt es auch, die Reihen auszulichten, so daß die Pflanzen genügend Abstand bekommen. Beim Herausnehmen und Versetzen erleiden die Wurzeln natürlich einen »Schock«. Helfen Sie ihnen beim neuen Anwachsen, indem Sie die Ballen in eine »SPS«-Wildkräuterlösung tauchen, oder indem Sie sie mit verdünnter Brennesseljauche angießen. Das Pflanzloch füttern Sie mit feingesiebtem Reifekompost aus – niemals mit Grobkompost, der Fäulnis verursachen kann! Auch ein wenig Steinmehl, in Saatrillen und Pflanzlöcher gestreut, verhilft Ihren Pflanzen zu einem guten Start.

Denken Sie auch daran, daß es Gewächse gibt, die tief gepflanzt werden müssen, zum Beispiel Lauch, Kohlarten und Tomaten, während andere, wie Salat, Sellerie und Zwiebeln, so hoch gepflanzt werden, daß sie anfangs etwas wackelig auf den Beinen stehen.

Auf gemulchten Beeten räumen Sie nur den Platz für Pflanzlöcher frei, ringsum bleibt die Bodendecke liegen. Achten Sie stets auf die richtigen Abstände, die auf Samentüten und bei den Einzelbeschreibungen in diesem Buch jeweils angegeben werden. Sie müssen sich immer die Ausmaße der erwachsenen Pflanzen vor Augen halten; die zierlichen Setzlinge täuschen! Viele Gärtner empfehlen, ein Pflanzholz zu benutzen, um die Löcher gleichmäßig und tief in den Boden zu bohren. Die Pflanzen werden dann von der Seite mit diesem

Holz sanft festgedrückt. In weicher und tiefgründiger Erde können Sie aber auch einfach mit den Händen pflanzen. So haben Sie den ganzen Vorgang »im Gefühl«. Die Hand ist das vielseitigste und sensibelste »Arbeitsgerät« des Gärtners.
Günstig für das Verpflanzen sind Tage, an denen der Himmel bedeckt und die Erde feucht ist. Muten Sie Ihren Gewächsen niemals zu, bei Hitze und Sonnenschein den Standort zu wechseln. Durch die Verdunstung würde ihr ohnehin strapazierter »Kreislauf« unerträglich belastet. Drücken Sie nach dem Umsetzen die Erde leicht mit den Händen fest, und gießen Sie vorsichtig an. Düngen Sie erst, wenn die Wurzeln wieder »Fuß gefaßt« haben. Verwenden Sie, wenn es im Hochsommer bei einer längeren Hitzewelle einmal nötig sein sollte, stets abgestandenes, temperiertes Wasser. Ein kalter Wasserstrahl bedeutet für Ihre Pflanzen einen genau so unangenehmen Schock wie für Sie selbst! Gießen Sie dann nicht mit der Brause »obenhin«, sondern gezielt und kräftig in den Wurzelbereich. Es ist vielwirkungsvoller, einmal durchdringend zu wässern, als nur die Erdoberfläche zu benetzen.
Verwenden Sie Pflanzenjauche als Kopfdüngung und als vorbeugenden Schutz gegen Krankheiten und Schädlinge. Entfernen Sie regelmäßig welke Blätter, überflüssige Tomatentriebe, Erdbeerranken und anderen »Wildwuchs«. Pflanzen, die ihre Früchte nicht allein hochhalten können, werden festgebunden.
Je regelmäßiger Sie die alltäglichen kleinen Pflegemaßnahmen durchführen, desto weniger Arbeit bedeuten sie. Zur Plage wird die Gartenarbeit erst, wenn Ihnen durch längere Vernachlässigung die »Wildnis« buchstäblich über den Kopf wächst.

Ernten und konservieren

Gemüse, Kräuter und Obst fallen zur Haupterntezeit oft in so reicher Menge an, daß Sie unmöglich alles frisch verwerten können. Außerdem möchten

Einschlag von Gemüse in einer Miete unter Stroh und Erdabdeckung oder in einer Erdgrube.

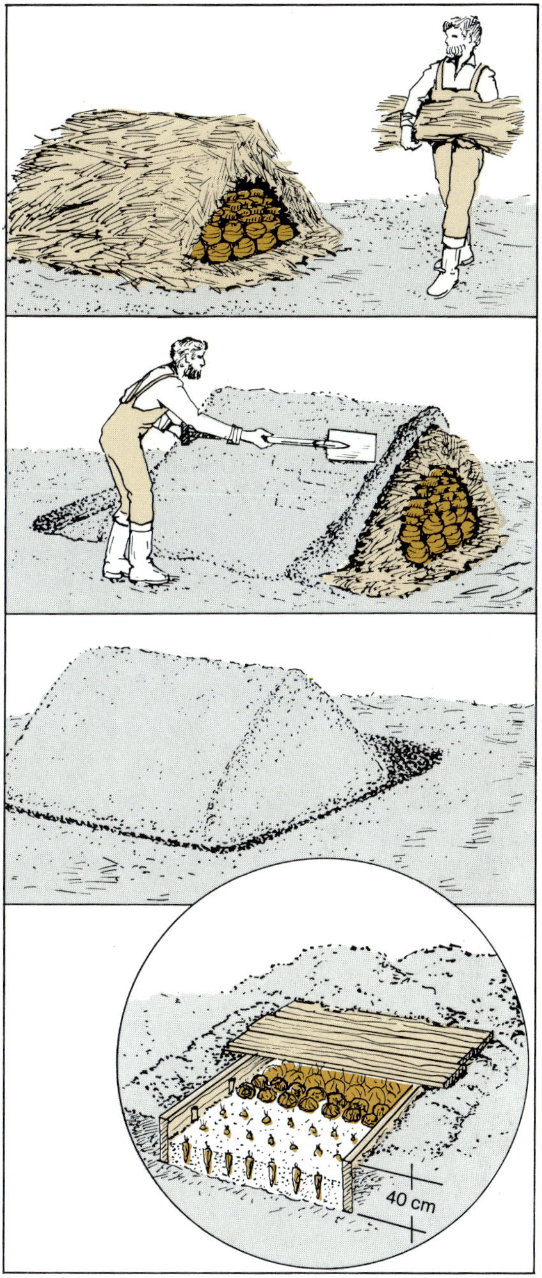

Vorratshaltung in Gläsern und in Großmutters Steinguttöpfen. Auch Blumen und Gräser lassen sich für die Winterzeit konservieren.

ja auch viele Bio-Gärtner zu Selbstversorgern während des ganzen Jahres werden. Denn gerade im Winter ist die Ernährung der Familie mit gesunden, vitaminreichen Gartenfrüchten wichtig. Dafür stehen verschiedene Konservierungsmethoden zur Wahl, die alle ihre Vorteile besitzen. Sortieren Sie zum Lagern und Einmachen nur einwandfreie Früchte aus, ohne Krankheiten, Schädlinge und Fäulnisstellen. Ernten Sie an trockenen Tagen, denn nasses Gemüse oder Obst fault schnell.

Das Einfrieren ist eine gute moderne Methode. Am besten richten Sie sich dabei nach den einschlägigen Gebrauchsanweisungen. Ein praktischer Tip: Packen Sie die Portionen nur so groß, wie Ihre Familie sie für eine Mahlzeit benötigt. Frieren Sie nur ein, was unter diesen eisigen Bedingungen auch sein Aroma und seine Form behält. Gurken zum Beispiel schmecken im Steintopf eingelegt viel besser!

Das Einkochen gehört zu den altbewährten Konservierungsmethoden, auf die wir auch heute nicht verzichten können. Durch die starke Hitzeeinwirkung besteht allerdings die Gefahr, daß wertvolle Vitamine zum Teil zerstört werden. Hier muß man vernünftig abwägen und sich für die jeweils schonendste Methode entscheiden. Bohnen können Sie zum Beispiel wahlweise einkochen oder einfrieren. Hausgemachte Marmelade muß dagegen immer gekocht werden. Eine wesentliche Arbeitserleichterung bieten die Gläser mit Vakuum-Verschlüssen. Heißes Gelee, Früchte oder Kompott werden eingefüllt und sofort zugeschraubt. Diese Gläser sind ebensogut haltbar wie solche, die im Einkochapparat längere Zeit sterilisiert werden.

Miete und Einschlag halten Wurzelgemüse wie Möhren, Sellerie und Rote Bete draußen frisch. Sie werden entweder im Frühbeet eingeschlagen und mit Erde bedeckt oder in Haufen gelagert, die einen dicken Mantel aus Laub, Stroh und Erde erhalten.

Die Lagerung im Keller gelingt am besten in alten Häusern, wo der Fußboden aus gestampftem Lehm oder Ziegelsteinen besteht. Der Raum sollte frostfrei aber kühl sein und genügend Luftfeuchtigkeit und Sauerstoff besitzen. Solche Keller sind heutzutage eine Seltenheit. Sie können sich in betonierten Räumen mit Kisten helfen, die mit Sand oder feuchtem Torf gefüllt werden. Darin schlagen Sie Möhren, Sellerie, Rote Bete, Meerrettich und Petersilienwurzeln ein. Vorher werden alle Blätter entfernt, aber der »Herztrieb« muß erhalten bleiben.

Feste gesunde Kohlköpfe können Sie an den Strünken zusammenbinden und an Drähten oder Balken kopfunter aufhängen. Auf eine Sandstreu am Boden legen Sie Endivien und Kohl. Obst, zum Beispiel Äpfel und Birnen, wird auf luftigen Lattenrosten ausgebreitet.

Kräuter, die in Essig oder Öl eingelegt werden, müssen einige Wochen auf einer Fensterbank in der Sonne stehen.

Zwiebeln und Kräuter werden luftig zum Trocknen aufgehängt. Daneben eine Flecht-Anleitung: das »Gerüst« eines Zwiebelzopfes bildet eine feste Schnur-Schlinge.

Aus Zwiebeln und Knoblauch flechten Sie Zöpfe, die in einem luftigen, trockenen Raum aufgehängt werden. Die letzten grünen Tomaten schneiden Sie samt den Zweigen ab und hängen sie an einen frostfreien Platz. Nach Bedarf legen Sie immer einige Früchte auf den Küchenschrank. Sie reifen dort nach und eignen sich noch als Soßenbeigabe.

Einige biologische Gärtner empfehlen, das eingelagerte Wurzelgemüse mit Steinmehl zu bestäuben. Auf jeden Fall müssen die Vorräte regelmäßig kontrolliert werden. Sortieren Sie alle faulenden Früchte aus, sie stecken sonst die anderen an. Bedenken Sie immer, daß gelagertes Obst und Gemüse keine tote Ware ist. Der Stoffwechsel ist nur stark reduziert. Deshalb sind Feuchtigkeit und Sauerstoff so wichtig für die Erhaltung der Lebensfunktionen. Nur bei guter Lagerung wird der Abbauprozeß gebremst, bleiben die wichtigen Vitamine und Mineralstoffe bis zum Verzehr erhalten.

Das Einlegen in Salz und Essig gehört zu den bewährten Methoden aus Großmutters Zeiten. Sie können dazu die hübschen Steinguttöpfe verwenden, die man in allen Größen kaufen kann. Auch die Rezepte aus der guten alten Zeit sind wieder ausgegraben worden. Büchertips zu diesem Thema finden Sie im Anhang. Gurken, Weißkohl, Bohnen, Tomaten, Kürbis und Kräuter und noch vieles andere mehr können Sie sauer, süßsauer oder salzig einlegen. Diese konservierten Früchte sind haltbar, gesund und besonders wohlschmeckend.

Das Trocknen gehört ebenfalls zu den uralten Konservierungsmethoden, die auch heute noch ihre Vorteile haben. Dabei wird den Pflanzen oder Früchten nur das Wasser entzogen. Die wertvollen Vitamine und Inhaltsstoffe werden geschont. Deshalb gewinnt dieses natürliche Verfahren unter Bio-Gärtnern auch wieder viele Freunde. Zum Trocknen eigenen sich viele Obstarten, zum Beispiel Äpfel, Birnen, Pflaumen und Aprikosen. Aber auch manches Gemüse läßt sich auf diese

Weise konservieren. Besonders bekannt und allgemein gebräuchlich ist das Trocknen der Kräuter.
Immer sollte dieser Prozeß langsam unter geringer Hitze ablaufen. Niemals darf das Trockengut geröstet werden. Im Ofen stellen Sie die Temperaturen auf höchstens 35 °C ein. Die Tür bleibt einen Spalt offen, damit die verdunstende Feuchtigkeit entweichen kann. Im Bio-Versand werden übrigens praktische Dörr-Apparate mit genauer Gebrauchsanweisung und Rezepten angeboten. Unsere Urgroßmütter reihten die Apfelscheiben noch auf Fäden und hängten sie in einem trockenen, luftigen Raum auf. Ähnliche Mühe gaben sie sich auch mit Bohnen. Das Ergebnis, die Dörrbohnen, sind eine Delikatesse, die Sie unbedingt versuchen sollten!
Auch Kräuter hängen Sie zum Trocknen auf. Schneiden Sie die Zweige am späten Vormittag, wenn der Tau verdunstet ist. Bündeln Sie diese

In dieser luftigen Holzkiste sind Kartoffeln gut aufgehoben. Stellen Sie sie nicht neben die Äpfel!

Kohlköpfe können im Lagerraum gebündelt aufgehängt werden. In Fässern oder Kisten mit feuchtem Sand halten sich die Wurzelgemüse. Auf gestapelten Obsthürden oder in Regalen überwintert die Apfelernte.

duftende Ernte aus sauberen, einwandfreien Würzblättern zu Sträußen. Sie werden kopfunter aufgehängt und langsam an einem schattigen, luftigen Ort getrocknet. Thymian, Lavendel, Bohnenkraut, Ysop, Wermut, Origano, Pfefferminze, Majoran und Liebstöckel eignen sich zum Beispiel gut dazu. Würze, die aus Samen besteht, wie Fenchel, Kümmel und Anis, schütteln Sie über einem Tuch aus, wenn sie ganz reif ist. Alle trockenen Kräuter werden über Winter in geschlossenen Schraubgläsern aufbewahrt. So erhält sich ihr Aroma am besten. Auch zu dieser Konservierungsmethode finden Sie ausführliche Büchertips im Anhang.

Das Aufbewahren und Haltbarmachen der eigenen Erzeugnisse aus dem biologischen Garten lohnt sich in jedem Fall. Sie müssen dabei etwas Zeit und Mühe investieren, aber Sie ernähren sich und Ihre Familie dafür mit besonders wertvollen Nahrungsmitteln. Und einen Genuß, den Sie in dieser Art nirgends kaufen können, bereiten Sie sich damit auch!

Salate und Gemüse

Salate rund um das ganze Gartenjahr

Geschickten Gärtnern geht der frische Salat zu keiner Jahreszeit aus. Sie säen ihn in grünen, roten und weißen Sorten und ernten frische Vitamine am laufenden Band. Im Frühling eröffnen die Kopfsalate und Pflücksalate aus der Familie der Lattichgewächse den abwechslungsreichen Reigen. Im Sommer folgen die verschiedenen Zichoriensalate und im Herbst kann noch der Feldsalat aus der Familie der Baldriangewächse ausgesät werden. Er macht – ebenso wie der rote Radicchio – selbst während des Winters frische Ernten im Freiland möglich. Ein biologischer Gärtner, dem es ja in jeder Beziehung um ein gesünderes Leben geht, sollte dieses Angebot der Natur nützen und für eine ununterbrochene Salat-Reihenfolge in seinem Garten sorgen.

Kopfsalat

Anbau: Es gibt Frühlingssorten und spezielle Sommersalat-Züchtungen, die bei Hitze nicht so schnell schießen. Kopfsalat benötigt kein eigenes Beet, er kann als Nebenkultur und »Lückenbüßer« angepflanzt werden. Geben Sie ihm aber einen sonnigen Platz; im Schatten bildet er keine festen Köpfe. Der Abstand soll 25 × 25 cm betragen. Säen Sie öfter kleine Mengen Salat aus, damit die Köpfe »in Etappen« reifen und Sie laufend frisch ernten können. Jungpflanzen brauchen 5–7 Wochen, bis sie ausgewachsen sind. Im März und April wird der Frühlingskopfsalat, von April bis Juli werden die Sommersorten gesät.

Salat hat keine großen Ansprüche: Kompost und Pflanzenjauche genügen. Wichtig ist genügend Feuchtigkeit. Auf gemulchten Beeten muß weniger gegossen werden.

Sorten: 'Maikönig', 'Attraktion', 'Kagraner Sommer', 'Brauner Trotzkopf', 'Karola', 'Wunder von Stuttgart'.

Ernte: Stets frisch, Kopfsalat läßt sich nicht lagern.

Biologische Tips und Mischkultur: Gute Kombinationen sind: Radieschen, Kohlrabi, Spinat, Erdbeeren, Kohl, Tomaten, Bohnen, Zwiebeln. Kopfsalat schützt seine Nachbarn vor Erdflöhen. In gefährdeten Kulturen können Sie einige Salatpflanzen als »Köder« einsetzen.

Pflück- und Schnittsalat

Anbau: Dieser Salat wird in Reihen ausgesät. Er bildet keine Köpfe. Die Blätter werden gepflückt oder geschnitten. Sie wachsen mehrmals nach. Mit Hilfe dieser Dauerernte kommen Sie immer »über die Runden«. Es kann während des ganzen Sommers keine »Vitamin-Lücke« entstehen. Säen Sie öfter eine Reihe nach. Der Abstand beträgt 25 cm. Die Pflanzen gedeihen auch noch im Halbschatten. Bei den Pflegemaßnahmen werden sie wie Kopfsalat behandelt.
Sorten: 'Hohlblättriger Butter' (Schnittsalat), 'Amerikanischer Brauner', 'Australischer Gelber', 'Slobolt Sperling's Salli' (Pflücksalate).
Ernte: Laufend frisch bis weit in den Herbst; Pflücksalate schmecken herzhaft und würzig.
Biologische Tips und Mischkultur: Pflücksalate können als Beeteinfassung verwendet werden. Gute Nachbarn sind: Tomaten, Radieschen, Rettiche, Schwarzwurzeln, Rote Bete, Spargel, Fenchel, Kohl.

Eissalat

Anbau: Sommersalat mit großen Köpfen und kräftigen »knusprigen« Blättern. Er heißt auch »Krachsalat«. Dieser Salat hält viel Hitze aus ohne zu schießen. Frostfest ist er nicht. Das »Eis« im Namen bezieht sich auf die lange Haltbarkeit eines Kopfes im Kühlschrank. Aussaat von Mai bis Anfang Juli, Abstand der Pflanzen 35 × 35 cm wegen der Riesenköpfe. Achten Sie auf genügend Feuchtigkeit, der Nährstoffbedarf ist etwas größer als bei anderen Salaten. Deshalb sollten Sie mit Brennesseljauche nachdüngen. Alle anderen Kulturmaßnahmen entsprechen dem Kopfsalat.
Sorten: 'Laibacher Eis' (widerstandsfähig gegen Mehltau und Virus), 'Lüneburger Eis', 'Great Lakes' (mehltauresistent).

Zuckerhut

Anbau: Ein Zichoriensalat, der als Nachfrucht auf abgeernteten Beeten wächst. Er wird erst im Juni gesät, direkt an Ort und Stelle mit einem

Kopfsalat in Mischkultur mit Kohl.

Reihenabstand von 35 cm. Die Pflanzen werden später ausgelichtet, so daß sie etwa 30–35 cm auseinander stehen. Verpflanzen ist möglich, aber wegen der langen Pfahlwurzeln – typisch für Zichoriengewächse! – ungünstig. Versorgen Sie das Beet reichlich mit Kompost, und geben Sie etwas organischen Dünger, zum Beispiel »Oscorna«, und gießen Sie mit Pflanzenjauche.

Sorten: 'Schweizer Zuckerhut' oder 'Vatters Zuckerhut', 'Sperling's Kristallkopf'.

Ernte: Die hohen spitzen Köpfe sind ab Oktober reif. Sie vertragen Frost bis −8 °C und können lange im Freiland bleiben. Bei größerer Kälte werden sie mit den Wurzeln im Frühbeet oder im Keller in feuchten Sand eingeschlagen. Als Salat oder gedünstet zubereiten.

Biologische Tips und Mischkultur: Gut zu Fenchel, der auch als Nachfrucht wächst.

Chicorée

Anbau: Auch ein Zichoriensalat, der bereits im Mai ausgesät wird. Reihenabstand 25–30 cm, in der Reihe auf 15–20 cm ausdünnen. Mit Kompost und Pflanzenjauche düngen, eventuell wenig organischen Langzeitdünger geben.

Sorten: 'Verbesserter Witloof', 'Brüsseler Witloof', 'Edelloof', 'Sperling's Mira'.

Ernte: Im Spätherbst, Ende Oktober, graben Sie die Wurzeln aus, entfernen die grünen Blätter bis auf das Herz und schlagen die Wurzeln an einem kühlen Ort ein (Keller, Garage, Frühbeet). Nach und nach werden sie zum Treiben in einen dunklen Kellerraum geholt und in Kisten oder Eimern mit feuchtem Sand aufrechtstehend eingeschlagen. Die Temperaturen sollen 10 °C bis höchstens 18 °C betragen. Im Dunkeln wachsen dann die bekannten weißen Chicorée-Zapfen. 'Sperling's Mira' treibt man einfach in Torf an. In zu warmen Räumen bilden sich keine festen Köpfe, und es können Schädlinge auftreten.

Biologische Tips und Mischkultur: Tomaten, Stangenbohnen, Kopfsalat, Möhren und Fenchel als günstige Nachbarn.

Nur die Chicorée-Wurzeln werden in einem Eimer mit feuchtem Sand eingeschlagen und angetrieben.

Radicchio, Roter Zichoriensalat

Anbau: Ein winterharter Freilandsalat mit rotbraunen Blättern, pikant, von leicht bitterer Würze. Aussaat je nach Sorte Mitte Mai bis Mitte Juni. Reihenabstand 25 cm, lichten Sie später die Pflanzen auf 10–20 cm Abstand aus. Düngung und Kultur sonst wie Kopfsalat. Im Spätherbst werden die länglichen, grünbraunen Blätter bis auf 5 cm abgeschnitten. Erst dann bildet der Salat die roten Rosetten. 'Palla Rossa' entwickelt bereits im Herbst kleine Köpfe.

Sorten: 'Rosetta Verona' oder 'Roter Veroneser', 'Palla Rossa'.

Ernte: 'Veroneser' bleibt im Freiland und kann von Dezember bis März geschnitten werden. Bei Schnee müssen Sie ihn mit Fichtenreisig abdecken. Ein herrlicher frischer Wintersalat! 'Palla Rossa' wird von Oktober bis Dezember geerntet und kann auch wie Zuckerhut eingeschlagen werden.

Biologische Tips und Mischkultur: Wie andere Zichoriensalate, zum Beispiel Zuckerhut und Endivien.

Endivien

Anbau: Sie sind die bekanntesten Vertreter der Zichoriensalate. Es gibt glatt- und krausblättrige Sorten mit verschiedener Reifezeit. Wie alle Familienmitglieder haben auch diese Salate einen leicht bitteren Geschmack. Beliebt ist bei ihnen das Bleichen, dabei gehen aber wertvolle Inhaltsstoffe verloren. Grüne Endivien sind gesünder!

Sommerendivien werden wie Kopfsalat ab März/April ausgesät, verpflanzt und weiter gepflegt. Winterendivien gehören zu den Nachfrüchten. Sie werden im Juni ausgesät und bis spätestens Anfang August verpflanzt. Der Abstand beträgt 30 × 25 oder 30 × 30 cm. Je enger die Pflanzen stehen, desto eher bleicht das Innere von selbst und nimmt die begehrte, hellgelbe Farbe an. Wer die Köpfe zusätzlich zusammenbinden möchte, der tue dies nur bei trockenem Wetter und kurz vor dem Verbrauch. Sonst besteht die Gefahr der Fäulnis.

Pflanzen Sie Endivien in Kompost und Steinmehl, düngen Sie später mit Pflanzenjauche nach.

Sorten: 'Kasseler' (Sommerendivie oder Römischer Salat); Winterendivien: 'Bubikopf' (selbstbleichend, für frühe Herbsternte), 'Escariol grüner' (lange haltbar), 'Escariol gelber' (für frühen Verbrauch).

Ernte: Je nach Sorte den ganzen Herbst bis Winteranfang. Endivien, besonders der grüne Escariol, vertragen Frost bis —5 °C. Sie sollten solange wie möglich draußen bleiben und mit Plastikfolie geschützt werden. Die letzten Köpfe können mit

Wurzeln im Keller in feuchten Sand eingeschlagen werden. Immer trocken ernten!
Biologische Tips und Mischkultur: Mit Urgesteinsmehl bestäuben hilft gegen Fäulnisgefahr. Gute Nachbarn sind Fenchel, Lauch und Kohl.

Feldsalat, Rapunzel, Nüsslisalat

Anbau: Er gehört in die Familie der Baldriangewächse. Dieser gesunde Wintersalat darf in keinem Garten fehlen. Er enthält viel mehr Vitamin C und Eisen als Kopfsalat! Als Nachkultur wächst der Feldsalat gut auf Kartoffelbeeten. Zur Düngung genügt Kompost. Die Samen können breitwürfig an Ort und Stelle ausgesät werden, Reihensaat ist aber praktischer, sowohl zum Schneiden als auch zum Unkrautjäten. Die Aussaatzeit ist August bis September, Reihenabstand 10–15 cm. Klopfen Sie die Saat zum Schluß ein wenig fest und achten Sie auf gleichmäßige Feuchtigkeit.
Sorten: 'Dunkelgrüner vollherziger', 'Holländischer breitblättriger', 'Hild WIT' (mehltauresistente Neuzüchtung).
Ernte: Herbst bis Frühling, jederzeit frisch bei offenem Wetter. Unter Fichtenreisig oder Folie kann auch bei Schnee geerntet werden. 'Dunkelgrüner vollherziger' ist im Geschmack würziger, macht aber beim Putzen etwas mehr Arbeit als 'Holländischer breitblättriger'.
Biologische Tips und Mischkultur: Gut zusammen mit Winterzwiebeln.

Löwenzahn

Anbau: Dieser Wildsalat kann auch im Garten kultiviert werden. Säen Sie ihn im Juni an den Rand eines Beetes. Kompostversorgung genügt, wenn der Boden in gutem Humuszustand ist.
Sorten: Nur unter dem Namen Löwenzahn bekannt und im Handel, er wird oft unter der Rubrik »Kräuter« geführt.
Ernte: Die ersten zarten Blätter des frühen Austriebs ergeben einen leicht bitteren, sehr gesunden Salat, der den Stoffwechsel anregt. Mischen Sie Löwenzahnblätter mit Gänseblümchenrosetten samt Blüten, Schafgarbe und zarten Brennesselblättern! Später werden die Blätter bitter und ungenießbar.

Winterportulak, Winterpostelein

Anbau: Dieser Wintersalat, der mit dem Portulak verwandt ist, wird ähnlich wie Feldsalat kultiviert. Ab Juli können Sie die feinen Samen breitwürfig oder in Reihen mit 20 cm Abstand aussäen. Nur dünn mit Erde bedecken und feucht halten. Ziehen Sie bei der ersten Ernte alle kleinen Pflanzen aus, damit die restlichen sich stark ausbreiten können. Sie brauchen 10–20 cm Abstand. Decken Sie das Beet über Winter mit Fichtenreisig oder Plastikfolie ab.
Sorten: 'Winterpostelein'.
Ernte: Den ganzen Winter bis zum Frühling. Die Pflanzen können mehrmals geschnitten werden, denn sie wachsen nach. Die kleinen weißen Blüten können Sie mitessen. Winterpostelein ist eine vorzügliche, vitaminreiche Rohkost. Der Salat sieht besonders zur Blütezeit sehr dekorativ aus.

Hübsch und vitaminreich: blühender Winterportulak.

Grün und gesund: Blattgemüse

Die frischen Blattgemüse sind ideale Mischkulturen-Partner. Sie laufen mühelos mit im Gartenplan und sollten nicht vernachlässigt werden. Probieren Sie auch die altmodischen Delikatessen aus Großmutters Garten wieder aus!

Spinat

Anbau: Spinat ist eines der gesündesten und vitaminreichsten Gemüse. Er enthält unter anderem mindestens soviel Vitamin C wie Zitronen und sehr viel Eisen. Sie können ihn sowohl im Frühjahr als auch im Herbst aussäen. Das Beet soll mit Kompost, Steinmehl und – je nach Zustand – auch mit Horn-Blut-Knochenmehl versorgt werden. Die Frühjahrsaussaat ist von März bis Mai möglich, unter Folien auch noch früher. Die Winteraussaat können Sie in Raten von August bis Oktober verteilen. Reihenabstand 20–25 cm, Saattiefe etwa 3 cm. Nicht zu dicht säen, Blattgemüse können Sie nicht verpflanzen.

Wichtig: Spinat ist empfindlich gegen Stickstoffüberdüngung, es kann dann zu Salzstauungen und zu einer übermäßigen Bildung von Oxalsäure sowie Umwandlung von Nitrat in giftige Nitrite kommen. In humusreichen garen Böden mit genügend Feuchtigkeit (Mulchen) gedeiht der Spinat am besten.

Auf trockenen, steinigen Böden schießt er schnell in Blüte. Biologische Gärten bieten also für dieses gesunde Gemüse normalerweise die besten Voraussetzungen.

Sorten: 'Matador' (für Frühjahrs- und Herbstaussaat), 'Vital' (mehltauresistente Züchtung für Frühjahrs- und Herbstaussaat), 'Sperling's Monnopa' (mehltauresistente Züchtung für Frühjahrs- und Spätsommeraussaat), 'Sperling's Montaku' (mehltauresistente Züchtung für Frühjahrs-, Sommer- und Herbstaussaat).

Ernte: Laufend frisch vom Beet, solange die Blätter zart sind. Schon nach 50 Tagen sind die Pflanzen »reif«. Spinat können Sie auch einfrieren.

Biologische Tips und Mischkultur: Spinat spielt im biologischen Garten eine besondere Rolle in der Mischkultur. Seine Wurzeln enthalten Saponine, die dem Boden erhalten bleiben sollen, weil sie die Aufnahmefähigkeit der Pflanzenzellwände für Nährstoffe erhöhen. Spinatwurzeln werden deshalb nach der Ernte nicht ausgerissen. Sie fördern die Gare. Übriggebliebene Blätter dienen als Mulchdecke.

Säen Sie Spinat als Zwischenfrucht zu Kulturen, die vom Erdfloh heimgesucht werden. Der Spinatgeruch vertreibt die Schädlinge. Die dichten Blätterreihen sorgen auch für Schatten und Feuchtigkeit auf den Beeten. Besonders gute Nachbarschaft: Kohl, Kartoffeln, Tomaten, Radieschen, Stangenbohnen, Erdbeeren, Rote Bete.

Neuseeländer Spinat

Anbau: Dieser australische Spinat wird in kleinen Töpfen warm vorgezogen. Nach den Eisheiligen setzen Sie die Pflanzen auf ein sonniges, mit Kompost versorgtes Beet. Wenige Pflanzen genügen; sie benötigen anfangs 50 cm Abstand, da sie sich später mit vielen Ranken ausbreiten. Neuseeländer Spinat kann in der sonst spinatarmen Sommerzeit geerntet werden.

Sorten: 'Neuseeländer'.

Ernte: Während des ganzen Sommers Triebspitzen und zarte Blätter. Sie sind dickfleischiger als unser Spinat.

Biologische Tips und Mischkultur: Guter Bodendecker für größere Flächen. Ernten Sie selber Samen. Gute Nachbarn sind Tomaten und Obstbäume.

Mangold

Anbau: Von diesem vitaminreichen Blattgemüse gibt es zwei Arten: den Blattmangold und den Rippenmangold. Beide werden im April ausgesät auf ein Beet, das bereits im Herbst mit Kompost, Mulch und etwas organischem Dünger vorbereitet wurde. Blattmangold benötigt 30 cm Reihenabstand, die Pflanzen werden auf 15–20 cm Abstand

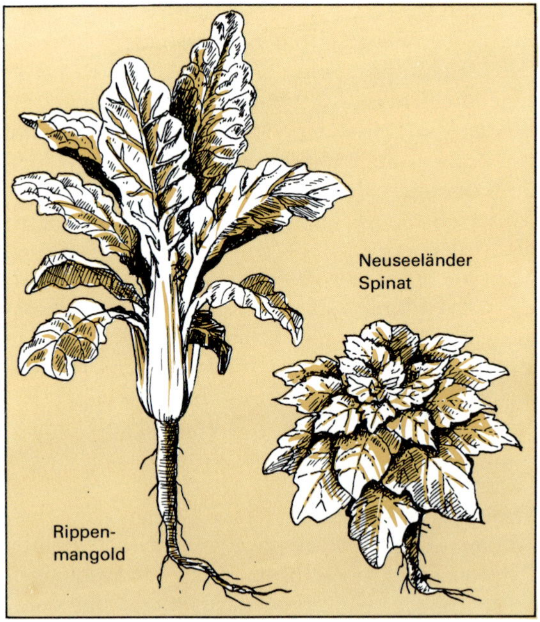

verzogen. Rippenmangold braucht in der Reihe und zwischen den Pflanzen 40 cm Abstand. Spätere Aussaaten, bis Juli, können überwintern, sie müssen aber durch Laubdecken geschützt werden. Für die Entwicklung reicher Blattmengen ist viel Feuchtigkeit wichtig.

Sorten: 'Lukullus' (Blattmangold), 'Glatter Silber' (Rippenmangold).

Ernte: Während des ganzen Sommers können immer wieder die äußeren Blätter geerntet werden. Das »Herz« bleibt erhalten, damit die Pflanzen nachwachsen. Blattmangold wird wie Spinat verwendet, beim Rippenmangold schneiden Sie die breiten »Rippen« heraus und kochen sie wie Spargel.

Biologische Tips und Mischkultur: Gegen die Mehltauempfindlichkeit hilft weiter, luftiger Stand. Beim Mulchen darauf achten, daß keine Fäulnis an den Pflanzen entsteht. Gute Nachbarn sind Kohlarten, Möhren, Radieschen und Rettich; Kopfsalat eignet sich als Zwischenraum-Kultur.

Melde

Anbau: Eine anspruchslose Nebenkultur, Melde kann auch als Randpflanze oder »Lückenbüßer« ausgesät werden. Reihenabstand etwa 25 cm. Dieses altmodische Blattgemüse ist eine Art Sommerspinat aus Großmutters Garten. Kultur sonst ähnlich wie Spinat, aber bescheidener. Aussaaten sind bei offenem Wetter schon ab Januar möglich.

Sorten: 'Gartenmelde', 'Grüne rheinische'.

Ernte: Wenn die Pflanzen 20 cm hoch gewachsen sind, können sie geschnitten und wie Spinat zubereitet werden.

Biologische Tips und Mischkultur: Die Pflanzen setzen schnell Samen an, Sie können leicht eigenes, biologisches Saatgut gewinnen.

Hülsenfrüchte in Hülle und Fülle

Hülsenfrüchte oder Leguminosen gehören zu den Schwachzehrern. An ihren Wurzeln siedeln sich die Knöllchenbakterien an, die Stickstoff umwandeln und sammeln. Diese Nutzpflanzen bedeuten also gleichzeitig eine Art Gründüngung für den Garten. Sie entziehen dem Boden nicht nur Nährstoffe, sie geben ihm auch aus ihrer eigenen »Düngererzeugung« Stickstoff zurück. Deshalb müssen sie mit einer zusätzlichen Düngung sehr vorsichtig sein, sonst geraten die Leguminosen aus dem Gleichgewicht. Sie stehen immer in dritter Tracht und tragen ihr Teil dazu bei, die Erde zu regenerieren. Die Früchte der verschiedenen Erbsen und Bohnen sind sehr gesund und besonders eiweißhaltig.

Erbsen

Anbau: Erbsen brauchen kein besonders gedüngtes Beet. Kompost und Mulchabdeckung im Herbst dienen als Vorbereitung. Im Frühling können Sie zusätzlich etwas Steinmehl streuen oder Holzasche, die Kalk und Kali enthält.

Drei Erbsenarten müssen Sie unterscheiden lernen: Pal- oder Schalerbsen besitzen große, glatte, runde Körner. Die reifen Früchte werden mehlig. Markerbsen schmecken, solange sie jung und grün sind, sehr süß und zart. Im Alter werden sie hart und runzelig. Zuckererbsen gehören zu den süßen Delikatessen. Sie müssen ganz jung geerntet werden. Unempfindlich gegen kaltes Frühlingswetter sind die Palerbsen; sie können schon ab März ausgesät werden. Der Reihenabstand beträgt etwa 40 cm. Legen Sie die Körner 5 cm tief mit 2–3 cm Zwischenraum, und schützen Sie die zugedeckten Saatfurchen möglichst mit Maschendraht, denn die Vögel scharren die Samen gern heraus. Niedrige Sorten brauchen keine Stützen.

Ab Mitte April können Sie Markerbsen und Zuckererbsen säen, der Boden muß schon etwas erwärmt sein. Hohe Sorten bekommen durch Reiser oder Maschendrahtwände festen Halt. Alle Erbsenreihen werden, sobald die Pflanzen handhoch gewachsen sind, angehäufelt. Je nach Sorte und Klima brauchen die Früchte 60–75 Tage bis zur ersten Ernte.

Sorten: Palerbsen: 'Kleine Rheinländerin', 'Rheinperle' (beide niedrig); Markerbsen: 'Aldermann', 'Senator' (hohe Sorten), 'Lancet' (mittelhoch), 'Exzellenz', 'Wunder von Kelvedon', 'Sperling's Gravita' (niedrig); Zuckererbsen: 'Zuga' (niedrig), 'Schweizer Riesen' (hoch).

Ernte: Laufend, sobald die Früchte reifen. Die Termine sind unterschiedlich, je nach Sorte. Erbsen lassen sich gut einfrieren. Palerbsen können Sie auch trocknen.

Biologische Tips und Mischkultur: Freier sonniger Stand beugt Krankheiten vor. Stickstoffdüngung macht Erbsen anfällig für Krankheiten und Schädlinge. Nach der Ernte sollen die Wurzeln mit den Knöllchenbakterien im Boden bleiben. Das Erbsenstroh eignet sich gut zum Kompostieren und als Mulchdecke. Ernten Sie auf jeden Fall eigenes Saatgut, indem Sie einige Schoten ausreifen lassen. Gute Nachbarn sind Möhren, Gurken, Kopfsalat, Kohl und Fenchel.

Rankenhilfen für Erbsen: Maschendraht, Reiser, die beim Gehölzschnitt abfallen, oder ein Doppelgitter aus Drahtgeflecht.

Buschbohnen

Anbau: Es gibt grüne Sorten und gelbe Wachsbohnen. Sie brauchen Wärme und werden erst ab Mitte Mai ausgelegt. Auch die Bohnen gehören zu den Schwachzehrern und Stickstoffsammlern. Sie vertragen Sonne und Halbschatten. Das Beet wird mit Kompost gedüngt und gemulcht, die Erde soll in gutem, lockerem Zustand sein. Die Reihen benötigen 40 cm Abstand. Legen Sie auch innerhalb der Reihe mit 40 cm Abstand jeweils 4–6 Bohnenkörner in eine Mulde. Sie können aber auch in gerader Linie aussäen, wenn Sie auf genügend Abstand achten.

Bohnen wollen nach einer alten Regel »die Glokken läuten hören«, legen Sie sie deshalb höchstens 2–3 cm tief. Im Juni bis Juli sollten Sie noch einmal Bohnen nachsäen. Durch einen Folientunnel oder auch durch Anzucht in Töpfchen können Sie die erste Bohnenernte vorverlegen.

Sorten: 'Saxa' (alte robuste Sorte), 'Favorit', 'Marona', 'Sperling's Pergousa' – alle grün; 'Wachs-Beste von Allen', 'Wachs Sperling's Erato' (verbesserte 'Wachs-Beste von Allen'), 'Goldimmens' – alle wachsgelb.

Ernte: Laufend frisch, solange Bohnen nachwachsen. Vorsichtig abpflücken, nicht abreißen, sonst wachsen weniger Früchte nach und die Pflanzen leiden. Buschbohnen können Sie einfrieren, einkochen, trocknen und in Salz einlegen.

Vorsicht: rohe Bohnen sind giftig! Beim Kochen verschwindet das Gift. Sie dürfen nie als grüne Rohkost verzehrt werden, weil sie Phasin enthalten. Warnen Sie deshalb Ihre Kinder – vom Bohnenbeet darf nicht genascht werden!

Biologische Tips und Mischkultur: Wie bei Erbsen Stickstoffdüngung vermeiden, die Wurzeln bleiben mit den Knöllchenbakterien als natürliche Stickstoffanreicherung im Boden. Lassen Sie eigenes Saatgut reifen. Gute Nachbarn sind Tomaten, Gurken, Kohl, Kohlrabi, Salate, Sellerie und Rote Bete. Mischkultur mit Bohnenkraut schützt Bohnen vor Läusen.

Stangenbohnen

Anbau: Stangenbohnen sind anspruchsvoller in der Kultur als die bescheidenen Buschbohnen. Sie brauchen mehr Wärme, mehr Nährstoffe und vor allem mehr Platz. Sie eignen sich deshalb für große Gärten und große Familien. Die Stangen, an denen diese rankenden Bohnen hochklettern, können aus Holz oder Welldraht angefertigt sein. Es genügt, wenn sie über dem Boden 2 m hoch sind. Sie werden in 70 × 60, höchstens 50 × 100 cm Entfernung voneinander senkrecht in den Boden eingegraben. Beliebt ist auch die Methode, zwei Reihen Stangen schräg gegeneinander zu stellen und am »First« durch eine Querstange zu stabilisieren. Diese Konstruktion ist zwar sehr standfest, wirft aber, wenn sie bewachsen ist, viel Schatten und behindert dadurch Misch- und Unterkulturen.

Um die Stangen ziehen Sie einen Kreis und legen 6–8 Körner in 3 cm tiefe Rillen. Die Aussaat der Stangenbohnen beginnt aber erst ab Mitte Mai. Zu früh gelegte Samen verfaulen in kalter Erde. Gedüngt wird mit Kompost und organischem Dünger, der nur wenig Stickstoff enthält: zum Beispiel Holzasche oder Knochenmehl. Außerdem brauchen Stangenbohnen immer reichlich Feuchtigkeit. Die Reifezeit bis zur ersten Ernte dauert je nach Sorte 75–100 Tage.

Sorten: 'Neckarkönigin', 'Rekord', 'Rapid' (grüne Sorten), 'Wachs Neckargold', 'Goldregen' (gelbe Sorten), 'Blauhilde' (robuste Sorte für rauhere Lagen, bläulich gefärbt, beim Kochen »ergrünt« sie wieder).

Ernte: Laufend frisch während des Sommers; junge zarte Bohnen eigenen sich am besten, sie dürfen nicht solange hängenbleiben, daß sie hart werden. Stangenbohnen sind größer und schmekken kräftiger als die zarten Buschbohnen. Sie können sie einfrieren, in Salz einlegen und sowohl die ganzen Bohnen als auch die Kerne trocknen.

Biologische Tips und Mischkultur: Bohnen sollen nie bei nassem Wetter angefaßt oder geerntet werden. Dadurch beugen Sie Pilzkrankheiten vor. Benutzen Sie die Bohnenreihen als Windschutz

für empfindlichere Kulturen, zum Beispiel Gurken. Lassen Sie von den ersten Früchten einige ausreifen, um Samen zu gewinnen
Gute Nachbarn sind Tomaten, Gurken, Endivien, Kapuzinerkresse, Kohl, Kohlrabi und Kopfsalat. Schlechte Nachbarn sind Lauch, Knoblauch, Erbsen, Fenchel und Zwiebeln.

Feuerbohnen (Prunkbohnen, Wollbohnen)

Anbau: Feuerbohnen sind robust und anspruchsloser als Stangenbohnen. Sie gedeihen auch in rauhen Lagen und weniger guten Böden. Säen Sie je nach Witterung Anfang bis Mitte Mai aus. Sie klettern an Stangen hoch, begnügen sich aber auch mit Zäunen, Balkongittern und Rankgerüsten im Ziergarten. Feuerbohnen bilden nicht nur dichte grüne Blättervorhänge, sie bezaubern auch durch die großen feuerroten Schmetterlingsblüten, denen sie ihren Namen verdanken. Andere Sorten blühen auch weiß. Diese Nutzpflanze aus dem Gemüsegarten können Sie deshalb auch zur Zierde im Blumengarten oder auf dem Balkon aussäen. Sie eignet sich als Sicht- und Windschutz.
Die Kulturmaßnahmen sind im übrigen die gleichen wie bei Stangenbohnen. Die Reifezeit dauert etwa 2 Wochen länger.
Sorten: 'Weiße Riesen' (weißblühend), 'Preisgewinner' (rotblühend).

Bohnen müssen sehr sorgfältig mit zwei Händen gepflückt werden. Ernten Sie regelmäßig, sobald saftig-zarte Hülsen nachgewachsen sind. Alte Bohnen werden hart und ungenießbar. Stangenbohnen eignen sich sehr gut zum Trocknen und Einsalzen!

Verschiedene Klettergerüste für Stangenbohnen.

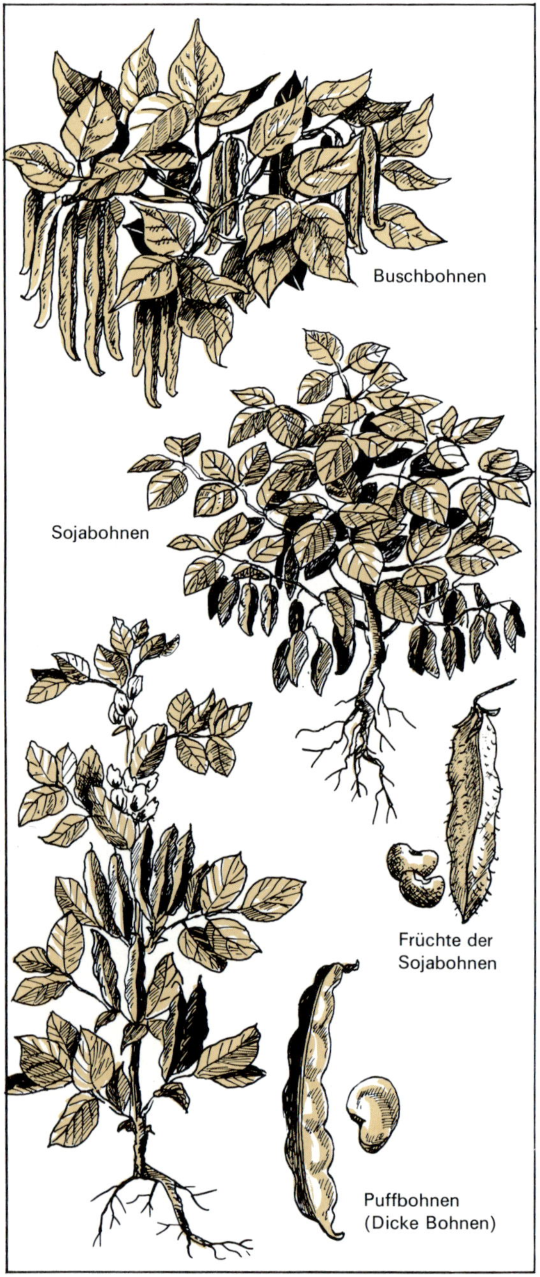

Ernte: Die kräftigen langen Schoten müssen unbedingt jung und zart geerntet werden. Später werden sie hart und »wollig«. Feuerbohnen eignen sich vor allem für kräftig-würzige Suppen. Sie sind gesund wegen ihres hohen Eiweißgehaltes. Die Körner können Sie trocknen.

Biologische Tips und Mischkultur: Vorbeugender Pflanzenschutz besteht auch in der Wahl derjenigen Gemüsearten, die dem Klima angepaßt sind. Bauen Sie deshalb in rauhen Lagen lieber Feuerbohnen als die wärmeliebenden Stangenbohnen an. Saatgut können Sie besonders leicht selber ziehen.

Puffbohnen (Dicke Bohnen, Pferdebohnen, Ackerbohnen, Saubohnen)

Anbau: Diese Bohnen sind überhaupt nicht kälteempfindlich, im Gegenteil, frühzeitige Wärme macht sie anfällig für schwarze Läuse. Säen Sie Puffbohnen so früh wie möglich, in milden Gegenden schon im Februar, in rauheren Landschaften Anfang März. Der Boden soll mit Kompost versorgt sein, darf aber nicht frisch gedüngt werden. Diese robuste Bohnenart gedeiht auch noch in schwerem, kalkhaltigem Boden. Sie sammelt wie alle Leguminosen Stickstoff in Zusammenarbeit mit den Knöllchenbakterien, und sie lockert den Untergrund mit tiefreichenden Wurzeln.

Der Reihenabstand beträgt 40 cm, stecken Sie alle 20–25 cm zwei Bohnenkörner 5 cm tief. Sie können die dicken Samenkörner vorher in Wasser oder feuchtem Sägemehl vorquellen lassen. Die jungen Pflanzen werden ausgedünnt, so daß sie frei stehen, angehäufelt und bei Trockenheit rechtzeitig gegossen. Bis zur ersten Ernte dauert es 120–150 Tage. Sie beginnt Ende Mai und ist bis Ende Juni abgeschlossen. Dann ist das Beet frei für eine Nachkultur.

Sorten: 'Con Amore', 'Hangdown Dreifachweiße'.

Ernte: Die halbreifen grünen Hülsen werden gepflückt, wenn sie mittelgroß sind und die »Naht«

noch hell gefärbt ist. Gekocht werden die zarten, weißlichen, dicken Körner. Dicke-Bohnen-Körner können Sie auch einfrieren.
Biologische Tips und Mischkultur: Puffbohnen sind anfällig für schwarze Läuse. Vorbeugend wirken: frühe Aussaat, weiter, luftiger Stand und später das Auskneifen der Spitzen. Spinat als Zwischenkultur hält den Boden feucht. Gute Nachbarn sind Pflücksalat und Kohlrabi. Ernten Sie auch von diesen Bohnen selber biologisch gezogenen Samen.

Sojabohnen

Anbau: Sojabohnen-Züchtungen, die auch in unserem mitteleuropäischen Klima reifen, sind noch ganz jung und neu auf dem Markt. Mit diesem eiweiß- und vitaminreichen Gemüse müssen biologische Gärtner noch ihre eigenen Erfahrungen machen. Sojabohnen werden wie Buschbohnen angebaut. Ab Mitte Mai säen Sie sie in Reihen mit 30 cm Abstand aus. Vorkultur in Töpfen ist auch möglich.
Sorten: 'Caloria'.
Ernte: Ab Mitte August sind die Schoten reif. Gekocht werden die grünen Kerne, die einen feinen nußartigen Geschmack haben. Ausgereifte Samenkörner können Sie trocknen und im Winter als vitaminreiche Sojasprossen zum Keimen bringen.
Biologische Tips und Mischkultur: Auf diesem Gebiet müssen Sie noch selber experimentieren!

Zwiebelgemüse – die heilkräftigen Scharfmacher im Gemüsegarten

Die Zwiebeln und ihre Verwandten gehören wahrscheinlich zu den ältesten Gemüsen der Erde. Sie werden in jahrtausendealten ägyptischen Dokumenten ebenso erwähnt wie in historischen chinesischen Quellen. Die »beißenden« Früchte, die der Köchin die Tränen in die Augen treiben, könnten aber auch zu den Gewürz- oder Heilpflanzen gerechnet werden. Zwiebeln enthalten außer Vitaminen und Zucker auch schwefelhaltiges ätherisches Öl. Sie haben antiseptische und desinfizierende Eigenschaften. Der Knoblauch wirkt sogar als eine Art natürliches Antibiotikum. Wo viel Knoblauch gegessen wird, da gibt es auch auffallend viele Hundertjährige. Soviel Gesundheit muß man sich einfach in den Garten holen!

Zwiebeln

Anbau: Zwiebeln wachsen in zweiter Tracht, also nach den »Düngerfressern«. Der Boden soll locker, humusreich und warm sein. Das möglichst sonnig gelegene Beet wird im Herbst mit Kompost gedüngt und gemulcht. Wenn zusätzliche Nahrung nötig ist – je nach Bodenzustand – verwenden Sie einen kalihaltigen Dünger, zum Beispiel Holzasche. Er bekommt auch der Mischkultur mit Möhren gut. Stark stickstoffhaltige Dünger sollten Sie meiden, die Zwiebeln reifen sonst schlecht aus. Niemals mit frischem Mist düngen! Beim Säen und Pflanzen müssen Sie zwischen den verschiedenen Zwiebelarten unterscheiden.
Steckzwiebeln sind etwa haselnußgroße Zwiebeln, die im April in Reihen mit 20–25 cm Abstand gesetzt werden. Untereinander benötigen Sie 10 cm Zwischenraum. Aus jeder kleinen Saatzwiebel wächst eine große dicke Einzelzwiebel heran.
Schalotten-Saatgut ist wesentlich größer, jede Zwiebel hat etwa Walnußgröße. Sie werden wie die Steckzwiebeln gepflanzt, benötigen aber in der Reihe einen größeren Abstand, weil rund um die »Mutterzwiebel« ein Nest von mittelgroßen Nachwuchszwiebeln entsteht. Schalotten wachsen auch gut, wenn die Reihen zu kleinen Hügeln angehäufelt werden. Vor allem in schweren Böden bewährt sich diese Methode. Steckzwiebeln und Schalotten werden hoch gepflanzt, so daß ein Drittel des Zwiebelbäuchleins über den Boden herausragt.

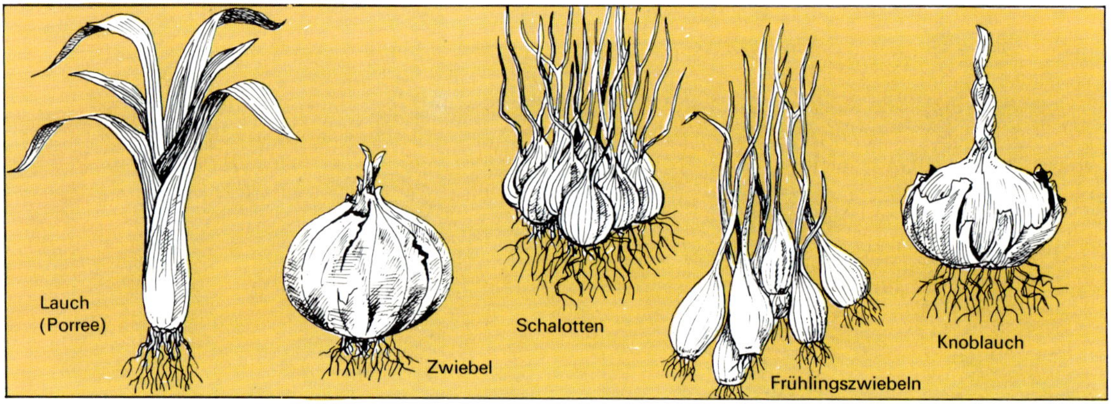

Ab Mitte März können Sie Zwiebeln aber auch aus Samen aussäen. Der Reihenabstand beträgt 20 cm. Die feinen Samen werden in flachen Rillen ausgestreut, nur dünn mit feinem Kompost übersiebt und festgeklopft. Die Keimung kann sich über 3–4 Wochen hinziehen. Zu dicht stehende Pflanzen werden auf 5–10 cm Abstand vereinzelt. Diese jungen Zwiebelchen können Sie schon für die Küche benutzen. Saatzwiebeln reifen etwas später, sind dafür aber besonders haltbar und lagerfähig.

Weiße Frühlingszwiebeln werden im August in Reihen mit 20–25 cm Abstand gesät und auf 3 cm Zwischenraum verzogen. Sie sind im nächsten Mai als früheste Zwiebeln erntereif. Über Winter müssen sie in rauhen Lagen durch Fichtenreisigabdeckung geschützt werden. Eigenes Steckzwiebel-Saatgut gewinnen Sie, wenn Sie Zwiebelsamen dicht und breitwürfig auf ein kleines Extrabeet säen. Die Pflegearbeiten auf dem Zwiebelbeet beschränken sich darauf, den Boden locker und unkrautfrei zu halten. Seien Sie vorsichtig beim Hacken, denn Zwiebeln haben flachwachsende Wurzeln.

Sorten: Saatzwiebeln: 'Stuttgarter Riesen', 'Zittauer gelbe Riesen', 'Braunschweiger blutrote', 'Allround', 'Frühlingszwiebeln', 'Weiße Königin' (Perlzwiebeln); Steckzwiebeln: 'Stuttgarter Riesen', 'Schalotten'.

Ernte: Zwiebeln sind reif, wenn das Laub vergilbt und sich von selbst umlegt. Saatzwiebeln werden im August bis September geerntet, Steckzwiebeln früher. Wählen Sie einen warmen Tag und lassen Sie die Zwiebeln an der Luft trocknen, nachdem Sie die Erdreste aus den Wurzeln und lose Schalen entfernt haben. Am besten breiten Sie sie auf Obsthürden aus. Die trockenen Früchte werden dann gebündelt, oder Sie flechten aus den Röhren Zöpfe. Hängen Sie Ihre Zwiebeln an einem trockenen, kühlen, luftigen Ort auf.

Biologische Tips und Mischkultur: Folgen Sie nicht dem weitverbreiteten Ratschlag, das Zwiebellaub im Sommer niederzutreten, damit es gelb wird. Sie leiten damit nur eine Notreife ein; diese Früchte sind nicht so gut haltbar. Späte Zwiebelaussaaten wachsen gut nach Kartoffeln. Auf Sandböden beeinflußt die Kamille die Zwiebeln günstig.

Die klassische Mischkulturen-Nachbarschaft ist die Möhre. Beide Gemüse vertreiben sich gegenseitig die Zwiebel- und die Möhrenfliege. Andere gute Kombinationen zu Zwiebeln sind Zichoriensalate, Kopfsalat, Gurken, Erdbeeren, Dill und Bohnenkraut.

Knoblauch

Anbau: Im großen und ganzen gleichen die Bodenvorbereitung und die Pflege derjenigen beim

Anbau von Zwiebeln. Knoblauch ist als Kind südeuropäischer und orientalischer Heimatländer aber noch sonnenhungriger. Er liebt warme, leichte Böden. Als Saatgut verwenden Sie die »Zehen«, in die Sie eine große Knoblauchzwiebel zerteilen können. Sie werden einzeln mit 15 cm Abstand 4–5 cm tief gepflanzt. Ab März/April kann dieses Zwiebelgewächs schon im Freiland angepflanzt werden. In nicht zu kalten Gegenden können Sie Knoblauchzehen auch im Herbst, von Oktober bis November, stecken. Knoblauch braucht nicht unbedingt ein eigenes Beet. Er kann an vielen Stellen im Garten als Mischkultur und »Gesundheitsdienst« verstreut werden.

Sorten: Keine; verwenden Sie aber keine Mitbringsel aus dem Süden, sondern an unser Klima angepaßtes Saatgut, das Sie im Fachhandel oder im Bio-Versand bekommen.

Ernte: Genau wie Zwiebeln, wenn das Laub gelb und trocken wird, etwa von Juli bis August. Knoblauch sollten Sie zu hübschen dekorativen Zöpfen flechten und neben den Zwiebeln kühl und trocken aufhängen.

Biologische Tips und Mischkultur: Knoblauch wirkt vorbeugend gegen Pilzkrankheiten, Mäuse und Schnecken, sowohl in der Zwischenpflanzung als auch in Pflanzenbrühen. Setzen Sie ihn zu Erdbeeren, Himbeeren, Obstbäumen, Tomaten, Rote Bete, Möhren und Gurken; aber auch im Blumengarten zu Rosen, Tulpen und Lilien. Legen Sie einige feste Zwiebeln als Saatgut zurück.

Lauch, Porree

Anbau: Lauch enthält ebenfalls schwefelhaltige, ätherische Öle und wirkt sanft abführend. Dieses gesunde Gemüse wächst gleichfalls in zweiter Tracht, ist aber anspruchsvoller als seine Verwandten, die Zwiebeln. In nährstoffreichem, tiefgründigem Boden gedeiht es am besten. Bereiten Sie das Lauchbeet im Herbst mit Kompost und organischem Dünger vor. Gut verrotteter Rinder- oder Schweinemist eignen sich besonders gut. Säen Sie den schwarzen Lauchsamen ab März/April ins Frühbeet oder im April ins Freiland. Ab Mai können Sie, für frühe Ernten, die Pflanzen aufs vorbereitete Beet setzen. Für den Winterverbrauch säen Sie noch einmal Porree von Mai bis Juni aus. Bis Anfang August können diese späten Pflanzen noch versetzt werden, zum Beispiel als Nachfrucht auf das Frühkartoffelbeet.

Alle Lauchsetzlinge benötigen 20–30 cm Reihenabstand und 15 cm Zwischenraum in der Reihe, damit sie sich kräftig entwickeln können. Ziehen Sie tiefe Furchen und sieben Sie reifen Kompost hinein. Blätter und Wurzeln werden etwas eingestutzt vor dem Pflanzen. Bei trübem Wetter werden die Lauchsetzlinge mit verdünnter Nesselbrühe angegossen. Auch später, während der Hauptwachstumszeit, erhält das Gemüse noch eine Kopfdüngung aus Pflanzenjauche. Sorgen Sie immer für genügend Feuchtigkeit. Während der normalen Pflegearbeiten, beim Durchhacken der Reihen, wird die Furche langsam zugeschüttet und später werden die Pflanzen noch zusätzlich angehäufelt, damit sie hohe weiße Schäfte bekommen.

Sorten: 'Elefant' (für die Herbsternte), 'Blaugrüner Winter' (Verbesserung von 'Carentan', winterharte Sorte), 'Genita' (sehr winterhart, Ernte bis Ende Mai).

Ernte: Ab Herbst bis weit ins nächste Frühjahr, je nach Sorte. Lauch sollte möglichst im Freiland überwintern (richtige Sorte wählen!) und stets frisch geerntet werden. Nur in sehr rauhen Lagen mit lange gefrorenem Boden, müssen Sie die Schäfte im Frühbeet einschlagen.

Biologische Tips und Mischkultur: Lauch muß kräftig ernährt werden, sollte aber nie übermäßig angetrieben werden, er verliert sonst sein gutes Aroma. Biologisch angebauter Lauch schmeckt feinwürzig und leicht süß. Er riecht niemals unangenehm beim Kochen!

Lassen Sie im Frühling einige Porreepflanzen stehen und schneiden Sie die Blütenansätze ab. Am Fuß bilden sich dann die kleinen weißen Perlzwiebeln. Vorbeugend gegen die Lauchmotte sollten Sie Urgesteinsmehl streuen und im Abstand von 2–3 Wochen mit Schachtelhalmtee sprühen. Befallene Pflanzen werden tief zurückgeschnitten. Sie treiben dann neu aus. Gute Nachbarn sind vor allem Möhren, aber auch Sellerie, Tomaten, Salat, Kohlarten und Erdbeeren.

Wurzelgemüse – die Vorratskammern der Natur

Unsere Wurzelgemüse bestehen aus »aufgeblähten« Wurzeln und manchmal auch aus Verdikkungen des unteren Stengels. In diesen natürlichen Behältern lagern die Pflanzen Nährstoffvorräte ein. Vitamine, Spurenelemente und andere gesunde Inhaltsstoffe sind hier reichlich gesammelt. Was eigentlich zum Überleben der Pflanzen in mageren Zeiten gedacht war, machen sich die Menschen zunutze, indem sie die Wurzeln als Nahrungsmittel verwenden. Diese Gemüsearten könnte man fast schon als Medizin im Kochtopf bezeichnen. Durch gärtnerische Züchtungen wurden die »Speicher der Natur« noch umfangreicher und gehaltvoller.

Sellerie

Anbau: Dieses Gemüse braucht nährstoffreichen, feuchten Boden in erster Tracht. Versorgen Sie das Beet bereits im Herbst mit Kompost und Dünger, zum Beispiel verrottetem Mist oder Horn-Blut-Knochenmehl. Sellerie liebt Kali; mit Hilfe von Holzasche oder gut verrottetem Schweinemist können Sie ihm diesen Nährstoff zukommen lassen. Auch Algenkalk und Steinmehl bekommen den Pflanzen gut.
Sellerie ist kälteempfindlich. Er wird deshalb auf der Fensterbank oder im warmen Frühbeet im Februar/März in Kistchen ausgesät. Die kleinen Pflänzchen müssen ein- bis zweimal pikiert werden und dürfen erst nach den Eisheiligen, Mitte Mai, ins Freiland. Einfacher ist es, sich kräftige Setzlinge bei einem guten Gärtner zu besorgen. Geben Sie dem Sellerie 40 cm Abstand nach allen Seiten. Die Pflanzen werden so hoch gesetzt, daß sie in den ersten Tagen etwas »wackelig« auf den Beinen stehen. Tief gepflanzter Sellerie bildet keine Knollen! Später ragt der obere Teil der würzigen Wurzel ein wenig aus der Erde. Wichtig ist, daß die Pflanzen immer ausreichend mit Wasser und Nährstoffen während der Hauptwachstumszeit versorgt sind. Gießen Sie ein- bis zweimal mit Brennesseljauche und mulchen Sie zwischen den Reihen, aber so, daß die Knollen frei bleiben! Manche Bio-Gärtner benutzen auf dem Selleriebeet Comfrey- oder Farnblätter als schützende Decke. Beide Pflanzen enthalten Kali.
Sorten: 'Magdeburger Markt' (bewährte Sorte), 'Sperling's Dolvi' (verbesserter 'Magdeburger Markt', widerstandsfähig gegen Pilzkrankheiten, zum Beispiel Blattflecken und Rost).
Ernte: Spät im Herbst von Oktober bis November. Sie können die Knollen im Keller in feuchten Sand einschlagen. Vorher werden die Wurzeln eingekürzt und die Außenblätter »abgedreht«. Zarte Sellerieblätter können Sie frisch als Würze verwenden, aber auch einfrieren oder trocknen. Sellerie wirkt entwässernd; er ist gesund wegen seines hohen Vitamin- und Mineralstoffgehaltes. Sie können ihn roh und gekocht verwenden.
Biologische Tips und Mischkultur: Als ehemalige Pflanze der Meeresküsten verträgt der Sellerie eine leichte Düngung mit aufgelöstem Kochsalz. Luftiger Stand wirkt vorbeugend gegen Schädlinge. Spritzen Sie Ackerschachtelhalmtee, ebenfalls vorbeugend, gegen Pilzkrankheiten. Gute Nachbarn sind Lauch und Buschbohnen. Auch mit Kohl, vor allem Blumenkohl, gedeiht er gut. In dieser Kombination wehrt der strenge Selleriegeruch die Kohlweißlinge ab.

Stangensellerie, Bleichsellerie

Anbau: Dieser Sellerie wurde nicht auf Knollen, sondern auf Stengel gezüchtet. Die Bodenvorbereitung ist die gleiche wie beim Knollensellerie. Säen Sie ab Ende April in 2 cm tiefe Furchen, oder ziehen Sie die Pflanzen wie Knollensellerie vor. Der Abstand der Setzlinge beträgt etwa 35 × 30 cm. Die Pflanzen werden später mit Erde hoch angehäufelt oder mit dunkler Plastikfolie umwickelt, damit sie bleichen. Pflege sonst wie Knollensellerie.

Sorten: 'Weißer englischer', 'Goldgelber' (selbstbleichend), 'Sperling's Goldener Schuß'.

Ernte: Ab August, bei herbstlichen Nachtfrösten mit Folientunneln schützen. Im Winter hält sich das Gemüse eine zeitlang im Sandeinschlag im Keller. Sie können diesen Feinschmeckersellerie roh oder gedünstet essen.

Biologische Tips und Mischkultur: Wie Knollensellerie.

Möhren und Karotten

Anbau: Als Karotten werden meist die kleinen rundlichen Sorten bezeichnet, während die langen orangeroten Wurzeln allgemein Möhren genannt werden. Sie wachsen auf Beeten zweiter Tracht und sollten niemals mit frischem Mist gedüngt werden, auch nicht im Herbst vor der Aussaat. Denn in diesem organischen Dünger können sich Würmer und Fliegenmaden ansiedeln, die zu den »Feinden« der Möhren gehören.

Dieses Wurzelgemüse liebt einen tiefgründigen, humusreichen Boden. In warmer, lockerer, sandiger Erde gedeihen Möhren leichter als in schwerem Lehm. Hier kann Gründüngung, die über Winter als Mulchdecke liegenbleibt, helfen, den Untergrund zu lockern. Im Normalfall versorgen Sie das Beet im Herbst mit Kompost und decken es mit Mulchmaterial ab. Im Frühling dürfen Sie in die Saatrillen nur noch feinen reifen Kompost geben. Da Möhren Kali brauchen, können Sie auch mit Holzasche düngen.

Die Samen der nahrhaften Wurzeln sind nicht kälteempfindlich und werden schon ab März gesät. Sowohl die runden Karotten als auch lange Sorten eignen sich für den frühen Termin. Spätere

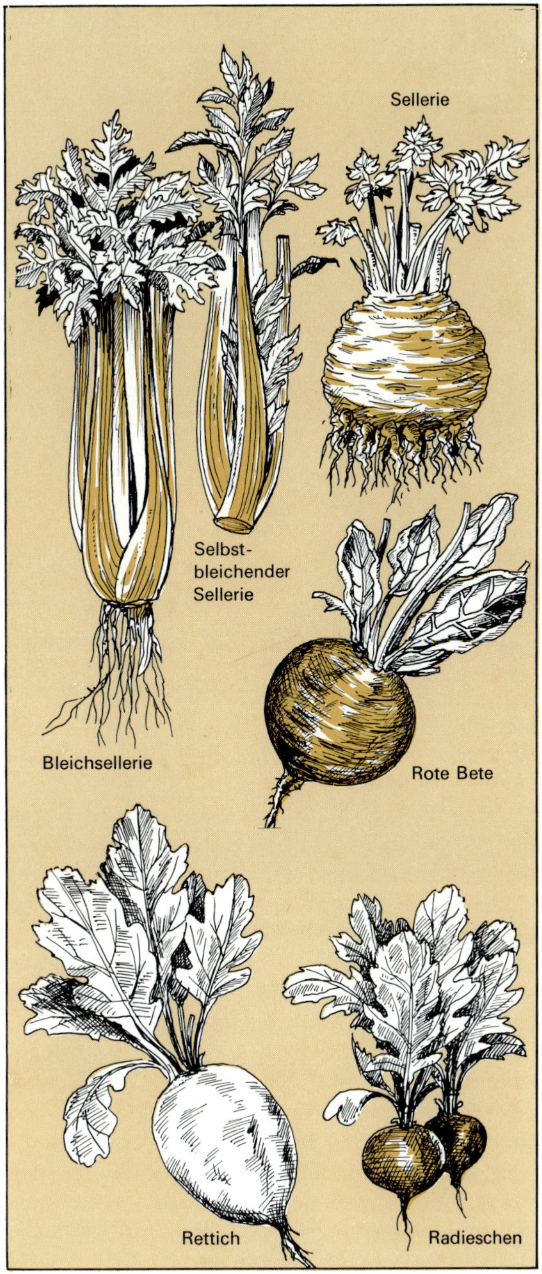

Wintersorten kommen von Ende Mai bis Ende Juni in den Boden. Die ersten Karotten können Sie bei günstiger Witterung schon nach 75 Tagen ernten, die langen Wurzeln brauchen länger.
Möhrensamen keimt sehr langsam und braucht manchmal 3–4 Wochen, bis er aufgeht. Mischen Sie deshalb als »Markierung« einige Körner Radieschen darunter. Sie kommen schnell heraus und zeigen Ihnen beim Hacken oder beim Säen der Nachbarpflanzen, wie die Möhrenreihe verläuft. Die Rillen werden etwa 3 cm tief gezogen, zwischen den Reihen genügt ein Abstand von 20 cm. Außer mit feingesiebtem Kompost können Sie das Saatbett mit etwas Algenkalk oder Steinmehl überstäuben. Nachdem Sie die Samen wieder mit Erde oder Kompost zugedeckt haben, drücken Sie die Oberfläche mit dem Rücken des Rechens fest und gießen gut an.
Wenn die Möhren aufgehen, zupfen Sie alle überflüssigen Sämlinge heraus, so daß die Pflanzen im Abstand von 3–5 cm weiterwachsen. Nur so bekommen Sie starke gesunde Wurzeln! Sie können es auch einmal mit den Sperli-Saatbändern versuchen; darin sind die Samenkörner im richtigen Abstand »eingebaut«, und Sie können nichts mehr falsch machen. – Für Möhren ist es wichtig, daß sie gleichmäßig feuchtgehalten werden; bei großen Unterschieden zwischen Trockenheit und plötzlichen Regengüssen platzen die Früchte sonst auf. Dünne, luftdurchlässige Mulchschichten halten die Erde feucht und locker. Während der Wachstumszeit können Sie die Möhren noch einmal mit Brennesseljauche düngen.
Sorten: 'Pariser Markt' (bewährte frühe, runde Karotte), 'Sperling's Kundulus' (verbesserte 'Pariser Markt'), 'Nantaise' (früher 'Marktgärtner',

Möhren aus naturgemäßem Anbau schmecken süß und aromatisch – auch als gesunde Rohkost.

mittellang für frühe und späte Aussaat), 'Nantaise Sperling's Frühbund' (frühe Zuckermöhre), 'Rote Riesen' (haltbare Wintermöhre), 'Rote Riesen Sperling's Atlas' (robuste Sorte, für schwere Böden empfohlen), 'Lange, rote stumpfe, ohne Herz' (späte Sorte, haltbar im Winter), 'Sperling's Rotin' (frühe bis mittelfrühe Sorte mit hohem Carotingehalt), 'Juwarot' (»Gesundheitsmöhre« mit hohem Carotingehalt, hohem Vitamin B-Anteil, späte Sorte).

Ernte: Möhren können über einen längeren Zeitraum immer frisch herausgezogen werden, so wie man sie braucht. Die Haupterntezeit liegt je nach Sorte im Sommer, Herbst oder Frühwinter. Lassen Sie die gesunden Wurzeln solange wie möglich im Freiland, sie schmecken dann viel aromatischer. Eine dicke Stroh- oder Laubdecke kann das Beet noch lange frostfrei halten. Bevor strenge Kälte einsetzt, lagern Sie die Wintermöhren in einer Miete, im strohverpackten Frühbeet, in der Klimatruhe oder im Sandeinschlag im Keller.

Möhren können Sie auch einfrieren, einwecken oder in Form von Saft konservieren. Sie sind roh oder behutsam gedünstet sehr gesund, weil sie Carotin enthalten, das die Vorstufe zu Vitamin A darstellt. Erst im menschlichen Körper entsteht in Verbindung mit Fett das wertvolle Vitamin A.

Biologische Tips und Mischkultur: Möhren aus gutem, naturgemäßem Anbau fallen durch ein besonders süßes Aroma auf. Sie haben keinen erdigen Geschmack. Für Bio-Grätner kann der Biß in eine Möhre deshalb zum privaten Bodentest werden. Ihre Würze verrät viel über die Humuspflege!

Ein möglichst freier, etwas windiger Standort und reichlich Abstand untereinander schützen die Möhren vor der gefürchteten Möhrenfliege. Sehr frühe Aussaaten im März oder sehr späte im Juni wirken vorbeugend gegen diesen Schädling, weil die Zeit der Eiablage umgangen wird. Bewährt ist auch die Mischkultur mit Zwiebeln und Lauch. Sie bewirkt, wahrscheinlich auf Phytonzidbasis, gegenseitige Schädlingsabwehr. Allgemein günstig wirkt es sich aus, wenn Sie ein paar Körner Dill zwischen den Möhrensamen mischen. Gute Nachbarn sind auch Erbsen (die den Boden lockern!), Tomaten, Zichoriensalat, Radieschen, Mangold sowie Schnittsalat.

Rote Bete, Rote Rüben

Anbau: Die Roten Rüben sind anspruchslos und einfach zu ziehen. Sie gehören zu den Mittelzehrern und nehmen ohne weiteres auch mit einem halbschattigen Beet vorlieb. In einem gepflegten Boden ist zusätzliche Düngung nicht nötig. Kompostversorgung und Mulchabdeckung im Herbst genügen als Vorbereitung.

Ab April können Sie Rote Bete im Freiland aussäen. Die großen Samenkörner lassen sich gut dosieren. Wenn Sie alle 10 cm je 2 Körner legen und später nur die stärksten Pflanzen wachsen lassen, so ersparen Sie sich die Mühe des Vereinzelns. Die Rüben lassen sich zwar auch verpflanzen, aber sie machen leicht »schlapp« dabei. Wählen Sie für diesen »Umzug« auf jeden Fall einen feuchten, bedeckten Tag. Die Reihen sollten 25 cm auseinanderliegen. Rote Bete brauchen stets genügend Feuchtigkeit, um zarte rote »Kugeln« zu entwickeln. Wo der Boden noch nicht genügend »Gehalt« hat, können Sie mit Pflanzenjauche nachdüngen. Comfreybrühe enthält Kali, das für die Wurzelbildung wichtig ist. Späte Aussaaten von Mai bis Juni bringen besonders zarte Früchte und Vorräte für den Winter.

Sorten: 'Rote Kugel', 'Rote Kugel Sperling's Probat' (können schon nach 6–7 Wochen als »Babys« geerntet werden), 'Formanova' (walzenförmig, besonders ertragreich).

Ernte: Bei etwas dichterer Aussaat können Sie die kleinen Früchte bereits während des Sommers laufend herausziehen. Späte Aussaaten werden im Oktober – vor dem ersten Frost – ausgegraben. Drehen Sie die Blätter vorsichtig ab, so daß das Herz erhalten bleibt. Rote Rüben dürfen niemals, an keiner Stelle, verletzt werden. Sonst läuft der kostbare rote Saft aus, sie »verbluten«! Wintervorräte können Sie in feuchtem Sand im Keller einschlagen oder in einer Klimatruhe aufbewahren. Rote Bete lassen sich sehr gut in Essig konservieren. Nehmen Sie dazu hübsche Steinguttöpfe. Dieses bescheidene Wurzelgemüse sollte in keinem Bio-Garten fehlen. Es ist reich an Mineralsalzen und Vitaminen und wirkt blutbildend.

Biologische Tips und Mischkultur: Mulchen hält die Bodenfeuchtigkeit, die die Rüben brauchen. Gute Nachbarn sind Kohlrabi, Pflücksalat, Gurken und Erbsen.

Schwarzwurzeln

Anbau: Schwarzwurzeln können ein- oder zweijährig angebaut werden. Man nennt die langen, wohlschmeckenden Wurzeln auch »Winterspargel«. Eine wichtige Voraussetzung ist tiefgrundig lockerer Boden. Kartoffeln oder wurzelreiche Gründüngung sind deshalb gute Vorkulturen. In biologischen Gärten, die bereits längere Zeit mit Kompost und Mulch versorgt werden, ist die Humusschicht meist gut vorbereitet für die langen schwarzen Wurzeln. Geben Sie, wo es nötig ist, zusätzlichen Dünger bereits im Herbst auf das Beet. Schwarzwurzeln sind Mittelzehrer. Langsam wirkende Mischungen aus Horn-Blut-Knochenmehl (z.B. »Oscorna«) eignen sich für die lange Kulturdauer. Je nach Bodenzustand können Sie im Sommer auch mit Pflanzenjauche gießen. Schwarzwurzeln werden schon früh im März ausgesät. Die Reihen sollten 25–30 cm Abstand haben. Säen Sie dünn in 3 cm tiefe Rillen. Die jungen Pflanzen werden später auf 7–10 cm Abstand verzogen. Schwarzwurzeln brauchen viel Feuchtigkeit. Auch Spätsommer-Aussaat ist möglich.

Die Schwarzwurzeln müssen sehr behutsam mit dem Spaten ausgestochen werden, damit sie nicht brechen.

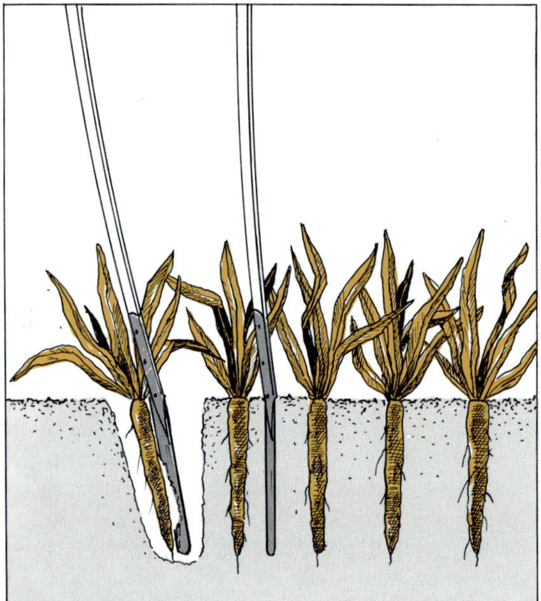

Sorten: 'Einjährige Riesen', 'Schwarzer Pfahl'.

Ernte: Vorsichtig im Herbst ausgraben, weil die langen Wurzeln leicht abbrechen. Sie können sie im Keller in Sand oder feuchtem Torf einlagern. Schwarzwurzeln sind aber ganz winterhart. In Gegenden, in denen der Boden nicht tief zufriert, können Sie durch eine Stroh- oder Laubschicht die Erde lang offenhalten und stets frisch aus dem Freiland ernten. Wer die Blüten herausbricht, kann die Wurzeln noch ein zweites Jahr stehenlassen. Schwarzwurzeln sind mit dem Beinwell oder Comfrey verwandt und haben viele heilkräftige Eigenschaften. Sie enthalten unter anderem Inulin (kein Insulin!) und sind für Zuckerkranke sehr empfehlenswert.

Biologische Tips und Mischkultur: Die zarten Wurzeln sind bei Mäusen und Wühlmäusen sehr beliebt. Beachten Sie die Spezialtips im Kapitel »Weitverbreitete Plagegeister«. Gute Nachbarn sind Lauch, Kopfsalat, Pflücksalat und Kohlrabi.

Rettiche und Radieschen

Anbau: Rettiche und Radieschen gibt es in vielerlei verschiedenen Sorten. Sie wachsen in zweiter oder dritter Tracht. Eine gute Kompostdüngung reicht für ihre Nährstoffansprüche aus. Sorgen Sie aber immer für gleichmäßige Feuchtigkeit.

Trockenheit läßt die zarten »Wurzeln« sonst pelzig und scharf werden.
Beide Früchte brauchen kein eigenes Beet. Sie laufen als willkommene Mischkultur »nebenbei«. Schon ab März können Sie Frühlingsrettiche und Radieschen unter Folientunneln aussäen. Wenig später ist auch die Freilandaussaat möglich. Ab Mai müssen Sie Sommersorten wählen, die mehr Hitze vertragen. Ab Anfang Juli können Sie auch den schwarzen Winterrettich aussäen, der sich zum Lagern in der kalten Jahreszeit eignet.
Die großen runden Samenkörner der Rettiche und Radieschen lassen sich gut dosieren. Säen Sie gleich im richtigen Abstand, damit sich große »Kugeln« oder »Zapfen« entwickeln können. Bei den verschiedenen Rettichsorten bleiben 10–25 cm Platz zwischen den Pflanzen. Achten Sie immer auf die Hinweise, die auf die Samentüten gedruckt sind. Bei Radieschen genügt es, wenn sie etwa 5 cm auseinanderstehen. Bei zu dichter Saat bilden sie keine runden Knollen! Die Rille, in die die Körner gelegt werden, soll etwa 1 cm tief sein. Füttern Sie sie mit feingesiebtem Reifekompost aus.
Sorten: Frühlingsradieschen: 'Saxa' (altbewährt), 'Saxa Treib' (für Folienanbau), 'Knacker' (verbesserte 'Saxa'), 'Frühwunder' (für Freiland und Treiberei); Sommerradieschen: 'Rundes, halb weiß, halb rot', 'Eiszapfen' (längliches, weißes Radieschen), 'Sperling's Parat' (groß, zart und würzig), 'Carnita' (widerstandsfähig gegen Pelzigwerden), 'Riesenbutter'; Frühlingsrettiche: 'Rosa Ostergruß', 'Hilds Neckarruhm', 'Halblanger weißer Treib und Freiland'; Sommerrettiche: 'Halblanger weißer Sommer', 'Main-Dreieck', 'Minowase Summer Cross' (Riesenrettich, mild würzig); Späte Rettiche: 'Münchner Bier', 'Runder Schwarzer Winter'.
Biologische Tips und Mischkultur: In schweren, undurchlässigen Böden gedeihen Rettiche schlecht. Sie sind deshalb auch ein Test für die Qualität des Humus in Ihrem biologischen Garten. Wächst der Rettich gerade, glatt und saftig, so haben Sie jenen lockeren, feuchten humusreichen Bodenzustand erreicht, der das Ziel aller naturgemäßen Methoden ist. – Gegen Erdflöhe hilft gleichmäßige Feuchtigkeit, die kleinen Fresser lieben eher trockenen Untergrund. Auch Salatpflanzen als Zwischenkultur wehren Erdflöhe ab. Radieschen und Rettiche sind ideale Partner in zahlreichen Kombinationen. Gute Nachbarn sind unter anderen Kresse, Salat, Bohnen, Tomaten, Spinat, Kohl und Möhren.

Kohl mit Köpfchen – Deftiges und Feines zur Wahl

Die vielgestaltigen Kohlgemüse stammen alle von einer einzigen bescheidenen Wildform ab: von *Brassica oleracea silvestris.* Sie gehören in die Familie der Kreuzblütler. Kohlgerichte waren schon bei den »alten Römern« geschätzt. In der Antike und im Mittelalter wurde dieses Gemüse nicht nur als gesunde Kost sondern geradezu als Medizin angesehen. Man nannte es den »Arzt der Armen«. Nachdem wir heute genauer wissen, was in den Kohlköpfen steckt, erscheint uns diese Ansicht gar nicht mehr so abwegig. Kohl enthält alle wichtigen Vitamine, vor allem Vitamin C, reichlich Mineralsalze und Schwefel. Roh oder gekocht sind Kohlgemüse gesund und nahrhaft.
Sie schmecken allerdings genau so, wie sie selbst ernährt wurden. Weißkohl oder Rosenkohl aus einem guten biologischen Anbau haben niemals einen ordinären Beigeschmack, und sie riechen auch nicht unangenehm aus dem Kochtopf. Wer falsch düngt – mineralisch oder mit rohem Mist –, der wird es sofort an den »Düften« merken!
Es gibt eine große Auswahl verschiedener Kohlarten: Kopfkohl (Weißkohl, Rotkohl und Wirsing), Blätterkohl (Grünkohl), Sprossenkohl (Rosenkohl), Blumenkohl und Kohlrabi (Stengelkohl). Immer dient dabei ein anderer Teil der Pflanze als Gemüse. Für jede Gartengröße und für

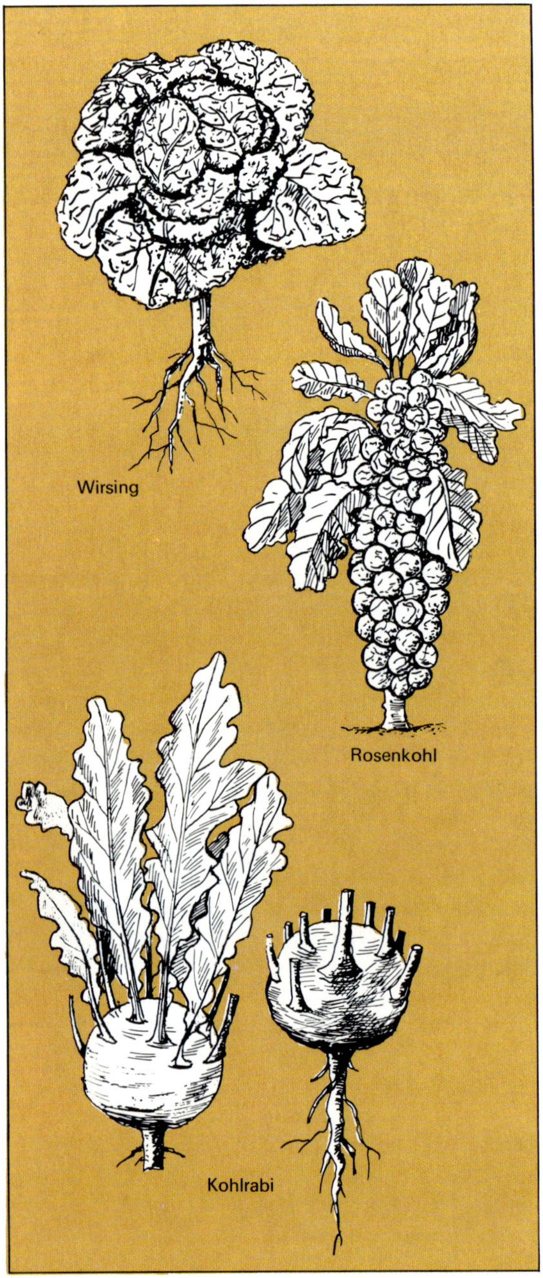

jeden Geschmack findet sich darunter eine passende Sorte. Kein biologischer Gärtner sollte ganz auf dieses wichtige Nahrungsmittel verzichten. Aber wählen Sie Kohl mit Köpfchen aus!

Weißkohl, Rotkohl und Wirsing

Anbau: Alle Kohlarten, außer Kohlrabi, sind große Düngerfresser und stehen immer in erster Tracht. Vor allem die drei Kopfkohlarten müssen ja gewaltige Blattmassen erzeugen. Dazu brauchen sie natürlich reichlich Nährstoffe und Wasser. Weißkohl, Rotkohl und Wirsing beanspruchen außerdem sehr viel Platz, sie eignen sich nur für große Gärten. Wer mit dem Platz sparsam umgehen muß, sollte Spitzkohl, eine schlanke Variante des Weißkohls, oder andere Kohlarten pflanzen.

Das Kohlbeet muß mit Kompost und organischem Dünger schon im Herbst gut vorbereitet werden. Vermeiden Sie aber jede Überdüngung, auch auf naturgemäßer Basis, sie führt unweigerlich zu einer Qualitätsverschlechterung! Gut verrotteten Mist, getrockneten Rinderdung oder Horn-Blut-Knochenmehl können Sie wahlweise als Nährstoffzugabe verwenden. Steinmehl und Brennnesseljauche dienen während der Wachstumszeit als zusätzliche Düngung. Nur in sehr humusreichen, biologischen Gärten kann man es wagen, Kohl allein mit Kompost großzuziehen.

Kohl können Sie leicht selber aussäen, frühe Sorten ab März ins Frühbeet, Spätkohl im April auf ein Saatbeet im Freien. Versuchen Sie es zuerst mit kleinen Mengen, denn Kohl braucht viel Platz. Ab April setzen Sie die Frühkohlpflanzen mit 40 × 40 cm Abstand. Sie werden tief gepflanzt und später etwas angehäufelt. Die Spätkohlsorten sind bis Anfang Juni nachgewachsen und werden mit 50 × 50 cm Abstand ausgepflanzt. Ende Juni ist der späteste Termin. Halten Sie den weiten Zwischenraum unbedingt ein, auch wenn die Setzlinge noch so klein dabei wirken. Enge Pflanzung ergibt nur kleine Köpfe und fördert Krankheiten. Die »Lücken« können Sie durch rasch wachsende

Auf dem Kohlbeet sorgen die Dillpflanzen am Rande für gesunde Nachbarschaft.

Zwischenkulturen vorübergehend füllen. Wichtige Pflegemaßnahmen für Kohlbeete: Sorgen Sie immer für reichlich Freuchtigkeit, düngen Sie zwei- bis dreimal mit Flüssigdünger nach und halten Sie den Boden locker. Eine Mulchdecke hilft dabei am besten.

Sorten: Früher Weißkohl: 'Dithmarscher früher', 'Nostra HKZ' (verbesserter 'Dithmarscher'), 'Erstling' (Spitzkohl); früher Rotkohl: 'Frührot'; früher Wirsing: 'Eisenkopf'; später Weißkohl: 'Braunschweiger' (Herbsternte), 'Marner Lagerweiß' (gut zum Lagern), 'Amager' (gut zum Lagern); später Rotkohl: 'Herbstrot', 'Mohrenkopf'; später Wirsing: 'Dauerwirsing' (zum Lagern), 'Vertus' (Herbsternte), 'Advent' (Aussaat im August, Ernte im Mai).

Ernte: Die frühen Kohlsorten sind für den frischen Verbrauch bestimmt, sie lassen sich nicht lagern. Pflanzen Sie deshalb nicht zuviel. Späte Sorten bleiben solange im Freiland, bis Frost angesagt wird. Vor Ende Oktober soll möglichst nicht geerntet werden. Für den Winter können Sie die Köpfe nach verschiedenen Methoden einlagern, wie es im Kapitel »Ernten und Konservieren« beschrieben ist. Suchen Sie immer nur trockene, gesunde Kohlköpfe dafür aus. Weißkohl können Sie auch als Sauerkraut im Steintopf einlegen.

Biologische Tips und Mischkultur: Manche Bio-Gärtner empfehlen Algenkalk ins Pflanzloch zu streuen, um Kohlhernie vorzubeugen. Das Stäuben mit Holzasche oder Urgesteinsmehl hilft gegen Läuse. Einzelne Tomatenpflanzen oder Sellerie zwischen die Kohlreihen gesetzt, verhindern den Anflug der Kohlweißlinge. Die Falter werden durch den fremdartigen strengen Geruch irritiert und vom Duft der Kohlpflanzen, der sie sonst anzieht, abgelenkt. Viele Hinweise zur Vertreibung spezieller Kohlschädlinge finden Sie außerdem in der großen Tabelle auf Seite 135–147.

Gute Nachbarn für die großen Kopfkohlarten und alle anderen Familienangehörigen sind: Kartoffeln, Tomaten, Sellerie, Spinat, Salate, Lauch und Erbsen. Kräuter als Rand- und Zwischenpflanzung verbessern das Aroma, versuchen Sie es mit Kamille und Kümmel. Schlechte Nachbarschaft bedeutet Senf. Benutzen Sie ihn nie als Gründüngung auf Beeten, die mit Kohl bepflanzt werden. Hier hat das »Mädchen für alles« Hausverbot!

Blumenkohl

Anbau: Blumenkohl wirkt mit seinen »Rosen« neben den bäuerlichen Kohlköpfen wie feiner Landadel. Er ist ebenso wohlschmeckend wie anspruchsvoll. Die Bodenvorbereitung und allgemeine Pflege gleicht derjenigen beim Weiß- und Rotkohl. Frühe Blumenkohlpflanzen müssen Sie warm vorziehen. Die Aussaat beginnt im März. Im April und Mai können Sie für eine spätere Ernte im Freiland Samen aussäen. Verwenden Sie nur ausgesucht kräftige Setzlinge.

Der Abstand auf dem Beet beträgt 50 × 50 cm. Dieser Kohl darf niemals im Wachstum stocken, also nicht unter Wasser- oder Nährstoffmangel

leiden. Damit die Blumen weiß bleiben, müssen sie vor starker Sommersonne geschützt werden. Binden Sie die Blätter zusammen, unter diesem Schirm hält sich die vornehme Blässe.
Sorten: 'Erfurter Zwerg' (bewährte Sorte für frühe und späte Ernte).
Ernte: Frisch, so wie er reif wird, auf jeden Fall solange die »Blumen« fest und geschlossen sind. Bei früher Aussaat beginnt die Ernte Ende Juli bis Anfang August, späte Kulturen reifen noch im Oktober. Blumenkohl können Sie zerteilt und blanchiert einfrieren oder mit gemischtem Gemüse-»Allerlei« sauer einlegen.
Biologische Tips und Mischkultur: Besonders gute Nachbarschaft mit Sellerie.

Brokkoli, Spargelkohl

Anbau: Der Brokkoli ist eine aparte grüne Variante des Blumenkohls – ein feines Gemüse ohne Star-Allüren. Sein Anbau lohnt sich auch in kleinen Gärten, weil die bläulich-grünen lockeren Blumen immer wieder nachwachsen. Bodenvorbereitung und Pflege sind die gleichen wie beim Kopfkohl. Säen Sie Brokkoli mit den Spätkohlsorten im April ins Freiland. Ende Mai/Anfang Juni setzen Sie die Pflanzen mit 50 × 50 cm Abstand auf das vorbereitete Beet.
Sorten: 'Sperling's Sparko', 'Atlantic', 'Futura'.
Ernte: Die noch geschlossenen grünen Blumen werden mit einem fingerlangen Stück Stiel abgeschnitten. Diese Stiele schmecken wie Spargel! Passen Sie auf, Brokkoli schießt rasch in Blüte! Aus den Blattachseln treiben immer wieder neue Sprossen nach. Die Ernte beginnt je nach Sorte und Pflanzung im Juli und reicht bis spät in den Herbst. Da Brokkoli einige Grad Frost unbeschadet übersteht, kann man oft noch im Winter die letzten Blumen schneiden. Sie können ihn, wenn er im Überfluß reift, auch einfrieren. Das lohnt sich besonders, weil Spargelkohl reichlich Mineralstoffe und Vitamin C enthält.
Biologische Tips und Mischkultur: Wie Blumenkohl.

Rosenkohl

Anbau: Auch der Rosenkohl gehört zu den feineren Verwandten innerhalb der deftigen Kohlfamilie. Er stellt die gleichen Ansprüche an den Boden und die Pflege. Sie müssen sich aber bei diesem Gemüse besonders vor einer Überdüngung hüten. Denn Rosenkohl bringt sonst nur lockere Röschen zustande, die nicht viel wert sind. Als ausgesprochene Nachkultur kann er gut nach Frühkartoffeln oder Erbsen gepflanzt werden.
Bis Mitte Juni soll der Rosenkohl allerdings ausgepflanzt sein, deshalb müssen Sie ihn von Mitte April bis Anfang Mai aussäen. Der Abstand der Setzlinge beträgt 50 × 50 cm wie bei fast allen großen Kohlarten. Im September sollten Sie die Spitzen der Pflanzen herausbrechen, damit die letzten Wachstumskräfte sich auf die Rosen konzentrieren.
Sorten: 'Fest und Viel' (altbewährte Sorte), 'Hilds Ideal' (gut zum Einfrieren), 'Banner' (frosthart, braucht nicht entspitzt zu werden).
Ernte: Rosenkohl ist in den meisten Gegenden winterhart. Er braucht sogar Frost, damit die Röschen schmackhafter und zarter werden. Deshalb ernten Sie möglichst immer im Freiland, denn er gehört zu den wenigen Gemüsen, die im Winter frische Vitamine in die Küche bringen. Nur in sehr kalten Landschaften müssen Sie die Pflanzen im Frühbeet oder an einer schützenden Wand einschlagen und mit Fichtenreisig abdekken. Sie können Rosenkohl auch einfrieren.
Biologische Tips und Mischkultur: Holzaschendüngung bewirkt feste Rosen; Schädlingsabwehr und Nachbarschaften allgemein wie beim Kohl.

Grünkohl

Anbau: Dieser Winterkohl ist bescheidener in seinen Ansprüchen, bietet dafür aber einen besonders hohen Gehalt an Vitaminen und Mineralstoffen. Grünkohl gedeiht auch an halbschattigen Plätzen und kann gut nach Kartoffeln gepflanzt werden. Der Abstand beträgt nur 40 × 50 cm. Säen Sie ihn von Mai bis Juni aus, und verpflanzen

Sie ihn nach und nach, so wie Platz auf den Beeten frei wird, von Juni bis Anfang August. Versorgen Sie das Beet vor der Pflanzung mit Kompost und einem organischen Dünger.
Sorten: Niedrige Sorten sind für den privaten Garten unbedingt empfehlenswerter: 'Niedriger grüner Krauser', 'Hamburger Lerchenzungen'.
Ernte: Grünkohl ist winterhart und bleibt im Freiland, er braucht ebenso wie Rosenkohl den ersten Frost, damit er besser schmeckt. Ernten Sie zuerst die unteren Blätter und zuletzt das Herz. Im Frühling bilden sich am Stamm oft noch zarte Sprossen für eine Nachernte.
Biologische Tips und Mischkultur: Wie beim Kopfkohl.

Chinakohl

Anbau: Dieser zarte chinesische Weißkohl hat eine sehr kurze Wachstumszeit von nur 10–12 Wochen. Er darf erst in der zweiten Junihälfte ausgesät werden, Nachsaaten sind bis Anfang August möglich. Frühere Aussaaten schießen leicht, weil es sich um eine Kurztagspflanze handelt. Säen Sie den Chinakohl auf einem abgeernteten Beet in Reihen mit 30 cm Abstand und lichten Sie später die Pflanzen so aus, daß sie 25 cm auseinander stehen. Kompost und ein rasch wirkender organischer Dünger, wie zum Beispiel Guano, dienen als Bodenvorbereitung. Sorgen Sie auch immer für genügend Feuchtigkeit. Schützen Sie die Pflanzen im Spätherbst durch einen Folientunnel!
Sorten: 'Hongkong', 'Sperling's Nippon' (gut lagerfähig), 'Nagaoka' (resistent gegen Vergilbungskrankheit).
Ernte: Chinakohl kann bis zu −5 °C im Garten bleiben und sollte möglichst lange frisch geerntet werden. Später können Sie ihn im Keller in Sand oder auch in Zeitungspapier einschlagen. Vorher die äußeren Blätter entfernen. Chinakohl ist ein Mittelding zwischen Gemüse und Salat. Er ist gesund, delikat und bläht weniger als die anderen Kohlgemüse. Bereiten Sie ihn roh oder zart gedünstet zu.

Blumenkohl

Brokkoli

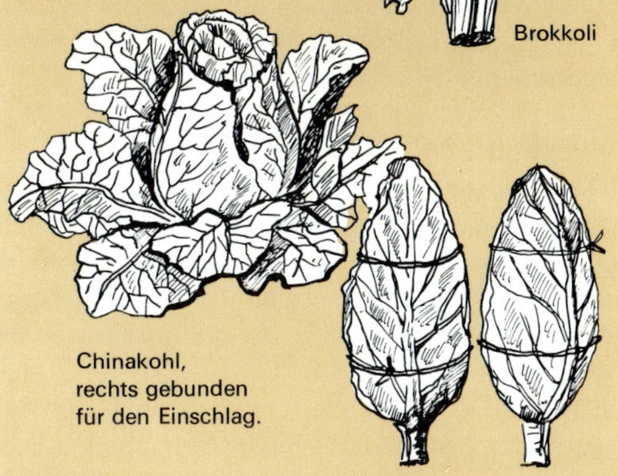
Chinakohl, rechts gebunden für den Einschlag.

Biologische Tips und Mischkultur: Schützen Sie die Pflanzen vor Schnecken und Erdflöhen durch die im Kapitel »Biologische Schädlingsabwehr« beschriebenen Maßnahmen (S. 135–147).

Kohlrabi

Anbau: Sie sind die Leichtgewichte in der behäbigen, deftigen Kohlfamilie und benötigen kein eigenes Beet. Kohlrabi sind überall willkommene »Lückenbüßer« und Zwischenfrüchte. Sie benötigen weniger Nährstoffe als die großen Kohlköpfe und kommen auch als Mittelzehrer – ähnlich wie Salat – über die Runden. Säen Sie öfter kleine Partien aus, dann können Sie immer frische zarte Knollen ernten. Genügend Wasser ist wichtig, sonst werden die Früchte holzig. Die ersten Kohlrabi reifen schon unter Plastik. Setzen Sie frühe Sorten auf 25 × 30 cm und späte Sorten auf 30 × 40 cm Abstand. Pflanzen Sie nicht zu tief!

Sorten: Für Frühlingsaussaat und Treibbeet: 'Blaro' ('Roggli's Blauer Treib und Freiland'), 'Lanro' ('Roggli's Weißer Freiland'); Sommer- und Herbstsorten: 'Delikateß weiß', 'Delikateß blauer', 'Blauer Speck'.

Ernte: Stets frisch und möglichst jung. Bio-Gärtner mit gesunder Küche verwenden auch die zarten Blätter, die viel Eisen enthalten. Kohlrabi sind roh oder gedünstet eine Delikatesse. In Streifen geschnitten können Sie sie einfrieren.

Biologische Tips und Mischkultur: Kohlrabi sind dankbar für verdünnte Brennesseljauche. Gute Nachbarn sind Salat, Bohnen, Sellerie, Radieschen und Gurken. Gegen Schnecken helfen die Tips auf S. 132–134.

Auch ein Kohlbeet hat seine eigene Schönheit: Grünkohl, im Hintergrund Rosenkohl und Kräuter.

Saftige Delikatessen aus der Kürbisfamilie

Sie stammen alle aus tropischen Kontinenten und lieben deshalb die Wärme und die Feuchtigkeit: Gurken, Zucchini und Kürbisse. Wo sie gute Bedingungen vorfinden, da entfalten sie auch bei uns die wuchernde Üppigkeit ihrer Ursprungsländer. Etwas von diesem »Heimatgefühl« muß ein guter, einfühlsamer Gärtner diesen Gewächsen vermitteln, damit sie sich auch in unserem relativ kühlen Klima wohlfühlen.
Die Gurken waren ursprünglich in Südasien und Vorderindien zu Hause. Sie gehören zu den kalorienärmsten Gemüsen und wirken entschlackend. Vitamine und Mineralsalze machen sie zu einer ebenso gesunden wie erfrischenden Sommerdelikatesse. – Zucchini stellen im Garten und in der Küche ein Mittelding zwischen Gurken und Kürbissen dar. Botanisch zählen sie zu den Flaschenkürbissen und damit zu den uralten Kulturpflanzen, von denen alte Quellen aus Asien, Afrika und Südamerika berichten. Zucchini haben in den letzten Jahren in vielen interessanten Varianten Einzug in unsere Gärten gehalten. Sie sind leicht zu ziehen und bereichern den Speiseplan durch überraschende Genüsse. Die Kürbisse dagegen, die einmal der Stolz jedes Kleingärtner-Wettbe-

Der Kürbis ist ein Prachtgewächs. Die langen Blattranken und die Riesenkugeln brauchen viel Platz.

werbs waren, nehmen viel Platz ein und sind trotz ihres Vitamin-C-Gehaltes und ihres Reichtums an Carotin nur dort zu empfehlen, wo es Gartenland im Überfluß gibt.

Gurken

Anbau: Dieses Tropengemüse darf nie vor den Eisheiligen ins Freiland. Es braucht ein sonniges, windgeschütztes Beet. Der früheste Aussaattermin liegt in milden Landschaften Anfang Mai. Wenn dann Mitte Mai die ersten Keimblätter erscheinen, ist die Gefahr kalter Nächte meist vorüber. Gurken lassen sich leicht in Blumentöpfen oder Torftöpfen auf der warmen Fensterbank vorziehen. Wenn Sie einige vorgetriebene Pflanzen mit der normalen Aussaat mischen, können Sie besonders früh und lange ernten!

Gurken gehören zu den Starkzehrern. Bereiten Sie das Beet im Herbst mit reichlich Kompost, organischem Dünger und Mulchabdeckung vor.

Gurken können an Drähten oder Gittern hochranken.

Auch Gründüngung, im Sommer des Vorjahres ausgesät, ist eine nahrhafte Grundlage. Heben Sie im Frühling in der Mitte des Beetes einen Graben aus, der mit Pferdemist gefüllt wird. Darüber schichten Sie den Erdaushub, vermischt mit Kompost zu einem Hügel auf. So erhalten die wärmebedürftigen Gurken eine »Fußbodenheizung«. Manche biologischen Gärtner bereiten für den Gurkenhügel einen nahrhaften Spezialkompost aus Rasensoden, Quecken und Pferdemist zu, der aber bei der Verwendung bereits gut verrottet sein muß.

Auf dem Rücken des etwa 30 cm breiten Walls ziehen Sie eine Rinne und drücken die Gurkenkerne in Abständen von 10 cm in die Erde. Sie können auch alle 20 cm je 3–4 Samen legen. Später werden die kräftigsten Pflanzen auf 30–40 cm Zwischenraum vereinzelt. Wenn Sie nach dem Erscheinen des dritten oder fünften Blattes an den jungen Pflanzen die Spitzen herauskneifen, sorgen Sie für viele reichtragende Seitentriebe. Halten Sie das Gurkenbeet immer gleichmäßig feucht. Gießen Sie aber mit abgestandenem, warmem Wasser. Trockenheit bewirkt Wachstumsstokkungen und als Folge davon bittere Früchte. Zwei- bis dreimal während der Hauptwachstumszeit sollten Sie auch mit verdünnter Brennesseljauche düngen.

Gurken sind von Natur aus Rankpflanzen, das können Sie leicht in jedem Gewächshaus beobachten. Auch im Garten »ergreifen« sie gern jede Gelegenheit zum Hochwachsen. Versuchen Sie einmal, Ihren Gurken ein Klettergerüst anzubieten. Dazu eignen sich zum Beispiel weitmaschige Eisengitter, wie sie auf Baustellen zur Verstärkung des Betons verwendet werden. Von den hochgewachsenen Gurken können Sie viel leichter ernten. Die Früchte bleiben sauber und sind für kriechende Schädlinge nicht mehr erreichbar. In rauhen Landschaften sollten Sie das Tropengemüse lieber im Frühbeet oder unter Folientunnels großziehen, wo es wärmer und geschützt vor Winden wächst. Schon vor der Aussaat müssen Sie sich überlegen,

ob Sie lange Salatgurken, kleine Einmachgurken oder eine mittlere Sorte, die für beide Möglichkeiten geeignet ist, anbauen möchten.
Sorten: Treibgurken für Kästen: 'Hoffmanns Produkta', 'Orion', 'Green Stick' (verbesserter 'Orion-Typ, resistent gegen Gurkenkrätze); Freilandgurken: 'Chinesische Schlangen' (lange Salatgurke), 'Riesenschäl' (Salat- und Senfgurke), 'Delikateß' (halblang für Salat und zum Einlegen), 'Sperling's Mervita' (verbesserte 'Delikateß', bitterfrei, widerstandsfähig gegen Mehltau), 'Fablo' (halblang für Salat und zum Einlegen, widerstandsfähig bei ungünstigem Klima, resistent gegen Mosaik-Krankheiten und Krätze), 'Vorgebirgstrauben' (kleine Einlegesorte, widerstandsfähig).
Ernte: Laufend frisch je nach Sorte und Aussaat von Anfang Juli bis September. Pflücken Sie die Früchte vorsichtig mit beiden Händen, damit keine Ranken abreißen. Frische Gurken können Sie als Salat oder Schmorgemüse zubereiten. Für den Winter sollten Sie kleine und mittlere Früchte als Salz- oder Essiggurken einlegen. Tiefgefroren verlieren sie sehr an Aroma.
Biologische Tips und Mischkultur: Da Gurken anfällig sind für Pilzkrankheiten, sollten Sie diejenigen Sorten auswählen, die Ihrem Klima angepaßt sind und öfter vorbeugend mit Schachtelhalmbrühe spritzen. Pflanzen Sie, ebenfalls als vorbeugende Kulturmaßnahme, neben dem Gurkenbeet als Windschutz Zuckermais oder Erbsen.
Aus ganz reifen Früchten können Sie auch eigenes Saatgut gewinnen. Die herausgekratzten Kerne müssen zuerst in einer Schale mit Wasser kurz gären. Dann werden sie gewaschen, abgetropft und auf Löschpapier getrocknet. Gute Nachbarn sind als Randpflanzen Bohnen, Sellerie, Lauch, Rote Bete, Salat und Kohl. Dill können Sie gut zwischen den Gurkenranken wachsen lassen. Tomaten und Gurken sollten Sie nicht nahe zusammen pflanzen. Tips gegen spezielle Krankheiten und Schädlinge finden Sie auf S. 135–147.

Kürbis
Anbau: Bodenvorbereitung und Pflege sind die gleichen wie bei Gurken und Speisekürbissen. Nur braucht der riesige Kürbis von allem noch ein bißchen mehr: noch reichlicher Dünger, Wasser und vor allem Platz. Eine einzige Pflanze kann leicht 3–4 m² überwachsen. Pflanzen Sie diese prachtvollen »goldenen Riesen« nur, wenn Sie genügend Raum dafür haben!
Sorten: 'Riesenmelonen', 'Gelber Zentner', 'Grüner Zentner'.

Ein untergelegtes Brett schützt den Kürbis vor Nässe.

Ernte: Kürbiskugeln können bis zu 50 kg schwer werden. Die Riesenfrüchte sind reif, wenn sie beim Anklopfen hohl klingen. Aus dem frischen Fruchtfleisch können Sie Suppe oder Kompott zubereiten. Kleingewürfelt wird Kürbis für den Winter süßsauer eingemacht. Ingwer schmeckt besonders gut als Würze dazu.
Biologische Tips und Mischkultur: Legen Sie unter die reifenden Früchte, ehe sie zu schwer werden, Holzbrettchen. So faulen sie nicht. Wo ein größeres Stück Land einen Sommer lang mühelos unkrautfrei gehalten werden soll, da sind Kürbisranken phantastische Bodendecker. Ein guter Nachbar ist, soweit das überhaupt möglich ist, Zuckermais als Randpflanzung.

Vielgestaltig sind die Früchte der Gemüsekürbisse: Flache weiße »Ufos«, gestreifte Zucchini-Walzen und gelbe Kürbchen bringen Abwechslung in die Küche.

Zucchini, Speisekürbisse und Kürbchen

Anbau: Alle diese Mitglieder der Kürbisfamilie sind Starkzehrer wie die Gurken. Bereiten Sie das Beet genau so vor. Auch die Anzucht und die Pflege gleichen sich. Zucchini sind aber weniger empfindlich, und sie treiben keine Ranken. Eine einzelne Pflanze braucht mit ihren breiten saftigen Blättern 1–2 m Platz im Quadrat. Legen Sie im Abstand von 1 m je 2–3 Körner aus oder setzen Sie eine vorgezogene Pflanze. Zucchini gedeihen auf Hügeln oder flachen Beeten. Sie brauchen viel Wasser und zusätzliche Düngung mit Pflanzenjauche, der Sie einen organischen Dünger zusetzen. Auf dem Kompost sollten Sie – entgegen manchem Ratschlag – keine Zucchini pflanzen. Sie laugen ihn zu sehr aus. Setzen Sie die robusten »Fresser« höchstens an den Fuß des Haufens. Sie ernähren sich dort von ausgespülten Nährstoffen und beschatten den Hügel mit ihren großen Blättern.

Aus der gleichen artenreichen Familie sind seit einiger Zeit auch meterlange »Herkuleskeulen«, rundliche »Spaghetti-Kürbisse« mit nudelartigem Fruchtfleisch, und weiße flache Squash-Kürbisse, die wie »fliegende Untertassen« aussehen, im Angebot. Hinzu kommen noch die »Kürbchen«, die sich in sehr vielgestaltige Sommer- und Winterkürbchen aufteilen. Sie wachsen schnell, werden, wie ihr Name schon verrät, teils im Sommer frisch geerntet und teils über Winter gelagert. Mit diesen Früchten müssen aber noch Erfahrungen gesammelt werden. Sie sind im Bio-Versand erhältlich. Herkuleskeulen, Spaghettikürbis und einige Kürbchenarten bilden Ranken. Sie können auch an Ziergitter und Spaliere gepflanzt werden.

Sorten: 'Cocozelle von Tripolis', 'Diamant Sperling's Dessert' (beides grünfrüchtige Zucchini), 'Sperling's Bolognesa' (runder gelber Spaghettikürbis), 'Sperling's UFO' (weißer, flacher Speisekürbis), 'Herkuleskeule' (bis 2 m lange Riesenwalzen).

Ernte: Zucchini schmecken besonders zart als 10–20 cm lange Babyfrüchte. Aber auch in allen anderen Wachstumsstadien sind die Früchte eßbar. Wer nach dem Urlaub Riesenkeulen vorfindet, der kann sie aufschneiden, füllen und schmoren. Spaghettikürbisse sollten immer ausreifen. Alle Gemüsekürbisse, auch Kürbchen, lassen sich einfrieren.

Biologische Tips und Mischkultur: Gegen Pilzkrankheiten mit Schachtelhalmbrühe spritzen; mit halbverrottetem Kompost rings um die Pflanzen mulchen. Von reifen Früchten können Sie Samen sammeln wie bei Gurken. Die großen Körner müssen trocken aufbewahrt werden bis zum nächsten Frühling. Vergessen Sie nicht, die verschiedenen Arten und Sorten rechtzeitig mit Namensschildern zu kennzeichnen. Gute Nachbarn sind Stangenbohnen, Mais, Zwiebeln und Kapuzinerkresse.

Kartoffeln – die braunen Äpfel aus der Erde

Sie stammen wie die Tomaten aus Südamerika und sind bei den Indianern seit mindestens 2000 Jahren in Kultur: die Kartoffeln oder Erdäpfel. Spanische Eroberer brachten das Nachtschattengewächs nach Europa, wo es bald zum »Brot der Armen« wurde. Heute wissen wir die braunen Knollen wieder hoch zu schätzen. Sie enthalten weit weniger Kalorien als Reis und Nudeln. Dafür bieten sie reichlich Vitamin C, Vitamin B_1, B_2, B_6 und Vitamin A sowie viele Mineralsalze. Vor allem aber sind sie sehr eiweißreich.

Kartoffeln zählen deshalb nach modernen Erkenntnissen zu den ausgesprochen gesunden Delikatessen. Ein Genuß sind sie allerdings nur, wenn sie aus gutem Anbau stammen. Bei der Massenproduktion in Monokulturen sank ihre geschmackliche Qualität zeitweise unter den Nullpunkt. Deshalb begannen viele Freizeitgärtner wieder Kartoffeln im eigenen Garten anzubauen. Und siehe da: sie schmeckten »wie früher«. Selbst die Anhänger mineralischer Düngemethoden geben oft zu, daß Kartoffeln den größten Wohlgeschmack entwickeln, wenn sie mit Kompost angebaut werden. In naturgemäßen Gärten können die braunen Erdäpfel wegen ihres Wohlgeschmacks wieder zu echten Delikatessen gezählt werden. Wer wenig Platz hat, der sollte es wenigstens mit ein paar Reihen Frühkartoffeln versuchen!

Anbau: Reservieren Sie für den Kartoffelanbau möglichst ein Stückchen Land, das etwas breiter ist als die üblichen Gemüsebeete. Im Herbst düngen Sie mit Kompost und nach Bedarf mit verrottetem Mist oder Horn-, Blut-Knochenmehl. Mulchen Sie sorgfältig, denn Kartoffeln lieben lockeres, humusreiches Land in erster Tracht.

Die Saatknollen – möglichst aus biologischem Anbau – werden in Kisten vorgekeimt. Der Raum soll mäßig warm und hell sein. Stellen Sie Kartoffeln auf den Nabel, so daß das Kronenende mit den meisten Augen nach oben weist. Die Pflanzzeit ist abhängig vom Frühlingswetter. In milden Landschaften kann sie Ende März beginnen, meist verschiebt sie sich in den April. Als Faustregel gilt: die Bodentemperatur soll mindestens 7°C betragen. Kräftiges, gesundes Saatgut gibt eine gewisse Garantie für eine reiche Ernte. Schneiden Sie die Knollen nicht durch, sie bieten sonst Angriffsflächen für Schädlinge und für plötzliche Kälte.

Ziehen Sie die Kartoffelfurchen mit einem Mindestabstand von 40–50 cm. Bei 75 cm Zwischenraum haben Sie Platz für Mischkulturen. Legen Sie die Saatknollen 30–50 cm voneinander entfernt höchstens 5 cm tief, denn die Pflanzen sollen schnell Blattwerk treiben, das dann die Ernährung der Kartoffelstaude übernimmt. Füttern Sie die Reihen noch einmal mit reifem Kompost aus, schließen Sie sie vorsichtig, damit die Keime nicht

So sieht eine gesunde Kartoffelpflanze in ihrer sichtbaren Gestalt und im »unterirdischen« Wurzelraum aus.

Keimen Sie Kartoffeln in Kisten rechtzeitig vor. Das Knollenende mit den meisten Augen soll nach oben weisen. Im April legen Sie die Saatkartoffeln vorsichtig in kompostgefütterte Furchen, die zugezogen werden.

brechen. Nach dem Aufgehen werden die Reihen meist angehäufelt. Dies ist aber keine Muß-Regel. Kartoffeln gedeihen auch gut auf flachen Beeten, vor allem wenn Mischkulturen dazwischen die Erde feucht und unkrautfrei halten. Achten Sie beim Unkrauthacken oder Anhäufeln darauf, daß die heranwachsenden Knöllchen nicht verletzt werden.

Bis Ende April/Anfang Mai sollten auch die mittelfrühen und späten Sorten gepflanzt sein. Als Nachfrucht für Frühkartoffelbeete eignen sich Grünkohl, Rosenkohl und Chinakohl. Die Erdäpfel hinterlassen bei guter Kultur einen garen, lockeren Boden.

Sorten: 'Erstling', 'Hela', 'Saskia', 'Sieglinde' (frühe Sorten, langoval, festkochend); 'Clivia', 'Grata', 'Desirée', 'Climax' (mittelfrühe Sorten, rundoval, überwiegend festkochend); 'Hansa', 'Datura', 'Maritta' (späte Sorten; 'Hansa' ist eine langovale, festkochende Kartoffel, die anderen sind mehlig).

Ernte: Frühkartoffeln sind reif, wenn sie eine feste Schale haben, die sich nicht mehr abreiben läßt. Bei späteren Sorten zeigt das Welken des Kartoffelkrautes den Reifebeginn an. Frühkartoffeln können von Mitte Juni bis Mitte Juli geerntet werden, mittelfrühe Sorten im August, späte Sorten von August bis September.

Lagern Sie Kartoffeln in einem luftigen, möglichst etwas feuchten Raum bei Temperaturen von 7–8 °C. In warmen Räumen keimen die Knollen schnell. Wo es kälter wird, da setzt eine Umwandlung von Stärke in Zucker ein: die Knollen schmecken süß. Der Lagerraum muß unbedingt dunkel sein. Unter Lichteinfluß färben sich Kartoffeln grün und entwickeln dabei das Gift Solanin. Solche Stellen müssen Sie auf jeden Fall beim Schälen herausschneiden! Im übrigen gelten für die Vorratshaltung die Regeln, die im Kapitel »Ernten und Konservieren« beschrieben sind.

Biologische Tips und Mischkultur: Urgesteinsmehl trägt zur Geschmacksverbesserung bei. Schachtelhalmtee wirkt vorbeugend gegen Pilzerkrankungen. Mit Algenkalk werden die Pflanzen überstäubt, wenn Kartoffelkäfer auftauchen sollten. Spinat und Melde können als Zwischenkultur und ihre Reste als Mulch dienen.

Das Kartoffellaub ergibt einen vorzüglichen kalk- und kalireichen Spezialkompost. Gute Nachbarn sind: Kohlarten, Meerrettich, dicke Bohnen, Tagetes und Kapuzinerkresse. Kümmel wirkt sich günstig auf das Aroma aus.

Tomaten – Liebesäpfel und Indianerfrüchte

Tomaten stammen aus den tropischen Ländern Süd- und Mittelamerikas. Ihren heimatlichen Indianernamen »Tumatl« brachten die spanischen Eroberer im 16. Jahrhundert zusammen mit den roten Früchten aus dem Reich der Aztekenkaiser nach Europa. Hier traute man sich anfangs nicht, die leuchtenden roten Fruchtkugeln zu essen und betrachtete sie lange Zeit als Zierfrüchte. Später nannte man sie in Ungarn und Südeuropa »Liebesäpfel« oder »Paradiesäpfel«.

Erst seit Beginn des 20. Jahrhunderts zogen die Aztekenfrüchte in unsere Gärten ein und entwickelten sich innerhalb weniger Jahrzehnte zu einem der beliebtesten Gemüse. Ihr reicher Gehalt an Vitaminen, vor allem Vitamin C, an Mineralien und natürlichen Fruchtsäuren macht sie zu einem besonders gesunden Genuß. Für das »Tomaten-Verständnis« des Gärtners ist es noch wichtig zu wissen, daß diese Pflanze zu den Nachtschattengewächsen gehört. Sie ist verwandt mit Kartoffeln, Paprika, Tabak, Tollkirschen und den Petunien im Balkonkasten.

Anbau: Tomaten tanzen als einziges Gemüse aus der Reihe der Fruchtfolge: Sie möchten einen Stammplatz haben! Am besten gedeihen sie, wenn sie Jahr für Jahr auf dem gleichen Beet wachsen. Sie bleiben gesund, wenn sie mit ihren eigenen Abfällen gedüngt werden. Niemand kann bisher erklären, warum Tomaten sich in ihrem »eigenen Dunstkreis« am wohlsten fühlen. Die Erfahrung beweist nur, daß es sich eindeutig so verhält.

Die Indianerfrüchte sind außerdem sehr sonnenhungrig, sehr durstig und sehr anspruchsvoll in der Ernährung. Bereiten Sie das Beet schon im Herbst mit reichlich Kompost und Dünger vor. Sie können als Nährstoffquelle gut verrotteten Mist oder auch getrockneten Rinderdung »California« verwenden. Eine Horn-Blut-Knochenmehl-Mischung (zum Beispiel »Oscorna«) oder

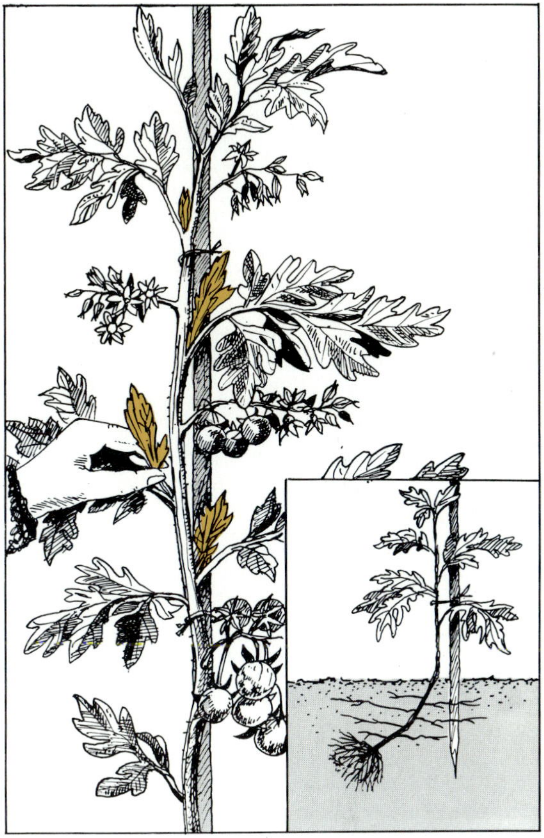

Die »Geiztriebe« der Tomaten müssen regelmäßig herausgebrochen werden. Sie wachsen aus den Blattachseln nach. Gepflanzt werden Tomaten möglichst tief, damit sie auch am Stengel noch zusätzliche Wurzeln bilden.

Guano eignen sich ebenfalls. Decken Sie alles mit Mulch über Winter zu. Im Frühling, vor der Pflanzung, können Sie – je nach Bedarf und Bodenzustand – noch Gesteinsmehl und etwas Holzasche streuen.

Mit den käuflichen Tomatenpflanzen erwerben Sie meist nur rundfrüchtige Sorten. Wenn Sie die vielen interessanten Züchtungen ausprobieren möchten, die heute angeboten werden, dann müssen Sie die Samen ab März auf der Fensterbank

oder im warmen Frühbeet selber aussäen. Es lohnt sich, vor allem für naturgemäße Gärten, die aromatischen »knubbeligen« Fleischtomaten, die würzigen Buschtomaten oder die süßen kleinen Cocktailtomaten anzupflanzen. Härten Sie die pikierten Jungpflanzen rechtzeitig im Frühbeet oder unter Folienschutz ab. Tomatensetzlinge müssen kräftig und gedrungen wachsen. Sie dürfen erst in der zweiten Maihälfte ins Freiland, wenn kein Frost mehr zu befürchten ist.
Als Stammplatz wählen Sie ein sehr sonniges, geschütztes Beet aus. Vor einer weißen Südwand, die die Wärme reflektiert, gedeihen die Pflanzen besonders gut. Spezialzüchtungen wachsen übrigens auch in großen Blumentöpfen und Balkonkästen. Auf dem Gartenbeet brauchen Tomaten in der Reihe einen Abstand von 50–80 cm und zwischen den Reihen 80–100 cm Platz. Füttern Sie das Pflanzloch mit reifem Kompost aus und setzen Sie die Tomaten etwas schräg und sehr tief – bis zum Blattansatz – hinein. Sie bilden dann Seitenwurzeln, die für zusätzliche Ernährung sorgen können. Gießen Sie zum Schluß mit verdünnter Nesseljauche an.
Neben jede Pflanze treiben Sie einen Holz- oder Welldrahtstab in den Boden zum Anbinden. Tomaten können aber auch an Drähten oder Gittern befestigt werden. Lassen Sie nur zwei, höchstens drei Haupttriebe wachsen, die laufend mit Bast festgebunden werden. Aus den Blattachseln müssen Sie den ganzen Sommer die Seitentriebe regelmäßig ausbrechen. Man nennt das »entgeizen«. Während der Hauptwachstumszeit, von Juli bis September, düngen Sie mehrmals mit Pflanzenjauche nach. Bei Trockenheit müssen die Pflanzen durchdringend gewässert werden. Gießen Sie

Tomaten, die mit Kompost und organischem Dünger versorgt werden, bringen reiche Ernten.

immer mit abgestandenem, warmem Wasser in den Wurzelbereich – nie über die Blätter! Eine Mulchschicht hält die Feuchtigkeit.
Im Spätsommer, Ende August bis Anfang September, brechen Sie die obersten Blütentriebe ab, damit alle Kraft in den vorhandenen Fruchtansatz geleitet wird. Schneiden Sie aber niemals einen Teil der grünen Blätter ab, wie es manchmal empfohlen wird! In rauhen Gegenden – und allgemein in naß-kalten Sommern – sollten Sie die Südländer mit einer einfachen Foliendachkonstruktion schützen. Sie hält zuviel Nässe ab und sorgt für mehr Wärme. Seitlich muß sie offenbleiben, damit die Luft zirkulieren kann, sonst entstehen leicht Pilzkrankheiten.
Sorten: 'Vollendung' (glatte runde Früchte), 'Große Fleischtomate', 'Sperling's Rodeo' (würzige, große »knubbelige« Früchte), 'Rentita' (Buschtomate, braucht nicht hochgebunden zu werden); 'Gartenfreude', 'Lukullus', 'Sweet', 'Tiny Timm Sperling's Mini' (kirschgroße, süße Spalier- oder Cocktailtomaten, die wie Trauben an langen Rispen wachsen); 'Sperling's Liebchen' (stämmige Balkontomate).
Ernte: Laufend frisch, von Juli bis Ende Oktober. Gärtner haben den Vorteil, vollausgereifte Früchte ernten zu können, die viel würziger und aromatischer sind als gekaufte Ware. Letzte grüne Tomaten, die nicht mehr rot werden, können Sie im Haus nachreifen lassen. Schneiden Sie den ganzen Zweig ab! Tomaten können Sie süß-sauer einlegen oder zu Pürree eindünsten und dann einfrieren. Dünne Tomatenscheiben lassen sich auch dörren.
Biologische Tips und Mischkultur: Die »gefräßigen« Tomaten wachsen gut auf dem Rücken eines Hügelbeetes. Düngen Sie die Pflanzen mit Tomatenkompost (aus den Pflanzenresten hergestellt). Mulchen Sie mit Tomatenlaub und gießen Sie vorbeugend gegen Krankheiten mit Tomatenblätterbrühe (siehe Kapitel »Kräuterjauche – Kräuterbrühe« S. 125–127). Vorbeugend gegen Pilzkrankheiten wirkt Schachtelhalmtee. Gegen spezielle Tomatenkrankheiten übersprühen manche Bio-Gärtner die ganze Pflanze mit einer Milchbrühe (1 l Milch auf 6 l Wasser).
Tomatensamen können Sie aus reifen Früchten herauslösen. Kurz in Wasser gären lassen, im Sieb ausspülen und trocknen. Gute Nachbarn sind: Neuseeländer Spinat als Bodendecke, Sellerie, Petersilie, Salate, Lauch, Kohlarten, Knoblauch, Mais und Kapuzinerkresse; pflanzen Sie Tomaten nicht neben Fenchel!

Delikatessen aus dem eigenen Gemüsegarten

Gesunde Nahrung muß nicht langweilig und hausbacken sein. Auch in einem naturgemäßen Garten können Sie ein paar nicht alltägliche Spezialitäten anbauen, die den Speiseplan abwechslungsreicher gestalten. In solchen Feinschmeckergemüsen vereinen sich Wohlgeschmack und wertvolle Inhaltsstoffe zu einer genußreichen Kombination. Versuchen Sie es einmal mit den folgenden Delikatessen aus dem Bio-Garten.

Grünspargel

Anbau: Der grüne Spargel ist die ursprüngliche und natürliche Form des Anbaus für dieses Gemüse. Ungebleicht schmeckt er würziger und enthält auch mehr Vitamin C und Spurenelemente. Grünspargel ist deshalb der ideale Bio-Spargel. Er wächst ganz unkompliziert auf flachen Beeten, die im Herbst mit reichlich Kompost, organischem Dünger (möglichst verrottetem Mist) und einer Mulchabdeckung vorbereitet werden. Wählen Sie einen sonnigen Platz aus, die Erde muß locker und möglichst etwas kalkhaltig sein, stauende Nässe vertragen die Pflanzen nicht.
Ab März/April werden die fleischigen Wurzelstöcke gepflanzt. Heben Sie dazu einen 40 cm breiten Graben 25 cm tief aus. Darin häufen Sie in 40 cm Abstand aus Kompost kleine Hügel auf.

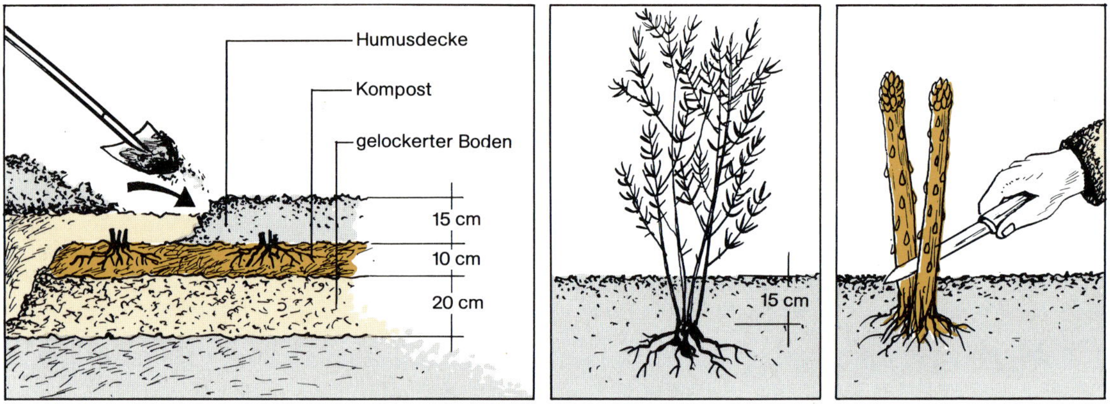

Grünspargel wird in ein gut vorbereitetes Pflanzbett gesetzt. Mitte: einjährige Pflanze, rechts: Schnitt.

Darauf werden die seesternähnlichen Spargelwurzeln gebettet.
Die ausgehobene Erde wird dann, mit Kompost und Torf vermischt, wieder aufgefüllt. Zum Schluß sollen die Wurzelköpfe etwa 15 cm unter der Erdoberfläche liegen. Zwischen den Reihen halten Sie 1 m Abstand ein. Gießen Sie tüchtig an, und geben Sie Ende Juni noch einmal eine Flüssigdüngung. In den beiden ersten Jahren bestehen die Pflegemaßnahmen im Düngen, Wässern und in der Bodenlockerung, am besten durch Mulchen. Das Spargellaub wird im November abgeschnitten.
Vom dritten Jahr an dürfen Sie endlich ernten. Die Pflanzung kann insgesamt 10–15 Jahre genutzt werden, der Ertrag läßt aber immer mehr nach. Wenn Sie im Frühling Folientunnels über die Reihen decken, sind die Spargelstangen 14 Tage früher erntereif. So werden sie auch in rauhen Lagen geschützt. Grünspargel gedeiht in fast jedem Garten. Er macht viel weniger Arbeit als das weiße Luxusgemüse, weil er nicht angehäufelt wird und kein Sandbett braucht.
Sorten: 'Spaganiva', 'Sperling's Merry-Green'.
Ernte: Vom Mai bis Ende Juni (Johanni) wird der Spargel geerntet. Sobald die grünen Stangen 20 cm hochgewachsen sind, werden sie einfach über dem Boden abgeschnitten. Auch dünne Stangen können verwendet werden. Grünspargel wird ungeschält (höchstens am unteren Ende etwas wegschneiden) 10–15 Minuten gekocht. Er läßt sich auch ausgezeichnet einfrieren.
Biologische Tips und Mischkultur: In den beiden ersten Jahren ist Mischkultur mit Gurken, die gleichzeitig als Bodendecke dienen, und Salat möglich. Später nur mulchen.

Fenchel

Anbau: Dieses gesunde Gèmüse, das dem Magen und den Eingeweiden wohltut, wächst als Nachkultur in zweiter Tracht. Säen Sie Fenchel erst ab Juni bis Mitte Juli aus. Frühere Versuche sind meist zum »Schießen« verurteilt. Das Gemüse gedeiht besonders gut nach Kartoffeln oder Erbsen. Versorgen Sie das Beet noch einmal mit Kompost und Gesteinsmehl, und begießen Sie die jungen Pflanzen später mit Brennesseljauche. Auf einem Beet mit 1,20 m Breite haben 3 Fenchelreihen Platz. Lichten Sie die Pflanzen später auf 20–25 cm Abstand aus. Als typisches Mittelmeergemüse liebt der Fenchel einen warmen Standort. Häufeln Sie die Knollen leicht an, und sorgen Sie stets für reichliche Feuchtigkeit. In einem trockenen, sonnigen Herbst müssen Sie gießen. Leichte

Nachtfröste verträgt der Fenchel, aber wenn es wirklich kalt wird, müssen Sie ihn in den Keller holen.

Sorten: 'Wädenswiler Sperling's-Perfektion' (kann auch im April gesät und im Juni geerntet werden), 'Latina' (krankheitsresistent), 'Perfektion'.

Ernte: Ab Oktober bis Ende November (je nach Witterung) frisch aus dem Freiland. Bei Frostgefahr können Sie die Knollen ausgraben und einige Wochen in Sand eingeschlagen im Keller oder im Frühbeet aufbewahren. Der aromatische Gemüsefenchel schmeckt roh als Salat und gedünstet. Verwenden Sie auch einen Teil der zartgefiederten Blätter mit!

Biologische Tips und Mischkultur: Sprühen Sie die Kultur mit Schachtelhalmtee und wenden Sie gegen Schnecken, die den Fenchel lieben, Tips aus dem Kapitel »Plagegeister« an. Legen Sie im späten Herbst eine dicke Laubdecke aus, die die Knollen vor Kälte schützt. Gute Nachbarn sind Feldsalat und Zichoriensalate, die zur gleichen Zeit wachsen. Halten Sie Abstand von Tomaten!

Gemüsepaprika

Anbau: Paprika stammt wie die Tomate aus der Familie der Nachtschattengewächse und ist ebenfalls in Mittel- und Südamerika zu Hause.

Die Bodenvorbereitungen und die Düngung entsprechen derjenigen der Tomaten: reichlich Kompost, organischer Dünger, Mulchabdeckung, zusätzliche Düngung während des Sommers mit Pflanzenjauche und gleichmäßige Versorgung mit Wasser. Der grüne Gemüsepaprika ist noch ein wenig sonnenhungriger als seine rote Schwester, die Tomate. Pflanzen Sie ihn vor eine Südwand oder in ein Frühbeet. Auch ein Lattenrost mit Plastikdach kann die Pflanzen über Sommer mit zusätzlicher Wärme versorgen.

Die Samen legen Sie am besten über Nacht in Wasser, damit sie etwas quellen. Ab März können sie in kleine Töpfe gelegt und auf der warmen Fensterbank zum Keimen gebracht werden. Die

1 Aubergine
2 Topinambur
3 Fenchel
4 Zuckermais

Gemüsepaprika braucht viel Wärme zum Reifen.

jungen Pflanzen werden noch einmal umgetopft und ab April in einem Frühbeet oder in einer geschützten Balkonecke abgehärtet. Nach dem 20. Mai können Sie den Paprika dann ins Freie pflanzen. Er braucht nach allen Richtungen 40 cm Platz, um sich kräftig zu entwickeln.

Sorten: 'Szegediner', 'Sperling's Merit', 'Puszta Gold' (alle für Kästen und Freiland geeignet).

Ernte: Die fleischigen gerippten Früchte des Paprika besitzen den höchsten Vitamin-C-Gehalt aller Gemüse. Die Schoten sind anfangs grün und färben sich erst bei günstigem Wetter, wenn sie voll ausreifen, rot. Dann erreichen sie auch den höchsten Vitamingehalt. Ab Ende Juli bis Anfang August können bereits die grünen Früchte geerntet werden. Sie schmecken roh und gedünstet. Paprika können Sie auch in Essig eingelegt konservieren.

Biologische Tips und Mischkultur: Erfahrungen mit Nachbarschaften liegen noch nicht vor. Experimentieren Sie!

Auberginen

Anbau: Man nennt sie auch Eierfrucht. Sie ist als Nachtschattengewächs mit Tomaten und Paprika verwandt. Für Anzucht und Pflege gelten die gleichen Regeln wie beim Gemüsepaprika. Ziehen Sie die Auberginen aber, um Enttäuschungen vorzubeugen, auf jeden Fall unter Folie, im Frühbeet oder in einem Kleingewächshaus. Nachdem die Pflanzen angewachsen sind, lassen Sie ihnen nur 3–4 Triebe und schneiden Sie die übrigen Ranken ab. Sie können auch die Triebe wachsen lassen und stattdessen die Fruchtansätze durch Auskneifen auf etwa fünf Stück reduzieren. In beiden Fällen erhalten Sie schöne große violette Eierfrüchte.

Sorten: 'Sperling's Blacky', 'Violette lange'.

Ernte: Ab August, wenn die Früchte sich violett färben, können sie frisch geerntet werden. Sie schmecken sehr gut gedünstet oder überbacken.

Biologische Tips und Mischkultur: Auch für dieses Gemüse liegen noch keine Nachbarschaftserfahrungen vor. Experimentieren Sie selbst!

Honigmelonen

Anbau: Die süßen Melonen sind rundliche Schwestern der Gurken. Sie stammen aus Asien und brauchen noch mehr Wärme als ihre grünen Verwandten. Für die Bodenvorbereitung gelten die gleichen Regeln wie bei den Gurkengewächsen: reichlich Kompost, zusätzlicher Dünger und viel Feuchtigkeit.

Säen Sie die Melonenkerne im April in kleine Töpfe, und ziehen Sie die Pflanzen auf einer warmen Fensterbank groß. Nach dem 20. Mai werden sie mit 1 m Abstand ausgepflanzt – am besten in ein Frühbeet oder unter ein Foliendach. Die schützenden Gehäuse dürfen aber nicht geschlossen sein, denn die Melonenblüten werden von Bienen bestäubt. Das wichtigste bei der Melonenkultur ist der Schnitt: Zuerst wird der Haupttrieb nach dem vierten Blatt entspitzt. Dann bilden sich Seitentriebe, von denen etwa 4 Stück erhalten bleiben, die gleichfalls nach dem vierten bis fünften Blatt entspitzt werden. Von den Früchten, die sich an den »Seitentrieben zweiter Ordnung« bilden, lassen Sie pro Ranke höchstens 6 Stück reifen. Diese wachsen dann rund und süß heran und sollten durch ein Brettchen, das Sie unter die Früchte legen, vor Feuchtigkeit und Fäulnis geschützt werden.

Sorten: 'Benarys Zuckerkugel' (grünschalige, genetzte Früchte mit süßem Fleisch), 'Sperling's Honigtopf' (gesunde Hybride, die auch im Freiland wächst; sie braucht nicht entspitzt zu werden!).

Ernte: Melonen sind reif, wenn sie sich gelb färben und der Stiel trocken wird. Sie duften dann süß und verlockend. Diese Früchte sollten Sie als besondere Sommerdelikatesse frisch verspeisen.

Biologische Tips und Mischkultur: Als Nachbarn werden Radieschen und Rettiche empfohlen. Richten Sie sich im allgemeinen nach den Gurkentips und experimentieren Sie selbst.

Zuckermais

Anbau: Diesen zarten, süßen Delikateß-Mais dürfen Sie nicht mit dem normalen Futtermais verwechseln. Zuckermais braucht viel Sonne und kräftigen Boden, der mit Kompost und organischem Dünger versorgt wird. Er ist ein ausgesprochener »Vielfraß«. Wenn Sie die heranwachsenden Pflanzen als Windschutz oder einjährige Hecke im Garten einsetzen, können Sie das Angenehme mit dem Nützlichen verbinden und sparen außerdem ein Extrabeet.

In der ersten Maihälfte können Sie die gelben Samen aussäen. Legen Sie in eine etwa 5 cm tiefe Furche mit 10 cm Abstand je 2–3 Körner in die Erde. Lassen Sie später nur die kräftigsten Pflanzen stehen, die auf 30–40 cm Zwischenraum verzogen werden. Zwischen den Reihen bleibt 80 cm Platz. Säen Sie wenigstens eine Doppelreihe aus, denn der Mais wird durch den Wind bestäubt und braucht deshalb Nachbarschaft der eigenen Art. Häufeln Sie die Reihen über Sommer etwas an, und düngen Sie während der Wachstumszeit mit Pflanzenjauche aus Comfrey, Brennesseln und Guanozusatz.

Sorten: 'Sperling's Goldprinz', 'Golden Beauty' (frühe Sorte), 'Früher'.

Ernte: Die Erntezeit liegt im August bis September. Die Kolben werden halbreif und zart geschnitten, wenn die heraushängenden Haarbüschel sich an den Spitzen braun färben. Die Körner müssen noch weich und milchig sein. – Zuckermais wird von den Kolben abgeknabbert. Sie können ihn roh essen, dünsten oder grillen. Dazu schmeckt am besten frische Butter. Die Körner lassen sich auch gut einfrieren oder süßsauer einlegen.

Biologische Tips und Mischkultur: Legen Sie zwischen den Reihen eine Bodendecke aus halbverrottetem Kompost aus. Sprühen Sie mit Schachtelhalm-Tee. Als gute Nachbarn zwischen den Reihen oder nebenan eignen sich Bohnen, Gurken, Zucchini, Melonen und Tomaten. Mais steht auch gut am Rand eines Kartoffelfeldes.

Topinambur, Erdschocke

Anbau: Man nennt diese Knollenfrucht auch Diabetiker-Kartoffel. Sie enthält Inulin (nicht Insulin!) und ist für Zuckerkranke sehr bekömmlich. Die Pflanzen sind mit den Sonnenblumen verwandt, sie wachsen 2–3 m hoch und bilden dichte grüne Hecken mit gelben Blüten. Topinambur sind anspruchslos; es genügt, den Boden mit Kompost zu düngen. Im Frühling legen Sie die Knollen etwa 20 cm tief mit 1 m Abstand in den Boden.

Sorten: 'Topinambur'.

Ernte: Im Herbst und den ganzen Winter hindurch können Sie die Knollen bei offenem Wetter

aus der Erde holen, denn Topinambur sind ganz winterhart. Ihr Eiweiß- und Vitamin-C-Reichtum macht sie zu einer gesunden Ergänzung des Speisezettels in der kalten Jahreszeit. Roh haben die saftigen Knollen einen feinen nußartigen Geschmack. Sie können unter Salate geschnitten oder auch als Gemüse gedünstet werden.
Biologische Tips und Mischkultur: Topinamburpflanzungen wuchern leicht, geben Sie den Erdschocken deshalb lieber einen Extra-Platz. Sie eignen sich hervorragend als Sichtschutzhecke, die den Kompostplatz abschirmt, oder als Windschutz am Zaun. Mischkultur ist nicht empfehlenswert. Stengel und Blätter können als Viehfutter verwendet werden, zum Beispiel für Schafe.

Nachtisch aus dem Gemüsegarten

Rhabarber

Ein prachtvolles vitales Familienmitglied der Knöterichgewächse ist der Rhabarber. Die ausdauernde Staude, die in früheren Jahrhunderten unter die Heilpflanzen gezählt wurde, ist heute allgemein im Gemüsegarten heimisch. Als erfrischendes Frühlingsdessert sollte sie nirgends fehlen. Der feine säuerliche Geschmack des Rhabarbers entsteht durch den hohen Gehalt an Fruchtsäuren, vor allem durch die Äpfelsäure. Hinzu kommen Vitamine und Spurenelemente.
Anbau: Rhabarber bildet mächtige Büsche mit riesigen Blättern und tiefreichenden starken Wurzeln. Er braucht dafür Saft und Kraft. Geben Sie ihm einen etwas feuchten Platz, auf dem er es lange aushalten kann. Denn diese Staude gedeiht außerhalb der Fruchtfolge und kann bis zu acht Jahren am gleichen Standort bleiben. Der Rhabarber verträgt auch leichten Schatten unter Obstbäumen. Er kann im Frühling oder im Herbst gepflanzt werden.
Bereiten Sie den Boden mit Kompost, verrottetem Mist oder einem anderen organischen Dünger und einer Mulchdecke gut vor. Die Pflanzen

Der Rhabarber ist eine mächtige Staude. Bei der Ernte werden die Stiele am Wurzelhals abgedreht.

brauchen 1 m Abstand. Verwenden Sie nur Wurzelstücke. Samenvermehrung lohnt sich nicht, sie fällt meistens nicht sortenecht aus. Nach der Ernte, etwa Ende Juni/Anfang Juli, brauchen die Pflanzen noch einmal kräftige Nahrung, um wieder aufzubauen, was der Gärtner ihnen wegnahm. Düngen Sie mit Horn-Blut-Knochenmehl oder mit einer kräftigen Pflanzenjauche, der Sie organischen Dünger beifügen. Eine frühe Ernte und schnelles Wachstum im Frühling erreichen Sie, wenn Sie über die ersten Triebknospen einen Eimer stülpen. In diesem warmen Gehäuse beginnt der Rhabarber rasch zu treiben. Schon Ende März/Anfang April können Sie dann das erste Kompott kochen! Für den privaten Garten eignen sich vor allem die rotstieligen Sorten, die eine mildere Säure besitzen.
Sorten: 'Holsteiner Blut', 'Vierländer Blut'.
Ernte: Im zweiten Jahr nach der Pflanzung können Sie ernten. Die Stiele werden vorsichtig am Wurzelhals abgedreht. Nehmen Sie nur so viele,

wie die Pflanze ohne Schaden entbehren kann. Sie soll ja weiter wachsen! Blütenansätze schneiden Sie während der Erntezeit, die von April bis Ende Juni dauert, ab. Rhabarber können Sie als Kompott zubereiten oder mit anderen Früchten gemischt zu Marmelade verarbeiten.

Biologische Tips und Mischkultur: Mulchen Sie den Boden rings um die Rhabarberstauden stets mit halbverrottetem Kompost und einer Laubdecke. Vorhandene Pflanzen können Sie durch Teilung der kräftigen Wurzelstöcke leicht vermehren. Als Mischkultur eignet sich Spinat.

Der Kräutergarten

Ein biologischer Garten ohne Kräuter wäre undenkbar. Sie haben sicher schon in vielen Kapiteln bemerkt, daß diese aromatischen Pflanzen einfach dazugehören: Zur Mischkultur, zur Pflanzenjauche und zur Schädlingsabwehr. Natürlich gehören sie auch auf den Tisch eines Gärtners, der mit seiner Familie gesund leben möchte. Denn alle Kräuter – auch diejenigen, die vor allem als

Gewürzpflanzen gedeihen im Blumenkasten oder in einem »Klostergärtchen«. Auf den Beeten wachsen von 1–24: Wermut, Liebstöckel, Estragon, Melisse, Ysop, Petersilie, Pimpinelle, Basilikum, Thymian, Kerbel, Portulak, Zitronenthymian, Tripmadam, Löffelkraut, Bergbohnenkraut, Kresse, Majoran, Boretsch, Eberraute, Monarde, Dill, Beifuß, Weinraute, Meerrettich. Die ordentliche Aufteilung erleichtert die Pflegearbeiten und die Ernte.

Thymian kann auch als duftender Bodendecker den Garten zieren. Hier wächst er zusammen mit Lavendel.

Würze in der Küche bekannt sind – besitzen Heilkräfte. Wer ständig kleine Mengen dieser duftenden Blätter oder Früchte im Essen zu sich nimmt, der betreibt sicherlich eine der angenehmsten Formen der Krankheitsvorsorge. Salate, Soßen oder Gemüse, die mit Kräutern verfeinert werden, üben nebenbei wohltuende Wirkungen auf den Magen, die Verdauung, den Kreislauf oder die Nerven aus. Diese heilsamen Eigenschaften der aromatischen Gewächse sind zum Teil seit Jahrtausenden als Erfahrungswissen bekannt. Viele Wirkstoffe wurden auch in modernen Analysen bestätigt.

Im Kräutergarten müssen Sie unterscheiden zwischen den ein- und zweijährigen Arten und den ausdauernden Stauden. Die kurzlebigen Kräuter werden jedes Jahr neu ausgesät, die langlebigen bleiben mehrere Jahre am gleichen Platz. Sie können sie entweder als vorgezogene Pflanzen beim Gärtner kaufen oder auch selber durch Samenaussaat großziehen. Ausdauernde Gewürze lassen sich, wenn sie einmal im Garten heimisch sind, auch durch Teilung der Wurzelstöcke, durch das Abtrennen von Wurzelausläufern oder durch Stecklinge vermehren. Die Teilstücke werden einfach im Herbst oder im Frühling verpflanzt, nachdem Sie die oberirdischen Pflanzenteile und eventuell auch die Wurzeln eingekürzt haben. So können Sie zum Beispiel mehr Schnittlauch, Zitronenmelisse, Estragon und Pfefferminze gewinnen.

Stecklinge schneiden Sie im Sommer von Juni bis August. Dazu eignen sich die frischen noch nicht verholzten Triebspitzen. Diese 5–7 cm langen Zweigstücke werden mit einem scharfen Messer abgetrennt. Entfernen Sie die unteren Blätter, und stecken Sie die Stiele dann in kleine Blumentopfe, die mit einem Torf-Sandgemisch gefüllt sind. Bis sich die ersten Wurzeln bilden, müssen die Stecklinge feucht und warm gehalten werden – am besten im Frühbeet oder unter einem Folientunnel. Den ersten Winter verbringen sie vorsichtshalber an einem mäßig warmen Fenster im Haus. Für diese Art der Vermehrung eignen sich zum Beispiel Rosmarin, Salbei, Ysop und Lavendel.

Mit der Düngung sollten Sie im Kräutergarten sehr vorsichtig umgehen, denn viele unserer Gewürzpflanzen waren ursprünglich an sonnigen Felsenhängen rund um das Mittelmeer zu Hause. Sie gedeihen besser in mageren Böden! Zuviel Stickstoff fördert nur die Bildung grüner Blattmasse, während die Aromastoffe leiden. Für würzige, inhaltsreiche Kräuter sind deshalb Sonne und Kompost die wichtigsten Voraussetzungen.

Ein phantasievoll angelegtes Gewürzgärtchen kann sehr reizvoll sein. Aber auch im Steingarten oder im Staudenbeet ordnen sich die duftenden Gewächse, die sich oft auch mit hübschen Blüten schmücken, harmonisch ein. Sogar am Rand der Gemüsebeete oder unter die nützlichen Kulturen gemischt finden sie einen sinnvollen Platz. So läßt sich selbst im kleinsten Garten irgendwo noch eine Ecke für heilsam-würzige Kräuter finden.

Ein- und zweijährige Kräuter

Basilikum *(Ocimum basilicum)*

Anbau: Das Basilikum kommt wahrscheinlich aus dem tropischen Indien und ist schon seit Jahrhunderten in den Mittelmeerländern zu Hause. Es ist sehr wärmebedürftig, deshalb müssen Sie es auf der Fensterbank vorziehen. Die Pflänzchen keimen rasch und werden büschelweise in kleine Töpfe pikiert. Dabei setzen Sie sie etwas tiefer als sie zuvor gestanden haben. Erst in der zweiten Maihälfte darf das Basilikum in den Garten umziehen. Geben Sie ihm einen sehr sonnigen, geschützten Platz, und pflanzen Sie mit 25 × 25 cm Abstand. Der Boden muß locker, humusreich und warm sein. Gedüngt wird mit feinem, reifem Kompost. In trockenen Sommerwochen müssen Sie die Pflanzen reichlich gießen. In regenreichen, kühlen Jahren gedeiht das Kraut besser im Blumentopf auf der Fensterbank.

Es gibt im Handel Kleinblättriges Basilikum, das zierlich buschig wächst und ein feines Aroma besitzt, oder Großblättriges Basilikum, das kräftig wächst, widerstandsfähiger ist, aber etwas derber im Geschmack.

Ernte und Verwendung: Basilikumblätter können Sie während des ganzen Sommers frisch abpflücken, solange sie zart und weich sind. Das Kraut wird nicht mitgekocht. Es schmeckt und duftet feurig-würzig, ein wenig süß und ein wenig pfeffrig. Basilikum muß man einfach auf der Zunge kennenlernen! Es enthält viel ätherisches Öl, wirkt entkrampfend auf den Magen-Darm-Bereich und beruhigt die Nerven. Verwenden Sie es zu Salat, Tomaten und südländischen Gemüsen. Bei allen Konservierungsmethoden verliert es sein Aroma. Halten Sie es über Winter lieber im Blumentopf.

Biologische Tips und Mischkultur: Basilikum paßt auch im Garten gut zu Tomaten. Es fördert als Nachbar die Gesundheit der Gurken.

Bohnenkraut *(Satureja hortensis)*

Anbau: Auch das Bohnenkraut braucht als Kind des Mittelmeerraumes ein sonniges Beet. Sie können es aber im Frühling direkt ins Freiland säen. Ab Mai, wenn die Erde sich erwärmt hat, ziehen Sie Reihen von 20–25 cm Abstand. Die Pflanzen brauchen später einen Zwischenraum von 25 cm Es muß also ausgelichtet werden. Noch bis Anfang Juni sind Folgesaaten möglich. Die Samen werden nur dünn mit Erde bedeckt, denn Bohnenkraut

gehört zu den Lichtkeimern. Als Düngung reicht reifer Kompost aus. Das Kraut verträgt viel Trockenheit und soll nur bei großer Hitze gegossen werden. – Außer dem einjährigen Bohnenkraut gibt es auch das ausdauernde Bergbohnenkraut, das im Aroma kräftiger und herber ist.
Ernte und Verwendung: Frische grüne Blätter während des ganzen Sommers. Die größte Würzkraft hat das Kraut kurz vor und während der Blüte. Dann können Sie es büschelweise abschneiden und trocknen. Die dürren Blättchen werden von den Stengeln gestreift und in verschlossenen Gläsern aufbewahrt. Sie bleiben auch in getrocknetem Zustand sehr würzig. Bohnenkraut hat ein kräftiges, leicht pfeffriges Aroma. Es enthält viel ätherisches Öl, wirkt krampfstillend, magenstärkend und hilft schwere Speisen besser zu verdauen. Verwenden Sie das Kraut zu Eintopfgerichten, Kartoffelgerichten und natürlich zu Bohnen. Es wird mitgekocht.
Biologische Tips und Mischkultur: Beste Nachbarschaft mit Buschbohnen; Bohnenkraut hält von diesem Gemüse die Läuse ab. Samen können Sie selbst gewinnen.

Boretsch *(Borago officinalis)*

Anbau: Der Boretsch stammt zwar wahrscheinlich aus den Mittelmeerländern, ist aber bei uns so akklimatisiert, daß er sogar verwildert. Im Gegensatz zu den meisten anderen Kräutern liebt diese saftstrotzende, kräftige Pflanze feuchten und nahrhaften Boden, der aber locker und durchlässig sein soll. Unter günstigen Bedingungen wird der Boretsch leicht 80 cm hoch. Er wächst auch buschig in die Breite. Geben Sie dem Gurkenkraut, wie es auch genannt wird, deshalb einen Platz, wo es sich ungeniert ausbreiten kann. Die Pflanzen brauchen einen sonnigen bis hellschattigen Platz und viel Luft. Wo sie zu eng stehen, sind sie anfällig für Mehltau und Läuse.
Im übrigen ist der Boretsch ganz und gar unkompliziert. Bereiten Sie den Boden mit Kompost vor. Das Kraut verträgt auch ein wenig organischen Dünger oder Brennesseljauche. Von April bis Juni können Sie die schwarzen großen Samen ins Freiland säen. Sie werden gut mit Erde zugedeckt und etwas festgedrückt. Verziehen Sie die Pflanzen später auf einen Zwischenraum von 30–50 cm. Ein Versetzen ist wegen der langen Wurzeln und der weichen Blätter nicht empfehlenswert. Die kleinen Pflanzen machen leicht schlapp.
Ernte und Verwendung: Pflücken Sie laufend die jungen samtweichen Blättchen ab. Alte Blätter werden hart und rauh. Aus den Blattachseln großer Boretschbüsche wachsen immer zarte Jungtriebe nach. Auch die hübschen himmelblauen Blüten sind eßbar und eignen sich als reizvolle Dekoration zu sommerlichen Salaten. Verwenden Sie den Boretsch immer sofort. Er verwelkt schnell und läßt sich auch nicht konservieren.
Frisch aus dem Garten schmecken die Blätter etwas gurkenähnlich und säuerlich. Sie sind ein ausgesprochenes Salatgewürz. Die alte Heilpflanze enthält wenig ätherisches Öl, dafür aber Schleimstoffe, Gerbsäure, Saponine und Kieselsäure. Boretsch wirkt herzstärkend und übt auf rheumatische Krankheiten einen lindernden Einfluß aus.
Biologische Tips und Mischkultur: Boretsch durchwurzelt und verbessert schwere Böden. Er soll von Kohlrabi und Kohlpflanzen Schädlinge abhalten. Die großen eckigen Samenkörner können Sie leicht zur Gewinnung biologischen Saatgutes ernten. Als guter Nachbar paßt das Kraut auch zu Zucchini. Die blauen Blüten sind eine gute Bienenweide!

Dill *(Anethum graveolens)*

Anbau: Dieses Kraut aus Südeuropa und dem Orient ist schon lange bei uns heimisch. Es wächst leicht und macht dennoch manchmal durch unergründliche Primadonna-Allüren den Gärtnern das Leben schwer. Geben Sie dem Dill einen sehr sonnigen Platz, denn er muß viel ätherisches Öl entwickeln. Im Wurzelbereich lieben die Pflanzen aber gleichmäßige Feuchtigkeit. Kom-

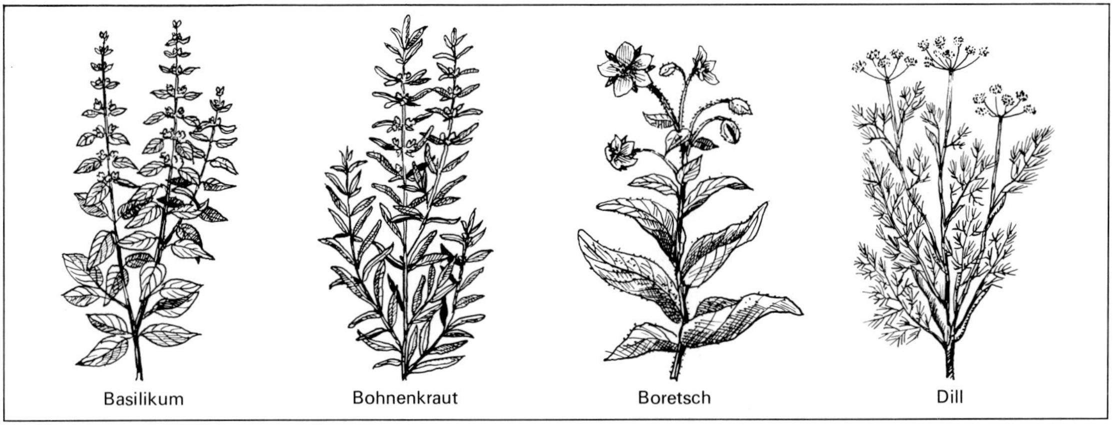

post und eine Bodenbedeckung durch Mischkultur oder Mulch sind deshalb wichtig. Wer Dill zwischen die Gurken sät, sorgt gleichzeitig für günstige Nachbarschaft, die die Erde mit langen Ranken feucht und schattig hält. Dillreihen brauchen 25–30 cm Abstand. Die Zwischenräume werden ausgelichtet, denn die Pflanzen lassen sich nicht allzu gut versetzen. Ab April können Sie die Samen ins Freiland streuen. Es lohnt sich, in Abständen mehrmals nachzusäen.
Von diesem Kraut sind auch Sorten-Züchtungen auf dem Markt: 'Tetra Dill', 'Sperling's Vierling' (reiches Blattwerk) und 'Sperling's Elefant' (schießt nicht so schnell, eignet sich zum Treiben).
Ernte und Verwendung: Die zarten aromatischen Blätter können Sie während des ganzen Sommers frisch pflücken. Sie schmecken zu Salaten, Krabben und Aal. Dillsamen wird geerntet, wenn sich die Körner zu bräunen beginnen. Sie werden beim Einlegen von Gurken oder zu Kräuteressig verwendet. Dill enthält 2,5–4% ätherisches Öl und bis zu 18% fettes Öl. Daher kommt das intensive charakteristische Aroma der Blätter, die frischwürzig schmecken. Dill läßt sich einfrieren, verliert aber sehr an Geschmack. Die Samenkörner behalten dagegen ihr kümmelartiges Aroma. Dill wirkt beruhigend, entkrampfend und erwärmend. Ähnlich wie Fenchel löst er Blähungen.
Biologische Tips und Mischkultur: Dill beeinflußt günstig das Aufgehen verschiedener Gemüsesaaten: besonders Möhren, aber auch Gurken, Kohl, Rote Bete, Salat und Zwiebeln. Säen Sie einfach ein paar Körner Dill dazu. Von den Puffbohnen soll er die Läuse abhalten. Saatgut können Sie leicht selbst gewinnen.

Kapuzinerkresse *(Tropaeolum majus)*

Anbau: Diese hübsche Würz- und Blütenpflanze sollte in keinem biologischen Garten fehlen. Sie stammt aus Südamerika und ist frostempfindlich. Ziehen Sie einige Pflanzen warm vor, die früher blühen sollten. Ab Mitte Mai können Sie die großen Samenkörner auch im Freiland aussäen. Die Erde sollte humusreich, aber nicht zu nahrhaft sein. Bei zu reichlicher Ernährung wuchert die Kapuzinerkresse ins Blatt und entwickelt weniger Blüten. Düngen Sie deshalb mit Kompost. Die Saatreihen brauchen 20 cm Abstand. Legen Sie in eine 2 cm tiefe Rille alle 10 cm eines der großen Körner. Die Kresse aus Peru gedeiht in der Sonne oder in lichtem Halbschatten. Sie können wählen zwischen folgenden Arten: *Tropaeolum majus* treibt lange Kletterranken, *Tropaeolum majus-nanum* bildet runde Büsche. Von dieser Art gibt es auch eine gefüllte Form. Die Kapuzinerkresse eignet sich für Einfassungen.

Kapuzinerkresse schmückt Zäune und Salatschüsseln.

Ernte und Verwendung: Blätter, Blüten, Knospen und Samen der Kapuzinerkresse sind eßbar. Blätter und Blüten haben ein kresseartiges, leicht scharfes Aroma und passen frisch gepflückt zu Salaten oder zu Quark. Grüne unreife Samen und geschlossene Knospen können Sie als Kapernersatz in Essig einlegen. Die Kresse aus Peru enthält Vitamine und Schwefel. Sie wirkt kräftigend und leicht abführend.
Biologische Tips und Mischkultur: Kapuzinerkresse wird auf Obstbaumscheiben gesät und hält die Blutläuse ab. Sie wirkt auch abwehrend gegen Raupen, Schnecken, Ameisen und Mäuse. Gute Nachbarschaft zu Kartoffeln, Tomaten, Stangenbohnen und Rosen. Saatgut gewinnen Sie sehr leicht.

Kerbel *(Anthriscus cerefolium)*

Anbau: Kerbel stammt aus Südosteuropa und Westasien. Er ist nicht kälteempfindlich und kann schon ab Ende März ins Freiland gesät werden. Ein halbschattiger Platz und mäßig feuchter, kompostgedüngter Boden sind ihm am liebsten. Die Reihen benötigen 10 cm Abstand. Die Entwicklung ist rasch, schon nach 6–8 Wochen können Sie ernten. Wer Kerbel liebt, sollte deshalb alle 14 Tage eine neue Reihe aussäen. Sie können wählen zwischen glattblättrigen und krausblättrigen Sorten.
Ernte und Verwendung: Nur die zarten jungen Blättchen schmecken gut. Sie haben das typisch würzig-süße Kerbelaroma, das ein wenig an Anis erinnert. Es paßt zu Suppen, Soßen, Omeletts und Salaten. Kerbel enthält ätherisches Öl, Glykosid und Bitterstoff. Er wirkt als stoffwechselanregende Frühjahrskur.
Biologische Tips und Mischkultur: Säen Sie Kerbel zu den Salatpflanzen. Er schützt sie vor Läusen, Schnecken und Ameisen. Da das Kraut schnell in Blüte schießt, können Sie leicht Samen ernten.

Kresse *(Lepidum sativum)*

Anbau: Die aus Persien stammende Kresse ist sehr anspruchslos. Sie verträgt Schatten und kann schon ab März im Freiland ausgesät werden. Kompostdüngung reicht aus. Säen Sie die roten Samenkörner in Reihen mit 10 cm Abstand. Die Kresse ist bekannt dafür, daß sie schnell keimt und rasch wächst. Schon nach 10 Tagen können Sie die ersten Blätter schneiden. Sorgen Sie deshalb öfter für Nachschub. Im Sommer gedeiht sie besser im Schatten, weil sie dort nicht so leicht schießt. Es gibt glattblättrige und krausblättrige Sorten. Im Winter können Sie Kresse auch auf der Fensterbank im Blumentopf oder im Suppenteller auf feuchter Watte aussäen!
Ernte und Verwendung: Ernten Sie stets frisch und nehmen Sie nur junge zarte Blätter. Sie passen zu Salat, Quark, Eiern und kalten Platten. Das Kraut schmeckt typisch kresseartig, pikant und etwas scharf. Die Hauptursache dafür ist der Gehalt an Senföl. Hinzukommen Vitamin C und Bitterstoffe. Kresse wirkt gegen Frühjahrsmüdigkeit und Blutarmut.
Biologische Tips und Mischkultur: Kresse und

Radieschen sind gute Nachbarn, die sich gegenseitig im Aroma günstig beeinflussen. Gegen Erdflöhe beachten Sie die Tips aus der großen Schädlingstabelle. Samen können Sie leicht selbst gewinnen.

Kümmel *(Carum carvi)*

Anbau: Der Kümmel gehört zu den ältesten heimischen Gewürzen Europas. Er wächst bis nach Norwegen hinauf wild auf feuchten Wiesen. Dieses Kraut gehört zu den zweijährigen Pflanzen. Im ersten Jahr erscheint nur eine Blattrosette. Im zweiten Jahr treibt der Kümmel bis zu 1,20 m hohe Stengel, die die Blüten und Früchte tragen. Der Standort sollte feucht und tiefgründig sein. Versorgen Sie das Beet mit Kompost, etwas Algenkalk und wenig organischem Dünger. Aussäen können Sie im April oder im Spätsommer. Die Samen werden nur dünn mit Erde bedeckt, denn Kümmel ist ein Lichtkeimer. Der Reihenabstand beträgt 30–35 cm.

Ernte und Verwendung: Schneiden Sie die Dolden mit den Samen ab, wenn sie sich zu bräunen beginnen. Die Körner werden über einem Tuch ausgeschüttelt und trocken in einem Schraubglas aufbewahrt. Kümmel hat eine charakteristische leicht beißende Würze. Er paßt zu Fleischgerichten, Kohl, Käse und Quark. Die Körner enthalten 3–7% ätherisches Öl, außerdem Wachs, Harz, Kieselsäure und Mineralstoffe. Kümmel macht schwere Speisen verträglicher. Er wirkt magenstärkend und vertreibt Blähungen.

Die blauen Boretschblüten sind auch im Blumengarten eine Zierde.

Biologische Tips und Mischkultur: Kümmel und Fenchel können sich »nicht riechen«. Zwingen Sie sie nie zur Nachbarschaft. Geschmacksfördernd wirkt Kümmel als Randpflanzung bei Frühkartoffeln, Kohl, Gurken und Roten Beten.

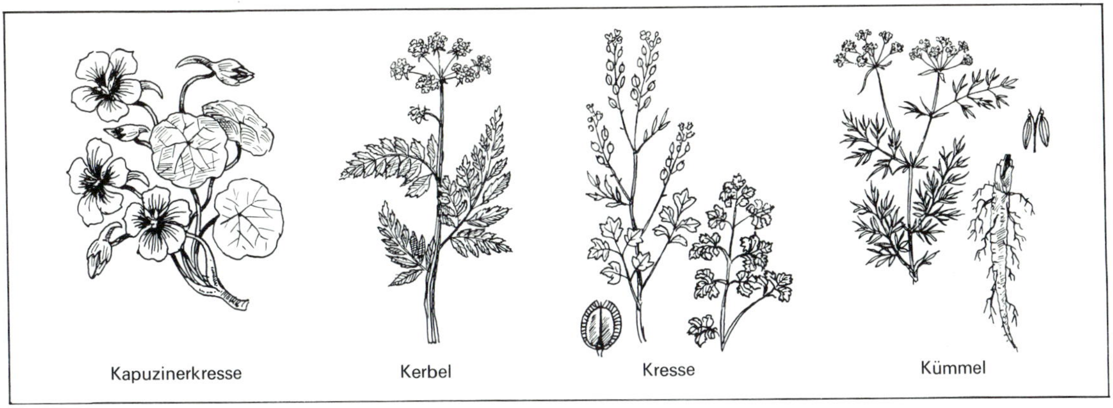

Löffelkraut *(Cochlearia officinalis)*

Anbau: Das robuste Löffelkraut ist im Norden zu Hause. Es wächst wild in Küstennähe, an sumpfigen, salzigen Stellen. Im Garten ist es sehr anspruchslos. Das zweijährige Kraut gedeiht überall, wo es etwas feucht ist. Düngen Sie mit Kompost und mulchen Sie. Der Reihenabstand beträgt 20 cm. Sie können von März bis April oder von August bis September aussäen.

Ernte und Verwendung: Die löffelförmigen Blätter können während des ganzen Jahres – auch im Winter! – frisch gepflückt werden. Sie schmecken kresseartig, etwas scharf, aber auch bitter-salzig. Sie passen zu Salaten und kleingeschnitten aufs Butterbrot. Dieses wintergrüne Kraut ist sehr gesund. Es enthält reichlich Vitamin C sowie Senföl, Gerbstoff und Bitterstoff. Früher wurde es gegen den Skorbut verwendet. Löffelkraut wirkt als stoffwechselanregende Frühjahrskur.

Biologische Tips und Mischkultur: Keine besonderen Erfahrungen.

Majoran *(Majorana hortensis)*

Anbau: Majoran liebt viel Wärme, so wie er es aus seiner Heimat am Mittelmeer gewohnt ist. Geben Sie ihm ein sonniges Beet. Der Boden soll leicht, durchlässig und humusreich sein. Versorgen Sie ihn mit reifem Kompost und – je nach Situation – mit ein wenig organischem Dünger. Sie können Majoran ab März im Frühbeet vorziehen, ab Mai werden die feinen Samen direkt ins Freiland gesät und nur sehr dünn mit Erde übersiebt. Die Reihen sollen 20–25 cm auseinanderliegen. Die jungen Pflanzen werden später zu dritt mit 15 cm Abstand versetzt. Sie erreichen 30–50 cm Höhe. Wenn der Majoran angewachsen ist, verträgt er auch Trockenheit. Im Handel erhalten Sie den kräftigen, blattreichen Französischen Majoran und den Deutschen Majoran, der in unserem Klima schneller wächst.

Ernte und Verwendung: Frische Triebspitzen und Blättchen können Sie den ganzen Sommer ernten. Kurz bevor die kugeligen grünen Blütenknospen sich öffnen, wird das Kraut zum Trocknen geschnitten. Am frühen Morgen und am Abend haben die Pflanzen den höchsten Aromagehalt. Wenn Sie sie nicht zu tief abschneiden, wächst noch eine zweite Ernte nach.
Majoran behält auch getrocknet sein intensives süß-würziges Aroma. Er paßt zu Gänsebraten, Hackfleisch, Leber, Kartoffelgerichten, Eintopf und Tomaten und darf mitgekocht werden. Das Kraut enthält viel ätherisches Öl sowie Gerb- und Bitterstoff. Es wirkt nervenstärkend, krampflösend und magenstärkend.

Biologische Tips und Mischkultur: Majoran können Sie auch in Ihre Pflanzenjauche streuen.

Portulak *(Portulaca oleracea)*

Anbau: Der aus Vorderasien stammende Portulak braucht viel Wärme. Säen Sie ihn im Mai auf ein sonniges Beet. Der Boden sollte durchlässig und etwas sandig sein. Düngen Sie nur mit Kompost. Die Reihen benötigen 20 cm Abstand, die Samenkörner werden nur dünn mit Erde übersiebt und leicht festgedrückt. Portulak wächst rasch, schon nach 3–4 Wochen können Sie das Kraut zum ersten Mal schneiden. Die Pflanzen brauchen immer genügend Feuchtigkeit. Je nach Standort werden sie 15–30 cm hoch. Sie können die Pflanzen einzeln auseinandersetzen oder wie Spinat in der Reihe auflaufen lassen.

Ernte und Verwendung: Frisch während des ganzen Sommers: Nach dem Schnitt wächst der Portulak wieder nach. Die saftigen Blätter können als spinatartiges Gemüse oder als Zutat zu Salat, Kräutersoßen und Quark verwendet werden. Sie schmecken erfrischend säuerlich und ein wenig salzig. Portulak ist vitaminreich und wirkt blutreinigend.

Biologische Tips und Mischkultur: Keine besonderen Erfahrungen.

Petersilie *(Petroselinum crispum)*

Anbau: Die in Südosteuropa heimische Petersilie gehört zu den zweijährigen Kräutern. Sie ist nicht

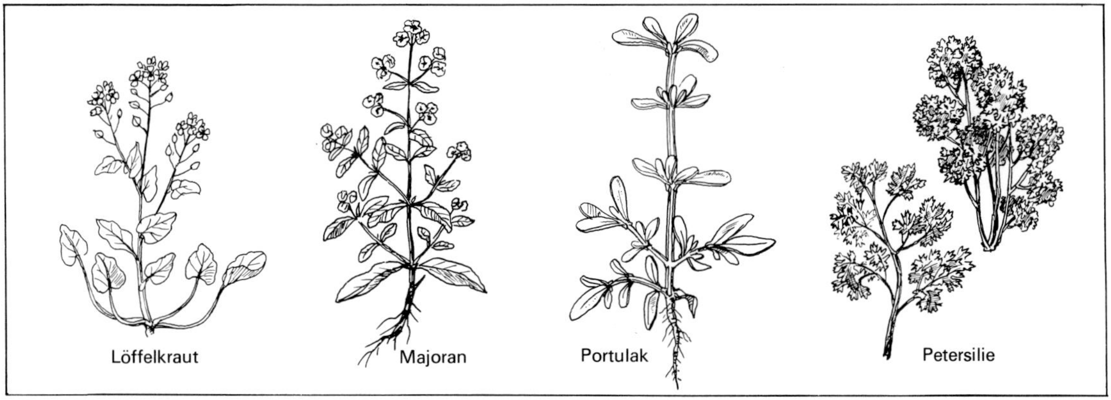

kälteempfindlich und kann schon ab März ins Frühbeet gesät werden. Geben Sie ihr einen feuchten, halbschattigen Platz. Der Boden soll humusreich, nahrhaft und durchlässig sein. Streuen Sie bereits im Herbst Kompost und etwas organischen Dünger. Frische Düngung verträgt die Petersilie nicht.

Da die Samen sehr langsam keimen, mischen Sie ein paar Körner Radieschen dazwischen als Markiersaat. Die Reihen brauchen 10–15 cm Abstand. Bei Trockenheit müssen Sie die Petersilie kräftig gießen. Über Winter decken Sie das grüne Kraut am besten mit Kiefernreisig zu, damit Sie auch bei Schnee ernten können. Im Handel sind verschiedene Petersiliensorten: Die glattblättrige Bauernpetersilie ist besonders aromatisch und vitaminreich. Unter den krausblättrigen Sorten können Sie wählen: 'Mooskrause' (altbewährte Sorte), 'Grüne Perle' (dicht gekraust, dunkelgrün), 'Sperling's Smaragd' (dicht gefüllt, ertragreich und sehr winterhart). Außerdem gibt es noch die Wurzelpetersilie.

Ernte und Verwendung: Ganzjährig frisch vom Beet. Nach der Blüte werden die Blätter ungenießbar. Petersilie können Sie trocknen oder einfrieren, aber sie verliert dabei viel Aroma. Die zerkleinerten Blätter werden nicht gekocht sondern frisch über Kartoffeln, Salate, Gemüse, Suppen und Soßen gestreut. Sie schmecken herb-würzig, ein wenig scharf-bitter. Petersilie enthält reichlich ätherisches Öl, Mineralstoffe, sowie die Vitamine A, B und C. Sie wirkt wassertreibend.

Biologische Tips und Mischkultur: Petersilie ist mit sich selbst unverträglich, deshalb müssen Sie sie jedes Jahr an eine andere Stelle säen. Halten Sie dabei Abstand zu Salat. Gute Nachbarn sind Tomaten, Zwiebeln, Radieschen und Rettiche. Übersprühen mit Zwiebelschalenwasser bekommt dem Kraut gut.

Ausdauernde Kräuter

Estragon *(Artemisia dracunculus)*

Anbau: Die Heimat des Estragon liegt in Süd- und Mittelasien. Das Kraut braucht einen warmen, geschützten Platz. Es verträgt Sonne und lichten Halbschatten. Die Erde muß humusreich und feucht sein. Düngen Sie mit Kompost und etwas organischem Dünger. Pflanzen Sie den Estragon ab April mit 30 × 40 cm Abstand. Er wird 80 – 150 cm hoch und muß im Wurzelgrund immer feucht gehalten werden. Durch Wurzelausläufer oder Blattstecklinge können Sie Ihre Bestände vermehren. In rauhen Lagen brauchen die Pflanzen einen Winterschutz aus Fichtenreisig. Unterscheiden Sie zwei Sorten: der Russische oder

Auf der warmen Fensterbank können im Frühling empfindliche Kräuter vorgezogen werden.

Sibirische Estragon ist robust und widerstandsfähig, dafür weniger aromatisch. Er kann auch ausgesät werden. Der Französische oder Deutsche Estragon ist empfindlich aber viel würziger. Er kann nur durch Wurzelausläufer vermehrt werden.

Ernte und Verwendung: Während des ganzen Sommers können Sie frische grüne Triebspitzen ernten. Getrocknet verliert der Estragon sehr an Würze. Konservieren Sie sein Aroma lieber, indem Sie einige Zweige in Essig oder Öl legen. Estragonessig ist eine Feinschmeckerdelikatesse! Das feinwürzige Aroma der grünen Blätter muß man einfach probiert haben. Sie enthalten ätherisches Öl, Harz, Gerb- und Bitterstoff. Estragon wirkt appetitanregend und wassertreibend.

Biologische Tips und Mischkultur: Estragon gedeiht gut mit Liebstöckel.

Lavendel *(Lavandula angustifolia)*

Anbau: Der Lavendel ist in den Mittelmeerländern heimisch, aber bei uns seit langem akklimatisiert. Er liebt einen sonnigen Standort und leichten, etwas kalkhaltigen Boden. In einem Steingarten gedeiht er ausgezeichnet. Wichtig ist guter Wasserabzug. Im Gewürzgarten düngen Sie den kleinen verholzenden Halbstrauch, der 30–60 cm hoch wird, nur mit Kompost. Lavendelpflanzen bekommen Sie beim Gärtner. Sie können das Kraut aber auch im März auf der Fensterbank in Schalen aussäen. Ab Mai werden die jungen Setzlinge im Freiland mit 30 × 30 cm Abstand ausgepflanzt. Nach der Blüte werden Lavendelbüsche leicht zurückgeschnitten. In rauhen Lagen brauchen sie Winterschutz.

Ernte und Verwendung: Die duftenden, blauen Lavendelblüten werden gebündelt und getrocknet. Die Sträußchen vertreiben Motten im Schrank und Fliegen in den Wohnräumen. Junge Blattspitzen können Sie frisch in der Küche verwenden als Würze zu Fisch, Hammelfleisch und Soße. Sie schmecken ein wenig herb-bitter und ähneln dem Rosmaringewürz. Lavendel enthält viel ätherisches Öl sowie Harz, Gerbstoff und Saponin. Er wirkt beruhigend, krampflösend und nervenstärkend.

Biologische Tips und Mischkultur: Lavendel vertreibt im Garten Ameisen und Läuse. Gesund und hübsch ist die Kombination mit Rosen.

Liebstöckel *(Levisticum officinale)*

Anbau: Wahrscheinlich stammt diese robuste Staude aus Südeuropa. Sie ist aber schon lange bei uns heimisch und sehr unempfindlich. Liebstöckel kann 2–3 cm hoch werden. Geben Sie ihm einen feuchten, tiefgründigen, nährstoffreichen Standort. Er verträgt auch Halbschatten. Dieses kräftige Kraut braucht außer Kompost auch organischen Dünger. Mulchen Sie stets rings um die Pflanzen. Im März oder im August können Sie den Liebstöckel selber aussäen. Verpflanzen Sie mit 50 cm Abstand und bedenken Sie, daß das Kraut 10 – 15 Jahre am ausgesuchten Platz stehenbleiben kann. Über Winter frieren die Blätter alle zurück. Im Frühling treibt die Pflanze aus dem Wurzelstock neu aus.

Ernte und Verwendung: Pflücken Sie zarte junge Blätter den ganzen Sommer frisch. Das Kraut

Lavendel ist für Rosen nicht nur ein anmutiger sondern auch ein sehr gesunder Nachbar.

kann mitgekocht werden. Beim Trocknen verliert der Liebstöckel einen Teil seines kräftigen Aromas. Die Blätter schmecken sehr würzig, ähnlich wie die Suppenwürze »Maggi«. Verwenden Sie sie sparsam zu Suppen, Eintöpfen und Soßen. Liebstöckel enthält ätherisches Öl, Harz- und Bitterstoff. Er wirkt harntreibend und löst Blähungen.
Biologische Tips und Mischkultur: Liebstöckel hemmt Schädlinge, aber auch die Nachbarpflanzen. Am besten geben Sie ihm einen Extraplatz.

Melisse *(Melissa officinalis)*

Anbau: Man nennt sie auch Zitronenmelisse. Für dieses duftende Kraut aus den Mittelmeerländern müssen Sie einen sonnigen, geschützten Platz aussuchen. Der Boden soll humusreich und durchlässig sein. Düngen Sie mit reichlich Kompost. Im April bis Mai können Sie die Melisse im Freiland aussäen. Die kleinen Pflanzen brauchen später 30 cm Abstand nach allen Seiten. Durch Teilung der Wurzelstöcke oder Stecklinge können Sie Ihre Bestände vermehren. Die Pflanzen samen sich auch aus. Nur in rauhen Gegenden brauchen sie etwas Winterschutz. Die Stauden wachsen 50–70 cm hoch und frieren im Herbst zurück.
Ernte und Verwendung: Vom Frühlingsaustrieb an können Sie zarte junge Blätter frisch verwenden. Sie besitzen ein ausgeprägtes Zitronenaroma und passen zu Salat, Tomaten, Quark und Kräutersoßen. Zitronenmelisse darf nicht mitgekocht werden. Auch beim Trocknen verliert sie den größten Teil des Aromas. Dann wird sie am besten als Tee verwendet. Das Kraut enthält ätherisches Öl, außerdem Harz, Schleim, Gerb- und Bitterstoff. Es wirkt nervenberuhigend.
Biologische Tips und Mischkultur: Zitronenmelisse verträgt sich nicht mit der Goldmelisse *(Monarda)!* Das Kraut ist eine hervorragende Bienenpflanze.

Estragon

Lavendel

Liebstöckel

Melisse

Origano *(Origanum vulgare)*

Anbau: Unter dem Namen Staudenmajoran oder Dost ist dieses Kraut auch bekannt. Es stammt aus den Mittelmeerländern, wo es an warmen, trokkenen Plätzen wild wächst. Sorgen Sie deshalb auch im Kräutergarten dafür, daß der Origano einen sonnigen Platz bekommt. Die Erde sollte sehr durchlässig und eher mager sein. Düngen Sie nur mit reifem Kompost. Auch im Steingarten ist dieses Gewürz gut untergebracht. Ab April können Sie Origano in Reihen mit 25 cm Abstand aussäen. Einfacher ist es, Jungpflanzen zu kaufen. Sie brauchen 20 × 25 cm Abstand. Durch Wurzelausläufer können Sie das Kraut später leicht vermehren. In rauhen Lagen braucht es Winterschutz aus Kiefernreisig. Im Frühling schneiden Sie den Dost zurück.

Ernte und Verwendung: Während des Sommers können Sie ständig junge Blätter und Triebspitzen pflücken. In der Blütezeit hat das Kraut die größte Würzkraft, dann schneiden Sie es handhoch über dem Boden ab und hängen es gebündelt zum Trocknen auf. Der Origano behält auch gedörrt sein Aroma. Allerdings entwickelt er bei uns nur in warmen Sommern seinen vollen würzigen Geschmack, der etwas pfeffrig-scharf ist. Der Dost liegt im Aroma zwischen Thymian und Majoran. Sie können ihn zu Pizza, Tomaten, Fleisch, Käse, Suppen und südländischen Gemüsen verwenden. Er wird mitgekocht. Origano enthält ätherisches Öl, Gerb- und Bitterstoff. Er wirkt nervenstärkend und löst Krampfzustände im Unterleib, im Magen und bei Husten.

Biologische Tips und Mischkultur: Keine besonderen Erfahrungen.

Pfefferminze *(Mentha piperita)*

Anbau: Ursprünglich stammt die Pfefferminze aus den Mittelmeerländern, aber sie ist längst auch in vielen nördlicheren Gebieten Europas wild verbreitet. Sie braucht, wie an ihren natürlichen Wiesenstandorten auch, im Garten einen feuchten Platz. In lichtem Schatten gedeiht sie gut. Lehmig-humose Erde, aber auch mooriger Boden sind eine gute Grundlage für alle Minzen. Düngen Sie mit reichlich Kompost und ein wenig organischem Dünger. Sorgen Sie immer für genügend Feuchtigkeit.

Pfefferminze wird nur durch Wurzelableger vermehrt, die Sie im Frühling flach in die Erde legen mit etwa 30 cm Abstand. Das Kraut wuchert stark. Pflanzen Sie es dort, wo Sie einen Bodendecker brauchen, der jedes Unkraut unterdrückt, oder sperren Sie es in einen Kasten ein, der den Wandertrieb bremst. Im Winter frieren die oberirdischen Pflanzenteile zurück. Im Handel sind zahlreiche Arten und Varietäten, zum Beispiel: Echte Mitcham-Minze, Apfelminze, Ananasminze, Gewürzminze, Krauseminze, Orangenminze und Poleiminze.

Ernte und Verwendung: Frische Minzenblätter können Sie den ganzen Sommer abpflücken. Die Haupternte liegt im Juni kurz vor der Blüte. Dann schneiden Sie das Kraut über dem Boden ab und hängen es gebündelt zum Trocknen auf. Bei warmer Witterung wächst im Spätsommer eine zweite Ernte nach. Die Pfefferminze behält ihr Aroma auch nach dem Dörren. Mit grünen Minzenblättern würzen Sie Soßen und Hammelfleisch. Getrocknet dient das Kraut als Tee. Der frische typische Pfefferminzgeschmack ist überall bekannt. Die Pflanzen enthalten bis zu 2,5% ätherisches Öl, zu dessen Bestandteilen auch Menthol gehört. Hinzu kommen Gerb- und Bitterstoff. Pfefferminze wirkt krampflösend und durchwärmend. Sie beeinflußt vor allem den Magen-Darm-Bereich bei Übelkeit, Blähungen und Krämpfen.

Biologische Tips und Mischkultur: Ein schlechter Nachbar für die Pfefferminze ist die Kamille. In der Nähe von Brennesseln entwickelt die Minze mehr ätherisches Öl. Neben Kohl soll sie den Kohlweißling abhalten. Gute Nachbarn sind Tomaten, Salat und Möhren. Gegen den Pfefferminzrost hilft radikaler Rückschnitt. Der Neutrieb ist dann wieder gesund.

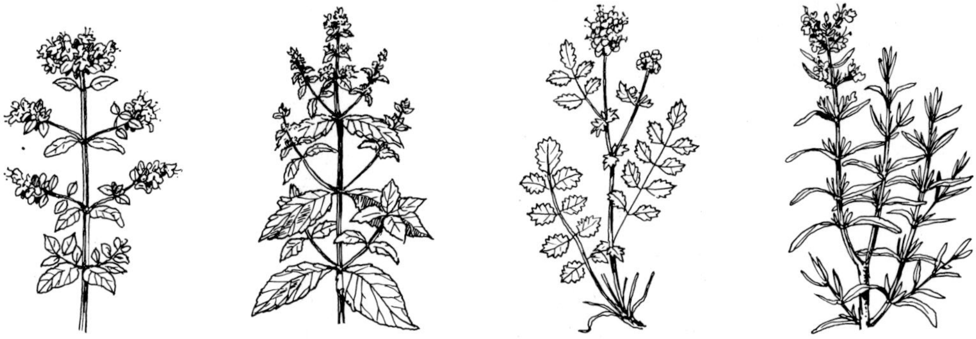

Origano Pfefferminze Pimpinelle Rosmarin

Pimpinelle *(Sanguisorba minor)*

Anbau: Der Kleine Wiesenknopf, wie dieses Kraut auch genannt wird, wächst in vielen Landschaften Mitteleuropas wild auf trockenen Wiesen. Auch im Garten gedeiht sie an trockenen, etwas kalkhaltigen Stellen besser als in fetter, feuchter Erde. Die Pflanzen brauchen Sonne. Düngen Sie nur mit reifem Kompost. Ab März können Sie die Samen der Pimpinelle im Freiland aussäen. Die Reihen brauchen 30 cm Abstand, die Pflanzen werden später auf 20 cm Zwischenraum verzogen. Wegen der langen Pfahlwurzel lassen sie sich schlecht verpflanzen. Wenn Sie die Blüten herausschneiden, können Sie länger zarte Blätter ernten.

Ernte und Verwendung: Die hübschen gefiederten Blättchen können Sie laufend frisch abpflükken. Das Kraut läßt sich nicht konservieren. Sein Geschmack ist kühl-würzig und erinnert ein wenig an Gurken. Das Aroma paßt zu Salat, Quark und Eiern. Pimpinelle ist sehr vitaminhaltig. Verwechseln Sie das Kraut nicht mit der Bibernelle *(Pimpinella saxifraga* oder *P. major)*. Diese hat ähnliche gefiederte Blätter, sie unterscheidet sich aber durch die Doldenblüten. Die wilde Bibernelle ist die alte Heilpflanze, von der in vielen historischen Quellen berichtet wird!

Biologische Tips und Mischkultur: Keine.

Rosmarin *(Rosmarinus officinalis)*

Anbau: An sonnigen Felsenhängen im Mittelmeerraum ist der Rosmarin zu Hause. Bei uns ist das wärmebedürftige Kraut nicht winterhart. Nur im Weinbauklima kann es draußen bleiben. Halten Sie das aromatische Kraut im Blumentopf und pflanzen Sie es nur im Sommer in den Garten oder vor eine Südwand am Haus. Die Pflanzen brauchen sehr durchlässige humusreiche Erde. Rosmarin können Sie in Gärtnereien kaufen oder auch selber in Saatschalen auf der Fensterbank aussäen. Von älteren Pflanzen lassen sich leicht Stecklinge schneiden. Im Frühsommer bekommt das Würzkraut im Blumentopf eine organische Düngung, zum Beispiel Pflanzenjauche. Ab August werden die Pflanzen mager und trockener gehalten, damit das Holz ausreift. Den Winter verbringen Sie an einem kühlen, hellen Platz im Haus. Sie bekommen dann nur wenig Wasser, der Ballen darf aber nie austrocknen.

Ernte und Verwendung: Blätter und Triebspitzen größerer Pflanzen können Sie frisch und getrocknet verwenden. Rosmarin behält sein intensives Aroma, das herb-würzig schmeckt und ein wenig an Kampfer und Nadelholz erinnert. Er paßt zu Hähnchen, Tomatensuppe, Hammel und pikanten Soßen. Die nadelartigen Blätter enthalten bis zu 2,5 % ätherisches Öl sowie Harz, Gerb- und

Ein Kräutergärtchen kann auch auf kleinem Raum entstehen. Hier wachsen in geräumigen Holzkästen unter anderen Basilikum, Bohnenkraut, Dill und Boretsch.

Bitterstoff. Rosmarin wirkt kreislaufanregend und kräftigend.

Biologische Tips und Mischkultur: Ein guter Nachbar ist Salbei.

Salbei *(Salvia officinalis)*

Anbau: Der kleine verholzende Strauch ist an den sonnigen Felsenhängen des Mittelmeerraumes zu Hause. Geben Sie ihm auch im Garten einen warmen Platz, durchlässige Erde, etwas Kalk und als Düngung Kompost. Im Steingarten gedeiht der Salbei auch sehr gut. Im April können Sie das Würzkraut in einer Schale auf der Fensterbank aussäen. Vorgezogene Pflanzen bekommen Sie beim Gärtner. Sie benötigen auf dem Beet 30 × 40 cm Abstand. Von älteren Pflanzen können Sie leicht Ableger gewinnen durch heruntergebogene Zweige, die sich bewurzeln. In rauhen Gegenden braucht das Mittelmeergewächs etwas Winterschutz. Im Frühling schneiden Sie die Sträucher leicht zurück.

Ernte und Verwendung: Zarte, grau-grüne Blätter können Sie jederzeit pflücken. Kurz bevor die blauen Blüten sich öffnen, hat das Kraut den größten Aromagehalt. Schneiden Sie dann Vorräte zum Trocknen. Salbei bleibt auch gedörrt sehr würzig. Sein Geschmack ist ein wenig streng und kampferartig. Das Kraut paßt zu Fleisch, Spießchen, Schinken, Käse, rustikalen Suppen

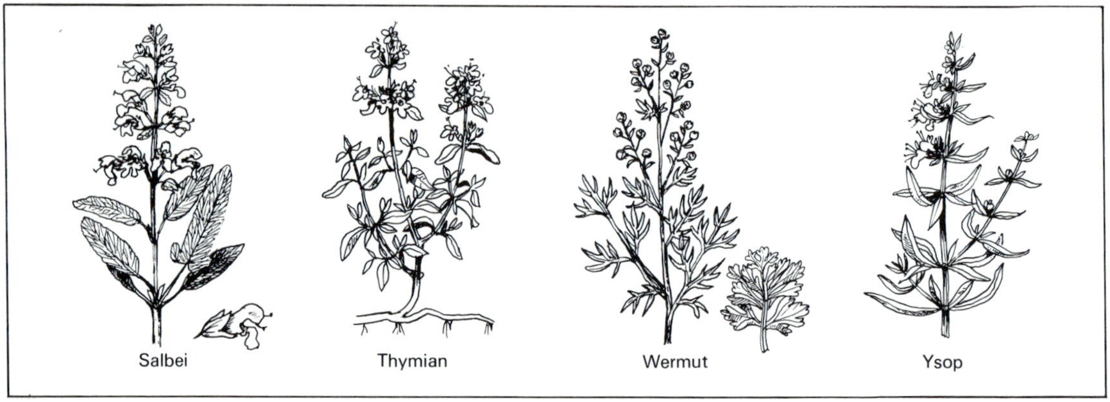

Rechts: Rosmarin gedeiht gut in einem rustikalen Tontopf. Im Winter wird er ins Haus gestellt.

Unten: Gewürzthymian als naturhafte Wegrandpflanzung.

und zu Aal. Die Blätter enthalten 1,5–2,5% ätherisches Öl, sowie Harz, Gerb- und Bitterstoff. Salbei hat kräftigende, antiseptische Eigenschaften, die vor allem bei Halsschmerzen, Zahnfleischbluten und Nachtschweiß wirksam werden.

Biologische Tips und Mischkultur: Der stark aromatische Salbei wehrt Raupen, Läuse und Schnecken ab. Pflanzen Sie die Stauden an den Rändern des Gemüsegartens und zu den Rosen. Gute Nachbarn sind Rosmarin, Fenchel, Kohl, Möhren, Erbsen und Bohnen.

Thymian *(Thymus vulgaris)*

Anbau: Der Thymian ist ursprünglich eine Pflanze der Felsenheide im Mittelmeerraum. Er braucht im Garten unbedingt einen sonnigen, trockenen Platz. Wo lehmiger Boden vorherrscht, sollten Sie dem Kraut einen mit Sand und Steinen vermischten Hügel bauen. Düngen Sie den Thymian nicht. Er bekommt nur etwas reifen Kompost. Am besten besorgen Sie sich beim Gärtner Pflanzen, die dann mit 20 × 20 cm Abstand verteilt werden. Das Kraut bleibt über Winter grün und wird im Frühling leicht zurückgeschnitten. Sie können wählen zwischen Französischem oder Sommerthymian, der rasch wächst aber frostempfindlich ist, und Deutschem oder Winterthymian, der langsam wächst aber widerstandsfähiger ist. Außerdem gibt es noch Zitronenthymian.

Ernte und Verwendung: Frische Zweige können Sie während des ganzen Sommers pflücken. Kurz vor der Blüte ist das Kraut besonders würzig, dann schneiden Sie es zum Trocknen. Der Thymian behält dabei sein kräftig-würziges Aroma. Er paßt zu Fleisch, Eintopf, Kartoffelgerichten und Wild. Die Blätter enthalten reichlich ätherisches Öl sowie Saponine, Harz, Gerb- und Bitterstoff. Thymian wirkt desinfizierend. Er lindert Husten und krampfartige Magenbeschwerden.

Biologische Tips und Mischkultur: Ähnlich wie Salbei wehrt auch Thymian Kohlweißlingsraupen und Läuse ab. Er kann als schützende Randpflanzung eingeplant werden.

Wermut *(Artemisia absinthium)*

Anbau: Der bittere Wermut ist in ganz Europa als Wildpflanze verbreitet. Er wächst an steinigen, trockenen Plätzen. Auch im Garten ist er sehr anspruchslos. Geben Sie ihm einen sonnigen Standort, etwas sandigen, kalkhaltigen Boden und guten Wasserabzug. Die Stauden werden 60–150 cm hoch und sehr ausladend.

Ernte und Verwendung: Die bitter-aromatischen Wermutblätter können Sie frisch pflücken und zu fettem Fleisch, Wild oder Eintöpfen hinzufügen. Sie machen die Speisen leichter verdaulich. Zum Trocknen schneiden Sie das Kraut kurz vor der Blüte. Sie gewinnen so einen guten Magentee. Die Blätter enthalten ätherisches Öl, Absinthin, Gerb- und Bitterstoff, Harz, verschiedene Säuren und Vitamine. Wermut hilft bei Magenbeschwerden, Völlegefühl und Stauungen im Leber-Gallen-Bereich.

Biologische Tips und Mischkultur: Wermut neben Johannisbeeren gepflanzt schützt die Sträucher vor dem Säulenrost. Wermutabfälle nicht auf den Kompost streuen!

Ysop *(Hyssopus officinalis)*

Anbau: In seiner Heimat in Südeuropa und Vorderasien wächst der Ysop an sonnigen, steinigen, kalkhaltigen Plätzen. Pflanzen Sie ihn auch im Garten unter ähnlichen Bedingungen, und pflegen Sie ihn wie Thymian. Mit seinen hübschen blauen Blüten bildet der Ysop ein Schmuckstück des Kräutergartens. Sie können ihn im Frühling in Schalen auf der Fensterbank aussäen oder beim Gärtner kaufen. Im Mai setzen Sie die Pflanzen mit 25 × 30 cm Abstand ins Freie. Durch Stecklinge können Sie später für Nachwuchs sorgen.

Ernte und Verwendung: Blättchen und junge Triebe können Sie den ganzen Sommer frisch pflücken. Zum Trocknen schneiden Sie das Kraut kurz vor der Blüte. Die stark würzigen, ein wenig bitteren Blätter werden in kleinen Mengen zu Salat, Soßen, Bohnen, Kartoffelsuppe und Ragout verwendet. Sie enthalten ätherisches Öl, Bitterstoff, Gerbstoff und Harz. Ysop wirkt magenstärkend und fördert die Verdauung.

Biologische Tips und Mischkultur: Ähnlich wie Salbei und Thymian wehrt das stark aromatische Kraut Raupen, Läuse und Schnecken ab. Ysop ist eine gute Bienenweide!

Die Wildkräuter-Ecke

Große und Kleine Brennessel
(Urtica dioica und *U. urens)*

Anbau: Geben Sie der Brennessel am Zaun oder in einem Gartenwinkel einen Platz. Sie wächst überall, liebt aber humosen Boden. Achten Sie nur darauf, daß sie nicht zu stark wuchert.

Ernte und Verwendung: Die zarten Blätter des Frühlingsaustriebs sollten Sie zu Salaten geben oder als Spinatgemüse dünsten. Von Juni bis Juli können Sie Brennesseln trocknen und später als Tee verwenden. Frisch und getrocknet sind die Blätter ein ausgezeichnetes Mittel zur Anregung des Stoffwechsels. Sie enthalten unter anderem Gerbstoff, Nesselgiftstoff, Histamin, Ameisensäure, Vitamine und Mineralsalze.

Biologische Tips und Mischkultur: Für naturgemäße Gärten sind Brennesseln ein unentbehrliches Mittel der Gesundheit. Sie liefern hervorragendes Mulchmaterial und dienen als Grundlage für flüssige Dünger und Spritzbrühen. Brennesseln halten Gärten und Gärtner gesund!

Beinwell und Comfrey
(Symphytum officinale und *S. peregrinum)*

Anbau: Die Staude liebt tiefgründig-feuchten Boden und nährstoffreichen Kompost. Sonst ist Beinwell sehr anspruchslos. Er bleibt jahrelang am gleichen Platz.

Ernte und Verwendung: Zarte junge Blätter können Sie in den Salat schneiden oder als Gemüse dünsten. Aus getrockneten Blättern gewinnen Sie einen Tee. Frisch und gedörrt hilft Beinwell innerlich gegen Rheuma, Magenkatarrh und Darm-

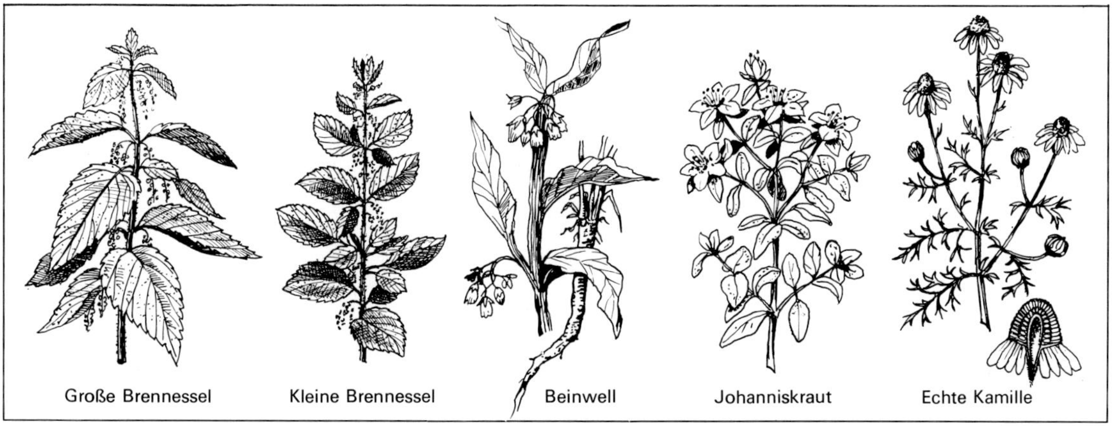

geschwüre. Die stärkste Heilkraft haben aber die Wurzeln. Sie können getrocknet werden oder dienen als frische Breiauflage zur Heilung von Quetschungen, Wunden und rheumatischen Verspannungen. Beinwell enthält unter anderem ätherisches Öl, Gerbstoff, Cholin, Asparagin und Allantoin. Der letzte Wirkstoff fördert die Zellbildung und erklärt die guten Erfolge bei der Wundheilung.
Biologische Tips und Mischkultur: Comfrey wirkt auch heilend auf den Garten. Die großen Blätter liefern gutes Mulchmaterial und dienen zur Herstellung einer kalireichen Pflanzenjauche.

Johanniskraut *(Hypericum perforatum)*

Anbau: Überall in Europa wächst dieses uralte Heilkraut an sonnigen, trockenen Hängen und am Waldrand. Auch im Garten braucht das Johanniskraut viel Sonne und einen durchlässigen Boden. Sonst ist es ganz anspruchslos und ausdauernd.
Ernte und Verwendung: Geerntet und getrocknet wird das ganze blühende Kraut. Es kann auch frisch in Öl angesetzt werden. Sie gewinnen dann das berühmte, blutrote Johannisöl. Die Pflanzen enthalten vor allem ätherisches Öl, aber auch Glykoside, Hypericin, Gerbstoffe, Säuren und roten Farbstoff. Johanniskraut beruhigt die Nerven und vertreibt Depressionen. Es regt die Drüsen und die Verdauungsorgane an. Mit dem roten Öl können Sie sich einreiben. Es hilft gegen Rheumaschmerzen und Sonnenbrand.
Biologische Tips und Mischkultur: Besondere Mischkulturen wurden noch nicht erprobt. Es lohnt sich aber zu experimentieren, um die Eigenschaften dieses wertvollen Heilkrautes auch im Bio-Garten zu nutzen!

Kamille *(Matricaria chamomilla)*

Anbau: In ganz Europa wächst die Echte Kamille an sonnigen Feldrändern wild. Auch im Garten kann sie als Randpflanze ausgesät werden. Sie wird 20–50 cm hoch. Samen im Handel erhältlich.
Ernte und Verwendung: Von Mai bis August können Sie die Blütenköpfchen pflücken und trocknen. Sie gewinnen so einen Tee, der als bewährtes Hausmittel bei Entzündungen und Erkältungen gebraucht wird. Er wirkt krampflösend und entzündungshemmend. Kamille enthält ätherisches Öl, Flavonglycoside und Cumarine.
Biologische Tips und Mischkultur: Kamille ist ein guter Kohlnachbar und kann auch zwischen Kartoffeln, Sellerie und Lauch gesät werden. Sie gehört zu den Pflanzen, die den Kompost aktivieren. Kamillentee dient im Garten zur Kräftigung der Kulturen und als Samenbeize.

Der Obstgarten

Die saftigen Früchte von Beerensträuchern und Obstbäumen runden das gesunde Nahrungsangebot aus dem eigenen Garten ab. Als süße Ergänzung zu herzhaftem Gemüse und würzigen Kräutern sollten sie nirgends fehlen. Es muß ja nicht unbedingt eine Obstplantage sein. In einem kleinen Küchengarten genügen schon zwei Reihen Erdbeeren und ein Johannisbeer-Hochstämmchen, die für vitaminreichen Nachtisch sorgen. Die runden Büsche der Monatserdbeeren können sogar am Rand eines Blumenbeetes gepflanzt werden. Sie dienen dort als dekorative Einfassung und als Quelle süßer Naschereien im Vorübergehen. In einem größeren Nutzgarten sollten Sie verschiedenartige Beeren und einige Obstbäume einplanen. Wählen Sie auch hier nach den Regeln des naturgemäßen Anbaus stets diejenigen Sorten, die sowohl der Grundstücksgröße als auch den Klima- und Bodenverhältnissen am besten angepaßt sind.

Erdbeeren – süß wie der Sommer

Der würzig-süße Geschmack der kleinen Walderdbeeren gehört für viele Menschen zu den unvergeßlichen Kindheitserinnerungen. Groß ist dagegen oft die Enttäuschung, wenn Sie in die roten Prachtfrüchte beißen, die im Supermarkt angeboten werden: Das Erdbeerfleisch schmeckt fast nur noch nach Wasser! Wo ist das unvergleichliche Aroma geblieben? Es fiel den Transportproblemen zum Opfer, weil die empfindlichen Beeren halbreif geerntet werden müssen. Es leidet auch unter den Anbaumethoden und unter dem Wahn, der nach immer größeren, gigantischeren Zuchtformen ruft.

Im naturgemäßen Garten können Sie dagegen ganz leicht das süße Erdbeeraroma aus Großmutters Garten wiedergewinnen. Machen Sie sich nur einmal klar, wo diese Beeren aus der Familie der Rosengewächse ursprünglich beheimatet waren. In Europa gab es lange Zeit nur die kleinen aromatischen Walderdbeeren. 1623 reiste die nordamerikanische Scharlach-Erdbeere zum ersten Mal über den Atlantik in die »Alte Welt«. Sie schmeckte süß, hatte aber kleine Früchte. 1712 folgte ihr die Chile-Erdbeere, die große Beeren aber weniger Aroma mitbrachte.

Aus diesen drei Ahnen entstanden alle unsere Gartenerdbeersorten. Je nach Erbmischung sind sie groß, aber weniger aromatisch oder kleinfrüchtiger und süßer. Bis heute haben sie die Vorliebe der wilden Walderdbeeren für leicht sauren, humusreichen Boden beibehalten. Erinnern Sie sich an die duftende Erde lichter Mischwälder; dies ist die Urheimat der Beeren. Wenn Sie mit diesem Grundwissen »aus der Welt der Erdbeeren« im Sinne der Natur ein Beet anlegen, werden Sie sicher wieder süß-würzige Beeren ernten, die zu den unvergeßlichen Erinnerungen an warme Sommertage zählen.

Anbau: Günstige Vorkulturen für Erdbeeren sind Bohnen oder Kartoffeln, die gare Erde hinterlassen. Bereiten Sie den Boden rechtzeitig mit

Strohmulch auf dem Erdbeerbeet hat sich bewährt: Die Früchte bleiben sauber, der Boden feucht und locker.

reichlich Kompost und einem organischen Dünger vor. Gut verrotteter Rindermist eignet sich hervorragend. Sie können aber auch getrockneten Rinderdung verwenden oder einen Mischdünger aus Horn-Blut-Knochenmehl. Im Handel werden verschiedene biologische Spezialdünger für Erdbeeren angeboten, zum Beispiel »Oscorna« speziell für Erdbeeren und »Erdbeer-Azet«. Mulchen Sie das vorbereitete Beet mit Laub- oder Nadelstreu.

Die beste Pflanzzeit für Erdbeeren liegt im August bis September. Je früher Sie beginnen, desto größer wird die Ernte im ersten Jahr. Wählen Sie einen sonnigen, aber geschützten Platz, und denken Sie immer daran, daß Sie für ein wenig Waldatmosphäre sorgen müssen. Der Boden soll bis zum Zeitpunkt der Pflanzung humusreich, locker, feucht und leicht sauer sein. Wo die Gartenverhältnisse noch ungünstig sind, können Sie Ihre Erdbeeren auf ein Hügelbeet pflanzen. Dort finden sie gute Bedingungen, selbst wenn ringsum noch die Schwierigkeiten der Umstellung auf

Anlage eines Erdbeerbeetes: die weite Pflanzung ermöglicht Mischkulturen und erleichtert die Pflege.

naturgemäße Methoden herrschen. Auch in feuchten Gegenden und in Gärten mit schwerem Boden ist diese Methode von Vorteil.

Für die erste Erdbeerpflanzung sollten Sie sich gute Züchtungen vom Gärtner oder von einem Spezialversand besorgen. Später können Sie Ihre Bestände eine zeitlang durch Ableger vermehren. Die Erdbeerreihen sollten weit auseinander liegen. Auf einem 1,20 m breiten Beet haben 2 Reihen Platz. Untereinander brauchen die Pflanzen 25–30 cm Abstand. Füllen Sie das Pflanzloch mit reifem Kompost, und mischen Sie auch etwas Steinmehl darunter. Zum Schluß wird mit verdünnter Brennesseljauche angegossen. Dem Waldbodencharakter kommen Sie besonders nahe, wenn Sie das Erdbeerbeet mit halbverrottetem Laub oder mit holzigen Abfällen mulchen. Kleine Zweige, Hobelspäne, Rindenstückchen und Nadelstreu verschaffen den Beeren jene heimatliche Atmosphäre, in der sie gut gedeihen und besonders aromatische Früchte entwickeln. Wenn es Ihnen an solchem Material mangelt, können Sie sich auch durch eine Senfsaat helfen, die im Spätherbst abfriert und über Winter als Bodendecke liegenbleibt. Auch eine Torfschicht hält den Boden feucht und sauer.

Der weite Zwischenraum hat den Vorteil, daß Sie Mischkulturen pflanzen können, die zur Gesundheit der Erdbeerkulturen beitragen. Wenn Sie den Boden durch eine ständige Mulchdecke feucht und locker halten, brauchen Sie wenig zu hacken und zu jäten. Dadurch werden die flachwachsenden Wurzeln der Beeren nicht gestört. Muß in trockenen Zeiten doch einmal gewässert werden, so sollten Sie morgens mit abgestandenem Wasser direkt in den Wurzelbereich gießen. Feuchtigkeit am Abend fördert Pilzkrankheiten!

Zur Reifezeit der Erdbeeren sollten Sie den Boden um die Pflanzen mit besonders sauberem Material abdecken, zum Beispiel mit Nadelstreu, Stroh oder Gras. Dann werden die Früchte nicht mit Erde bespritzt und können einwandfrei geerntet und ungewaschen gegessen werden. Besonders reichtragende Pflanzen kennzeichnen Sie rechtzeitig für die Vermehrung.

Nach der Ernte kann man das Erdbeerlaub ganz abschneiden, nur das Herz darf nicht beschädigt werden. Auch alle überflüssigen Ranken werden entfernt. Sie nehmen den Pflanzen nur Kraft weg. Von den ausgesuchten Mutterpflanzen nehmen Sie die stärksten Ableger ab. Sie können zuerst auf ein Extrabeet gepflanzt und dort einige Wochen lang feucht und schattig gehalten werden, bis sie kräftige Wurzeln gebildet haben. Dann legen Sie mit den »Kindeln« ein neues Beet an. Alte Pflanzungen brauchen nach der Ernte eine kräftige Nährstoffversorgung mit Kompost und organischem Dünger. Sie bilden in den folgenden Monaten nämlich noch die Blütenansätze für das nächste Jahr aus. Dies ist auch die Zeit, in der die Blätter und Wurzeln kräftig wachsen. Bei guter naturgemäßer Pflege kann eine Erdbeerpflanzung

So werden Erdbeeren vermehrt: Ableger von der Ranke trennen, mit den Wurzeln ausgraben und auf einem Extrabeet einpflanzen. Unter Plastik wurzeln Jungpflanzen schneller ein. Ableger wachsen auch in Töpfen.

2–3 Jahre, manchmal sogar länger, stehenbleiben. Wenn der Ertrag spürbar nachläßt, legen Sie rechtzeitig ein neues Beet an.
Bei der Wahl der Sorten müssen Sie noch darauf achten, ob Sie einmal oder mehrmals tragende Züchtungen pflanzen möchten. Die einmal tragenden Gartenerdbeeren bringen eine reiche Ernte im Frühsommer. Bei mehrmals tragenden Sorten verteilt sich der süße Segen auf Frühsommer und Herbst. Es ist natürlich sehr reizvoll, zu solch später Jahreszeit noch einmal frische Erdbeeren zum Nachtisch ernten zu können. Die Portionen sind dafür aber etwas bescheidener. Schließlich gibt es noch die kleinen aromatischen Monatserdbeeren. Sie bilden runde Büsche und treiben keine Ausläufer. Diese süßen Beeren, die den ursprünglichen Waldfrüchten noch am ähnlichsten sind, blühen und fruchten ununterbrochen von Juni bis zum späten Herbst.

Sorten: 'Senga Sengana' (robuste, reichtragende Sorte, mittelfrühe Reifezeit), 'Senga Litessa' (Verbesserung der 'Senga Sengana', mittelfrühe Reifezeit, gut zum Einfrieren), 'Regina' (frühe Reifezeit, feines Aroma), 'Macherauch's Marieva' (ältere, würzig-aromatische Sorte, früh bis mittelfrüh), 'Senga Dulcita' (große rote Früchte, aromatisch, späte Reifezeit), 'Asieta' (mittelspät, gut zum Konservieren), 'Mieze Schindler' (alte Sorte aus Großmutters Garten, im Bio-Gartenmarkt Keller wieder zu haben, herrliches Aroma!). Mehrmals tragende Sorten: 'Ostara', 'Macherauch's Dauerernte'; 'Monatserdbeeren' 'Rügen', 'Sperling's Bowlenzauber' (aus Samen zu ziehen, ein Naschvergnügen für Kinder).
Ernte: Zur Reifezeit können Sie ständig frisch pflücken. Seien Sie behutsam, damit die nachreifenden Früchte nicht beschädigt werden. Sie können Erdbeeren einfrieren oder einkochen. Die

frischen Früchte sind besonders gesund, weil sie noch mehr Vitamin C als Zitronen enthalten. Hinzu kommen zahlreiche Mineralsalze, vor allem Magnesium, Eisen, Kalium, Calzium und Silizium. Die Beeren wirken sich günstig auf Arteriosklerose aus und gehören auch für Diabetiker zu den erlaubten süßen Freuden. Erdbeeren wirken harntreibend und entschlackend.

Biologische Tips und Mischkultur: Erdbeeren sind anfällig gegen Pilzerkrankungen. Beachten Sie dazu die Empfehlungen aus dem Kapitel »Biologische Mittel zur Schädlingsabwehr«. Vorbeugende Spritzungen mit Schachtelhalmtee haben sich bewährt. Gießen Sie außerdem mit Brennesseljauche, die mit Zwiebelbrühe gemischt wurde. Auch die Mischkultur mit Knoblauch beugt Pilzkrankheiten vor. Tips gegen Schnecken finden Sie auf Seite 132–134 im Kapitel »Weitverbreitete Plagegeister«. Gute Nachbarn für die Mischkultur sind: Spinat, Lauch, Zwiebeln, Salat, Buschbohnen, Radieschen und Boretsch.

Beeren von Sträuchern und Ranken

Die wilden Vorfahren unserer Stachel- und Johannisbeeren waren in Nord- und Mitteleuropa zu Hause. Sie wuchsen in Auenwäldern, auf Lichtungen und am Waldrand. Dort fanden sie genügend Licht oder auch angenehmen hellen Schatten. Die Bäume standen weit genug entfernt, um die Sonne nicht zu verdecken, aber doch nahe genug, um rauhe Winde von den Beerensträuchern fernzuhalten. Den Boden bedeckte in dieser heimatlichen Umgebung ein Teppich aus buntgemischten Wildkräutern. Sie hielten die Erde darunter feucht und locker. Alle unsere reichtragenden modernen Beerenobstzüchtungen stammen aus den Kreuzungen verschiedener Wildarten. Wenn Sie in Ihrem naturgemäßen Garten dafür sorgen, daß sie ähnliche Lebensbedingungen vorfinden, wie sie es gewöhnt waren, dann haben Sie schon wichtige Voraussetzungen für gesundes Wachstum erfüllt. Viele Krankheiten entstehen dadurch, daß die Sträucher nicht ihrer Natur gemäß gepflanzt und behandelt werden.

Ähnliche Regeln gelten auch für Himbeeren und Brombeeren, die ja noch heute in unseren Wäldern wild wachsen. Suchen Sie für Ihre Beerenpflanzungen also einen sonnigen oder halbschattigen Platz aus, der vor rauhen Winden geschützt ist. Und sorgen Sie das ganze Jahr hindurch dafür, daß der Boden immer dick mit einem Mulchteppich bedeckt ist. Das gesunde Beerenobst sollte in jedem Bio-Garten eingeplant werden. Es macht Spaß, die Früchte im Sommer frisch vom Strauch zu essen. Für den Winter können Sie Saft, Gelee oder Kompott daraus einkochen.

Rote und Weiße Johannisbeeren

Anbau: Johannisbeeren gehören zu den Steinbrechgewächsen. Sie gedeihen auch an Hängen und zwischen Obstbäumen. Je sonniger sie stehen, desto reicher tragen sie und desto höher ist der Gehalt an wertvollen Inhaltsstoffen. Rote Johannisbeeren enthalten Vitamin C sowie reichlich Fruchtsäuren und Pektin.

Die Sträucher können im Herbst oder im zeitigen Frühling gepflanzt werden. Es ist günstig, wenn Sie vorher eine tiefwurzelnde bodenlockernde Gründüngung einsäen, denn später kann das Land unter den Büschen nicht mehr intensiv bearbeitet werden. Die flachwachsenden Wurzeln der Johannisbeeren lassen dies nicht zu. Setzen Sie die Pflanzen etwas tiefer als sie zuvor standen, damit sie im Boden reichlich neue Triebe bilden. Die Wurzeln tauchen Sie vorher in Schachtelhalmtee, der mit Lehm verrührt wurde. Bei roten und weißen Sorten beträgt der Abstand 1,50–1,80 m; bei Reihenpflanzung müssen Sie 2–3 m Zwischenraum einhalten. Das Pflanzloch füttern Sie mit reifem Kompost, der mit Steinmehl vermischt wurde. Nach der Pflanzung schneiden Sie die Triebe um zwei Drittel zurück, so daß nur das letzte Drittel erhalten bleibt.

Die Früchte aus dem Beerengarten sind besonders wertvoll durch ihren hohen Vitamingehalt.

Gedüngt werden die Beerensträucher im naturgemäßen Garten mit verrottetem Mist oder halbverrottetem Kompost, die im Herbst oberflächlich ausgestreut werden. Auch Horn-Blut-Knochenmehl, Holzasche, Algenkalk und Brennesseljauche eignen sich zur Ernährung im Frühling und Herbst. Wichtig ist aber vor allem eine Mulchdecke. Sie kann aus Stroh, Brennesselschnitt, Comfrey, Laub, holzigen Abfällen oder Gründüngungsschnitt bestehen. Diese Schicht muß ständig erneuert werden. Sie erhält die Bodenfeuchtigkeit, die die Sträucher lieben, und schützt die flachwachsenden Wurzeln.

Schnitt: Rote und Weiße Johannisbeeren tragen am zwei- bis dreijährigen Holz. Alle Äste, die älter als 4 Jahre sind – Sie erkennen sie am dunklen Holz – werden tief am Boden abgeschnitten. Den Rückschnitt können Sie nach der Ernte oder im frühen Herbst durchführen. Wenn die Blätter fallen, können Sie das Gerüst des Strauches besser durchschauen. Jedes Jahr lassen Sie 2–3 kräftige Jungtriebe nachwachsen und entfernen ebenso viele überalterte Zweige. Auch den überflüssigen Nachwuchs schneiden Sie weg. Insgesamt sollte der Strauch 8–12 kräftige Triebe behalten. So wächst er luftig und gesund. Von den überflüssigen einjährigen Zweigen können Sie übrigens Stecklinge gewinnen. Schneiden Sie ein 15–20 cm langes Stück unterhalb eines Auges schräg ab. Diese Triebspitzen stecken Sie einfach schräg in die Erde. Sie bewurzeln sich und können im nächsten Jahr verpflanzt werden.

Sorten: Von allen Johannisbeeren gibt es Sträucher, Halbstämmchen und Hochstämmchen. Die Sträucher lassen sich auch als Spalier an Drähten ziehen. Für kleine Gärten eignen sich die Hochstämmchen besonders. Sie nehmen weniger Platz ein und sehen bezaubernd altmodisch aus, wenn sie am Weg entlang gepflanzt werden. Die Ernte können Sie bequem im Stehen durchführen. Wenn die Kronenbäumchen reichlich Früchte ansetzen, brauchen sie allerdings eine Stütze.

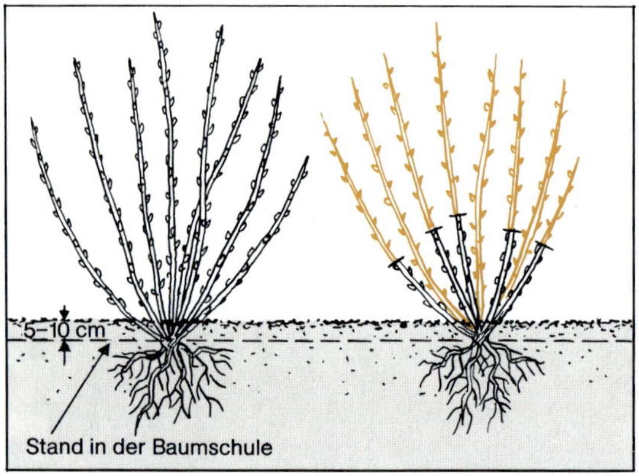

Pflanzung und Pflanzschnitt von Johannisbeeren.

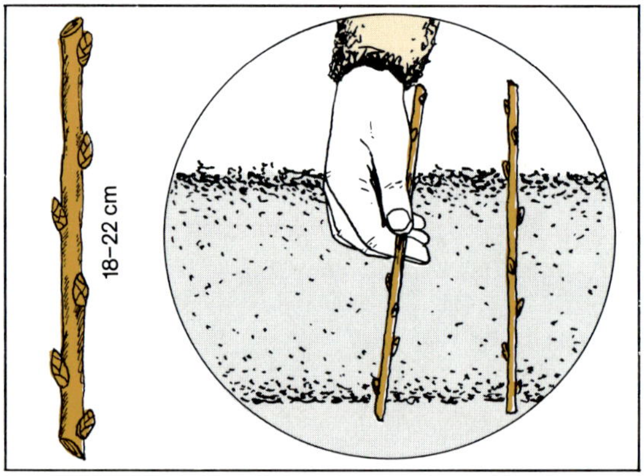

Stecklingsholz von Johannisbeeren bewurzelt leicht.

Rote Sorten: 'Heros' (große Beeren, ertragreich, frühreifend), 'Jonkheer van Tets' (starkwachsend, frühreifend), 'Rote Holländische' (altbewährte Sorte, auch für rauhe Lagen), 'Heinemanns rote Spätlese' (starkwüchsig, späte Ernte im August!). Weiße Sorten: 'Weiße Jüterboger' (robust, mittelfrüh, gut für Rohkost), 'Weiße Versailler' (besonders lange Trauben, reichtragend).

Biologische Tips und Mischkultur: Eine Unterpflanzung mit Wermut schützt die Johannisbeeren vor dem Säulchenrost. Auch Farn hält sie gesund. Spritzen Sie mehrmals vorbeugend gegen Pilzkrankheiten mit Schachtelhalmtee (vom Frühling bis zum Herbst). Im Frühling (etwa Mai) mit Brennesselbrühe gießen. Zwiebelschalenbrühe hilft als Spritzung ebenfalls gegen Pilzkrankheiten. Zerschnittene Knoblauchstücke, in einem Säckchen aufgehängt, vertreiben zeitweise die Vögel, wenn sie an den Knospen picken wollen. Beachten Sie auch alle speziellen Tips in der großen Schädlingstabelle auf Seite 135–147.

Schwarze Johannisbeeren

Anbau: Sie lieben noch mehr Bodenfeuchtigkeit (aber keine Staunässe!) als die Roten Johannisbeeren und vertragen auch mehr Schatten. Schwarze Johannisbeeren bewähren sich auch in rauhen Gegenden. Sie wachsen robust und kräftig und benötigen 2,00–2,50 m Abstand. Im übrigen gelten die gleichen Anbauregeln wie bei den roten Sorten. Die schwarzen, herbwürzigen Beeren enthalten außergewöhnlich viel Vitamin C. Ihr Saft stärkt die Widerstandskraft, vor allem im Winter, wenn die Grippe droht. Selbst die Zweige der Sträucher verströmen, wenn Sie sie zwischen den Fingern reiben, noch den typischen strengen Geruch dieser Beeren.

Schnitt: Die Schwarzen Johannisbeeren tragen am einjährigen Holz. Der Strauch muß also ständig verjüngt werden. Nach der Ernte schneiden Sie die abgetragenen Ruten dicht über dem Boden heraus und lassen jährlich 2–3 starke Neutriebe nachwachsen. Insgesamt sollte der Busch nicht mehr als acht Hauptäste haben. Nehmen Sie alles weg, was nach innen wächst. Beerensträucher brauchen Luft und Sonne!

Sorten: 'Rosenthals Langtraubige' (große Beeren, hoher Vitamin-C-Gehalt), 'Silvergieters Schwarze' (ertragreich, mild, aber weniger Vitamin C). Beide Sorten fördern sich gegenseitig in der Befruchtung.

Biologische Tips und Mischkultur: Schwarze Johannisbeeren gedeihen gut in der Nachbarschaft von Sauerkirschen. Gegen die Gallmilbe mit Rainfarntee oder Pyrethrum-Derris-Mitteln spritzen. Sonst wie bei den roten Sorten.

Stachelbeeren

Anbau: Auch Stachelbeeren sind Steinbrechgewächse. Im großen und ganzen gelten die gleichen Regeln wie bei Johannisbeeren. Stachelbeeren sind sogar noch etwas anspruchsloser und vertragen etwas mehr Schatten. In der Sonne reifen aber süßere Beeren. Die Sträucher lieben etwas kalkhaltigen, lehmigen Boden. Auf Kalkmergel gedeihen sie besonders gesund. Der Abstand zwischen den Büschen sollte 1,50 m betragen. Bei Hochstämmchen genügen 1,20–1,30 m Zwischenraum. Die Kronen brauchen einen Stützpfahl oder ein Gerüst. Wenn Sie einen Teil der halbreifen Früchte ernten und zu Kompott einkochen, entlasten Sie die Stachelbeerbäumchen und erhalten später besonders schöne ausgereifte Beeren. Die Früchte enthalten, ähnlich wie die Roten Johannisbeeren, viel Fruchtsäure und Vitamin C. Sie wirken, roh gegessen, verdauungsfördernd und blutreinigend.

Schnitt: Erwachsene Sträucher sollen 8–12 ein- und zweijährige Triebe haben. Nach der Ernte oder im Herbst schneiden Sie (ähnlich wie bei den Roten Johannisbeeren) die alten, dunklen Äste dicht am Boden ab. Dafür lassen Sie jedes Jahr einige kräftige Jungtriebe nachwachsen. Der Schnitt der Kronenbäumchen geschieht sinngemäß ähnlich, auch hier müssen Sie für den Rückschnitt alter Äste und eine Verjüngung durch Neutriebe sorgen. Achten Sie dabei auch auf die kugelige Kronenform. Wo der Stachelbeermehltau verbreitet ist, müssen vor allem die Triebspitzen bis ins gesunde Holz eingekürzt werden, denn in diesem Teil der Zweige überwintern die Pilzsporen!

Sorten: Gelbfrüchtige Beeren: 'Hönings früheste Gelbe' (altbewährte Sorte, nicht mehltauanfällig), 'Lauffener Gelbe' (dünnschalige Früchte, mittelfrüh); weißfrüchtige Beeren: 'Weiße Triumph' (zuverlässig, ertragreich, mittelfrüh, gut für Hochstämmchen), 'Weiße Neckartaler' (früh, feiner Geschmack, aber mehltauanfällig); grünfrüchtige Beeren: 'Grüne Kugel' (früh, reichtragend, anfällig für Mehltau), 'Lady Delamere' (robust, auch für rauhe Lage, ertragreich, mittelfrüh); rotfrüchtige Beeren: 'Rote Triumph' (seit etwa 100 Jahren bewährt, spätreifend, kräftig, aber anfällig für Mehltau), 'Maiherzog' (früh, reichtragend, geeignet für Hochstämmchen).

Biologische Tips und Mischkultur: Stachelbeeren abwechselnd mit Johannisbeeren pflanzen. Gutgepflegte Sträucher sind weniger anfällig ge-

Ein Gerüst für die fruchtbehangenen Zweige und der Schnitt des Stachelbeer-Kronenbäumchens.

Stachelbeer-Ableger aus eingegrabenen Zweigen.

Himbeeren sind Waldrandgewächse, die unter naturgemäßen Bedingungen besonders gut gedeihen.

gen Stachelbeer-Mehltau. Spritzen Sie mit Farnkrautextrakt bei Befall und vorbeugend mit Schachtelhalm- und Rainfarnbrühe. Leichte Kaligaben halten die Stachelbeeren gesund: Nehmen Sie Comfrey als Mulch und Jauche oder streuen Sie Holzasche. Beachten Sie auch die speziellen Hinweise in der großen Schädlingstabelle auf Seite 135–147.

Himbeeren

Anbau: Süße Himbeeren sind eine Delikatesse, die reich an Vitaminen und Mineralstoffen ist. Noch mehr als alle Beerensträucher hat die Himbeere ihren Charakter als Waldpflanze behalten. Die gefürchteten Krankheiten, wie zum Beispiel die Rutenkrankheit, treten vor allem dort auf, wo Himbeeren nicht naturgemäß behandelt werden. Die Pflanzen gehören an den ursprünglichen Waldstandorten zum Unterholz. Sie lieben lichten Schatten, Windschutz, eine ständige Bodendecke und leicht saure, feuchte Erde, die durchlässig und möglichst lehmhaltig sein sollte.

Sie können Himbeeren am Zaun entlang als Hecke pflanzen oder ein einfaches Spalier aufstellen. Zwischen zwei stabilen Eckpfosten werden zwei Drähte gespannt, durch die Sie die langen Triebe hindurchziehen. Diese Methode erspart sogar das Anbinden. Besorgen Sie sich gutes Pflanzgut aus einer Baumschule. Beste Pflanzzeiten sind der Herbst von September bis Oktober und das zeitige Frühjahr. Himbeeren brauchen untereinander einen Abstand von 40–60 cm, die Reihen benötigen 1,20–1,60 m Zwischenraum. Kürzen Sie beschädigte Wurzeln etwas ein, und setzen Sie sie relativ flach, jedenfalls nie tiefer als sie vorher standen. Im Frühling schneiden Sie die jungen Ruten auf 4–5 Augen zurück.
Vor dem Pflanzen tauchen Sie die Wurzeln in ein Bad aus Schachtelhalmtee und Lehm. Das Pflanzloch wird mit reifem Kompost und etwas Steinmehl ausgefüttert. Wichtig ist kräftiges Angießen. Danach streuen Sie die Mulchdecke aus, die von diesem Zeitpunkt an eine Dauereinrichtung Ihrer Himbeerkultur sein muß. Den leicht sauren Waldbodencharakter erreichen Sie mit Nadelkompost. Sie können aber auch halbverrotteten Kompost, Stroh, Hobelspäne, Gras oder Torf verwenden. Ganz ausgezeichnet wirkt auch eine Gründüngungseinsaat unter den Himbeeren, die später als Mulch liegenbleibt. Wählen Sie dazu stickstoffsammelnde Leguminosen wie Perserklee oder Sommerwicken. Als zusätzlichen Dünger können Sie im Herbst etwas Horn-Knochenmehl und Gesteinsmehl unter die Mulchdecke streuen. Sehr gut ist auch verrotteter Schweinemist, denn Himbeeren lieben Kali! Die Vermehrung der Kulturen geschieht ganz einfach: Graben Sie Wurzelausläufer aus und pflanzen Sie diese wieder ein.
Schnitt: Junge Himbeerruten treiben im Sommer aus, tragen im folgenden Jahr Früchte und sterben dann ab. Die alten Zweige müssen deshalb jedes Jahr nach der Ernte dicht über dem Boden abgeschnitten werden. Auch alle schwachen Jungtriebe entfernen Sie. Der gesamte Himbeerschnitt wird verbrannt.

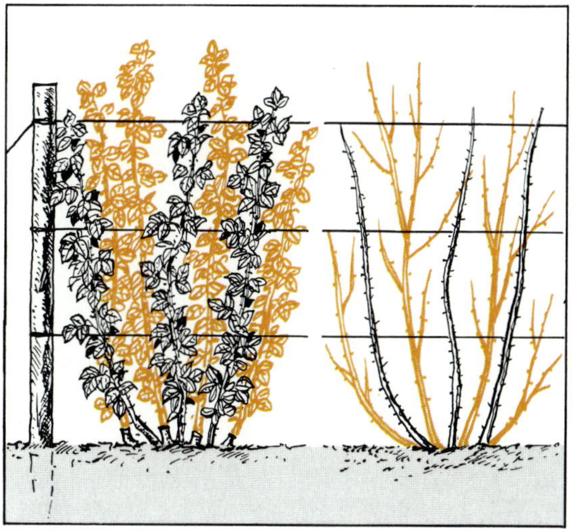

Himbeeren werden an ein einfaches Drahtgerüst gebunden, abgetragene Triebe tief am Boden weggeschnitten.

Jede erwachsene Pflanze behält 5–7 starke Neutriebe, junge Stöcke nur 2–3. Bei den zweimal tragenden Himbeersorten schneiden Sie dagegen erst im Frühling alle Ruten zurück. Bei einem Nachschnitt Mitte Juni werden dann noch einmal die schwachen Neutriebe entfernt.

Sorten: 'Preußen' und 'Deutschland' (zwei alte Sorten, gutes Aroma, aber anfällig für die Himbeerrutenkrankheit), 'Malling Promise' (reichtragend, wenig anfällig für die Rutenkrankheit), 'Nordmark', 'Korbfüller' und 'Herbsternte' (zweimal tragende Sorten, von denen man noch im Oktober ernten kann).

Biologische Tips und Mischkultur: Zur Misch- und Unterkultur eignen sich vor allem Buschbohnen und niedrige Erbsen, die Stickstoff sammeln. Ihr Laub bleibt als wertvolle Bodendecke liegen. Die Himbeerrutenkrankheit zeigt sich durch anfangs graue, später violett-braune Flekken, die Rinde platzt und die Triebe sterben plötzlich ab. Kranke Pflanzenteile müssen sofort herausgeschnitten und verbrannt werden. Vorbeugend wirken: ständige Bodenbedeckung, Leguminosen-Gründüngung und Spritzungen mit Schachtelhalmtee. Beachten Sie auch die speziellen Tips in der großen Schädlingstabelle auf Seite 135–147. Himbeerpflanzungen dürfen nie gehackt oder gegraben werden, um die Wurzeln nicht zu schädigen. Als gesunde Unterpflanzung bewähren sich auch Ringelblumen.

Noch ein besonderer Tip: Ernten Sie außer den Beeren auch eine kleine Portion Himbeerblätter. Getrocknet ergeben sie zusammen mit Brombeerblättern und Erdbeerblättern einen aromatischen Tee. Das abgefallene Herbstlaub bleibt als Mulch liegen.

Brombeeren

Anbau: Die schwarzen Beeren haben einen besonders hohen Vitamin-A-Gehalt. Hinzu kommen wertvolle Mineralstoffe und Fruchtsäuren. Brombeersaft wirkt günstig auf Magen, Darm und Blase. Die Kultur dieser gesunden vitalen Waldbeeren ähnelt derjenigen der Himbeeren. Brombeeren brauchen aber etwas mehr Sonne. Sie sind im ganzen anspruchsloser und robuster. Sorgen Sie für waldähnliche Bodenbeschaffenheit und für eine ständige Mulchdecke.

Pflanzen Sie die Wurzelballen etwas tiefer als Himbeeren. Die beste Pflanzzeit liegt in den Frühlingsmonaten März bis April. Die jungen Ruten schneiden Sie nach der Pflanzung auf etwa 20–30 cm zurück. Brombeeren brauchen ein stabiles Rankgerüst, das von zwei Seiten zugänglich sein muß. Der Abstand der Pflanzen beträgt bei den rankenden Sorten 3–4 m, bei aufrechtwachsenden Sorten 1,00–1,50 m.

Schnitt: Aus jedem Wurzelstock lassen Sie jährlich 6 Jungtriebe wachsen, die hochgebunden werden. Schwache Zweige entfernen Sie. Die Seitentriebe der Hauptäste schneiden Sie im Sommer auf 1–2 Knospen zurück. So bleibt die Übersicht über die langen dornigen Ranken gewahrt. Im Spätsommer – nach der Ernte – müssen schließlich noch alle abgetragenen Ruten dicht über dem

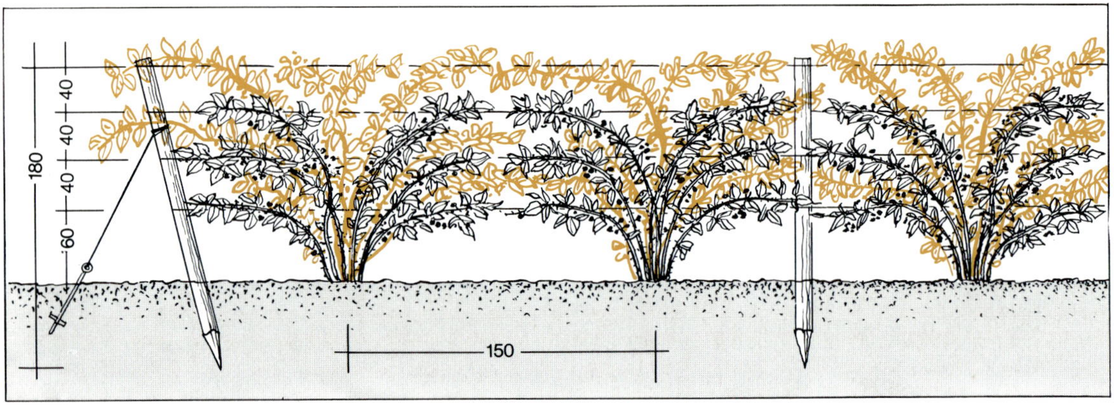

An einem Drahtspalier können ein- und zweijährige Brombeerranken übersichtlich festgebunden werden.

Boden abgetrennt werden. Dann beginnt der Wachstumszyklus der Jungtriebe von neuem. Vernachlässigen Sie den regelmäßigen Schnitt der Brombeeren nie, sonst entsteht sehr schnell ein undurchdringliches Dornengestrüpp!

An einem Doppeldrahtspalier können Trag- und Jungranken getrennt werden. Seitentriebe werden im Sommer zurückgeschnitten. Brombeer-Vermehrung durch Absenker.

Sorten: 'Theodor Reimers' (alte rankende Sorte, auch für sandige Böden geeignet, etwas frostempfindlich, aromatische Beeren, reiche Ernte), 'Thornless Evergreen' (Neuzüchtung ohne Dornen, besonders schönes, geschlitztes Laub).

Biologische Tips und Mischkultur: Brombeeren sind weniger krankheitsanfällig als Himbeeren. Im Frühling sind vorbeugende Spritzungen mit Schachtelhalm- und Brennesselbrühe empfehlenswert. Der beste Tip für gesunde Kultur: stets mulchen!

Weinreben

Anbau: Diese edlen Beeren gedeihen wahrscheinlich schon seit 5000 Jahren in der Obhut der Menschen. Sie enthalten Traubenzucker, Fruchtsäuren, Vitamine und Mineralsalze. Aus eigener Ernte sollten Sie am besten frisch als Delikatesse gegessen werden. Aber auch Traubensaft ist natürlich sehr gesund. Im Hausgarten wachsen die Reben am besten an einer Südwand oder als Laubengang an sonniger Stelle. Ganz besonders günstig ist ein Atriumhof. Weinstöcke brauchen warmen, durchlässigen Boden mit etwas Kalkgehalt. Sie wurzeln 6–8 m in die Tiefe und überstehen deshalb gut sommerliche Trockenheit. Gründüngung bereitet den Boden gut vor.

Weinreben verbreiten die heitere Stimmung des Südens.

An einem Spalier benötigen die Pflanzen 3–5 m Abstand. Heben Sie die Pflanzgrube 1 m im Quadrat und 70–80 cm tief aus. Die Rebe wird schräg zur Wand hineingelegt, so tief, daß 2 Triebaugen mit Erde bedeckt werden. Mischen Sie den Aushub mit reifem Kompost, Gesteinsmehl und Knochenmehl und füllen Sie die Grube damit wieder auf. Dann müssen Sie kräftig angießen.
Im Winter braucht ein Weinstock reichlich Feuchtigkeit, im Sommer verträgt er Trockenheit. Wichtig sind Licht und Wärme. Gedüngt wird im Herbst mit Kompost und Steinmehl. Kompostierter Geflügeldung, Guano oder Horn-Knochenmehl können unter den Kompost gemischt werden. Sehr gut ist Holzasche. Im Frühling können Sie noch einmal Kompost geben.
Schnitt: Der Aufbau eines Gerüstes und der laufende Pflegeschnitt gehören zu den wichtigsten Arbeiten am Weinstock. Im ersten Jahr entsteht aus dem Mitteltrieb der Stamm, alle Nebentriebe werden auf zwei Augen zurückgeschnitten. Im zweiten Jahr braucht die Rebe ein Spalier, an dem sie festgebunden wird. Der junge Haupttrieb wird auf 5–7 Augen eingekürzt. Er wird senkrecht hochgebunden. Die Seitentriebe werden schräg-waagerecht befestigt. Die Nebentriebe aus den Seitentrieben, die man auch »Geize« nennt, müssen auf 6–8 Blätter eingekürzt werden.
Im Spätwinter, etwa im Februar, wird der Winterschnitt durchgeführt. Er darf nie zu spät erfolgen,

Traubenernte ist auch im eigenen Garten möglich.

sonst »bluten« die Reben und verlieren viel Kraft. Weinstöcke tragen am einjährigen Holz, deshalb werden bei diesem Schnitt die zweijährigen Ruten zurückgeschnitten auf 2 Augen. Darüber müssen 1–2 cm Holz stehenbleiben, die sogenannten Zapfen, damit die Knospen nicht austrocknen. Die beiden Ruten, die aus diesen Augen treiben, werden sorgfältig waagerecht angebunden. Sie tragen in diesem Jahr Trauben.

Im Sommer müssen Sie noch den »Grünschnitt« ausführen. Alle tragenden Ruten werden über dem obersten Fruchtansatz auf 3–4 Blätter eingekürzt. Die Triebe, die keine Trauben tragen, schneiden Sie ab Juli heraus. Haupttriebe werden im August/September an der Spitze eingekürzt. Am besten wäre es, wenn Sie die ersten Formschnitte von einem Fachmann ausführen lassen und dabei zuschauen und lernen. Der Pflegeschnitt fällt Ihnen dann später leichter. Wenn Sie bedenken, daß ein Weinstock 50 Jahre alt werden kann, dann lohnt sich eine »gute Erziehung« in der Kindheit bestimmt!

Sorten: Kaufen Sie Topfreben in einer guten Baumschule. 'Früher Malinger' (alte Sorte, auch für rauhe Lagen, zuckersüße Trauben), 'Weißer Gutedel' und 'Roter Gutedel' (reichtragend, auch im Norden, verlangen aber gute Böden), 'Früher blauer Burgunder' (nicht empfindlich, auch für Sandböden).

Biologische Tips: Keine Mischkultur, Reben müssen frei und sonnig stehen. Eine Bodenabdeckung mit Steinen oder Kieseln wirkt günstig, weil Sonnenwärme gespeichert und wieder abgestrahlt wird. Ein Lehmanstrich (siehe Obstbäume) schützt das Holz. Abgeschnittenes Rebholz sollten Sie verbrennen und als Dünger benutzen, es ist reich an Kali und Phosphorsäure. Weinstöcke sind anfällig für Pilzerkrankungen. Spritzen Sie vorbeugend mit Schachtelhalmbrühe und beachten Sie die speziellen Tips gegen Mehltau und Grauschimmel in der großen Schädlingstabelle auf Seite 135–147.

Obstbäume – Paradiesfreuden

In einem naturgemäßen Garten dürfen Obstbäume nicht fehlen – und wäre es nur ein einziges Apfelbäumchen als symbolischer Abglanz aller vergangenen und zukünftigen Paradiesfreuden. Natürlich ist die Ernte vom eigenen Obstbaum nur möglich, wenn auch genügend Platz für die Pflanzung vorhanden ist. Aber durch die Zucht kleiner, schmal-wachsender Baumformen bietet sich auch für kleine Gärten die Möglichkeit, Äpfel oder Birnen mit einzuplanen.

Alle Obstarten sind gesund und ein wichtiger Bestandteil naturgemäßer Ernährung. Vor allem wenn die Früchte frisch vom Baum gepflückt und gegessen werden, bieten sie ihren ganzen gespeicherten Vorrat an Vitaminen, Mineralstoffen, Zucker und Fruchtsäuren an. Obst aus biologischem Anbau wächst unter ausgewogenen Nahrungs- und Lebensbedingungen auf. Entsprechend fällt auch die Qualität seiner Inhaltsstoffe und des Aromas aus. Wenn Sie nicht mit Gift spritzen,

können Sie Kirschen, Äpfel oder Pflaumen ohne Hemmungen jederzeit pflücken und genußvoll hineinbeißen. Hinzu kommt ein weiterer wichtiger Pluspunkt: Sie brauchen Ihr Obst nicht zu schälen. Die festen Bestandteile der Schale und des Kerngehäuses bedeuten wichtige Ballaststoffe für Ihre Verdauungsorgane, die den Darm zu normaler Tätigkeit anregen.
Obstbäume sind aber nicht nur nützlich. Sie gehören zu den uralten Symbolen der Fruchtbarkeit und des Lebens auf unserer Erde. Wir sollten im Umgang mit diesen Bäumen, die uns Nahrung schenken, wieder etwas von der Ehrfurcht lernen, mit der man sie früher betrachtete und behandelte. Welchen tiefen Sinn hatte zum Beispiel die Sitte, bei der Geburt jedes Kindes einen Baum zu pflanzen. Beide wuchsen dann jahre- und jahrzehntelang miteinander auf. Mensch und Baum entwickelten sich zu unverwechselbaren Persönlichkeiten – jeder auf seine Weise.
Obstbäume – Abbilder jedes geträumten Paradiesgartens – schmücken den grünen Lebensraum aber auch durch ihre Schönheit im Wechsel der Jahreszeiten. Ein blühender Apfel- oder Kirschbaum ist »ein Gedicht«. Auch im üppigen Fruchtbehang bildet er einen wunderbaren Anblick. Selbst im Winter, wenn das Gerüst der kahlen Zweige sich gegen den Himmel abzeichnet, enthüllt ein Obstbaum neue reizvolle Seiten seines Wesens. Ein Gärtner, der die festen, braungepanzerten Knospen betrachtet, muß nachdenklich und ehrfürchtig werden: In diesen kleinen rundlichen Gebilden ist bereits die ganze Fülle des kommenden Gartenjahres eingeschlossen: Blüten, Blätter und Früchte – Farben, Formen und Düfte. Der Apfelbaum im eigenen Garten kann uns den Blick für die Wunder, an denen wir täglich vorübergehen, wieder öffnen.

Baumformen und Sortenwahl

Obstbäume gibt es in den verschiedensten Größen, Sie können deshalb eine Auswahl treffen, die genau auf Ihre Gartenverhältnisse abgestimmt ist.

Spindelbuschformen eignen sich hervorragend für die meist nur kleinen oder mittelgroßen Gärten unserer Zeit. Sie haben eine Stammhöhe von 40–60 cm, wachsen insgesamt nur 2–3 m hoch und brauchen in der Reihe einen Abstand von 2,50–3,00 m. Mit diesen Bäumchen, an denen alle Pflegearbeiten leicht durchzuführen sind, können Sie zum Beispiel eine hübsche Fruchthecke anpflanzen. Sie nehmen nicht viel Platz ein und lassen den anderen Früchten des Gartens noch genügend Luft und Sonne. In dieser Baumform werden vor allem Äpfel- und Birnensorten angeboten.
Spindelbüsche sind auf bestimmte Unterlagen veredelt; sie verhindern, daß der Baum zu stark oder zu schwach wächst. Sie sind durch Buchstaben und Zahlenkombinationen (zum Beispiel Typ M 9) gekennzeichnet. Unterlage und Obstsorte müssen sehr überlegt und fachgerecht zusammengestellt sein. Anderenfalls kann es passieren, daß Ihr zierlicher Spindelbusch unvorhergesehen in die Höhe schießt. Kaufen Sie deshalb Obstbäume nur in einer anerkannten, guten Baumschule.
Der Buschbaum hat eine Stammhöhe von 60–80 cm. Diese Form eignet sich nur für kleinkronige Obstbäume wie Sauerkirschen und Pfirsiche. In

Baumformen: Spindelbusch, Buschbaum, Mittelstamm.

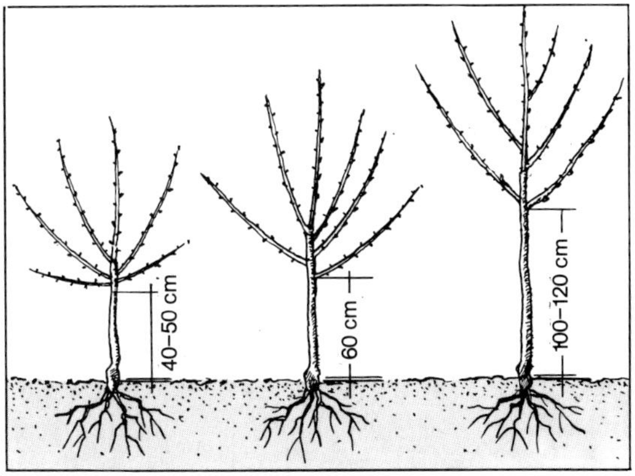

mittleren Gärten haben diese Bäume noch genügend Platz. Sie benötigen 4–5 m Abstand.
Halb- und Hochstämme erreichen Stammhöhen von 80–150, bzw. von 150–180 cm. Sie müssen frei stehen, brauchen viel Platz und werfen große Schatten. Sie können sie als einzelnes »Schmuckstück« in Ihren Garten pflanzen. Für mehrere große Bäume brauchen Sie aber ein Stück Land, das nur als Obstgarten dient. Bedenken Sie auch, daß die Ernte bei den Hochstämmen sehr reichlich ausfällt – oft gibt es zentnerweise Obst von der gleichen Sorte. Diese Fülle muß auch verwertet werden! Von kleinen Bäumen können Sie dagegen abwechslungsreiche Sorten anpflanzen, die verschiedene Genüsse zu unterschiedlichen Zeiten bieten.
Sehr wichtig für einen gesunden, ertragreichen Obstanbau ist die richtige Sortenwahl. Pflanzen Sie immer solche Bäume, die dem Klima Ihres Heimatortes und der besonderen Situation Ihres Gartens angepaßt sind. Empfindliche Obstsorten sind zum Beispiel in rauhen Lagen besonders anfällig für Krankheiten. Sie bringen mehr Enttäuschungen als Früchte. Genieren Sie sich nicht, einen erfahrenen Fachmann in der Nähe zu fragen. Ein privater Obstgärtner, ein Kleingärtnerverein oder eine gute Baumschule können Ihnen aus ihren reichen Erfahrungen Rat geben. An einer guten, widerstandsfähigen Lokalsorte haben Sie manchmal mehr Freude als an einer hochgepriesenen Züchtung.

Die Pflanzung

Obstbäume stehen viele Jahre lang, große Bäume sogar Generationen lang, am gleichen Ort. Überstürzen Sie deshalb nichts bei den Vorbereitungen, Sie leiten damit ja Entwicklungen ein, die noch lange nachwirken. Säen Sie als erstes im Frühling eine Gründüngungsmischung, die den Boden tief durchwurzelt, lockert und mit Nährstoffen anreichert. (Die Sperling-Mischungen eignen sich sehr gut für kleine Hausgärten; siehe Kapitel »Gründüngung«, Seite 80–82.)

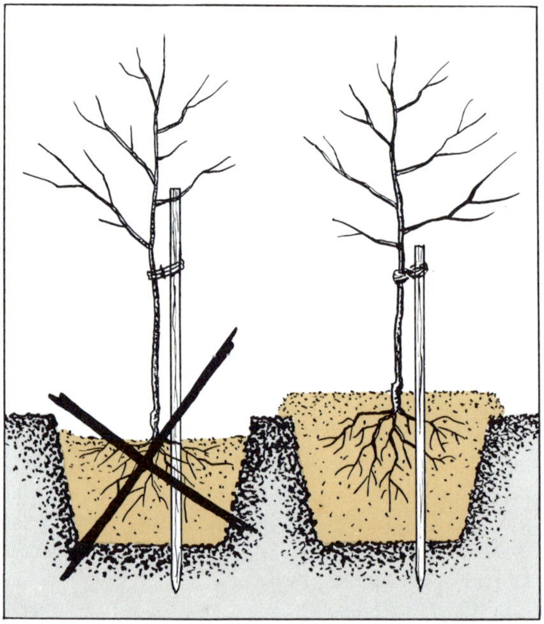

So wird ein junger Obstbaum richtig gepflanzt. Die Veredelungsstelle muß über der Erdoberfläche liegen.

Bereits im frühen Herbst können Sie die Pflanzgruben ausheben. Sie müssen 40–60 cm tief sein und so breit, daß die Wurzeln bequem darin ausgebreitet werden können. Schaufeln Sie 2–3 Spaten voll reife Komposterde in das Loch und vermengen Sie auch die ausgehobene Erde mit solchem Kompost und etwas Holzasche. Sie können noch Steinmehl oder Algenkalk dazu geben. Die lockere Mischung füllen Sie vorläufig wieder ein und decken alles mit Mulchmaterial zu.
Die beste Pflanzzeit für Obstbäume liegt im Spätherbst. In Landschaften, in denen man mit frühem Frost rechnen muß, ist der Oktober der geeignetere Monat. In milderen Gegenden pflanzen Sie am besten im November. Aber auch im März kann eine Neupflanzung geplant werden. Zuerst heben Sie die Erdmischung wieder aus dem Pflanzloch. Dann wird ein Pfahl in den Boden geschlagen, der dem noch dünnen Stämmchen Halt geben soll.

Er darf nur bis zum untersten Ast reichen, soll also nicht in die Krone ragen. Dieser Stützpfahl muß etwa eine Handbreit vom Stamm entfernt sein und an der Südseite vor dem Baum stehen, damit er ihn vor starken Sonnenstrahlen schützt.
Der junge Baum wird, wenn er aus der Baumschule eintrifft, gründlich in einem Eimer gewässert. Schneiden Sie die Wurzeln etwas kürzer; vor allem gequetschte oder trockene Stellen müssen entfernt werden. Die feinen Faserwurzeln bleiben unberührt. Kurz vor der Pflanzung tauchen Sie die Wurzeln in einen Lehmbrei, wie er im Abschnitt »Düngung und Pflege«, Seite 265, beschrieben ist. Am besten pflanzen Sie zu zweit. Ein Helfer stellt den Baum in die Grube, breitet sorgfältig die Wurzeln aus und hält den Stamm fest. Der andere schaufelt die Erdmischung in das Loch. Der Stamm muß öfter ein wenig gerüttelt werden, damit die Erde sich setzt und alle Hohlräume füllt. Drücken Sie die Humusmischung mit den Stiefeln zum Schluß etwas fest. Aber bitte nicht einstampfen! Dann wird gründlich in eine Rinne rund um den Baum gewässert.
Die Veredelungsstelle, die als Wulst am Stammende deutlich erkennbar ist, muß unbedingt über der Erdoberfläche liegen. Wird sie »vergraben«, so bildet der Baum an dieser Stelle Wurzeln und überwächst die Unterlage. Deshalb muß ein Obstbaum immer etwas höher gepflanzt werden als er ursprünglich in der Baumschule stand. – Schließlich wird der Stamm noch mit einer Schlaufe in Form einer Acht locker am Pfahl festgebunden. Dafür gibt es im Fachhandel Kokosstricke oder Spezialbinder aus Kunststoff. Decken Sie nun noch die Baumscheibe mit Laub, Stroh, Gras oder abgemähter Gründüngung zu. Dann ist Ihr Obstbäumchen über Winter gut versorgt.

Allgemeine Schnittregeln

Der Obstbaumschnitt ist eine Kunst, die Fachwissen und Einfühlungsvermögen voraussetzt. Deshalb kann man allen angehenden Obstgärtnern nur raten, zunächst einmal bei einem Fachmann in die praktische Lehre zu gehen. Sehen Sie einmal eine zeitlang einem geübten Gärtner beim Schneiden zu. Oder besuchen Sie einen Fachkursus, der von einem Kleingärtnerverein oder einem Gartenbauverein veranstaltet wird. Auch bei den Fachberatern der regionalen Gartenämter können Sie Auskünfte bekommen. Ideal wäre es natürlich, wenn Sie einen Lehrmeister fänden, der den Baumschnitt nach naturgemäßen Gesichtspunkten ausführt. Auch mit Hilfe von Spezialliteratur (siehe Anhang) können Sie sich in den ruhigen Winterwochen ein Grundwissen aneignen.
An dieser Stelle geht es nur darum, Ihnen die wichtigsten Zusammenhänge und Handgriffe klarzumachen. Deshalb ist der Text auch durch viele Zeichnungen ergänzt, die anschaulich zeigen, wie sich eine Baumkrone aufbaut und wo Sie mit Schere und Säge eingreifen müssen. Trotzdem: das schönste Schnitt-Bild stimmt niemals mit der Wirklichkeit überein, die Sie selbst eines Tages in Ihrem Garten vorfinden. Denn jeder Baum wächst anders – jeder Baum ist eine ausgeprägte Persönlichkeit. Lernen Sie deshalb aus dem Erfahrungsschatz anderer Gärtner, und üben Sie sich im Beobachten.
Wenn Sie das Grundwissen beherrschen und sich in die Wuchsform eines Baumes einfühlen können, dann wird Ihnen der Schnitt leichter und selbstverständlicher von der Hand gehen.
Merken Sie sich als allgemeine Regel: Eine Baumkrone braucht Luft und Licht. Deshalb werden grundsätzlich alle nach innen wachsenden Äste entfernt. Von Zweigen, die sich kreuzen oder reiben, schneiden Sie einen weg. Achten Sie darauf, daß Sie immer dicht oberhalb eines nach außen weisenden Auges die Schere ansetzen. Stellen Sie sich vor, wie der Zweig an dieser Stelle aus der Knospe weiterwachsen wird. Auch alle senkrecht hochwachsenden Triebe, sogenannte Wasserschosse oder Geiltriebe, müssen entfernt werden. Nur manchmal wird einer dieser Äste erhalten und für die Gestaltung der Krone mitbenutzt.

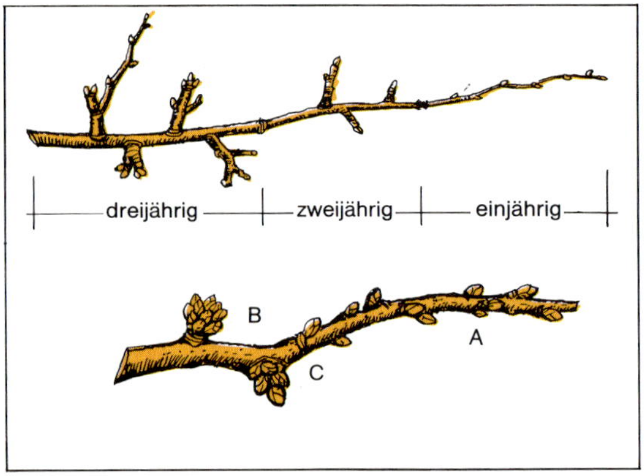

Aufbau eines Obstbaumzweiges. Unten: Knospenformen beim Steinobst.

Wo ein Ast abgesägt wurde, muß der Wundrand nachgeschnitten und mit Baumwachs bestrichen werden.

Um nicht die falschen Äste herauszuschneiden, müssen Sie die verschiedenen Knospenformen der Obstbäume unterscheiden können. Die spitzen Formen enthalten Laubaugen, die rundlichen Knospen umhüllen dagegen die Blüten- und Fruchtaugen. Als allgemeine Richtlinien können Sie sich noch merken: Ein starker Rückschnitt fördert vor allem das Holzwachstum. Ein behutsamer Schnitt, verbunden mit dem Herunterbinden bestimmter Zweige, fördert die Fruchtansätze. In naturgemäßen Gärten werden diejenigen Methoden bevorzugt, die keinen radikalen Eingriff in das Wachstum bedeuten, sondern die guten Eigenschaften des Baumes lenken und unterstützen.

Die beste Zeit für den ersten Schnitt der jungen Bäume und für den Hauptschnitt der älteren Bäume ist das zeitige Frühjahr (Februar bis März). Ein Auslichtungsschnitt kann nach der Ernte im Sommer durchgeführt werden. Wo die Säge größere Wunden hinterläßt, da müssen die Schnittflächen geglättet und mit Baumwachs oder Lehmbrühe bestrichen und verschlossen werden. Ein solches »Pflaster« schützt den Baum vor Parasiten, die durch die offene Wunde eindringen könnten. Grobes Schnittholz sollten Sie anschließend verbrennen, weil sich Schädlinge in der Rinde verstecken und dann wieder ausbreiten könnten. Nur dünne Zweige mit glatter Haut können für den Kompost verwendet werden.

Schnitt der Spindelbüsche

Diese kleine Baumform trägt schon sehr früh, im zweiten oder dritten Jahr. Im ersten Frühling wird nur der senkrecht hochwachsende Mitteltrieb auf 30–40 cm eingekürzt. Ganz weggeschnitten wird der sogenannte »Konkurrenztrieb«, der ungefähr parallel zum Haupttrieb steil nach oben wächst. Seitentriebe, die in spitzem Winkel aus dem Hauptstamm treiben, werden ebenfalls weggenommen. Im ersten Jahr bleiben dem Bäumchen 3–5 Seitenzweige, die locker verteilt in möglichst flachem Winkel aus dem Stamm wachsen. Sie werden nicht beschnitten, sondern waagerecht gebunden. So tragen sie früher Früchte.

In den folgenden Jahren schneiden Sie immer regelmäßig den Haupttrieb zurück und entfernen Zweige, die nach innen wachsen. Nur wenn die Fruchtzweige Alterserscheinungen zeigen, werden sie auf ein nach außen weisendes Auge zurückgeschnitten. Dann bilden sich wieder Jungtriebe, die erneut waagerecht gebunden werden.

Schnitt der Halb- und Hochstämme

Bei diesen großen Baumformen ist der Aufbau einer Krone wichtig. Auch hier wird in jedem Fall der Konkurrenztrieb entfernt. Neben dem Haupttrieb sollen 3 Leittriebe erhalten bleiben, die das Grundgerüst der Krone bilden. Diese Äste müssen möglichst locker und ausgeglichen am Stamm verteilt sein. Sie sollten Etagen bilden, die 50–60 cm voneinander entfernt sind und möglichst flach aus dem Hauptstamm herauswachsen. An diesen Hauptästen entwickeln sich später die Seitenzweige, die die Früchte tragen.
Beim ersten Schnitt werden alle Triebe des Kronengerüstes kräftig zurückgeschnitten. Die schwächsten Zweige müssen dabei am stärksten eingekürzt werden. In den folgenden Jahren muß so geschnitten werden, daß eine gut aufgebaute Krone entsteht, die trotz reichen Fruchtholzes luftig und sonnendurchströmt bleibt.

Schnitt der Buschbäume

Apfel- und Birnbuschbäume werden genau wie Halb- und Hochstämme geschnitten. Eine Ausnahme machen die Sauerkirschen- und Pfirsichbuschbäume. Bei der Pflanzung müssen Sie am unteren Teil des Stammes einige sogenannte vorzeitige Triebe wegnehmen, so daß eine Stammhöhe von 60 cm entsteht. Darüber bleiben 3–4 Zweige erhalten, die aber scharf zurückgeschnitten werden auf nur 2–4 Augen. Der Mitteltrieb wird eine Handbreit über diesen Seitentrieben auf eine starke Knospe zurückgeschnitten. Der kleine Buschbaum wird nach einem solchen kräftigen

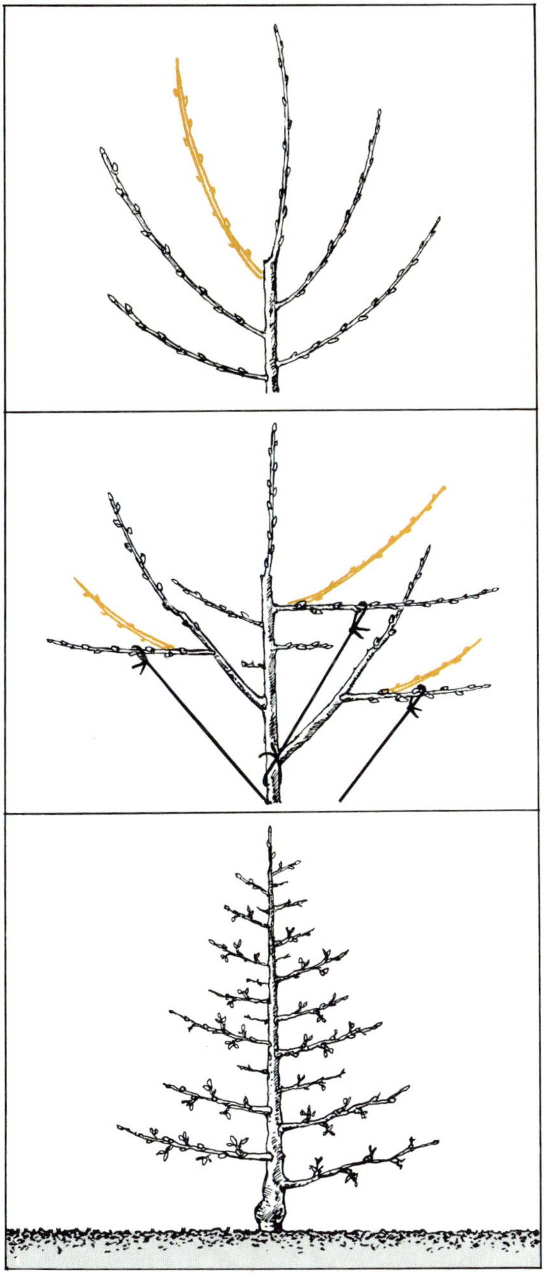

Schnitt eines jungen Spindelbusches: zuerst wird der Konkurrenztrieb entfernt. Um eine frühe Fruchtbarkeit zu erreichen, werden einige Äste waagerecht gebogen. Ein gepflegter, älterer Spindelbusch besitzt übersichtlich in Etagen angeordnete Zweige und reichlich kurzes Fruchtholz.

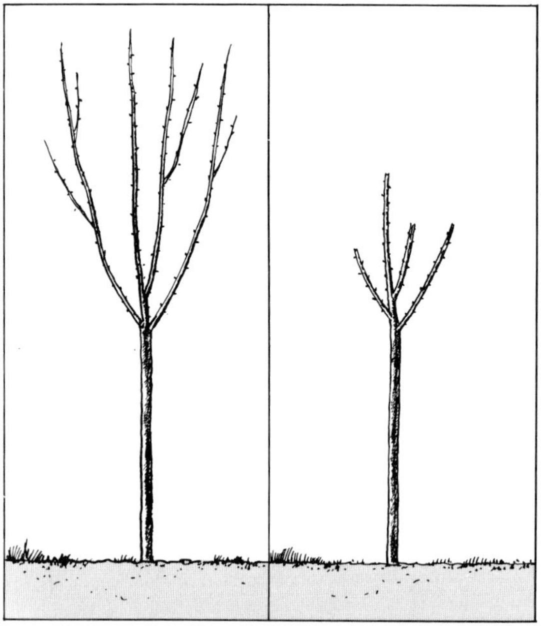

Pflanzschnitt einer Süßkirsche. Im ersten Jahr werden alle Triebe kräftig zurückgenommen.

Rückschnitt besonders stark durchtreiben. Im nächsten Jahr wird er dann weiter behandelt wie die Hochstämme, damit er eine gut aufgebaute Krone erhält. Besonderheiten beim Schnitt der Pfirsiche und Schattenmorellen sind im Kapitel »Steinobst« erwähnt.

Düngung und Pflege

Frisch gepflanzte kleine Bäume sollten nicht zu stark angetrieben werden. Sie sind mit Kompost, Steinmehl und Mulchdecke im ersten Jahr gut versorgt. Eingewachsene Obstbäume werden alle 2 Jahre gedüngt, damit ihre Fruchtbarkeit erhalten bleibt. Am besten bekommt ihnen gutverrotteter, kompostierter Mist. Niemals dürfen Sie frischen Dünger oder unvergorene Jauche geben. Sie fördern dadurch nur die Anfälligkeit für Krankheiten und Geilwuchs. Wer keinen Stalldung bekommen kann, der vermische seinen Kompost mit einwandfreiem Geflügeldünger (Guano), getrocknetem Rindermist (»California«) oder einer Mischung aus Horn-Blut-Knochenmehl (»Oscorna«). Steinmehl und Algenkalk sorgen für die nötigen Spurenelemente. Holzasche bringt vor allem Kali als wichtigen Hauptnährstoff mit in die Mischung. Streuen Sie den mit Dünger vermischten Kompost auf die Baumscheiben und decken Sie diese offene Fläche, die dem Umfang der Krone in etwa entsprechen soll, das ganze Jahr mit einer Mulchdecke zu.

Im biologischen Garten spielt sich der wichtigste Teil der Baumpflege auf dieser Baumscheibe ab. Da alle Obstarten sich mit mehr oder weniger dicht unter der Oberfläche wachsenden flachen Wurzeln ausbreiten, darf unter den Bäumen nicht gegraben oder grob gehackt werden. Denn dieses feine Wurzelgeflecht ernährt den Baum, während tieferreichende starke Wurzeln ihn im Erdreich verankern. Die gemulchte Baumscheibe schützt also das flachausgebreitete Wurzelnetz. Sie sorgt für Nahrungs- und Humusnachschub, und sie hält die Erde feucht und locker.

Halten Sie die Baumscheibe deshalb möglichst groß. Gedüngt und gewässert werden muß ein Obstbaum noch ein wenig über den Rand der Kronentraufe hinaus. In diesem Umkreis breiten sich noch die feinsten Saugwurzeln aus. In sehr heißen Sommern stechen Sie mit der Grabgabel oder mit einem spitzen Pfahl Löcher in den Boden und leiten die lebensspendende Flüssigkeit so direkt zu den Wurzeln. Auch flüssige Düngerlösungen können auf diese Weise verteilt werden. Sie wirken dann besonders schnell. Im Normalfall wird Jauche aber vor allem auf die großen Baumscheiben gegossen, die auch die Feuchtigkeit gleichmäßig regulieren. Im naturgemäßen Garten sind es vor allem die Pflanzenbrühen aus Brennesseln und Comfrey, die die Bäume düngen und gleichzeitig gesunderhalten. Im Obstgarten sollten Sie auch noch Holunderblätter hinzufügen. Diese gemischte Jauche können Sie zweimal im Jahr verteilen: im Frühling und nach der Ernte.

Das Wurzelsystem eines Obstbaums reicht über die Kronentraufe hinaus. Düngen und wässern Sie bis zum Rand!

Anstelle der Mulchdecke kann die Baumscheibe auch mit einer Gründüngung eingesät werden. Dazu eignen sich die käuflichen Mischungen, aber auch Spinat, Senfsaat oder ein Wildkraut wie die Gundelrebe. Die abgefrorenen Blätter bleiben über Winter als Mulch liegen.
Eine wichtige Pflegemaßnahme ist der Stammanstrich im Februar. Bürsten Sie die Rinde zuerst mit einer Wurzelbürste kräftig ab. Dann streichen Sie mit einer selbsthergestellten Lehmbrühe oder mit dem käuflichen Präparat Preicobakt die Stämme der Obstbäume an. Mit einer Spritze kann die Brühe auch über die Äste der Krone verteilt werden. Beide Mittel schützen den Stamm vor Frostrissen, sie heilen Wunden, fördern das Wachstum des Cambiums und glätten die Rinde. Sie beugen Schädlingen und Pilzkrankheiten vor, weil sie Unterschlupfmöglichkeiten verschließen. »Preicobakt« hält durch eine Beimischung von Tiergalle Hasen, Kaninchen und Vögel vom Knabbern und vom Knospenfraß ab. Aus den folgenden Bestandteilen können Sie eine gesunde Lehmbrühe selbst mischen:
Lehm oder Tonmehl werden mit Schachtelhalmtee zu einer dicken Brühe verrührt. Dies ist die Grundlage. Nach eigener Wahl können Sie dann noch frischen Kuhdung, eine Handvoll Algomin oder Rainfarntee daruntermischen. Zum Spritzen müssen Sie die Flüssigkeit soweit verdünnen, daß sie eine Kalkdüse passieren kann. Zum Stammanstrich benutzen Sie einen dicken Malerquast oder einen Handfeger.

Schutz vor Krankheiten und Schädlingen

Viele der beschriebenen naturgemäßen Pflegemittel wirken bereits vorbeugend gegen Krankheiten und Schädlinge. Die humusreiche, stets abgedeckte Scheibe trägt zu gesundem Wuchs bei. Ausgeglichene Ernährung und richtiger Schnitt stärken die Gesundheit und Widerstandskraft der Bäume. Auch der Rindenanstrich hält Schäden fern. Selbst mit der Auswahl der Pflanzen auf der Baumscheibe können Sie schon Schädlingsabwehr betreiben. So bewirkt zum Beispiel die Kapuzinerkresse unter Obstbäumen, vor allem unter Apfelbäumen, eine Abwehr der Blut- und Blattläuse.
Selbsthergestellte Spritzbrühen und Jauche beugen rechtzeitig Krankheiten vor oder können im Notfall eingesetzt werden: Holunderblätterjauche wehrt Mäuse ab, beißende Brennesselbrühe wirkt gegen Blattläuse, Wermutbrühe hilft gegen Obstmaden und Läuse, Farnkrautbrühe gegen Schild- und Blutläuse, Rainfarntee gegen Milben und Mehltau. Es hilft auch, wenn Sie bei frühauftretendem Mehltau die Triebspitzen abschneiden und verbrennen. Schachtelhalmtee können Sie vorbeugend gegen alle Pilzkrankheiten einsetzen. Alle praktischen Anleitungen zur Herstellung und zum Einsatz dieser natürlichen Mittel finden Sie im Kapitel »Biologische Schädlingsabwehr« und in der Schädlingstabelle auf Seite 135–147.

Die Apfelernte ist ein Familienerlebnis, symbolisch für den Reichtum eines Gartenjahres.

Gesunde, einwandfreie Früchte werden für die Wintervorräte aussortiert. Wichtig für die Obsternte ist auch der richtige Zeitpunkt. Äpfel und Birnen müssen ausgereift sein, um ihr volles Aroma zu entwickeln.

Ernte und Konservierung

Ernten Sie alle Obstsorten sorgfältig und behutsam. Das saftige Fruchtfleisch wird sonst schnell durch Druckstellen beschädigt. Verwenden Sie luftige Erntekörbe und legen Sie nicht zu viele Früchte übereinander. Der Zeitpunkt der Ernte und die Lagerfähigkeit sind von den Obstarten abhängig. Beachten Sie bitte die Hinweise dazu in den Sortentabellen auf den folgenden Seiten. Als Faustregel können Sie sich merken: Eine Frucht ist reif, wenn sie sich mühelos vom Stiel abdrehen läßt. »Frühreife« Äpfel und Birnen, die schon im Sommer geerntet werden können, halten sich im allgemeinen nicht lange. Sie müssen sie frisch essen oder einkochen. Späte Obstsorten sollten dagegen solange wie möglich am Baum bleiben. Sie entwickeln oft erst in den letzten Wochen ihr charakteristisches Aroma. Ein leichter Frost schadet solchen späten Äpfeln, Birnen oder Pflaumen nicht.

Zum Lagern eignet sich nur das Kernobst: Äpfel, Birnen und Quitten. Der Raum muß aber möglichst kühl und luftfeucht sein. In trockenen Kellern können Sie sich helfen, wenn Sie den Boden mit Wasser besprengen. Äpfel lassen sich auch in Plastikbeuteln aufheben, die Sie nach ein paar Tagen zubinden. Die Früchte werden darin von »ausgeatmeter« Kohlensäure eingehüllt und bleiben lange frisch. Weitere allgemeine Hinweise für die Lagerung finden Sie auf Seite 185–190.

Hier noch zwei Tips aus der biologischen Praxis. Übersprühen des gelagerten Obstes mit Schachtelhalmtee schützt vor Fäulnis und Schimmel (Pilze!). Ein Aufguß aus Zwiebelschalen, ebenfalls feinversprüht, erhöht die Haltbarkeit der Früchte. Sorgen Sie auch im Keller für gute Nachbarschaft. Obst nimmt schnell Gerüche an. Lagern Sie Äpfel und Birnen deshalb nicht zusammen mit Kartoffeln, Kohl oder Sauerkraut!

Steinobst können Sie nicht lagern. Nur Sauerkirschen lassen sich einfrieren. Alle anderen Obstsorten können durch Einkochen oder Einlegen konserviert werden. Sie können die Früchte auch als Kompott, Mus, Marmelade oder Saft haltbar machen. Schließlich ist auch der Rumtopf mit vielen Obstsorten der Saison eine besondere Form der Konservierung. Zum Trocknen eignen sich: Äpfel, Birnen, Aprikosen und Pflaumen.

Kernobst

Zum Kernobst zählt man diejenigen Früchte, deren Fleisch ein Gehäuse mit kleinen Samenkörnern umschließt.

Früchte und Blüten des Apfelbaums.

Äpfel

Baumformen und Sorten: Für kleine Gärten sind Spindelbüsche unbedingt empfehlenswert. Besonders unkompliziert in der Pflege sind Buschbäume für mittelgroße Gärten. Apfelbäume können Sie aber auch als Halb- und Hochstämme kaufen, falls Sie genügend Platz dafür haben. Die Tabelle zeigt Ihnen eine Auswahl bewährter Sorten und ihre wichtigsten Eigenschaften:

Sorte	Aroma und Fruchtfleisch	Vitamin-C-Gehalt in mg (auf 100 g Apfelfleisch ohne Gehäuse bezogen)	Erntezeit	Haltbarkeit
'Klarapfel'	frisch-säuerlich; mürbes Fruchtfleisch, wird mehlig	15,3	Juli	nicht lagerfähig, nur für Frischgenuß
'Gravensteiner'	würzig, süß-säuerlich; saftiges Fleisch	7,8	Mitte August bis Mitte September	bis Dezember
'James Grieve'	würzig, süß-sauer; saftiges Fleisch, später mürbe	6,8	Mitte September bis Mitte Oktober	bis Ende November
'Geheimrat Oldenburg'	mittelmäßiger Geschmack; saftiges Fleisch	0–5	September	bis Dezember
'Goldparmäne'	würzig-süß; festes, knackiges Fleisch, später mürbe	18,1	Mitte September bis Mitte Oktober	bis Februar, ab November genußreif
'Cox Orange'	feinwürzig, süß-säuerlich; saftiges Fleisch, später mürbe	10–20	Oktober	bis Februar
'Freiherr von Berlepsch'	sehr gutes Aroma, spritzig, säuerlich	23,4	Ende Oktober bis November	bis März
'Boskoop'	würzig, süß-säuerlich; festes, grobfaseriges Fleisch, später mürbe	16,3	Mitte Oktober bis November	bis April, ab Januar genußreif

Sorte	Aroma und Fruchtfleisch	Vitamin-C-Gehalt in mg (auf 100 g Apfelfleisch ohne Gehäuse bezogen)	Erntezeit	Haltbarkeit
'Golden Delicious'	süß-würzig, Weinaroma; festes saftiges Fleisch	8,0	Mitte Oktober bis Mitte November	bis April, genußreif ab Januar
'Ontario'	mild aromatisch	20,6	ab Ende Oktober	bis April, ab Januar genußreif
'Schöner aus Nordhausen'	würzig-spritziges Aroma	liegt nicht vor	ab Mitte Oktober	bis März, genußreif ab Dezember
'Winterglockenapfel'	frisch, säuerlich-würzig; knackiges, saftiges Fleisch	10–20	Oktober	bis April, ab Januar genußreif

Besondere Kulturtips: Apfelbäume gehören zu den Rosengewächsen. Sie sind als Wildformen seit Jahrtausenden bei uns heimisch. Die heutigen Gartensorten sind auf spezielle Unterlagen veredelt. Sie gedeihen am besten in humusreichen, etwas lehmigen Böden. Wichtig ist gleichmäßige Feuchtigkeit im Erdreich und möglichst auch in der Luft. Auf trockenen Südhängen sollten Sie keine Apfelbäume pflanzen. Diese weitverbreitete Obstart ist zwar nicht besonders empfindlich, aber es ist doch besser, wenn Sie diejenigen Sorten wählen, die Ihrem Klima am besten angepaßt sind. In milden Weinbaulandschaften gedeihen 'Golden Delicious' und 'Jonathan' besonders gut, während in rauhen Lagen 'Schöner von Nordhausen', 'Geheimrat Oldenburg' und 'James Grieve' noch gute Ernten bringen.

Vor allem aber müssen Sie wissen, daß ein Apfelbaum niemals allein stehen darf: Er braucht einen andersartigen Pollenspender, der seine Blüten befruchtet. Äpfel sind Fremdbestäuber. Deshalb müssen Sie immer zwei verschiedene Sorten nahe zusammen pflanzen. Es gibt unter den gängigen Zuchtformen auffallend gute Pollenspender und Sorten, die sich besonders harmonisch ergänzen. Fragen Sie danach beim Kauf in der Baumschule. In den Baumschulkatalogen sind solche Sorten meist entsprechend gekennzeichnet.

Apfelbäume gehören zu den ausgeprägten Flachwurzlern. Der größte Teil der Saugwurzeln befindet sich in der obersten Erdschicht. Eine gepflegte Baumscheibe, die niemals umgegraben wird, ist für diesen Obstbaum ganz besonders wichtig. Versorgen Sie sie regelmäßig mit Kompost und säen Sie im Frühling Kapuzinerkresse aus, die die Blutläuse abhält. Auch die Gundelrebe, ein Wildkraut, kann als gesunde, schützende Bodendecke dienen.

Birnen

Baumform und Sorten: Birnen sind meist auf Quittenunterlage veredelt. Die Spindelbuschform eignet sich für kleine Hausgärten besonders gut. Für größere Obstgärten gibt es auch Buschbäume oder Halb- und Hochstämme. Die wärmeliebenden Birnen können auch als Spalier an einer geschützten Hauswand gezogen werden. Die Tabelle zeigt eine Auswahl bewährter Sorten:

Sorte	Aroma und Fruchtfleisch	Erntezeit	Haltbarkeit	Besondere Eigenschaften
'Frühe von Trévoux'	frisch und würzig; saftiges Fleisch	August	bis Anfang Oktober	trägt reich und regelmäßig, auch für frostgefährdete Lagen geeignet
'Williams Christ'	süß-aromatisch; sehr saftiges, schmelzendes Fleisch	Mitte August	bis Ende Oktober	gute Sorte für kleine Baumformen und zum Konservieren
'Gute Luise'	süß-saftig, sehr gutes Aroma	September	bis Oktober	reichtragend, aber schorfanfällig
'Clapps Liebling'	fein säuerlich-würzig; saftiges Fleisch	Mitte August bis Mitte September	bis Mitte Oktober	stark wachsend, für kleine Baumformen nicht so gut geeignet
'Gellerts Butterbirne'	würzig-süß; sehr saftiges, schmelzend zartes Fleisch	Mitte September bis Anfang Oktober	bis Mitte November	vor allem für größere Baumformen geeignet schorfanfällig
'Conférence'	süß, feiner Geschmack; saftreiches, körniges Fleisch	Mitte September bis Mitte Oktober	bis Anfang Dezember	reichtragend, das Aroma ist abhängig von gutem Standort
'Alexander Lucas'	süß, würzig-frisch; saftiges Fleisch	Mitte September bis Mitte Oktober	bis Ende Dezember	fruchtbar, für klimatisch günstige Landschaften und warme Böden
'Köstliche von Charneu'	süß, leicht würzig; saftreiches Fleisch	Anfang bis Mitte Oktober	bis Mitte November	reichtragend, genügsam, auch für kleine Baumformen
'Madame Verté'	feines, zimtartiges Aroma	Ende Oktober	bis Januar/Februar (erst in diesen Monaten genußreif)	haltbare Wintersorte, auch für rauheres Klima geeignet

Früchte und Blüten des Birnbaums.

Besondere Kulturtips: Auch Birnen gehören zu den Rosengewächsen. Sie haben tief- und flachreichende Wurzeln. Deshalb brauchen sie tiefgründigeren Boden als Apfelbäume. Auf hohen Grundwasserstand reagieren sie empfindlich. Birnbäume lieben nährstoffreiche, warme, eher leichte Böden. In geschützter, sonniger Lage gedeihen sie am besten. An ungünstigen Standorten entwickeln die Früchte kein gutes Aroma. Birnen brauchen, genau wie Äpfel, stets einen Partner, der für die Bestäubung sorgt. Gute und schlechte Pollenspender sind in den Katalogen der Baumschulen meist bezeichnet.

Quitten

Baumformen und Sorten: Meist werden Quitten als Buschbäume gepflanzt. Es gibt aber auch Halbstämme. Unterscheiden müssen Sie zwischen Apfelquitten mit rundlichen Früchten und den Birnenquitten mit länglichen Früchten. Die folgenden Sorten sind empfehlenswert: 'Bereczki-Quitte' (birnenförmige, große Früchte, frostempfindlich), 'Champignon' (kleine birnenförmige Früchte, reichtragend, anspruchslos), 'Riesenquitte von Lescovac' (großfrüchtige Apfelquitte, nicht so frostempfindlich).

Besondere Kulturtips: Quitten zieren den Garten mit schönen Blüten und leuchtenden Früchten. Sie brauchen Sonne und nicht zu schweren Boden. Sonst sind sie sehr anspruchslos. Manche Sorten sind frostempfindlich. Da Quitten sich selbst befruchten, können Sie auch einen einzelnen Baum pflanzen. Diese Obstart wird in späteren Jahren beim Schnitt nur noch ausgelichtet.

Die pelzigen Früchte sind nur gekocht genießbar. Sie können ein köstliches Gelee daraus zubereiten. Quitten, die über Winter im Wohnraum liegen, verbreiten zauberhaft altmodischen Wohlgeruch.

Steinobst

Bei diesen Obstarten umschließt das Fruchtfleisch einen »steinharten« Kern, in dem der Same verborgen ist.

Süßkirschen

Baumformen und Sorten: Süßkirschen gibt es nur als Großbaumform. Sie brauchen 6–8 Jahre, bis sie tragen. Wegen des umfangreichen Kronendurchmessers sind sie für kleine Gärten nicht empfehlenswert. Unterscheiden müssen Sie zwischen Herzkirschen mit weichem Fruchtfleisch und Knorpelkirschen mit festem Fruchtfleisch. Hier eine Auswahl aus dem reichen Sortenangebot: 'Hendelfinger Riesenkirsche' (dunkelbraunrote Knorpelkirsche), 'Schneiders Späte Knorpelkirsche' (dunkelbraune Knorpelkirsche), 'Große Prinzessin' (Herz-Knorpelkirsche, gelb-rot).

Besondere Kulturtips: Süßkirschen brauchen tiefgründigen, lehmhaltigen aber lockeren Boden. Auf schwerem nassen Untergrund werden sie krank. Da sie selbstunfruchtbar sind, müssen Sie Platz für wenigstens zwei dieser großen Bäume haben. Erkundigen Sie sich in der Baumschule genau, welche Sorten zusammenpassen!

Früchte und Blüten der Süßkirsche.

Sauerkirschen

Baumformen und Sorten: Sauerkirschen haben kleinere Kronen und wachsen meist als Busch-

Kirschen bringen reiche Ernten, die Sie zum Teil einkochen müssen.

bäume. Sie sind leichter im Hausgarten einzuordnen. Die beste und unkomplizierteste Sorte ist die 'Schattenmorelle' (dunkelrote, säuerlich-herbe Früchte; gedeiht auf schweren und leichten Böden); eine gute neuere Sorte ist auch 'Morellenfeuer' (dunkelrote, sauer-süße, sehr saftige Früchte; robuste, gesunde Sorte für alle Böden).

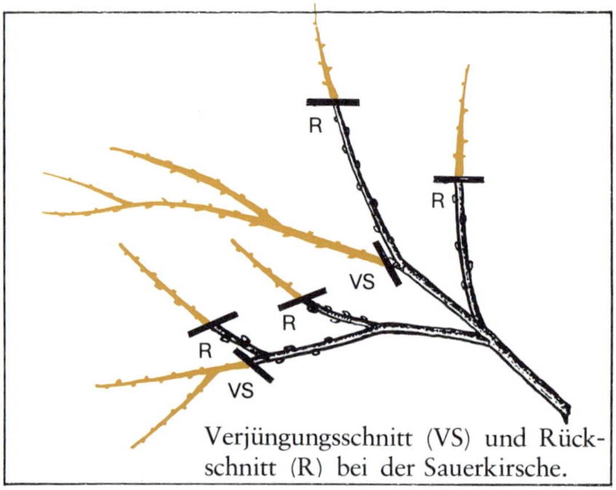

Verjüngungsschnitt (VS) und Rückschnitt (R) bei der Sauerkirsche.

Besondere Kulturtips: Sauerkirschen sind selbstfruchtbar, es genügt also einen Baum zu pflanzen. Sie gedeihen in allen Böden, nur auf schwere, nasse Erde reagieren sie mit Krankheiten. In sonniger Lage werden die Sauerkirschen saftiger und aromatischer.

Beim Schnitt müssen Sie eine Besonderheit beachten: Schattenmorellen tragen am einjährigen Holz. Deshalb werden die abgeernteten Triebe jedes Jahr bis auf einen nachwachsenden jungen Trieb zurückgeschnitten. Durch diese regelmäßige Fruchtholzverjüngung trägt der Baum immer reichlich. Wo dieser Schnitt vernachlässigt wird, da bilden die Bäume nur noch an den nachwachsenden Spitzen Blüten und Früchte. Ihre Zweige werden immer länger und verkahlen nach innen. Es entstehen die typischen peitschenartigen Sauerkirschentriebe. Durch kräftigen Rückschnitt auf Jungtriebe können auch solche vernachlässigten Bäume wieder verjüngt werden.

Früchte und Blüten des Pfirsichs.

Pfirsiche

Baumformen und Sorten: Pfirsiche werden meist als Buschbäumchen gepflanzt. Halbstämme sind selten. Die folgenden Sorten eignen sich für den privaten Garten: 'Roter Ellerstädter', auch 'Kernechter vom Vorgebirge' genannt (gutes Aroma, späte Blüte, deshalb weniger frostempfindlich,

Pflanzenschnitt eines Pfirsichbäumchens. Später müssen Sie zwischen wahren (links) und falschen Fruchttrieben (rechts) unterscheiden.

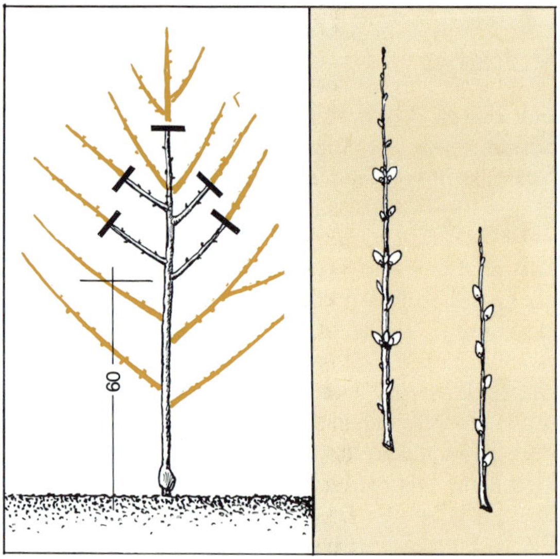

widerstandsfähig gegen Krankheiten), 'Rekord aus Alfer' (widerstandsfähig, gut zum Einmachen), 'Madame Rogniat' (alte robuste Sorte, reiche Ernte).
Besondere Kulturtips: Der Pfirsich ist eine Obstart, die im Weinbauklima besonders gut gedeiht. Er braucht viel Wärme und einen humusreichen Boden. In rauhen Gegenden und auf kalten, nassen Böden sollten Sie auf dieses Obst im Garten verzichten. Am besten pflanzen Sie einen Pfirsichbaum nahe ans Haus oder in einen geschützten Innenhof. Da die Bäume schon sehr früh blühen (März bis April), sind sie besonders frostgefährdet.
Beim Schnitt müssen Sie auf einige Besonderheiten achten. Pfirsiche tragen wie die Sauerkirschen am einjährigen Holz und müssen deshalb jedes Jahr zurückgeschnitten werden. Der Baum entwickelt »wahre Fruchttriebe«; an diesen etwa 50 cm langen Zweigen sitzen Blüten- und Holzknospen in Büscheln zusammen. Dies sind die fruchtbarsten Triebe, die jedes Jahr um die Hälfte eingekürzt werden. Die »falschen Fruchttriebe« sind dagegen nur mit Blütenknospen besetzt. Sie tragen nicht und müssen bis auf 1–2 Augen zurückgeschnitten werden. »Holztriebe«, die nur Laubknospen besitzen, müssen auf 3–5 Augen eingekürzt werden. Dieser Schnitt wird am besten im Frühling zur Blütezeit durchgeführt.
Pfirsichbäume können Sie aus kernechten Sorten (zum Beispiel 'Roter Ellerstädter') selbst großziehen. Andere Sorten fallen nicht echt aus und müssen veredelt werden. Pfirsiche sind selbstfruchtbar und können einzeln stehen.

Aprikosen

Baumformen und Sorten: Aprikosen werden als Buschbäume verkauft und meist als formloses Spalier an warmen Hauswänden gezogen. Empfehlenswerte Sorten sind: 'Ungarische Beste' (frosthärteste Sorte, zum Rohessen und für Kompott), 'Aprikose von Nancy' (über 200 Jahre alte französische Sorte, reiche Ernte, die Blüte ist frostempfindlich), 'Wahre Große Frühaprikose' (sehr wohlschmeckend, aber frostempfindlich).
Besondere Kulturtips: Aprikosen sind noch anspruchsvoller als Pfirsiche. Sie gedeihen nur im Weinbauklima und brauchen einen warmen, leichten Boden, der dennoch genügend feucht und nährstoffreich sein muß. Die Blüte setzt noch früher ein als beim Pfirsich und ist deshalb sehr frostgefährdet. Pflanzen Sie dieses feine Edelobst nur, wenn Sie alle Voraussetzungen für gutes Gedeihen erfüllen können.

Pflaumen und Zwetschen

Baumformen und Sorten: Von diesen Obstarten gibt es nur die großen Formen des Halb- und Hochstammes. Empfehlenswerte Sorten sind: 'Kirkes Pflaume' (wohlschmeckende blaue Edelpflaume, mittelmäßig frosthart, selbstunfruchtbar), 'Ontariopflaume' (goldgelbe Pflaume, reichtragend, anspruchslos, selbstfruchtbar), 'Zimmers Frühzwetsche' (reichtragend, verlangt guten Standort, nicht selbstfruchtbar, nur zum Rohessen), 'Hauszwetsche' (altbewährte Sorte mit lokalen Varianten, reichtragend, gut zum Rohessen, für Kuchen und zum Einmachen).

Besondere Kulturtips: Pflaumen und Zwetschen gehören zu den anspruchslosesten Obstarten, die auch unter weniger guten Bedingungen wachsen. Ideal sind mittelschwere, humusreiche Böden, die genügend Feuchtigkeit besitzen. Achten Sie bei der Sortenwahl auf selbstfruchtbare und selbstunfruchtbare Züchtungen.

Mirabellen und Renekloden

Baumformen und Sorten: Wie bei den Pflaumen wird bei diesen Obstarten meist der Halbstamm gepflanzt. Empfehlenswerte Sorten sind: 'Mirabelle von Nancy' (süßwürzige, kleine, goldgelbe Früchte, gut zum Einmachen, reichtragend, für warme Lagen, selbstunfruchtbar), 'Große Grüne Reneklode' (honigsüße gelblich-grüne Früchte, gut zum Einmachen und zum Rohessen, braucht gute Böden, selbstunfruchtbar), 'Graf Althans' (rötlich-violett gefärbte Früchte, würzig-süß, gut für Frischgenuß und zum Einmachen, nicht sehr anspruchsvoll, selbstunfruchtbar).

Besondere Kulturtips: Mirabellen und Renekloden wachsen ähnlich wie Pflaumen und Zwetschen, brauchen aber mehr Sonne und Wärme. Guter Humus und gute Ernährung sind für ihr Gedeihen wichtig. Alle vier Steinobstarten können sich untereinander befruchten. Fragen Sie aber in der Baumschule nach denjenigen Sorten, die erfahrungsgemäß die besten Partner sind.

Schalenobst

So nennt man die verschiedenen Nüsse, weil ihre eßbaren Samen von harten, holzigen Außenschalen umgeben sind. Nüsse enthalten nur wenige Vitamine aber große Mengen Fett und Eiweiß, außerdem Kalzium, Phosphor und Eisen. Sie gehören deshalb zu den sehr wertvollen aber kalorienreichen Nahrungsmitteln.

Haselnüsse

Die Zuchtformen der Haselnußsträucher stammen alle von unserer heimischen Waldhasel ab. Sie brauchen viel Platz – etwa 3–4 m in der Reihe. In großen Gärten können Sie als Hecken an der Grundstücksgrenze gepflanzt werden. Sehr hübsch wirken die Bluthaseln mit ihren dunkelroten Blättern. Haselnüsse werden vom Wind bestäubt, brauchen aber einen Partner zur Befruchtung. Sie müssen also mindestens zwei dieser starkwüchsigen Büsche pflanzen. Sonst sind die Pflanzen sehr anspruchslos, sie lieben feuchten Boden. Vier bis sechs Hauptäste genügen für eine Pflanze. Durch kräftiges Auslichten und Rückschnitt halten Sie die Haselnußsträucher in fruchtbarer Form.

Walnüsse

Baumformen und Sorten: Walnüsse gehören zu den größten Bäumen im Obstgarten. Ihre Kronen haben im Alter 8–12 m Durchmesser, ihr Wurzelraum reicht noch weiter. Ein Sämlingsbaum, der selbst aus einer Nuß gezogen wird, trägt erst nach 15–20 Jahren Früchte. Früher pflanzte der Vater einen Walnußbaum, von dem die Kinder erst ernten konnten. Diese Bäume waren natürlich nur für sehr große Gärten geeignet. Durch ganz spezielle Veredelungsverfahren wurden inzwischen auch kleinere Walnußsorten gezüchtet. Sie werden durch eine schwachwachsende Unterlage »gebremst«. Diese neuen Zuchtformen tragen bereits nach dem zweiten Jahr. Ihre Kronen werden nur 4–6 m breit. Ein großer Vorteil dieser neuen Sorten ist die sichere Weitergabe ihrer guten Eigenschaften. Die Qualität der Veredelung ist immer bekannt und verändert sich nicht. Bei

Ein Haselnuß-Strauch kann durch Absenken der einjährigen Triebe vermehrt werden.

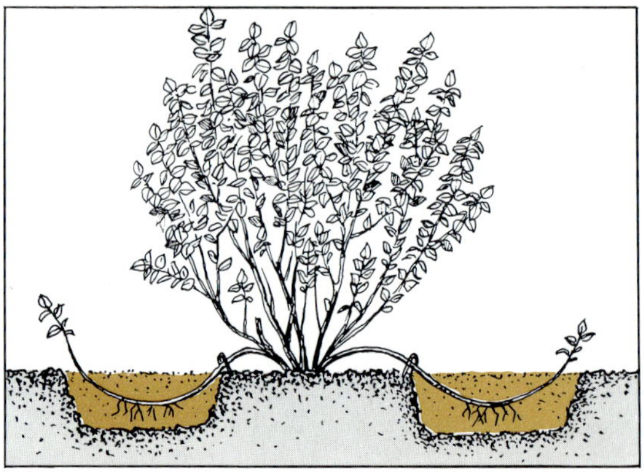

Sämlingen ist man dagegen auf Zufallsergebnisse angewiesen. Oft bringen sie – nach langem Warten – nur enttäuschende Ergebnisse. Die folgenden veredelten Sorten sind auch für »normale« Gärten geeignet.
'Esterhazy II' (mittelstark wachsend, breitkronig, spätaustreibend, nicht auf Fremdbefruchtung angewiesen, für warme, trockene Gebiete), 'Nr. 139' (mittelstark wachsend, reichtragend, auf Fremdbefruchtung nicht angewiesen), 'Nr. 26' (mittelstark wachsend, reiche regelmäßige Ernte, auf Fremdbefruchtung nicht angewiesen).
Besondere Kulturtips: Die veredelten Walnußsorten stellen keine »gehobenen Ansprüche« an das Klima und den Boden. Sie versagen nur in kalten Gebieten und auf sehr schlechtem Untergrund. Die allgemeinen Dünge- und Pflegeregeln für Obstbäume können auf sie angewendet werden. Am besten gedeihen sie aber in humusreicher, mäßig feuchter Erde auf einem sonnigen Platz. Einen Ernteausfall gibt es nur dann, wenn die Blüte im April/Mai durch einen späten Frost leidet.
Unter Walnußbäumen entstehen wunderbare Schattenplätze im Garten. Da im Wurzelbereich keine anderen Pflanzen gedeihen, können Sie – nach alter Tradition – unter einem solchen Baum einen sommerlichen Sitzplatz einrichten. Der strenge Geruch der Blätter vertreibt übrigens Mücken und Fliegen. Dies ist ein weiterer Grund, den selten gewordenen Nußbaum wieder in naturgemäße Gärten zu pflanzen. Richten Sie sich auch bei der Ernte bitte nach der Natur: Walnüsse fallen von selbst vom Baum, wenn sie reif sind. Sie sollten sie niemals gewaltsam mit Stöcken herunterschlagen. Das Geräusch der mit leisem Prasseln fallenden Nüsse ist die herbstliche Begleitmusik zur Erntezeit im Obstgarten.

Der Ziergarten

Im biologischen Garten sollten auch die Zierpflanzen keine Ausnahme von den bewährten naturgemäßen Regeln machen. Ein Rosenbeet ohne Begleitpflanzen ist eine Monokultur! Versuchen Sie deshalb Sommerblumen, Stauden und Sträucher harmonisch miteinander zu mischen. Natürlich müssen die Partner zueinander passen. Alles, was Sie über Standortansprüche und Lebensgewohnheiten der wichtigsten Zierpflanzen wissen müssen, erfahren Sie auf den nächsten Seiten. Halten Sie sich bei der Anlage Ihres grünen Reiches ab und zu den alten Bauerngarten vor Augen: Gemüse, Obst, Kräuter und Blumen waren darin malerisch aber sinnvoll kombiniert. Eine Staudenrabatte kann zum Beispiel den Nutzgarten umrahmen. Sommerblumen und Kräuter dürfen die Gemüsebeete säumen. Umgekehrt kann in einem kleinen Ziergarten mit Sträuchern und bunten Blumen noch ein wenig Platz für Gewürzkräuter, Radieschen und eine Randpflanzung aus Schnittsalat ausgespart werden. Gestalten Sie ihren Garten mit Gefühl und mit Einsicht in die biologischen Zusammenhänge, dann werden die »Nützlichen« und die »Zierenden« in Zukunft wie von selbst das richtige Verhältnis zueinander finden.

Blütenfest für einen Sommer: einjährige Blumen

Die Einjährigen werden im Frühling ausgesät. Sie blühen vom Sommer bis zum Herbst. Der erste Frost macht ihrem kurzen bunten Leben ein Ende. Aber in diesen wenigen Wochen entfalten sie eine solche Fülle von Farben, Formen und Düften, als gelte es, keine einzige kostbare Minute zu verlieren. Mit diesen kurzlebigen Blütenpflanzen können Sie Ihren Garten im Handumdrehen in ein Blumenmeer verwandeln. Ein preiswertes Vergnügen, wenn Sie bedenken, daß Sie gewissermaßen den Sommer in Samentüten kaufen!

Viele Einjahrsblumen werden direkt an Ort und Stelle ins Freiland gesät. Einige empfindliche Arten ziehen Sie besser im Warmen vor. Bedenken Sie bei der Planung immer, daß diese blütenreichen Gewächse einen sonnigen Platz brauchen. Im Schatten kümmern die meisten dieser lebensfrohen Kinder Floras, von denen viele aus wärmeren Kontinenten zu uns einwanderten. Pflanzen Sie sie nicht zu eng, damit sie auch Raum genug haben, um ihre üppige Pracht zu entfalten. Ein wichtiger Tip für die Pflege: Einjahrsblumen brauchen guten, humusreichen Boden, aber sie sind mit einer einzigen Zusatzdüngung zu Beginn des Hauptwachstums – etwa Anfang Juni – zufrieden. Am besten verwenden Sie dann Brennesseljauche, die auch etwas tierischen Dünger enthält. Eine gute Startdüngung erreichen Sie auch mit Guano.

Bereits im Herbst mischen Sie eine langsam wirkende Mischung aus Horn-Blut-Knochenmehl unter den Kompost der Blumenbeete. Auch Steinmehl, Algenkalk und Holzasche sind Dünger für den Blütengarten. Wenn Sie die Einjährigen zu reichlich ernähren, dann entwickeln diese Pflanzen mehr Blätter als Blütenknospen.
Im übrigen gelten die Anweisungen für Bodenvorbereitung, Aussaaten und Pflege, wie sie im Kapitel »Allgemeine Praxis« des Nutzgartenteils beschrieben sind, sinngemäß auch für den Blumengarten. Merken Sie sich vor allem noch eine simpel klingende aber sehr wirkungsvolle Pflegeregel: Je sorgfältiger Sie alles Verblühte entfernen, desto reicher und länger werden Ihre Einjahrsschönheiten blühen. Sie verwenden dann all ihre Kraft zur Bildung von Knospen. Samen dürfen sich nur dann entwickeln, wenn Sie selber Saatgut für den nächsten Sommer ernten möchten.

Aster *(Callistephus chinensis)*

Merkmale: Ein Strahlenkranz farbiger Blütenblätter ist typisch für diese variationsreichen Korbblütler. Sie stammen ursprünglich aus China.

Astern: Blütenfreude vom Sommer bis zum Frost.

Deutsche Gärtner entwickelten viele Neuzüchtungen. Astern gehören heute zu den beliebtesten Sommerblumen in unseren Gärten, die auch als haltbare Schnittblumen Freude machen. Die Farbskala der Astern umfaßt Weiß, Creme, Rosa, Rot und Violett.
Kultur: Aussaat ab März ins Frühbeet, von April bis Mai ins Freiland. Pflanzweite je nach Sorte 15–25 cm. Höhe je nach Sorte 30–70 cm. Blütezeit Ende Juli bis zum Frost.
Sorten: 'Original China-Astern' (ungefüllte, margeritenähnliche Blütensterne, bezaubern trotz aller Neuzüchtungen durch schlichten, ländlichen Charme, 60 cm), 'Herzoginaster' (große chrysanthemenartige Blüten, welkeresistent, 60 cm), 'Straußenfederastern' (langgefiederte Blütenblätter, sehr große Blumen, 65–70 cm), 'Prinzeßaster' (sehr dicht gefüllt, 70 cm), 'Zwerg-Chrysanthemum-Astern' (Höhe nur 30 cm, für Einfassungen und Blumentöpfe).
Besonderer Tip: Astern sind anfällig für die Welkekrankheit. Achten Sie auf resistente Sorten beim Sameneinkauf. Gesunder Boden und Spritzungen mit Schachtelhalmtee helfen die gefürchtete Krankheit einzudämmen. Auch Steinmehl dient dem gesunden Wuchs.

Atlasblume, Sommerazalee *(Godetia)*

Merkmale: Eine schöne (fast) Unbekannte aus der Familie der Nachtschattengewächse. Die zarten seidigen Blumenkelche sehen im Garten und in der Vase sehr apart aus. Sie leuchten weiß, rosa, rot und haben oft ausdrucksvolle Flecken.
Kultur: Ab April ins Freiland säen und später auf 15 cm Abstand verpflanzen. Atlasblumen werden etwa 40 cm hoch, sie vertragen auch leichten Schatten. Blütezeit Juni bis September.
Sorten: Es gibt gefüllte und ungefüllte Sorten in gemischten Farben.
Besonderer Tip: Einer der hübschesten und anspruchslosesten »Lückenbüßer« im Sommergarten. Kombinieren Sie sie mit der blauen Jungfer im Grünen.

Balsamine, Rosenbalsamine
(Impatiens balsamina)

Merkmale: Balsaminen gehören zu den Springkrautgewächsen. Sie sind mit den Fleißigen Lieschen verwandt und besitzen ähnliche wasserhaltige, glasige Stengel. Die rosenförmigen Blüten sitzen in den Blattwinkeln. Sie sind weiß, rosa oder rot gefärbt. Balsaminen sind altmodisch-liebenswerte Blumen aus dem Bauerngarten.
Kultur: Anzucht im warmen Frühbeet oder auf der Fensterbank ab März. Erst nach den Eisheiligen, ab Mitte Mai, ins Freiland pflanzen mit 15–20 cm Abstand. Blütezeit Juli bis Oktober. Höhe 60–70 cm. Balsaminen brauchen reichlich Feuchtigkeit, sie gedeihen auch im Halbschatten.
Sorten: Gefüllte Mischungen.
Besonderer Tip: Für Naturgärten gibt es auch die Himalaja-Balsamine *(Impatiens glandulifera)*, die mannshoch wächst, rosa blüht und sich selbst aussät. Die Hummeln lieben sie sehr!

Elfenspiegel *(Nemesia strumosa)*

Merkmale: Ein Rachenblütler aus Südafrika. Unzählige Blüten in allen Farbenspielen (außer Blau) schmücken diese dankbaren Sommerblumen.
Kultur: Ab März Aussaat im Frühbeet, ab April im Freiland an Ort und Stelle. Die Samen keimen langsam. Blütezeit Juni bis Oktober. Höhe 30 cm. Rückschnitt fördert neue Blütenbildung. Sonst sind die Pflanzen sehr anspruchslos.
Sorten: Bunte Mischungen.
Besonderer Tip: Die niedrig bleibenden Blumen eignen sich als Bodendecker im Ziergarten.

Flockenblume, Kornblume *(Centaurea)*

Merkmale: Diese Gartenblumen, die zu den Korbblütlern gehören, sind mit den einfachen Kornblumen am Feldrand verwandt. Sie blühen aber großblumiger in Weiß, Rosa, Lila und natürlich auch in Kornblumenblau. In der Vase verbreiten die hübschen und haltbaren Blumen heitere ländliche Stimmung.
Kultur: Aussaat ab März ins Freiland, später werden zu dicht stehende Pflanzen mit 15–25 cm Abstand vereinzelt. Blütezeit Juli bis September. Höhe 40–100 cm. Möglichst sonniger Standort.
Sorten: Bunte Mischungen und Einzelfarben, zum Beispiel 'Jolly Joker' (lilarosa), 'Blauer Junge' (blau), 'Pinkie' (rein-rosa); *Centaurea moschata* ist eine duftende großblumige Flockenblume.
Besonderer Tip: Hübsch für Bauerngärten.

Gauklerblume
(Mimulus luteus und *M. tigrinus)*

Merkmale: Eine abenteuerlich getigerte Blume aus der Familie der Rachenblütler. Die Blüten erinnern ein wenig an Urwaldorchideen, sie sind meist rot und gelb gefärbt. Die etwas altmodische Gauklerblume wartet auf ihre Wiederentdeckung für unsere Gärten.
Kultur: Aussaat ab März im warmen Frühbeet oder im Zimmer, in kleine Töpfe verpflanzen und abhärten. Im April ist auch Aussaat im Freien möglich. Verpflanzen auf 15 cm Abstand. Höhe 30 cm. Blütezeit Juni bis Oktober. Die Pflanzen brauchen im Sommer ausreichend Feuchtigkeit.
Sorten: Bunte Mischungen.
Besonderer Tip: Schneiden Sie nach der ersten Blüte die Pflanzen zurück, damit sie neu austreiben. Zur gleichen Zeit ist eine Düngung mit Brennesseljauche angebracht.

Glockenrebe *(Cobaea scandens)*

Merkmale: Eine Kletterpflanze, die zu den Flammenblumengewächsen gehört. Ihre großen blauvioletten Glocken sind eine Zierde für Rankgitter im Garten und auf dem Balkon. Die Pflanzen wachsen bei guter Pflege rasch und können große Flächen bedecken.
Kultur: Auf der Fensterbank oder im Frühbeet vorziehen. Ab März 2–3 Samenkörner in einen Blumentopf legen. Schon die Jungpflanzen brauchen Kletterstäbe zum Festhalten. Ab Mitte Mai in Balkonkästen, Kübel oder in den Garten pflan-

Die Glockenrebe treibt schnell meterlange Ranken.

zen, mindestens 20–30 cm Abstand einhalten. Höhe bis 5 m! Sorgen Sie deshalb für ausreichende Kletterhilfen in Form von Stäben, Drähten oder Gittern. Blütezeit Juli bis Oktober. Dieser vitale Klettermaxe braucht mehr Dünger als andere Einjahrsblumen. Gießen Sie öfter mit Brennesseljauche während des Sommers.
Besonderer Tip: Gut als »grüner Vorhang« und Sichtschutz geeignet. In voller Sonne blüht die Glockenrebe viel reicher.

Heliotrop, Sonnenwende *(Heliotropium arborescens)*

Merkmale: Aus dem warmen Peru stammt dieses Boretschgewächs, das in seiner Heimat ausdauernde Sträucher bildet. Die Pflanzen blühen in tief violetten Blütendolden und duften – besonders am Abend – intensiv nach Vanille.
Kultur: Sie können Heliotrop-Samen in Schalen auf der Fensterbank aussäen. Empfehlenswerter ist es, fertige Pflanzen beim Gärtner zu kaufen und diese im Sommer durch Stecklinge zu vermehren. Ab Mai kann der Heliotrop ins Freiland. Er wächst in Balkonkästen, in Schalen und auf Gartenbeeten. Abstand 30 cm. Höhe 30–60 cm. Blütezeit bei vorgezogenen Pflanzen Mai bis Oktober. Sonnige, geschützte Lage und nahrhafter Boden sind wichtig für gutes Gedeihen.
Sorten: 'Marine', tiefdunkelviolett.
Besonderer Tip: Pflanzen Sie Heliotrop in die Nähe Ihres Sitzplatzes, dann können Sie an warmen Sommerabenden seinen süßen Duft genießen.

Jungfer im Grünen *(Nigella damascena)*

Merkmale: Diese altmodische Blume aus der Familie der Hahnenfußgewächse gehört zu den bezauberndsten Einjahrsschönheiten. Die offenen Sternblüten sind von einem grünen Kranz zart gefiederter Blätter umgeben. Es gibt blaue, rosa, rote und weiße Blüten. Sie eignen sich gut für liebliche Sommersträuße.
Kultur: Aussaat von März bis Mai direkt ins Freiland. Auch Herbstaussaat ist möglich. Zu dicht wachsende Pflänzchen auf 15 cm Abstand verziehen. Höhe 30–60 cm. Blütezeit Juni bis Oktober. Anspruchslose und dankbare Bauerngartenblume.
Sorten: 'Persische Juwelen' (Mischung in Blau, Rosa, Rot und Weiß), 'Miss Jekyll' (himmelblau).
Besonderer Tip: Gut geeignet als duftiger Füller im Blumen- und Nutzgarten. Die aparten Samenstände eignen sich für Trockensträuße.

Eine blaue Sommerschönheit: die Jungfer im Grünen.

Kokardenblume, Malerblume

(Gaillardia pulchella)

Merkmale: Ein Korbblütler mit hübschen strahlenförmigen Blüten, die lebhaft in Gold- und Rotbrauntönen gestreift sind. Langstielige, ausgesprochen dankbare Vasenblumen, blütenreiche Rabattenpflanzen.
Kultur: Aussaat im April ins Freiland. Verpflanzen mit 30 cm Abstand. Höhe 70–80 cm. Blütezeit Juni bis Oktober. Die Pflanzen vertragen auch trockenen Boden.
Sorten: 'Lorenziana plena', gefüllte Mischung.
Besonderer Tip: Unter günstigen Bedingungen überwintern die Pflanzen und blühen ein weiteres Jahr.

Kokarden- oder Malerblumen in bunter Mischung.

Levkoje *(Matthiola incana)*

Merkmale: Kreuzblütler aus dem Mittelmeerraum mit silbergrünen Blättern und duftenden gefüllten Blüten in Weiß, Cremegelb, Rosa, Rot und Lila. Wunderschöne, haltbare Schnittblumen, die schon Großmutters Garten und Salon zierten.
Kultur: Aussaat ab Februar/März ins warme Frühbeet. Sandige Erde, nur vorsichtig gießen. Ab April gibt es auch Pflanzen vom Gärtner. Mit 10 cm Abstand verpflanzen. Höhe 40–80 cm. Blütezeit Juni bis September. Die Levkojen lieben eher trockenen Boden und viel Sonne.
Sorten: 'Großblumige Sommerlevkojen' (niedrige Mischung), 'Dresdener Sommerlevkojen' (halbhohe Mischung), 'Balls Stangen-Mammut-Levkojen' (hohe Mischung).
Besonderer Tip: Pflanzen Sie Levkojen anfangs möglichst dicht, denn die Samen enthalten immer einen gewissen Prozentsatz ungefüllter Blumen. Diese können Sie dann später herausziehen.

Löwenmäulchen *(Antirrhinum majus)*

Merkmale: Die samtigen Blumen aus der Familie der Rachenblütler sind fester Bestandteil eines bunten Sommergartens seit Urgroßmutters Zeiten. Es gibt niedrige und hohe Sorten, die weiß, gelb, rosa und rot blühen. Löwenmäulchen sind haltbare Schnittblumen.
Kultur: Für eine frühe Blüte Aussaat ins Frühbeet entweder im Herbst oder im zeitigen Frühling. Sonst Freilandaussaat ab April. Verpflanzen auf 20–25 cm Abstand. Höhe 15–100 cm. Blütezeit Juli bis Oktober. Löwenmäulchen sind anspruchslos und gedeihen auch unter rauheren Bedingungen.
Sorten: Großes Angebot gemischter Sorten und Einzelfarben. Zwerglöwenmaul (Prachtmischung, 20 cm), 'Riesen Tetra' (Prachtmischung, 70 cm), hyazinthenblütiges Löwenmaul 'Hohes Lied' in Farbsorten: 'Bronzekönig' (bronze), 'Jugendliebe' (rosa), 'Schwester Maria' (weiß), 'Feuerzauber' (scharlachrot).
Besonderer Tip: Löwenmäulchen sind »Kinderblumen«, sie drücken die Blüten zusammen, damit die »Mäulchen« sich öffnen. Unter guten Bedingungen überwintern die Pflanzen und blühen ein zweites Jahr.

Mohn *(Papaver)*

Merkmale: Es gibt verschiedene einjährige Mohngewächse für den Garten. Sie bezaubern durch leuchtende Farben und seidige Blütenblätter. Die Blumen verlocken dazu, sie zu Sträußen zu schnei-

den, aber sie halten sich leider nicht lange. Pflücken Sie sie, wenn die Knospen gerade aufplatzen.
Kultur: Mohn hat lange Pfahlwurzeln und verträgt das Verpflanzen nicht. Deshalb breitwürfige Aussaat von März bis Mai an Ort und Stelle, zu dichte Pflanzen auslichten. Höhe je nach Art 15–50 cm. Blütezeit je nach Aussaat Juni bis September. Mohn braucht viel Sonne, ist aber sonst anspruchslos und reichblühend.
Arten und Sorten: Seidenmohn oder Klatschmohn *(Papaver rhoeas)*, gefüllte und einfache Mischungen in Weiß, Rosa und Rot; eine hübsche zartfarbige Sorte ist 'Shirley', alle 50–75 cm hoch. Schlafmohn oder Federmohn *(Papaver somniferum)*, gefüllte Prachtmischungen mit gefransten Blütenblättern in allen Farben, 80 cm. Tulpenmohn *(Papaver glaucum)*, große scharlachrote Blüten, 50 cm hoch.
Besonderer Tip: Mit Mohn können Sie »nackte Stellen« im Blumenbeet und in der Staudenrabatte einsäen, so gesehen ist er ein Bodendecker im Ziergarten.

Nelke *(Dianthus)*

Merkmale: Auch unter den Nelkengewächsen gibt es verschiedene einjährige Arten, gefüllte und ungefüllte in vielen Farbtönen zwischen Weiß, Rosa und Rot. Die Übergänge zwischen Ein- und Zweijährigen sind oft fließend. Nelken bezaubern durch ihren süß-würzigen Duft. Sie gehören zu den besonders haltbaren Schnittblumen.
Kultur: Aussaat ab März ins Frühbeet oder in Schalen auf der Fensterbank, ab Mai auch ins Freiland. Verpflanzen mit 20–25 cm Abstand. Höhe je nach Sorte 25–50 cm. Blütezeit Juli bis Oktober. Guter Wasserabzug und etwas kalkhaltiger Boden sind günstig.
Arten und Sorten: Gartennelken *(Dianthus caryophyllus)* 'Riesen-Chabaud-Nelken', gefüllte Mischung, 50 cm; 'Nizzaer Kind Nelken', niedrige 'F_1-Juliet-Nelken', 40 cm. Chinesernelken *(Dianthus chinensis)*, 'Imperialis plenus', gefüllte Mischung, 20 cm. 'Merry-Go-Round', einfache, weiß-rote Blüten, 20 cm; Heddewigsnelken *(Dianthus chinensis heddewigii)*, gefüllte Mischung, 30 cm.
Besonderer Tip: Wühlmäuse und Hasen mögen Nelken sehr. Beachten Sie die Ratschläge im Kapitel »Schädlingsabwehr«.

Petunie *(Petunia*-Hybriden*)*

Merkmale: Petunien gehören zu den Nachtschattengewächsen. Die großen Trichterblüten verströmen besonders nachts einen schweren süßen Duft. Die rankenden Sorten eignen sich für Balkonkästen, die buschigen für Gartenbeete. Die Farbskala reicht von reinem Weiß über Rosa, Rot, Lavendel, Violett bis neuerdings zu sandfarbigen Tönen. Besonders attraktiv sind auch die zweifarbig-gestreiften Sorten.
Kultur: Ab März ist eine Aussaat der sehr feinen Samen in Schalen möglich, aber nicht ganz einfach. Es muß sehr sorgfältig pikiert werden. Ab Mai gibt es überall blühende Pflanzen zu kaufen. Pflanzenabstand 20–25 cm. Höhe bei Beetsorten 25–40 cm, rankende Sorten bilden viel längere Triebe. Blütezeit Mai bis November. Wer eine ununterbrochene Blüte wünscht, der muß öfter düngen.
Sorten: Die Zahl der einfachen und gefüllten Sorten ist unübersehbar. Für die eigene Aussaat sind die F1-Hybriden empfehlenswert. Eine niedrige Beetsorte ist *Petunia hybrida nana* 'Himmelsröschen', rosa, 20 cm.
Besonderer Tip: Nach der ersten Blüte in Abständen zwei- bis dreimal während des Sommers die Ranken einkürzen. So bleiben Petunien dicht und voller Knospen. Wenn die Blumen in Pflanzgefäßen oder Balkonkästen gehalten werden, müssen Sie sie regelmäßig gießen, düngen und von verwelkten Blüten befreien.

Phacelia, Bienenfreund *(Phacelia tanacetifolia)*

Merkmale: Die Pflanzen gehören zu den Wasserblattgewächsen. Sie besitzen gefiederte Blätter und blaue Blütenähren.

Kultur: Von März bis Juni breitwürfige Aussaat ins Freiland. Wenn nötig auf 10–15 cm Abstand auslichten. Höhe 40–90 cm. Blütezeit Juni bis September. Sehr anspruchslos.
Sorten: Außer der Art *Phacelia tanacetifolia* (Blumensamen) 'Angeliter Phacelia' (Gründüngung).
Besonderer Tip: Wichtige Pflanze für naturgemäße Gärten. Sie dient als bodenverbessernde Mischkultur in Blumen- und Nutzgärten. Die Blüten sind hervorragendes Bienenfutter!

Portulakröschen *(Portulaca grandiflora)*

Merkmale: Die fleischigen Blätter verraten, daß die Pflanze aus der Familie der Dickblattgewächse stammt. Die seidigen Blüten in Weiß, Gelb oder Rot öffnen sich nur, wenn die Sonne scheint.
Kultur: Aussaat ab März ins Frühbeet, ab April ins Freiland. Vermischen Sie die feinen Samen mit Sand, dann lassen sie sich gleichmäßiger streuen! Pflänzchen auf 10–15 cm Abstand versetzen. Höhe nur 15–20 cm. Blütezeit Juni bis Oktober. Portulakröschen gedeihen am besten in sandigen Böden, bei voller Sonne.
Sorten: Einfache und gefüllte Mischungen.
Besonderer Tip: Reizend für Beeteinfassungen in romantisch-altmodischen Gärten. Guter Bodendecker für trockene Böden.

Reseda *(Reseda odorata)*

Merkmale: Vor- und Zuname sind gleich, diese Blume aus der guten alten Zeit gehört zu den Resedagewächsen. Ihre Blüte ist eher unscheinbar, der Duft aber bezaubert seit Generationen.
Kultur: Aussaat ab April ins Freiland, verpflanzen auf 15–20 cm Abstand. Blütezeit Juni bis Oktober. Höhe 30–40 cm. Anspruchslos.
Sorten: 'Schöne von Stuttgart', rötliche Blüten, 'Machet Riesen', orangerot.
Besonderer Tip: Reseda wirkt hübsch als Beeteinfassung. In der Vase verträgt sie sich nicht mit anderen Blumen (Phytonzide!). Lassen Sie sie allein wirken und duften.

Ringelblume *(Calendula officinalis)*

Merkmale: Diese uralte Gartenpflanze aus der Familie der Korbblütler ist im Blumen-, Gemüse- und Kräutergarten zu Hause. Sie kann als Zier- und als Heilpflanze betrachtet werden. Die goldgelben oder orangeroten Blüten gleichen kleinen Sonnen. Es gibt gefüllte und ungefüllte Sorten. Alle – die alten Bauernblumen und die neuen Prachtzüchtungen – sind reizvolle Schnittblumen.
Kultur: Von April bis Mai ins Freiland säen. Die großen Samen keimen rasch, die Pflanzen sind sehr robust und anspruchslos. Abstand 25–30 cm. Höhe 30–50 cm. Blütezeit Juni bis November. Ringelblumen samen sich leicht selber aus. Wo sie sich wohlfühlen, da kommen sie von selbst wieder.
Sorten: 'Fiesta Gitana' (Mischung von cremegelb bis tief orange, 30 cm), 'Pazific-Schönheit' (Prachtmischung verschiedener Pazific-Hybriden, 50 cm), 'Zwergkönig' (orangerot mit brauner Mitte, nur 30 cm), 'Susi orange' (dicht gefüllt wie Astern, 50 cm).
Besonderer Tip: Die Ringelblume wirkt gesundend auf den Boden und sollte im Nutz- wie im Ziergarten als heilsame Mischkultur eingeplant werden. Sie ist eine der wichtigsten und liebenswertesten Blumen im biologischen Garten!

Ringelblumen leuchten wie kleine goldene Sonnen.

Blütenfülle aus der Samentüte: einjähriger Rittersporn.

Rittersporn *(Delphinium ajacis)*

Merkmale: Der Rittersporn ist ein Hahnenfußgewächs. Seine langen Blütenrispen bringen heitere Sommerstimmung in den Garten und liefern wunderschöne Schnittblumen. Es gibt weiße, blaue, rosa, rote und lila Farben.
Kultur: Aussaat März bis April oder im September direkt ins Freiland. Die Frühlingsaussaat blüht im Spätsommer, die Herbstaussaat bereits im Frühsommer. Pflanzabstand 30–40 cm. Höhe etwa 50–100 cm. Blütezeit Juni bis September. Einjähriger Rittersporn wächst willig und stellt keine besonderen Ansprüche.
Sorten: 'Hyazinthenblütiger' (gefüllte Mischungen, 50 cm oder 110 cm), 'Königsrittersporn' (großblütig, lange Rispen, 90 cm).
Besonderer Tip: Herbstaussaaten sind empfehlenswert. Rittersporn ist bei Schnecken sehr beliebt, beachten Sie deshalb die Ratschläge gegen »Weitverbreitete Plagegeister« auf Seite 132–134.

Schleierkraut *(Gypsophila elegans)*

Merkmale: Das zierliche Nelkengewächs ist zur Blütezeit wirklich wie mit einem Schleier rosa oder weißer Blümchen bedeckt. Schleierkraut ziert Sommersträuße und läßt sie duftiger und heiterer wirken. Die Stiele der Blumen sind sehr zerbrechlich.
Kultur: Aussaat von März bis Juni direkt an Ort und Stelle ins Freiland. Pflanzabstand 30–40 cm. Höhe 40–50 cm. Blütezeit etwa 8 Wochen nach der Aussaat 6 Wochen lang. Wer in Abständen neu aussät, der hat blühendes Schleierkraut bis zum Herbst. Die Pflanzen lieben eher mageren Boden, etwas Kalk und viel Sonne.
Sorten: 'Carminea' (karminrosa), 'Grandiflora alba' (weiß).
Besonderer Tip: Das kurzlebige Schleierkraut füllt vorübergehende Lücken. Säen Sie es sonst auf ein Extra-Schnittblumenbeet.

Schleifenblume
(Iberis amara und I. umbellata)

Merkmale: Schleifenblumen gehören in die Familie der Kreuzblütler. Die flachen Blütendolden sind aus vielen Blümchen zusammengesetzt. Es gibt weiße, rosa und lila Farbtöne. Die Blumen eignen sich auch zum Schnitt für kleine Sträuße.
Kultur: Aussaatzeiten sind September bis Oktober für frühe Blüte und April bis Mai für spätere Blüte. Am besten säen Sie direkt ins Freiland. Pflanzabstand 20 cm. Höhe 20–30 cm. Hauptblütezeit Juni bis Juli. Schleifenblumen sind sehr anspruchslos. Sie säen sich selber wieder aus. Ein Rückschnitt regt sie zu neuer Blüte an.
Sorten: Farbmischungen; *I. amara* 'Eisberg' (reinweiß), 'Rosa Kardinal' (scharlachrosa); *I. umbellata* 'Purpurea' (blau-violett).
Besonderer Tip: Schleifenblumen sind ideale blühende Bodendecker für naturgemäße Gärten. Sie füllen rasch kahle Stellen in Rabatten und im Steingarten.

Schmuckkörbchen, Kosmee
(Cosmos bipinnatus)

Merkmale: Aus der Familie der Korbblütler stammen diese altbekannten Sommerblumen. Sie wirken zierlich trotz ihrer Höhe. Die schlichte Schönheit der offenen Blütenkörbchen wird durch das feingefiederte Laub noch unterstrichen. Kosmeen gehören zu den anmutigsten Garten-

Schmuckkörbchen sind reizvolle Schnittblumen.

und Vasenblumen. Sie blühen weiß, rosa und weinrot. Neue Züchtungen leuchten tief orangefarben.
Kultur: Aussaat von April bis Mai ins Freiland. Verpflanzen mit 30–40 cm Abstand. Höhe 100–150 cm. Blütezeit Juni bis November. Schmuckkörbchen sind anspruchslose, reichblühende Pflanzen, die auch noch im Halbschatten gedeihen.
Sorten: Prachtmischungen, 'Gloria' (rosa mit karminroter Mitte), 'Blutscharlach' (scharlachrot); ferner die Art *Cosmos sulphureus* mit 'Diablo' (feuerrot), 'Sunset' (orangerot), 'Luna' (gelb).
Besonderer Tip: Schmuckkörbchen bringen mehr Blüten, wenn sie nicht zu reichlich ernährt werden. Sie passen gut zum Charakter eines naturgemäßen Gartens.

Skabiose, Nadelkissen *(Scabiosa atropurpurea)*

Merkmale: Skabiosen gehören zu den Kardengewächsen. Die dichtgefüllten »Blütenkissen« sind rosa, lila oder dunkelpurpur gefärbt. Die langstieligen Blumen eignen sich gut zum Schnitt.
Kultur: Aussaat ab März ins Frühbeet, ab Ende April ins Freiland. Später mit 25–30 cm Abstand verpflanzen. Höhe je nach Sorte 40–90 cm. Blütezeit Juli bis November. Skabiosen lieben volle Sonne und durchlässigen, kalkhaltigen Boden.
Sorten: Prachtmischungen.
Besonderer Tip: Pflanzen Sie Skabiosen in Gruppen.

Sommerfuchsie, Klarkie *(Clarkia elegans)*

Merkmale: Die Sommerfuchsie ist mit den Atlasblumen verwandt und stammt aus der gleichen Familie der Nachtkerzengewächse. Die bezaubernden Blüten erinnern an kleine, gefüllte Röschen. Sie sind weiß, rosa, rot und lila gefärbt. Reizende Sommerblumen für Gartenbeete und bunte Sträuße.
Kultur: Aussaat von März bis Mai direkt ins Freiland. Auch Herbstaussaat ist möglich. Sie muß über Winter mit Fichtenreisig zugedeckt werden. Verpflanzen auf 25 cm Abstand. Höhe 40–60 cm. Blütezeit Juni bis September. Klarkien gedeihen auch in kühlen Sommern gut. Sie dürfen nicht zu stark gedüngt werden und vertragen auch Halbschatten.
Sorten: Prachtmischungen.
Besonderer Tip: Pflanzen Sie Sommerfuchsien zusammen mit Atlasblumen, einjährigem Schleierkraut und Jungfer im Grünen. Eine anmutige Blütenmischung für Romantiker!

Sommerphlox *(Phlox drummondii)*

Merkmale: Eine blütenreiche Pflanze aus der Familie der Sperrkrautgewächse. Der niedrige einjährige Phlox blüht in zahlreichen rosa, roten und lila Farbabstufungen, oft zweifarbig mit »ausdrucksvollen Augen«.
Kultur: Aussaat im März ins Frühbeet oder ab April ins Freiland. Pflanzabstand 15 cm. Höhe je nach Sorte 20–40 cm. Blütezeit Juni bis Oktober. Rückschnitt fördert neue Blüten.
Sorten: 'Sternenzauber' (niedrige Mischung, 20–25 cm), Prachtmischungen (hohe Sorten, 40 cm).
Besonderer Tip: Farbenprächtiger Bodendecker für viele Zwecke. Bei Sommerhitze muß Phlox reichlich gegossen werden.

Sonnenblume *(Helianthus annuus)*

Merkmale: Die »goldenen Riesen« im Sommergarten gehören zur Familie der Korbblütler. Sie machen sich nützlich, wenn die Kerne zur Ölgewinnung verwendet werden. Im Ziergarten sind die Sonnenräder ein prachtvoller Blickfang. Verzweigte Sorten liefern herrliche Schnittblumen in Gold und Rotbraun. Es gibt hohe und niedrige, gefüllte und einfache Züchtungen. Sonnenblumen drehen sich den ganzen Tag und wenden »ihr Gesicht« immer dem großen Gestirn zu, dessen Namen sie zu Recht tragen.

Kultur: Ab April werden die großen Samenkörner im Freiland ausgesät. Später auf 40–60 cm Abstand auslichten. Höhe 0,5–5,0 m. Blütezeit Juli bis Oktober. Sonnenblumen gedeihen auch in großen Kübeln. Sie sind gewaltige Nährstofffresser und brauchen deshalb guten Boden und reichlich Dünger.

Sorten: 'Abendsonne' (braun-rote Mischung), 'Goldener Neger' (goldgelb mit dunkler Mitte, 2,5 m), 'Hohe Sonnengold' (goldgelb, gefüllt, 1,5 m), 'Zwerg-Sonnengold' (dicht gefüllt, 40 cm), 'Herbstzauber' (Mischung, Gelb bis Purpur).

Sonnenblumen überragen alle Sommerblumen.

Besonderer Tip: Aus hohen Sonnenblumen können Sie wunderschöne einjährige Hecken pflanzen, die schnell Sichtschutz bieten: zum Beispiel am Kompostplatz oder am Zaun von Neubaugrundstücken.

Sonnenhut *(Rudbeckia hirta)*

Merkmale: Die typischen Korbblütler besitzen einen strahlenförmigen Blütenkranz, der um einen kegelförmigen dunklen Mittelpunkt angeordnet ist. Sonnenhüte wirken wie kleine Schwestern der Sonnenblumen. Sie liefern wunderbare, haltbare Schnittblumen in warmen Gelb-, Rost- und Brauntönen.

Kultur: Aussaat im März ins Frühbeet oder ab April ins Freiland. Pflanzabstand 30–40 cm. Höhe 60–90 cm. Blütezeit August bis Oktober. Keine besonderen Ansprüche.

Sorten: 'Meine Freunde' (orangegelb), 'Marmelade' (goldgelb), 'Herbstwald' (gelb-bronze-rotbraune Mischung).

Besonderer Tip: Unter günstigen Bedingungen überwintern die Pflanzen und blühen ein zweites Jahr.

Spinnenpflanze *(Cleome spinosa)*

Merkmale: Dieses Kaperngewächs war schon einmal zu Urgroßmutters Zeiten groß in Mode. Jetzt ist die attraktive Pflanze wieder überall zu haben. Die aparten Blütenstände mit den überlangen Staubgefäßen wirken sehr dekorativ. Sie sind rosa, lila oder weiß gefärbt.

Kultur: Im Frühbeet oder im Haus ab März aussäen. Pikieren und abhärten. Ab Mitte Mai mit 40–50 cm Abstand nach draußen pflanzen. Höhe 90–100 cm. Blütezeit Juli bis September. Möglichst geschützter, warmer Standort.

Sorten: Mischungen; 'Fliederfarbe' (mauve), 'Helen Campbell' (weiß), 'Rosakönigin' (hellrosa).

Besonderer Tip: Pflanzen Sie die exotisch wirkenden großen Blütenpflanzen als einzelne Gruppe oder in Kübel.

Steinkraut
(Lobularia maritima syn. *Alyssum maritimum)*

Merkmale: Das niedrige, honigsüß duftende Steinkraut gehört zu den Kreuzblütlern. Es schmückt sich mit weißen, lila oder rosa Blüten und bildet dichte Teppiche.

Kultur: Aussaat in Abständen immer wieder von März bis Juni direkt ins Freiland. Auf 15 cm Abstand verpflanzen. Höhe 10–15 cm. Blütezeit je nach Aussaat Mai bis September. Die Pflanzen blühen schon zehn Wochen nach der Aussaat. Nach einem Rückschnitt mit der Schere setzen Sie einen zweiten Flor an.

Sorten: 'Little Dorrit' (weiß), 'Rosie O'Day' (rosa), 'Wunderland' (rosarot), 'Königsteppich' (tiefviolett).

Besonderer Tip: Weil es so schnell wächst und blüht ist das Steinkraut ein wertvoller Bodendecker für Stellen, die noch rasch zugedeckt werden sollen. Hübsch auch im Steingarten und als Beeteinfassung.

Strohblume *(Helichrysum bracteatum)*

Merkmale: Ein Korbblütler, dessen steife Hüllblätter die Strohblumen bilden. Die Farbskala reicht von Cremeweiß über Gelb, Orange bis zum tiefen Rot. Die Blumen sehen in der Rabatte hübsch aus und liefern reichlich Material für winterliche Trockensträuße.

Kultur: Im März Aussaat ins Frühbeet, ab April ins Freiland. Pflanzabstand 20–30 cm. Höhe 30–80 cm. Blütezeit Juli bis Oktober. Strohblumen wachsen leicht, nur gegen zuviel Nässe sind sie empfindlich.

Sorten: Hohe Prachtmischungen (80 cm), halbhohe Prachtmischungen (40–50 cm), 'Hot Bikini' (feuerrot), 'Bunter Bikini' (niedrige Mischung, 30 cm).

Besonderer Tip: Schneiden Sie Strohblumen, wenn die Knospen sich gerade zu öffenen beginnen, und hängen Sie sie gebündelt kopfunter zum Trocknen auf. So behalten sie die beste Form für Trockensträuße.

Studentenblume, Samtkäppchen
(Tagetes erecta, T. patula nana, T. tenuifolia)

Merkmale: Diese vielseitigen Blumen aus der Familie der Korbblütler dürfen in keinem naturgemäßen Garten fehlen. Sie wachsen als niedrige Teppiche oder als hohe Schnittblumen. Alle Gelb-, Gold- und Mahagonifarben sind in ihrem reichen Angebot vorhanden. Es gibt gefüllte und einfache Sorten. Alle haben leuchtende, samtige Blüten. Den herben Tagetesgeruch mögen manche Menschen nicht, deshalb wurden auch duftlose Züchtungen entwickelt.

Kultur: Aussaat ab März ins Frühbeet, ab April ins Freiland. Pflanzabstand bei niedrigen Sorten 15 cm, bei hohen Sorten 30–50 cm. Höhe je nach Sorte 15–90 cm. Blütezeit Mai bis November. Tagetes lassen sich leicht verpflanzen. Sie gedeihen überall, am besten aber in der Sonne. Bei Regenwetter bleiben sie standfest; vor allem die Blüten der niedrigen Sorten halten sich auch bei Nässe. Von den unkomplizierten Samtkäppchen können Sie besonders leicht Samen selber sammeln. Sie gewinnen dabei allerdings immer »bunte Mischungen«.

Sorten: 'Pfitzers Geruchlose Stolz des Gartens' (orangegelb, hoch), 'Cupido' (goldgelb, niedrig), 'Orangeflamme' (orange-samtrot, niedrig), 'Zitronentropfen' (zitronengelb, sehr niedrig), 'Ehrenkreuz' (alte einfache Sorte, gelb-braun), 'Marietta' (verbesserte 'Ehrenkreuz'), 'Gnom' (goldgelb, kleine Blüten, gefiedertes Laub), 'Paprika' (braunrot, ebenfalls gefiedertes Laub). Dies ist nur eine kleine Auswahl aus der großen Sortenfülle.

Besonderer Tip: Tagetes gehören zu den wichtigsten Blumen im naturgemäßen Garten. Sie dienen nicht nur zur Zierde, sondern auch als Bodendecker, Schädlingsabwehrer und gesunde Mischkultur. Vergleichen Sie dazu die Kapitel »Pflanzen als Helfer im Garten« und »Mischkultur«. Da Studentenblumen ein Leckerbissen für Schnecken sind, sollten Sie auch die Tips im Abschnitt »Plagegeister«, S. 132–134, beachten. Pflanzen Sie

In den Tagetes sind Nutzen und Schönheit vereint.

Tagetes zu Tomaten, Kartoffeln und Lauch. Im Ziergarten passen diese vielseitigen Blumen gut zu Rosen und ins Staudenbeet. Auch als Beeteinfassung und im Balkonkasten leuchten sie unermüdlich bis zum Frost mit ihren warmen Goldbrokattönen.

Trichtermalve *(Malope trifida)*

Merkmale: Dieses einjährige Malvengewächs war schon im alten Bauerngarten heimisch. Es bezaubert mit einer verschwenderischen Fülle seidiger Trichterblüten, die aus den Blattachseln wachsen. Weiß, rosa und rot sind die Farben der Malven, die trotz ihrer Zartheit lange in der Vase halten.
Kultur: Aussaat im April an Ort und Stelle, später mit 20–30 cm Abstand verpflanzen. Höhe 60–100 cm. Blütezeit Juli bis Oktober. Trichtermalven gedeihen besonders gut in sandig-humosem Boden bei voller Sonne.
Sorten: Großblumige Mischungen.
Besonderer Tip: Ein ähnlich hübsches Malvengewächs ist auch die Bechermalve *(Lavatera trimestris)*. Sie wächst unter den gleichen Bedingungen wie die Trichtermalve. Die Sorte 'Silver Cup' hat rosa Blüten wie aus japanischer Seide. Wer sie einmal erlebte, der wird ihren Zauber nie wieder missen mögen.

Trichterwinde, Kaiserwinde
(Ipomoea, Pharbitis)

Merkmale: Diese Windengewächse ranken rasch hoch und sind monatelang mit herrlichen Trichterblüten übersät. Jeden Morgen öffnen sich neue Blumen, die sich in der Mittagszeit wieder schließen. Es gibt gestreifte und einfarbige Züchtungen in den Farben Weiß, Rot und Blau. Die Schönste von allen ist die strahlend himmelblaue Kaiserwinde. Eine Blume zum Meditieren!
Kultur: Aussaat ab April ins Freiland. Ab März Vorkultur in Torftöpfchen. Die Samen sollten in Wasser vorquellen. Abstand in der Reihe 15 cm. Höhe 2,00–5,00 m. Blütezeit Juli bis September. Winden brauchen Kletterhilfen. Sie ranken an Zäunen, Stäben und Drähten im Garten und auf dem Balkon.
Sorten: Prachtmischungen, 'Himmelblau' (blaue Kaiserwinde), 'Scharlachruhm' (rot).
Besonderer Tip: Pflanzen Sie blaue Kaiserwinden dort, wo die Morgensonne scheint und wo Sie sie nach dem Aufstehen gleich begrüßen können. Die Blüten sind jeden Morgen ein Erlebnis!

Trompetenzunge *(Salpiglossis sinuata)*

Merkmale: Dieses Nachtschattengewächs überrascht mit den phantasievollsten Blüten des Sommergartens. Die trompetenförmigen Blumen sind mit einem Netz von farbigen Adern durchzogen und strahlen in Goldgelb, Rosa, Rot, Mahagonibraun und Blau. Aus ihrer südamerikanischen Heimat haben sie ihren ganzen fremdländischen Zauber mit in unsere Gärten gebracht. Sie wirken wie Kinder des Regenbogens. Es ist erstaunlich, daß diese Blumen, die sich auch gut zum Schnitt eignen, noch immer verhältnismäßig wenig verbreitet sind.
Kultur: Vorkultur ab März im Frühbeet oder im Haus ist unbedingt empfehlenswert, obgleich eine Aussaat ab April auch im Freiland möglich ist. Im Mai wird auf 30 cm Abstand verpflanzt. Höhe 60–80 cm. Blütezeit Juni bis September. Trom-

petenzungen brauchen einen warmen, geschützten Standort und guten, nährstoffreichen Boden.
Sorten: Prachtmischungen.
Besonderer Tip: Zusammen mit Gauklerblumen und Elfenspiegel bilden die Trompetenzungen eine leuchtende »Exotenecke«.

Wicke *(Lathyrus odoratus)*

Merkmale: Wicken gehören zu den Schmetterlingsblütlern, und sie wirken genauso wie ihr Name es verspricht: geflügelt, heiter und fast schwerelos. Ihr lieblicher Duft durchzieht den ganzen Raum, wenn Sie ein Wickensträußchen in die Vase stellen. Das Farbenspiel reicht von Weiß, Zartgelb, Rosa, Rot über Lavendel bis Tiefviolett. Es gibt hochrankende und niedrige buschige Sorten.
Kultur: Aussaat von März bis Mai ins Freiland in 5 cm tiefe Rillen. Legen Sie etwa alle 10 cm je 2–3 Körner, die einige Stunden vorher in warmem Wasser quellen sollten. Reihenabstand 30 cm. Wicken sind Stickstoffsammler, sie brauchen nahrhaften Boden, vertragen aber keine frischen Dünger. Gießen Sie öfter mit Brennesseljauche. Feucht halten bei Hitze. Höhe bei rankenden Sorten 1,50–3,00 m, buschige Sorten 25–60 cm. Blütezeit Juli bis Oktober. Die hohen Sorten brauchen Kletterhilfen, die niedrigen eignen sich auch für blühende Beete.
Sorten: Prachtmischungen; Einzelfarben, zum Beispiel 'Royal Carmesin', 'Royal Lavendel' und viele andere; Zwergwicken 'Kleiner Liebling' (25–35 cm, auch für Balkonkästen); Buschwicken 'Jet-Set-Mischung' (60 cm, brauchen keine Stütze).
Besonderer Tip: Mulchen Sie den Boden um die Wicken, denn die Pflanzen brauchen viel Feuchtigkeit. Gegen Schnecken helfen die Tips auf Seite 132–134.

Ziertabak *(Nicotiana)*

Merkmale: Ein Nachtschattengewächs, das im Sommergarten monatelang blüht und vor allem in den Abendstunden süß duftet. Hübsche Rabattenblume, die auch für Sträuße geschnitten werden kann. Sie blüht in Weiß, Rosa und Rot und bildet kräftige Büsche.
Kultur: Aussaat ab März im Frühbeet oder im Haus, ab Mitte Mai ins Freie pflanzen mit 25–30 cm Abstand. Höhe 50–80 cm. Blütezeit Mai bis November. Ab und zu mit Brennesseljauche gießen. Anspruchslose, reichblühende Pflanzen, die auch im hellen Schatten gedeihen.
Sorten: *N. sanderae* 'Scharlachkönig' (scharlachrot, 80 cm), 'Idol' (leuchtend rot, 40–50 cm), 'Nicky-Rose', F1-Hybride (rosa), 'Nicky-White' (weiß), 'Sperling's Brasilia' (weiß, rosa, dunkelrot).
Besonderer Tip: Ziertabak wird von den meisten Schädlingen gemieden und ist deshalb eine Sommerblume ohne Probleme.

Zinnie *(Zinnia elegans)*

Merkmale: Die farbenfrohen Korbblütler aus Mexiko sind sehr beliebt als Beet- und Schnittblumen. Sie wirken etwas steifstengelig, sind aber dafür sehr haltbar – sowohl im Garten als auch in der Vase. Das Farbenspiel reicht von Cremeweiß über Gelb, Orange, Rot, Rosa bis Lila und Rostbraun. Es gibt Riesen und Zwerge unter den zahlreichen Zinnien-Züchtungen.
Kultur: Aussaat ab März ins Frühbeet oder in Schalen auf der Fensterbank, ab Ende April auch ins Freiland. Später die großen Sorten auf 30–40 cm Abstand verpflanzen, die kleinen auf 20 cm. Höhe je nach Sorte 20–100 cm. Blütezeit Juni bis Oktober. Zinnien brauchen viel Wärme und Sonne. Wenn sie einmal angewachsen sind, vertragen sie auch Trockenheit. Mit Brennesseljauche düngen.
Sorten: Mischungen und Einzelfarben von Dahlienblütigen Riesenzinnien (90 cm), Chrysanthemenblütigen Riesenzinnien (90 cm), Skabiosenblütigen Zinnien, Cupido-Zinnien (30 cm, kleinblumig), 'Perserteppich' (40 cm, kleinblumig), 'Däumling' (Zwergzinnie, 15 cm, für Einfassungen und Balkonkästen).

Unentbehrlich – die zweijährigen Sommerblumen

Im gärtnerischen Grenzland zwischen den Einjährigen und den ausdauernden Stauden sind die zweijährigen Sommerblumen angesiedelt. Ihr normaler Lebensrhythmus beginnt mit der Aussaat im Frühsommer. Im Herbst werden sie dorthin verpflanzt, wo sie blühen sollen. Im folgenden Jahr entwickeln sie dann erst Blüten und Samen. Eigentlich wäre damit ihr Lebenszyklus abgelaufen. Aber viele Zweijährige sind recht ausdauernd und blühen unter günstigen Umständen noch 1 oder 2 Jahre länger.
Da die Aussaatzeit in die Sommermonate Juni bis Juli fällt, ist es besonders wichtig, das Beet stets feucht und etwas schattig zu halten. Ab Mitte August bis September sollten Sie die Jungpflanzen an Ort und Stelle versetzen, damit sie vor dem Winter gut einwurzeln. In kalten Gegenden müssen Sie die kleinen Stiefmütterchen, den Goldlack und die anderen Zweijährigen durch eine Kiefernreisigdecke schützen. Die Pflanzen können notfalls auch erst im folgenden Frühling versetzt werden und im geschützten Frühbeet überwintern. Dann brauchen sie aber genügend Abstand untereinander. Gedüngt werden die Zweijährigen erst im zweiten Jahr. Für die Bodenvorbereitungen und die Pflege gelten die gleichen Regeln wie bei den einjährigen Sommerblumen. Unter den Zweijährigen finden Sie die schönsten altvertrauten Blumen aus dem Bauerngarten. Es lohnt sich, den späten Aussaattermin nicht zu vergessen!

Bartnelke, Karthäusernelke *(Dianthus barbatus)*

Merkmale: Ein zauberhaft altmodisches Nelkengewächs. Die Blumen duften würzig-süß und halten sich lange in der Vase. Es gibt gefüllte und ungefüllte Sorten in Weiß, Rosa und Rot.
Kultur: Aussaat im Juni, verpflanzen im Spätsommer mit 20–25 cm Abstand. Karthäusernelken lieben die Sonne, gedeihen aber auch im Halbschatten noch recht gut. Die Pflanzen säen sich leicht aus.
Sorten: Gefüllte und ungefüllte Prachtmischungen, 'Pink Beauty' (lachsrosa, 50 cm), 'Scarlet-Beauty' (scharlachrot, 50 cm), 'Indianerteppich' (Zwergbartnelken, 25 cm).
Besonderer Tip: Bartnelken wirken am schönsten in üppigen Gruppen oder auch als Randpflanzung im bäuerlichen Gemüsegarten.

Fingerhut *(Digitalis purpurea)*

Merkmale: Diese Blume aus der Familie der Rachenblütler ist ursprünglich am Waldrand und auf Lichtungen zu Hause. Die hohen Stiele mit den im Schlund gefleckten Glocken bringen in den Garten ein wenig Wildnis-Stimmung. Fingerhut sieht auch in der Vase bezaubernd aus. Außer den purpurrosa Naturformen gibt es heute viele Züchtungen in Creme, Gelb, Rosa und Dunkelrot.
Kultur: Aussaat im Juni ins Freiland, im Spätsommer verpflanzen mit 30–40 cm Abstand. Höhe 120–150 cm. Blütezeit je nach Sorte Juni bis Juli oder auch August bis Oktober. Die Pflanzen lieben halbschattige Plätze und heben sich von grünem Hintergrund (Nadelgehölze) besonders gut ab. Der Boden sollte eher etwas trocken und gut wasserdurchlässig sein. Rückschnitt nach der Blüte hält die Fingerhüte länger am Leben. Die 'Foxy-Auslese' blüht bereits im ersten Jahr, wenn sie zeitig im Frühling ausgesät wird.
Sorten: 'Excelsior-Hybriden' (waagerecht stehende Blüten, 120 cm, Blütezeit Juni bis Juli), 'Foxy-Mischung' (60 cm, alle Farben), 'Sperling's Mervita' (Pastellfarben, 120–140 cm, Blütezeit August bis Oktober).
Besonderer Tip: Fingerhüte sind herrliche Blumen für naturgemäße Gärten. Kombinieren Sie sie mit Wildstauden, Farnen und Gehölzen. Die alte Heilpflanze *Digitalis* gehört dagegen nur in die Hand des Arztes!

Goldlack *(Cheiranthus cheiri)*

Merkmale: Der Goldlack aus der Familie der Kreuzblütler blühte schon vor Jahrhunderten in

Kloster- und Bauerngärten. Sein süßer Wohlgeruch gehört noch heute zu den ganz besonderen Frühlings-Gartenfreuden. Es gibt gefüllte und ungefüllte Sorten, die alle in warmen Gold-, Orange- und Rotbrauntönen leuchten. Ein Goldlackstrauß erfüllt das ganze Zimmer mit seinem Duft.

Kultur: Aussaat schon ab Mai ins Freiland. Jungpflanzen mit 20–25 cm Abstand versetzen. In strengen Wintern mit Fichten- oder Kiefernreisig zudecken. Höhe je nach Sorte 15–50 cm. Blütezeit April bis Juni. Goldlack liebt nahrhaften, etwas lehmigen Gartenboden und viel Sonne. Unter günstigen Bedingungen hält er oft mehrere Jahre aus.

Sorten: Gemischte, einfache Sorten; 'Kanariengelber Zwerg' (ungefüllt 25 cm), 'Schwarzbrauner Zwerg' (ungefüllt, 25 cm); gefüllte Sortenmischungen (nicht winterhart!); 'Einjähriger Pariser' (einjähriger Goldlack, Aussaat im März); ferner *Cheiranthus allionii* 'Sperling's Ornato' und 'Gruppengold' (sehr winterharter Goldlack für Frühlings- oder Sommeraussaat in Orange oder Goldgelb).

Besonderer Tip: Pflanzen Sie Goldlack in Gruppen zu Vergißmeinnicht und Stiefmütterchen. Er paßt wunderschön zu bäuerlichen Mischkulturen-Gärten.

Königskerze
(*Verbascum densiflorum* und *V.*-Hybriden)

Merkmale: Diese wahrhaft königlichen Blumen aus der Familie der Rachenblütler können im Heilkräutergarten ebenso zu Hause sein wie im Ziergarten. Wie Riesenkandelaber wirken die hohen Stiele mit den gelben Blüten, die außer ihrer Schönheit auch Medizin enthalten. Für den Garten gibt es neben der uralten Naturform auch neue Züchtungen.

Kultur: Aussaat im Juni bis Juli, verpflanzen auf 30–40 cm Abstand. Höhe 150–200 cm. Blütezeit Juli bis August. Königskerzen gedeihen am besten in sandigem, magerem, etwas kalkhaltigem Boden. Stauende Nässe vertragen sie nicht. Wo sie sich wohlfühlen, da vermehren sie sich selbst durch Samenflug.

Arten und Sorten: *Verbascum olympicum* (gelbblütig mit breiten wolligen Blättern, 200 cm); *V. bombyciferum* (schwefelgelb, 180 cm); '*Cotswold Queen*' (bernsteinfarbige Blütenrispen, 150 cm).

Besonderer Tip: Königskerzen wirken majestätisch schön in Einzelgruppen. Sie können aber auch gut in eine Mischkultur aus Nutzpflanzen und Kräutern eingeordnet werden – zum Beispiel als Randpflanzung am Zaun des Gemüsegartens, zusammen mit Ringelblumen und Salbei. Die getrockneten Blüten von *V. densiflorum* dienen als Tee bei Erkältungen.

Marienglockenblume (*Campanula medium*)

Merkmale: Ein Glockenblumengewächs mit üppiger Blütenfülle. Die großen rundlichen Glocken schmückten schon die alten Bauerngärten. Marienglockenblumen füllen mit ihren breiten Blütenpyramiden mühelos Rabattenlücken und liefern wunderschöne Schnittblumen. Es gibt ge-

Marienglockenblumen verbreiten ländlichen Charme.

füllte und ungefüllte Sorten in Weiß, Rosa und Lila-blau.

Kultur: Aussaat Mai bis Juni ins Freiland, später verpflanzen auf 30–40 cm Abstand. Höhe 40–80 cm. Blütezeit Juni bis Juli. Gedeiht überall in guter Erde und an sonnigem Standort.

Sorten: Einfache und gefüllte Mischungen, Einzelfarben, 'Glockenspiel-Mischung' (niedrig, 40 cm).

Besonderer Tip: Pflanzen Sie einige Glockenblumen auf ein Extra-Schnittblumenbeet für Sträuße. In der Rabatte ist es zu schade, wenn man »Löcher« schneidet.

Maßliebchen, Tausendschönchen

(Bellis perennis)

Merkmale: Die reizenden Korbblütler sind die vornehmen Schwestern unserer heimischen Gänseblümchen. Dichtgefüllt und kugelrund wirken sie wie eine Sonntagsschönheit vom Lande. Die weißen, rosa und roten Blüten lassen sich auch zu hübschen Biedermeiersträußchen binden.

Bellis sind »die Schönen« – ein treffender Name!

Kultur: Aussaat Mai bis Juni, später verpflanzen auf 10–15 cm Abstand. Höhe 15 cm. Blütezeit März bis Juni. Maßliebchen gedeihen überall in gutem, etwas feuchtem Boden, sowohl in der Sonne als auch im Halbschatten. Sie sind ganz winterhart. Die niedrigen Blumen eignen sich gut für Einfassungen und als Frühlingsbalkonschmuck.

Sorten: Prachtmischungen; 'Rosa Teppich', 'Roter Teppich', 'Weißer Teppich', 'Kito' (kirschrosa), 'Fanal' (scharlachrot).

Besonderer Tip: Maßliebchen samen sich leicht aus, fallen dabei aber meist in ihre »ungefüllte Vergangenheit« zurück. Besser ist eine Vermehrung durch Teilung besonders kräftiger Pflanzen.

Stiefmütterchen

(Viola-Wittrockiana-Hybriden)

Merkmale: Diese Blumen aus der Familie der Veilchengewächse sind aus unseren Gärten nicht wegzudenken. Die freundlichen Gesichter und der zarte Duft gewinnen in jeder Generation neue Freunde. Die modernen Züchtungen zeigen alle Farben des Regenbogens und riesengroße Blüten.

Kultur: Aussaat im Juli bis August, später verpflanzen auf 15–20 cm Abstand. Höhe 20–30 cm. Blütezeit März bis Mai, Blütenbeginn oft schon im Herbst. Stiefmütterchen sind im allgemeinen winterhart, Schutz ist nur bei starkem Frost nötig. Die Pflanzen gedeihen in der Sonne und im Halbschatten. Der Boden sollte locker, humusreich und feucht sein. Auch in Balkonkästen und Schalen blühen die »Riesenveilchen« reich und willig. Gießen Sie sie mit Brennesseljauche.

Sorten: 'Einfarbige frühblühende Riesen' (reine Farben ohne Flecken), 'Hesses Überriesen' (Blütendurchmesser 8–10 cm), 'Schweizer Riesen' (großblumig in vielen Farben), 'Majestic-Giants F1-Hybriden' (kräftig und riesenblumig), 'Winterblühende Riesen' (frühblühend).

Besonderer Tip: Benutzen Sie Stiefmütterchen als bunten Teppich für das Tulpenbeet!

Stockrose, Malve *(Alcea rosea)*

Merkmale: Das riesige Malvengewächs mit den röschenähnlichen Blüten war ein sommerliches Wahrzeichen alter Gärten. Auch heute wirken die weiß, rosa, rot, schwarzrot und zartgelb gefärbten Blumen als unübersehbarer Blickfang.
Kultur: Aussaat Mai bis Juni möglichst an Ort und Stelle, denn die Pflanzen leiden beim Umsetzen wegen ihrer langen Pfahlwurzeln. Reichlich Abstand von 40–50 cm unbedingt einhalten. Höhe 2–3 m. Blütezeit Juli bis September. Im zweiten Jahr sollten die Stockrosen angebunden werden. Sie lieben nährstoffreichen Boden und sonnige Lage. Gießen Sie mit Brennesseljauche. Am Zaun oder an einer warmen Hauswand stehen die Riesenblumen am günstigsten.
Sorten: 'Preismalven', gefüllte Prachtmischung.
Besonderer Tip: Malven sind anfällig für Malvenrost. Er wird durch Enge und Trockenheit gefördert. Weiter Abstand, Mulch und vorbeugende Spritzungen mit Schachtelhalmtee schützen vor der Krankheit.

Ungefüllte Stockrose mit typischen Malvenblüten.

Unvergessen – blaue Blumen aus alten Gartenzeiten.

Vergißmeinnicht *(Myosotis)*

Merkmale: Vergißmeinnicht gehören zu den Boretschgewächsen. Ihre himmelblauen Blütenteppiche wirken wie ein Abbild des Frühlingshimmels. Seit alten Zeiten sind sie in unseren Gärten heimisch als Teppich- und Einfassungsblumen. Sie eignen sich gut für kleine Vasen. Manche Sorten blühen auch rosa und weiß.
Kultur: Aussaat Juni bis Juli auf ein feucht-schattiges Beet. Später verpflanzen mit 15 cm Abstand. Höhe 15–40 cm. Blütezeit vor allem Mai. Vergißmeinnicht sind anspruchslos, gedeihen aber am besten an feuchten, etwas kühlen Plätzen. Sie samen sich leicht aus.
Sorten: 'Blauer Korb' (tiefblau, großblumig, 25 cm), 'Blaues Wunder' (kräftiges Blau, Blütendurchmesser über 1 cm), 'Indigo compacta' (dunkelblau, 20 cm), 'Rosa Ball', 'Weißer Ball' (kugeliger Wuchs, 15 cm).
Besonderer Tip: Wählen Sie blaue Vergißmeinnicht als Teppich zu Füßen weißer und rosa lilienblütiger Tulpen.

Wolfsmilch *(Euphorbia lathyris)*

Merkmale: Dieses Wolfsmilchgewächs verdient seinen Platz im Garten weniger durch die unscheinbaren gelblichen Blüten als durch seinen nützlichen Einsatz gegen Wühlmäuse.

Kultur: Aussaat Juni bis Juli, später in Gruppen auspflanzen. Höhe 80 cm. Sonniger Standort.
Besonderer Tip: Am Gartenzaun oder in der Nachbarschaft gefährdeter Pflanzen (zum Beispiel Lilien) hält diese Wolfsmilch die Wühlmäuse ab. Die Wirkung sollte aber nicht überschätzt werden. Beachten Sie dazu auch die Tips im Kapitel »Plagegeister«, Seite 131–134. Vorsicht: Der Milchsaft der Wolfsmich ist auch für Menschen giftig. Warnen Sie Ihre Kinder!

Farbenpracht für viele Gartenjahre: ausdauernde Stauden

Stauden sind krautige Gewächse, die jedes Jahr neu austreiben. Im Gegensatz zu den Ein- und Zweijährigen nennt man sie auch ausdauernde oder perennierende Pflanzen. Die meisten frieren oberirdisch zurück und überwintern unter der Erde in ihren Wurzelstöcken. Einige bleiben auch im Winter grün. Im nächsten Frühling erwachen sie alle zu neuem Leben und Blühen. Zu den Stauden zählen so unterschiedliche Gewächse wie niedrige Steingartenpolster, hohe Rittersporne, Zwiebelblumen wie die Lilien, Seerosen und viele Sumpfblumen. Auch zahlreiche Gräser und Farne gehören zu den Ausdauernden.
Stauden haben, da sie so viele verschiedenartige Gewächse umfassen, auch sehr unterschiedliche Lebensgewohnheiten. Ihre Ansprüche an den Boden, an Licht und Wasser müssen Sie kennenlernen, bevor Sie zu pflanzen beginnen. Nur mit solchem Wissen können Sie die richtigen Partner zusammenbringen, die es auch jahrelang mitein-

In einem harmonisch aufgebauten Staudenbeet sind alle Pflanzen übersichtlich angeordnet.

ander aushalten können. So gibt es zum Beispiel Stauden, die sich an sonnigen und trockenen Plätzen wohlfühlen, und solche, die nur an schattigen, feuchten Stellen gedeihen.
Zwei große Staudengruppen sollten Sie vor allem unterscheiden: die Beet- und Prachtstauden und die Wildstauden. Die Prachtstauden werden in Beeten und Rabatten buntgemischt zusammengepflanzt. Die meisten brauchen Sonne, einen lockeren, nährstoffreichen, offenen Boden und ständige Pflege. Zu ihnen gehören zum Beispiel Rittersporn, Phlox, Margeriten, Astern, Mohn und viele andere. Die Wildstauden werden dagegen mit Gehölzen, Zwiebelblumen und Bodendeckern kombiniert. Sie wachsen – ähnlich wie in der freien Natur – mit der Zeit dicht zusammen und bilden dann eine Pflanzengemeinschaft, die von der Pflege des Gärtners weitgehend unabhängig wird. Unkraut vermag diese geschlossene Bodendecke kaum noch zu durchdringen. Solche Kombinationen müssen natürlich »stimmen«, wenn sie funktionieren sollen. Stauden, die sich für naturhafte Pflanzungen eignen, sind zum Beispiel Akeleien, Eisenhut, Astilben, Glockenblumen, Farne und Gräser.
In den folgenden Pflanzenbeschreibungen finden Sie besondere Hinweise auf Beetstauden und Wildstauden. Die naturhaften Pflanzungen, die mit Wildstauden angelegt werden können, passen sicherlich besonders gut in naturgemäße Gärten. Aber auch die Prachtstauden mit ihren herrlichen Blüten und weithin leuchtenden Farben bedeuten Erlebnisreichtum und Pflanzenkostbarkeiten für jeden Gärtner, der die überreiche Fülle der Natur zu schätzen weiß. Vor allem der große Gärtner Karl Foerster hat in diesem Jahrhundert das Staudensortiment durch seine Züchtungen um bisher ungeahnte Blumenschätze bereichert. Sein Bemühen um standfeste Sorten, klare Farben und mehltauresistente Rassen ist sicher auch unter das große Stichwort »naturgemäß« einzuordnen. Auf Foerster-Züchtungen wird bei den Staudenbeschreibungen öfter hingewiesen.

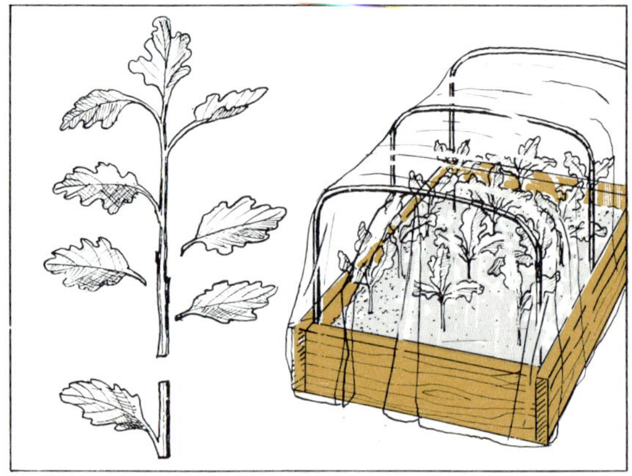

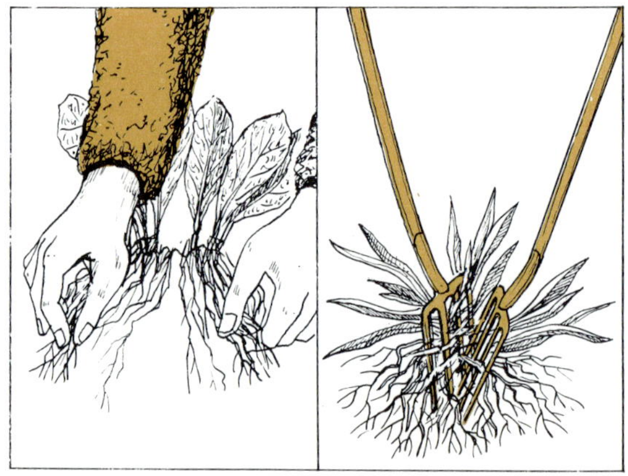

Der Boden für alle Staudenpflanzungen muß sorgfältig vorbereitet werden. Entfernen Sie jedes Unkraut, denn wenn es später in die Wurzelstöcke wuchert, wird es zur unausrottbaren Plage. Lockere, humusreiche Erde ist die beste Grundlage. Versorgen Sie Staudenbeete reichlich mit reifem Kompost. Als Dünger sollten Sie eine langsam fließende Nahrungsquelle wählen, denn die ausdauernden Pflanzen brauchen zwar Nährstoffe, aber sie dürfen niemals stark angetrieben werden, sonst wuchern sie ins Blatt und bilden weniger Blüten. Eine Mischung von Horn-Blut-Knochenmehl (zum Beispiel »Oscorna«) ist für Stauden ideal.

Links:
Verschiedene Vermehrungsmöglichkeiten bei Stauden: Triebstecklinge schlagen in sandiger Erde unter einer Plastikhaube rasch Wurzeln. Wurzelballen können geteilt werden. Iris vermehrt man durch Abtrennen von Rhizomen (fleischige Wurzelsprossen, die sehr flach eingegraben werden), Blätter und Triebe werden beim Einpflanzen der abgetrennten Staudenteile zurückgeschnitten.

Unten:
Wurzelstecklinge gewinnen Sie, wenn Sie einige Wurzeln abstechen und in 3–5 cm lange Stücke schneiden. In einem Kasten mit sandiger Erde werden sie 1 cm hoch zugedeckt und feucht gehalten.

Der Boden einer Prachtstaudenrabatte sollte möglichst offenbleiben, damit Sie Hacken, Wässern und Düngen können. Ältere Pflanzungen wachsen im Sommer so dicht zusammen, daß dennoch eine natürliche Schattengare entstehen kann. Wo Lücken im Beet auftauchen, die »nackt« in der Sonne liegen, da können Sie einjährige Sommerblumen zwischen die Stauden säen. Solche Kombinationen sehen hübsch aus, und sie schützen gleichzeitig das Beet vor Austrocknung. Tagetes, Ringelblumen und Kapuzinerkresse eignen sich dazu besonders, weil sie gleichzeitig den Boden entseuchen und vor Schädlingen schützen. Im Herbst und Frühling entsteht an diesen Stellen von selbst wieder Platz für die Pflegearbeiten, wenn die kurzlebigen Blumen verwelkt sind.

Im Frühling und nach der ersten Hauptblüte sollten Sie die Beetstauden zusätzlich mit Pflanzenjauche düngen. Wichtig ist, daß Sie verblühte Blumen immer sofort herausschneiden. Dadurch verlängern Sie den Flor. Die beste Pflanzzeit für fast alle Stauden liegt im Herbst von September bis November und im Frühjahr von März bis Mai. Kombinieren Sie die Blumen in einer Rabatte so, daß die Blütezeit vom Frühling bis zum Herbst ständig abwechselt. Sowohl in der Wuchshöhe als auch in den Farbabstufungen müssen die Stauden harmonisch aufeinander abgestimmt sein.

Für die eigene Vermehrung bieten sich verschiedene Möglichkeiten an: Wurzelstockteilung, Abtrennen von Rhizomen (fleischiger Wurzelsproß) und Ausläufern, Stecklinge und auch die Aussaat selbstgeernteter Samen. Hinweise auf die Vermehrung finden Sie in den folgenden Einzelbeschreibungen. Denken Sie bei der Anlage eines Staudenbeetes immer daran, daß diese herrlichen Pflanzen Jahre – oder sogar Jahrzehnte lang – in Ihrem Garten wachsen und blühen sollen. Schenken Sie ihnen einen Platz, an dem sie sich auch wohlfühlen können.

Akelei *(Aquilegia)*

Merkmale: Ein Hahnenfußgewächs mit alter Gartentradition. Über den rundlich gefiederten blau-grünen Blättern nicken blau-violette Blütenglocken mit langen Spornen. Die Wildform kommt auch noch in Weiß und Rosa vor. Neue Züchtungen leuchten großblumig und lang gespornt in Rot, Blau, Violett und Gelb.
Kultur: Akelei gedeiht gut in feuchtem, humusreichem Boden. Sie lieben lichten Halbschatten, blühen aber auch in der Sonne. Blütezeit Mai bis Juni. Höhe 20 bis 70 cm. Die Blumen samen sich leicht von selbst aus und können auch gut durch Aussaat im Frühling oder Herbst herangezogen werden. Teilen lassen sich die Pflanzen nicht!
Arten und Sorten: *A. vulgaris*, gemischt, *A. caerulea* 'Mc. Kana Riesen' (langspornig, großblumig, alle Farben); 'Olympia Blau-Weiß' (blauweiß, 70 cm), 'Crimson Star' (weiß-rot, 60 cm), 'Mini Star' (blau-weiß, nur 15 cm).
Besonderer Tip: Die Naturform *(A. vulgaris)* eignet sich gut für Wildstaudenpflanzungen mit Farnen, Storchenschnabel und Elfenblumen. Eine bildschöne Bauerngartenkombination: Akelei und Tränendes Herz.

Anmutige Akeleien in naturgemäßer Nachbarschaft.

Aster, Herbstaster *(Aster dumosus, A. novae-angliae, A. novi-belgii)*

Merkmale: Astern sind Korbblütler, die in zahlreichen ausdauernden Arten in unseren Gärten verbreitet sind. Es gibt Frühlingsastern *(A. alpinus* und *A. tongolensis)* und Sommerastern *(A. amellus)*. Hier ist nur von den Herbstschönheiten die Rede, die mit Tausenden von Blütensternen das Gartenjahr ausklingen lassen. Sie leuchten auf hohen oder niedrigen Stielen in Weiß, Lavendel, Violett, Rosa und Karminrot. *Aster dumosus* ist eine niedrige Kissenaster. Hohe Büsche bilden die rauhblättrige *Aster novae-angliae* und die glattblättrige *Aster novi-belgii.* Staudenastern sind haltbare Schnittblumen.
Kultur: Die Pflanzen brauchen guten, durchlässigen Boden und wollen in voller Sonne stehen. Weiten Abstand einhalten! Höhe je nach Sorte 20–120 cm. Blütezeit September bis Oktober. Vermehrung durch Teilung der Wurzelstöcke. Die Herbststaudenastern sind anspruchslos, sie bleiben jung, wenn sie öfter geteilt werden.
Sorten: *Aster dumosus:* 'Herbstgruß vom Bresserhof' (rosarot, 50 cm), 'Prof. A. Kippenberg' (leuchtend-blau, 30–40 cm); *Aster novae-angliae:* 'Rubinschatz' (Foerster-Züchtung, rubinrot, 120 cm), 'Andenken an Alma Pötschke' (lachsrot, 100 cm); *Aster novi-belgii:* 'Crimson Brocade' (gefüllt, rosarot, 100 cm), 'Royal Blue' (120 cm).

Blütensterne im Herbstlicht: Staudenastern.

Besonderer Tip: Alle Staudenastern sind Treffpunkt der Schmetterlinge. Glattblättrige Arten sind vom Mehltau gefährdet, die rauhblättrigen Arten sind ganz unempfindlich und gesund. Alle gehören zu den Beetstauden.

Astilbe, Prachtspiere *(Astilbe)*

Merkmale: Astilben sind Steinbrechgewächse, die im Sommer mit lange haltbaren, fedrigen Blütenrispen bezaubern, die aus winzigen Einzelblümchen zusammengesetzt sind. Ihre Farben sind Weiß, Rosa, Rot und Lila. In der Vase halten die Blüten gut, wenn die Stielenden etwas zerdrückt werden.

Kultur: Astilben lieben feuchten, nahrhaften Boden und Halbschatten. Sie wirken am schönsten zwischen Gehölzen und an Teichrändern. Geben Sie ihnen reichlich Laubkompost und Dünger. Pflanzabstand 40–50 cm. Höhe je nach Sorte 20–100 cm. Blütezeit Juli bis August. Vermehrung durch Teilen der Wurzelstöcke.

Arten und Sorten: *A.-Arendsii*-Hybriden 'Brautschleier' (schneeweiß, 70 cm), 'Cattleya' (cattleyenrosa, 60–100 cm), 'Fanal' (granatrot, 60 cm), 'Amethyst' (purpurlila); *A. taqueti* 'Superba' (purpurrosa Wildform, 100 cm).

Besonderer Tip: Kombinieren Sie Astilben mit Farnen, Gräsern, Glockenblumen, Anemonen und Gehölzen. Sie eignen sich hervorragend für Wildstaudenpflanzungen.

Bergenie *(Bergenia)*

Merkmale: Behäbige, breitblättrige Stauden aus der Familie der Steinbrechgewächse. Sie gehören zu den immergrünen Pflanzen und schmücken sich im Frühling mit rosa oder roten Blütenrispen.

Kultur: Anspruchslose Pflanzen, die in der Sonne und im Schatten gedeihen. Sie nehmen mit jedem Boden vorlieb. Pflanzenabstand 30–40 cm. Höhe 30–50 cm. Blütezeit April bis Mai. Vermehrung durch Teilung.

Sorten: 'Abendglut' (rot, 40 cm), 'Morgenröte' (leuchtend rosa, remontierend, 40 cm), 'Silberlicht' (weiß-rosa, 40 cm).

Besonderer Tip: Robuste Gewächse mit Wildstauden-Charakter, als Bodendecker für naturhafte Pflanzungen geeignet. Bei einigen Sorten verfärben sich die Blätter im Herbst.

Blaukissen, Aubrietie *(Aubrieta)*

Merkmale: Diese dankbaren Polsterstauden gehören zu den Kreuzblütlern. Das silbrig-grüne Laub ist winterhart; im Frühling sind die Pflanzen über und über mit Blüten bedeckt. Weithin leuchten die Blumenkissen in Blau, Violett, Rosa, Rot und Weiß.

Kultur: Aubrietien lieben sonnige Standorte und gedeihen in fast jedem Boden. Höhe 10–15 cm. Blütezeit April bis Mai. Sie können die Pflanzen selbst großziehen. Aussaat im Frühbeet oder in Schalen ab April. Im Freiland werden die Setzlinge mit 20–30 cm Abstand ausgepflanzt. Vermehrung später durch Stecklinge und Teilung.

Sorten: 'Blue Emperor' (blau), 'Rosenteppich' (karminrosa), 'Rotkäppchen' (dunkelrot), 'Schloß Eckberg' (dunkelviolett).

Besonderer Tip: Nicht nur im Steingarten, auch zwischen Frühlingszwiebelblumen bilden die Aubrietien herrliche Teppiche. Pflanzen Sie Schleifenblumen und Steinkraut dazu.

Christrose, Nieswurz *(Helleborus)*

Merkmale: Christrosen sind Hahnenfußgewächse, die zu einer außergewöhnlichen Zeit mitten im Winter blühen. Die Blütensterne im Schnee sind immer von neuem ein wunderbares Gartenereignis. Sie leuchten nicht nur weiß-rosa, sondern auch dunkelrot und grünlich. Die kurzstieligen Blumen halten sich gut in der Vase.
Kultur: Die immergrünen Stauden brauchen kräftigen, humusreichen, feuchten Boden. Sie lieben Kalk, geben Sie ihnen deshalb kalkhaltiges Steinmehl! Und mulchen Sie mit grobem Kompost. Im Halbschatten unter Sträuchern, wo sie ungestört bleiben, entwickeln sich Christrosen am besten. Pflanzabstand 30–40 cm. Höhe 25–40 cm. Blütezeit je nach Sorte Dezember bis März. Vermehrung durch Teilung.
Arten: *H. niger* (weiße Christrose, 30 cm, Blüte ab Dezember), *H. praecox* (weiß, Blüte schon ab Oktober/November), *H. atrorubens* (dunkel purpurrot, Blüte Januar bis März), *H. foetidus* (hellgrün, Blüte Januar bis April).
Besonderer Tip: Haben Sie Geduld mit Christrosen, sie blühen erst mit den Jahren immer reicher, am besten ungestört in Wildstaudenpflanzungen.

Chrysantheme, Winteraster *(Chrysanthemum)*

Merkmale: Diese Korbblütler gehören zu den ältesten kultivierten Blumen. Sie kamen aus Asien zu uns und erfüllen den Spätherbst mit dem tiefen Leuchten ihrer Strahlenblüten. Ihr herber Duft riecht nach Vergänglichkeit. Chrysanthemenblüten überstehen den ersten Frost meist unbeschadet. Sie halten wochenlang in der Vase. Ihre Farbauswahl reicht von Weiß über Gelb, Kupfer, Braun bis zum tiefen Rot und reinen Rosa.

Leuchtend rosa Chrysantheme 'Clara Curtis'.

Kultur: Chrysanthemen lieben humusreichen, möglichst etwas lehmigen Boden und einen sonnigen Standort. Ernähren Sie sie kräftig mit Horn-Blut-Knochenmehl, Brennesseljauche und Steinmehl. Beste Pflanzzeit ist das Frühjahr. Pflanzabstand 40–60 cm. Höhe 40–100 cm. Blütezeit August bis November. Vermehrung durch Teilung oder Aussaat von Züchtersorten.
Sorten: *Indicum*-Gruppe: 'Kleiner Bernstein' (bernsteingelb, gefüllt, 40–50 cm), 'Golden Rehauge' (goldgelb, 80–100 cm), 'Nebelrose' (hellrosa, 100 cm); *Koreanum*-Gruppe: 'Fellbacher Wein' (weinrot, 80–100 cm), 'Goldmarianne' (Foerster-Züchtung, tiefgelb, einfach, 80–100 cm), 'Kupfergoldstern' (Foerster-Züchtung, braunrotgelb, 80–100 cm), 'Schneewolke' (Foerster-Züchtung, weiß, gefüllt, 50–60 cm), 'Schweizerland' (rosa, gefüllt); *Rubellum*-Gruppe: 'Clara Curtis' (rosa, einfach, 70 cm).
Besonderer Tip: Chrysanthemen sind Beetstauden, die öfter auseinander genommen und neu gepflanzt werden müssen. Etwas Winterschutz.

Dachwurz, Donnerwurz *(Sempervivum)*

Merkmale: Ein Dickblattgewächs mit wunderschönen grünen, silberumsponnenen oder braunroten Blattrosetten. Auf langen Stielen erscheinen rosa oder gelbliche Blütensterne. Alte Donnerwurz-Sorten wuchsen auf Mauern, Türpfosten oder Dächern der Bauernhäuser – wie kleine gute Geister, die kein Frost und keine Dürre vertreiben konnten. Neue Züchtungen sind wahre Kleinodien in der Färbung und in der ornamentalen Form.

Kultur: Anspruchsloser geht es nicht: so trocken und mager wie möglich. Kein Dünger aber viel Sonne. Höhe der Blüten 10–20 cm. Blütezeit Juni bis Juli. Gute Plätze sind Steingärten, Mauerritzen, Vertiefungen in Findlingssteinen und Schutthalden. Eine Pflanze, die geblüht hat, stirbt anschließend ab. Dafür bilden sich zahlreiche Ausläufer mit neuen Rosetten. Die Vermehrung findet ständig von selbst statt.

Sorten: 'Rheinkiesel' (silbrig-umsponnene Rosette), 'Rubin' (dunkelrot), 'Topas' (topasfarbig), *S. schlehanii* 'Rubicundum' (rot mit grünen Spitzen).

Besonderer Tip: Bepflanzen Sie einen alten Trog mit verschiedenen Dachwurz-Züchtungen.

Diptam, »Brennender Busch« *(Dictamnus)*

Merkmale: Ein Rautengewächs mit ledrigen Blättern und dekorativen rosa oder weißen Blütenständen. Die Pflanzen duften intensiv und enthalten viel ätherisches Öl.

Kultur: Der Diptam braucht einen sehr sonnigen Platz und durchlässigen Boden, der mit reichlich Kompost und etwas Kalk versorgt werden soll. Pflanzabstand 90–120 cm. Höhe 80 cm. Blütezeit Mai bis Juli. Je länger die Pflanzen ungestört an einem Platz stehenbleiben, desto üppiger blühen sie mit der Zeit. Vermehrung durch Samen. Attraktives Gewächs für Wildstaudengemeinschaften auf eher trockenem Standort.

Arten und Sorten: *Dictamnus fraxinella* (rosa), 'Albiflorus' (weiß).

Weiß blühender Diptam.

Besonderer Tip: An heißen Sommertagen verströmen die Samenkapseln so viel ätherisches Öl, daß man es in einer windstillen Stunde über dem »brennenden Busch« anzünden kann!

Edeldistel *(Eryngium)*

Merkmale: Edeldisteln sind dekorative Doldenblütler. Ihre stahlblaue Farbe und vor allem die bizarre »Halskrause« machen sie zu einem be-

Edeldistel 'Opal'

sonderen Blickfang im Garten. Sehr schön für Trockensträuße.
Kultur: Edeldisteln sind keine Wohlstandsgeschöpfe. Sie brauchen lockeren, trockenen Boden und viel Sonne. Pflanzabstand 30–45 cm. Höhe 40–100 cm. Blütezeit Juli bis September. Vermehrung durch Aussaat.
Arten und Sorten: *E. alpinum* 'Amethyst' (violettblau, 80–100 cm), 'Opal' (silbrig-lila, 80–100 cm), *E. planum* 'Blauer Zwerg' (tiefblau, 50 cm).
Besonderer Tip: Pflanzen Sie die bizarren Disteln in Natur- und Heidegartenpartien zu Gräsern und Heidekraut.

Federnelke *(Dianthus plumarius)*

Merkmale: Die dichten grau-grünen Polster dieses Nelkengewächses sind zu jeder Jahreszeit ein hübscher Anblick. Die rundlichen, fedrigen, gefüllten Blüten duften süß-würzig. Sie sind weiß, rosa oder rot gefärbt. Federnelken sind haltbare Vasenblumen, die den ganzen Raum mit Wohlgeruch erfüllen.
Kultur: Durchlässiger, leichter Boden und Sonne sind Voraussetzung für gesunde Nelken. Sonst keine besonderen Ansprüche. Pflanzabstand 25 cm. Höhe 15–30 cm. Blütezeit Mai bis Juni. Vermehrung durch Stecklinge oder Aussaat.
Sorten: 'Altrosa' (rosa, gefüllt, 25 cm), 'Diamant' (weiß, gefüllt, 20–30 cm), 'Maischnee' (weiß, gefüllt, 25 cm), 'Heidi' (rot, gefüllt, 25–30 cm).
Besonderer Tip: Federnelken eignen sich als anmutig-altmodische Beetumrandung. Sie lieben es aber auch, über Trockenmauern herunterzuwachsen.

Feinstrahlaster, Berufskraut *(Erigeron)*

Merkmale: Hübsche Korbblütler, die den Staudenastern ähneln. Die Blüten sind weiß, rosa, rot, lila oder violett gefärbt. Sie liefern haltbare Sommersträuße.
Kultur: Anspruchslose Staude für die Sommerrabatte. Feinstrahlastern wachsen in jedem guten Gartenboden in der vollen Sonne oder auch im Halbschatten. Pflanzabstand 30 cm. Höhe 50–80 cm. Blütezeit Juli bis August. Vermehrung durch Teilung und durch Aussaat.
Sorten: 'Dunkelste Aller' (Foerster-Züchtung, violett-blau, 70 cm), 'Foersters Liebling' (rosarot, 60 cm), 'Rosa Triumph' (rosa, gefüllt, 60 cm), 'Sommerneuschnee' (Foerster-Züchtung, weiß, 50–60 cm).
Besonderer Tip: Nicht knospig, sondern vollerblüht schneiden; die Blüten öffnen sich nicht in der Vase.

Funkie, Herzlilie *(Hosta)*

Merkmale: Funkien sind Liliengewächse, die vor allem durch ihre prächtigen, verschieden gefärbten Blätterbüsche auffallen. Die glockenförmigen Blüten in Weiß, Rosa oder Lila zeigen ihre Schönheit erst auf den zweiten Blick.
Kultur: An schattigen Plätzen, in feuchtem, humusreichem Boden entwickeln sich die Herzlilien zu stattlichen Büschen, die von Jahr zu Jahr schöner werden. Sie wachsen aber auch in der Sonne und auf schlechtem Boden. Pflanzabstand je nach Sorte 30–60 cm. Höhe 40–60 cm. Blütezeit Juli bis August. Vermehrung durch Teilung.
Arten und Sorten: *H. albomarginata*, die 'Weißrandfunkie' (Blätter mit weißem Rand, Blüten lila), *H. fortunei* 'Aurea' (im Frühling goldbunte, später grüne Blätter, Blüten lila), *H. plantaginea* 'Grandiflora', die Lilienfunkie (große herzförmige Blätter, weiße duftende Blüten), *H. sieboldiana* 'Elegans' (breite, blaubereifte Blätter, Blüten lilaweiß).
Besonderer Tip: Funkien passen gut zu Wildstaudenpflanzungen im Schatten. Reizvolle Partner sind Eisenhut, Fingerhut, Astilben und Waldgräser.

Gemswurz, Frühlingsmargerite *(Doronicum)*

Merkmale: Die Gemswurz ist ein Korbblütler mit margeritenähnlichen, leuchtend gelben Strahlenblüten. Die Blumen eignen sich vorzüglich zum Schnitt.

Kultur: Gemswurz gedeiht in jedem normalen Gartenboden, sowohl in der Sonne als auch im Halbschatten. Die Staude ist robust und winterhart. Pflanzabstand 30 cm. Höhe je nach Sorte 25–70 cm. Blütezeit April bis Mai. Vermehrung durch Teilung oder Aussaat.
Sorten: *D. caucasicum* 'Frühlingspracht' (gefüllt, 40–50 cm), 'Riedels Goldkranz' (große Blüten, 25 cm), 'Goldzwerg' (dichte Büsche, 25 cm).
Besonderer Tip: Gemswurz ist ein strahlender Begleiter für rote Tulpen.

Glockenblume *(Campanula)*

Merkmale: Die verschiedenen Glockenblumengewächse gehören zu den lieblichsten Blumen im Sommergarten. Je nach Art und Herkunft eignen sie sich für Steingärten, Rabatten oder Wildstaudenpflanzungen im lichten Schatten von Gehölzen. Ihre weißen, rosa, lila oder violetten Glocken bringen heitere Sommerstimmung in den Garten und ins Zimmer, denn sie halten sich auch gut in der Vase.
Kultur: Fast alle Glockenblumen gedeihen in der Sonne und im Halbschatten. Nur die Waldglockenblume *(C. macrantha)* liebt etwas mehr Schatten. Sie wachsen alle in jedem normalen Gartenboden. Pflanzabstand 20–45 cm. Höhe je nach Sorte 20–100 cm. Blütezeit Juni bis August. Vermehrung durch Teilung und Aussaat. Die Blumen breiten sich rasch von selbst aus.
Arten und Sorten: Karpatenglockenblume *C. carpatica* 'Karpatenkrone' (Foerster-Züchtung, hellblau, 15–20 cm), 'Weiße Clips' (weiß, 20 cm); *C. portenschlagiana* (blaue Dauerblüher, 10–15 cm); Knäuelglockenblume *C. glomerata* 'Acaulis' (dunkel-violett, 20 cm), 'Dahurica' (dunkelviolett, 40–50 cm); *C. latiflora* 'Loddon Anne' (rauhhaarige Blätter, lila-rosa Glocken, 90 cm); *C. macrantha*, die Waldglockenblume (rauhe Blätter, dunkelviolette Glocken, 100 cm); Pfirsichblättrige Glockenblume *C. persicifolia* 'Grandiflora alba' (weiß, 70 cm), 'Grandiflora Coerulea' (lila-blau, 70–100 cm).

Sommerlicher Bauerngarten mit blauen Glockenblumen.

Besonderer Tip: Die hohen Glockenblumen können Sie zu stimmungsvollen Wildstaudengruppen mit Fingerhut, Akeleien, Farnen und Schattengräsern zusammenpflanzen.

Goldrute *(Solidago-*Hybriden*)*

Merkmale: Die langen Blütenrispen dieses Korbblütlers sehen wirklich aus wie goldbehangene Ruten. Die Untugenden der wuchernden Wildform haben die neuen *Solidago*-Züchtungen ganz abgelegt. Sie bilden anmutige Gruppen und liefern ausdrucksvolle Blütenzweige für die Vase.
Kultur: Goldruten sind anspruchslos. Sie gedeihen in jedem normalen Gartenboden in der Sonne aber auch im Halbschatten. Pflanzabstand 40 cm. Höhe je nach Sorte 40–100 cm. Blütezeit Juli bis Oktober. Die Stauden samen sich leicht selbst aus. Sonst Vermehrung durch Teilung.
Sorten: 'Golden Shower' (dunkelgelb, 80 cm), 'Goldenmosa' (goldgelb, große Rispen, 80 cm), 'Strahlenkrone' (flache, strahlige Blütenrispen, goldgelb, 60 cm).

Besonderer Tip: Goldruten passen in Rabatten und in Naturpflanzungen. Kombinieren Sie das warme Gold mit lila Herbstastern oder mit rotbrauner Sonnenbraut.

Indianernessel, Monarde
(*Monarda didyma* und Hybriden)

Merkmale: Monarden gehören in die Familie der Lippenblütler. Ihre buschigen Blütenstände sind in Etagen um den Stiel angeordnet. Sie blühen in warmen rot und rosa Tönen, aber auch in lila und weiß. Lange haltbare Garten- und Vasenblumen.
Kultur: Indianernesseln wachsen fast wie Unkraut. Am besten gedeihen sie in feuchtem, humusreichem Boden bei voller Sonne. Sie wachsen aber auch in ungünstigen Lagen. Pflanzabstand 30–40 cm. Höhe 80–150 cm. Blütezeit Juli bis September. Vermehrung durch Teilung.
Sorten: 'Adam' (karminrot, 80–100 cm), 'Präriebrand' (lachsrot, 120 cm), 'Prärienacht' (purpurlila, 150 cm), 'Schneewittchen' (weiß, 80–100 cm).
Besonderer Tip: Indianernesseln passen in Rabatten, Schnittblumenbeete und Naturpflanzungen. Sie sind beliebte Bienenweiden. Die Naturform *Monarda didyma* ist auch eine Teepflanze!

Iris, Schwertlilie *(Iris germanica)*

Merkmale: Dieses variationsreiche Irisgewächs ist durch steife Schwertblätter gekennzeichnet. Die herrlichen Blüten bilden in der Mitte einen »Dom«, um den sich drei Hängeblätter gruppieren. Die Blumen der »Regenbogengöttin« schillern in allen Farben: weiß, blau, gelb, braun, violett, rosa, weinrot und rostrot. Bei vielen Sorten sind zwei Farben zu leuchtendem Kontrast kombiniert. Es gibt niedrige, mittelhohe und hohe Bartiris und Hunderte prächtiger Züchtungen, die die alte Bauerngarten-Schwertlilie längst überflügelt haben. Iris sind auch sehr dekorative Vasenblumen.
Kultur: Schwertlilien brauchen durchlässigen, humusreichen, aber trockenen Boden. Sie lieben volle Sonne. Pflanzabstand 30–40 cm. Höhe je nach Sorte 20–100 cm. Staunässe ist sehr schädlich. Die dicken fleischigen Rhizome (Wurzelsprosse) werden sehr flach gepflanzt und nur 2–3 cm mit Erde bedeckt. Die beste Pflanzzeit liegt in den Monaten nach der Blüte von Ende Juni bis August. Dann können die Stauden auch durch Abtrennen von Rhizomen vermehrt werden. Iris setzen leicht Samen an, die ohne Schwierigkeiten im Frühbeet ausgesät werden können. So können Sie Ihre eigenen *Iris*-Sorten züchten!

Edle Iris-Blüten gehören zum uralten Gartenadel.

Sorten: Aus der ungeheuren Fülle kann nur eine zu eigenen Entdeckungen anregende kleine Auswahl genannt werden. 'Amethyst Flame' (rosiglila, 80 cm), 'Ola Kala' (goldgelb, 90 cm), 'Pinnacle' (weiß-gelb, 80 cm), 'Rococo' (weiß-blau, gewellte Blütenblätter, 80 cm), 'Rosenquarz' (rosa, 90 cm), 'Sable Night' (schwarzblau, 90 cm), 'South Pacific' (leuchtend-blau, 100 cm), 'Veilchenkönig' (violett, 90 cm), 'Wine and Roses' (weinrot-rosa, 70 cm); niedrige Sorten: *Iris barbata nana* 'Cyanea' (violett-blau, 20 cm), 'Coerulea' (himmelblau, 20 cm), 'Schneekuppe' (weiß, 30 cm) und 'Jerry Rubin' (rubinrot, 30 cm).

Monarda-Hybride.

Arten: Wunderschöne »Familienmitglieder« sind auch die Sibirische Iris *(Iris sibirica)*, die an trockenen und feuchten Stellen ihre grasartigen Büsche entfaltet. Die Blüten sind kleiner als die der Schwertlilien und haben keinen »Bart«. *Iris kaempferi*, die Japanische Sumpfiris, hat flache, tellerförmige Blüten und aparte Zeichnungen. Sie wirkt besonders anmutig am Wasser.
Besonderer Tip: *Iris sibirica* eignet sich für naturhafte Pflanzungen rund ums Wasserbecken. Die anderen Schwertlilien sind dagegen ausgesprochene Beet- und Prachtstauden. Säen Sie einjährigen Mohn und Bechermalven zwischen die Iris, damit sie nach der Blüte nicht so steif aussehen.

Japananemone, Herbstanemone
(Anemone hupehensis var. *japonica)*

Merkmale: Ein langstieliges Hahnenfußgewächs mit wunderschönen, offenen Schalenblüten. Diese späten Anemonen sind mit ihren weißen, rosa und roten Farben eine große Bereicherung des Spätsommer- und Herbstgartens. Sie halten sich lange in der Vase.
Kultur: Japananemonen gedeihen gut im lichten Halbschatten in durchlässigem, aber feuchtem Boden. Geben Sie etwas Winterschutz aus Laub und Torf. Die Wurzeln bilden Ausläufer und vergrößern ständig die Pflanzungen. Beste Pflanzzeit Frühling. Abstand etwa 45 cm. Höhe 60–100 cm. Blütezeit August bis Oktober. Vermehrung durch Wurzelstecklinge.
Sorten: 'Septembercharme' (rosa, 60 cm), 'Honorine Jobert' (weiß, einfach, 80 cm), 'Königin Charlotte' (lila-rosa, halbgefüllt, 80 cm), 'Prinz Heinrich' (dunkelrot, halbgefüllt, 80 cm).
Besonderer Tip: Herbstanemonen wachsen am besten in ungestörten Wildstaudenpflanzungen zusammen mit Gräsern, Farnen, Glockenblumen und Astilben.

Japananemonen sehen auch bezaubernd in der Vase aus.

Kornblume *(Centaurea montana* und *C. macrocephala)*

Merkmale: Diese ausdauernden Korbblütler ähneln den einjährigen Kornblumen. Ihre blauen oder auch gelben Blüten sind hübsche Beet- und Schnittblumen.
Kultur: Staudenkornblumen gedeihen fast über-

all, aber am besten in durchlässigem Boden und in der Sonne. Pflanzabstand 30–45 cm. Höhe, je nach Sorte, 40–150 cm. Blütezeit Mai bis August. Vermehrung durch Teilung und durch Aussaat oder Aussamen.
Sorten: Außer der Art *C. macrocephala* (150 cm, gelbe Riesenblüten) *C. montana* 'Grandiflora', blaue Alpenkornblume (40–60 cm).
Besonderer Tip: Pflanzen Sie sie zu Schafgarben und Margeriten.

Kugeldistel *(Echinops)*

Merkmale: Diese stattliche Distel ist ein Korbblütler. Die kugeligen blauen Blütenköpfe und die schönen silbergrauen Blätter wirken im Freien wie in der Vase sehr apart. Die Blumen eignen sich zum Trocknen.
Kultur: Als Steppenpflanze braucht die Kugeldistel trockenen, durchlässigen Boden und volle Sonne. Pflanzabstand 40–60 cm. Höhe 90–120 cm. Blütezeit Juli bis September. Vermehrung durch Wurzelstecklinge oder Teilung. Auch Aussaat ist möglich.
Sorten: *E. banaticus* 'Taplow Blue' (intensiv blau, 100 cm), 'Veitch's Blue' (stahlblau, 80–100 cm).
Besonderer Tip: Dekorative Einzelstauden zwischen Gräsern und anderen Pflanzen, die Trokkenheit lieben.

Lilienschweif, Steppenkerze *(Eremurus)*

Merkmale: Ein imponierendes Liliengewächs aus der Steppe. Die meterhohen Blütenkerzen in Weiß, Rosa, Gelb und Orange leuchten weit durch den Garten. Sie sind zur Blütezeit eine wirkliche Attraktion.
Kultur: Steppenlilien lieben guten aber unbedingt durchlässigen Boden und volle Sonne. Beste Pflanzzeit ist August bis September. Eine Dränageschicht aus Sand ist hilfreich. Legen Sie die seesternartigen Wurzeln im Pflanzloch 15 cm tief auf kleine Hügel aus Kompost. Pflanzabstand 40–50 cm. Höhe 80–250 cm. Blütezeit Juni bis Juli. Vermehrung durch Samen.

Steppenkerzen bilden Inseln majestätischer Schönheit.

Arten und Sorten: *E. bungei* (gelb, 80 cm), *E. elwesii* (rosa-orange, 200 cm), *E. himalaicus* (weiß, 120 cm), 'Ruiters Hybriden' (leuchtende Mischung in Gelb, Orange, Rötlich, Weiß, 150–200 cm).
Besonderer Tip: Steppenkerzen wirken herrlich als Einzelgruppen.

Lupine, Wolfsbohne *(Lupinus-Hybriden)*

Merkmale: Lupinen sind Schmetterlingsblütler und Stickstoffsammler. Die hohen Blütenkerzen der neuen Züchtungen strahlen in den leuchtendsten Farben von Gelb über Rot, Rosa, Blau bis Violett. Sie bilden herrliche Gruppen in der Rabatte und liefern wunderschöne Schnittblumen.
Kultur: In durchlässigem, humusreichem, leicht saurem Boden gedeihen die Lupinen am besten. Sie wachsen aber auch unter weniger idealen Voraussetzungen, sowohl in der Sonne als auch im Halbschatten. Der Rückschnitt aller verblühten Triebe ist besonders wichtig, um eine monatelange Blütezeit zu sichern. Pflanzabstand etwa 50 cm. Höhe 80–120 cm. Blütezeit Mai bis Juli

Farbenprächtige Schmetterlingsblütler: Lupinen.

und September. Vermehrung durch Züchtersaatgut.
Sorten: Die schönsten Lupinenzüchtungen sind die Russel-Hybriden: 'Edelknabe' (karminrot), 'Kastellan' (blaue Töne mit weißer Fahne), 'Kronleuchter' (gelbe Töne), 'Mein Schloß' (ziegelrote Töne), 'Schloßfrau' (rosa Töne mit weißer Fahne).
Besonderer Tip: Pflanzen Sie Lupinen auch dort, wo der Boden im Ziergarten verbessert werden soll. So können Sie das Schöne mit dem nützlichen Stickstoffsammler verbinden.

Mädchenauge, Schöngesicht *(Coreopsis)*

Merkmale: Anmutige Korbblütler mit offenen Strahlenblüten. Das Mädchenauge zeichnet sich durch unermüdliche, monatelange Sommerblüte aus. Die leuchtend gelben Blumen und die zartgefiederten Blätter wirken im Beet ebenso hübsch wie in der Vase.
Kultur: Das Mädchenauge gedeiht am besten in der vollen Sonne. Es braucht durchlässigen Boden und ist sonst sehr anspruchslos. Pflanzabstand 30 cm. Höhe je nach Sorte 30–100 cm. Blütezeit Juli bis September. Vermehrung durch Teilung oder Aussaat.
Arten und Sorten: *C. grandiflora* 'Badengold' (goldgelb, großblumig, 80–100 cm), *C. lanceoleta* 'Sterntaler' (gelb, 30 cm, Dauerblüher), *C. verticillata* (hellgelb, 60 cm).
Besonderer Tip: Hübscher Kontrast zu blauem Ziersalbei, anspruchsloser Lückenfüller.

Margerite *(Chrysanthemum maximum)*

Merkmale: Die hohen weißen Sommermargeriten aus der Familie der Korbblütler gehören zu den klassischen Stauden, die das Bild des Hochsommergartens unvergeßlich prägen. Auch die großartigsten Züchtungen haben noch etwas vom rustikalen Charme der Wiesen-Wucherblume bewahrt, von der sie abstammen. Neben dem schlichten weißen Strahlenkranz um eine goldene Mitte gibt es auch gefüllte Sorten. Die gezüchteten Margeriten sind typische Beetstauden. Sie halten sich auffallend lange in der Vase.
Kultur: Margeriten gedeihen in der Sonne und im Halbschatten. Sie lieben humusreichen, durchläs-

Weiße Margeritensterne für den Hochsommergarten.

sigen Boden. Sonst sind sie anspruchslos. Pflanzabstand 50–80 cm (Wucherblume!). Höhe je nach Sorte 50–100 cm. Blütezeit Juli bis August. Vermehrung durch Teilung und Aussaat.
Sorten: 'Gruppenstolz' (einfach, 60 cm), 'Christine Hagemann' (gefüllt, 60–80 cm), 'Harry Pötschke' (Riesenblüten von 15 cm Durchmesser, 100 cm), 'Silberprinzeßchen' (50 cm, einfach), 'Wirral Supreme' (gefüllt, groß, 90 cm).
Besonderer Tip: Das klare Weiß der Margeriten bewahrt die Leuchtfarben der großen Prachtstauden vor allzu heftigem »Zusammenprall«. Pflanzen Sie sie zwischen Rittersporn, Mohn, Phlox und Lupinen.

Mohn, Türkischer Riesenmohn
(Papaver orientale)

Merkmale: Diese Seidenblumen aus der Familie der Mohngewächse sind ein besonderes Ereignis für Gärtner, die Sinn für orientalische Prachtentfaltung haben. Auf dem Grund der riesigen Blütenkelche leuchten geheimnisvoll blau-schwarze Flecken. Außer dem heftigen Mohnrot gibt es auch sanfte rosa und weiße Züchtungen. Wie bei allen Mohnblumen ist die Blüte kurz aber berauschend schön.
Kultur: Am besten in durchlässigem, etwas kalkhaltigem Boden und in der vollen Sonne. Sonst sehr anspruchslos. Pflanzabstand 40–50 cm. Höhe 50–100 cm. Blütezeit Mai bis Juni. Vermehrung durch Wurzelstecklinge und Samenaussaat. Die langen Pfahlwurzeln lassen sich schlecht verpflanzen.
Sorten: 'Beauty of Livermere' (dunkelrot, 100 cm), 'Feuerriese' (Foerster-Züchtung, ziegelrot, 80 cm), 'Rosenpokal' (Foerster-Züchtung, karminrosa, 70 cm), 'Perrys White' (weiß, 80 cm).
Besonderer Tip: Schneiden Sie das rauhhaarige Laub nach der Blüte zurück, sobald es vergilbt. Rosa Mohn und blauer Rittersporn sind zauberhafte Partner.

Alte Pfingstrosenstauden blühen besonders üppig.

Nelkenwurz *(Geum)*

Merkmale: Die Nelkenwurz ist ein Rosengewächs. Sie blüht sehr lange und sorgt an ihrem Platz den ganzen Sommer für Farbtupfer in Orange, Gelb und Rot. Die Blumen gleichen entfernt den Blütenschalen einfacher Rosen.
Kultur: Die Nelkenwurz liebt humusreichen, durchlässigen, aber feuchten Boden. Sie gedeiht in der Sonne oder im Halbschatten. Sonst ist sie sehr hart und anspruchslos. Pflanzabstand 25–30 cm. Höhe 20–50 cm. Blütezeit Mai bis August. Vermehrung durch Teilung und Aussaat.
Sorten: 'Feuermeer' (orange-rot, halbgefüllt, 30 cm), 'Georgenberg' (orange-gelb, 25 cm).
Besonderer Tip: Nelkenwurz bewährt sich auch in rauhen Gegenden. Sie eignet sich gut für naturhafte Pflanzungen mit Hornveilchen, Gräsern, Storchenschnabel und Glockenblumen.

Pfingstrose
(Paeonia lactiflora und *P. officinalis)*

Merkmale: Pfingstrosen sind Hahnenfußgewächse. Sie gehören sowohl in China als auch in Europa zu den ältesten Gartenblumen. Unsere gute alte Bauernpfingstrose *(P. officinalis)* mit den dicken roten Blütenbällen ist seit Jahrhunderten in europäischen Gärten heimisch. Die prachtvollen neuen Züchtungen der Edelpfingstrose *(P. lactiflora)* haben dagegen überwiegend asiatische Ahnen. Sie blühen gefüllt, halbgefüllt und mit herrlichen einfachen Schalenblüten. Die ungefüllten Sorten wirken wie chinesische Porzellangefäße, auf deren Grund die goldenen Staubfäden wie Kunstwerke der Natur ausgebreitet sind. Rot, Rosa und Weiß sind die Farben der Pfingstrosen, die auch dekorative Schnittblumen liefern.

Kultur: Alle Pfingstrosen lieben nährstoffreichen, lockeren Humus und einen sonnigen Standort. Reichlich Kompost und gute Ernährung mit Horn-Blut-Knochenmehl oder verrottetem Mist fördern das gesunde Wachstum. Ganz wichtig: Pflanzen Sie Pfingstrosen nie zu tief, dann blühen sie nicht! Die dicken Triebknospen müssen dicht unter der Erdoberfläche liegen. Geben Sie in den ersten Jahren etwas Winterschutz, später sind die Stauden sehr widerstandsfähig. Pflanzenabstand 80–100 cm. Höhe 60–80 cm. Blütezeit Mai bis Juni. Vermehrung durch Teilung.

Sorten: *P. lactiflora:* 'Duchesse de Nemours' (cremeweiß, gefüllt), 'Festiva Maxima' (weiß mit purpurnem Fleck, gefüllt), 'Inspecteur Lavergne' (rot, gefüllt), 'Lady Alexander Duff' (weißlichrosa, gefüllt), 'Murillo' (zartrosa, einfach, goldene Staubgefäße), 'Sarah Bernhardt' (apfelblütenrosa, gefüllt); *P. officinalis:* 'Alba Plena' (weiß, gefüllt), 'Rosea Plena' (rosa, gefüllt), 'Rubra Plena' (rot, gefüllt), 'China Rose' (lachsrot, einfach, goldene Staubgefäße).

Besonderer Tip: Pfingstrosen brauchen Anlaufzeit. Erst nach 2–3 Jahren beginnen sie richtig zu blühen und werden von Jahr zu Jahr üppiger. Setzen Sie sie deshalb an einen Platz, wo sie jahrzehntelang ungestört bleiben – in der Nähe eines Wasserbeckens oder auf einem Extrabeet. In der gemischten Rabatte ist es für Pfingstrosen zu unruhig! Päonien-Freunde sollten auch die Strauchpfingstrose *(P. suffruticosa)* kennenlernen.

Phlox 'Pax', 'Abenddämmerung' und 'Landhochzeit'.

Phlox *(Phlox paniculata)*

Merkmale: Phlox ist ein Sperrkrautgewächs. Die kraftvollen Büsche mit den reichen Blütendolden sind der Inbegriff der Sommerblüte. Der süße Duft des Phlox verzaubert warme Abende. Eine Staudenrabatte ohne diese Blumen ist einfach unvollkommen. Auch in sommerlichen Sträußen sind die leuchtenden haltbaren Blütenbälle unentbehrlich. Ihre Farben reichen von reinem Weiß über Rosa, Rot, Orange bis zu Lila und Violett. »Ein Sommer ohne Phlox ist ein Irrtum«, sagte Karl Foerster, der uns die schönsten Sorten schenkte. Er hat noch immer Recht.

Kultur: Wer den Phloxstauden humusreichen, durchlässigen Boden und gute Ernährung bietet, der kann sie getrost 10 Jahre am gleichen Platz stehenlassen. Sie gedeihen in der Sonne und im lichten Schatten. Kompost, verrotteter Mist, Horn-Blut-Knochenmehl und Brennesseljauche halten sie gesund und wüchsig. Pflanzabstand 50–80 cm. Höhe 70–150 cm. Blütezeit bei geschickter Sortenwahl Juni bis September/Oktober. Vermehrung durch Teilung. Wenn Sie die erste Hauptblüte nach dem Verwelken herausbrechen, blühen viele Seitentriebe nach.

Sorten: 'Aida' (dunkelkarminrot, 70 cm), 'Bornimer Nachsommer' (Foerster-Züchtung, lachsrosa, 90–100 cm), 'Dorffreude' (Foerster-Züchtung, rosarot, dunkelrotes Auge, 100 cm), 'Kirmesländler' (Foerster-Züchtung, weiß, rotes Auge, 100 cm), 'Landhochzeit' (Foerster-Züchtung, rosenrot, dunkles Auge, sehr gesunde Sorte, 100 cm), 'Monte Cristallo' (Foerster-Züchtung, weißer Riesenphlox, 150–170 cm), 'Schneerausch' (Foerster-Züchtung, weiß, 80 cm), 'Pastorale' (Foerster-Züchtung, warmes Rosa, 70 cm), 'Starfire' (leuchtendes Rot, 90 cm), 'Sternhimmel' (hell-lila, weißes Auge, 80 cm), 'Wilhelm Kesselring' (violettpurpur, weißes Auge, 80 cm).

Besonderer Tip: Phlox wird leicht ein Opfer der Wurzelälchen. Günstiger Standort und gute Ernährung wirken vorbeugend, eine Unterpflanzung mit Tagetes gesundend. Leider passen die Farben dieser Blumen nicht harmonisch zusammen. Sie sollten nur aus »medizinischen Gründen« kombiniert werden. Bei starker Infektion hilft nur Verbrennen der kranken Pflanzen und Standortwechsel. In gepflegten biologischen Gärten ist diese Gefahr gering.

Primel *(Primula)*

Merkmale: Die Primelgewächse sind sehr vielgestaltig und artenreich. Die niedrigen Kissen- oder Polsterprimeln gehören zu den prächtigsten Frühlingsblumen. Sie zaubern alle Farben des Regenbogens hervor. Himmelschlüssel und Aurikel gehören zu den uralten Bauernblumen.

Kultur: Alle Primelarten lieben humusreichen, feuchten Boden und einen halbschattigen bis schattigen Standort. Pflanzabstand je nach Art 15–30 cm. Höhe und Blütezeit sind bei den Artenbeschreibungen angegeben. Alle Primeln lassen sich durch Aussaat im Frühbeet vermehren.

Arten und Sorten: Man unterscheidet verschiedene Gruppen:

Kissen- oder Polsterprimeln *(P. acaulis)* blühen in Weiß, Gelb, Rot und Blau von März bis April. Höhe 10 cm. Sie werden in allen Gärtnereien angeboten.

Echte Aurikeln *(P. auricula)* haben mehlig graugrüne Blätter und schöngefleckte Blüten in Gelb, Rot und Schwarzrot. Blütezeit Mai, Höhe 10–20 cm.

Etagenprimeln *(P. beesiana, P. bullesiana* und *P. bulleyana)* tragen an hohen Stielen etagenartig angeordnete Blüten in Rot, Gelb und Orange. Blütezeit Juni bis Juli. Höhe 40 cm.

Ball- oder Kugelprimeln *(P. denticulata)* haben kugelrunde Blütenstände auf langen Stielen. Sie blühen von März bis April. 'Cachemiriana Rubin' ist rot-violett gefärbt, 'Alba' weiß. Höhe 30 cm.

Himmelschlüssel *(P. elatior)* tragen an kurzen Stielen gelbe, rote oder violette Blütendolden. Sie blühen von April bis Mai. 'Grandiflora' und 'Pacific' sind großblumige Mischungen, 'Vierlanden' leuchtend goldgelb. Höhe 20 cm. Dies ist nur eine kleine Auswahl aus der großen Primel-Fülle.

Besonderer Tip: Primeln sind für naturgemäße Gärten schöne »Halbwilde«. An Bachläufen und Teichrändern können Sie verschiedenartige Primeln sammeln.

Rittersporn
(Delphinium cultorum und *D. belladonna)*

Merkmale: Das Hahnenfußgewächs Rittersporn ist eine königliche Erscheinung in der frühsommerlichen Staudenrabatte. Die meterhohen blauen Blütentürme überstrahlen alle anderen Beetgefährten. Alle Höhen und Tiefen der Himmelsfarbe Blau werden in diesen Stauden erdnah lebendig. Hinzu kommen Weiß und Rosa. Karl Foerster ist der »Vater« der schönsten und gesündesten

Rittersporn-Züchtungen. Wer seine Sorten wählt, der kann sich darauf verlassen, daß sie standfest, mehltauresistent und von bester Blütenqualität sind. Sogar die Namen der Foerster-Rittersporne sprechen für sich – sie umreißen mit einem einzigen Wort das Charakterbild einer Sorte – poetisch und treffend zugleich. Rittersporne gehören auch zu den herrlichsten Vasenblumen.

Kultur: Guter, humusreicher Boden und kräftige Ernährung sind Voraussetzung für das gewaltige Blütenwunder des Rittersporns. Geben Sie reichlich Kompost, organischen Dünger, der nicht zu viel Stickstoff enthalten darf, Steinmehl und Brennnesseljauche während des Sommers. Bei Hitze brauchen die Stauden viel Wasser. Nach der ersten Blüte werden sie auf 10–20 cm zurückgeschnitten. Dann treiben sie neu aus und blühen im Spätsommer noch einmal. Pflanzabstand etwa 1 m. Höhe je nach Sorte 80–180 cm. Blütezeit Juni bis Juli und September bis Oktober. Vermehrung durch Teilung und Aussaat.

Sorten: *D. belladonna* (lockere Blütenrispen): 'Kleine Nachtmusik' (Foerster-Züchtung, dunkellila, 70 cm), 'Völkerfrieden' (leuchtend enzianblau, 100 cm); *D. cultorum* (lange dichte Blütenrispen): 'Berghimmel' (Foerster-Züchtung, mittelblau, 180 cm), 'Fernzünder' (Foerster-Züchtung, enzianblau, weißes Auge, 140 cm), 'Finsteraarhorn' (Foerster-Züchtung, violett-schwarzblau, 170 cm), 'Gletscherwasser' (Foerster-Züchtung, eisblau, weißes Auge), 'Lanzenträger' (enzianblau, weißes Auge, 200 cm), 'Perlmutterbaum' (Foerster-Züchtung, hellblau-rosa, dunkles Auge, 180 cm), 'Tempelgong' (Foerster-Züchtung, nachtblau mit Purpur, 180 cm); Pacific-Hybriden (großblumige amerikanische Rittersporn-Züchtungen); *D. ruysii* 'Rosa Überraschung' (erster reinrosa Rittersporn, 80 cm).

Besonderer Tip: Beachten Sie die Ratschläge gegen Schnecken im Abschnitt »Plagegeister«, S. 132–134. Der Rittersporn ist eine der Leitstauden in den Frühsommer-Rabatten. Pflanzen Sie ihn in rhythmischen Gruppen. Rosa Mohn, Madonnenlilien, weiße Margeriten, früher Phlox und Rosen sind »standesgemäße« Partner. Rittersporne muß man erlebt haben – im Morgenlicht, in der Abendbeleuchtung und auch vor Gewitterwolken. Dann begreift man, daß Blau eine mystische Farbe ist.

Salbei, Ziersalbei *(Salvia nemorosa)*

Merkmale: Salbei gehört in die Familie der Lippenblütler. Außer dem Gewürzkraut gibt es noch viele Naturformen und einige schöne Züchtungen mit leuchtend blauen oder violetten Blumen und langer Blütezeit.

Kultur: Salbei braucht eher trockenen, etwas kalkhaltigen Boden und volle Sonne. Sonst anspruchslos. Rückschnitt nach der Blüte fördert neuen Austrieb. Pflanzabstand 30–40 cm. Höhe 40–50 cm. Blütezeit Mai bis September. Vermehrung durch Teilung.

Sorten: 'Mainacht' (Foerster-Züchtung, leuchtend blau), 'Ostfriesland' (dunkelviolett).

Besonderer Tip: Lassen Sie die Pflanzen lange Zeit ungestört wachsen. Gut für Naturpflanzungen zusammen mit Gräsern, Schafgarbe und Nachtkerzen.

Schafgarbe
(Achillea filipendulina und *A. millefolium)*

Merkmale: Ein Korbblütler für den Ziergarten, der mit der alten Heilpflanze vom Wegrand verwandt ist. Schafgarben haben hübsche flache Blütendolden in Gelb, Rot und Weiß.

Kultur: Durchlässiger Boden und volle Sonne gehören zu den wenigen Ansprüchen der Schafgarben. Pflanzabstand 40–60 cm. Höhe je nach Sorte 40–120 cm. Blütezeit Juni bis September. Vermehrung durch Teilung oder Aussaat.

Sorten: 'Parker' (goldgelb, 120 cm), 'Neugold' (goldgelber Dauerblüher, 40–60 cm), 'Sammetriese' (Foerster-Züchtung, rot, 80–100 cm).

Besonderer Tip: Für naturhafte Pflanzungen und Rabatten. Schafgarben eignen sich auch für Trockensträuße. Nur *A. millefolium* ist eine heilkräftige Arzneipflanze.

Blauer Scheinmohn vor hohem Gartenbambus.

Kniphofia über weißen Schleierkrautwolken.

Scheinmohn *(Meconopsis betonicifolia)*

Merkmale: Dieses herrliche Mohngewächs ist in unseren Gärten noch eine große Unbekannte. Das glockenklare Blau der offenen Schalenblüten im Zusammenklang mit den goldenen Staubgefäßen bedeutet ein unvergeßliches Erlebnis. Der Scheinmohn ist mit dem roten Mohn verwandt. Er stammt aus Tibet und China.

Kultur: Feuchter aber unbedingt durchlässiger Boden ist Voraussetzung für gesundes Wachstum. Die Erde soll etwas sauer und sehr humusreich sein. Geben Sie reichlich Kompost, möglichst Laubkompost, dazu Torf und Dünger, der keinen Kalk enthält. Der schöne Scheinmohn gedeiht am besten im Halbschatten. Pflanzabstand 30–40 cm. Höhe 60–80 cm. Blütezeit Juni bis August. Vermehrung durch Samen.

Besonderer Tip: Scheinmohn wächst gut neben Rhododendren. Englische Kenner empfehlen, die Blütenknospen in den beiden ersten Jahren auszukneifen, weil blühende Jungpflanzen leicht absterben.

Schleierkraut *(Gypsophila paniculata* und *G. repens)*

Merkmale: Schleierkraut ist ein Nelkengewächs. Die duftige Fülle der weißen oder rosa Blüten lockert Rabatten und Sträuße auf.

Kultur: Die Pflanzen erhielten auch den Namen Gipskraut und zeigen dadurch an, daß sie kalkhaltigen Boden lieben. Durchlässige Erde und volle Sonne sind weitere Standortansprüche. Pflanzabstand 50–60 cm. Höhe je nach Sorte 40–100 cm. Blütezeit Juni bis August. Vermehrung durch Triebstecklinge.

Sorten: *G. repens* 'Rosenschleier' (rosa, gefüllt, 40 cm), *G. paniculata* 'Bristol Fairy' (weiß, großblumig, gefüllt, 100 cm), 'Flamingo' (rosa, gefüllt, 120 cm).

Besonderer Tip: Schleierkraut läßt sich gut trocknen! Pflanzen Sie es in die Nähe von Rosen.

Sedum, Fetthenne, Mauerpfeffer *(Sedum)*

Merkmale: Vielgestaltige Dickblattgewächse, bei denen Blätter und Blüten gleichermaßen eine

Zierde für den Garten bedeuten. Niedrige Sorten siehe Kapitel »Bodendecker«.
Kultur: Die hohen Formen, die hier beschrieben sind, vertragen viel Trockenheit und brauchen volle Sonne. Sonst sehr anspruchslos. Pflanzabstand 40–50 cm. Höhe 30–40 cm. Blütezeit August bis Oktober. Vermehrung durch Triebstecklinge.
Arten und Sorten: *S. spectabile* 'Carmen' (dunkelrosa Blüten, graugrüne Blätter, 40 cm), 'Septemberglut' (dunkel-purpur, 30 cm), *S. telephium* 'Herbstfreude' (braun-rote Blüten, 40 cm.
Besonderer Tip: Die flachen Blütendolden der hohen Sedumarten sind ein spätsommerlicher Tummelplatz für die Schmetterlinge!

Silberkerze *(Cimicifuga)*

Merkmale: Ein Hahnenfußgewächs, das auf hohen schlanken Stielen attraktive weiße Blütenkerzen trägt, die aus zahllosen weißen Einzelblümchen zusammengesetzt sind.
Kultur: Silberkerzen lieben und vertragen Halbschatten bis Schatten. Bei reichlicher Feuchtigkeit gedeihen sie auch in der Sonne. Der Boden soll humusreich und bedeckt sein. Geben Sie Kompost und Mulch. Pflanzabstand 30 cm. Höhe 60–200 cm. Blütezeit je nach Sorte Juli bis Oktober. Vermehrung durch Teilung.
Arten und Sorten: *C. acerina* 'Compacta' (aufrechte weiße Kerzen, 60 cm), *C. dahurica*, Kandelabersilberkerze (verzweigt, Blüte im August, 200 cm), *C. racemosa*, Julisilberkerze (leicht überhängend, 120–180 cm), *C. simplex* 'Atropurpurea' (braunrotes Laub, weiße verzweigte Kerzen, 200 cm), *C. simplex* 'Armleuchter' (= White Pearl), Oktobersilberkerze (verzweigt, 120–140 cm).
Besonderer Tip: Silberkerzen sind eindrucksvolle Gewächse für Wildstaudenpflanzungen. Sie fühlen sich nur unter Bodendecken wohl. Pflanzen Sie sie vor grüne Gehölzkulissen zusammen mit Japananemonen, Farnen, Gräsern und Teppichstauden. Durch geschickte Sortenwahl kann die Blütezeit vom Sommer bis zum Herbst anhalten.

Skabiose *(Scabiosa caucasica)*

Merkmale: Skabiosen sind Kardengewächse. Die »gerüschten« flachen Blüten sind lila, violett, blau oder weiß gefärbt. Die langstieligen Blumen gehören zu den haltbaren Rabatten- und Vasenschönheiten.
Kultur: Skabiosen gedeihen am besten in durchlässigem Boden und in der vollen Sonne. Pflanzabstand 30–40 cm. Höhe 60–80 cm. Blütezeit Juni bis Oktober. Vermehrung durch Teilung oder Aussaat. Die Blumen sind »Dauerbrenner«, wenn immer alles Verwelkte herausgeschnitten wird.
Sorten: 'Blauer Atlas' (tief blauviolett, 70 cm), 'Clive Greaves' (hell lilablau, 80 cm), 'Nachtfalter' (auffallend dunkelviolett, 80 cm), 'Prachtkerl' (leuchtend blau, 80 cm).
Besonderer Tip: Heitere Partnerin für Schafgarbe, Sommersalbei und Schöngesicht.

Sonnenauge *(Heliopsis scabra)*

Merkmale: Korbblütler mit rauhen Blättern. Die gelben Strahlenblüten haben Ähnlichkeit mit kleinen Sonnenblumen. Das Sonnenauge erfüllt die Rabatte monatelang mit seinem leuchtenden Blütenreichtum. Straffe Stiele, gute Schnittblume.
Kultur: Das Sonnenauge gedeiht in jedem normalen Gartenboden, am besten in der vollen Sonne. Pflanzabstand 50–60 cm. Höhe 100–130 cm. Blütezeit Juli bis September. Vermehrung durch Teilung und Aussaat. Die Pflanzen neigen zum Wuchern.
Sorten: 'Goldgefieder' (Foerster-Züchtung, goldgelb, gefüllt, 120 cm), 'Goldgrünherz' (Foerster-Züchtung, gefüllt, grüne Mitte), 'Hohlspiegel' (Foerster-Züchtung, orangegelb, halbgefüllt, 120 cm), 'Karat' (einfach, leuchtendgelb, 100 cm), 'Spitzentänzerin' (Foerster-Züchtung, goldgelb, halbgefüllt, 130 cm).
Besonderer Tip: Pflanzen Sie Sonnenauge zu Indianernesseln, Veronika und Salbei. Halten Sie aber genügend Abstand zu den Nachbarn ein!

Sonnenblume *(Helianthus)*

Merkmale: Die ausdauernden Sonnenblumen sind hochgewachsene, robuste Korbblütler mit gelben Strahlenblüten und rauhen Blättern. Es gibt einfache und gefüllte Sorten. Alle gehören zu den langblühenden Rabattenstauden und haltbaren Vasenblumen, die den Spätsommer und Frühherbst vergolden.

Kultur: Sonnenblumen sind anspruchslos. Sie wachsen in jedem normalen Gartenboden, möglichst in der vollen Sonne. Pflanzabstand 40–60 cm. Höhe 120–250 cm. Blütezeit Juli bis September. Vermehrung durch Wurzelausläufer und Teilung.

Ausdauernde Stauden-Sonnenblumen.

Arten und Sorten: *H. atrorubens* (goldgelb, halbgefüllt, 200 cm), *H. decapetalus* 'Capenoch Star' (einfach, zitronengelb, 120 cm), *H. salicifolius*, Weidenblättrige Papyrus-Sonnenblume (250 cm, aparte Riesenstaude, die am Wasserbecken besonders gut wirkt).

Besonderer Tip: Staudensonnenblumen neigen zum Wuchern. Sie bilden dichte Blütenhecken am Zaun oder in ungenutzten Gartenecken.

Sonnenbraut-Hybride 'Gartensonne'.

Sonnenbraut
(Helenium autumnale und *H.*-Hybriden*)*

Merkmale: Ein Korbblütler mit offenen, samtigen Blütenschalen. Die Sonnenbraut blüht reich und lange in den schönsten warmen Gold-Bronze-Braun- und Mahagonitönen. Sie ist eine Prachtstaude für die Rabatte und liefert ausdrucksvolle haltbare Schnittblumen.

Kultur: Die Sonnenbraut liebt natürlich die Sonne. Ihre Wurzeln brauchen aber möglichst feuchten, humusreichen Boden. Geben Sie reichlich Kompost. Pflanzabstand 30–50 cm. Höhe 80–160 cm. Blütezeit Juli bis Oktober. Vermehrung durch Teilung und Aussaat.

Sorten: 'Baudirektor Linné' (rot-braun, 100 cm), 'Flammenrad' (Foerster-Züchtung, orange-rotgelb), 150 cm), 'Goldlackzwerg' (Foerster-Züchtung, rot-braun, gelber Rand, 90 cm), 'Kanaria' (Foerster-Züchtung, kanariengelb, 120 cm), 'Karneol' (Foerster-Züchtung, bronze-braun-rot, 120–150 cm), 'Rotkäppchen' (Foerster-Züchtung, rotbraun, 70–80 cm), 'Waltraud' (goldbraun-gelb, 80–100 cm), 'Moerheim Beauty' (braunrot, remontierend, 80 cm).

Besonderer Tip: Die Sonnenbraut wirkt besonders schön, wenn sie in Gruppen zusammengepflanzt wird.

Sonnenhut *(Rudbeckia)*

Merkmale: Diese Korbblütler ähneln kleinen Sonnenblumen. Das kegelförmige dunkle Herz in der Mitte der Strahlenblüten gab ihnen den Namen Sonnenhut. Die Blumen blühen monatelang und eignen sich gut für Sommersträuße.
Kultur: Sonnenhut liebt durchlässigen Boden und sonnigen oder halbschattigen Standort. Sonst sehr anspruchslos. Pflanzabstand 30–40 cm. Höhe 60–200 cm. Blütezeit Juli bis Oktober. Vermehrung durch Teilung oder Aussaat.
Arten und Sorten: *R. sullivantii* 'Goldsturm' (goldgelb, reich und langblühende Spitzensorte, 60–80 cm), *R. laciniata* 'Goldquelle' (goldgelb, gefüllt, 80 cm), *R. nitida* 'Herbstsonne' (goldgelb, 200 cm), *R. nitida* 'Juligold' (früh, goldgelb, 170–200 cm).
Besonderer Tip: Sonnenhut paßt gut zu Astern, Sonnenbraut und Salbei.

Steinbrech *(Saxifraga)*

Merkmale: Unter den Steinbrechgewächsen gibt es unzählige Arten und Sorten. Sie bilden niedrige Teppiche und bieten sich, da viele von ihnen zu den alpinen Stauden zählen, vor allem als Steingartengewächse an. Die wichtigsten Gruppen sind Moossteinbrech, Rosettensteinbrech, Polstersteinbrech und Schattensteinbrech. Diese Kleinstauden sind besonders reizvoll, weil ihre Blätter das ganze Jahr dekorative Rosetten oder Polster bilden.
Kultur: Moossteinbrech-Arten brauchen feuchten Humus und Halbschatten. Rosettensteinbrech-Arten wachsen am besten in Mauerritzen; sie lieben Kalk und volle Sonne. Polstersteinbrech-Arten gedeihen im Schotter, in Mauerritzen oder sandig-steiniger Erde. Schattensteinbrech-Arten lieben humosen Boden und Halbschatten. Die Hauptblütezeit liegt in den Monaten März bis Juni. Vermehrung durch Teilung oder Aussaat.
Sorten: Das Studium guter Staudenkataloge und der Spezialkataloge von Alpenpflanzen-Gärtnereien (siehe Bezugsquellen im Anhang) lohnt sich.

Steinbrech-Blütenkerze, ein Kunstwerk der Natur.

Aus der überreichen Fülle dieser kleinen Lebenskünstler-Pflanzen könnte hier nur eine willkürliche Auswahl getroffen werden.
Besonderer Tip: Steinbrecharten können zum Sammeln verführen. Sie eignen sich zur Anlage reizvoller Miniaturgärten in Trögen, Baumstämmen und Felsbrocken.

Storchschnabel *(Geranium)*

Merkmale: Diese Storchschnabelgewächse schmücken den Garten mit ihren schön gelappten Blättern und mit leuchtenden, offenen Blütenschalen. Ihre Farben sind Blau, Violett, Weiß, Rosa und Rot. Der Name stammt von den langen schnabelförmigen Samenständen.
Kultur: Storchschnabel gedeiht besonders gut in humusreichem, feuchtem Boden, wächst aber auch in trockenen Lagen. Er liebt Sonne oder Halbschatten. Pflanzabstand 30–40 cm. Höhe je nach Sorte 10–70 cm. Blütezeit je nach Sorte Mai bis August. Vermehrung durch Teilung.
Arten und Sorten: *G. dalmaticum* (karminrosa, 10 cm), *G. endressii* (rosa, 25–30 cm), *G. grandiflorum* 'Johnson' (blau, 30–40 cm), *G. macrorrhizum* 'Spessart' (rosa, 20–35 cm, duftende Blätter), *G. platypetalum* (violett-blau, 70 cm), *G. sanguineum* (rot, 30 cm, Dauerblüher), *G. subcaulescens* 'Splendens' (purpurrosa, 15–20 cm).

Geranium sanguineum zusammen mit Wurmfarn.

Besonderer Tip: Für naturhafte Pflanzungen ist Storchschnabel ideal. Er kann als dekorativer Bodendecker eingesetzt oder in Gemeinschaft mit Glockenblumen, Veronika und Sedum gepflanzt werden.

Taglilie *(Hemerocallis*-Hybriden*)*

Merkmale: Ein Liliengewächs, das große Büsche mit schlanken, grasartig gebogenen Blättern bildet. Die offenen trompetenförmigen Blüten haben eine typische Lilienform. Es gibt herrliche Züchtungen in Creme, Gelb, Orange, Aprikosenrosa und Rotbraun. Viele Sorten sind zweifarbig gezeichnet. Die Einzelblüte hält nur einen Tag, aber die Pflanzen bilden unaufhörlich Knospen. Taglilien sind wunderschöne Dauerblüher im Garten und eignen sich auch als aparte Vasenblumen.
Kultur: Taglilien sind Anpassungskünstler. Am besten gedeihen sie in durchlässigem, humusreichem Boden in sonniger Lage. Aber sie wachsen auch willig im Schatten und an trockenen Plätzen. Die Stauden sollen lange ungestört bleiben, um so reicher blühen sie. Pflanzabstand 40–60 cm. Höhe 50–120 cm. Blütezeit Juni bis September. Vermehrung durch Teilung.
Sorten: 'Atlas' (gelb, großblumig, 100 cm), 'Crimson Glory' (rot, 100 cm), 'Crimson Pirat' (rotorange, 70 cm), 'Jake Russel' (goldgelb, 80 cm), 'Luxury Lace' (rosa-grün, 80 cm), 'Powder Pink' (braun-rosa, großblumig, 90 cm), 'Pink Damask' (rosa, 90 cm), 'Sammy Russel' (ziegelrot-orange, 70 cm), 'Shooting Star' (grünlich-gelb, großblumig, 100 cm).
Besonderer Tip: Taglilien eignen sich hervorragend für naturhafte Pflanzungen, die lange ungestört bleiben sollen. Gute Nachbarn sind Sibirische Iris, Gräser, Tradeskantien und Funkien. Sehr stimmungsvoll und stilecht wirken diese Stauden am Rand des Wasserbeckens.

Tränendes Herz *(Dicentra)*

Merkmale: Das Tränende Herz ist ein Mohngewächs, das als altmodisch-liebliche Bauerngartenblume seit Urgroßmutters Zeiten geliebt wird. Die zartgefiederten Blätter und die rosa Blütenherzen, die anmutig an gebogenen Zweigen aufgereiht sind, machen diese Staude zu einem kleinen Kunstwerk der Natur. Es gibt auch Sorten mit weißen Herzen. Das Tränende Herz ist eine bezaubernde, nostalgische Vasenblume.
Kultur: Leichter Schatten und etwas feuchter, humusreicher Boden sind die besten Voraussetzungen für gutes Gedeihen. Pflanzabstand 40–60 cm. Höhe 30–70 cm. Blütezeit je nach Sorte Mai bis August. Vermehrung durch Teilung und Wurzelstücke, die aber vorsichtig behandelt werden müssen, denn sie brechen leicht.
Arten und Sorten: *D. spectabilis*, das Tränende Herz aus dem Bauerngarten (rosa, 80 cm, Blüte Mai bis Juni), *D. spectabilis* 'Alba' (weiße Herzen, 70 cm); *D. eximia* (purpurrote Herzen, 20–30 cm, Blütezeit Mai bis Juli), 'Alba' (seltene weiße Zwergform); *D. formosa* 'Bountiful' (dunkelrot, 30 cm, lange Blüte von April bis August).
Besonderer Tip: Im Sommer verschwindet das Laub der Tränenden Herzen. Pflanzen Sie des-

halb in die Nachbarschaft Spätblüher, die die Lücken füllen, zum Beispiel Astilben und Silberkerzen. Bezaubernde Gesellschaft zur Blütezeit sind Akeleien.

Tradeskantie, Dreimasterblume
(Tradescantia)

Merkmale: Ein Commelinengewächs mit schmalen, grasartigen Blättern und klaren dreigeteilten Blütensternen. Tradeskantien blühen unermüdlich monatelang – weiß, blau, violett, rosa oder rot.
Kultur: Halbschattige Lage und feuchter Boden sind ideal, Tradeskantien gedeihen aber auch ziemlich unbekümmert an trockenen Plätzen und in der Sonne. Sie sind robuste Dauerblüher. Pflanzabstand 30–40 cm. Höhe 30–50 cm. Blütezeit Juni bis September. Vermehrung durch Teilung oder Aussaat.
Sorten: 'Innocence' (weiß), 'Karminglut' (leuchtend karminrot), 'Zwanenburg Blue' (dunkelblau, großblumig).
Besonderer Tip: Tradeskantien wirken besonders harmonisch in naturhaften Uferpflanzungen neben Taglilien, Sibirischer Iris und Blutweiderich.

Veronika, Ehrenpreis *(Veronica)*

Merkmale: Ein Rachenblütler, der in allen Größen in unseren Gärten verbreitet ist, vom niedrigen Steingartenteppich bis zur hohen Rabattenstaude. Die Veronika haben Blütenkerzen in Blau, Weiß oder Rosa. Sie blühen reich und lange.
Kultur: Alle Arten lieben volle Sonne und durchlässigen, eher trockenen Boden. Sonst sehr anspruchslos. Pflanzabstand 30–40 cm. Höhe je nach Sorte 15–180 cm. Blütezeit Juni bis August. Vermehrung durch Teilung oder Triebstecklinge.
Arten und Sorten: *V. incana* (silbergraue Blätter, blaue Blüten, 20–30 cm), *V. longifolia* 'Blauriesen' (Foerster-Züchtung, blau, 60–80 cm), *V. prostrata*, Teppichehrenpreis (leuchtend blau, 10 cm), 'Alba' (weiß, 10 cm), 'Rosea' (rosa, 10 cm), *V. spicata* 'Blaufuchs' (blau-violett, 40 cm), 'Rotfuchs' (dunkelrot, 40 cm), *V. teucrium* 'Knallblau' (Foerster-Züchtung, leuchtend enzianblau, 25 cm), *V. virginica* (blau, 160–180 cm).
Besonderer Tip: *Veronica incana* gehört zu den schönsten Teppichstauden; pflanzen Sie sie zu roten Rosen!

Ideale Partner: Floribunda-Rosen und *Veronica incana*.

Yucca, Palmlilie *(Yucca filamentosa)*

Merkmale: Ein Liliengewächs aus Mittelamerika mit steifen Blättern und weißen Blütenglocken.
Kultur: Die Yucca liebt einen sonnigen, geschützten Standort, warmen durchlässigen Boden, guten Humus und etwas Kalk. Sie ist dankbar für Dünger. In rauhen Gegenden brauchen die Pflanzen Winterschutz. Abstand 100 cm. Höhe 100–200 cm. Blütezeit Juli bis August.
Sorten: 'Schellenbaum' (Foerster-Züchtung, milchweiße große Blüten, 160–180 cm), 'Schneetanne' (Foerster-Züchtung, gelblich-grüne Glokken, 140–160 cm), 'Rosenglocke' (weiß mit leichtem Rosaschimmer, 140 cm).
Besonderer Tip: Palmlilien wirken am schönsten in Einzelgruppen.

Gräser – »das Haar der Mutter Erde«

Auch die winterharten Ziergräser gehören in den Bereich der ausdauernden Stauden. Ihre Ahnenreihe reicht weit in die Wildnisvergangenheit der Erde zurück. Diese uralten Pflanzen, die Karl Foerster einmal »das Haar der Mutter Erde« nannte, konnten bis heute viel von ihrem ursprünglichen Charakter bewahren. Die Gärtner haben die Gräser kaum durch Züchtung verändert. Wildformen wurden meist nur ausgelesen und vermehrt. Deshalb bringen die Gräser viel natürliche Atmosphäre in unsere Gartenräume. Ihre bewegten Halme sind Spielgefährten der Winde. Sie zeigen sich zu allen Jahreszeiten als reizvolle Gestalten: mit sommerlichen Blütenrispen, in goldener Herbstfärbung oder als bizarr bereifte Winterhorste.

Gräser können Sie als malerische Gruppen zwischen Wildstauden pflanzen oder als strapazierfähige Teppiche ausbreiten. Die Riesengräser wirken als stimmungsvoller Blickfang, wenn sie einzeln – als Solitär – stehen dürfen. Staudengräser können Jahre, oft Jahrzehnte am gleichen Platz bleiben. Sie sind anspruchslos und »pflegeleicht«. Niemals sollten sie stark gedüngt werden, vor allem nicht mit Stickstoff. Im Wohlstandsleben verlieren die »Wildlinge« schnell ihren Charakter.

Trotzdem müssen Sie einige wichtige Standortwünsche beachten, denn Gräser stammen aus den verschiedensten Teilen der Erde – aus Wäldern, Steppen und Sümpfen. Es gibt sonnenhungrige und schattenliebende unter ihnen, die auch im Garten am richtigen Platz eingeplant werden müssen.

Gräser, die Schatten und Feuchtigkeit lieben

Die Bodendecker des Waldes brauchen Halbschatten bis Schatten und feuchten, humosen Boden. Mit Kompost und Torf können Sie die Erde verbessern. Unter Laub- und Blütengehölzen fühlen sich vor allem die Seggen *(Carex)* und die Marbeln oder Hainsimsen *(Luzula)* wohl. Pflanzen Sie sie in Gruppen zusammen mit schattenliebenden Wildstaudenblumen wie Akeleien, Silberkerzen, Glockenblumen und Buschwindröschen.

Die **Japansegge** *Carex morrowii* 'Variegata' bildet immergrüne, 30–40 cm hohe Büsche mit gelbgestreiften Halmen. Die **Vogelfuß-Segge** *Carex ornithopoda* 'Variegata' wächst in 15 cm hohen, weißbunten Horsten. Die **Breitblattsegge** *Carex plantaginea* bedeckt den Boden mit immergrünen Blättern. Die **Schattensegge** *Carex umbrosa* schmückt sich über zierlichen, 20 cm hohen Polstern mit rotbraunen Ähren.

Die **Schneemarbel** *Luzula nivea* besitzt weißbehaarte Halme und helle Blütenähren, sie wird 40–50 cm hoch. 15–20 cm niedrig bleibt die **Haarmarbel** *Luzula pilosa* mit behaarten Blättern und bräunlichen Ähren. Die wintergrüne **Waldmarbel** *Luzula sylvatica* wird 30–50 cm hoch.

Gräser für trockene Sonnenplätze

Viele Gräser haben Steppencharakter. Sie eignen sich als unverwüstliche Bewohner sandiger Heidegärten, trockener Schotterflächen und der problematischen regenarmen Streifen dicht neben der Hauswand. Unter diesen Durstkünstlern finden Sie besonders schöne blaugrau gefärbte Arten. Diese Farbe ist bei Gräsern geradezu ein Erkennungszeichen für die Sonnenkinder. Sie alle brauchen mageren Boden, der sehr gut wasserdurchlässig sein muß. In nahrhafter Erde faulen diese Trockenstauden, oder sie wuchern ungesund und überaltern schnell.

Für die Gräser, die Trockenheit und Sonne lieben, ist es besonders wichtig, daß sie im Winter keine »nassen Füsse« bekommen. Schneiden Sie deshalb niemals verdorrte Halme im Herbst zurück. Sie wirken wie wohldurchdachte Regenrinnen, die die Niederschläge nach außen ableiten. Wo die überhängenden Blätter fehlen, da rinnt die Nässe ins Herz der Stauden und läßt sie faulen. Ein übertriebener Ordnungssinn, der alles Verwelkte wegschneidet, ist in naturhaften Pflanzungen mit Gräsern besonders fehl am Platz, denn Schnee und Rauhreif verzaubern die trockenen Halme im Winter. Sie wirken dann bizarr und märchenhaft – fremdartig schöne Gartengestalten in einer vereisten Jahreszeit.

Der **Blaustrahlhafer,** *Avena sempervirens*, bildet silber-blaue Büsche, 60–80 cm hoch. *Avena pendula*, eine Foerster-Züchtung, ist eine überhängende Form, 60–100 cm hoch.

Der **Blaustrandhafer,** *Elymus arenarius*, 80 bis 100 cm hoch, hat stahlblaue, bereifte Halme. Der **Blauschwingel,** *Festuca glauca*, bildet zierliche 20 cm hohe Büschel mit dünnen blaugrauen Gräsern. Das **Schillergras,** *Koeleria glauca*, wächst in festen 15 cm hohen Büscheln mit graugrünen Haaren.

Das **Pfeifengras,** *Molinia altissima*, erreicht stolze 120–180 cm. Die überhängenden grünen Halme färben sich im Herbst goldbraun. *Molinia caerulea*, bildet 80 cm hohe blaugrüne Horste. Die **Rutenhirse,** *Panicum virgatum* 'Rehbraun', wächst 100 cm hoch. Sie besitzt eine schöne braune Färbung. Das **Lampenputzergras,** *Pennisetum compressum*, bildet hübsche Büsche mit besonders reizvollen, lampenputzerartigen Blütenständen, Höhe 60–80 cm. Das **Reiherfedergras,** *Stipa barbata*, schmückt sich mit silberweißen, federartigen Grannen. Es wird 60–80 cm hoch.

Gräser, die sich im Wasser spiegeln

Von ganz besonderem Reiz sind windbewegte Gräsergestalten, die sich im Wasser spiegeln. Ihre Schönheit verdoppelt sich an solchen Standorten. Pflanzen Sie am Rand eines kleinen Teiches oder eines Wasserlaufes zum Beispiel das **Pfahlrohr,** *Arundo donax*, das 200–300 cm hohe schilfartige Halme von blaugrüner Farbe besitzt. Zierlicher wirkt das **Zittergras,** *Briza media*, das 40–60 cm Höhe erreicht und zwischen feinen Rispen herzförmige Blüten hervorbringt. Das **Schwadengras,** *Glyceria maxima* 'Variegata' hat gelbgestreifte, schilfartige Blätter, die 40–70 cm hoch werden. Auch die **Hirse** wirkt reizvoll als Uferpflanze, ebenso wie das **Goldbandleistengras** und das **Chinaschilf,** die im nächsten Abschnitt beschrieben sind.

Im Blickpunkt – die Riesengräser

Die großen Prachtgestalten unter den Gräsern brauchen Platz und Freiraum, um ihre volle Wirkung zu entfalten. Pflanzen Sie sie einzeln oder in kleinen Gruppen an ausgesuchten Plätzen. Das **Riesen-Chinaschilf,** *Miscanthus japonicus*, erreicht mühelos 300–350 cm. Es besitzt schilfartige überhängende Blätter und treibt im Herbst dekorative, fedrige Blütenstände. *Miscanthus sinensis* 'Zebrinus strictus', das **Stachelschweingras** wird 180 cm hoch und ist durch gelbe Querstreifen und steife Halme gekennzeichnet. Das **Goldbandleistengras,** *Spartina michauxiana* 'Aureomarginata', wirkt durch elegante, überhängende Halme, die gelbgerändert sind. Höhe 130–150 cm.

Eine Sonderstellung nimmt das dekorative **Pampasgras,** *Cortaderia seloana*, im Garten ein. Seine 2 m hohen silberweißen Blütenfahnen, von denen es auch rosa Zuchtformen gibt, wirken besonders dekorativ. Dieses Riesengras braucht volle

So überwintert das Pampasgras.

Lampenputzergras liebt trockenen Standort.

Hirschzungenfarn mit *Astilbe chinensis* 'Pumila'.

Sonne und nahrhaften, aber durchlässigen Boden. Im Sommer müssen Sie es bei Trockenheit reichlich gießen, es benötigt dann auch zusätzlichen Dünger, der aber möglichst wenig Stickstoff enthalten soll. Im Spätherbst binden Sie die Blätter zu einem Schopf zusammen, so bewahren Sie die Staude vor Nässe und Fäulnis. Eine Decke aus Torf oder Reisig schützt das Pampasgras im Winter vor Frost. Rückschnitt und Pflanzung nur im Frühling!

Viele Staudengräser liefern besonders apartes Material für Trockensträuße. Sie können sie alle durch Teilung vermehren.

Farne – Pflanzen aus der Urzeit

Die winterharten Freilandfarne gehören zu den ältesten Pflanzen der Erde. Ihre direkten Vorfahren wuchsen bereits vor 150 Millionen Jahren auf unserem Planeten. Sie haben sich seitdem kaum verändert. Auch die Farne, die in Staudengärtnereien vermehrt und verkauft werden, sind noch immer ausgesprochene Wildpflanzen. Sie eigenen sich deshalb ganz besonders für naturnahe Pflanzungen.

Alle Farne sind ursprünglich Waldbewohner. Sie brauchen feuchten, humusreichen Boden und lichten Schatten. Bereiten Sie die Erde mit Laubkompost, etwas Vorratsdünger und etwas Torf vor. Nach der Pflanzung verschafft eine Mulchdecke, möglichst aus Laub und kleinen Holzabfällen, den Farnen heimatliche Atmosphäre. Pflanzen Sie sie zusammen mit schattenliebenden Bodendeckern wie Haselwurz, Elfenblumen oder Buschwindröschen. Gute Nachbarn sind auch Waldgräser, Fingerhut, Silberkerzen, Funkien und Rhododendren. Eine kleine Auswahl gibt Ihnen einen Einblick in die geheimnisvolle Urwelt der Farne. Sie sind ein Erlebnis zu allen Jahreszeiten: Im Frühling rollen sich ihre Triebe wie kunstvolle Bischofsstäbe auf; im Sommer bezaubern ihre dekorativ gefiederten Blattwedel, im Herbst färben sich einige Arten braun und trocknen ein, andere bleiben auch im Winter grün. Im Rauhreif enthüllt ihre Struktur eine neue zerbrechliche Schönheit.

Der **Frauenhaarfarn,** *Adiantum,* wirkt zierlich durch besonders feingefiederte Blätter, je nach Sorte wird er 20–50 cm hoch. Der **Rippenfarn,** *Blechnum spicant,* besitzt schmale lange Blätter, die fein gefiedert sind. Er ist immergrün und wächst 40 cm hoch. Der **Wurmfarn,** *Dryopteris*, ist weitverbreitet, er kann bis zu 100 cm hoch werden und besitzt lange, einfach gefiederte Blätter. Der **Königsfarn,** *Osmunda*, entrollt doppeltgefiederte Blätter, die im Herbst verdorren. Er wird bis 150 cm hoch.

Die Blattwedel des **Straußenfarns,** *Matteuccia*, sind trichterförmig angeordnet, einfach gefiedert und wintergrün. Sie wachsen 80 cm hoch. Der **Hirschzungenfarn,** *Phyllitis*, besitzt auffallend glatte, ungeteilte ledrige Blätter. Er wird 20–40 cm hoch und bleibt im Winter grün. Der **Tüpfelfarn,** *Polypodium vulgare*, hat grobgefiederte, ledrige Blattwedel, die wintergrün sind und 20–30 cm Höhe erreichen. Der **Schildfarn,** *Polystichum*, besitzt gefiederte, meist etwas ledrige, immergrüne Blätter. Es gibt sehr verschiedene Formen von 30–40 cm Höhe.

Wer Farne und Gräser in seinen Garten holt, der erfährt im Zusammenleben mit ihnen etwas von der langen Erd- und Menschheitsgeschichte. Diese uralten Pflanzen lehren alle Gärtner die Geduld, die sie im Umgang mit der Natur brauchen.

Bunte Blüten aus braunen Zwiebeln und Knollen

Ausdauernde Gartengefährten sind auch die vielen bunten Zwiebel- und Knollengewächse. In unscheinbaren braunen Gebilden verbergen sie eine überraschende Blütenfülle. Viele dieser prachtvollen Blumen wanderten aus fernen Ländern bei uns ein. Noch vor 300 Jahren kostete eine ausgefallene Tulpe ein Vermögen. Heut kann es sich jeder leisten, für ein paar Mark diese Frühlingsjuwelen im Garten auszustreuen.

Lockerer, durchlässiger Boden ist für alle Zwiebel- und Knollengewächse günstig. In nasser, schwerer Erde faulen sie leicht. Rechtzeitige Bodenvorbereitung mit Kompost, organischem Vorratsdünger und einer Mulchabdeckung bis zur Pflanzung bilden die beste Grundlage. Auch Gründüngung kann den Boden gut vorbereiten.

Einige Zwiebelblumen eignen sich zum Verwildern, das heißt sie können jahrelang am gleichen

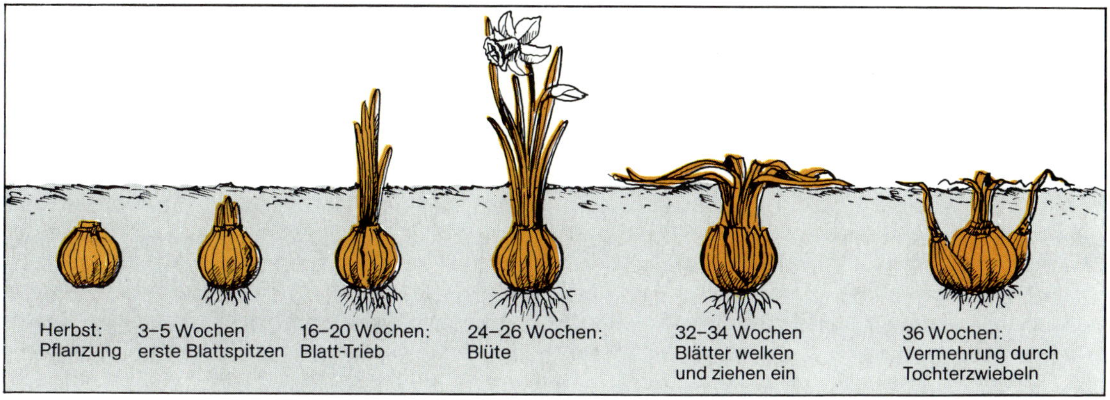

Wachstumszyklus der Narzisse.

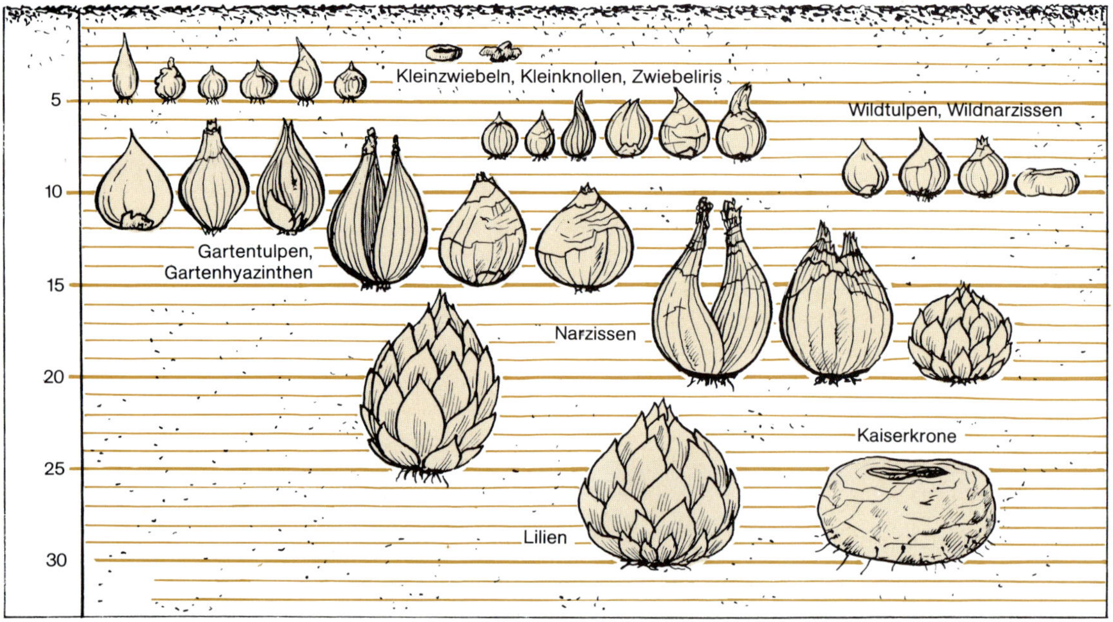

Als Faustregel für die Pflanzung von Blumenzwiebeln können Sie sich merken: doppelt so tief wie der Zwiebelbauch dick ist! Hier können Sie die durchschnittliche Pflanztiefe der bekanntesten Zwiebelblumen auch in Zentimetern ablesen.

Platz bleiben. Der Gärtner muß sie nur in Ruhe lassen, dann vermehren sie sich von selbst. Unter einer schützenden Decke aus Teppichstauden fühlen sie sich am wohlsten. Narzissen und Schneeglöckchen sind dafür Beispiele. Andere Zwiebelblumen, wie zum Beispiel Tulpen, nimmt man besser nach ein paar Jahren heraus, trennt den Nachwuchs von den Mutterzwiebeln und setzt sie mit genügend Abstand im Herbst wieder ein. Nur so entwickeln sich die Pflanzen zu normaler Größe.
Unterscheiden müssen Sie auch zwischen winterharten Zwiebelblumen und Knollengewächsen und solchen, die im Freien erfrieren würden. Die »harten« bleiben das ganze Jahr in der Erde. Die empfindlicheren müssen Sie im Herbst herausnehmen und im Keller frostfrei überwintern. Dazu gehören zum Beispiel Dahlien, Gladiolen und Freesien.

Viele Zwiebelblumen leben nach einem unabänderlichen Rhythmus: Im Frühling treiben sie aus und blühen. Dann behalten sie noch eine Weile ihr Laub. Nach ein paar Wochen vergilbt es und stirbt ab. Den Sommer verbringen sie »zurückgezogen« und unterirdisch in ihren dicken Vorratsbehältern. Diese Gewächse müssen im Herbst oder zeitig im Frühling gedüngt werden, damit sie während der Vegetationszeit ihre Reserven für das nächste Jahr auffüllen können. Tulpen, die niemals Nahrungsnachschub bekommen, verausgaben sich schnell. Ihre Bäuche schrumpfen, ihre »Vorratskammern« leeren sich. Wichtig ist auch die Funktion der grünen Blätter. Schneiden Sie nie aus übertriebenem Ordnungssinn das »schmucklose Grünzeug« nach der Blüte ab. Die Pflanzen brauchen diese Organe, um die Nährstoffe zu verwerten. Erst mit dem Vergilben zeigen sie von selbst an, daß sie »genug haben« für dieses Jahr.

Die gutgenährten Zwiebeln und Knollen sind natürlich für viele ungebetene Mitesser ein verlockender Leckerbissen. Beachten Sie deshalb die Tips gegen Wühlmäuse auf Seite 132. Besonders kostbare Zwiebeln, wie zum Beispiel Lilien, können Sie vor Nagezähnen abschirmen, wenn Sie sie in Plastik-Gittercontainer setzen und in dieser schützenden Hülle eingraben. Als Faustregel für die richtige Pflanztiefe der Zwiebelgewächse können Sie sich einprägen: Doppelt so tief wie der Zwiebelbauch dick ist. Die Pflanzzeit im Herbst dauert von September bis November. Die Zwiebeln sollen vor dem Frost möglichst noch Wurzeln bilden.

Frühlingsblüher

Anemone *(Anemone blanda* und *A. coronaria)*

Merkmale: Anemonen sind Hahnenfußgewächse. Ihre hübschen offenen Blütenschalen leuchten weiß, rot, rosa oder violett. Es gibt halbgefüllte und einfache Sorten. Alle sind haltbare Schnittblumen.
Kultur: Die knorrigen kleinen Knollen werden im Herbst in die Erde gelegt, Pflanztiefe etwa 5 cm, Abstand 5–8 cm, Wuchshöhe 20–25 cm. Anemonen gedeihen am besten im lichten Schatten von Gehölzen an frostgeschützten Stellen. Sie sind winterhart.
Arten und Sorten: Die Frühlingsanemone *(Anemone blanda)* blüht im März bis April. Die St.-Brigid-Anemonen und die de-Caen-Anemonen *(A. coronaria)* blühen später von Mai bis Juni.
Besonderer Tip: Pflanzen Sie Anemonen in Gruppen. Die frühen Arten eignen sich zum Verwildern.

Hyazinthe *(Hyazinthus orientalis)*

Merkmale: Hyazinthen sind Liliengewächse. Die etwas steifen Prachtblüten verströmen einen schweren, süßen Duft. Es gibt weiße, blaue, rosa, rote und gelbe Züchtungen.
Kultur: Die Pflanzen brauchen durchlässigen, möglichst etwas sandigen Boden und volle Sonne. Die Zwiebeln werden im Herbst gesetzt, Pflanztiefe 15–20 cm, Abstand 10–15 cm, Höhe etwa 25–30 cm, Blütezeit April bis Mai. Mit den Jahren bilden die Hyazinthen Nebenzwiebeln, die Blüten werden kleiner und glockiger. Wer große Blumen liebt, der muß öfter neue Zwiebeln setzen oder den Nachwuchs auspflanzen und großziehen. Hyazinthen sind winterhart.
Sorten: Viele Züchtungen, die in klaren Einzelfarben angeboten werden.
Besonderer Tip: Barocke Pracht entfalten Hyazinthen, wenn sie in großen Farbgruppen auf einem Beet zusammenstehen.

Iris, Zwiebeliris *(Iris)*

Merkmale: Diese Irisgewächse aus dem Bereich der Zwiebelblumen sind sehr vielgestaltig. Sie blühen zu verschiedenen Zeiten, besitzen aber alle die typische dreigeteilte Blumenform, die auch ein Erkennungszeichen der Schwertlilien ist. Die Holländischen und Englischen Iris sind zauberhafte, haltbare Schnittblumen. Weiß, Blau, Violett und Gelb sind die wichtigsten Farbtöne.
Kultur: Zwiebeliris werden normalerweise im Herbst gepflanzt. Holländische und Englische Iris können notfalls auch noch im zeitigen Frühling in die Erde. Diese beiden Arten werden etwa 10 cm tief gepflanzt, Abstand 10–15 cm, Höhe 30–60 cm, Blütezeit Mai bis Juni. In durchlässigem Boden und in der Sonne gedeihen sie am besten. Es lohnt sich, mit den preiswerten Zwiebeln ein Schnittblumenbeet anzulegen. Die Zwergiris werden nur 15 cm hoch und blühen bereits im Februar/März *(Iris danfordiae* und *Iris reticulata)*. Ein guter Standort ist der Steingarten. Alle Zwiebeliris sind winterhart.
Arten und Sorten: Holländische Iris *(Iris hollandica)* in allen Farbzüchtungen; Englische Iris *(Iris anglica)* in Einzelfarben Weiß, Rosa, Blau, Violett; *Iris danfordiiae* in Gelb und *Iris reticulata* in blauen Züchtungen.

Anemone blanda über natürlicher Laubdecke.

Blühende Krokus-Wiese.

Besonderer Tip: Probieren Sie einmal die wenig bekannten Englischen Iris aus. Sie haben sanftgerundete Blütenblätter und tiefe warme Farben. Wunderschöne Blumen für Iris-Romantiker!

Kaiserkrone *(Fritillaria imperialis)*

Merkmale: Ein stattliches Liliengewächs, daß an hohen Stielen eine Krone aus roten oder gelben Glocken trägt. Kaiserkronen sind seit Jahrhunderten beliebte attraktive Frühlingsblumen. Alte holländische Blumenmaler haben sie oft auf ihren Bildern verewigt.
Kultur: Möglichst früh im August bis September pflanzen, 15–20 cm tief in guten durchlässigen Gartenboden. Im Pflanzloch möglichst ein Sandbett anlegen. Kompost und gut verrotteten Mist geben. Standort sonnig bis halbschattig, Höhe etwa 80 cm, Blütezeit April bis Mai.
Sorten: 'Lutea' (gelb), 'Rubra Maxima' (rot). *Fritillaria meleagris*, die Schachbrettblume, ist eine kleine Verwandte mit schachbrettartig gemusterten Glocken, Höhe nur 30 cm.
Besonderer Tip: Kaiserkronen sollen jahrelang ungestört bleiben. Ihr Moschus-Knoblauch-Geruch vertreibt Wühlmäuse aus der Umgebung.

Krokus *(Crocus vernus)*

Merkmale: Der Krokus ist ein Irisgewächs. Seine leuchtenden Blütenkelche sind die Boten des Frühlings im Garten. Sie blühen weiß, gelb, lila, violett und gestreift.
Kultur: Krokusse wachsen überall in durchlässigem Boden an sonnigen und halbschattigen Plätzen. Pflanztiefe 5–10 cm, Abstand 5–10 cm, Blütezeit Februar bis April, Pflanzzeit Herbst. Die Pflanzen sind ganz winterhart. Die botanischen Krokusse haben kleinere Blumen und beginnen früher zu blühen, die großblumigen Gartenkrokusse öffnen sich etwas später. Am schönsten wirken sie in dichten Gruppen.
Arten und Sorten: Es gibt viele großblumige Züchtungen in Einzelfarben, aber auch zahlreiche Wildformen.
Besonderer Tip: Wo Krokusse im Rasen blühen, da müssen Sie mit dem Mähen unbedingt warten, bis das Laub vergilbt.

Märzbecher, Frühlingsknotenblume *(Leucojum vernum)*

Merkmale: Märzbecher sind Amaryllisgewächse. Sie tragen an langen Stielen rundliche, weiße

Narzissen 'February Gold' mit blauem Gedenkemein.

Glocken, die grüne Flecken am Blütensaum haben. Sie sehen aus wie vergrößerte Schneeglöckchen.

Kultur: Feuchter, humusreicher Boden, sonniger bis halbschattiger Standort. Möglichst früh im Herbst pflanzen, 10 cm tief mit 10 cm Abstand. Höhe 20 cm, Blütezeit Februar bis März. Märzbecher sind winterhart.

Besonderer Tip: Pflanzen Sie Märzbecher im Garten zu den Wildstauden, wo Sie sich ungestört vermehren können.

Narzisse *(Narcissus)*

Merkmale: Narzissen sind Amaryllisgewächse. Am Mittelmeer und in den Alpen wachsen sie noch wild. In ihre große Familie gehören die gelben Osterglocken ebenso wie die weißen duftenden Sterne der Dichternarzissen. Ob groß- oder kleinkronig – Narzissen gehören seit alten Zeiten zu den lieblichsten Frühlingsblumen, die sich auch gut zum Schnitt eignen. Ihre Farben sind Weiß, Gelb, Rosa und Orange.

Kultur: Im Herbst werden die dicken mehrteiligen Zwiebeln 15–20 cm tief gelegt, kleine Arten etwas höher. Sie lieben humusreichen, durchlässigen Boden an sonnigen bis halbschattigen Plätzen. Abstand 15–20 cm. Höhe 30–60 cm, Blütezeit Februar bis Mai. Die winterharten Narzissen sollen möglichst lange ungestört bleiben, sie vermehren sich dann reichlich.

Arten und Sorten: Es gibt unzählige Arten und Sorten. Zu den Gartennarzissen gehören die Trompetennarzissen *(Narcissus pseudonarcissus)* in der Form der Osterglocken, die großkronigen Narzissen *(N. incomparabilis)* mit flachen Blütensternen und gerüschten Kronen, die Dichternarzissen *(N. poeticus)*, die weiße Sterne mit roten Krönchen besitzen und herrlich duften. Die Wildnarzissen haben meist kleinere Blüten. Zu ihnen gehören neben vielen anderen die Jonquillen mit zierlichen, duftenden gelben Glöckchen. Reizend auch die »Engelstränen« *(N. triandrus)* mit hellgelben hängenden Blüten.

Besonderer Tip: Narzissen werden von Wühlmäusen nicht angerührt. Sie eignen sich zum Verwildern in naturhaften Pflanzungen.

Schneeglanz *(Chionodoxa)*

Merkmale: Schneeglanz gehört zu den Liliengewächsen. Die leuchtend blauen Sternblüten mit dem weißen Auge zählen zu den frühesten Frühlingszeichen. Es gibt auch weiße und rosa Sorten.

Kultur: Im Herbst in durchlässigen Boden legen, etwa 8 cm tief mit 5–7 cm Abstand. Höhe 10 bis 15 cm. Blütezeit März. Schneeglanz liebt Sonne oder Halbschatten, er ist winterhart.

Arten: *Ch. sardensis* (enzianblau), *Ch. gigantea* (großblumig).

Besonderer Tip: In dichten Gruppen pflanzen und verwildern lassen.

Schneeglöckchen *(Galanthus)*

Merkmale: Schneeglöckchen sind Amaryllisgewächse. Jedes Kind kennt die weißen Glöckchen mit den grünen Punkten, die als erste den Frühling einläuten. Eis und Schnee können diese lebensstarken Optimisten nicht schrecken.

Schneeglöckchen verwildern zu dichten Gruppen.

Kultur: Im Herbst werden die kleinen Zwiebelchen 8–10 cm tief mit 8–10 cm Abstand gepflanzt. Im leichten Halbschatten und in lockerem Boden gedeihen sie am besten. Höhe 15–20 cm, Blütezeit Februar bis März.
Arten: *G. nivalis*, das heimische Schneeglöckchen und *G. elwesii*, das großblumige Riesenschneeglöckchen.
Besonderer Tip: Schneeglöckchen eignen sich gut zum Verwildern, sie vermehren sich sehr rasch. Besonders eindrucksvoll wirkt ihr Weiß in der Nachbarschaft von blauer *Iris reticulata*.

Scilla, Blausternchen *(Scilla)*

Merkmale: Die Scilla gehört zu den Liliengewächsen. Ihre locker angeordneten Glocken wirken wie leuchtend blaue Schwestern der Schneeglöckchen. Es gibt auch weiße Sorten.
Kultur: Im Herbst werden die Zwiebeln 5–8 cm tief gelegt, mit 8–10 cm Abstand. Höhe nur 15 cm, Blütezeit März bis April. Das Blausternchen wächst in jedem normalen Gartenboden in der Sonne und im Schatten, es ist ganz winterhart.
Arten und Sorten: *Scilla sibirica* (blau), 'Alba' *(weiß)*; *Scilla hispanica* hat 30 cm hohe Stiele mit großen Glockenblüten in Weiß, Rosa oder Blau. Sie blüht von April bis Mai.
Besonderer Tip: *Scilla sibirica* vermehren sich rasch, wenn sie ungestört bleiben. Lassen Sie sie neben Schneeglöckchen verwildern.

Traubenhyazinthe *(Muscari)*

Merkmale: Traubenhyazinthen sind Liliengewächse. Ihre blauen Glöckchen drängen sich dicht wie Trauben zu einer kleinen Pyramide zusammen. Sie eignen sich gut zum Schnitt für kleine Frühlingssträuße.
Kultur: Die anspruchslosen Blumen gedeihen in der Sonne und im Halbschatten in jedem normalen Gartenboden. Im Herbst werden die Zwiebelchen etwa 5–8 cm tief gelegt mit 8 cm Abstand. Höhe 15–20 cm, Blütezeit April bis Mai. Traubenhyazinthen vermehren sich rasch und sind ganz winterhart.
Arten und Sorten: *M. ambrosiacum* (zartlila, duftend), *M. armeniacum* (tiefblau), *M. comosum* 'Plumosum', die Federhyazinthe, (rötlichblaue Blüte, 40 cm hoch, Blütezeit Mai bis Juni).
Besonderer Tip: Traubenhyazinthen bilden zauberhafte blaue Teppiche, die Sie roten Tulpen oder gelben Narzissen zu Füßen legen können. Liebenswerte Verschwender können aus diesen Blumen einen blauen »Wasserlauf« pflanzen!

Tulpe *(Tulipa)*

Merkmale: Tulpen sind Liliengewächse. Sie kamen aus der Türkei und dem Vorderen Orient zu uns. Die ersten kostbaren Blumen lösten vor etwa 400 Jahren unter den Liebhabern fiebrige Spekulationen aus, die manchen Gartenfreund ein Vermögen kosteten. Heute sind Tulpenzwiebeln für jeden erschwinglich geworden. Ein Frühlingsgarten ohne die üppigen Blumenkelche ist undenkbar. Es gibt inzwischen unzählige Züchtungen: hohe und niedrige, gefüllte und einfache, glattblättrige und krausblütige. Die Farbskala enthält alle Töne außer reinem Blau. Tulpen sind wunderbarer Blütenschmuck für Beete, Steingärten und Vasen.

Kultur: In humusreichem, durchlässigem Boden an einem sonnigen Standort werden die Zwiebeln im Herbst 10–15 cm tief gelegt. Abstand 15–20 cm, Höhe je nach Sorte 20–80 cm, Blütezeit je nach Sorte März bis Mai. Tulpen sind vollkommen winterhart und bilden mit der Zeit viele Nebenzwiebeln. Wer sie herausnimmt und auf einem Extrabeet großzieht, der kann seine Bestände leicht vermehren. Wo sie stehenbleiben, da werden die einzelnen Tulpen kleiner, sie bilden dafür lockere Gruppen. Liebhaber großer Prachtblumen nehmen die Zwiebeln, nachdem die Blüten verwelkt sind, jedes Jahr heraus, trocknen und sortieren sie im Keller und pflanzen sie im Herbst wieder ein.

Arten und Sorten: Es ist unmöglich, aus der Fülle Einzelsorten zu nennen. Zwischen folgenden großen Gruppen können Sie überall im Fachhandel wählen:

Botanische Tulpen *(Tulipa-Kaufmanniana, -Fosteriana-, -Greigii*-Hybriden) blühen früh, die meisten bleiben relativ niedrig, manche haben braunrot gestreiftes Laub. Diese Arten eignen sich am besten zum Verwildern. Ausgesprochene Wildtulpen sind zum Beispiel *T. clusiana, T. aucheriana* und *T. chrysantha.*

Einfache frühe Tulpen blühen im April, sie werden 25–30 cm hoch und liefern gute Schnittblumen.

Gefüllte frühe Tulpen blühen zur gleichen Zeit, ihre Blüten ähneln Pfingstrosen.

Triumph-Tulpen haben kompakte, rundliche Blumen, sie blühen mittelfrüh und werden 40–50 cm hoch.

Darwin-Tulpen sind langstielige Maitulpen, die herrliche Schnittblumen liefern mit großen eiförmigen Blumen.

Lilienblütige Tulpen blühen gleichfalls im Mai, sie haben elegante beschwingte Blüten, deren Enden in Zipfel auslaufen.

Papageien-Tulpen blühen im Mai und werden

Botanische Tulpen in lockerer, natürlicher Gruppe.

50–70 cm hoch. Die Blüten sind bizarr gefranst.

Rembrandt-Tulpen blühen im Mai und erreichen etwa 50 cm Höhe. Die geflammten Farben verdanken sie ursprünglich einer Viruserkrankung.

Gefüllte späte Tulpen blühen spät im Mai, werden 40–60 cm hoch und haben noch mehr Ähnlichkeit mit dicken runden Pfingstrosen als ihre früher blühenden Schwestern.

Es gibt noch zahlreiche andere Spielarten und wunderschöne Züchtungen. Das Studium guter Kataloge ist ein lohnendes Vergnügen!

Besonderer Tip: In Reih und Glied aufgereiht wirken Tulpen immer steif. Pflanzen Sie sie lieber in lockeren Gruppen, wohlüberlegt nach Farben und Blütezeit geordnet. Und legen Sie ihnen einen Teppich aus Vergißmeinnicht, Stiefmütterchen, Traubenhyazinthen oder anderen geeigneten Pflanzen zu Füßen. Tulpen sind persische Prinzessinnen – ein wenig Haremsglanz brauchen sie auch im Garten!

Winterling *(Eranthis hyemalis)*

Merkmale: Winterlinge gehören zu den Hahnenfußgewächsen. Die buttergelben Blumensterne

Frühlingsboten im Schnee: die Blüten des Winterlings.

gewinnen jedes Frühlingswettrennen. Manchmal blühen sie schon im Januar!

Kultur: Winterlinge gedeihen in jedem normalen Gartenboden in der Sonne und im Halbschatten. Die Knöllchen werden 5 cm tief mit 8–10 cm Abstand im Herbst in die Erde gelegt. Höhe 10 cm, Blütezeit Januar bis März, vollkommen winterhart.

Besonderer Tip: Wunderschön zum Verwildern vor Gehölzgruppen, Winterlinge bilden rasch ausgedehnte Blütenteppiche. Wählen Sie eine Stelle, wo der früheste Frühlingsgruß gut sichtbar ist.

Sommer- und Herbstblüher

Begonie *(Begonia tuberhybrida)*

Merkmale: In der großen Familie der Begoniengewächse bilden die Knollenbegonien eine Gruppe besonders farbenfroher, reichblühender Sommerblumen. Es gibt gefüllte und ungefüllte, buschige und hängende Sorten. Sie entfalten alle Farben außer Blau.

Kultur: Die flachen Knollen werden im Frühling ab Februar/März in Schalen oder Blumentöpfe mit lockerer Erdmischung gelegt – die Seite mit der »Delle« nach oben. Feucht und warm halten an einem hellen, aber nicht zu sonnigen Fenster. Ab Mitte Mai können die vorgetriebenen Pflanzen ins Freie. Sie werden in Balkonkästen, Schalen oder Gartenbeete gepflanzt.

Begonien brauchen eine Erdmischung aus Kompost, Torf und Sand. Sie gedeihen am besten im Halbschatten. Während des Sommers müssen sie öfters gedüngt werden, zum Beispiel mit Brennnesseljauche, der Guano oder »Oscorna« beigefügt wird. Pflanzabstand 20–30 cm, Höhe je nach Sorte 25–40 cm. Blütezeit Mai bis Oktober.

Knollenbegonien sind nicht winterhart. Vor dem ersten Frost nehmen Sie die Pflanzen aus der Erde, schneiden das Laub ab und lagern die gereinigten Knollen in einem frostfreien Kellerraum. Am besten legen Sie sie in Kisten, die mit trockenem Torf gefüllt sind. Ab Februar können die Begonien dann wieder angetrieben werden.

Sorten: Multiflora-Begonien (gefüllte, runde Blüten in rosa, weißen, roten, gelben, orangefarbigen und marmorierten Einzelsorten), 'Leuchtfeuer' (ungefüllte, reichblühende feuerrote Sorte), 'Fimbriata' (gefranste, nelkenähnliche Blüten in allen Farben); Ampel- oder Hängebegonien (lange hängende Triebe, kleine gefüllte Blüten in allen Farben).

Besonderer Tip: Begonien sind anfällig für Mehltau, beachten Sie die Tips der großen Schädlingstabelle auf Seite 135–147.

Canna, Indisches Blumenrohr
*(Canna-Indica-*Hybriden*)*

Merkmale: Die Canna gehören zu den Blumenrohrgewächsen. Ihre hohen exotischen Blütenstände und das prächtige, oft rotbraun gefärbte Laub wirken sehr dekorativ. Sie blühen rot, rosa und orange, die Blüten haben etwas Ähnlichkeit mit Gladiolen.

Kultur: Die Rhizome werden in großen Töpfen ab

März in warmen Räumen vorgetrieben. Ab Mitte Mai können die Pflanzen ins Freie. Sie gedeihen in großen Kübeln oder auf Gartenbeeten. Pflanzabstand 40–50 cm, Höhe 60–130 cm, Blütezeit Juni bis Oktober. Voraussetzung für gutes Gedeihen sind sonniger, geschützter Standort und lockere, humusreiche Erde. Ein- bis zweimal im Monat muß während der Sommermonate flüssig gedüngt werden.

Das Blumenrohr aus Indien ist nicht winterhart. Nachdem der erste Frost das Laub zerstört hat, werden die Rhizome mit dem Erdballen ausgegraben und in einem frostfreien Keller in feuchtem Sand oder Torf eingelagert. Im nächsten Frühling können die Pflanzen wieder angetrieben werden.

Sorten: 'Puck' (Zwerg-Canna, gelbe Blüte, grünes Laub, 60 cm), 'Troll' (Zwerg-Canna, lachs-orange, dunkles Laub, 60 cm), 'Feuerzauber' (zinnoberrot, rotbraunes Laub, 150 cm), 'Königin Charlotte' (gelb-rot geflammt, grünes Laub).

Besonderer Tip: Die aus Indien stammende Canna wirkt neben vielen Gartenblumen fremd. Am besten pflanzen Sie sie als dekorative Einzelgruppe im Kübel.

Dahlie *(Dahlia cultorum)*

Merkmale: Dahlien sind Korbblütler. Die vielen unterschiedlichen Zuchtformen, die heute als Nachkommen der mexikanischen Einwanderin in unseren Gärten heimisch sind, bieten für jeden etwas: für Balkonkästen, Blumenschalen, Schnittblumenbeete, Rabatten und dekorative Einzelstellung gibt es die passende Dahlie. Pompöse Blütenräder, altmodische Pompomkugeln und einfache offene Schalen stehen zur Wahl. Die Dahlien sind aus den Sommer- und Herbstgärten nicht mehr wegzudenken. Sie blühen monatelang in allen Farben, außer Blau, und liefern reichlich Schnittblumen.

Kultur: Für frühe Blüte können Dahlien in großen Töpfen angetrieben werden. Im Mai werden sie direkt ins Freiland gepflanzt. Sie gedeihen überall, lieben aber humusreichen, durchlässigen Boden

Kaktusdahlie mit schmalen, eingerollten Blütenblättern.

Rundliche Schmuckdahlie.

und volle Sonne. Geben Sie reichlich Kompost und gut verrotteten organischen Dünger. Über den Triebknospen der dicken fleischigen Knollen sollen nur etwa 2–3 cm Erde liegen. Pflanzabstand je nach Sorte 50–100 cm, Höhe je nach Sorte 30–250 cm, Blütezeit Juli bis Oktober. Beim Pflanzen schlagen Sie am besten gleich einen Stützpfahl in den Boden, um große Stauden später anzubinden.

Dahlien sind nicht winterhart, sie sollen aber bis nach dem ersten Frost im Freiland bleiben, um auszureifen. Dann wird das erforene Laub abgeschnitten. Graben Sie die Knollen vorsichtig aus. Sie sollen mit den Erdklumpen an der Luft trocknen. Die Stengel werden nur handhoch über den Knollen abgeschnitten. Dieser Stengelrest muß unbedingt erhalten bleiben, weil sonst die dicht darunter sitzenden Triebknospen eintrocknen. Bewahren Sie die Dahlien in einem möglichst kühlen aber frostfreien Kellerraum auf. Am besten werden sie in Holzkisten mit feuchtem Torf eingeschlagen. In warmen Kellern müssen Sie das Substrat ab und zu anfeuchten. Die Knollen dürfen weder faulen noch eintrocknen. Im nächsten Frühling werden sie geteilt und wieder eingepflanzt.

Arten und Sorten: Einzelsorten gibt es in großen Mengen. Sie werden überall in reicher Auswahl angeboten. Wählen Sie zwischen den folgenden großen Gruppen:

Anemonenblütige Dahlien haben einen einfachen Blütenkranz und ein Herz aus dichtgedrängten Röhrenblüten, Höhe etwa 50 cm.

Halskrausendahlien zeigen außer den einfachen äußeren Blütenblättern noch einen zweiten Kranz von Zungenblüten, der sich wie eine Krause um die Mitte legt.

Kaktusdahlien werden bis 120 cm hoch und tragen mittelgroße, gefüllte Blumen mit schmalen, spitz auslaufenden Blütenblättern.

Mignondahlien bleiben 30 cm niedrig, sie schmükken sich mit runden, einfachen Blüten.

Pompomdahlien erreichen 100 cm Höhe, sie tragen dicht gefüllte, kleine rundliche Blumen, die wie ein Ball aussehen.

Schmuckdahlien können bis zu 200 cm hoch werden. Ihre großen gefüllten Blüten erreichen bis zu 30 cm Durchmesser. Die Blütenblätter haben eine breit-ovale Form. Diese Dahlien sind bei den Hobbygärtnern besonders beliebt, weil sie sich zu prachtvollen Schaustücken entwickeln. Außerdem gibt es noch viele interessante Zuchtvariationen, die Sie in guten Katalogen und Fachgeschäften finden (siehe Anhang).

Besonderer Tip: Die farbenfrohen Dahlienblüten halten eine Woche lang in der Vase, wenn Sie sie vollerblüht am Morgen aus dem Garten holen und nach dem Anschneiden blitzschnell ins Wasser tauchen. Alle Nebenknospen und möglichst viele Blätter sollen entfernt werden.

Freesie *(Freesia)*

Merkmale: Freesien gehören zu den Irisgewächsen. Die am Stielende aufgereihten trompetenförmigen Blüten verströmen einen lieblichen Duft. Sie sind cremeweiß, gelb, orange, rosa, purpurrot, lila oder violett gefärbt und zählen zu den beliebtesten Schnittblumen.

Kultur: Speziell präparierte Knollen blühen nun auch im Freiland. Pflanzzeit von Mitte April bis Mai in humusreiche, feuchte Erde. Warmer, geschützter, halbschattiger Standort. Abstand 5–10 cm, Höhe etwa 30–40 cm, Blütezeit August bis Oktober. Gartenfreesien sind nicht winterhart. Vor dem Frost müssen Sie die Knollen ausgraben und in einem warmen Raum trocken überwintern. Die Blüte im nächsten Jahr ist möglich, aber nicht zuverlässig.

Sorten: Paradiesfreesien (bunte Mischung).

Besonderer Tip: Eine Liebhaberkultur für Spezialbeete. In naturgemäßen Pflanzungen wirken die Freesien fremd.

Gladiole *(Gladiolus-*Hybriden*)*

Merkmale: Gladiolen sind Irisgewächse. Steife schwertförmige Blätter und leuchtende »Schmetterlings«-Blüten, auf hohen Stielen aufgereiht, sind charakteristisch für diese prachtvollen Sommerblumen. Sie eignen sich für Schnittblumenbeete und Rabatten. Die zahllosen modernen Züchtungen haben alle Farben des Spektrums hervorgelockt: Weiß, Gelb, Orange, Rot, Rosa, Lila, Violett, Bläulich (aber kein reines Blau), Bräunlich und Grünlich. Alle Gladiolen sind hervorragende, lange haltbare Schnittblumen.

Kultur: Gladiolen wachsen am besten in humusreichem, etwas sandigem Boden in der vollen

Gladiolen in natürlicher Umgebung wirken nicht steif.

Sonne. Sie gedeihen aber auch unter weniger idealen Bedingungen und sind im Grunde recht anspruchslos. Von April bis Mai können Sie die flach-runden Zwiebeln 10 cm tief in den Boden legen, sehr hohe Sorten etwas tiefer, kleine Sorten etwas höher. In leichter, sandiger Erde ist eine etwa 15 cm tiefe Pflanzung zu empfehlen, damit die hohen Stiele mehr Halt bekommen. Pflanzabstand 10–20 cm, Höhe je nach Sorte 60–150 cm. Blütezeit Juli bis September.
Hohe Sorten müssen bei Regen und Wind angebunden werden. Versorgen Sie Gladiolen mit reichlich Kompost, Steinmehl und einer Mulchdecke. Geben Sie niemals frischen Dünger, er fördert Krankheiten.
Gladiolen sind nicht winterhart. Nach dem ersten Frost werden die Zwiebeln ausgegraben, gesäubert und trocken im Keller gelagert. Die kleinen Brutknöllchen werden abgetrennt und im nächsten Frühling zur Vermehrung auf ein Extrabeet gepflanzt. Sie blühen nach 2–3 Jahren. Die hochgezüchteten Blumen sind anfällig für Pilz- und Viruskrankheiten. Beachten Sie die Tips in der großen Schädlingstabelle auf Seite 135–147, und spritzen Sie vorbeugend ab Frühling mit Schachtelhalmtee.
Arten und Sorten: Züchtungen in allen Farben werden überall in reicher Auswahl angeboten. Unterscheiden Sie zwischen den großblumigen Edelgladiolen und den kleinblumigen Butterfly- oder Schmetterlingsgladiolen, die durch besonders anmutige Blüten bezaubern. Winterharte Wildformen sind *Gladiolus byzantinus* (purpurrot) und *Gladiolus communis*, die Gemeine Siegwurz (rosa-violett), die im Naturgarten heimisch werden kann.
Besonderer Tip: Schneiden Sie Gladiolen, wenn die ersten Blumen aufgeblüht sind, dann öffnen sich alle Blüten bis zur Spitze in der Vase. Lassen Sie den Pflanzen aber immer einige Blätter, damit sich die Zwiebeln regenerieren können.

Herbstzeitlose *(Colchicum autumnale)*

Merkmale: Dieses merkwürdige Liliengewächs bringt im Herbst krokusähnliche, »nackte« lilarosa Blüten hervor. Blätter und Früchte erscheinen erst im folgenden Frühling. Der normale Vegetationsrhythmus ist bei diesen Blumen auf den Kopf gestellt. Sie sind interessant zu beobachten und bereichern den Garten zu ungewohnter Zeit mit ihrer Blüte.
Kultur: Durchlässiger, eher trockener Boden und volle Sonne sind Voraussetzung für gutes Gedeihen. Die Zwiebeln werden im August 10 cm tief gepflanzt, Abstand 15–25 cm, Höhe 15–20 cm, Blütezeit September bis Oktober. Die Pflanzen sind winterhart.
Sorten: Außer der Art *C. autumnale* (rosa-lila) 'Album' (reinweiß).
Besonderer Tip: Herbstzeitlosen eignen sich für naturnahe Pflanzungen, wo sie jahrelang ungestört bleiben können.

Lilie *(Lilium)*

Merkmale: Diese Liliengewächse gehören zum uralten Gartenadel, nicht nur bei uns in Europa, sondern auch in Ostasien. Die edlen Blüten der

Der Aufbau einer Lilie ist ein Wunderwerk der Natur. Gitter-container schützen die Zwiebeln.

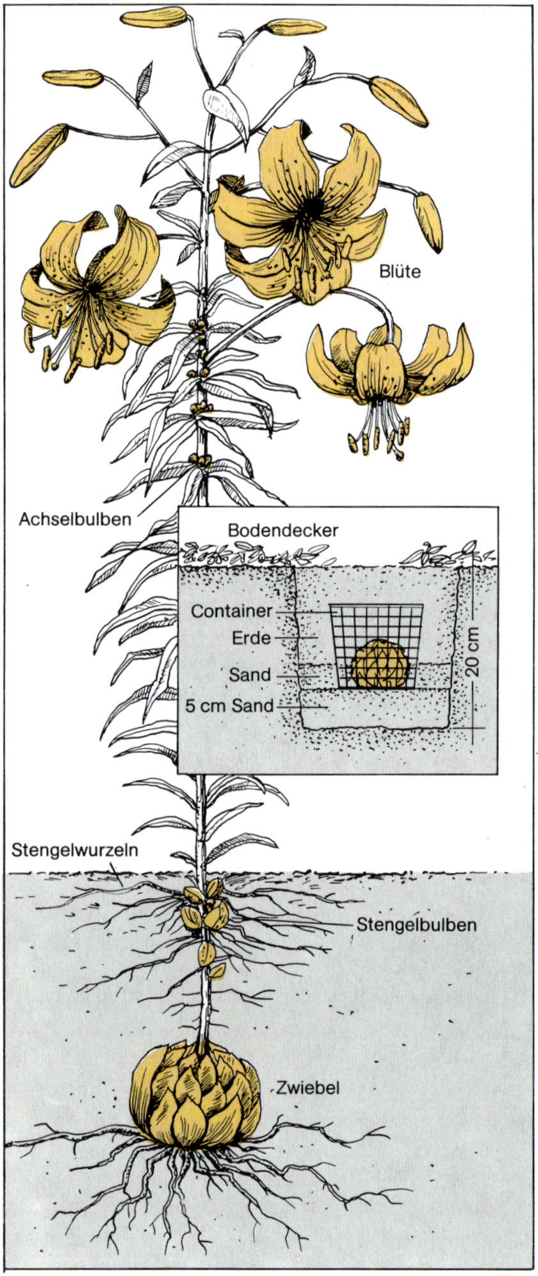

noch heute erhältlichen Naturformen verleihen dem Platz, an dem sie wachsen, eine gewisse Würde. Auch in der Vase verlangen diese formschönen Blumen besondere Aufmerksamkeit – sie passen nicht in jede beliebige Gesellschaft. Es gibt heute hervorragende Neuzüchtungen, vor allem aus Amerika. Die Begegnung mit diesen großblumigen, standfesten Hybriden ist ein Gartenerlebnis besonderer Art. Lassen Sie es sich nicht entgehen!

Kultur: Lilien wollen mit den »Füßen« kühlschattig stehen, ihre Blüten aber im warmen Licht der Sonne entfalten. Dies ist die seit Jahrhunderten gültige Grundregel aller Lilienkultur. Wählen Sie einen Platz, der hell und sonnig, aber vor greller Mittagsglut geschützt ist. Der Boden soll humusreich, locker, nahrhaft und unbedingt durchlässig sein. Die Zwiebeln brauchen zwar eine gewisse Feuchtigkeit, aber Nässe schadet ihnen immer und bringt Fäulnisgefahr. Schwere, lehmige Böden müssen durch eine Dränageschicht aus Sand und Kies unterhalb der Pflanzung verbessert werden. Geben Sie reifen Kompost, Steinmehl und einen langsam wirkenden organischen Dünger (zum Beispiel »Oscorna«) zur Bodenverbesserung. Schattige, feuchte Kühle erreichen Sie durch eine Mulchschicht aus Laub oder durch eine Bodendecke aus niedrigen Stauden.

Lilien sollten immer in Gruppen zu mindestens 3–5 Stück gepflanzt werden. Dies kann im Herbst oder im zeitigen Frühling geschehen. Nur die Madonnenlilien kommen bereits im August in die Erde. Pflanzabstand je nach Sorte 25–45 cm, Tiefe 20–25 cm; nur Madonnenlilien werden höher gepflanzt, 3 cm unter der Oberfläche. Höhe je nach Sorte 40–180 cm, Blütezeit je nach Sorte Mai bis September. Lilien können durch Nebenzwiebeln, durch Bulben, die in den Blattachseln erscheinen und durch Samen vermehrt werden. Sie sind winterhart. Alle Lilienzwiebeln müssen nach dem Kauf rasch in die Erde, damit sie nicht austrocknen. Auch auf dem Beet sollen sie nicht zu lange in Wind und Sonne liegen.

Lilien (Fiesta-Hybr.) über einem Teppich aus *Sedum*.

Arten und Sorten: Zu den altbekannten Naturformen gehören die Goldbandlilie, *L. auratum* (große schalenförmige Blüten, weiß mit bräunlichen Streifen, 150–180 cm), die Madonnenlilie, *L. candidum* (schneeweiße trichterförmige Blüten, süß duftend, 150–180 cm), die Türkenbundlilie, *L. martagon* (verschiedene Formen mit gelben oder orange-roten Blüten, deren Blütenblätter anmutig zurückgeschlagen sind, 80–120 cm), Tigerlilien, *L. tigrinum* (ähnlich wie Türkenbund, aber lebhaft gefleckt, 120–150 cm), Feuerlilien, *L. umbellatum* (orangerote offene Kelche, 80–100 cm), die Prachtlilie, *L. speciosum* (zurückgeschlagene Blütenblätter, gefleckt, rosa, weiß, rot, 75–120 cm), die Königslilie, *L. regale* (große trichterförmige Blüten, weiß, außen braunrosa, 100–150 cm).

Unter den Zuchtformen sind die Midcentury-Hybriden, die Harlequin-Hybriden, die Martagon-Hybriden, die Bellingham-Hybriden, die Aurelianense-Hybriden und die Auratum-Hybriden besonders empfehlenswert. Dies ist aber nur ein kleiner »Blick durchs Schlüsselloch«, der anregen soll, die reiche Welt der Lilien selbst zu entdecken.

Besonderer Tip: Die Naturformen können jahrelang ungestört in Wildstaudenpflanzungen wachsen. Madonnenlilien und Hybriden passen auch ins Staudenbeet. Gegen Wühlmäuse können Sie die kostbaren Zwiebeln schützen, wenn Sie sie in Gittercontainer pflanzen.

Montbretie *(Tritonia crocata)*

Merkmale: Montbretien sind Irisgewächse. Ihre offenen Trichterblüten, die kleinen Gladiolen ähneln, sind anmutig an einem schlanken Stiel aufgereiht. Sie blühen in warmen gelben und orangeroten Tönen und liefern reizvolle Schnittblumen. Die graziösen Montbretien leuchteten schon in Großmutters Sommerrabatten.

Kultur: Die Pflanzen gedeihen in jedem normalen, lockeren Gartenboden in der Sonne und im Halbschatten. Die Zwiebeln werden im April bis Mai 8–10 cm tief in den Boden gelegt, Abstand 7 cm, Höhe 60–100 cm, Blütezeit Juli bis September. Montbretien sind in milden Gegenden winterhart, sonst sollte man sie herausnehmen und wie Gladiolen trocken überwintern.

Sorten: Kleinblumige Prachtmischungen, 'Feuerkönig' (feuerrot), großblumige Prachtmischungen, 'Emily Mc. Kenzie' (orangenrot).

Besonderer Tip: Freilandpflanzen vermehren sich; graben Sie sie alle 3 Jahre aus und verpflanzen Sie sie wieder mit genügend Abstand. So können auch »die Kinder« groß werden.

Pfauenlilie, Tigerblume *(Tigridia pavonia)*

Merkmale: Ein exotisch wirkendes Irisgewächs aus Mittelamerika. Die großen offenen Blüten sind wie ein Stern dreigeteilt und im Grunde abenteuerlich getigert. Die einzelnen Blumen halten nur einen Tag, leuchten aber weit und auffallend durch den Garten. Ihre Farben sind Gelb, Orange, Rot und Bräunlich.

Kultur: Humusreicher, feuchter Boden und volle Sonne bis Halbschatten sind Voraussetzung für erfolgreiche Kultur. Geben Sie Kompost und Dünger. Pflanzzeit April bis Mai, 10 cm tief, Ab-

stand 10–20 cm. Höhe 40–60 cm, Blütezeit Juli bis September. Pfauenlilien sind nur in milden Gegenden winterhart. Besser im Herbst ausgraben und wie Begonien im trockenen Torf überwintern.
Sorten: Prachtmischungen.
Besonderer Tip: Die malerischen Pfauenlilien sind auch ein besonderer Anziehungspunkt für Insekten.

Ranunkel *(Ranunculus asiaticus)*

Merkmale: Ranunkeln sind Hahnenfußgewächse, die mit den Anemonen verwandt sind. Die kugeligen, dicht gefüllten Blumen gleichen Miniatur-Pfingstrosen. Sie blühen in allen Farben außer in Blau und liefern schöne haltbare Schnittblumen.
Kultur: Ranunkeln brauchen volle Sonne und durchlässigen Boden. Sie werden im zeitigen Frühling etwa 5 cm tief gepflanzt, mit der Spitze nach unten. Die harten knolligen Wurzeln sollten vorher in Wasser eingeweicht werden. Pflanzabstand 8–10 cm, Höhe 20–30 cm, Blütezeit Juni bis Juli. Ranunkeln sind nicht ganz winterhart, entweder abdecken oder vorsichtshalber im Herbst ausgraben und trocken in Torf überwintern.
Sorten: Prachtmischung 'Afrikanische Riesenranunkeln'.
Besonderer Tip: Schneiden Sie öfter Blumen für die Vase, dann blühen die Pflanzen um so reicher nach.

Zierlauch, Blumenlauch *(Allium)*

Merkmale: Die Zierlaucharten sind Liliengewächse und gehören zur gleichen Familie wie Lauch und Zwiebeln. Ihre kugeligen Blütenschirme zieren Gartenbeete und Vasen sehr lange. Es gibt sehr unterschiedliche Formen des Blumenlauchs, die in Farbe und Wuchshöhe stark variieren.
Kultur: Anspruchslos, gedeihen in jedem Gartenboden, auch in trockenen Lagen, in voller Sonne. Die Zwiebeln werden im Herbst 10–15 cm tief gepflanzt, Abstand je nach Sorte 15–45 cm. Höhe je nach Sorte 20–150 cm, Blütezeit Mai bis Juni. Zierlauch ist winterhart.
Arten und Sorten: *A. albopilosum*, Sternkugellauch (lila Dolden, 40 cm), *A. giganteum*, Riesenlauch (violettblaue Kugeldolden, 180 cm), *A. moly*, Goldlauch (goldgelbe Dolden, 25 cm), *A. ostrowskianum*, Rosenlauch (karminrosa, 25 cm).
Besonderer Tip: Die kugeligen Blütenstände können einige Zeit als aparte Trockenblumen verwendet werden.

Teppiche aus Blättern und Blüten geknüpft: die Bodendecker

Niedrige Stauden, die mit den Jahren dicht zusammenwachsen, den Boden zudecken und lebendige Teppiche bilden, nennt man deshalb unter Gärtnern Teppichstauden oder Bodendecker. Sie wirken sowohl durch hübsche Blätter als auch durch Blüten dekorativ. Im Ziergarten erfüllen diese Pflanzen einen ähnlich guten Zweck wie die Mulchschicht im Gemüsebeet: Sie schützen den Humus, erhalten die Erde feucht und unterdrücken das Unkraut. Für naturhafte Pflanzungen sind sie unentbehrlich. Besonders wohltuend bewähren sie sich dort, wo Blumenzwiebeln verwildern sollen. Unter einer Decke aus niedrigen Stauden bleiben sie ungestört, weil dort niemand mit Hacke oder Spaten Unheil anrichten kann.
Die Bodenvorbereitungen und die wichtigsten

Pflegemaßnahmen sind im großen Kapitel »Stauden« beschrieben. Sie gelten für die kleinen Teppichknüpfer genauso wie für die großen Prachtgewächse. Besonders wichtig ist es aber, das Unkraut mit allen Wurzeln zu entfernen, bevor Bodendecker gepflanzt werden. In den ersten beiden Jahren, bis die Fläche zugewachsen ist, müssen Sie noch sehr sorgfältig weiter jäten. Diese Mühe lohnt sich, weil die geschlossene Decke dann später keine Arbeit mehr macht. Wer in den ersten Jahren nachlässig ist, der wird schon bald den Wurzelfilz von »Gut und Böse« nicht mehr trennen können.

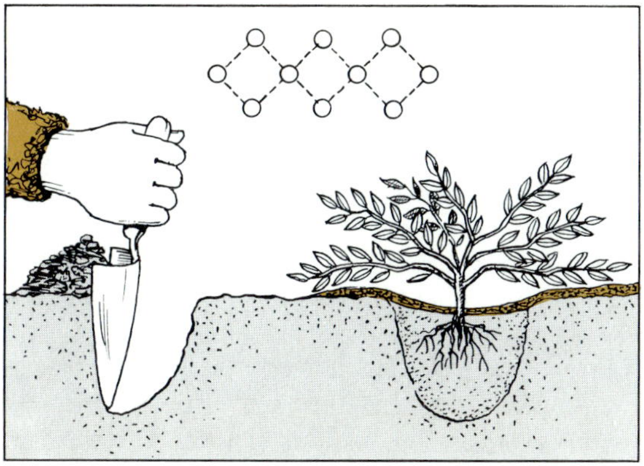

Legen Sie die Bodendeckerpflanzen nach diesem Schema auf der vorgesehenen Fläche aus. Dann wächst der Teppich bald dicht zusammen. Die Pflanzlöcher sollen so groß sein, daß die Wurzeln reichlich Platz finden.

Als Bodendecker eignen sich außer Stauden auch viele Gräser, Farne und einige niedrige Gehölze, wie zum Beispiel *Cotoneaster dammeri* und flachwachsende Rosen. Bei den Beschreibungen der Stauden, der Rosen und der Gehölze wird auf solche Möglichkeiten öfter hingewiesen. Auch unter den einjährigen Sommerblumen finden Sie Tips für Bodendecker. Hier soll aus der großen Fülle der ausdauernden, kleinen Zauberkünstler nur eine Auswahl getroffen werden, die für jeden Garten einige praktische Beispiele enthält.

Bodendecker für sonnige Plätze und lichten Schatten

Gänsekresse *(Arabis)*

Merkmale: Die Gänsekresse ist ein Kreuzblütler, der sowohl durch das weiche grau-grüne Laub als auch durch reiche Blütenpolster in Weiß und Rosa den Garten schmückt.

Kultur: Trockener, durchlässiger Boden mit Kalkgehalt. Pflanzzeit Frühjahr oder Herbst, Abstand 15–20 cm, Höhe 10–20 cm, Blütezeit April bis Mai. Die Pflanzen können durch Teilung, Stecklinge oder Aussaat vermehrt werden. Ein Rückschnitt nach der Blüte regt zu neuem Wachstum an.

Arten und Sorten: *A. blepharophylla* 'Frühlingszauber' (rosa), *A. caucasica* 'Plena' (weiß gefüllt, 'Schneehaube' (große weiße Blüte).

Besonderer Tip: Gänsekresse wächst besonders gut im Steingarten, in Mauerritzen und auf trokkenen Flächen.

Hartheu, Johanniskraut *(Hypericum)*

Merkmale: Das Hartheu ist ein Johanniskrautgewächs. Die niedrigen, holzigen Sträucher werden teils zu den Gehölzen, teils zu den Stauden gezählt. Diese Zierpflanzen mit den dunkelgrünen ovalen Blättern und den großen gelben Schalenblüten dürfen nicht mit der Heilpflanze Johanniskraut *(H. perforatum)* verwechselt werden!

Kultur: Das bodendeckende Johanniskraut gedeiht in der Sonne und im lichten Schatten. Es liebt durchlässigen, sandigen Boden. Pflanzzeit Herbst oder Frühling, Abstand 45 cm, Höhe 15–30 cm, Blütezeit Juni bis September. Vermehrung durch Ausläufer oder Stecklinge. Das über den Boden kriechende immergrüne Gehölz sollte im zeitigen Frühling zurückgeschnitten werden. Etwas frostempfindlich.

Arten und Sorten: *H. calycinum* (goldgelb, 30 cm), *H. olympicum* 'Citrinum' (blaugrüne Blätter, zitronengelbe Blüten, 15 cm).

Besonderer Tip: Johanniskraut bildet einen blühenden Saum vor Gehölzen und eignet sich gut zum Bewachsen von Hängen.

Heidekraut, Besenheide *(Calluna vulgaris)*

Merkmale: Das Heidekraut ist auch ein Heidekrautgewächs. Die kleinen Sträucher sind im Spätsommer mit den bekannten erikarosa Glöckchen übersät, die die Heidelandschaft melancholisch färben.
Kultur: Leichter, durchlässiger Boden, möglichst sandig-humos, sauer, auf jeden Fall kalkfrei. Heidekraut wächst am besten in der vollen Sonne, verträgt aber leichten Schatten. Pflanzung im Frühjahr, Abstand etwa 20–30 cm, Höhe 25 bis 45 cm, Blütezeit August bis September. Rückschnitt auf halbe Höhe im Frühling fördert dichten Wuchs. Vermehrung durch Stecklinge.
Arten und Sorten: *C. vulgaris* (rosa, Wildform, 30 cm), 'Alba Plena' (weiß gefüllt, 30 cm), 'G. H. Hamilton' (lachsrosa, gefüllt, 25 cm).
Besonderer Tip: Heidekraut gedeiht gut zusammen mit Moorbeetpflanzen wie Azaleen und Rhododendren oder mit Kiefern, Birken und Wacholder. *Erica carnea*, die Schneeheide, blüht im Winter. Sie ist eine Alpenpflanze und verträgt auch etwas Kalk.

Heidestimmung für den Garten: *Calluna vulgaris.*

Heiligenkraut *(Santolina)*

Merkmale: Ein aromatisch-duftender Korbblütler aus dem Mittelmeerraum. Die kleinen holzigen Sträucher wirken dekorativ durch feingefiederte graugrüne Blätter und gelbe Blütenköpfchen. Sie bleiben auch im Winter grün.
Kultur: Das Heiligenkraut liebt trockenen, durchlässigen Boden und volle Sonne. Beste Pflanzzeit ist der Frühling. Abstand 40–60 cm, Höhe 30–40 cm, Blütezeit Juli bis August. Die Pflanzen bedecken den Boden mit ihren niederliegenden Trieben, Rückschnitt hält sie in Form. Vermehrung durch Stecklinge.
Arten: *S. chamaecyparissus* (silbergrau, 30 cm), *S. virens* (dunkelgrün, 40 cm).
Besonderer Tip: Das duftende Heiligenkraut eignet sich sehr gut für Steingärten, Einfassungen und Heidegärten. Gute Nachbarn sind Thymian, Rosen und Veronika.

Katzenminze *(Nepeta)*

Merkmale: Ein Lippenblütler mit graugrünen Blättchen und lilablauen Blütenquirlen. Die Pflanzen verströmen einen würzigen Minzengeruch, den die Katzen sehr lieben. Die Blätter welken im Herbst. Katzenminze bildet lockere Polster aus langen Trieben.
Kultur: Leichter, sandiger Boden und volle Sonne sind ideal. Die Katzenminze gedeiht aber auch in etwas nahrhafterer Erde. Pflanzzeit Frühling, Abstand 30–45 cm, Höhe 20–60 cm, Blütezeit Juni bis September. Im Frühling sollen die Pflanzen zurückgeschnitten werden. Vermehrung durch Stecklinge.

Katzenminze *(N. faassenii)* mit Salbei 'Ostfriesland'.

Arten und Sorten: *N. faassenii* (lilablauer Dauerblüher, 30–40 cm), 'Blauknirps' (hellblau, 20 cm), *N. grandiflora* 'Blue Beauty' (leuchtend-blau, 60 cm).
Besonderer Tip: Das aromatische Kraut bildet zusammen mit Thymian herrliche Duft-Teppiche.

Knöterich *(Polygonum affine)*

Merkmale: Die Knöterichgewächse sind sehr vielgestaltig. Als Bodendecker eignen sich einige Arten mit länglichen Blättern und rosa Blütenähren, die eine frische Note in den Garten bringen.
Kultur: Feuchter Boden und sonniger bis halbschattiger Standort. Pflanzzeit Frühling oder Herbst, Abstand 20–30 cm, Höhe 15–20 cm, Blütezeit Juli bis Oktober. Vermehrung durch Wurzelausläufer. Im Winter entstehen manchmal kahle Stellen im Knöterichteppich, die aber im Frühling von selbst wieder überwachsen.
Sorten: 'Superbum' (rosa Dauerblüher, 20 cm), 'Darjeeling Red' (rosarot, 15 cm), 'Donald Lowndes' (große kräftig rosa Blütenähren, 20 cm).
Besonderer Tip: In naturhaften Pflanzungen unterdrückt ein rosagrüner Knöterichteppich jedes Unkraut.

Polsterphlox *(Phlox subulata)*

Merkmale: Ein niedriges Sperrkrautgewächs mit dünnen nadelartigen, immergrünen Blättern und leuchtenden offenen Blüten in Weiß, Rosa, Rot und Hellblau. Im Frühjahr verschwinden die Polster ganz unter einem Blütenschleier.
Kultur: Durchlässiger, eher trockener Boden und volle Sonne. Pflanzzeit Herbst oder Frühjahr, Abstand 20–30 cm, Höhe 10–20 cm, Blütezeit April bis Mai. Vermehrung durch Teilung und durch Stecklinge beim Rückschnitt nach der Blüte.
Sorten: 'Daisy Hill' (lachsrosa, 15 cm), 'G.F. Wilson' (hellblau, 15 cm), 'Maischnee' (weiß, 10 cm), 'Atropurpurea' (dunkelrot, 10–20 cm).
Besonderer Tip: Die leuchtenden Blütenteppiche des niedrigen Phlox wirken besonders hübsch im Steingarten, an trockenen Mauern und auf sonnigen Hängen neben Schleifenblumen und Aubrietien.

Schleifenblume *(Iberis sempervirens)*

Merkmale: Ein immergrüner Kreuzblütler. Über den dunkelgrünen Blätterkissen erscheinen wie

Iberis 'Zwergschneeflocke' neben Steinkraut 'Compactum' auf einer Natursteinmauer.

Schnee im Frühling die runden weißen Blüten, die aus Kränzen vieler kleiner Blümchen zusammengesetzt sind.
Kultur: Humusreicher, etwas kalkhaltiger, feuchter Boden, der aber im Untergrund durchlässig sein muß. Sonniger Standort. Pflanzzeit Frühling oder Herbst, Abstand 30–40 cm, Höhe 15–30 cm, Blütezeit April bis Mai. Vermehrung durch Stecklinge, bewurzelte Triebe oder Samen. Die Zweige der Schleifenblumen kriechen über den Boden und schlagen schnell Wurzeln. Leichter Rückschnitt nach der Blüte.
Sorten: 'Findel' (weiß, große Polster, 25 cm), 'Schneeglocke' (weiß, großblumig, 25 cm), 'Zwergschneeflocke' (15 cm, zierliche Polster).
Besonderer Tip: Schöner weißer Nachbar für gelbes Steinkraut und violette Aubrietien. Guter Bodendecker unter naturhaften Rosenpflanzungen.

Sedum, Fetthenne, Mauerpfeffer *(Sedum)*

Merkmale: Die vielen sehr unterschiedlichen Sedumarten gehören zu den Dickblattgewächsen. Fleischige, oft reizvoll gefärbte Blätter und Blütenstände in Weiß, Gelb, Rosa oder Rot schmücken auch schwierige Gartenplätze, an denen anspruchsvollere Gewächse nicht mehr gedeihen.
Kultur: Sedum-Arten wachsen auf trockenen, sehr durchlässigen Böden, haben nur geringe Nährstoffansprüche und vertragen volle Sonne. Pflanzzeit Herbst oder Frühling, Abstand 20–30 cm, Höhe je nach Sorte 5–20 cm, Blütezeit je nach Sorte Mai bis September. Leichte Vermehrung durch Teilung und Stecklinge.
Arten und Sorten: *S. acre*, der bekannte Mauerpfeffer (gelbe Sternblüten, 5 cm), *S. album* (rundliche Blätter, weiße Blüten, 10 cm), *S. album* 'Murale' (braunrote Blätter, rosa Blüten, 10 cm), *S. cauticolum* (bläuliche Blätter, purpurrote Blüten, 10 cm), *S. floriferum* 'Weihenstephaner Gold' (grüne Polster, goldgelbe Blüten, 10–15 cm), *S. pluricaule* 'Rosenteppich' (grüne Polster, rosa Sommerblüte, 10 cm), *S. spathulifolium* 'Capa blanca' (attraktive silberweiße Rosetten, gelbe Blüten, 10 cm), *S. spurium* 'Album Superbum' (sehr gut für grüne Teppiche, weiße Blüten, 15 cm), 'Purpurteppich' (dunkelpurpur Blattfarbe, karminrote Blüten, 10 cm).
Besonderer Tip: Die verschiedenen Sedum-Arten bieten zahlreiche reizvolle Varianten für die naturgemäße »Teppichknüpferei«. Achten Sie auf die schönen Blattfärbungen! Da sie sehr anspruchslos sind, überdecken sie auch schlechte Böden.

Silberwurz *(Dryas suendermannii)*

Merkmale: Die Silberwurz ist ein Rosengewächs, das den Boden dicht mit holzigen Trieben überzieht. Über dunkelgrünen gezähnten Blättern erscheinen zauberhafte weiße Blütenschalen, die ein wenig an Anemonen erinnern. Im Herbst wehen über dem Teppich silberweiße fedrige Samenstände.
Kultur: In durchlässigen, kalkhaltigen, eher mageren Böden und in voller Sonne gedeiht diese Gebirgspflanze am besten. Pflanzzeit Herbst oder Frühling, Abstand 20–30 cm, Höhe etwa 15 cm, Blütezeit Mai bis Juni. Leichte Vermehrung durch Stecklinge.
Besonderer Tip: Die Teppiche der Silberwurz sind sehr dekorativ und haltbar. Sie sollten viel mehr Verbreitung finden. Hübsche Nachbarn sind Glockenblumen, Polsternelken und Schafgarben.

Sonnenröschen *(Helianthemum-*Hybriden*)*

Merkmale: Sonnenröschen sind Zistrosengewächse, die niedrige Zwergsträucher bilden. Über immergrünen Blättchen erscheint eine Fülle seidiger Blütenröschen in Weiß, Gelb, Rosa oder Rot. Alle sind dankbare Dauerblüher.
Kultur: Durchlässiger, etwas kalkhaltiger Boden und volle Sonne, sonst stellen die Sonnenröschen keine besonderen Ansprüche. Pflanzzeit Herbst oder Frühling, Abstand 30–40 cm, Höhe 10–30 cm, Blütezeit Juni bis September, Vermehrung durch Stecklinge, Teilung oder Samen. Rückschnitt im Spätsommer.

Sorten: 'Blutströpfchen' blutrot, 20 cm), 'Cerise Queen' (kirschrot, gefüllt, 15 cm), 'Gelber Findling' (mit gelben Blüten übersät, 10 cm), 'Golden Queen' (großblumig, goldgelb, 15 cm), 'Lawrensons Pink' (rosa, 15 cm), 'Die Braut' (weiß), 'Sterntaler' (golgelb, flachwachsend).
Besonderer Tip: Die Sonnenröschen breiten ihre Triebe weit aus und fassen überall Wurzeln, Sie können sie unbesorgt mit der Schere im Zaun halten.

Stachelnüßchen *(Acaena)*

Merkmale: Ein Rosengewächs, das dichte Rasen bildet und sogar trittfest ist. Sehr dekorativ wirken die zierlich gefiederten graugrünen oder bronzegrünen Blätter. Ein hübscher Schmuck sind die stacheligen Samenstände im Herbst.
Kultur: Stachelnüßchen gedeihen in jedem durchlässigen, nicht zu nahrhaften Gartenboden, sowohl in der Sonne als auch im lichten Schatten. Pflanzzeit Herbst oder Frühling. Abstand 20–30 cm, Höhe 10 cm, Vermehrung durch bewurzelte Triebe.
Arten und Sorten: *A. buchananii* (blaugrünes Laub), *A. glauca* (blaugrau, kräftig), *A. microphylla* (bräunlich, stark wachsend), 'Kupferteppich' (braunrotes Laub, zierlich).
Besonderer Tip: Stachelnüßchen sind ein guter Rasenersatz auf trockenen Flächen. Zwiebelgewächse gedeihen sehr gut unter diesem Teppich. Versuchen Sie es mit Narzissen!

Steinkraut *(Alyssum saxatile)*

Merkmale: Ein Kreuzblütler mit graugrünen Blättern und leuchtend gelben lockeren Blütenständen. Im Frühling schäumt das Steinkraut über vor Blütenfülle.
Kultur: Anspruchslose Staude, die überall in der Sonne und im Halbschatten gedeiht. Der Boden sollte nicht zu nahrhaft, aber durchlässig sein. Pflanzzeit Frühling oder Herbst, Abstand 30 bis 40 cm, Höhe 20–30 cm, Blütezeit Mai bis Juni. Vermehrung durch Stecklinge, bewurzelte Absenker oder Samen. Leichter Rückschnitt nach der Blüte.
Sorten: 'Citrinum' (zitronengelb, 20–30 cm), 'Compactum' (leuchtendgelb, 20 cm), 'Plenum' (gefüllt, goldgelb, 20 cm).
Besonderer Tip: Außer im Steingarten und an Trockenmauern wirkt Steinkraut auch als robuster Bodendecker vor Ziersträuchern. Hübsche Gesellschaft bilden Gänsekresse und Teppichphlox.

Thymian *(Thymus)*

Merkmale: Thymian ist ein Lippenblütler. Neben der Gewürz- und Heilpflanze gibt es einige sehr niedrige Bodendecker, die dichte Rasen bilden und zum Teil trittfest sind. Das schön gefärbte Laub, die leuchtenden rosa, roten oder weißen Blüten und der würzige Duft bilden den unnachahmlichen Reiz einer Thymianpflanzung.
Kultur: Möglichst magerer, sehr durchlässiger Boden und volle Sonne sind Voraussetzung für gesunde Kultur. In fetten Böden bildet Thymian geile Triebe, die schnell überaltern oder erfrieren. Pflanzzeit Herbst oder Frühling, Abstand 15 bis 25 cm, Höhe 5–20 cm, Blütezeit Juni bis September. Vermehrung durch Teilung.
Arten und Sorten: *T. citriodorus* 'Golden Dwarf' (gelbe Blätter, lila Blüten, Zitronenduft, 15 cm), *T. rotundifolius* 'Purpurteppich', leuchtend purpurrote Blüte, 8 cm), *T. serpyllum* 'Albus' (dichter Rasen, weiße Blüte, 5 cm), 'Coccineus' (scharlachrote Blüte, 3 cm).
Besonderer Tip: Auf mageren Böden können Sie zauberhafte farbige Teppiche knüpfen mit verschiedenen Thymiansorten. Sie bilden einen pflegeleichten Rasenersatz, der zu allen Jahreszeiten gut wirkt. Legen Sie Thymianteppiche möglichst großflächig an und »verstecken« sie Blumenzwiebeln darunter, zum Beispiel Wildkrokusse. Etwas ganz Besonderes: schaffen Sie sich einen Duft-Platz im Garten. Zum aromatischen Thymian passen Origano, Salbei, Lavendel, Katzenminze, Heiligenkraut und Federnelken.

Bodendecker für schattige Plätze

Beinwell *(Symphytum grandiflorum)*

Merkmale: Dieser niedrige Beinwell, ein Boretschgewächs, ist mit dem Comfrey verwandt, der im biologischen Garten eine so wichtige Rolle spielt. Die Staude hat kräftige, rauhhaarige Blätter und rahmweiße Blütendolden.
Kultur: In frischen, feuchten Böden an schattigen Stellen breitet sich der Beinwell stark aus. Pflanzzeit Frühling oder Herbst, Abstand 40 bis 60 cm, Höhe 25–30 cm, Blütezeit April bis Mai. Leichte Vermehrung durch Teilung.
Besonderer Tip: Ein wertvoller, robuster Bodendecker für schattige Flächen unter Gehölzen.

Buschwindröschen *(Anemone nemorosa)*

Merkmale: Das Buschwindröschen ist eine Anemonenart und gehört zu den Hahnenfußgewächsen. Das zierlich gefiederte Laub und die weißen offenen Schalenblüten machen dieses heimische Waldblümchen zu einem bezaubernden Teppichknüpfer.
Kultur: Als Waldpflanze braucht das Buschwindröschen einen schattigen Platz und humusreichen, feuchten Boden. Geben Sie ihm Laubkompost. Pflanzzeit am besten im Herbst, Abstand etwa 20 cm, Höhe 10 cm, Blütezeit April bis Mai. Vermehrung durch Ausläufer.
Sorten: Außer der Art *H. nemorosa* (weiß, 10 cm), 'Robinsoniana' (lavendelblaue Züchtung).
Besonderer Tip: Wunderschöner Bodendecker für naturhafte Pflanzungen zusammen mit Leberblümchen, Schneeglöckchen und Narzissen.

Elfenblume *(Epimedium)*

Merkmale: Ein immergrünes Berberitzengewächs mit graziösen herzförmigen Blättern. Im Frühling beim Austrieb und im Herbst nimmt das Laub eine schöne rötliche oder bronze-braune Färbung an. Lockere Blütentrauben in Gelb, Weiß, Lavendel oder Purpurrot vermehren den Reiz dieses aparten Bodendeckers.
Kultur: An schattigen Plätzen mit humusreicher Erde gedeihen Elfenblumen am besten. Geben Sie ihnen reichlich Laubkompost. Pflanzzeit Frühling oder Herbst, Abstand 20–25 cm, Höhe 20–30 cm, Blütezeit April bis Mai. Die Pflanzen breiten sich langsam aus. Vermehrung durch Teilung.
Arten und Sorten: *E. grandiflorum* (weiße, langgespornte Blüten, 20 cm), 'Rose Queen' (rosa, 25 cm), 'Violaceum' (hellviolett, langgespornt, 20 cm), *E. rubrum* (rot, 20 cm), *E. versicolor* 'Sulphureum' (schwefelgelb, 25 cm).
Besonderer Tip: Pflanzen Sie die Elfenblumen am Gehölzrand, wo man ihre zarte Schönheit auch bewundern kann. Anemonen, Farne, Primeln und Schaumkraut passen dazu.

Frauenmantel *(Alchemilla)*

Merkmale: Der Frauenmantel ist ein Rosengewächs mit sehr ausdrucksvollen, wie Fächer gelappten Blättern. Auf der glatten, graugrünen Oberfläche sammeln sich die Regentropfen wie Perlen. An langen Stielen erscheinen im Sommer

Frauenmantel *(A. mollis)* als Kontrast zu Lavendel.

Dichter Teppich aus *Vinca minor* 'Bowles Variety'.

Trugdolden mit unzähligen Blüten, die wie gelbes Schleierkraut über den Blättern schweben.
Kultur: Frauenmantel ist denkbar anspruchslos und gedeiht in fast jedem Boden. Die Pflanzen sind im Schatten zu Hause, gedeihen aber auch bei Sonne. Pflanzzeit Frühling oder Herbst, Abstand 40 cm, Höhe 10–30 cm, Blütezeit Juni bis Juli. Vermehrung durch Teilung oder Aussaat.
Arten: *A. erythropoda* (grünlich-gelbe Blüten, 10 cm), *A. mollis* (graugrüne dekorative Blätter, gelbe Blüten, 30 cm), *A. vulgaris* (das wildwachsende Heilkraut).
Besonderer Tip: Frauenmantel eignet sich sehr gut für naturhafte Pflanzungen zusammen mit Lungenkraut, Farnen und Glockenblumen.

Günsel *(Ajuga)*

Merkmale: Der kriechende Günsel ist ein Lippenblütler. Die hübschen glänzenden Blätter bilden dichte Rosetten, die blaulila Blüten reihen sich in Quirlen um einen aufrechten Stengel.
Kultur: Auf feuchten humusreichen Böden im Halbschatten gedeiht der Günsel am besten. Er wächst aber auch unter weniger idealen Bedingungen. Pflanzzeit Herbst oder Frühling, Abstand 15–25 cm, Höhe 10–15 cm, Blütezeit April bis Mai. Leichte Vermehrung durch eingewurzelte Ausläufer, die sofort eine neue Rosette bilden.
Arten und Sorten: *A. reptans* (grünblättrig, lilablaue Blüten, 10 cm), 'Atropurpurea' (braunrotes Laub, lilablaue Blüten, 15 cm).
Besonderer Tip: Die braunrote Form ist besonders dekorativ. Pflanzen Sie Traubenhyazinthen und Krokusse dazu.

Immergrün *(Vinca)*

Merkmale: Das Immergrün ist ein Hundsgiftgewächs. Die ledrigen grünen Blättchen bedecken an langen wuchernden Trieben große Flächen – immergrün wie schon der Name verrät. Darin leuchten blaue oder auch rötliche Blüten.
Kultur: Das Immergrün ist ein altbekannter robuster Bodendecker, der beinahe überall wächst. Am besten halbschattig bis schattig in feuchtem, humusreichem Boden. Dort bilden die Ausläufer rasch Wurzeln. Pflanzzeit Herbst oder Frühling, Abstand 30–40 cm, Höhe 10–30 cm, Blütezeit April bis Juni. Leichte Vermehrung durch bewurzelte Ausläufer.
Arten und Sorten: *V. major* (große Blätter, blaue Blüten, 30 cm), 'Variegata' (weißbunte Form), *V. minor* (niedriges, echtes Immergrün, dunkelgrüne Blätter, blaue Blüten, 10 cm), 'Rubra' (rotviolette Blüten).
Besonderer Tip: Hervorragender dichter Teppich unter Bäumen und Sträuchern. Pflanzen Sie Narzissen darunter!

Leberblümchen *(Hepatica)*

Merkmale: Das Leberblümchen ist ein Hahnenfußgewächs. Es hat ledrige, dreilappige Blätter

Leberblümchen an naturgemäßem Standort.

und leuchtend blaue, anemonenähnliche Blüten. In lichten Wäldern wächst es wild, ist aber schon seit Jahrhunderten in den Gärten heimisch.
Kultur: Das Leberblümchen liebt hellen Schatten und etwas kalkhaltigen Boden. Sonst ist es anspruchslos. Pflanzung im Frühling oder Herbst, Abstand 15–20 cm, Höhe 10 cm, Blütezeit März bis April. Vermehrung durch Teilung. Die Pflanzen bilden mit der Zeit dichte Horste.
Arten und Sorten: *H. angulosa* 'Buis' (große blaue Blüten), *H. triloba* (blaublütige Wildform), *H. nobilis* 'Alba' (weiß), 'Rubra Plena' (karminrot, gefüllt).
Besonderer Tip: Das Leberblümchen paßt gut in naturgemäße Gärten, zumal die Wildform auch eine Heilpflanze ist. Pflanzen Sie Anemonen und Märzbecher dazu.

Lungenkraut *(Pulmonaria)*

Merkmale: Das Lungenkraut ist ein typisches rauhblättriges Boretschgewächs, das sich im Frühling mit blauen oder rötlichen Glockenblüten schmückt.
Kultur: In feuchtem, humusreichem Boden an schattigem Standort gedeihen die buschigen Stauden am besten. Sonst anspruchslos. Pflanzzeit Herbst oder zeitiges Frühjahr, Abstand 20 bis 30 cm, Höhe 20–40 cm, Blütezeit März bis Mai. Vermehrung durch Teilung. Die Pflanzen samen sich leicht selbst aus.
Arten und Sorten: *P. angustifolia* 'Azurea' (enzianblaue Blüten, 20–30 cm), *P. rubra* (rotblühend, 30–40 cm), *P. saccharata* 'Mrs. Moon' (silbrig-geflecktes Laub, rosarote Blüte), *P. officinalis* (die heilkräftige Wildform, rosablaue Blüten).
Besonderer Tip: In naturgemäßem Garten ist außer den dekorativen Züchtungen auch die Wildform empfehlenswert, die sich durchaus sehen lassen kann. Das getrocknete Kraut dient als Hustentee. Alle Lungenkräuter passen zu Gehölzen, zusammen mit Akeleien, Gräsern und Anemonen.

Maiglöckchen *(Convallaria majalis)*

Merkmale: Maiglöckchen sind Liliengewächse. Jedes Kind kennt die lieblichen weißen Glöckchen, die süß und intensiv duften. Die weichen grünen Blätter sterben im Herbst ab und treiben im Frühling neu aus.
Kultur: Im Schatten unter Bäumen und Sträuchern behaupten sich die Ausläufer des Maiglöckchens auch gegen starken Wurzeldruck. Günstig ist feuchte, humusreiche Erde. Sie wachsen aber auch in anderen Böden. Pflanzzeit ist der frühe Frühling. Maiglöckchenkeime (die Enden der Wurzelausläufer) werden zu mehreren in Gruppen mit 20 cm Abstand gepflanzt. Höhe 20 cm, Blütezeit Mai. Vermehrung durch unterirdische Ausläufer.
Sorten: 'Grandiflora' (großblumig).
Besonderer Tip: Maiglöckchen bilden nicht nur blühende und duftende Gartenteppiche, sie halten sich auch gut in der Vase. Achten Sie aber darauf, daß die ganze Pflanze giftig ist! Nur in der Hand des Arztes ist das Maiglöckchen ein wirksames Herzmittel.

Veilchen *(Viola odorata)*

Merkmale: Das blauviolette Frühlingsveilchen gehört zu den Veilchengewächsen. Seine geflügelten, stark duftenden Blüten sind seit Jahrhunderten beliebt. Sie brechen das Eis des Winters und der Herzen. Es gibt auch weiße und rote Sorten.
Kultur: Im Schatten von Gehölzen fühlen sich die Veilchen am wohlsten. Sie lieben feuchten, humusreichen Boden. Geben Sie ihnen Kompost. Pflanzzeit am besten Herbst, Abstand 10–15 cm, Höhe 10–15 cm, Blütezeit Februar bis April und eine kleine Nachblüte von September bis Oktober. Vermehrung durch Ausläufer und durch Aussaat im Herbst, denn Veilchen sind Frostkeimer.
Sorten: 'Königin Charlotte' (blauviolett), 'Albiflora' (weiß), 'Rubra' (dunkelrot).
Besonderer Tip: Das angeblich bescheidene Veilchen wuchert sehr stark, pflanzen Sie es dort, wo es zartere Gewächse nicht bedrängt.

Waldmeister *(Galium)*

Merkmale: Waldmeister ist ein Rötegewächs. Über seinen sternförmigen, hellgrünen Blätterquirlen erscheinen im Mai duftende weiße Blütendolden.

Kultur: Als ausgesprochene Waldpflanze gedeiht Waldmeister am besten in feuchter, lockerer, humusreicher Erde und im Schatten. Geben Sie ihm Laubkompost und Torf. Pflanzzeit Herbst oder zeitiger Frühling, Abstand 20–25 cm, Höhe 5–15 cm, Blütezeit Mai bis Juni. Vermehrung durch Teilung. Waldmeister bildet Wurzelausläufer und knüpft rasch einen grünen Teppich.

Arten: *G. odorata* (heimischer Waldmeister, weiß, duftend, 15 cm), *G. nitida* (dunkelgrüne Polster, rosa Blüten, 5 cm).

Besonderer Tip: Der Bodendecker Waldmeister ist gleichzeitig ein Würz- und Heilkraut, das als Beruhigungsmittel wirkt. Zur Blütezeit werden die Blätter getrocknet für Schlaftee. Im Mai würzt Waldmeister die Bowle.

Ysander, Dickmännchen *(Pachysandra terminalis)*

Merkmale: Der Ysander ist ein immergrünes Buchsbaumgewächs. Die gezähnten, ledrigen Blätter bilden eine dichte grüne Decke. Die kleinen weißen Blütenähren wirken unscheinbar.

Kultur: Im tiefen Schatten und in humusreichem, etwas saurem, feuchtem Boden gedeiht der robuste Ysander am besten. Pflanzzeit Frühling oder Herbst. Abstand 15–25 cm, Höhe 15–30 cm, Blütezeit April bis Mai. Vermehrung durch Teilung.

Sorten: Außer der Art *P. terminalis* (ledrige, dunkelgrüne Blätter, 30 cm) 'Green Carpet' (zierlich, 15 cm), 'Variegata' (weißbunte Blätter, langsam wachsend).

Besonderer Tip: Es gibt keinen anderen Bodendecker, der soviel Schatten und soviel Wurzeldruck aushält wie der Ysander. Pflanzen Sie ihn an schwierigen Stellen unter Bäumen und Sträuchern, wo sonst nichts mehr wachsen will.

Rosen – eine Gartenkönigin und ihr Hofstaat

Rosen gehören zu den ältesten und edelsten Blumen auf der Erde. Der Stammbaum unserer großblumigen modernen Züchtungen verzweigt sich über Europa und weit bis nach Ostasien. In China blühten Rosen wahrscheinlich schon vor 5000 Jahren in den kaiserlichen Gärten. Aber erst um 1700 n. Chr. gelangten asiatische Rosenarten nach Europa – unter ihnen die berühmten Teerosen und die Bengalrosen. Zusammen mit den vitalen aber schlichten heimischen Rosen, der Hundsrose *(Rosa canina)*, der Damaszenerrose und der *Rosa gallica* gehörten sie zu den Stammeltern aller üppigen Rosennachkommen, die heute bis in den kleinsten Garten vorgedrungen sind. Die reichblühenden Polyantharosen entstanden gegen Ende des vorigen Jahrhunderts. Die großblumigen Floribundarosen sind Kinder des 20. Jahrhunderts. Einer der größten Zuchterfolge besteht in der monatelangen Verlängerung der Blütezeit. Daß Rosen »remontieren«, das heißt, daß sie nach der Hauptblüte noch einen zweiten oder dritten Flor hervorbringen, ist ein kleines Wunder gärtnerischer Kunst. Moderne Rosen blühen oft von Juni bis November! Ihre Blüten wandelten sich in perfekt geformte, dichtgefüllte Kelche, ihre Farben besitzen eine nie gekannte Leuchtkraft. Nur der Duft – jenes unbeschreibliche Fluidum, das seit Jahrtausenden die Köni-

So werden Rosen gepflanzt: Zuerst kürzen Sie die Wurzeln ein. Dann müssen die Pflanzen gründlich gewässert werden. Kurz vor der Pflanzung tauchen Sie die Wurzeln in einen Lehmbrei. Die Veredelung muß zum Schluß etwa 5 cm unter der Erde liegen.

ginnen der Blumen umgab – blieb bei vielen modernen Züchtungen auf der Strecke. Als wäre es sonst zuviel des Guten!

Wer die Rose nicht nur als stromlinienförmige Schönheitskönigin betrachten möchte, der wird vielleicht wieder auf die Suche gehen nach jenen romantischen Sorten, deren Blumen den Rüschen der guten alten Zeit gleichen und die einen tiefen Wohlgeruch verströmen, der für manche kleine Untugend entschädigt. Kaufen können Sie heute beide: die reichblühenden, farbenprächtigen Neuzüchtungen und die stillen, duftenden alten Rosen.

Pflanzung

Die beste Pflanzzeit für alle Rosen ist der Herbst, von Oktober bis November. Sie können sie aber auch im Frühling von März bis April setzen. Die großen Baumschulen lagern ihre Sträucher über Winter in Kühlhäusern. Diese Pflanzen können ohne weiteres bis Ende Mai verschickt und eingepflanzt werden. Gut eingewurzelte Containergewächse können Sie sogar während der Blüte jederzeit in Ihren Garten umsiedeln.

Alle Rosen wollen sonnig und unbeengt stehen. Bereiten Sie das Beet oder die Pflanzstelle schon vier bis sechs Wochen vorher gründlich vor. Rosen wachsen besonders gut in sandigem, durchlässigem Lehm. Schweren, tonigen Boden müssen Sie mit Sand und Kompost verbessern. Sehr gut wirkt hier eine tiefwurzelnde Gründüngung als »Vorfrucht«. Leichte sandige Böden brauchen viel Kompost zur Verbesserung des Humusgehaltes. Geben Sie den Rosen in solchen Gärten regelmäßig Stein- oder Tonmehl.

Der ideale Rosendünger ist gutverrotteter Rindermist. An seiner Stelle können Sie aber auch getrockneten Rinderdung oder eine Mischung aus Horn-Blut-Knochenmehl verwenden. Auch Guano eignet sich – am besten einige Zeit vorher mit Kompost vermischt.

Stellen Sie alle Rosenpflanzen nach dem Kauf oder sofort nach der Ankunft einer Postsendung mehrere Stunden in ein großes Gefäß mit Wasser – am besten »bis zum Hals«. Vor der Pflanzung – möglichst an einem trüben feuchten Herbsttag – werden die Zweige nur ein wenig ordentlich geschnitten, die Wurzeln kürzen Sie dagegen um ein Drittel ein und entfernen alles Vertrocknete und Gequetschte. Zum Schluß tauchen Sie die Wurzeln in eine Lehmbreimischung, wie sie im Kapitel

Der Zauber der Rosen ist seit Jahrtausenden ungebrochen – auf dem Lande ebenso wie im Schloßgarten.

»Obstbäume« (S. 265) beschrieben ist. Das Pflanzloch wird so tief ausgehoben, daß die dicke »knubbelige« Veredelungsstelle später etwa 5 cm unter der Erdoberfläche liegt. Füllen Sie den mit Kompost vermischten Aushub sorgfältig wieder ein, und drücken Sie den Humus rings um die Wurzeln fest an. Sie müssen dabei nicht unbedingt mit den Stiefeln zutreten – eine kräftige Gärtnerfaust erfüllt den gleichen guten Zweck – aber mit mehr Gefühl! Zum Schluß gießen Sie noch, möglichst mit Regenwasser, an.
Denken Sie schon rechtzeitig bei der Planung daran: Rosen brauchen Abstand! Bei zu enger Pflanzung können Sie sich nicht richtig entwickeln und werden schnell krank. Es wird zwar oft empfohlen, Beetrosen eng zusammenzusetzen, aber dann entstehen genau jene Monokulturen, die im naturgemäßen Garten vermieden werden!

Schnitt

Ab März können alle Rosen geschnitten werden (niemals im Herbst!). Bedenken Sie, ehe Sie entschlossen zur Schere greifen, daß Rosen ihrer Natur nach kleine Sträucher sind. Das Auslichten und der Rückschnitt kränklicher Triebe ist viel wichtiger als das Einkürzen. Die weitverbreitete Unsitte, die Beetrosen radikal auf zwei bis drei Augen auf einheitliche Höhe abzusäbeln, ist eine

Buschrosen, die nur mäßig zurückgeschnitten und ausgelichtet werden, blühen besonders reich (links). Buschrosen, die etwas stärker, etwa um die Hälfte, eingekürzt werden, entwickeln weniger Blüten. Diese Blumen sind dafür aber auffallend groß (rechts).

Kronenbäumchen werden wie Edelrosen zurückgeschnitten. Die Krone soll eine rundliche Form bekommen. Wichtig ist auch das Auslichten (links). Strauchrosen (Mitte) werden kaum beschnitten. Entfernen Sie nur alte und dürre Äste tief am Boden. Nach dem gleichen Prinzip wie die Strauchrosen werden auch Kletterrosen geschnitten (rechts).

unnötige Rohheit – eine Erniedrigung im wahrsten Sinn des Wortes. Der Wille zum Überleben bewegt die Pflanzen zwar dazu, für frischen Nachwuchs zu sorgen, aber dafür brauchen sie auch Zeit. Kurzgeschnittene Rosen blühen deshalb später und bringen weniger Einzelblüten.

In einem naturgemäßen Garten sollten auch die Beetrosen (Polyantha-, Floribunda- und Edelrosen) zunächst nur gesäubert werden. Schneiden Sie alle dürren und erfrorenen Äste bis ins gesunde Holz zurück. Auch alle nach innen wachsenden Zweige werden entfernt. Dünne schwache Ästchen dürfen Sie ganz stark auf ein bis zwei Augen einkürzen. Beim Zurückschneiden der Hauptzweige achten Sie vor allem darauf, daß ein lockerer, luftiger Aufbau des kleinen Rosenstrauches entsteht. Kürzen Sie da, wo es Ihnen nötig erscheint, um höchstens ein Drittel ein. Dabei schneiden Sie immer schräg über einem nach außen weisenden Auge. Einzige Ausnahme: frischgepflanzte Rosen schneiden Sie im ersten Frühling kräftig zurück auf etwa ein Drittel der ursprünglichen Länge. Auch kranke, verwilderte oder überalterte Pflanzen können ausnahmsweise zur Verjüngung stärker eingekürzt werden.

Strauch- und Parkrosen haben ihren ursprünglichen Charakter als Sträucher bewahrt. Sie wer-

den im Frühling nur ausgelichtet und in Form gebracht. Schneiden Sie außerdem totes und erfrorenes Holz heraus. Kletterrosen behandeln Sie ähnlich – auch hier wird vor allem altes Holz entfernt und solche Zweige, die der Pflanze Luft und Licht wegnehmen. Zwergrosen stutzen Sie nur sehr behutsam zurück. Bei Hochstämmchen achten Sie vor allem auf einen ausgewogenen, luftigen Kronenaufbau. Die Zweige werden nur wenig eingekürzt, aber trockenes Holz und nach innen wachsende Triebe müssen ganz entfernt werden.

Pflege

Eingewachsene Rosen düngen Sie am besten im zeitigen Frühling. Gleichzeitig bekommen die Pflanzen auch noch einmal Kompost, der möglichst mit Mulch abgedeckt wird. Eine zweite Nahrungsgabe ist nach der Hauptblüte, etwa Ende Juni, angebracht. Sie gibt den Rosen neue Kraft für die vielen Knospen, die sie noch bis zum Herbst entwickeln sollen. Anstelle eines organischen Streudüngers können Sie im Sommer auch einen Flüssigdünger verwenden: zum Beispiel Brennesseljauche vermischt mit tierischem Dünger. Spätestens ab August muß das Holz der Rosen ausreifen, damit es den Winter ohne Frostschäden überstehen kann. In dieser Zeit dürfen Sie weder düngen noch übermäßig wässern.

In heißen Sommerwochen brauchen aber auch die tiefwurzelnden Rosen Wassernachschub. Lassen Sie sich aber nicht dazu verleiten, aus Bequemlichkeit den Sprenger ans Rosenbeet zu stellen. Der künstliche Regen verdirbt nicht nur die Blüte; die triefendnassen Blätter sind in der Wärme auch anfällig für Pilzkrankheiten. Mehltau und Sternrußtau sind oft die unerwünschte Folge. In der Mittagszeit hat eine solche Bewässerung noch schlimmere Auswirkungen: Jeder Wassertropfen wirkt wie ein Brennglas, durch das die Sonnenstrahlen die Blätter versengen. Gießen Sie besser Ihre Rosen mit der Gießkanne oder notfalls mit einem Schlauch direkt in den Wurzelbereich. Einmal in der Woche gründlich gewässert nützt mehr, als jeden Tag ein bißchen Wasser versprüht, das an der Oberfläche schnell wieder verdunstet.

Alle verwelkten Blumen müssen Sie regelmäßig entfernen. Schneiden Sie dabei aber nur ein wenig vom Stengel ab; auch beim Schnitt für Blumen-

Winterschutz: Kronenbäumchen mit Fichtenzweigen einbinden oder eingraben; Beetrosen anhäufeln und abdecken; Kletterrosen niederlegen oder mit Zweigen einhüllen.

Eine reichblühende, altbewährte Kletterrose ist 'New Dawn'.

sträuße dürfen Sie nicht zu viele lange Stiele schneiden, weil die Pflanzen dadurch geschwächt werden. Vor dem ersten Frost bekommen die Rosen einen leichten Winterschutz. Meist genügt das Anhäufeln mit Erde. In rauhen Gegenden legen Sie noch einen Mantel aus Fichten- oder Kiefernreisig um die Pflanzen. Auch Kletterrosen können auf diese Weise vor starken Temperaturschwankungen geschützt werden. Binden Sie die Fichtenzweige über die Hauptäste. Wichtig sind winterliche Vorsichtsmaßnahmen vor allem bei Kronenbäumchen. Sie werden im Spätherbst losgebunden und vorsichtig niedergebeugt. Legen Sie die Krone in eine vorher ausgehobene Mulde und häufen Sie ein lockeres Gemisch aus Erde und Sand darüber. Einfacher, aber nicht ganz zuverlässig ist es, die Krone ganz mit Kiefernreisig auszufüllen und mit einem Mantel aus Zweigen zuzubinden. In sehr rauhen Landschaften sollten Sie lieber auf die empfindlichen Rosenbäumchen verzichten.

Rosen-Arten und -Sorten

Von den unzähligen neuen Rosensorten können Sie sich beim Studium der Kataloge (siehe Bezugsquellen im Anhang) ein Bild machen. Dieser Überblick soll Ihnen nur helfen, sich in der Fülle des Angebotes zurechtzufinden und Rosen in ihren charakteristischen Gruppen kennenzulernen.

Edelrosen (Teehybriden) sind buschige Rosen mit besonders großen, edlen Einzelblüten. Sie eignen sich vor allem zum Schnitt und als attraktive Einzelpflanzen. In Gruppen und auf Beeten bringen Sie niemals ein solches Blütenmeer zustande wie die Polyantharosen. Pflanzen Sie sie mit mindestens 30–40 cm Abstand.

Einige bewährte Beispiele: 'Gloria Dei' (gelb mit kupferrosa Rändern), 'Konrad Adenauer' (leuchtendrot, duftend), 'Erotica' (samtig dunkelrot, duftend), 'First Lady' (zartrosa, duftend), 'Pascali' (reinweiß).

Polyantha- und Floribundarosen sind reichblühende Beetrosen, die von Blütenbüscheln überdeckt sind. Die Polyantharosen haben kleinere Blumen als die oft edelrosengleichen Floribundarosen. Pflanzen Sie sie mit mindestens 30–40 cm Abstand.

Einige bewährte Beispiele: 'Lili Marleen' (gesunde Spitzensorte mit feurig-roten Blüten), 'Frisia' (goldgelbe, duftende Floribunda), 'Rodeo' (blutrot, sehr reichblühend), 'The Queen Elizabeth Rose' (silberrosa, edelrosengleiche Floribunda, kräftig, eine der schönsten Gartenrosen).

Zwergrosen sind niedliche Miniaturröschen, die nur 20–30 cm hoch werden. Hübsch für Einfassungen, Steingärten und Balkonkästen. Pflanzabstand 30 cm.

Einige bewährte Beispiele: 'Baby Maskerade' (Farbenspiel von rot-kupfrig bis gelb), 'Starina'

(lachsrot), 'Rosmarin' (zartrosa mit rotem Auge).
Kletterrosen bilden lange Triebe, die an Spalieren oder Gittern festgebunden werden müssen. Es gibt einmal blühende und öfter blühende Sorten. Pflanzabstand 1–2 m.
Einige bewährte Beispiele: 'New Dawn' (porzellanrosa, duftend, reich und öfter blühend) 'Sympathie' (samtig dunkelrot, edle Rosenblüte, duftend, öfter blühend), 'Goldstern' (tiefes goldgelb, öfter blühend).
Park- und Wildrosen sind alte botanische Arten und solche mit ausgeprägtem Wildrosencharakter. Sie brauchen 1–1,50 m Abstand, wirken aber besonders malerisch als freistehende, überhängende Einzelpflanzen. In dieser Gruppe finden Sie noch heute einige Jahrhunderte alte Sorten. Sehr schön für naturhafte Pflanzungen.
Einige bewährte Beispiele: *Rosa centifolia* 'Muscosa', die Moosrose (rosa, mit »bemoosten« Knospen, würzig-duftend), *R. hugonis*, die Chinesische Goldrose (einfach, goldgelb), *R. lutea* 'Bicolor Atropurpurea', die Kapuzinerrose (einfach, gelb-kapuzinerrot), *R. rubiginosa*, die Schottische Zaunrose (große einfache karminrote Blüten, Blätter nach Äpfel duftend), *R. rugosa* 'C. F. Meyer' (rosa, stark duftend), *R. spinosissima* (einfach, hellgelb, duftend).
Zierstrauchrosen sind eine Züchtungsmischung aus Teehybriden, Polyantha-, Kletter- und Wildrosen. Sie blühen reich und eignen sich für Beete, Gruppen und lockere Hecken. Pflanzabstand 60–100 cm.
Einige bewährte Beispiele: 'Dirigent' (glühend blutrot, gesunder Dauerblüher), 'Lichtkönigin Lucia' (leuchtend zitronengelb, duftend, Dauerblüher), 'Schneewittchen' (weiße, edle Blumen, reich und lange blühend, nur 1 m hoch).
Bodendecker-Rosen sind niedrig-wachsende Rosen, die ihre Zweige über den Boden breiten. Eine interessante neue Gruppe, die für naturnahe Pflanzungen ganz neue Rosen-Aspekte eröffnet. Nun können Sie auch Teppiche aus Rosen knüpfen!
Einige Beispiele: 'Fleurette' (karminrosa, einfache Blüten mit heller Mitte, breit ausladende niedrige Pflanzen mit langer Blütezeit), 'Heiderösslein-Nozomi' (zierliche, perlmuttrosa halbgefüllte Blumen über einem grünen Laubteppich, robust, gut für Böschungen), 'Repens Alba' (weiße Blütenbüschel, stark kriechend, gut zum Beranken größerer Flächen).

Schutz vor Schädlingen

Die besten vorbeugenden Maßnahmen sind gesunder Boden, sonniger, luftiger Stand und die richtige Sortenwahl. Pflanzen Sie in kalten Land-

Heitere Gesellschaft: rosa Rosen und blauer Lein.

schaften mit langen Wintern nicht gerade die empfindlichsten Neuzüchtungen. An einer robusten Strauchrose haben Sie bestimmt mehr Freude! Vermeiden Sie auch Monokulturen. Gemischte Pflanzungen sind der Schönheit der Rosen nicht abträglich, sie verbessern aber die Bodenverhältnisse. Wo Wurzelälchen auftreten, sollten Sie den Rosen mindestens einen Sommer lang einen Teppich aus Tagetes zu Füßen legen. Die Nachbarschaft von Lavendelstauden schützen sie dagegen vor Läusen und Ameisen.
Im übrigen gelten auch für die Königin der Blumen alle Regeln des naturgemäßen Gartens, die Boden und Pflanzen gesund erhalten. Verwenden Sie möglichst oft Brennesseljauche, bei Läusebefall auch Brennesselkaltwasserauszug. Steinmehl und Algenpräparate fördern die Widerstandsfähigkeit. Schachtelhalmtee beugt den gefürchteten Pilzerkrankungen vor. Alle wichtigen Tips zur Schädlingsabwehr – auch gegen spezielle Rosenkrankheiten – finden Sie in der großen Schädlingstabelle auf Seite 135–147.

Gute Nachbarschaft

Eine Königin braucht heitere Gesellschaft. Sie sollten ihr einen Hofstaat oder zumindest einige ausgesuchte Begleiter zur Verfügung stellen. Ein wenig ländliche Romantik steht einer edlen Dame gar nicht übel: Denken Sie an den alten Bauerngarten, wo Rosen und weiße Madonnenlilien nebeneinander um die Wette strahlten und dufteten. Später vollendete der Rittersporn dieses Zusammenspiel zu einem harmonischen Dreiklang in Rosarot, Weiß und Blau.
Natürlich ist es im Grunde eine Geschmacksfrage, über die man nicht streiten sollte, ob ein Blumenfreund ein einheitliches Rosenbeet über alles liebt oder ob er an gelungener Nachbarschaft seine Freude hat. Naturgemäßer ist sicherlich die gemischte Pflanzung. Selbst Beetrosen wirken lokkerer und natürlicher, wenn sich ihre Blüten über Gräsern oder Teppichstauden entfalten. Zur Anregung und zum Ausprobieren sollen die folgenden Vorschläge verleiten:
Bezaubernd altmodisch und dazu »biologisch gesund« ist die Kombination von Rosen, Lavendel und Schleierkraut. Zu rosa Strauchrosen passen, mit gebührendem Zwischenraum, Rittersporn, Madonnenlilien, Königslilien und später lila Staudenastern. Sehr harmonisch wirkt das Zusammenspiel von roten Polyantharosen, blauem Ziersalbei, silberblauer *Veronica incana* und blaugrauen Gräsern. In sandigen Heidegärten können Strauch- und Wildrosen über einem Teppich aus Thymian, Katzenminze, Lavendel und Gräsern blühen.

Dauerhafter Gartenschmuck: die Ziersträucher

Sträucher und Bäume bilden das Gerüst einer Gartenanlage. Sie gliedern den Raum, setzen Akzente und sorgen für Dauer und Beständigkeit im kurzweiligen Auf und Ab der Blütenpflanzen. Wählen Sie Ihre Ziersträucher sorgfältig aus. Sie müssen der Größe des Gartens ebenso angepaßt sein wie dem Klima und den Bodenverhältnissen. Halten Sie sich bei der Pflanzung stets vor Augen, welche Ausmaße der erwachsene Strauch haben wird, und fragen Sie sich, ob er in ein paar Jahren noch genügend Platz hat, um seine Zweige ungehindert ausbreiten zu können.
Der Standort muß wie bei der Pflanzung von Obstbäumen rechtzeitig vorbereitet werden. Bei Neu-

Harmonische, stufenweise Kombination von Stauden, Zwiebelblumen und Gehölzen. Die Pflanzen ergänzen sich sowohl im Wurzelbereich als auch im oberirdischen Lebensraum.

Eine wichtige Pflanzvorbereitung der Ziersträucher ist der Wurzelschnitt. Die Schnittfläche muß nach unten weisen (links). An dieser Stelle bilden sich die feinen Saugwurzeln (Mitte), die die Versorgung des frischgepflanzten Strauches mit Wasser und Nährstoffen übernehmen. Rückschnitt bei der Pflanzung. Die Zweige werden um ein Drittel bis um die Hälfte zurückgenommen. Schwache Triebe sollen ganz entfernt werden (rechts).

baugrundstücken, deren Böden oft durch schwere Baumaschinen mißhandelt und verdichtet sind, empfiehlt sich auf jeden Fall als erste Vorbereitung eine tiefwurzelnde Gründüngung. Sonst genügen die bodenverbessernden Methoden des naturgemäßen Gartens, die in diesem Buch ausführlich beschrieben sind: Kompost und Mulchen. Die Ziersträucher brauchen keine intensive Düngung. Außer der Humusanreicherung ist Horn-Blut-Knochenmehl eine gute ausgleichende Nahrungsquelle für Gehölze.

Beim Kauf in der Baumschule müssen Sie unterscheiden zwischen Sträuchern, die mit »nackten« Wurzeln geliefert werden und solchen, die einen Wurzelballen besitzen oder sogar in ein Ballen-

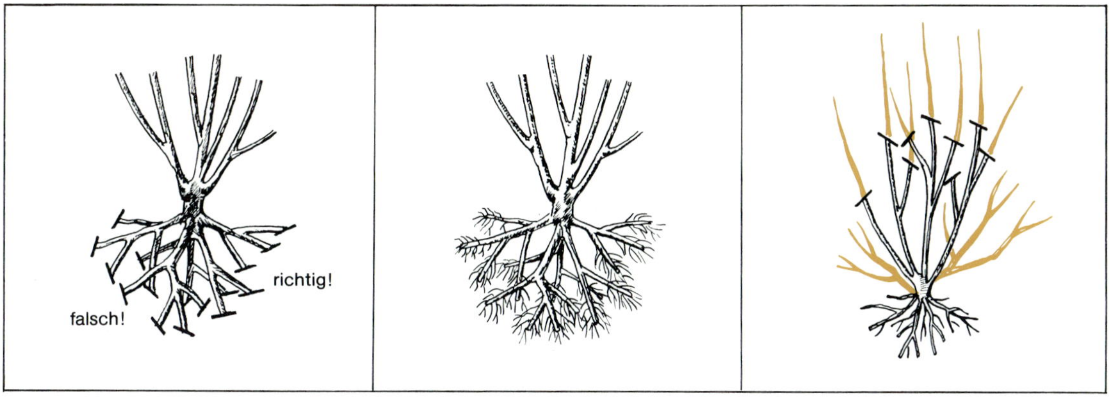

Pflanzung eines Zierstrauches: nicht zu tief setzen, Erde auffüllen, festtreten und angießen in eine Mulde.

tuch eingeschlagen sind. Solche Ballenware läßt sich natürlich problemloser verpflanzen, sie ist aber auch teurer.

Die beste Pflanzzeit für laubabwerfende Gehölze beginnt im Herbst, sobald die Blätter fallen – etwa im Oktober. Sie dauert bei offenem Wetter bis zum April. Immergrüne Laubgehölze und Nadelgehölze verpflanzt man, sobald ihr Neutrieb abgeschlossen ist, von August bis September. Sie müssen unbedingt noch im Herbst fest einwurzeln, denn als »Grüne« schalten sie über Winter ihren Stoffwechsel nicht ab. Nahrungsaufnahme und Schutz vor Verdunstung funktionieren aber nur, wenn auch das Wurzelsystem arbeitet.

Der Strauch links wurde sinnlos »abgesäbelt«. Rechts: richtiges Auslichten eines Zierstrauches. Alte Triebe werden tief am Boden weggenommen.

Heben Sie eine reichlich große Pflanzgrube aus, in der alle Wurzeln sich bequem ausbreiten können. Daneben muß noch Raum bleiben für die lebenswichtigen Faserwurzeln, die sich bald nach dem Umsetzen ausbreiten sollen. Der Strauch soll genau so tief gepflanzt werden, wie er in der Baumschule stand. Auf keinen Fall dürfen Sie ihn bis über den Hals zuschütten. Bei Ballenpflanzen ist das nicht schwierig. Sie dürfen nur nicht vergessen, das Ballentuch aufzuschneiden. Freie Wurzeln müssen vor dem Pflanzen mit einem scharfen Messer eingekürzt werden. Die Schnittfläche soll nach unten weisen. Proportional dazu werden auch die oberirdischen Pflanzenteile, die Zweige, zurückgeschnitten – etwa um ein Drittel bis um die Hälfte. So ist das Gleichgewicht wieder hergestellt.

Pflanzen Sie möglichst an einem trüben Tag, und tauchen Sie die Wurzeln in einen Lehmbrei (siehe Seite 265). Sie dürfen niemals an der Luft trocken werden. Die mit Kompost vermischte lockere Erde wird nun wieder in die Grube gefüllt und anschließend festgetreten. So entsteht ein enger Kontakt zwischen Wurzeln und Erdreich. Dann gießen Sie kräftig an.

Vermehrung der Ziersträucher: Wurzelstecklinge in der Ruhezeit abtrennen und etwa 7 cm tief in die Erde legen (oben). Für Absenker biegen Sie einen jungen Trieb im Frühling zu Boden. Einschneiden, in die Schnittstelle ein Streichholz klemmen und in Erde betten (Mitte). Blattstecklinge vom jungen Holz (unten).

Der Pflegeschnitt im Laufe der folgenden Jahre kann je nach Gehölzart sehr unterschiedlich sein. Bei der Beschreibung der einzelnen Pflanzen wird auf besondere Maßnahmen hingewiesen. Als allgemeine Orientierungshilfe können Sie sich einprägen: Ein Strauch wächst, wenn er am richtigen Ort steht und genügend Platz hat, von Natur aus meist harmonisch. Der Aufbauschnitt findet bereits in der Baumschule statt. Der Gärtner sollte nur darauf achten, daß vertrocknete Zweige und Äste, die nach innen wachsen, oder solche, die sich kreuzen, stets im Frühling herausgeschnitten werden. Der Strauch soll im ganzen gut proportioniert und luftig aufgebaut sein. Altes Holz wird, wenn es entfernt werden muß, tief am Boden abgesägt. Sie erkennen es an der dunklen Rindenfärbung. Das Grundprinzip heißt also: auslichten. Sehr alte oder verwilderte Sträucher können Sie verjüngen, wenn Sie sie ausnahmsweise radikal bis kurz über den Boden zurückschneiden. Sie bilden dann wieder kräftige junge Triebe und beginnen nach 2–3 Jahren wieder üppig zu blühen.

Azalee

siehe Rhododendron

Bartblume *(Caryopteris)*

Merkmale: Die niedrigen Sträucher gehören zu den Verbenengewächsen. Im Spätsommer und Herbst sind sie mit zierlichen blauen Blütendolden geschmückt. Die grau-grünen schmalen Blätter duften angenehm würzig. Die blühenden Zweige eignen sich auch gut zum Schnitt. Ein seltener Herbstblüher unter den Ziersträuchern.
Kultur: Sonniger Standort und durchlässiger, etwas kalkhaltiger Boden. Pflanzzeit am besten Frühling, Höhe 100–120 cm, Blütezeit August bis Oktober. In rauhen Landschaften ist eine Mulchdecke als Winterschutz wichtig. Rückschnitt im Frühling, Vermehrung durch Stecklinge.
Arten und Sorten: *C. clandonensis* (leuchtendblaue Blüten), *C. incana* 'Heavenly Blue' (tiefdunkelblaue Blüten), 'Kew Blue' (blau-violett).
Besonderer Tip: Die anmutigen kleinen Sträucher passen gut zu herbstlichen Stauden, zum Beispiel zu Astern.

Berberitze, Sauerdorn *(Berberis)*

Merkmale: Die Berberitzen gehören zu den Sauerdorngewächsen. Sie sind eine sehr vielgestaltige Pflanzengattung. Es gibt unter ihnen laubabwerfende und immergrüne Arten. Die meisten besitzen Dornen. Viele blühen gelblich. Die Blätter sind grün oder dunkelrot gefärbt. Im Herbst schmücken sich die Berberitzen mit kleinen roten oder blau-schwarzen Beeren.
Kultur: Berberitzen sind sehr hart und anspruchslos. Sie gedeihen fast überall, in der Sonne und im Halbschatten. Pflanzzeit Frühling oder Herbst, Höhe je nach Sorte 40–200 cm. Vermehrung durch Stecklinge. Einzelpflanzen werden kaum beschnitten, sonst normaler Heckenschnitt.
Arten und Sorten: *B. julianae* (immergrün, blauschwarze Früchte, 2 m), *B. buxifolia* 'Nana' (niedrig, immergrün, für Einfassungen, 30–50 cm), *B. thunbergii* (grünblättrig, im Herbst rot verfärbt, 100–150 cm), 'Atropurpurea' (braun-rote Blätter, im Herbst scharlachrot, 150 cm).
Besonderer Tip: Berberitzen eignen sich gut für halbhohe oder niedrige Hecken. Sie müssen dann regelmäßig geschnitten werden.

Buchsbaum *(Buxus)*

Merkmale: Buchsbaum ist auch ein Buchsbaumgewächs. Die immergrünen Sträucher mit den festen ovalen Blättchen gibt es in niedrigen Formen für Einfassungen und in hohen Formen, die stattliche baumartige Büsche bilden.
Kultur: Buchsbaum ist sehr anspruchslos, auch gegenüber rußhaltiger Industrieluft. Pflanzzeit Frühling oder Herbst, Höhe je nach Sorte 30–400 cm. Die Pflanzen gedeihen in der Sonne und im Schatten, lieben aber kalkhaltigen, etwas feuchten Boden. Buchsbaum kann beliebig in Form geschnitten werden.
Arten und Sorten: *B. sempervirens arborescens*

(frei wachsender, baumartiger Buchs, 4–6 m), 'Suffruticosa' (glänzend grün, niedriger Einfassungsbuchs).
Besonderer Tip: Buchsbaum gehörte einst zum typischen Bild der Bauerngärten. Auch heute noch können Sie Buchshecken als dekorative Gliederung im gemischten Gemüse-Blumengarten einplanen. Eine besondere Zugabe: der würzige Duft der Blätter, der besonders an warmen Sommertagen den Garten durchzieht.

Cotoneaster, Felsenmispel *(Cotoneaster)*

Merkmale: Cotoneaster sind Rosengewächse. Sie umfassen sehr unterschiedliche Arten, teils laubabwerfend, teils immergrün, vom kriechenden Bodendecker bis zum baumartig hohen Strauch. Viele schmücken sich im Herbst mit rotem Beerenbehang.
Kultur: Alle Cotoneaster sind sehr anspruchslos. Sie gedeihen in jedem durchlässigen Boden in der Sonne und im Halbschatten. Pflanzzeit Frühling oder Herbst, Höhe je nach Sorte 20–300 cm. Vermehrung durch Stecklinge. Möglichst wenig schneiden. Planen Sie von Anfang an reichlich Platz ein.
Arten und Sorten: *C. dammeri radicans* (dunkelgrüner Bodendecker, rote Früchte, 20 cm), 'Skogholm' (starkwüchsig, für große Flächen, sehr winterhart, 30–60 cm), *C. horizontalis hybridus* 'Herbstfeuer' (dunkelgrün, rote Beeren, flachwachsend, 20–40 cm), *C. microphyllus* (zierlich, dunkelgrün, 50 cm), *C. salicifolius floccosus* (hoher Strauch mit überhängenden Zweigen, grün, rote Beeren, 3 m), *C. watereri* (wintergrün, rote Früchte, rote Blattfärbung im Herbst, dekorativer Einzelstrauch, 3 m).
Besonderer Tip: Die hohen Cotoneaster-Sträucher gleichen zur Zeit der unscheinbaren aber süßduftenden Blüte wahren Bienen-Orgeln. Die niedrigen Arten sind anspruchslose Bodendecker, an denen man sich etwas übergesehen hat, weil sie so häufig verwendet werden. Die roten Beeren sind bei Vögeln sehr beliebt.

Deutzie, Maiblumenstrauch *(Deutzia)*

Merkmale: Deutzien sind Steinbrechgewächse. Sie bezaubern mit dem Reichtum ihrer weißen oder rosa glockenförmigen Blüten. Die Sträucher werfen im Herbst die Blätter ab.
Kultur: Pflanzzeit Herbst bis Frühling. Deutzien wachsen in jedem normalen, etwas feuchten Gartenboden in der Sonne und im Halbschatten. Höhe je nach Sorte 70–200 cm, Blütezeit je nach Sorte Mai bis Juli. Schnitt: nur auslichten.
Arten und Sorten: *D. gracilis* (Zwergstrauch mit weißen Blütenrispen, 70–100 cm), *D. hybrida* 'Mont Rose' (rosa Blütenrispen, lockerer Wuchs, 1,50 m), *D. magnifica* (aufrechter Strauch, gefüllte weiße Blüten, 2 m).
BesondererTip: Deutzien eignen sich gut für lockere Naturhecken aus Blütensträuchern.

Essigbaum, Sumach *(Rhus)*

Merkmale: Essigbäume sind Sumachgewächse, die besonders durch aparte, farbige Fruchtstände und durch geschlitztes Laub mit herrlicher Herbst-

Ein Essigbaum in leuchtender Herbstfärbung.

färbung auffallen. Die Sträucher sind meist zweihäusig. Im Winter sind sie kahl.
Kultur: Essigbäume lieben volle Sonne und einen sehr durchlässigen, eher sandig-trockenen Boden. Höhe 2–5 m. Die Pflanzen wuchern durch Wurzelausläufer, aus denen ständig neue Triebe wachsen. Zum Ausgleich werden alte Zweige im Frühling bis zum Boden abgeschnitten. Vermehrung durch bewurzelte Triebe oder Stecklinge.
Arten und Sorten: *R. glabra* 'Laciniata', Scharlachsumach (tiefgefiederte grüne Blätter, scharlachrote Fruchtstände), *R. typhina*, Hirschkolbensumach (starkwüchsiger, malerischer Strauch, orangerote Herbstfärbung, kolbenartige karminrote Fruchtstände, 4 m), *R. typhina* 'Laciniata' (zierlich, farnartige geschlitzte Blätter, 3 m).
Besonderer Tip: Meist braucht man zwei Sträucher, damit sich Früchte bilden. Fragen Sie in der Baumschule nach Sorten, die zusammenpassen.

Felsenbirne *(Amelanchier)*

Merkmale: Felsenbirnen sind Rosengewächse. Die anmutigen Sträucher schmücken sich im Frühling mit weißen Blütentrauben und im Herbst mit leuchtend orangeroter Blattfärbung. Das Laub fällt dann ab.
Kultur: Anspruchslose Sträucher für trockenen und etwas feuchten Boden, sie wachsen in der Sonne und im Halbschatten. Die Pflanzen vertragen auch Kalk. Höhe 5–8 m, Blütezeit April bis Mai, Vermehrung durch Ausläufer oder Absenker. Schnitt: nur trockenes Holz herausnehmen.
Arten: *A. canadensis* (weiße Blüten, orangerote Herbstfärbung, 6–8 m), *A. laevis* (braunroter Austrieb als schöner Kontrast zu weißen Blüten, verträgt saure Böden, 5 m).
Besonderer Tip: An trockenen Standorten ist die Herbstfärbung ausgeprägter.

Blühende Felsenbirne *(A. laevis)*.

Feuerdorn *(Pyracantha)*

Merkmale: Ein dornenbewehrtes Rosengewächs mit immergrünen Blättern. In strengen Wintern fallen sie zum Teil ab. Feuerdorn blüht weiß, ähnlich wie Weißdorn, und bietet im Herbst einen prachtvollen Anblick im Schmuck des reichen, leuchtend orangeroten Beerenbehangs.
Kultur: In humusreichem, möglichst durchlässigem Boden und in voller Sonne gedeiht der Feuerdorn am besten. Er verträgt aber durchaus Schatten und auch Industrieluft. Höhe 2–3 m, Blütezeit Mai bis Juni. Schnitt: Die Pflanzen können in Form geschnitten werden, allerdings leidet darunter der Blüten- und Beerenreichtum etwas. Wenn Sie die Spitzen der Haupttriebe kürzen, verzweigen sich die Sträucher reicher. Feuerdorn eignet sich für dekorative Einzelstellung, als freiwachsende Hecke und als Spalier an der Hauswand.
Arten und Sorten: *P. coccinea* 'Kasan' (reicher, mennigeroter Beerenschmuck, starkwachsend, 3 m, schön als Einzelstrauch und als Hecke), *P. crenatoserrata* 'Orange Glow' (glänzend grünes Laub, orangerote Früchte, 3 m).
Besonderer Tip: Feuerdornbeeren sind für Vögel ein Leckerbissen, deshalb hält die Pracht nie über

Winter. Fragen Sie beim Kauf nach vegetativ vermehrten Sorten, Sämlinge erweisen sich oft als blühfaul! Mit Feuerdorn können Sie undurchdringliche Hecken pflanzen.

Flieder *(Syringa)*

Merkmale: Der Flieder ist ein Ölbaumgewächs. Ein Frühling ohne den betörenden Duft seiner großen Blütenrispen in Weiß, Lila oder Violett ist nicht denkbar. Es gibt gefüllte und ungefüllte Kultursorten, aber auch sehr reizvolle Wildformen.

Kultur: Flieder liebt humusreichen, etwas kalkhaltigen Boden und volle Sonne. Er verträgt auch leichten Schatten, Höhe je nach Sorte 1–4 m, Blütezeit Mai bis Juni, Vermehrung durch Stecklinge ist möglich. Schnitt: Alle verblühten Rispen müssen sofort herausgeschnitten werden, ebenso alle Wurzelschößlinge. Sonst nur nach Bedarf auslichten. Bei der Pflanzung nicht zurückschneiden, dies geschieht erst im zweiten Jahr!

Arten und Sorten: *S. chinensis*, Königsflieder (reizvolle überhängende Wildform, einfache lila Blüten, 3 m), *S. reflexa*, Bogenflieder (reichblühend, lange Rispen, außen weinrot, innen hellrosa, 2,50 m); *S.-Vulgaris*-Hybriden: 'Andenken an L. Späth' (einfach, dunkelpurpur), 'Charles Joly' (purpurrot, gefüllt), 'Michel Buchner' (lila, gefüllt), 'Mme. Lemoine' (weiß, gefüllt), 'Katherine Havemeyer' (gefüllt, sehr große Einzelblüten, purpur-lila-rosa).

Besonderer Tip: Die Wildformen bilden, wenn sie einzeln stehen und lange ungestört bleiben, herrliche Büsche – ganz in Blüten eingehüllt. Flieder eignet sich auch für lockere Blütenhecken.

Üppiger alter Fliederbusch *(S.-Vulgaris-*Hybride).

Forsythie, Goldglöckchen *(Forsythia)*

Merkmale: Die Forsythien sind Ölbaumgewächse. Ihre leuchtend gelben Glöckchen läuten den Frühling ein, bevor die Blätter erscheinen. Schon im Winter lassen sich Forsythienzweige im warmen Zimmer zum Blühen bringen.

Kultur: Anspruchslose Sträucher, die in jedem normalen Gartenboden in der Sonne oder im Halbschatten gedeihen. Höhe je nach Sorte 1–3 m. Blütezeit März bis April. Vermehrung durch Stecklinge oder Absenker. Schnitt: Auslichten, damit die starkwüchsigen Sträucher nicht verwildern.

Arten und Sorten: *F. intermedia* 'Goldzauber' (goldgelb, reichblühend, 2,50 m), 'Lynwood Gold' (dottergelb, sehr reichblühend, 2,50 m), 'Spectabilis' (dunkelgelb, 2,50 m), *F. ovata* 'Tetragold' (rundlicher Strauch, goldgelb, 1 m).

Besonderer Tip: Die *F.-Intermedia*-Hybriden eignen sich auch für geschnittene Hecken.

Ginster, Geißklee *(Cytisus)*

Merkmale: Der Ginster ist ein typischer Schmetterlingsblütler. Die geflügelten gelben Blüten des heimischen Besenginsters duften süß an überhängenden Zweigen. Die Zuchtformen sind elfenbeinweiß, rosa oder rot gefärbt. Es gibt hohe und kriechende Formen.

Kultur: Ginster liebt sonnigen Standort und durchlässigen, leichten, möglichst sandigen Bo-

Duft und Anmut bringen die zierlichen Ginsterbüsche in den Garten.

den. Höhe je nach Sorte 10–150 cm, Blütezeit je nach Sorte April bis Juni. Vermehrung ist durch Samen möglich. Schnitt: Die abgeblühten Ruten werden jedes Jahr etwas zurückgeschnitten. Die Blüten entwickeln sich an den neuen Trieben. Es geht aber auch ohne Rückschnitt.
Arten und Sorten: *C. decumbens* (Kriechform, mit goldenen Blüten übersät, 10–20 cm), *C. praecox*, Elfenbeinginster (rahmweiße Blüten, anmutige überhängende Form, 1,50 m); *C.-Scoparius*-Hybriden, Besenginster: 'Andreanus Splendens' (gelb-rot, 1,50 m), 'Golden Sunlight' (hellgelb, 1,50 m), 'Red Favorite' (karminrot).
Besonderer Tip: Schöne Sträucher für naturgemäße Pflanzungen. Achten Sie darauf, Pflanzen im Topf zu bekommen, andere wachsen schlecht an.

Goldregen *(Laburnum)*

Merkmale: Ein herrlicher Schmetterlingsblüher mit langen goldenen Blütentrauben. Im Winter ist er kahl. Alle Pflanzenteile sind leider giftig. Vorsicht bei Kindern!
Kultur: Goldregen wächst gut in warmen, eher trockenen und kalkhaltigen Böden. Schwierig in kalter, nasser Erde. Sonne bis Halbschatten, Höhe 3–5 m, Blütezeit Mai bis Juni. Nicht schneiden, kein Verjüngungsschnitt möglich, nur trokkene Äste entfernen.
Arten und Sorten: *L. anagyroides* (vulgare), Gemeiner Goldregen (gelb, 10–12 cm lange Blütentrauben, 5 m), *L. watereri* 'Vossii' (beste Sorte mit bis zu 50 cm langen Blütentrauben, 3–5 m).
Besonderer Tip: Bildschöner Nachbar für Flieder oder für die lila Blütentrauben der Glyzine.

Hartriegel *(Cornus)*

Merkmale: Die Hartriegelgewächse sind sehr unterschiedliche, laubabwerfende Sträucher. Einige fallen durch attraktive rote Äste auf, andere durch frühe gelbe Blüten, wie die Kornelkirsche.
Kultur: Anspruchslos, Hartriegel wachsen in der Sonne und im Halbschatten. Die Blumenhartriegel lieben als Waldpflanzen einen humusreichen etwas sauren Boden. Höhe je nach Sorte 2–8 m, Blütezeit je nach Sorte Februar bis Juni. Schnitt: Möglichst unberührt lassen; Kornelkirschen nur aus Platzgründen schneiden. Nur die Sträucher mit farbiger Rinde müssen jedes Jahr ausgelichtet werden, damit sie neue Triebe bilden.
Arten und Sorten: *C. alba* (rotbraune Zweige, rotes Laub im Herbst, 3 m, gut an feuchtem Standort), 'Sibirica' (leuchtend-rote Rinde, prächtiger Winteranblick, 2 m), *C. florida*, Blumenhartriegel (große weiß-rosa Scheinblüten im Mai, rote Herbstfärbung, 3–5 m), *C. canadensis*, Kanada-Hartriegel (Bodendecker mit weißen Scheinblüten für sauren Waldboden, rote Beeren, 10–20 cm), *C. kousa* (weiße Scheinblüten, rote Herbstfärbung, 5 m), *C. mas*, Kornelkirsche (schon ab Februar gelbe Blütendolden, 4–5 m), *C. stolonifera* 'Flaviramea' (gelbe Rinde, 2–3 m).
Besonderer Tip: Die Kornelkirsche eignet sich gut für Hecken. Sehr schön im Naturgarten: der niedrige Kanada-Hartriegel als Bodendecker!

Hibiskus, Straucheibisch *(Hibiscus syriacus)*

Merkmale: Der Strauchhibiskus ist ein typisches Malvengewächs mit wunderschönen offenen

Der Holunder ist ein »Freund der Menschen« und ein wichtiges Gewächs im Bio-Garten.

Trichterblüten in Weiß, Rot oder Lilablau. Die Blätter fallen im Herbst ab.
Kultur: Nur in rauhen Lagen sollte der Strauch einen geschützten Platz an einer Wand und etwas Winterschutz erhalten. Sonst ist er frosthart. Der Hibiskus wächst am besten in feuchtem, humusreichem aber durchlässigem Boden. Geben Sie ihm Laubkompost. Sonniger bis halbschattiger, warmer Standort ist empfehlenswert. Höhe 2–3 m, Blütezeit August bis September. Schnitt: Im Nachwinter werden erfrorene Zweige zurückgeschnitten. Seien Sie vorsichtig, der Strauch wirkt lange kahl, wie abgestorben. Das täuscht, er treibt nur spät aus.
Sorten: 'Coelestis' (blau mit dunkelroter Zeichnung), 'Hamabo' (zartrosa, karminroter Fleck), 'Totus Albus' (reinweiß), 'Woodbridge' (sehr groß, rubinrot).
Besonderer Tip: Der Hibiskus ist ein wertvoller Sommerblüher, mit dem Sie Schmetterlinge und Insekten in Scharen in den Garten locken.

Holunder *(Sambucus)*

Merkmale: Der Holunder ist ein robustes Geißblattgewächs. Seit altersher zieht es diesen sagenumwobenen Strauch zu den Häusern der Menschen. Seine schirmartigen elfenbeinweißen Blütenstände duften süß und schwer. Die Beeren sind bei der Naturform schwarz gefärbt, bei den Gartensorten auch rot. Im Winter sind die Sträucher kahl.
Kultur: Holunder ist denkbar anspruchslos, gedeiht aber besonders gut in stickstoffreichen, feuchten, durchlässigen Böden. Er wächst in der Sonne und im Halbschatten. Höhe 4–10 m, Blütezeit Mai bis Juli. Vermehrung ist durch Stecklinge möglich. Schnitt: bei guter Gesundheit gar nicht. Kräftiger Rückschnitt zur Verjüngung wird spielend verkraftet.
Arten und Sorten: *S. nigra*, Gemeiner Holunder (elfenbeinweiße Blüten, schwarze Beeren, bis 10 m), *S. nigra* 'Großfrüchtige Fliederbeere' (vegetativ vermehrte Auslese mit besonders großen Blüten), *S. racemosa*, Traubenholunder (gelbliche Blüten, rote Beeren, 4–8 m).
Besonderer Tip: Holunder sind vitale, stark wachsende Sträucher, die viel Platz brauchen. Trotzdem sollten sie, wo immer es möglich ist, im biologischen Garten einen Platz finden. Alle Pflanzenteile sind heilkräftig. Die Beeren sind sehr vitaminreich, die Blätter eignen sich für Tee und auch für schädlingsabwehrende Pflanzenjauche.

Hortensie *(Hydrangea)*

Merkmale: Die Hortensie ist ein sommergrünes Steinbrechgewächs aus Jahrhunderte altem ost-

Hortensien brauchen ausgesuchte Gartenplätze.

asiatischem Blumenadel. Es gibt verschiedene Arten, deren Blüten wie kugelige Bälle, wie flache Dolden oder wie langgezogene Rispen aussehen können. Ihre Farben variieren zwischen Weiß, Rosa, Rot, Blau und Violett.

Kultur: Die »Wasserschlürferin« aus Japan braucht feuchten, durchlässigen, sauren Boden mit einem pH-Wert von 6–5. Verbessern Sie den Boden mit Laubkompost, Torf und Mulch. An halbschattigen, geschützten Plätzen gedeihen die Pflanzen am besten. Höhe je nach Sorte 1–2 m, Blütezeit je nach Sorte Juni bis September. Vermehrung durch Stecklinge. Schnitt: Die meisten Arten sollen möglichst wenig geschnitten werden, weil sie die Blütenknospen am einjährigen Holz bilden. Entfernen Sie im Herbst nur die verwelkten Blüten. Bei Frostschäden kann die *H. macrophylla* bis zum Boden zurückgeschnitten werden, sie blüht aber erst im nächsten Jahr wieder. Nur bei der Rispenhortensie werden die Jahrestriebe im Nachwinter auf wenige Knospen zurückgeschnitten.

Arten und Sorten: *H. aspera sargentiana*, Samthortensie (große samtige Blätter, flache Blütendolden, hellviolett mit sterilen weißen Randblüten, 2 m), *H. macrophylla* 'Acuminata' (rotbraune Blattfärbung im Herbst, flache bläuliche Blütendolden mit sterilen rosa Randblüten, 1 m), *H. paniculata* 'Grandiflora', Rispenhortensie (lange, rahmweiße Rispen, die kupferrosa verblühen, 1,50 m, reizvolle Spätsommerblüher).

Besonderer Tip: Hortensien sind fremdartig schöne Sträucher, die in Einzelstellung am besten zur Geltung kommen. Ihre Topfhortensie können Sie unter den gleichen Bedingungen in den Garten pflanzen, sie entwickelt sich dann zu einem ausdauernden Blütenbusch, der wie alle Hortensien sehr alt werden kann. Die Blumen werden wieder kleiner und wirken dann natürlicher.

Jasmin, Echter Jasmin
(Jasminum nudiflorum)

siehe Kletterpflanzen.

Jasmin, Falscher Jasmin, Pfeifenstrauch
(Philadelphus)

Merkmale: Der Falsche Jasmin ist ein sommergrünes Steinbrechgewächs. Seine offenen weißen Schalenblüten erfüllen im Frühsommer den Garten mit schwerem, süßem Duft. Es gibt auch gefüllte Sorten.

Kultur: Jasmin gedeiht in jedem normalen Gartenboden in der Sonne und im Halbschatten. Höhe je nach Sorte 1,5–4,00 m, Blütezeit Mai bis Juli, Vermehrung durch Stecklinge. Schnitt: Nach der Blüte können die Triebspitzen entfernt werden. Das muß aber nicht sein. Wichtig ist regelmäßiges Auslichten der starkwüchsigen Sträucher.

Arten und Sorten: *Ph. coronarius* (einfache, rahmweiße starkduftende Blüten, 3–4 m), *Ph. lemoinei* 'Manteau d' Hermine' (gefüllt, 1,50 m), *Ph. virginalis* (gefüllt, reinweiß, starkduftend, 3 m).

Besonderer Tip: Die reichblühenden, robusten Jasminsträucher eignen sich gut für freiwachsende Hecken.

Kirschlorbeer, Lorbeerkirsche
(Prunus laurocerasus)

Merkmale: Der Kirschlorbeer gehört zu den Rosengewächsen. Seine glänzenden immergrünen Blätter, die an Lorbeer erinnern, zieren den Strauch das ganze Jahr. Im Frühling schmückt er sich mit weißen Blütentrauben, im Herbst mit schwarzroten Früchten. Blätter, Rinde und Früchte sind giftig!

Kultur: Die Lorbeerkirschen gedeihen in der Sonne und im Halbschatten. Der Boden sollte durchlässig und feucht sein. Geben Sie Laubkompost. Höhe 2–3 m, Blütezeit Mai. Schnitt: möglichst gar nicht. Rückschnitt bei Winterschäden oder Platzmangel bereitet aber keine Probleme.

Besonderer Tip: Der schöne immergrüne Strauch eignet sich gut für dichte Hecken.

Kolkwitzie *(Kolkwitzia amabilis)*

Merkmale: Die Kolkwitzie ist ein laubabwerfendes Geißblattgewächs, das einen ausdrucksvolle-

Blühender Kirschlorbeer.

ren Namen verdient hätte, der etwas von seiner anmutigen Schönheit verrät. Die glockenförmigen, rosa-weißen Blüten bilden lockere Trauben und hüllen im Frühling den ganzen Strauch ein. Charakteristisch ist auch die abblätternde Rinde.
Kultur: Die Kolkwitzie wächst in jedem normalen Gartenboden in der vollen Sonne. Höhe 2–3 m, Blütezeit Mai bis Juni, Vermehrung durch Stecklinge. Schnitt: Möglichst wenig, nur vorsichtig auslichten.
Sorten: Außer der Art *K. amabilis* (rosa-getönte Blüten) 'Rosea' (kräftig rosa).
Besonderer Tip: Diese eleganten Sträucher sind viel zu wenig bekannt. Was sich auch kaum herumgesprochen hat: Sie verströmen bei Regenwetter einen unnachahmlichen würzigen Duft! Gut mit Stauden im Naturgarten zu kombinieren.

Magnolie *(Magnolia)*

Merkmale: Magnolien gehören zu den Magnoliengewächsen, die sehr unterschiedliche Arten aufweisen. Im Garten blühen vor allem die Sorten mit den purpur-weißen, porzellanartigen Blumen in Tulpenform und die weißen Sternblumen der Sternmagnolie. Es gibt auch Sommerblüher, die hier nicht aufgezählt werden. Im Winter sind die Pflanzen kahl.
Kultur: Magnolien sind ebenso schön wie anspruchsvoll. Sie lieben volle Sonne und einen geschützten Standort, der die Blüten vor spätem Frost bewahrt. Der Boden soll nährstoffreich, etwas lehmig aber durchlässig sein. Geben Sie reichlich Laubkompost und decken Sie die Baumscheibe immer mit Mulch ab. Höhe je nach Sorte 3–5 m, Blütezeit je nach Sorte März bis Juni. Nicht schneiden! Nur vorsichtig dürre Äste entfernen.
Arten und Sorten: *M. soulangiana* (große tulpenförmige Blüten, weiß-rosa, außen rot überlaufen, 4 m), 'Nigra' (purpurfarbige Blüten, 3 m), *M. stellata*, Sternmagnolie (weiße, duftende Blütensterne, 3 m).
Besonderer Tip: Geben Sie diesen edlen Blütengehölzen einen ausgesuchten Platz, wo sie frei stehen und gebührend bewundert werden können.

Perückenstrauch *(Cotinus)*

Merkmale: Der Perückenstrauch ist ein Sumachgewächs. Sein schönster Schmuck sind die bizarren, fedrigen Fruchtstände, die ihm den Namen gaben, und die leuchtend gelb-rote Herbstfärbung.
Kultur: Der Perückenstrauch wächst in jedem guten, durchlässigen Gartenboden, möglichst in der Sonne. In sehr nährstoffreicher Erde neigt er zu übermäßig starkem Wachstum. Höhe 2–5 m, Blütezeit Juni bis Juli, Vermehrung durch Stecklinge. Rückschnitt nur bei zu starkem Wachstum.
Arten und Sorten: *C. coggygria* (gelb-rote Herbstfärbung, starkwüchsig), 'Royal Purple' (tiefrote, glänzende Herbstfärbung, nur 2–3 m).
Besonderer Tip: Der Perückenstrauch ist eine besondere Gartenattraktion für Menschen, die Sinn für skurrile Gestalten haben.

Pfaffenhütchen, Spindelbaum *(Euonymus)*

Merkmale: Pfaffenhütchen sind Spindelbaumgewächse. Zu ihnen gehören sehr vielgestaltige

Sträucher, die teils sommer-, teils wintergrün sind. Die Blüten wirken unscheinbar. Der Schmuck der Pfaffenhütchen besteht in leuchtender Herbstfärbung und in roten oder rosa Beeren. Es gibt hochwachsende und kriechende Arten.
Kultur: Alle Spindelbaumarten sind anspruchslos. Sie wachsen in fast jedem Boden, in der Sonne und im Halbschatten. Höhe je nach Sorte 30–400 cm, Vermehrung durch Stecklinge. Schnitt: immergrüne Arten nicht schneiden, sommergrüne Arten auslichten!
Arten und Sorten: *E. europaeus* (heimischer Strauch, rot-gelbe Herbstfärbung, rosa-rote Früchte, 3–4 m), *E. fortunei* 'Gracilis' (weiß-bunter Bodendecker oder Kletterstrauch, 30 cm), 'Emerald Gold' (immergrün, goldgelbes Laub, 30 cm).
Besonderer Tip: Die hohen Sträucher eignen sich für freiwachsende Hecken, die niedrigen als Bodendecker oder Ranker mit Haftwurzeln.

Ranunkelstrauch *(Kerria)*

Merkmale: Ranunkelsträucher sind laubabwerfende Rosengewächse, die im Frühling mit einfachen oder gefüllten gelben Blütenröschen überschüttet sind.
Kultur: Anspruchslos, die Sträucher gedeihen in jedem normalen Gartenboden in der Sonne und im Halbschatten. Höhe 1,50–2,00 m, Blütezeit Mai bis Juli, Vermehrung durch Ausläufer. Schnitt: Erfrorene Spitzen im Frühling wegschneiden, sonst nur auslichten.
Arten und Sorten: *K. japonica* (einfach, goldgelb), 'Pleniflora' (gefüllt, goldgelb).
Besonderer Tip: Laubkompost bekommt den Sträuchern gut. Sie eignen sich für lockere Naturhecken oder als Einzelstrauch am Haus.

Rhododendron, Azalee, Alpenrose *(Rhododendron)*

Merkmale: Rhododendren sind Heidekrautgewächse, die eine große Zahl von Arten und Sorten umfassen. Zu ihnen gehören auch die Azaleen.

Rhododendron 'Kermesina'.

Es gibt immergrüne und laubabwerfende Arten. Die ausdrucksvollen offenen Trichterblüten, die in Büscheln zusammenstehen, zeigen eine leuchtende Farbskala von Weiß über Rosa, Rot, Lila, Violett bis Gelb und Orange.
Kultur: Als sogenannte Moorbeetpflanzen brauchen die Rhododendren sauren Humus. Sie sind ausgesprochen kalkempfindlich. Der pH-Wert sollte bei 4,5–5,5 liegen. Bereiten Sie den Boden mit Laubkompost und feuchtem Torf vor. Die Pflanzgrube muß reichlich groß ausgehoben werden, sie wird gleichfalls mit Kompost und Torf ausgefüttert. Die Pflanzen werden gut angegossen, mit weichem, abgestandenem Wasser. Als Dünger eignen sich gut verrotteter Rindermist oder Hornspäne.
Rhododendren lieben den Halbschatten. Schützen Sie sie vor Sonne und vor rauhen Winden, indem Sie sie zwischen Kiefern oder unter Lärchen pflanzen. Der Boden um die Pflanzen wird mit einer Mulchschicht aus Laub und zerkleinerten holzigen Abfällen bedeckt. Höhe der Pflanzen je nach Sorte 30–400 cm, Blütezeit je nach Sorte April bis Juni. Vermehrung durch Samen (sehr langwierig) oder Stecklinge. Schnitt: Sehr wenig, nur Frost- oder Altersschäden beseitigen. Vor allem bei jungen Pflanzen müssen die verwelkten Blütenstände vorsichtig herausgebrochen werden.

Arten und Sorten: In die überreiche Fülle des Angebotes kann nur ein kleiner Einblick gegeben werden. Es lohnt sich, sich mehr mit diesen herrlichen Blütenpflanzen zu beschäftigen. Hinweise auf deutsche Rhododendronzüchter und gute Bezugsquellen finden Sie im Anhang.
Laubabwerfende Azaleen: Exbury- und Knapphill-Hybriden (1,50m): 'Persil' (weiß-gelb), 'Satan' (scharlachrot), 'Klondyke' (gelb-orange); Pontica-Hybriden (bis 2 m): 'Coccinea speciosa' (dunkel-orangerot), 'Corneille' (rosa-weiß, gefüllt); Kosteranum-Hybriden oder *Azalea-Mollis*-Hybriden (1,50–2,00 m): 'Christopher Wren' (Goldball, gelb-orange), 'Winston Churchill' (korallenrot).
Halbimmergrüne und immergrüne Azaleen: Geisha-Hybriden (30–50 cm, in Karmin, Rosa, Violett, halbimmergrün); Japanische Azaleen (1 m, immergrün): 'Beethoven' (purpurrosa), 'Orange Beauty' (hell-orange), 'White Lady' (weiß).
Immergrüne Rhododendren: Großblumige Hybriden (2–4 m): *Rh. catawbiense* 'Grandiflorum' (purpur-lila, sehr widerstandsfähig), 'Cunningham's White' (weiß, zartgelb), 'Dr. H. C. Dresselhuys' (purpurrot), 'Roseum Elegans' (purpurrosa).
Wildarten: *Rh. ferrugineum*, Echte Alpenrose (rosa, 50–80 cm), *Rh. hirsutum*, Almenrausch (rosarot, etwa 1 m, verträgt etwas Kalk), *Rh. praecox*, Vorfrühlingsalpenrose (karminrosa, Blüte ab Februar bis März, etwa 1 m).
Rh.-Repens-Hybriden: Neue Zwergrhododendren von Hobbie, die auch Sonne vertragen. 'Baden-Baden' (scharlachrot, 50 cm), 'Frühlingszauber' (scharlachrot).
Besonderer Tip: Mit Rhododendren können Sie reizvolle naturhafte Pflanzungen für Jahrhunderte zusammenstellen. Gute Nachbarn sind Farne und Kiefern.

Sanddorn *(Hippophae rhamnoides)*

Merkmale: Der Sanddorn ist ein Ölweidengewächs. Die dornigen, sommergrünen Sträucher

Rhododendron über einem Teppich aus blauem *Geranium*.

haben schmale silbergraue Blätter und schmücken sich im Herbst mit orange-roten Beeren. In den Dünen an der Küste wachsen sie wild.
Kultur: Sanddorn gedeiht am besten in der vollen Sonne in sandigen, durchlässigen, eher mageren Böden. Höhe 4–5 m, Vermehrung durch Ausläufer und Absenker. Kein Schnitt! Die Pflanzen brauchen viel Platz. Sie sind zweihäusig, deshalb müssen Sie zu den fruchttragenden weiblichen Sträuchern immer eine männliche Pflanze setzen.
Besonderer Tip: Sanddorn ist schön und nützlich zugleich – ideal für große Naturgärten. Aus den vitaminreichen Beeren können Sie Saft herstellen. Die Zweige liefern auch hübschen Vasenschmuck, schneiden Sie aber nur sparsam!

Scheinquitte, Japanquitte *(Chaenomeles japonica)*

Merkmale: Die Scheinquitte ist ein laubabwerfendes, dorniges Rosengewächs, das im Frühling mit roten offenen Schalenblüten geschmückt ist. Es gibt auch gefüllte Züchtungen. Im Herbst hängen die Strächer voller gelblich-grüner, quittenähnlicher Früchte.
Kultur: Anspruchslose Sträucher, die überall, auch in sandigem Boden, in der vollen Sonne gedeihen. Höhe 1–2 m, Blütezeit je nach Sorte März bis Mai, Vermehrung durch Stecklinge oder Wur-

zelausläufer. Schnitt: Auslichten, die Pflanzen vertragen auch Heckenschnitt.
Sorten: Außer der Art (ziegelrot, 1 m) 'Fire Dance' (signalrot, 1,50 m), 'Red Chief' (gefüllt, 2 m).
Besonderer Tip: Scheinquitten eignen sich gut für dornige Hecken. Die Früchte lassen sich zu Gelee kochen.

Schneeball *(Viburnum)*

Merkmale: Der Schneeball ist ein Geißblattgewächs. Es gibt sehr viele unterschiedliche, interessante Arten unter diesen schönen Sträuchern. Einige sind immergrün, die meisten werfen ihr Laub ab. Die üppigen, meist weißen, manchmal rosa Blütenbälle verhalfen den Pflanzen zu ihrem Namen. Einige fallen im Herbst durch farbige Früchte auf.
Kultur: Die Schneeball-Sträucher sind anspruchslos. Sie gedeihen in jedem normalen, durchlässigen Gartenboden, die meisten lieben volle Sonne. Höhe je nach Sorte 1,50–4,00 m, Blütezeit je nach Sorte März bis Juni, Vermehrung durch Stecklinge. Schnitt: kaum, nur auslichten.
Arten und Sorten: *V. bodnantense* 'Dawn' (hellrosa Dolden, Winterblüher von Dezember bis März, 3 m), *V. burkwoodii* (rosa-weiß, duftend, halbimmergrün, 1,50–2,00 m), *V. carlesii* 'Aurora' (rosa-weiß, duftend, 2 m), *V. fragans*, Duftschneeball (weiß-rosa, in milden Wintern schon ab November blühend, 1–3 m), *V. lantana*, Wolliger Schneeball (weiß, rot-schwarze Früchte, verträgt Schatten, 4 m), *V. opulus* 'Sterile', Gemeiner Schneeball (weiße Blütenbälle, 3 m).
Besonderer Tip: Die winterliche duftende Blüte einiger Arten bereichert den Garten um seltene Genüsse. Schneeballsträucher eignen sich gut für lockere Naturhecken.

Seidelbast *(Daphne mezereum)*

Merkmale: Der Seidelbast gehört zu den Seidelbastgewächsen. Es gibt verschiedene Arten dieser kleinen Sträucher, deren kahle Zweige sehr früh im Frühling von duftenden, sternförmigen rosa oder weißen Blüten eingehüllt werden. Sie sind teils sommer-, teils wintergrün. Der heimische Seidelbast entwickelt im Herbst rote Früchte, die sehr giftig sind.
Kultur: Die Seidelbastarten lieben Sonne oder leichten Schatten, einen geschützten Platz und humusreichen, etwas kalkhaltigen Boden. Höhe 30–100 cm, Blütezeit je nach Sorte März bis Juni, Vermehrung durch Stecklinge. Kein Schnitt, er gefährdet die Blüte!
Arten und Sorten: *D. burkwoodii* 'Sommerset' (blaß-rosa, duftend, wintergrün, 1 m), *D. cneorum*, Rosmarinseidelbast (karminrosa Blüten, immergrün, 20–30 cm), *D. mezereum*, heimischer Seidelbast (rosarot, blüht schon im März, rote Beeren, 1 m), 'Alba' (weiße Blüten, gelbe Beeren, 1 m).
Besonderer Tip: Verzichten Sie auf diesen schönen Frühlingsblüher, solange kleine Kinder im Garten spielen, die Verlockung der roten Früchte ist zu gefährlich!

Sommerflieder, Schmetterlingsstrauch *(Buddleja)*

Merkmale: Der Sommerflieder ist ein laubabwerfendes Buddlejengewächs. Die Blätter sind meist flaumig grau-grün, die langen Blütenrispen leuchten im Spätsommer in Lavendel, Purpur, Rot, Blau und Weiß.
Kultur: Die Sträucher sind etwas frostempfindlich, deshalb brauchen sie einen geschützten Standort und eine Mulchdecke auf der Wurzelscheibe. Sie gedeihen am besten in der vollen Sonne, in humusreicher, durchlässiger Erde. Geben Sie ihnen reichlich Kompost und Laubabdekkung. Höhe 1,50–4,00 m, Blütezeit August bis September, Vermehrung durch Stecklinge. Schnitt: Im Frühling die Triebe des Vorjahres auf wenige Knospen einkürzen. Bei Frostschäden kann tief ins alte Holz zurückgeschnitten werden. Die Sträucher treiben wieder durch und blühen noch im gleichen Jahr. Nur *B. alternifolia* sollte so wenig wie möglich geschnitten werden. Sie verträgt im Notfall aber auch einen Verjüngungsschnitt.

Arten und Sorten: *B. alternifolia* (wechselständige Blätter, lila-rote 30–40 cm lange Rispen, blüht schon Mai bis Juni, 3 m), *B. davidii* 'Empire Blue' (blaue 25–30 cm lange Rispen, 3 m), 'Royal Red' (lange rote Rispen), 'White Profusion' (sehr lange weiße Rispen).

Besonderer Tip: Der Sommerflieder ist ein wertvoller Zierstrauch für den Spätsommer. Er wächst sehr schnell und bildet bald hohe Hecken. Unter besten Bedingungen erreicht ein Strauch 4–6 m Höhe und Breite. Die Blüten besitzen große Anziehungskraft auf die Schmetterlinge.

Spierstrauch *(Spiraea)*

Merkmale: Die Spiersträucher sind sommergrüne Rosengewächse, die in ganz unterschiedlichen Arten und Größen vorkommen. Sie blühen weiß, rosa oder rot. Besonders schön sind die Frühlingsblüher, die aussehen, als wären sie mit weißem Blütenschnee überschüttet.

Kultur: Anspruchslos, die Sträucher gedeihen in jedem normalen Gartenboden in der Sonne und im Halbschatten. Höhe je nach Sorte 30–200 cm, Blütezeit je nach Sorte April bis Mai oder Juni bis September, Vermehrung durch Stecklinge. Schnitt: Die Frühjahrsblüher auslichten, die Sommerblüher werden im Winter ausgelichtet, sie vertragen zur Verjüngung starken Rückschnitt.

Arten und Sorten: *S. arguta*, Schneespiere, Brautspiere (überhängende zierliche Zweige, weiß, Frühjahrsblüher, 1,50–2,00 m), *S. bumalda* 'Anthony Waterer' (karminrote Doldenblüten, Sommerblüher, 30–80 cm), *S. japonica* 'Little Princess' (flache karminrote Blüten, 30–50 cm, Sommerblüher), *S. vanhouttei*, Prachtspiere (weiß, später Frühlingsblüher, 2 m).

Besonderer Tip: Die Spiersträucher eignen sich sehr gut für freiwachsende Hecken.

Weigelie *(Weigelia)*

Merkmale: Weigelien sind sommergrüne Geißblattgewächse. Ihr Schmuck sind weiße, rosa oder rote röhrenförmige Blüten in dichten Büscheln.

Kultur: Die Sträucher sind robust und anspruchslos, sie gedeihen in jedem normalen Gartenboden in der Sonne und im Halbschatten. Höhe 1,50–3,00 m, Blütezeit Juni bis Juli, Nachblüte im September. Schnitt: Regelmäßig auslichten, ein starker Verjüngungsschnitt wird spielend verkraftet.

Arten und Sorten: 'Boskoop Glory' (satin-rosa, 2–3 m), 'Bristol Ruby' (leuchtend rot, 2,50 m), *W. florida* 'Purpurea' (braun-rote Blätter, dunkelrosa Blüten, 1,50 m), 'Styriaca' (reichblühend, karminrosa, 2 m).

Besonderer Tip: Weigelien sind die rustikalen Schwestern der lieblichen Kolkwitzien. Sie setzen die Blütezeit nach dem Flieder fort. Für Naturhecken sind sie hervorragend geeignet.

Zaubernuß *(Hamamelis)*

Merkmale: Zaubernüsse sind auch Zaubernußgewächse. Sie blühen teils im Spätherbst, teils mitten im Winter an kahlen Ästen bis zum Frühling. Ihre zerfransten gelben oder rötlichen Blüten überstehen Eis und Schnee.

Kultur: Geben Sie den schönen Sträuchern einen geschützten Platz in der Sonne oder im Halbschatten. Sie lieben humusreichen, tiefgründigen, feuchten und etwas sauren Boden. Pflanzzeit bei offenem Wetter von Herbst bis Frühling mit Laubkompost und Torf. Höhe 2–3 m, Blütezeit Januar bis März oder September bis November, Vermehrung durch Stecklinge. Nicht schneiden!

Arten und Sorten: *H. intermedia* 'Jelena' (Winterblüher, rötlich-orange, 3 m), *H. japonica* (Winterblüher, gelb-rot, 2 m), *H. mollis*, Lichtmeßzaubernuß (Winterblüher, goldgelb, leicht duftend, 3 m), 'Feuerzauber' (roter Winterblüher, rote Blattfärbung im Herbst), *H. virginiana* (gelb-braune, duftende Herbstblüte, goldene Blattfärbung, 3–4 m; dies ist die *Hamamelis*, die zu Salben verwendet wird).

Besonderer Tip: Pflanzen Sie Zaubernüsse nahe ans Haus, vor grünen Koniferen-Hintergrund. So können Sie die winterliche Schönheit auch voll genießen.

Zierapfel *(Malus)*

Merkmale: Die Zieräpfel gehören ebenso wie die »richtigen« Äpfel zu den Rosengewächsen. Sie bilden große Sträucher oder Bäume, die eine Fülle einfacher oder gefüllter Blüten tragen. Ihre Farben sind Weiß, Rosa, Purpur und Rot. Auch die Blätter haben oft eine reizvolle rötliche oder braune Färbung. Im Herbst sind die Zieräpfel mit roten oder gelben Früchten behangen. Im Winter werfen sie die Blätter ab.

Kultur: Die Zieräpfel sind sehr robust, winterhart und anspruchslos. Sie gedeihen gut in voller Sonne und in feuchtem, durchlässigem, etwas saurem Boden. Höhe je nach Sorte 2–10 m, Blütezeit Mai bis Juni. Schnitt: Junge Pflanzen brauchen einen leichten Erziehungsschnitt, ältere bleiben möglichst »ungeschoren«.

Arten und Sorten: *M. adstringens* 'Crimson Brillant' (halbgefüllt, rot-weiße Blüten, dunkel purpurfarbene Früchte, 3 m), *M. coronaria* 'Charlottae' (zartrosa Blüten, halbgefüllt, organgerote Blattfärbung im Herbst, grüngelbe Früchte, 4 m), 'Red Jade' (Hängeform, rosa-weiße Blüten, rote Früchte, 3 m), *M. sargentii* (weiße Blüten, gelbrote Blattfärbung, rote Früchte, 2 m), *M. sieboldii* 'Wintergold' (rosa, goldgelbe, haltbare Früchte).

Besonderer Tip: Die Zieräpfel gleichen im Frühling duftigen Blütenwolken, ein reizvoller Kontrast zum hellgrünen Birkenaustrieb! Die kleinen Äpfelchen sind eßbar, Sie können sie zu Gelee verarbeiten. Auch die Vögel mögen sie.

Zierjohannisbeere, Blutjohannisbeere *(Ribes)*

Merkmale: Die Zierjohannisbeeren sind wie ihre nützlichen Verwandten im Obstgarten Steinbrechgewächse. Sie haben auch ähnliche Blätter, die im Herbst abfallen. Die Blüten bilden lange rosarote oder gelbe Trauben. Die schwärzlichen Früchte sind ungenießbar.

Kultur: Sie gedeihen in jedem normalen, durchlässigen Boden in der Sonne und im leichten Schatten. Höhe 2,00–2,50 m, Blütezeit April bis Mai, Vermehrung durch Stecklinge. Schnitt: Regelmäßig auslichten, da die Sträucher stark wachsen. Bei *R. sanguineum* können Sie nach der Blüte auch die Langtriebe zurückschneiden oder entspitzen.

Arten und Sorten: *R. alpinum*, Alpenjohannisbeere (unscheinbare grünliche Blüten, aber schöne dunkelrote Früchte), *R. aureum*, Goldjohannisbeere (gelbe duftende Blüten, schwarze Beeren), *R. sanguineum* 'Atrorubens', Blutjohannisbeere (dunkelrote reiche Blüte, aromatische duftende Blätter, schwarz-blaue Früchte).

Besonderer Tip: Die Alpenjohannisbeere ist ein gutes Vogelschutzgehölz und deshalb für natürliche Hecken in biologischen Gärten empfehlenswert. Auch die anderen Arten der Zierjohannisbeeren eignen sich für lockere Hecken. Farbkontrast zu Forsythien.

Zierkirschen und Zierpflaumen *(Prunus)*

Merkmale: Zierkirschen und Zierpflaumen gehören zu den laubabwerfenden Rosengewächsen. Der Formenreichtum dieser Gattung ist sehr groß,

Das Mandelbäumchen wirkt wie ein großer Blütenstrauß.

Japanische Zierkirsche *(P. serrulata)* und Rhododendron 'Baden-Baden'.

die meisten Arten wachsen zu stattlichen Bäumen heran. Im Frühling gleichen ihre Kronen Blütenwolken in Weiß oder Rosa. Die einzelnen Blumen ähneln denen der Obstbäume, viele Sorten sind gefüllt; einige Bäume bilden reizvolle Hängeformen. Zur Gruppe der Zierkirschen gehört auch das bekannte Mandelbäumchen.

Kultur: Die Bäume sind winterhart und nicht besonders anspruchsvoll. Tiefgründiger, guter Gartenboden mit etwas Kalkgehalt ist für alle *Prunus*-Arten geeignet. Sie lieben volle Sonne. Höhe je nach Sorte 1–20 m, Blütezeit je nach Sorte April bis Juni, Winterblüher von November bis April. Schnitt: Kräftiger Rückschnitt bei der Pflanzung, später möglichst wenig schneiden, da die *Prunus*-Arten zum »Gummifluß« neigen. Ausnahme: das Mandelbäumchen. Nach der Blüte werden die abgeblühten Zweige auf 3–5 Knospen eingekürzt. Zur gleichen Zeit wird auch ausgelichtet. Die Zwergmandel wird nicht geschnitten.

Arten und Sorten: *P. avium*, die Vogelkirsche (heimische Wildform der Süßkirsche, weißblühend, schwarz-rote Früchte, gelbrote Blattfärbung bis 20 m), 'Plena' (dieselbe Art, prächtig weiß gefüllt), *P. cerasifera*, Blutpflaume (weiß, dornig, rötliche eßbare Früchte, bis 8 m), 'Nigra' (die gleiche Art mit schwarz-roten Blättern und rosa Blüten, 4–6 m), *P. serrulata* 'Amanagowa', Japanische Zierkirsche mit senkrecht wachsenden Zweigen (rosa, nach Freesien duftende Blüten, 4–5 m), 'Kazan' (strauchig, bogenförmige Äste, dunkelrosa, halbgefüllte Blüten, 6–8 m), 'Shidare Sakura' (Hängeform mit bis zum Boden reichender Blütenschleppe, zartrosa gefüllt, 4 m), *P. subhirtella* 'Autumnalis' (Winterblüher von November bis April, weiß, halbgefüllt, 3–5 m), *P. tenella*, Zwergmandel (rosarot, 1 m), *P. triloba*, das Mandelbäumchen (rosa, dichtgefüllte »Röschen«, 2 m).

Besonderer Tip: Die Japanischen Zierkirschen sind in jedem Frühling ein besonderes Erlebnis. Sie brauchen aber viel Platz und sollen auch im Blickpunkt stehen. Die dornige Blutpflaume ist gut für Vogelschutzhecken geeignet.

Mittelhohe bis hohe Hecken-Sträucher 2–4 m		Niedrige Hecken-Sträucher bis etwa 1 m
Berberitze, *Berberis thunbergii* und Atropurpurea'	Kornelkirsche, *Cornus mas*	Berberitze, *Berberis buxifolia* 'Nana'
Blutjohannisbeere, *Ribes* 'Atrorubens'	Pfaffenhütchen, *Euonymus*	Deutzie, *Deutzia gracilis*
Blutpflaume, *Prunus cerasifera*	Ranunkelstrauch, *Kerria*	Fingerstrauch, *Potentilla*
Falscher Jasmin, *Philadelphus*	Sanddorn, *Hippophae*	Heiligenblume, *Santolina*
Felsenmispel, *Cotoneaster*	Schneeball, *Viburnum*	Lavendel, *Lavandula*
Feuerdorn, *Pyracantha*	Schottische Zaunrose, *Rosa rubiginosa*	Spierstrauch, *Spirea bumalda*
Flieder, *Syringa vulgaris*	Sommerflieder, *Buddleja*	Zierquitte, *Chaenomeles*
Forsythie, *Forsythia*	Spierstrauch, *Spirea vanhouttei* und *S. arguta*	
Kolkwitzie, *Kolkwitzia*		

Geborgen hinter dichten Hecken

Der Garten soll ein intimer Lebensraum bleiben. Deshalb wird er nach außen meist abgeschirmt. Hecken bilden lebendige Mauern, die fremde Blicke ebenso abwehren wie Straßenlärm und Staub. Beachten Sie aber bei der Pflanzung das Recht des Nachbarn und halten Sie genügend Abstand zum Zaun, bei mittelhohen Hecken etwa 1,50 m. Überlegen Sie gut, ob für Ihre persönlichen Verhältnisse eine immergrüne oder eine laubabwerfende Grenzbepflanzung die größeren Vorzüge aufweist. Wählen müssen Sie auch zwischen einer Hecke, die jedes Jahr ein- bis zweimal geschnitten werden muß, oder einer freiwachsenden Naturhecke. Geschnittene Hecken wachsen sehr dicht zusammen, aber sie machen auch viel Arbeit. Freiwachsende Pflanzungen entsprechen mehr dem Charakter eines naturgemäßen Gartens, sie benötigen aber mehr Platz.

Eine lockere Mischung aus blühenden und fruchttragenden Ziersträuchern bietet vor allem den Vögeln und anderen Gartentieren Schutz und Nahrungsquelle.

Natur-Hecken werden nur ausgelichtet. Laubabwerfende Schnitt-Hecken, wie zum Beispiel Hainbuchen, werden im Juni und im Winter zurückgeschnitten. Bei Nadelholzhecken genügt ein

Heckenpflanzung: Gehölze mit Ballen werden in einem vorbereiteten Graben aufgereiht.

Immergrüne geschnittene Hecken

Pflanze	Charakter	Höhe der Hecke	Bedarf pro lfd. m bei mittlerer Pflanzengröße
Berberitze, *Berberis verruculosa*	Laubgehölz	50–100 cm	3–4 Stück
Buchsbaum, *Buxus sempervirens*	Laubgehölz	30– 75 cm	4–6 Stück
Kirschlorbeer, *Prunus laurocerasus*	Laubgehölz	40– 80 cm	2–3 Stück
Eibe, *Taxus baccata*	Nadelgehölz	60–200 cm	3–4 Stück
Krummholz-Kiefer, *Pinus mugo* 'Mughus'	Nadelgehölz	60–120 cm	3–4 Stück
Lebensbaum, *Thuja occidentalis*	Nadelgehölz	60–250 cm	2 Stück
Scheinzypresse, *Chamaecyparis*	Nadelgehölz	125–225 cm	2–3 Stück

Schnitt einer Hainbuchenhecke im 1., 3. und 5. Jahr nach der Pflanzung. Links Sommerschnitt, rechts Winterschnitt.

Schnitt im Juli. Der wichtigste Grundsatz beim Formschnitt lautet: eine breitere Basis, die sich langsam nach oben verjüngt. So entsteht eine Trapez-Form, die für alle Hecken ideal ist.
Für die Pflanzung bereiten Sie den Boden rechtzeitig vor, wie es bei den Ziergehölzen und den Obstbäumen beschrieben ist. Jäten Sie besonders gründlich Unkraut! Dann heben Sie an der vorgesehenen Stelle entlang einer Schnur einen Graben aus, der so breit und so tief sein muß, daß die Wurzeln des ausgewählten Gehölzes bequem darin Platz finden. Die Heckenpflanzen bereiten Sie genauso vor wie die Ziersträucher, sie werden aber enger gepflanzt. Stellen Sie sie nebeneinander in den Graben, dann füllen Sie die mit Kompost vermischte Erde wieder ein, treten sie fest und gießen gründlich an. Laubgehölze ohne Ballen müssen nur kräftig zurückgeschnitten werden, damit sie bis zum Boden buschig und dicht bleiben. Ballenpflanzen werden nur in den Spitzen eingekürzt. Beim Kauf berechnet man den Bedarf an Heckenpflanzen »pro laufendem Meter«. Nehmen Sie als mittleren Wert 6–7 Sträucher pro 2 lfd. m. Für Naturhecken müssen Sie von Strauch zu Strauch einen Abstand von 1,50–2,00 m einhalten.

Laubabwerfende geschnittene Hecken

Pflanze	Charakter	Höhe der Hecke	Bedarf pro lfd. m bei mittlerer Pflanzengröße
Hainbuche, *Carpinus betulus*	Laubgehölz	150–300 m	3–4 Stück
Feldahorn, *Acer campestre*	Laubgehölz	200–400 cm	2–3 Stück
Lärche, *Larix decidua* und *L. kaempferi*	Nadelgehölz	200–300 cm	2–3 Stück
Rotbuche, *Fagus sylvatica*	Laubgehölz	200–300 cm	2–3 Stück
Weißdorn, *Crataegus*	Laubgehölz	150–300 cm	4 Stück

Vorhänge aus Blättern und Blüten: Schling- und Kletterpflanzen

Kletterpflanzen sind die Bewegungskünstler unter den sonst so still am Ort verharrenden Pflanzen. Sie schwingen sich mit langen Ranken in die Höhe oder in die Breite. Einige krallen sich mit »Spiralen« um Gitter und Stäbe, andere umschlingen jeden festen Halt und wieder andere saugen sich mit unglaublich starken Wurzel-»Füßchen« an der glatten Wand fest.

Mit Schlingpflanzen können Sie unschöne Mauern oder Zäune einfach zudecken. Am Haus oder am Sitzplatz verwandeln sie glatte Flächen in blühende, lebende Wände. Eine berankte Pergola oder ein Rosenbogen schaffen die Verbindung vom festen Haus zum luftigen Gartenraum. Auch den verwunschenen Reiz eines umrankten Gartenhäuschens sollten Sie wieder entdecken. Pflanzenvorhänge schaffen stille Zufluchtsorte, die neugierigen Blicken entzogen sind. Gebäude, ganz von Wildem Wein oder Efeu umsponnen, sind selten geworden in unserer nüchternen Zeit. Solche engen Wohn- und Lebensgemeinschaften zwischen Pflanzen und Menschen dürfen nicht schnellebig geplant werden. Sie brauchen Dauer und Geduld.

Die meisten Kletterpflanzen brauchen eine Stütze, eine Rankhilfe. Gerüste können Sie aus Holz, Metall oder aus handlichen Kunststoffelementen bauen. Ein Spalier an der Hauswand sollte 10 cm Abstand zur Mauer einhalten. Auch Drähte oder Kunststoffschnüre können an Haken gespannt und als Kletterhilfe benutzt werden. In Japan baut man Bambusgerüste, deren Verbindungspunkte mit natürlichem Material (Bast, Hanf oder ähnliches) einfach zusammengebunden werden. Diese Konstruktion wirkt als natürlicher Pflanzenpartner.

Die schönsten ausdauernden Schling- und Kletterpflanzen stellen sich hier zur Auswahl vor. Sie prägen den Gartenraum durch ihre malerischen Gestalten, mit ausdrucksvollen Blättern, leuchtenden Blüten und überraschend phantasievollen Fruchtständen.

Hübsche Kletterkonstruktionen für Schlingpflanzen. Links eine offene Pergola aus Holzbalken; rechts eine Pergola mit luftigen Seitenwänden. Sobald die Kletterpflanzen einen Vorhang bilden, entsteht ein schattiger Sitzplatz.

Clematis, Waldrebe *(Clematis)*

Merkmale: Waldreben sind Hahnenfußgewächse mit schön gefiederten Blättern. Die flachen, offenen Blüten der Hybriden können 12–15 cm Durchmesser erreichen. Sie sind leuchtend blau, rot, violett, weiß oder rosa gefärbt. Die Naturformen besitzen meist kleinere Blumen, blühen dafür aber überreich. Einige schmücken sich im Herbst mit zauberhaften, fedrigen Fruchtständen. Die Clematis gehören zu den attraktivsten Lianen in unseren Gärten.

Kultur: Als Schlinggewächse, die ursprünglich in lichten Wäldern zu Hause waren, brauchen die Clematis einen kühlen, feuchten Wurzelgrund, aber Wärme und Sonne für ihre Blüten. Die Erde soll locker, humusreich und etwas kalkhaltig sein. Es darf keine stauende Nässe entstehen. Heben Sie das Pflanzloch etwa einen halben Meter tief aus, und füllen Sie zunächst eine 15 cm dicke Dränageschicht aus Sand und Kies ein. Dann folgt eine Lage Erde, die mit gründlich angefeuchtetem Torf vermischt wird. Darüber schütten Sie den mit Kompost verbesserten Erdaushub.

Die Waldreben werden schräg und tief in das Pflanzloch gelegt. Den Trieb leiten Sie etwa 30 cm weit waagerecht und decken ihn mit 10 cm Erde zu. Erst in dieser Entfernung darf er wieder nach oben wachsen. Nach der Pflanzung decken Sie den Wurzelbereich mit feuchtem Mulchmaterial dick zu. Auch Steinplatten-Mulch hat sich bewährt. Pflanzen Sie niedrige Gehölze oder Stauden vor die Clematis, die für kühlen feuchten Schatten sorgen. Auch Bodendecker können diese Aufgabe erfüllen. Für Bio-Gärten ist diese Form der naturgemäßen Behandlung eines Waldgewächses schon beinahe selbstverständlich. Ost- und Westlagen sind für Clematis ideal. Heißen Süden und zugigen Norden sollten Sie meiden. Die Pflanzen brauchen Kletterhilfen. Höhe je nach Sorte 2–10 m, Blütezeit je nach Sorte Mai bis Juni oder Juli bis September; Vermehrung durch Triebstecklinge.

Schnitt: Die Frühjahrsblüher dürfen im Februar/März nur ausgelichtet werden, denn die Pflanzen blühen am einjährigen Holz. Rückschnitt zerstört die Blüte! Die *C.-Patens*-Sorten können nach der Blüte vorsichtig ausgeputzt werden. Die Sommerblüher schneiden Sie im zeitigen Frühling kräftig zurück, denn sie blühen an denjenigen Zweigen, die vom Frühling bis zum Sommer neu wachsen.

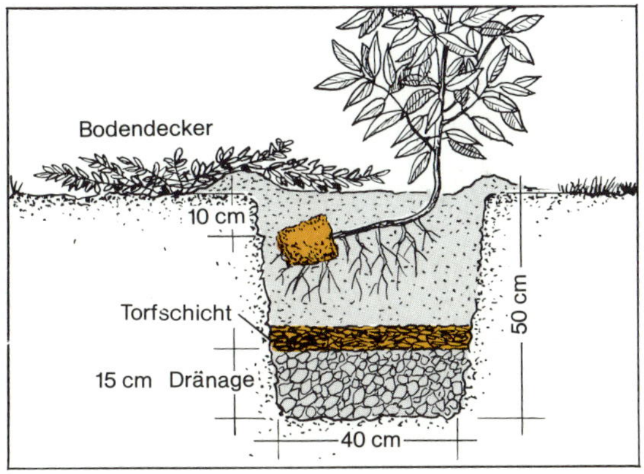

Eine Clematis soll tief und schräg eingepflanzt werden. Sorgen Sie auch für guten Wasserabzug und »kühlen« Fuß!

Clematis montana 'Rubens' wächst üppig und blüht überreich.

Manchmal bekommen die schönen verwöhnten Züchtungen von heute auf morgen einen »Kollaps« und sterben ab. Schneiden Sie sie dann tief zurück. Oft treiben die Pflanzen wieder gesund aus.

Arten und Sorten: Frühlingsblüher: *C. montana* 'Rubens', Anemonenwaldrebe (stark wachsend, reichblühende Wildart, kleine rosarote Blüten, 8 m), 'Rubens Tetrarose' (großblumige Verbesserung der 'Rubens', dunkelrosa), *C.-Patens*-Hybriden 'Lasurstern' (tief violett-blau, 3 m) und 'The President' (dunkelviolett, hell gestreift).
Sommerblüher: *C.-Jackmanii*-Hybriden (3–4 m) wie 'Gipsy Queen' (dunkelblau), 'Superba' (violett-blau); *C.-Lanuginosa*-Hybriden (bis 2 m) wie 'Blue Gem' (lavendelblau, gewellte Blütenblätter), 'Crimson King' (weinrot), 'Nelly Moser' (lila-rosa, rot gestreift); *C.-Viticella*-Hybriden (bis 4 m) wie 'Lady Betty Balfour' (dunkelblau, weiße Mitte), 'Ville de Lion' (karmesinrot); Wildarten: *C. paniculata* (weiße, duftende Rispen, späteste Blüte, September bis Oktober, 10 m), *C. tangutica* (gelbe, nickende Blütenglöckchen, fedrige Samenstände, 3 m).

Besonderer Tip: Die Clematis-Hybriden sind sicher prachtvolle Blickfänger an Terrassen und Hauswänden. Im naturgemäßen Garten sollten Sie aber unbedingt auch die Wirkung der Naturformen ausprobieren. Die Anmut und der Blütenreichtum der *C. montana* ›Rubens‹ sind unübertroffen. Sie wächst auch als rosa Wasserfall über Mauern! Ein temperamentvoller Partner für die weiße *C. paniculata* ist der flammendrote Wilde Wein.

Efeu *(Hedera helix)*

Merkmale: Der immergrüne Efeu ist ein Araliengewächs mit glatten oder herzförmigen Blättern, die sich ledrig anfühlen. Alte Exemplare bringen grüne Blüten hervor, die schwarzen oder roten Früchte sind giftig. Efeu klettert mit Haftwurzeln und braucht keine Stütze.

Kultur: Die winterharten Pflanzen gedeihen in der vollen Sonne ebenso wie im Schatten. Sie wachsen am besten in durchlässiger, feuchter, humusreicher Erde. Höhe je nach Sorte bis 20 m, leichte Vermehrung durch bewurzelte Teilstücke oder Stecklinge. Efeu klettert an Wänden oder Zäunen hoch, er schwingt sich in Bäume oder er bildet auf der Erde eine dichte Bodendecke. Schnitt nach Bedarf und Platz.

Efeu »verkleidet« die Hauswand.

Sorten: 'Baltica', Baltischer Efeu (besonders winterhart, 'Hibernica', Irländischer Efeu (großblättrig).

Besonderer Tip: Efeu bildet robuste, dichte grüne Wände, die auch den Vögeln Nistmöglichkeiten bieten. Besonders malerisch wirkt er in hohen Bäumen. Haben Sie keine Angst – er ist kein »Würger«! Selten aber wirkungsvoll: Efeu als Sichtschutz – er hüllt einen Zaun vollkommen ein.

Geißblatt, Jelängerjelieber, Heckenkirsche *(Lonicera)*

Merkmale: Das Geißblatt ist auch ein Geißblattgewächs. Seine Röhrenblüten sitzen in Büscheln zusammen und verströmen einen süßen Duft. Sie sind gelb und rot gefärbt. Im Herbst erscheinen rote oder blauschwarze Beeren.

Kultur: Das Geißblatt gedeiht in der Sonne und im Halbschatten in nährstoffreichem, aber durchlässigem Boden. Die Pflanzen sind starke Schlinggewächse, die Stützen brauchen. Höhe je nach Sorte 2–4 m, Blütezeit je nach Sorte Mai bis Oktober, Vermehrung durch Triebstecklinge oder Absenker. Schnitt: Nach der Blüte auslichten, ältere Pflanzen vertragen Rückschnitt.
Arten und Sorten: *L. brownii* 'Dropmore Scarlet' (orange-scharlachrot, langblühend), *L. caprifolium*, Jelängerjelieber (gelb-rot, korallenrote Beeren, 3–5 m), *L. heckrottii* (gelb-rot, 3 m), *L. henryi* (immergrün!, gelb-rot, blauschwarze Beeren, 3 m), *L. periclymenum*, Waldgeißblatt (gelb-rot, 5 m), *L. tellmanniana* (orange-gelb, 4 m).
Besonderer Tip: Das Geißblatt eignet sich gut zum Bewachsen von Pergolen und Lauben. Nachts duftet es besonders intensiv.

Glyzine, Blauregen *(Wisteria)*

Merkmale: Glyzinen sind typische Schmetterlingsblütler, die sich mit prachtvollen lila oder violetten Blütentrauben schmücken. Auch das gefiederte Laub wirkt dekorativ. Glyzinen sind sehr kräftige, im Alter verholzende Schlinger.
Kultur: Dieses herrliche Klettergewächs braucht einen geschützten, sonnigen Standort und feuchten, humusreichen, durchlässigen Boden. Pflanzzeit ist der Frühling. Schneiden Sie die jungen Triebe auf etwa 30–50 cm zurück, wickeln Sie sie in feuchtes Moos ein und mulchen Sie den Wurzelbereich. Nicht zu nahe an der Hauswand pflanzen, dort ist es zu trocken! Höhe bis 10 m, Blütezeit Mai bis Juni, Vermehrung durch Absenker im Frühling. Schnitt: Auslichten und lange junge Triebe im Sommer zurückschneiden. Das kurze Blütenholz darf aber nicht beschädigt werden. Glyzinen muß man im Zaum halten; sie »stürmen« sonst das Dach!
Arten und Sorten: *W. sinensis* (lila-violette Blütentrauben, 30 cm lang), *W. floribunda* 'Macrobotrys' (herrliche blau-violette Blütentrauben, bis 60 cm lang).

Glyzinen können wie ein Spalier an der Wand geleitet werden.

Besonderer Tip: Glyzinen sind Schlinger, die ihre eigene Richtung einhalten möchten, zwingen Sie sie nicht »andersherum«. Im Alter bilden sie knorrige zähe Stämme. Die Blüten verströmen am Abend einen zauberhaften würzig-süßen Duft. Die langen violetten Trauben gehören zum Schönsten, was der Frühling zu bieten hat. Glyzinen stammen aus China – sie verbreiten asiatischen Zauber in Ihrem Garten.

Jasmin, Echter Winterjasmin *(Jasminum nudiflorum)*

Merkmale: Der Echte Jasmin ist ein Ölbaumgewächs. Seine gelben Sternblüten erscheinen im Winter und Vorfrühling an langen dünnen Trieben.
Kultur: Winterjasmin gedeiht in jedem normalen Gartenboden, in der Sonne und im Halbschatten. Am besten wächst er in durchlässigem, humusreichem Boden. Höhe etwa 2 m, Blütezeit Dezember bis März. Die Vermehrung erfolgt durch Triebstecklinge. Den Rückschnitt sollte man, falls nötig, nach der Blüte vornehmen, überlange Ruten im Sommer entspitzen.

Ein seltener Gast in unseren Gärten: die Kletterhortensie.

Besonderer Tip: Der Winterjasmin ist ein Spreizklimmer, der sich nicht selbst halten kann. Am Spalier müssen Sie ihn festbinden. Besonders natürlich wirkt er, wenn er über Mauern herunterhängen kann. Im Winter können Sie aus diesem Vorhang Blütenzweige für die Vase schneiden.

Kletterhortensie *(Hydrangea petiolaris)*

Merkmale: Die Kletterhortensie ist ein Steinbrechgewächs mit glänzend-grünen ovalen Blättern und duftenden, flachen, weißen, bis 25 cm breiten Blütenscheiben. Die Pflanzen klettern mit Haftwurzeln.
Kultur: Kletterhortensien gedeihen im Halbschatten und lieben durchlässigen, humusreichen Boden. Im Alter vertragen sie auch Trockenheit. Anfangs wachsen sie langsam, später rasch und kräftig. Höhe bis 10 m, Blütezeit Juni bis Juli. Schnitt: So wenig wie möglich, nur auslichten.
Besonderer Tip: Die Kletterhortensie eignet sich auch als Bodendecker im Schatten.

Knöterich, Klettermaxe
(Polygonum aubertii)

Merkmale: Der Knöterich ist auch ein Knöterichgewächs. Sein Schmuck sind üppige Wolken weißer Blütenrispen.
Kultur: Das vitale Schlinggewächs gedeiht in der Sonne und im Halbschatten. Fast jeder Boden, auch trockener, ist ihm recht. Höhe leicht 10 m, Blütezeit August bis Oktober, Vermehrung durch Triebstecklinge. Schnitt: Je nach Platzverhältnissen jährlicher Rückschnitt im Frühling, um den Klettermax im Zaun zu halten. Sonst auslichten.
Besonderer Tip: Knöterich braucht Kletterhilfen. Er ist der stärkste und wildeste unter den Schlinggewächsen. Pflanzen Sie ihn dort, wo rasch größere Flächen zugedeckt werden sollen.

Der vitale Knöterich umschlingt oft mehr als dem Gärtner lieb ist.

Der Wilde Wein integriert das Haus in die Natur.

Trompetenwinde *(Campsis radicans)*

Merkmale: Die Trompetenwinde ist ein laubabwerfendes Trompentenblumengewächs, das im Spätsommer orangerote trompetenförmige Blüten hervorbringt, die sich in Büscheln zusammendrängen. Die Pflanzen klettern mit Haftwurzeln.

Kultur: Dieses herrliche Klettergewächs mit den ungewöhnlichen, leuchtenden Blüten ist anspruchsvoll und empfindlich. Die Trompetenwinde braucht einen warmen, geschützten, sonnigen Standort und nährstoffreichen, durchlässigen, feuchten Boden. Geben Sie Ihr Laubkompost und eine dicke Mulchschicht als Winterschutz. Im Weinbauklima gedeihen die Pflanzen am besten. Höhe 6–10 m, Blütezeit Juli bis September, Vermehrung durch Wurzelschößlinge oder Triebstecklinge. Schnitt: Im Nachwinter die einjährigen Triebe auf 2–3 Knospen kürzen, erfrorene Äste entfernen.

Besonderer Tip: Trotz der Haftwurzeln müssen die Triebe zunächst an ein Spalier gebunden werden. Trompetenwinden sind nichts für rauhe Landschaften!

Wilder Wein, Jungfernrebe *(Parthenocissus)*

Merkmale: Auch der Wilde Wein ist ein Rebengewächs. Das schönste an diesem sommergrünen Kletterstrauch ist die leuchtend rote Herbstfärbung der gelappten Blätter. Die Pflanzen halten sich mit Haftwurzeln fest.

Kultur: Der Wilde Wein ist anspruchslos und gedeiht in der Sonne ebenso wie im Schatten. Er wächst in jedem, auch in trockenem Boden, am besten aber in tiefgründiger, humusreicher Erde. Junge Triebe werden zuerst geleitet und festgebunden, dann klettern sie von selbst. Höhe bis zu 12 m, Vermehrung durch Stecklinge und Absenker. Schnitt: Im Frühling dort, wo die Pflanzen eingegrenzt werden müssen.

Arten und Sorten: *P. quinquefolia* (prächtige rote Herbstfärbung, blauschwarze Beeren), *P. engelmannii* (dunkelrote Herbstfärbung, schnell kletternd), *P. tricuspidata* 'Veitchii' (selbstklimmender Wein, zierlichere Form, orangegelbe bis rote Färbung).

Besonderer Tip: 'Veitchii' eignet sich für Mauern, die anderen Arten auch als Bodendecker.

Bäume für den Garten

Bäume sind etwas Besonderes. Sie können den Gärtner, der sie in die Erde setzte, lange Zeit überleben. Früher war es üblich, bei der Geburt eines Kindes einen jungen Baum zu pflanzen. In seinem Schatten spielten oft noch die Enkel und Urenkel. Unter dem mächtigen Blätterdach einer Linde oder eines Kirschbaumes lebte auch die Erinnerung an den Großvater und an Geschichten aus längst vergangenen Tagen weiter.

Die Gärten unserer Zeit bieten für größere Bäume meist nicht mehr genügend Platz. Aber es gibt ja auch zierlichere Gehölze, die dennoch dem grünen Reich eine unverwechselbare persönliche Prägung verleihen. Der Kauf eines Baumes muß reiflich überlegt sein, denn es bedeutet einen schmerzlichen Eingriff, wenn Sie eines Tages die Säge an einen dicken Stamm legen müssen, weil mächtige Äste Ihren Garten verdunkelten. Wählen Sie Ihren Baum so aus, daß er sich auch als »Erwachsener« noch harmonisch in die räumlichen Verhältnisse einordnet. Auch den Klima- und Bodenverhältnissen muß er angepaßt sein. Wichtig ist ebenso die Überlegung: Möchten Sie ein Gehölz, das üppig blüht? Lieben Sie vor allem die leuchtende Blätterfärbung im Herbst? Oder möchten Sie lieber Ihre Augen auf grünen Kronen ausruhen lassen? Soll Ihr Baum Schatten spenden über einem Sitzplatz oder schätzen Sie mehr den weiten Blick auf eine Gehölzkulisse am Rande des Grundstücks? Soll Ihr Baum rasch wachsen, damit Sie auch bald »etwas davon haben«? Oder bringen Sie genug Geduld auf, eine langsame Entwicklung abzuwarten?

Lassen Sie sich Zeit für diese Entscheidungen, denn Bäume werden Sie ein ganzes Gartenleben lang begleiten. Kaufen Sie deshalb auch in einer anerkannt guten Baumschule, die beste Qualität

Richtige Pflanzung eines Laubbaumes (rechts). Hohe Stämme werden durch gespannte Drähte verankert und mit Strohmatten vor der Sonne geschützt. Beim Pflanzen eines Nadelbaumes müssen Sie das Ballentuch lösen (unten). Der Stützpfahl wird hier schräg angebracht.

garantiert. Vom jungen Mini-Baum bis zum halberwachsenen Prachtexemplar werden Sie dort eine reiche Auswahl vorfinden. Es ist heute für Spezialisten kein Problem mehr, auch stattliche Bäume noch zu verpflanzen. Sie können damit lange Wartezeiten überbrücken. Allerdings ist dieses »Bäumchen-Wechsel-Spiel« eine beachtliche Preisfrage.
Die Bodenvorbereitungen und die Pflanzregeln für Gartenbäume sind die gleichen, die schon bei den Obstbäumen und den Ziersträuchern beschrieben wurden. Die Zeichnungen zeigen Ihnen noch einmal anschaulich die Tricks der Praxis.

Laubbäume

Pflanzzeit: Oktober bis März.

Ahorn *(Acer)*

Die Ahornarten umfassen eine große Gruppe sehr unterschiedlicher Gehölze, die vom mächtigen Baum über Heckensträucher bis zum zierlichen Fächerahorn reichen. Sie wachsen in jedem normalen Gartenboden in der Sonne oder im Halbschatten. Typisch sind die gelappten oder fingerförmigen Blätter. Farbenprächtig wirkt der rotblättrige Spitzahorn, *A. platanoides* 'Faassen's Black', der 8 m hoch wird und in mittleren Gärten Platz hat. Seine Blätter sind schwarzrot gefärbt. Der Silberahorn, *A. saccharinum* (15 m), besitzt hellgrüne Blätter und eine gelbe Herbstfärbung. Niedrig (je nach Sorte 1,50–5,00 m) bleiben die herrlichen japanischen Fächerahorne. Ihre zierlich geschlitzten Blätter und die leuchtend rote Färbung machen sie zu Juwelen für kleine Gärten.

Birke *(Betula)*

Mit ihrem zierlichen Geäst, dem zarten grünen Frühlingsaustrieb und der ausdrucksvollen schwarz-weißen Rinde bieten die Birken zu jeder Jahreszeit einen reizvollen Anblick. Diese schlanken Bäume, die keine breiten Kronen bilden, finden auch im kleinen Garten Platz. Sie wachsen an sonnigen Stellen, in jedem Boden, vertragen auch Sand und Trockenheit. Ihre Wurzeln breiten sich sehr flach aus, deshalb wächst im nächsten Umkreis keine anspruchsvolle Pflanze. Nicht im Frühling schneiden, dann »bluten« die Bäume! Die Papierbirke *B. papyrifera* (25 m), und die Sandbirke, *B. verrucosa* syn. *pendula* (15 m), erreichen stattliche Höhe. Zierlich und besonders anmutig wächst dagegen die Hängebirke, *B. verrucosa* 'Tristis' (10 m), deren Zweige wie lange Schleppen herunterhängen. Sie wächst langsam und eignet sich für kleinere Gärten. Ein besonderer Gesichtspunkt für den Bio-Gärtner: Birkenblätter und Birkensaft sind Naturheilmittel!

Buche *(Fagus)*

Buchen, die wir aus unseren Wäldern kennen, wachsen langsam und bedächtig zu mächtigen Baumgestalten heran. Sie können Jahrhunderte alt werden. Typisch sind die glatte Rinde, eine breite Krone und elliptische Blätter mit regelmäßigen Nerven. Diese Bäume haben nur in großen Gärten Platz, sie sollten frei und sonnig stehen, zum Beispiel in einer Rasenfläche. Humusreicher, etwas kalkhaltiger, feuchter Boden bekommt ihnen am besten. Die heimische Rotbuche, *F. sylvatica* (bis 30 m), hat grüne Blätter, aber rötliches Holz. Herrliche schwarzrote Belaubung zeigt dagegen die Blutbuche (20 m). Für den Garten wird die Sorte 'Swat Margret' empfohlen. Die bescheidensten Ausmaße hat die Hängebuche (15 m); 'Pendula' besitzt grüne, 'Purpurea Pendula' dunkelrote Blätter. Die Äste bilden malerische Schirme.

Eberesche, Mehlbeere *(Sorbus)*

Ebereschen gehören zu den mittelgroßen Bäumen. Sie wirken sehr dekorativ durch ihr hübsch gefiedertes Laub, das sich im Herbst rot färbt, weiße Blütendolden im Mai und leuchtend orangerote Beeren. Die lockeren Kronen werfen keinen dich-

ten Schatten. Ebereschen wachsen in jedem normalen Gartenboden, er darf nur nicht zu naß oder moorig sein. Sie gedeihen in der Sonne und im Halbschatten.
Am meisten verbreitet ist die Gemeine Eberesche (Vogelbeerbaum), *S. aucuparia* (bis 15 m). Eßbare Früchte tragen verschiedene Züchtungen, zum Beispiel 'Konzentra' und 'Rosina'. Ihre Beeren sind sehr wertvoll und vitaminhaltig. Sie können Saft und Marmelade daraus kochen. Auch für die Vögel sind alle Ebereschen eine Delikatesse. Dieser Baum ist für naturgemäße Gärten sehr zu empfehlen.

Eiche *(Quercus)*

Es gibt wintergrüne und laubabwerfende Eichenarten. Unsere heimische Eiche wächst zu einem mächtigen Waldbaum heran. Charakteristisch sind die rauhe borkige Rinde, die typischen ausgebuchteten Eichenblätter und die rundlichen Eichelfrüchte, die in einer becherförmigen Hülle stecken. Für normale Gärten ist die Eiche viel zu groß. Sie ist ein Baum für die freie Landschaft und für Parks. Wo sie gepflanzt wird, bevorzugt sie Sonne und nahrhaften, humusreichen Boden.
Die Sommer- oder Stieleiche, *Qu. pedunculata* syn. *robur*, die auch Deutsche Eiche genannt wird, wird bis 50 m hoch. Eine immergrüne, kleine Eichenart ist *Qu. turneri* 'Pseudoturneri', ein rundkroniger Baum, der nur 7–10 m hoch wird.

Esche *(Fraxinus)*

Die Esche mit ihren unpaarig gefiederten Blättern zählt vor allem zu den Nutzhölzern. Die Gemeine Esche, *F. excelsior*, wird bis 40 m hoch, für normale Gärten ist sie zu groß. Für Eschenliebhaber empfiehlt sich eher die Traueresche, *F. excelsior* 'Pendula', mit hängenden Zweigen oder die aparte Blumenesche, *F. ornus*, die auch Mannaesche genannt wird. Sie wird meist 6–10 m hoch und trägt im Mai weiße, duftende Blütenrispen. Die Blumenesche verträgt Trockenheit, sie liebt Sonne und etwas kalkhaltigen Boden.

Kastanie, Roßkastanie *(Aesculus)*

Wer hätte nicht Kindheitserinnerungen an die stacheligen Samenhüllen und die glänzend braunen Kastanienfrüchte. Roßkastanien sind herrliche imponierende Baumgestalten. Sie werden über 25 m hoch und breiten ihre dichtbelaubten Kronen 12 m breit aus. In ihrem Schatten kann man sich geruhsam niederlassen – vorausgesetzt man hat genügend Platz. Charakteristisch für diesen Baum sind die großen gefingerten Blätter, die dicken klebrigen Knospen im Frühling und dann im Mai und Juni die prachtvollen aufrechten Blütenkerzen. Es gibt weiß- und rotblühende Sorten. Die Gemeine Roßkastanie, *Ae. hippocastanum*, blüht weiß; *Ae. carnea* entfaltet etwas später rote Blütenkerzen. Kleiner Trost für kleine Gärten: *Ae. parviflora*, eine strauchige Kastanienart mit weißen Blüten, die bis 4 m hoch wächst.

Linde *(Tilia)*

Der sagenumwobene Dorf- und Hofbaum früherer Zeiten ist leider für unsere Gartenverhältnisse meist zu groß. Wer im Schatten einer Linde ausruhen möchte, der braucht ein großes Grundstück. Es wäre schade, einen solchen Baum, der ein ehrwürdiges Alter von mehreren Jahrhunderten erreichen kann, kurzsichtig an den falschen Platz zu pflanzen. Herzförmige Blätter und süß duftende Blüten im Juli sind charakteristisch für die Linde. Diese reiche Blüte ist eine wichtige Bienennahrung. Aus den getrockneten Blumen können Sie heilkräftigen Tee zubereiten. Wer das Glück hat, über genügend Raum zu verfügen, der pflanze eine Linde in seinen naturgemäßen Garten. Sie ist für Tiere und Menschen ein »guter Freund«. Linden wachsen in der Sonne und im Halbschatten. Sie brauchen kräftigen, tiefgründigen feuchten Boden. Die Winterlinde oder Steinlinde, *T. cordata*, wird bis 30 m hoch. Sie hat kleine runde, glänzend-grüne Blätter. Die Sommerlinde, *T. platyphyllos*, fällt durch größere Blätter auf.

Pappel *(Populus)*

Die schmale hohe Silhouette ist charakteristisch für die rasch wachsende Pappel. Sie gedeiht in der Sonne oder im lichten Schatten und liebt nährstoffreichen, feuchten Boden, der durchlässig sein muß. Staunässe vertragen die Bäume nicht. In neuen Gärten können sie besonders schnell für Sichtschutz sorgen. Ihre Lebensdauer ist auf 25–30 Jahre begrenzt.
Die Silberpappel, *P. alba* 'Nivea', kann über 30 m hoch werden, ihre Blätter besitzen eine weißliche Unterseite. Ein windfester Baum für Dünen und Wasserufer. Die Balsampappel, *P. balsamifera*, wird genau so hoch und besitzt beim Austrieb duftende Blätter. Die Berliner Pappel, *P. berolinensis* (bis 25 m), wächst säulenförmig. Sie ist gesund und widerstandsfähig.

Robinie, Scheinakazie *(Robinia)*

Die Scheinakazien bilden lockere Kronen. Durch ihre zartgefiederten Blätter können Licht und Sonne dringen. Sie erdrücken also den Garten nicht in tiefem Schatten. Eine besondere Zierde aller Robinien sind die typischen Schmetterlingsblüten, die lange Trauben bilden. Sie können, je nach Art, weiß, rosa, karminrot oder violett-rosa gefärbt sein. Einige Sorten duften. Vor allem die normale Scheinakazie ist zur Blütezeit, von Mai bis Juli, ein Treffpunkt der Bienen. Akazienhonig gehört zu den besonderen Delikatessen. Dies ist auch ein Grund, den hübschen anspruchslosen Baum in einem naturgemäßen Garten anzupflanzen. Er gedeiht in jedem durchlässigen Boden, auch in magerem Sand. Die Robinien lieben Sonne und luftigen Stand.
Die Gemeine Akazie, *R. pseudoacacia*, wird bis 25 m hoch, sie blüht weiß. Die Rotblühende Akazie, *R. hispida*, bildet nur 1,50–2,00 m hohe Sträucher. Apart wirken die runden Kronen der Kugelakazie, *R. pseudoacacia* 'Bessoniana'. Mit leuchtend goldgelben Blättern ist die Sorte 'Frisia' geschmückt, die 5–10 m hoch wächst.

Ulme, Rüster *(Ulmus)*

Die schnellwachsende Ulme mit ihrer breiten Krone ist ein ausgesprochener Park- und Straßenbaum. Charakteristisch sind ihre geflügelten Früchte. In kleinen Gärten ist für sie kein Platz. Die Bäume sind durch die gefürchtete Ulmenkrankheit sehr gefährdet. Wo immer sich eine Möglichkeit bietet, da sollte man neue Ulmen pflanzen, damit sie nicht aussterben. Abgesehen von der Beachtung dieser Seuche stellen die Bäume keine besonderen Ansprüche. Sie gedeihen überall in tiefgründigem Boden, auch bei Trockenheit. Sie vertragen Sonne und Halbschatten. Die Feldulme, *U. carpinifolia*, wird 20–40 m hoch. Die Goldpyramidenulme 'Wredei' wächst säulenförmig etwa 10 m hoch und besitzt goldgelbe Blätter. Der Bergrüster, *U. glabra*, erreicht 40 m Höhe. Seine Krone ist breit ausladend.

Weide *(Salix)*

Weiden gibt es in vielen verschiedenen Größen und Formen. Für jeden Garten findet sich etwas Passendes. Charakteristisch sind für diese Bäume oder Sträucher die schmalen langen Blätter und die weichen, meist silbrigen Kätzchen. Weiden sind ziemlich anspruchslos. Sie lieben feuchten, frischen Boden, einige Arten stehen gern am Ufer eines Gewässers. Im frühen Frühling sind die Weidenkätzchen die erste Bienennahrung. Deshalb besitzen sie für naturgemäße Gärten einen besonderen Wert.
Das heimische Weidenkätzchen, *S. caprea* wird etwa 5 m hoch und blüht schon im Februar. Eine besonders reich und goldgelb aufblühende Sorte ist *S. caprea mas*. Bezaubernd sieht die Hängekätzchenweide 'Pendula' mit ihren langen Zweigen aus. Eine aparte Variante aus Fernost ist die Drachenweide 'Setsuka' aus Japan, die bis 5 cm breite, bizarre Zweige besitzt. Tief am Boden kriecht die Zwergweide, *S. simulatrix*. Ein hoher wunderschöner Baum ist dagegen die Trauerweide *S. alba* 'Tristis'. Sie wird bis 15 m hoch. Ihre

wehenden, lang herunterhängenden Zweige sind im Frühling ein zauberhafter Anblick, wenn das erste zarte Grün durchschimmert. Am schönsten wirken die Trauerweiden auf weiten Rasenflächen oder am Ufer eines Gewässers, wo sie ihre Schönheit spiegeln können.

Nadelbäume

Pflanzzeit: August bis September

Eibe *(Taxus)*

Eiben sind zweihäusig, das heißt männliche und weibliche Blüten wachsen auf verschiedenen Pflanzen. Diese Gehölze mit den glänzend grünen Nadelblättern haben sehr unterschiedliche Gestalten. Sie können säulenförmig, breitbuschig oder fast kriechend wachsen. Samen, Rinde und Nadeln sind giftig. Gefährlich sind sie vor allem für Pferde. Alle Eiben sind anspruchslos, sie gedeihen noch im Schatten unter Bäumen. Jeder Boden ist ihnen recht, außer sehr trockenen oder nassen Standorten. Die Pflanzen vertragen jeden Schnitt und eignen sich deshalb gut für dichte immergrüne Hecken. Eiben wachsen langsam, können aber ein sehr hohes Alter erreichen – in alten Schloß- oder Gutsgärten gibt es mehrhundertjährige Exemplare zu bewundern.
T. baccata, unsere heimische Eibe, wird etwa 15 m hoch. Die Irländische Säuleneibe, *T. baccata* 'Fastigiata', bildet schmale 3–5 m hohe Säulen. Die Goldsäuleneibe 'Fastigiata Aurea' ist mit goldbunten Nadeln geschmückt. Buschig und nur 2 m hoch wächst dagegen die ganz goldgelb gefärbte Goldeibe, *T. baccata* 'Semperaurea'. Flach ausgebreitet – 50–70 cm hoch – sind die Äste der Tafeleibe, *T. baccata* 'Repandens'. Besonders dekorativ wirkt die Japanische Zwergeibe, *T. cuspidata* 'Nana', die etwa 1 m hoch, aber bis 3 m breit wächst. Alle Eibenarten sind sehr winterhart.

Fichte *(Picea)*

Fichten haben einen gleichmäßigen, kegelförmigen Wuchs. Ihre immergrünen Nadeln sind rund um den Zweig verteilt. Es gibt viele Arten, die große bis 20 m hohe Bäume und zierliche Zwerggehölze umfassen. Alle Fichten wachsen am besten in der Sonne, vertragen aber auch leichten Schatten. Sie lieben feuchten, tiefgründigen Boden und Luftfeuchtigkeit. Einige Arten gedeihen auch in trockenen Böden. Die Fichte ist der typische deutsche Weihnachtsbaum.
Aus der großen Zahl der Arten und Sorten, die in den Baumschulen angeboten werden, kann hier nur ein Eindruck vermittelt werden. Sehr ausgefallen wirkt die Mähnenfichte *P. breweriana* (10–20 m), mit ihren hängenden Zweigen. Die Serbische Fichte *P. omorika*, wächst schlank und elegant. Ihre Äste sind bogenförmig ausgebreitet, ihre Nadeln an der Unterseite silbrig gefärbt. Sie wird 30 m hoch, paßt aber durch den schmalen Aufbau gut in den Hausgarten. Die veredelte Blaufichte, *P. pungens* 'Glauca Koster', zeigt die steifen, so beliebten blauen Nadeln. Sämlinge der Blaufichte sind billiger, vergrünen aber manchmal im Alter. Die Bäume wachsen sehr langsam bis 20 m hoch. Sehr hübsch wirken auch verschiedene Fichten-Zwergformen: die kissenförmige Nestfichte, *P. excelsa* 'Nidiformis' (60 cm), und die kegelförmige Zuckerhutfichte, *P. glauca* 'Conica' (1,50 m).

Ginkgo, Fächerblattbaum *(Ginkgo biloba)*

Der Ginkgo ist ein urweltlicher Baum, dessen Vorfahren vor Millionen Jahren auf der Erde wuchsen. Diese einzige Art blieb in chinesischen und japanischen Tempelgärten erhalten. Charakteristisch sind seine auffallenden fächerförmigen Blätter, die sich im Herbst gelb färben und abfallen. Eigenartigerweise erwies sich dieser seltene Baum im industrialisierten Westen als sehr hart. Der Ginkgo wächst in jedem guten, nicht zu nassen Gartenboden, am besten in der Sonne. Er sollte frei stehen. In der Jugend, die 20 Jahre dauern kann, wachsen die Äste lang und relativ steil in die Höhe, später bilden sich ausladende Kronen. Die Bäume werden 30–40 m hoch. Für kleine Gärten eignet sich dieser interessante Urbaum also leider nicht. Er wird übrigens unter den »Nadelbäumen« aufgeführt, weil er wie diese zu den »Nacktsamern« gehört. Es gibt auf der ganzen Erde nur noch eine einzige Art, *G. biloba*. 'Pendula' ist davon eine interessante Hängeform.

Kiefer, Föhre *(Pinus)*

Charakteristisch für Kiefern sind die langen Nadeln, die büschelweise zusammenstehen, die borkige Rinde und ihr oft malerischer Wuchs. Es gibt viele verschiedene Arten – hohe Bäume und niedrige Zwergformen. Alle Kiefern sind anspruchslos. Sie gedeihen in mageren, durchlässigen Böden, notfalls sogar noch auf trockenen, heißen Hängen. Sie brauchen volle Sonne und freien Stand. In den Garten passen vor allem die niedrigbleibenden Bergkiefern. Die Zirbelkiefer, *P. cembra*, wächst schmal pyramidenförmig, etwa 10 m hoch. Die Bergkiefer, *P. mugo*, bildet 3–4 m hohe Büsche. Anmutig wirkt die Mädchenkiefer *P. parviflora glauca* (5–10 m), mit ihren pinselförmigen Nadelbüscheln. Außerdem gibt es eine große Auswahl schöner Zwergkiefern, die nur 1–2 m Höhe erreichen.

Lärche *(Larix)*

Die Lärchen wachsen pyramidenförmig und können bis zu 35 m hoch werden. Ihre weichen Nadeln sind nicht winterhart. Bezaubernd wirkt der zartgrüne Austrieb im Frühling. Im Herbst färben sich die Nadeln goldgelb und fallen dann ab. Im Winter schmücken zahlreiche braune Zapfen das malerische, lockere Geäst. Lärchen brauchen freien Stand und reichlich Platz. Sie lieben Sonne, vertragen aber leichten Halbschatten. Die Erde sollte feucht und tiefgründig sein. Die Bäume können bei rechtzeitigem Schnitt auch als Hecken gepflanzt werden. Die heimische Lärche, *L. decidua* (über 30 m), bildet waagerechte Hauptäste mit graziös hängenden Seitenästen. Die Trauerlärche 'Pendula' ist ihre Hängeform. Die Japanische Lärche, *L. leptolepis* syn. *kaempferi* braucht hohe Luftfeuchtigkeit. Sie besitzt blaugrüne Nadeln und rötliches Holz. Auch von ihr gibt es eine Trauerlärche 'Pendula', die sehr malerisch wirkt.

Mammutbaum *(Sequoiadendron)*

Dieser Urweltbaum kann 3000 Jahre alt und 100 m hoch werden! Seine immergrünen Nadelblätter liegen eng an den Ästen; auffallend ist die rotbraune, rissige Rinde und die regelmäßige, spitz auslaufende Pyramidenform. Wer sich einen solchen Baum in den Garten holen möchte, der muß ihn frei und majestätisch wachsen lassen. Der Mammutbaum braucht Windschutz, Sonne und feuchten, nahrhaften, tiefgründigen Boden. Es gibt eine einzige Art: *S. giganteum*. Interessante Ergänzung für Liebhaber seltener Bäume: der Urweltmammutbaum, *Metasequoia*. er galt als ausgestorben und wurde 1945 in China wiederentdeckt. Der Baum ähnelt der Sumpfzypresse und wirft im Winter seine Nadeln ab.

Scheinzypresse, Lebensbaum-Zypresse *(Chamaecyparis)*

Die Scheinzypressen bilden kegelförmige oder pyramidenförmige Gehölze. Ihre immergrünen Schuppenblätter können grün, blaugrün oder gelb gefärbt sein. Es gibt so viele unterschiedliche Arten und Sorten, daß sich für jede Gartengröße etwas Passendes findet. Die Scheinzypressen eignen sich vorzüglich für dichte Hecken. Sie wachsen am besten in voller Sonne und in feuchter, humusreicher Erde. Empfindlich sind sie nur gegen Trockenheit und Wind. Schmale blaugrüne Säulen bildet *Ch. lawsoniana* 'Columnaris Glauca' (5–7 m). Goldgelb und schlank zeigt sich 'Kelleris Gold' (4 m). Die Federzypresse, *Ch. pisifera* 'Plumosa', hat aparte straußenfederartige, grüne Zweige. Die Muschelzypresse, *Ch. obtusa*

'Nana Gracilis', bleibt 1,50 m niedrig und bezaubert durch muschelförmige Zweige.

Tanne *(Abies)*

Tannen sind der Inbegriff des immergrünen Nadelbaumes. Sie wachsen in sehr regelmäßiger Pyramidenform und bleiben bei gutem Standort bis tief zum Boden grün. Ihre Nadeln sind flach und zweireihig angeordnet. Tannen wachsen sehr hoch – bis 60 m – und sind auch sonst anspruchsvoll. Sie vertragen keine staubige Industrieatmosphäre. Feuchte Luft und sehr guter, tiefgründiger, feuchter Boden sind für gutes Gedeihen notwendig. Für den Garten empfehlen sich die Koreatanne, *A. koreana* (3–5 m), mit dunkelgrünen Nadeln und violett-purpurnen Zapfen, die Silbertanne, *A. nobilis* 'Glauca' (bis 12 m), mit dunkelblauen Nadeln und bizarrem Wuchs, und die Blaue Spanien-Tanne, *A. pinsapo* 'Glauca' (bis 10 m), die gleichfalls blaue Nadeln und malerischen Wuchs verspricht.

Thuja, Lebensbaum *(Thuja)*

Die Lebensbäume wachsen säulenförmig oder als schlanke Pyramiden. Ihre Schuppenblätter besitzen einen aromatischen Wohlgeruch. Von den Scheinzypressen unterscheiden sie sich durch aufrechte Wipfeltriebe und ihre tonnenförmigen Zäpfchen. Die Thuja eignet sich vorzüglich für immergrüne Hecken, die manchmal etwas streng und abweisend wirken. Sie ist ziemlich anspruchslos und gedeiht in der Sonne ebenso wie in leichtem Schatten. Luftfeuchtigkeit und feuchter Boden sagen ihr besonders zu. Die Pflanzen behalten normalerweise alle grünen Zweige bis dicht zum Boden. Deshalb bilden sie einen idealen Sichtschutz. Grüne Thuja-Mauern können aber auch streng und abweisend wirken. Der Abendländische Lebensbaum, *Th. occidentalis*, ist dunkelgrün, verträgt jeden Schnitt und wird bis 20 m hoch. 'Ellwangeriana Rheingold' bleibt 1,50 m niedrig, die Nadeln sind goldgelb gefärbt. 'Holmstrup' bildet dichte tiefgrüne Säulen.

Wacholder *(Juniperus)*

Wacholder für den Garten gibt es in vielen unterschiedlichen Arten. Vom Bodendecker bis zum bizarren Baum reicht die Auswahl. Sie können nadelartige oder schuppenförmige Blätter haben, ihre Färbung reicht von Grün über Blau bis zu Grautönen. Alle Wacholder sind denkbar anspruchslos, zäh, ausdauernd und lebensstark. Sie wachsen am besten in leichten durchlässigen Böden und in der vollen Sonne.
Der Zwergwacholder, *J. chinensis* 'Blaauw's Varietät', fällt durch graublaue Nadeln auf. 'Pfitzeriana' breitet seine Äste bis zu 4 m weit aus. Der Gemeine Wacholder, *J. communis*, ist ein heimisches Heidegewächs, das zu den hochgeachteten Heilpflanzen gehört. Im naturgemäßen Garten kann dieser baumartige malerische Strauch als Vogelschutzgehölz und als Gewürzpflanze dienen. Der Kriechwacholder, *J. horizontalis* 'Glauca', besitzt blaue Nadeln und bleibt 30 cm niedrig. *J. virginiana* 'Burkii' wächst kegelförmig bis 3 m hoch. Auffallend sind die stahlblauen Nadeln, die im Herbst und Winter purpur-bronzefarbig leuchten.

Zeder *(Cedrus)*

Zedern wachsen zu prachtvollen malerischen Baumgestalten heran. Ihre Nadeln sitzen in Büscheln zusammen. Wegen ihrer Größe und auch wegen ihrer Ansprüche eignen sie sich nicht für jeden normalen Garten. Am sichersten gedeihen Zedern im Weinbauklima. Sie brauchen Wärme und tiefgrundigen Humus. Der Standort muß gegen Witterungsschwankungen geschützt sein. Die berühmte Atlas-Zeder, *C. atlantica*, liebt kalkhaltigen Boden. Sie hat blaugrüne Nadeln – ähnlich wie Lärchen, aber wintergrün – und wird 20–30 m hoch. Die Blauzeder, *C. atlantica* 'Glauca', besitzt stahlblaue Nadeln und ist besonders widerstandsfähig. Am empfindlichsten ist die Himalajazeder, *C. deodora*, deren würziges Holz die Hindus zu Weihrauch verbrennen.

Eine grüne Augenweide: der Rasen

Ein grüner Rasenteppich als Mittelpunkt des Ziergartens hat sich beinahe so selbstverständlich eingebürgert wie das Rosenbeet. Und dieser Trend entstand aus vielen guten Gründen: Die kleinen Grundstücke in den Siedlungen rund um die großen Städte gewinnen durch diesen optischen Trick ein wenig Weite und Großzügigkeit. Für Hunderttausende, die tagsüber in Büros und Fabriken eingeschlossen sind, bedeutet der Rasen hinter dem Haus einen herrlichen Freiraum. Dort kann man sich an der frischen Luft bewegen und entspannen. Für viele Kinder ist diese freie Fläche der einzige ungefährdete Tummelplatz – fern vom bedrohlichen Straßenverkehr. Und schließlich – mit Gärtneraugen betrachtet – bietet die sanfte Farbe Grün einen idealen »Malgrund«, von dem sich die bunten Blumen und unterschiedlichen Gehölze des Gartens um so farbiger abheben. Übrigens: Ein Rasen muß nicht unbedingt flach und tischeben angelegt werden, Sie können ihn auch in natürlich wirkenden Wellenlinien einbetten, indem Sie vorher weichgeschwungene Mulden oder Hügel durch Erdaufschüttungen modellieren. Diese Höhenunterschiede müssen aber so gut ausgewogen sein, daß sie das Rasenmähen nicht unmöglich machen.

Bodenvorbereitung und Aussaat

Gründliche Vorbereitung erspart Ihnen manchen späteren Rasenärger. Wer das Angenehme mit dem Nützlichen verbinden möchte, der pflanzt als Vorfrucht Kartoffeln. Sie hinterlassen krümeligen, unkrautfreien Boden. Vor allem auf Neubaugrundstücken sollten Sie sich nicht von Ungeduld leiten lassen. Zunächst wird die Fläche gelockert und gründlich von Unkraut befreit. Ideal wäre eine Gründüngungseinsaat im Jahr zuvor, die abgemäht wird und über Winter als Mulchdecke liegenbleibt. Sehr zeitig im nächsten Frühling werden die Reste dieser organischen Schicht weggeharkt. Sie brauchen den lockeren Grund nur noch leicht durchzuhacken und noch einmal nach Unkraut abzusuchen. Dann streuen Sie einen organischen Vorratsdünger, zum Beispiel Horn-Blut-Knochenmehl aus und reifen Kompost, der keine Unkrautsamen enthalten darf. Da Rasengräser einen leicht sauren Humus lieben, können Sie je nach den örtlichen Bodenverhältnissen auch etwas Torf untermischen. Die ganze Fläche wird zum Schluß glattgeharkt.

Ab April, wenn der Boden sich genügend erwärmt hat, können Sie mit der Aussaat beginnen. Bis Juni ist die Zeit günstig. Wichtig für ein gutes Gelingen ist auch die Wahl der richtigen Grasmischung. Sie werden im vielseitigen Handelsangebot unter anderem englischen Luxusrasen, Spielrasen, Sportrasen und simplen Bleichrasen bekommen. Der smaragdgrüne Zierrasen, der auf englischen Gartenfotos so verlockend leuchtet, braucht unbedingt die Pflege eines Liebhabers, der viel Zeit für dieses Hobby aufwendet. Für Familien, die ihren Rasen nicht nur als Augenweide, sondern vor allem als strapazierfähiges Gebrauchsstück betrachten, empfehlen sich robustere Mischungen wie »Spielrasen« oder »Zier- und Gebrauchsrasen«. Lassen Sie sich gut beraten und sparen Sie nicht im falschen Moment. Von billigen Mischungen brauchen Sie oft eine größere Menge auf den Quadratmeter!

Am besten säen Sie bei feuchtem trübem Wetter. Das Saatgut soll möglichst gleichmäßig verteilt werden, halten Sie sich auch an die empfohlene Menge, die auf der Packung angegeben ist. Zum Schluß harken Sie die Samen mit dem Rechen in die Oberfläche und drücken Sie sie mit einer Walze oder mit Trittbrettern unter den Schuhen fest ins Erdreich. Ideal wäre jetzt ein warmer Regen. Kommt er nicht von selbst, so müssen Sie die Aussaat mit einem Sprenger regelmäßig feucht halten. Außer den Frühlingsmonaten ist auch die Zeit von August bis September noch günstig für die Anlage eines neuen Rasens.

Nach der Bodenvorbereitung wird die Fläche geglättet, nach der Saat gewalzt. Rechts ein Samenstreuwagen.

Düngung und Pflege

Rasengräser durchwurzeln den Boden nur 15 cm tief. Wenn Sie bedenken, daß sich in diesem Bereich auf jedem Quadratmeter Hunderte von Gräsern buchstäblich »auf die Füße« treten, dann ist Ihnen schnell klar, daß diese Pflanzen viel Pflege brauchen. Rasen ist ja im Sinne des Bio-Gärtners eine Monokultur!

Die Gräser müssen regelmäßig ernährt werden, denn durch den ständigen Schnitt werden die Pflanzen zu großen, immer neuen Wachstumsleistungen gezwungen. Organische Dünger – es gibt unter ihnen auch Spezial-Rasendünger – werden im Mai und im Juni bis Juli ausgestreut. Eine dritte Nährstoffversorgung im Herbst ist möglich, aber nicht unbedingt nötig, weil die Substanzen sich langsam auflösen. Sie reichen also »auf Vorrat«. Organische Dünger haben außerdem den Vorteil, daß sie keine Verbrennungen hervorrufen, daß sie nicht so schnell ausgewaschen werden und daß sie durch ihren Gehalt an organischen Substanzen das Bodenleben fördern. Wenn es nach der Düngung nicht regnet, sollten Sie gründlich wässern, damit der Dünger gleichmäßig in den Wurzelgrund eindringen kann. Auch in heißen Sommerwochen müssen Sie den Rasen sprengen, damit er nicht verdorrt.

Für einen Gärtner, der die Gesetzmäßigkeiten eines gesunden Boden- und Pflanzenlebens kennt, ist es einleuchtend, daß die dichte Pflanzengemeinschaft des Rasens mit ihrem verflochtenen Wurzelfilz außer Nährstoff und Wasser vor allem auch Luft braucht. Harken Sie deshalb mit einem groben Rechen die Fläche nach dem Mähen öfter durch. Wichtig ist dies besonders im Frühling. So entfernen Sie auch Moos und Laub. In hartnäckigen Fällen bewährt sich ein Vertikutiergerät, das Sie bei Ihrem Samenhändler ausleihen können. Sie werden staunen, wieviel Moos und Grasfilz ein solcher Apparat aus Ihrem Rasen herauskämmt!

Moos ist übrigens oft ein Zeichen für stauende Nässe oder undurchlässigen Boden. Lüftungsmaßnahmen und Algenkalk können das Übel beseitigen. Die wichtigste Rasenpflege besteht in möglichst regelmäßigem Mähen. Bei der jungen Aussaat werden beim ersten Schnitt – wenn die Gräser 6–8 cm hoch sind – nur die Spitzen weggenommen. Achten Sie darauf, daß die Messer scharf sind, sonst rupfen Sie die Pflanzen leicht mit den Wurzeln aus. Später halten Sie am besten eine mittlere Schnitthöhe ein. Beim Gebrauchsrasen liegt sie bei 3–5 cm, Luxusrasen wird noch etwas kürzer gehalten. Zu hoch gewachsenes Gras wird »in Etappen« wieder eingekürzt.

Verfilzter Rasen (links) kann mit Hilfe eines Vertikutiergerätes gründlich durchkämmt und gelüftet werden.

Kurz abrasierte Gräser sind schneller in Gefahr trocken zu werden. Außerdem besteht ja auch ein Rasen aus lebendigen Pflanzen, die wenigstens einen Teil ihrer Blätter beziehungsweise Halme dazu brauchen, um ihren Stoffwechsel in Gang zu halten. Bei einem regelmäßig gemähten Rasen wird die Bildung neuer Grastriebe gefördert, und die Fläche wächst dicht und sattgrün zusammen. Wer in kurzen Abständen zum Mäher greift, der kann die kleinen Halmstückchen als Mulch und Nahrung für die Bodenlebewesen einfach liegenlassen. Längerer Grasschnitt muß dagegen immer sorgfältig zusammengeharkt und weggebracht werden. Er dient im Gemüsegarten als willkommenes Material für die Bodendecke.

Im naturgemäßen Garten ist es selbstverständlich, daß Unkraut im Rasen nicht mit giftigen Mitteln »weggespritzt« wird. Normalerweise unterdrückt regelmäßiges Mähen das Nachwachsen der Wildkräuter. Wo sich trotzdem ungebetene Gäste breitmachen – Klee oder Breitwegerich zum Beispiel – da entschließt man sich am besten zu gründlicher Handarbeit. Diese Art des Unkrautjätens ist weder eine Schande noch bringt es auf einem 100 oder 200 m² großen Durchschnittsrasen einen Menschen an den Rand seiner Kräfte. Wenn bei dieser Aktion Löcher im grünen Teppich entstehen, so können sie leicht durch eine Nachsaat wieder »gestopft« werden.

Im übrigen sollte ein Bio-Gärtner eigentlich ein gutes Verhältnis zu Gänseblümchen und anderen Wildkräutern haben, die ebenso hübsch wie heilkräftig sind. Ein Rasen, der im Frühling mit den rosaweißen Blütensternchen der Maßliebchen, mit goldenen Löwenzahn-Sonnen und mit himmelblauer Veronika bestickt ist, wirkt heiter und lebendig. Warum sollte man diese Boten des erwachenden Lebens vertreiben? Nach dem Mähen erhält der Rasen ja seine sanfte grüne Einheitsfarbe zurück – wenn es unbedingt sein soll ...

Eine bunte Alternative: die Wildblumenwiese

Für Naturgärten, die an die freie Landschaft grenzen oder für größere Grundstücke mit natürlichen Gestaltungsmöglichkeiten bietet sich als heitere Alternative zum getrimmten Rasen eine richtige Wiese an. Sie darf ungestört wachsen bis zum Frühsommer (Juli). Dann allerdings wird die ganze bunte Pracht gemäht und die Fläche gleicht in den folgenden Wochen wieder einem grünen Teppich. Ein zweiter Schnitt ist im Herbst (Oktober) fällig. Damit ist die Arbeit beendet. Gedüngt wird eine solche Magerwiese nie. Zum Mähen eignen sich alle kräftigen Benzin- oder Elektromäher. Der Fangkorb muß vorher abgenommen werden. Besonders empfehlenswert sind Mäher mit Saugschnittsystem.

Eine sorgfältig entwickelte, wirkliche Wiesenblumenmischung gibt es von Sperling (siehe Bezugsquellen im Anhang). Sie eignet sich für alle Bodenarten, für sonnige und schattige Lagen. Schafgarbe, Grasnelken, Arnika, Gänseblümchen, Glockenblumen, Kornblumen, Margeriten, Wiesenstorchschnabel, Leinkraut, Klatschmohn, Schlüsselblumen, Veilchen, Wiesensalbei, Inkarnatklee und viele andere geben sich auf dieser Wildwiese ein buntes Stelldichein. Vom Frühling bis zum Sommer blüht ständig etwas Neues – für das entzückte Auge und auch für die Vase. Im ersten Jahr drängen sich bunte Ackerblumen in den Vordergrund. Vom zweiten Jahr an geben die typischen ausdauernden Wiesenblumen den

Die Blütezeit der Wildblumenwiese beginnt im Frühling mit Krokussen und Narzissen, im Frühsommer erreicht sie den Höhepunkt mit bunten Wiesenblumen.

Ton an. Noch reicher wird der Wiesenzauber, wenn Blumenzwiebeln, die sich zum Verwildern eignen, eingegraben werden: Schneeglöckchen, Wildkrokusse, Scilla, Schneeglanz, Narzissen und Herbstzeitlosen. Sie gedeihen hier ungestört, weil kein Rasenmäher ihnen vorzeitig die Blätter abschneidet. Wildblumenmischungen, die etwas anders zusammengesetzt sind, bekommen Sie auch von Wagner und Bornträger (siehe Anhang). Die Wiesenmischung wird zunächst mit normalem Grassamen vermengt. Wählen Sie dazu schwachwachsende Gräser, die vor allem Horste bilden (Zier- oder Golfrasenmischungen). Sehr wichtig ist auch hier das gleichmäßige Feuchthalten der Samen. Ein Kompromiß: Säen Sie die Wildkräuter in kahle Rasenstellen.

Die zauberhafte Wiesenmischung eignet sich nicht für sehr kleine Flächen. Sie müssen sich auch darüber im klaren sein, daß dieses romantische Stück Erde weder für Fußballspiele noch für Grillpartys benutzt werden kann. Am schönsten wirkt die Blumenwiese unter lockerem Baumbestand; Wildrosen und blühende Obstbäume sind reizvolle Partner.

Für viele Schmetterlingsarten, die auf den stickstoffgedüngten Nutzweiden keine Lebensgrundlage mehr finden, bedeutet eine Wildblumenwiese die Rückkehr ins verlorene Paradies. Unzählige andere Tiere werden ihnen folgen. Für den naturgemäß arbeitenden Gärtner wirkt sie wie ein Bindeglied zwischen Garten und Wildnis. Hier kann er im blühenden Gewimmel beobachten, »wie die Natur es macht«. Pflanzen vermehren und verdrängen sich, sie bilden mit der Zeit eine beständige, harmonische Gemeinschaft. Die Wildblumenwiese lehrt den Gärtner in ihrem summenden Schweigen manches von dem, was in diesem Buch mit vielen Worten versucht wurde: Einsicht in die Naturzusammenhänge, Geduld und die Hoffnung auf ein friedliches Zusammenleben mit allen buntgemischten Geschöpfen, die uns für eine kurze Zeitspanne anvertraut sind – vom Regenwurm bis zum Gänseblümchen.

Anhang

Bezugsquellen

Bio-Spezialfirmen mit Postversand

Ernst-Otto Cohrs
Lebenfördernde Pflegemittel für
Boden, Pflanze und Tier
Postfach 1165
2130 Rotenburg/Wümme

Bio-Gartenmarkt Keller
Konradstr. 17, 7800 Freiburg/i. Br.

Bildungs- und Gesundheitszentrum
Dipl.-Kfm. Reinhold Hardt
Waldhof Krüdersheide
5650 Solingen 11 (Ohligs)

Stoeckler Bio Agrar AG
Bioschredder, biologisches Pflanzen-
schutz- und Pflegeprogramm
Gewerbestr. 18
CH-8132 Egg/ZH

Versandfirmen mit Bio-Programm

Dehner
Alles für den Garten
Postfach 1160
8852 Rain/Lech

Blumen Horstmann
Postfach 540
2200 Elmshorn

J. Lambert & Söhne
Postfach 2565
5500 Trier

Samen Mauser
Zürich-Str. 98
CH-8600 Dübendorf/Zürich

Gärtner Pötschke
Postfach 2220
4044 Kaarst

Biologische Dünger und Pflanzenschutzmittel, die im örtlichen Samenfachhandel erhältlich sind:

California Rinderdung
Heinz O. Heddergott KG
Langelohe 65
2200 Elmshorn

Guano
Compo GmbH
Postfach 2107, 4400 Münster

Hornoska Humusdünger
Günther Cornufera GmbH
8520 Erlangen 2

Kutomin (kompostierter Kuhmist)
und Regohum (Regenwurmkompost
aus Stallmist)
Finsterwalder-Hof
8214 Hittenkirchen a. Ch.

Ledax Gartenbausystem
Ledona AG
CH-6030 Ebikon

Mannarit Naturdünger und
Mannahum getrockneter Stalldung
Manna-Düngerwerk
7403 Ammerbruch 2 – Pfäffingen

»Die Biologischen von Neudorff«
Dünger, Pflanzenpflege,
Pflanzenschutz
W. Neudorff GmbH KG
Postfach 1209, 3254 Emmerthal 1

Oscorna Spezialdünger
Pflanzenschutz- und Pflege-Programm
Corna-Werk
Postfach 4267, 7900 Ulm

Sperli-Bodenkur und
Sperli Gründüngungsmischungen
Carl Sperling & Co., Pflanzenzüchter
Postfach 2640, 2120 Lüneburg

Einige Spezialangebote für den Bio-Garten

(ohne Anspruch auf Vollständigkeit)

Bio-Schredder + Kompostsäcke
»Die Biologischen von Neudorff«
W. Neudorff GmbH KG
Postfach 1209
3254 Emmerthal 1
(im örtlichen Fachhandel erhältlich)

Lutewa®bio
Pflanzen-Nährkompost
Mehrzwecksilos, Nährmulch,
organische Dünger
Interhydro AG
Eigerplatz 5
CH-3000 Bern 14

Bihutherm (Strohprodukt zur
Bodenverbesserung)
Firma Riko
Altriperstr. 60
6800 Mannheim 24

Grubbi (Bodenbearbeitungsgerät)
H. v. Bremen
Postfach 2131
2808 Syke

Schneckenzaun Bio-Fix
Thomas Pfau, Ing.
Geräte für den Umweltschutz
Juchstr. 27
CH-8116 Würenlos/Schweiz

Bezugsquelle in Deutschland:
Bio-Gartenmarkt Keller
(siehe Bio-Spezialfirmen)

Wurmzuchtfarm Tennessee Wiggler
Oskar Angst
Gryphiusweg 15
6800 Mannheim 31

WUZ Wurmzuchtfarm
Klaus R. Töllner
Rappeneckstr. 4
7808 Waldkirch 3

ReFa Regenwurmfarm
Rolf Kockskämper
Ruthstraße 24
4300 Essen

Dörrapparate verschiedener Firmen
Bio-Gartenmarkt Keller
(siehe Bio-Spezialfirmen)

Kräuter-Samen und -Pflanzen

Blauetikett-Bornträger GmbH
6521 Offstein

Sperli-Saatbänder und Saatteppiche
erhältlich im örtlichen Fachhandel

Bio-Gartenmarkt Keller
(siehe Bio-Spezialfirmen)

Samen-Firmen (siehe dort)

Staudengärtnereien (siehe dort)

Biologische Gärtnerei
Wiedemann
7340 Geislingen-Aufhausen

Wiesenblumen-Mischungen

Blauetikett-Bornträger GmbH
6521 Offstein

Carl Sperling & Co.
Pflanzenzüchter
Postfach 2640
2120 Lüneburg

Julius Wagner GmbH
Samen-Großhandel
Postfach 105880
6900 Heidelberg

Blumen- und Gemüsesamen

Blumen Horstmann
Postfach 540
2200 Elmshorn

J. Lambert & Söhne
Postfach 2565
5500 Trier

Samen Mauser
Zürich-Str. 98
CH-8600 Dübendorf/Zürich

Großgärtnerei
Wilhelm Pfitzer
Breitscheidstr. 74
7000 Stuttgart 1

Gärtner Pötschke
Postfach 2220
4044 Kaarst

Carl Sperling & Co.
Pflanzenzüchter
Postfach 2640
2120 Lüneburg

Julius Wagner GmbH
Samen-Großhandel
Postfach 105880
6900 Heidelberg

Saatgut aus biologischem oder biologisch-dynamischem Anbau

Bio-Gartenmarkt Keller
siehe Bio-Spezialfirmen
(ungebeiztes Saatgut von Gemüse und Blumen und Sonderliste für biologisch-dynamisches Saatgut)

Karl Hild
Saatzuchtbetrieb
Postfach 99
7142 Marbach/Neckar
(ungebeiztes Saatgut, Gemüse)

Ilmar Randuja
Ekkart Hof
CH-8574 Lengwil
(Gemüse, Kräuter, Blumen, Gründüngung)

Carl Sperling & Co.
Pflanzenzüchter
Postfach 2640
2120 Lüneburg
(NUR NATUR-Samen, Kräuter; Bio-Start, mit keimungsfördernden und pilzhemmenden Pflanzenextrakten behandelt; Gemüse und Kräuter)

Julius Wagner GmbH
Postfach 105880
6900 Heidelberg
(»Bio-Select«, gesunde Sorten mit Naturextrakten behandelt, Gemüse)

Staudengärtnereien

Georg Arends
Staudengärtnerei
Monschaustr. 76
5600 Wuppertal-Ronsdorf

Staudenkulturen Hagemann
3012 Langenhagen 6
Krähenwinkel bei Hannover

Odenwälder Pflanzenkulturen
Kayser & Seibert
Wilhelm Leuschner-Str. 83–87
6101 Roßdorf bei Darmstadt 1

Gärnerischer Pflanzenbau
Dr. Hans Simon
Georg-Mayer-Str. 70
8772 Marktheidenfeld

Staudengärtner Heinz Klose
Rosenstraße 10
3503 Lohfelden bei Kassel

Botanischer Alpengarten
F. Sündermann
Aeschacher Ufer 48
8990 Lindau im Bodensee

Staudengärtnerei
Gräfin von Zeppelin
Laufen/Baden
7811 Sulzburg 2

Blumenzwiebeln und Dahlienknollen

Wiehler Dahlien
Gärtnerei Otto Bergerhoff
5276 Wiehl

Albrecht Hoch
Importeur von Pflanzenspezialitäten
Potsdamer Str. 40
1000 Berlin 37 (Zehlendorf)

Blumen Horstmann
Postfach 540
2200 Elmshorn

Samen Mauser
Zürich Str. 98
CH-8600 Dünbehorst/Zürich

Gärtner Pötschke
Postfach 2220
4044 Kaarst

Rheinische Blumenzwiebel-Kulturen
Rittergut Birkhof
4052 Korschenbroich 3

Firma G. R. Vatter AG
Sägestraße 65
CH-3098 Köniz-Bern

Rosen

W. Kordes' Söhne
Rosenschule
2201 Sparrieshoop über Elmshorn

Ingwer J. Jensen
Kultivateur historischer und seltener Rosen
Hauptstraße 18
2390 Flensburg-Tarup

Richard Huber
Baum- und Rosenschule
CH-5605 Dottikon

Petersens Planteskole
4282 Løve/Dänemark

Uwe Rohlfs
Rosenkulturen
2910 Westerstede 2 Mansie
(führt Bodendecker-Rosen)

Rosen-Union
Steinfurther Hauptstraße 25
6350 Bad Nauheim-Steinfurth

Baumschulen

Christian Fey
5309 Meckenheim

Geisenheimer Baumschule
Postfach 1250
6222 Geisenheim/Rhein
(Obstspezialitäten)

Versand Baumschule
Rudi Hartmann
Postfach 1503
2080 Pinneberg (Holstein)
(Spezialist für Heckenpflanzen)

Baumschule Hesse
Postfach 240
2950 Weener 1 (Ostfriesland)

Euro-Baumschule
Rudolf Schmidt
2084 Rellingen (Holstein)

Ernst Wohlt
Baumschule
Postfach 2207
2080 Pinneberg (Holstein)

Rhododendron-Spezialisten

Georg Arends
(siehe Staudengärtnereien)

Dietrich Hobbie
Rhododendron-Kulturen
2911 Linswege/Oldenburg

Verbände und Kontaktadressen

ANOG (Arbeitsgemeinschaft für naturgemäßen Qualitätsanbau von Obst und Gemüse)
Anton Reuter-Str. 18
5400 Koblenz 1

Bionomica Gemeinschaft e.V.
Postfach 249106
6800 Mannheim 24

Forschungsring für biologisch-dynamische Wirtschaftsweise e.V.
Baumschulenweg 19
6100 Darmstadt

Abtei Fulda
Nonnengasse 16
6400 Fulda

Akademie für Umwelt und Lebensschutz
4973 Vlotho-Valdorf

Pfälzischer Arbeitskreis für naturgemäße Wirtschaftsweise
Im Schreck
6702 Bad Dürkheim

Stiftung ökologischer Landbau
Eisenbahnstr. 28–30
6750 Kaiserslautern

Fördergemeinschaft organisch-biologischer Landbau e.V.
Bahnhofstr. 1
7326 Heiningen

Arbeitsgemeinschaft Bodenfruchtbarkeit und Qualitätserzeugung e.V.
Postfach 12
7900 Ulm

Gesellschaft für Boden und Gesundheit
Postfach 19
7183 Langenburg/Württ.

Arbeitskreis alternativer Landbau im Bund Naturschutz
Pläntschweg 72
8000 München 80

Gesellschaft für biologischen Landbau (Schweiz)
Wiesenstr. 3
CH-8400 Winterthur

Stiftung zur Förderung des biologischen Landbaus (Schweiz)
Fürstenrainstraße 24
CH-4104 Oberwil

Biologisch-organischer Landbau
Dr. H. Müller
CH-3506 Grösshöchstetten/BE

Arbeitsgruppe für biologischen Land- und Gartenbau
Frau Anita Schoch
CH-2076 Gals

Zeitschriften

garten organisch
Lebendige Erde
Garten-Rundbrief
Winke der Abtei Fulda
natur – Horst Sterns Umweltmagazin

Literaturhinweise

Abtei Fulda: Comfrey, Was ist das?
Beerenobst im naturgemäßen Anbau
Wildbeeren auch im Garten
Obstbau Kalender auf Biologischer Grundlage
Der Natur auf der Spur

Arbeitsgruppe für biologischen Land- und Gartenbau: Wegleitung zum Biologischen Gartenbau, Bühlmann Verlag, 1978

Aubert, Claude: Das große Buch der Biologisch Gesunden Ernährung, Verlag ORAC, Wien 1980

Beba, Hans/Andrä, Hermann: Hügelkultur, die Gartenbaumethode der Zukunft, Waerland-Verlagsgenossenschaft, 1974

Boas, Prof. Dr. Friedrich: Zeigerpflanzen, Verlagsgesellschaft für Ackerbau mbH, 1958

Bockemühl, Jochen: Vom Leben des Komposthaufens, Philosophisch-Anthroposophischer Verlag, 1979

Boerner/Koch: Gehölzschnitt, Ulmer Verlag, 1979

Bruce, M.E.: Gartenglück durch Schnellkompost, Waerland-Verlagsgenossenschaft

Buchner, Greet: Gesundheit fängt im eigenen Garten an, Bircher-Benner Verlag

Caspari, Dr. Fritz: Fruchtbarer Garten, Wirtschaftsverlag M. Klug, 1964

Darwin, Charles: Die Bildung der Ackererde durch die Tätigkeit der Würmer, E. Schweizerbart'sche Verlagsbuchhandlung, 1899

Dietrich, Peter: Der Naturgemäße Garten, Verlag J. Neumann-Neudamm, 1980

Francé-Harrar, Anni: Die letzte Chance, Bayerischer Landwirtschaftsverlag, 1950
Humus, Bodenleben und Fruchtbarkeit, Bayerischer Landwirtschaftsverlag, 1957

Francé, R.H.: Die Welt der Pflanzen, Südwest Verlag, 1962

Franck, Gertrud: Gesunder Garten durch Mischkultur, Südwest-Verlag, 1980

Franz, Jost M./Krieg, Aloysius: Biologische Schädlingsbekämpfung, Verlag Paul Parey, 1976

Graf, Ursula Rösli: Darstellung verschiedener Biologischer Landbaumethoden und Abklärung des Einflusses Kosmischer Konstellationen auf das Pflanzenwachstum (Dissertation), Zürich, 1977

de Haas, P.G.: Naturgemäßer Obstbaumschnitt, BLV Verlag, 1978

von Haller, Albert: Lebenswichtig aber unerkannt (Phytonzide schützen das Leben), Verlag Boden und Gesundheit, 1977

von Haller, Albert und Wolfgang: Die Wurzeln der gesunden Welt (2 Bände), Verlag Boden und Gesundheit, 1978

Hansen/Stahl: Bunte Staudenwelt, Ulmer Verlag, 1963
Bäume und Sträucher im Garten, Ulmer Verlag, 1976

von Heyer, Gustav: Der Regenwurm, Dein Freund und Helfer, Eigenverlag, 1974

Hitschfeld, Oswald: Naturgemäße Schädlingsabwehr, Heinrich Schwab Verlag, 1976

Howard, Sir Albert: Mein Landwirtschaftliches Testament, Edition Siebeneicher, Volkswirtschaftlicher Verlag, 1979

Howard, Mario: Naturgemäßer Gartenbau, Desertina-Verlag, 1978

Jäggli/Furrer/Jäggi: Bodenkunde, Verlag Wirz Aarau, 1978

Le Roy, Louis G.: Natur ausschalten Natur einschalten, Verlag Klett-Cotta, 1978

Könemann, Ewald: Nußbau in allen Lagen, Wilhelm Braumüller Verlagsbuchhandlung, 1978

Koepf/Pettersson/Schaumann: Biologisch-dynamische Landwirtschaft, Ulmer Verlag, 1974

Kreuter, Marie-Luise: Der biologische Garten, Heyne-Verlag, 1977. Biologischer Pflanzenschutz, BLV Verlag, 1982; Das 1 × 1 des Biogärtnerns, BLV Verlag 1983. Kräuter und Gewürze aus dem eigenen Garten, BLV Verlagsgesellschaft, 1979

Lehane, Brendan: Macht und Geheimnis der Pflanzen, Wolfgang Krüger Verlag, 1978

Lingenfelder, Maria: Die Milchsäuregärung, Das hauswirtschaftliche Einsäuern von Gemüse, Waerland-Verlag

Pfeiffer, E. und Riese, E.: Der erfreuliche Pflanzgarten, Rudolf Geering-Verlag, 1940

Rainer, Roland: Die Welt als Garten – China, Akademische Druck- und Verlagsanstalt Graz, 1976

Schmid, O./Henggeler, S.: Biologischer Pflanzenschutz im Garten, Verlag Wirz Aarau, 1979

Schuphan, W.: Mensch und Nahrungspflanze, Dr. W. Junk B.V.-Verlag, 1976

Schwarz, Urs: Der Naturgarten, Wolfgang Krüger Verlag, 1980

Schwenke, W.: Zwischen Gift und Hunger, Schädlingsbekämpfung gestern, heute und morgen, Springer-Verlag, 1968

Seifert, Alwin: Gärtnern, Ackern – ohne Gift, Biederstein Verlag, 1971

Senckenbergische Naturforschende Gesellschaft: Umwelt 2000, Verlag Waldemar Kramer, 1971
Siebeneicher, Georg E. (Herausgeber): Neues großes Gartenlexikon, Südwest Verlag, 1973
Spohn, E.: Gesunde Erträge aus lebendigem Boden, Schnitzer Verlag, 1974
Stangl, Martin: Gesundes Obst und Gemüse, BLV Verlagsgesellschaft, 1979
Stein, Siegfried: Salate selbst gezogen, Gräfe & Unzer Verlag, 1980
Thun, Maria: Aussaattage, Verlag Aussaattage, jährlich fortlaufend
Tokin, Prof. B.P.: Phytonzide, Verlag Volk und Gesundheit, Berlin 1956
Trolldenier, Günter: Bodenbiologie, Die Bodenorganismen im Haushalt der Natur, Franckh'sche Verlagsbuchhandlung, 1971
Vernazza, Clelia: Biologisch Gärtnern, Hallwag Verlag, 1979
Voitl/Guggenberger/Willi: Das große Buch vom biologischen Land- und Gartenbau, Verlag ORAC, Wien, 1980
Welten, Frieda: Biologischer Gartenbau Ratgeber, Lichtquellverlag Oberwil, 1978
von Wistinghausen, Eckard: Was ist Qualität?, Verlag Lebendige Erde, 1979

Stichwortverzeichnis

Zahlen in Fettdruck bedeuten Hauptverweisung, Sternchen (*) hinter der Seitenzahl verweisen auf Abbildungen, T hinter der Seitenzahl verweist auf eine Tabelle.

A

Abdeckung 58
Abele, U. 154
Abies 382
Acaena 339
Acer 377
Achillea filipendulina 311
Achillea millefolium 154, 311
Ackerbau, früher 12
Ackerbohnen 82, 200
Ackerminze 118
Ackerregenwürmer 115
Ackerschachtelhalm 118
Ackerschachtelhalm-Brühe 126
Ackerwinde 89
Adiantum 320
Adlerfarn-Jauche **126**
Älchen s. Fadenwürmer
Äpfel 268 T
aerob 21, 54
Aesculus 378
Ahorn 377
Ajuga 341
Akelei 298 *
Alcea rosea 294
Alchemilla 340
Algen 25, 76
Algendünger **82**
Algenkalk 58, 59, 70, 76, 77, 82, 83, 128
Algifert 83
alkalisch 77, 90
Alkoholgärung 37
Allelopathie 94, 116
Allium 334
Alpenrose 362
Alyssum maritimum 287
Alyssum saxatile 339
Ameise 41, 124, 127
Amelanchier 356
Aminosäuren 33, 48
Ammoniak 29, 53, 59
Amseln 110
anaerob 21, 25, 54, 61
Andrä, H. 104
Anemone 323, 324*
Anemone blanda 323
Anemone coronaria 323
Anemone hupehensis 305
Anemone japonica 305
Anemone nemorosa 340
Anethum graveolens 232
Anthriscus cerefolium 234
Antibiotika 80
Antirrhinum majus 281
Anzucht **178**
Apfelwickler 127
Aprikosen 273
Aquilegia 298
Arabis 335
Arion-Schneckenfalle 134
Aristoteles 116
Aroma 75, 95, 186
Artemisia absinthium 126, 244
Artemisia dracunculus 237
Arundo donax 319
Asseln 25
Assimilation 31, 36, 37
Assuanstaudamm 17
Aster 278*, 298
Aster dumosus 298
Aster novae-angliae 298
Aster novi-belgii 298
Asternwelke 123
Astilbe 299
Atlasblume 278
Auberginen 226
Aubrieta 299
Aubrietie 299
Aufgußtierchen 22
Auflösungsprozeß 55
Ausläufer 298
auslichten 184
Aussaat **183***
Aussaattage 152
Avena sempervirens 319
Azalee
s. auch Rhododendron
Azalee 66, 77, 90, 362*
Azotobacter-Bakterien 26, 60

B

Bakterien 24, 25, 56, **125**
–, stickstoffsammelnde 26
Bakterienleben 60
Bakterien-Präparat 160
Baldrian 154
Baldrianblütenextrakt 84, 160
Balfour 159
Ballaststoffe 49, 259
Ballentuch 352
Ballenware 352
Balsamine 279
Bartblume 354
Bartnelke 291
Basalt 17
Basaltmehl 76, 88
Basilikum 231
Bauerngarten 13, 149*
Bauernregeln 152
Bauernsenf 89
Baumkrebs 123
Baumläufer 110
Baumscheiben 72
Baumschnitt 57
Baumwachs 262
Beba, H. 104, 106
Beeteinteilung 177
Beetstauden 296
Begonia tuberhybrida 328
Begonie 328
Beifuß 95
Beinwell s. auch Comfrey
Beinwell 84, 125, 244, 340
Beinwell-Jauche s. auch Comfrey

Bellis perennis 293
Bengalrosen 343
Bentonit 88
Berberis 354
Berberitze 354
Bergenia 299
Bergenie 299
Berufskraut 302
Besenheide 336*
Betula 377
Bienenfreund 282
Bierfallen 134
Bihutherm 90
Biokonzentrat 161
biologische Gärten 16
biologische Methoden 16
biologische Schädlingsabwehr s. Schädlingsabwehr, biologische
biologische Wirkstoffe 94
biologischer Garten, Beispiele **163**, 166*, 167*, 170*, 173*
biologischer Wert 48, 49
biologisches Gleichgewicht **46**
Biozönose 93
Birke 377
Birnen 269, 270 T
Blattfleckenkrankheit 126
Blattgrün 76
Blattlauslöwen 111
Blattläuse 95, 108, 111, 112, 113, 126, 127, **131**
Blattwespen 126
Blaualgen 26
Blaukissen 299
Blauregen 373*
Blauschwingel 319
Blausternchen 326
Blaustrahlhafer 319
Blaustrandhafer 319
Blechnum spicant 320
Bleichsellerie 204
Blindschleichen **110**
Blütenaugen 262
Blumenkohl 106, 211
Blumenlauch 334
Blutjohannisbeere 366
Blutläuse 95, 111
Blutmehl 54, 58, 60, 66, 75, 80, 85, 92, 102
Bodenanalyse 89
Bodenarten 18
Bodendecke 66, 67, 69, 70, 73
Bodendecker 71, 164
Bodendeckung 20, 160
Bodenerosion 19
Bodenleben 56, 66, 67, 73, 74, 75, 88, 90, 160
Bodenluft 30
Bodenmüdigkeit 34, 91
Bodennahrung 73
Bodenorganismen 60
Bodenpflege 41, 148
Bodenproben 78
Bodenreaktion 77, 78
–, alkalische 88
Bodenschadpilze 123
Bodenschichten 27, 72, 106
Bodenstruktur 68
Bodentester-Sets 78
Bodentiere 53, 55, 58
Bodenuntersuchungsstellen **78**
Bodenverbesserer 82, **87**, 90
Bodenverdichtungen 118
Bodenvorbereitung **177**
Bodenwärme 90
Bohnen 82, 92, 95
Bohnenkraut 95, 231
Borago officinalis 232
Boretsch 232, 235*
Borstendüngung 102
Boucher, J. 159
Brache 12, 91
Brandrodungen 12
Branntkalk 76, 89
Brassica oleracea silvestris 209
Braunalgen 82
Breitwegerich 43
Brennender Busch 301*
Brennesselbrühe, beißende **126**
Brennesseljauche 55, 84, 92, 95, 101, **125**, 166, 168, 171, 178
Brennessel-Kaltwasserauszug 122, 126
Brennesseln 65, 66, 85, 118, 125, 154, 160, 244
Briza media 319
Brokkoli 212
Brombeeren 255
Brombeermilben 126, 127
Brombeerspalier 56
Bronzezeit 12
Bruce, M. E. 170
Buche 377
Buchenholzkohle 83
Buchsbaum 354
Budleja 364
Bundesanstalt f. Qualitätsforschung 48
Buschbaum 259
Buschbohnen 198
Buschwindröschen 340
Buttersäure 53
Buxus 354

C

Calcitest 89
Calcium 49
Calendula officinalis 283
California Rinderdung 79
Callistephus chinensis 278
Calluna vulgaris 336
Campanula 303
Campanula medium 292
Campsis radicans 375
Canna 328
Canna-Indica-Hybriden 328
carboneum 54
Carex 318
Carum carvi 235
Caryopteris 354
Caspari, F. 21, 27, 31, 52, 53, 74, 88, 89, 94
Cedrus 382
Centaurea 279
Centaurea macrocephala 305
Centaurea montana 305
Chaenomeles japonica 363
Chamaecyparis 381
Chan, P. 103, 104
Chateaubriand 19
Cheiranthus cheiri 291
Chicorée 192
Chile-Erdbeeren 247
China 16, 82, 157, 158
Chinakohl 213
Chinaschilf 319
Chionodoxa 325
Chlorophyll 35, 84
Chloroplasten 35
Chlorose 76
Christrose 300
Chrysantheme 300*
Chrysanthemum 300
Chrysanthemum maximum 307
Cimicifuga 313
Circle-Gardening 154
Clarkia elegans 285
Clematis 371*
Cleome spinosa 286
C/N-Verhältnis 54 T, 66, 75, 90
Cobaea scandens 279
Cochlearia officinalis 236
Colchicum autumnale 331
Collembolen 24
Comfrey 84, 85, **126**, 166, 244
Convallaria majalis 342
Coreopsis 307
Cornus 358
Cortaderia selloana 319
Cosmos bipinnatus 284
Cotinus 361
Cotoneaster 355
Crocus vernus 324
Cynoglossum officinale 132
Cytisus 357

D

Dachwurz 301
Dahlia cultorum 329
Dahlie 329*
Damaszenerrose 343
Daphne mezereum 364
Darwin, Ch. 32, 33, 116
Dauerhumus 27
Delphinium ajacis 284
Delphinium belladonna 310
Delphinium cultorum 310
Deutzia 355
Deutzie 355
Dianthus 282
Dianthus barbatus 291
Dianthus plumarius 302
Dicentra 316
Dicke Bohnen 200
Dickmännchen 343
Dictamnus 301
Digitalis purpurea 291
Dill 95, 232
Diptam 301*
Dissimilation 36, 37
Dörr-Apparat 189
Dolomit 17, 88
Donnerwurz 301
Doronicum 302
Dränage 57, 58
Drahtwürmer 25
Dreifelderwirtschaft 12, 91
Drei-Jahres-Rhythmus 124
Dreimasterblume 317
Drosseln 110
Druck, osmotischer 38, 74
Dryas suendermannii 338
Dryopteris filix-mas 126, 321
Dschuang Dsi 16
Düngemittel **79**
Dünger, chemischer 86
–, flüssiger 60, **83**

–, künstlicher 86
–, organischer 178
–, pflanzlicher **80**, 81*
–, synthetischer 86
–, tierischer 72, 75, **79**
Düngerproduktion, natürliche 28
Düngersparbüchse 87
Düngesalze, chemische 74, 86
Düngetorf 90
Düngung 12, **73**, 77 T, 264
–, organische 49, 70, 75
–, tierische 58
Dunkelreaktion 36
Durchlüftung 114
dynamisch 22

E

Eberesche 377
Echinops 306
Edaphon 27
Edeldistel 301*
Efeu 372*
Ehrenpreis 317*
Eibe 380
Eiche 378
Eichenrinde 154, 160
einfrieren 186
einkochen 186
einlegen 188
Einschlag 186
Eisen 49, 76
Eisenia foetida 115
Eissalat 191
Eiweiß 48, 49
Eiweißverbindungen 75
Elemente **29**, 86
Elfenblume 340
Elfenspiegel 279
Elymus arenarius 319
Enchytraeiden 24
Endivien 193
Engerlinge 109, 128
Energie 53
–, chemische 31, 35
Enzyme 33, 35, 36
Epimedium 340
Equisetum arvense 126
Eranthis hyemalis 327
Erbsen 92, 196
Erdbeerableger 248
Erdbeerblütenstecher 126
Erdbeeren 66, **247**
Erdbeermilben 126
Erdflöhe 95
Erdkröten **111**
Erdschocke 227
Erdthermometer 61
Eremurus 306
Erigeron 302
Ernährungskreislauf 21
ernten **185**
Eryngium 301
Esche 378
Essigbaum 355*
Estragon 237
Eulenschmetterling 108
Euphorbia lathyris 132
Exkremente, menschliche 161

F

Fadenwürmer 22, 24, **124**
Fächerblattbaum 380
Fäulnis 55, 61, 69
Fäulnisprozeß 53, 63
Fagus 377
Fallen 128
Falter 124
Farnkraut 85
Farnkraut-Jauche **126**
Faserwurzeln 32, 34
Federnelke 302
Feinde, natürliche 108
Feinschmeckerqualität 49
Feinstrahlaster 302
Feldsalat 100, 194
Felsenbirne 356*
Felsenmispel 355
Fenchel 92, 224
Fensterbank 179
Festuca glauca 319
Fetthenne 312, 338
Feuchtigkeitsreservoir 29, 90
Feuerbohnen 199
Feuerbrand 125
Feuerdorn 56, 356
Fichte 380
Findhorn 155
Fingerhut 291
Finken 110
Flächenkompostierung **66**, 165, 166, 168
Flagellaten 24
Flammendes Käthchen 31
Flaschenkürbis 215
Flavonoide 48
Fledermaus **108**
Flieder 357*
Fliegen 124
Flockenblume 279
Florfliege 108*, 111
Flüssigdüngung 55
Flüssigkeitshaushalt 39
Föhre 381
Foerster, K. 16, 296
Folien **178**
–, geschlitzte 168, 179
Foliengewächshaus 179*
Folientunnel 179
Forsythia 357
Forsythie 357
Fotosynthese 31, 37, 76
Francé, R. A. 27, 32, 34, 51, 158
Francé-Harrar, A. 158
Franck, G. 102, 167
Franz, J. M. 150
Fraßschäden 124
Frauenhaarfarn 320
Frauenmantel 340*
Fraxinus 378
Freesia 330
Freesie 330
Frittilaria imperialis 132, 324
Frostgare 72
Frostspanner 128
Fruchtaugen 262
Fruchtfolge 100
Fruchtwechsel 12, **91**, 124, 175, 177
Frühbeet 63, 79, **178**
Frühkartoffeln 101
Frühlingsknotenblume 324
Frühlingsmargerite 302
Fungizide 11, 111
Funkie 302
Futterstelle 110*

G

Gänsedistel 43
Gänsekresse 335
Gärten, biologische s. biologische Gärten
Gärten, chinesische 16
Gaillardia pulchella 281
Galanthus 326
Galium 343
Ganges 87
Gare 20, 34
–, mikrobielle 27
Gartenläufer 112
Gauchheil 89
Gauklerblume 279
Geiltriebe 261
Geilwuchs 79
Geißblatt 372
Geißeltierchen 22, 24
Geißklee 357, 358*
gelbe Erde 17
Gelbsucht 125
Gemswurz 302
Gemüseabfälle 57
Gemüse-Ertrags-Statistik 172
Gemüsepaprika 225, 226*
Geranium 315
Gespinstmotten 113
Gesteinsmehl 20, 76, **87**
Gesundheitspolizei 41, 43
Geum 308
Gewächshaus 172
Gewächshausklima 180
Giersch 60
gießen 185
Ginkgo 380
Ginkgo biloba 380
Ginster 357, 358*
Gitterkästen 58
Gladiole 330, 331*
Gladiolus Hybriden 330
Gleichgewicht, ökologisches 122
Glockenblume 303*
Glockenrebe 279, 280*
Glukose 35
Glyceria maxima 319
Glyzine 373*
Gneis 17
Godetia 278
Goethe, J. W. v. 107
Goldbandleistengras 319
Goldglöckchen 357
Goldlack 291
Goldlaufkäfer 112
Goldregen 358
Goldrute 303
Grabgabel 72
Graf, U. R. 154
Granit 17
Granitmehl 88
Gras 61, 70
Grasfrösche **111***
Grasschnitt 57, 58, 67, 172
Grauschimmelpilze 123
Greiskraut 43
Grobkompost 172
Grubbi 178
Grünaktiv 82
Grünalgen 82
Gründüngung 71, 75, **80**, 89, 93, 99
Grünhumus 82
Grünkohl 101, 212, 214*

Grünspargel 223
Günsel 341
Guano 80, 92
Gurken 91, 216
Guttation 39
Gypsophila elegans 284
Gypsophila paniculata 312

H

Haarröhrchen 38
Haarwurzeln 32
Haber-Bosch 27
Häcksler **64**
Hahnenfuß 43, 89
–, kriechender 118
Hainsimsen 318
Halbstämme 260
Haller, A.v. 15, 21, 117
Haltbarkeit 49
Hamamelis 365
Handelsklassen 48
Hartheu 335
Hartriegel 358
Haselnuß 56, 274
Hasen 125
Hasenklee 89
Hauhechel 89
Hauptkulturen 102
Hauptwurzeln 32
Hecken **368**
–, freiwachsende 368
–, immergrüne 368 T
–, laubabwerfende 369 T
Heckenkirsche 372
Heckenpflanzung 369
Heckenschnitt 369
Hedera helix 372
Heideboden 165
Heidekraut 77, 90, 336*
Heiligenkraut 336
Heilpflanzen 42
Heizsysteme, elektrische 179
Helenium autumnale 314
Helenium-Hybriden 314
Helianthemum-Hybriden 338
Helianthus 314
Helianthus annuus 286
Helichrysum bracteatum 287
Heliopsis scabra 313
Heliotrop 280
Heliotropium arborescens 280
Helleborus 300
Hemerocallis-Hybriden 316
Hepatica 341
Herbizide 11, 60
Herbstanemone 305*
Herbstaster 298, 299*
Herbstzeitlose 331
Herzlilie 302
Hibiscus syriacus 358
Hibiskus 358
Himbeeren 79, 254, 254*
Himbeerkäfer 126
Hippophae rhamnoides 363
Hitschfeld, O. 42
Hirschzungenfarn 321
Hirtentäschel 85
Hochmoorerde 20
Hochmoortorf 90
Hochstämme 260
Höhlenbrüter 110
Holunder 56, 359*
Holzasche 76, **83**, 86, 128, 169
Holzspäne 70
Honigmelonen 225
Hormonfutter 80
Hornkiesel-Präparat 160
Hornmehl 54, 58, 60, 66, 75, 80, 85, 92
Hornmist-Präparat 160
Hornspäne 75, 80
Hortensie 90, 359*
Hosta 302
Howard, A. 16, 21, 22, 26, 28, 41, 159
Hügelbeete **103***
–, chinesische 104
Hügelgärten 103
Hügelkulturen 177
Huminstoffe 88
Humus 17, 18, **20**, 51, 55, 63, 70, 114, 118
Humusbildung 52, 90
Humusgefüge 21
Humuspflege 160, 165
Humusschicht 17, 21, 25, 26, 28, 52, 67, 68, 70, 71, 86
Humusvermehrung 106
Humuswirtschaft 159
Hundsrose 343
Hundszunge 132
Hyazinthe 323
Hyazinthus orientalis 323
Hydrangea 358
Hydrangea petiolaris 374
Hypericum perforatum 245, 335
Hyperphos 86
Hyssopus officinalis 244

I

Iberis amara 284
Iberis sempervirens 337
Iberis umbellata 284
Igel **108***
Immergrün 341*
Impatiens balsamina 279
Indianernessel 304, 305*
Indisches Blumenrohr 328
Indore-Verfahren 158
industrielles Zeitalter 12
Inhaltsstoffe 49
Insektizide 11, 42, 107, 109, 111
Insekten 110, 111
Ionenaustausch 76, 88
Ipomoea 288
Iris 304*, 323
Iris germanica 304

J

Japananemone 305*
Japanquitte 363
Jasmin, echter s. Kletterpflanzen
–, falscher 360
Jasminum nudiflorum 373
Jauche 55, 60, 66, **83**, 165
Jauchetonne 56, 60, 177
Jelängerjelieber 372
Johannisbeeren 127
–, Rote 250, 251*
–, Schwarze 132, 251*, 252
–, Weiße 250
Johanniskraut 245, 335
Jungfer im Grünen 280*
Jungfernrebe 375*
Jungsteinzeit 12
Juniperus 382
Jura 17

K

Käfer 124
Kaiserkronen 132, 324
Kaiserwinden 288
Kali 75, **76**, 79, 80, 82, 83, 86, 87, 90, 114
Kalimangel 76, 126
Kalimagnesia 76, **86**
Kalireserven 86
Kali-Überdüngung 76
Kalium 49
Kaliumkarbonat 127
Kalk 19, 58, 59, 65, 66, 75, **76**, 79, 82, 86, 87, **88**, 114
–, kohlensaurer 76
Kalkalgen 82
Kalkarmut 76
Kalk-Dünger 76
Kalkgestein 17
Kalkmangel 76, 89
Kalkmergel 76, 89
Kalkmergelboden 167
Kalkprüfer 89
Kalksteinmagnesium 88
Kalksteinmehl 89
Kalkstickstoff 60
Kalk-Überdüngung 76
Kamille 85, 160, 245
Kaninchen 125
kapillar 38
Kapillarsystem 69
Kapuzinerkresse 56, 95, 100, 233, 234*
Karotten 205
Kartäusernelke 291
Kartoffelanbau 170
Kartoffelkraut 67
Kartoffeln 36, 91, 219
Kastanie 378
Katzenminze 336, 337*
Katzenschwanz 126
Keimprobe 184
Keller-Lagerung 186
Kerbel 234
Kerria 362
Kiefer 32, 381
Kies 17
Kieselalge 35, 83
Kieselsäure 19, 83
King, F.H. 158
Kirschlorbeer 360, 361*
Klarkie 285
Kleearten 82
Kleiber 110
Kleinklima 15, 68
Kleinkulturen 102
Kletterhortensie 374*
Klettermaxe 374*
Klimatruhe 186*
Knoblauch 85, 92, 132, 202
Knoblauch-Zwiebel-Jauche **127**
Knochenmehl 58, 66, 76, **80**, 85, 89, 92, 164
Knöllchenbakterien 26, 74, 75, 82, 196
Knöterich 337, 374*
Knollenbildung 76
Knollenfäule 123
Knospenformen 262
Kochsalz 86

Koeleria glauca 319
Königsfarn 321
Königskerze 292
Kohl 71, 77, 82, 83, 91, 95, 99
Kohlendioxid 29, 35, 36, 39
Kohlenhydrat 35, 36, 48
Kohlensäure 35, 36, 67, 68
Kohlenstoff 36, 54, 75
Kohlenstoffgehalt 21
Kohlfliegen 128
Kohlhernie 61, 123
Kohlkragen 128
Kohlrabi 92, 99, 214
Kohlstrünke 60, 61
Kohlweißling 71, 95, 113
Kokardenblume 281*
Kolkwitzie 360
Kolkwitzia amabilis 360
kolloidal 22
Kompost 15, 19, 20, 24, 41, **51**, 59*, 65*, 74, 85, 86, 87, 89, 155, 158, 159, 164, 167, 169, 170, 173, 177, 178,
–, halbreifer 70, 72
–, reifer 62, 63
Kompostbeschleuniger 55, 60, 66, 70
Komposthaufen 52
Kompostierung 15, **52**, 54 T, 80
Kompostkräuter **154**
Kompostlege 58, 64
Kompostmiete 56
Kompostpflege 165
Kompostplatz 53
Kompostpräparate 160
Kompostsack 56, 64
Kompoststarter 60, 85
Komposttonne 56, 64
Kompostwürmer 115
konservieren **185**
Konservierungsmethoden 186
Konstellation, kosmische 154
Kopfdüngung 92, 185
Kopfsalat 190, 191*
Korallalgen 82, 89
Korallalgenprodukte 159
Koriander 95
Kornblume 279, 305
Kosmee 284
Kräfte, kosmische 159
Kräuselmilbe 124
Kräuter 92, 118, **229**
Kräuter-Aktivator 154
Kräuterauszüge 60, 125
Kräuterbrühe **125**
Kräuterjauche **125**
Kräuterpulver 154, 170
Kraft, R. 161
Krautfäule 123
Kreide 88
Kreis-Garten 155
Kreislauf 16, **28**, 33, 39, 51, 87
–, geschlossener 12
Kresse 82, 95, 99, 234
Kreuzblütler 82
Krieg, A. 150
Kröten 169
Krokus 324*
Kronentraufe 34
Krümel 20, 27, 88
Krümelbildung 27
Krümelstruktur 88
Küchenabfälle 56
Kümmel 95, 235
Kürbchen 218
Kürbis 91, 215*, 217
Kugeldistel 306
Kulturpflanzen 73
Kunstdünger 74, 86
Kupfer 76
Kurztagspflanzen 31

L

Laburnum 358
Lärche 381
Läuse 41, 95, 110, 122, 128
Lampenputzergras 319, 320*
Landbau, biologischer 15
–, naturgemäßer 15
–, organisch-biologischer 15
Langham, D. G. 154
Larix 381
Larven 109, 110
Lathyrus odoratus 289
Laub 54, 57, 58, 61, 67, 70
Laubaugen 262
Laubkompost 65, 164
Laubwald 22
Lauch 79, 91, 101, 203
Laufenten, indische 134
Laufkäfer **112**
Lavandula angustifolia 238
Lavendel 238, 239*
Lebendverbauung 27
Lebensbaum 382
Lebensbaum-Zypresse 381
Leberblümchen 341*
Leguminosen 71, 75, 82
Lehane, B. 35, 39
Lehmböden **19**
Lehmbrühe 265
Leimringe 128
Leinkraut 89
Leitungssysteme 39
Lemaire, R. 159
Lepidum sativum 234
Leucojum vernum 324
Levisticum officinale 238
Lévi-Strauss, C. 16
Levkoje 281
Licht 36
Lichtenergie 31
Lichtgewohnheiten 31
Lichtnelke 89
Liebig, J. v. 74
Liebstöckel 238
Lilie 331, 333*
Lilienschweif 306*
Lilium 331
Linde 378
Lobularia maritima 287
Löffelkraut 236
Löschkalk 89
Löß 17
Löwenmäulchen 281
Löwenzahn 43, 85, 89, 154, 160
Löwenzahnsalat 194
Lonicera 372
Lorbeerkirsche 360, 361*
Luft **30**
Luftkapazität 79
Luftleitungen 39
Luftmangel 61
Luftröhren 61
Luftstickstoff 27
Luftzirkulation 58
Lumbricus terrestris 115
Lungenkraut 342
Lupine 82, 306, 307*
Lupinus-Hybriden 306
Luxuskonsum 74
Luzula 318

M

Maden 110
Mädchenauge 307
Märzbecher 324
Mäuse 107, 109, 125
Magnesium 35, 76, 82, 83, 87
Magnesiumkalk 76, 89
Magnesiummangel 76
Magnolia 361
Magnolie 361
Maiblumenstrauch 355
Maiglöckchen 342
Majoran 85, 236
Majorana hortensis 236
Makromoleküle 33
Malerblume 281*
Malope trifida 288
Malus 366
Malve 294*
Mammutbaum 381
Mandelbaum 366*, 367
Mangan 86
Mangelerscheinungen 74
Mangelkrankheiten 88
Mangold 195
Mangroven 32
Marbeln 318
Margerite 307*
Marienglockenblume 292*
Marienkäfer 41, **111***, 169
Marmor 88
Maschendrahtzäune 128
Maßliebchen 293*
Matricaria chamomilla 154, 245
Matteuccia 321
Matthiola incana 281
Mauerpfeffer 312, 338
Maulwurf **109**
Maulwurfsgrillen 128
mechanische Schädlingsabwhr s. Schädlingsabwehr, mechanische
Meconopsis betonicifolia 312
Meeresalgenkalk 89
Mehlbeere 377
Mehltau 126
–, echter 123
–, falscher 123
Meisen 41, 110
Melde 196
Melissa officinalis 239
Melisse 239
Melonen 92
Mentha piperita 240
Mergel 88
Metallfaß 83
Metamorphite 17
Methan 53
Methode, biologisch-dynamisch 154, 159, 160, 169
Methode, organisch-biologisch 154, 160, 169
Methode Howard-Balfour 159
Methode Lemaire-Boucher 159

Methode, makrobiotische 161
Miete 186
Mikroben 52
Mikroflora 24
Mikromoleküle 33
Mikroorganismen **22**, 53, 54, 67, 68, 69, 74, 75, 87
Milben 24, 41, 112, **124**, 126, 127
Milchsäuregärung 37
Mimulus luteus 279
Mimulus tigrinus 279
Mineraldünger 12, 13, 49
–, natürlicher **86**
Mineralien 17, 80, 87
Mineralschicht 28
Mineralstoffe 48
Mirabellen 274
Miscanthus japonicus 319
Mischkulturen 41, **91**, 95, 100, 102, 104, 105, 116, 124, 148
Mischkulturenbeet 92*
Mischwald 22
Mischwaldboden 18
Mist 66
–, Geflügel- 65, 76, **80**, 92
–, Guano-Vogel- 76
–, Kaninchen- 55, **79**
–, Kuh- 55, 65, 92, 164
–, Pferde- 65, 79, 178
–, Rinder- 76
–, frischer **79**
–, getrockneter **79**, 92
–, Schaf- 55, 75, **79**
–, Schweine- 55, 65, 76, 79
–, Ziegen- 55, 75, **79**
Mist, flüssiger 85
Mistkompost 65
Mistwürmer 115
Mittelkulturen 102
Mittelzehrer 91, 92, 93, 94, 95, 177, 178
Möhren 31, 66, 77, 79, 83, 92, 95, 100, 205, 206*
Möhrenfliege 71, 100
Mohn 281, 308
Monarda didyma 304
Monarde 304, 305*
Molinia altissima 319
Molisch, H. 116
Molybdän 77
Molybdänmangel 77
Mond-Tierkreis-Konstellation 152
Mondzyklen 160
Monokultur 12, 41, 91, 148
Montbretie 333
Montmorillonit 59, 88
Moorbeetpflanzen 77, 90
Moorböden **20**
Moränengestein 17
Motten 124
Mücken 124
Müller, H. 159
Mulchdecke 24, 41, 42, 178
Mulchen **66**, 80, 170
Mulchkompost 62, 63
Mulchschicht 94
Muscari 326
Muttererde 17
Mycorrhiza 26
Myosotis 294

N

Nachbarpflanzen 95
Nachbarschaftsverhältnisse **95**, 96 T, 98*
Nacktschnecken 109, 111
Nadelkissen 285
Nährbrühe 74
Nährlösungen 26, 74
Nährsalze 74
Nährstoffansprüche 178
Nährstoffe 51, 74, 75
Nährstoffgehalt 79
Nahrungsreserven 88
Narcissus 325
Narzisse 325*
Natrium 49
Natriumsilikat **127**
natürlich 15
Nelke 282
Nelkenwurz 308
Nematoden 24, 117, **124**
Nemesia strumosa 279
Nepeta 336
Netze 128
Netzschwefel 127
Neuseeländer Spinat 195
Nicotiana 289
Niedermoortorf 90
Niederschlag 39
Nieswurz 300
Nigella damascena 280
Nil 17, 87
Nilschlamm 87, 88
Nisthilfen 110
Nistkästen 110*
Nitrat 49, 86, 195
Nitrite 195
nitrogenium 54
Nordmeeralgen 155
Nützlinge 41, 42, 150
–, pflanzliche **116**, 118 T
–, tierische **107**
Nußbaumblätter 132

O

Obstbaum 95, 127, **258**
Obstbaumformen 259
Obstbaum-Pflanzung 260
Obstbaum-Pflege 264
Obstbaumschnitt, allgemeiner 261
–, spezieller 262
Obstbaumsorten 259
Obst-Ernte 266*, **267***
Ocimum basilicum 231
ökologisch 21
Öle, ätherische 48
Ölrettich 82
Ohrwürmer **112**, 169
Orchideen 32
Origano 240
Origanum vulgare 240
Oscorna 80, 169, 297
Osmose 38
Osmunda 321
Oxide 86

P

Pachysandra terminalis 343
Paeonia lactiflora 308
Paeonia officinalis 308
Palmilie 317
Pampasgras 319
Panicum virgatum 319
Papaver 281
Papaver orientale 308
Papier 70
Pappe 70
Pappel 379
Paprika 92
Parthenocissus 375
Patentkali 76, **86**
Pennisetum compressum 319
Perückenstrauch 361
Pestizide 49
Petersilie 236
Petroselinum crispum 236
Petunia-Hybriden 282
Petunie 282
Pfahlrohr 319
Pfahlwurzeln 31, 34
Pfauenlilie 333
Pfefferminze 85, 95, 240
Pfeifengras 319
Pfeifenstrauch 360
Pferdebohnen 200
Pfingstrose 308*
Pfirsich 272
pflanzen **184**
Pflanzendecke 71
Pflanzenjauche 85, 86, 92
Pflanzenkombinationen 94
Pflanzennahrung 73
Pflanzenschutz, biologischer **135** T
–, integrierter **150**
–, vorbeugender **148**
Pflanzenschutzpräparate, käufliche **129** T
Pflanzenteppich 67
Pflanzholz 184
Pflanzlöcher 70
Pflaumen 273
Pflücksalat 191
Phacelia tanacetifolia 82, 282
Pharbitis 288
Phasin 198
Philadelphus 360
Phlox 309*
Phlox drummondii 285
Phlox paniculata 309
Phlox subulata 337
Phosphate 86
Phosphor 49, 58, **75**, 79, 82, 114
Phosphor-Mangelerscheinungen 76
Phosphorsäure 29, 86, 88, 90
Phosphor-Überdüngung 76
Photosynthese s. Fotosynthese
pH-Wert 77, 79, 88, 90
Phyllitis 321
Phytonzide 94, 116, 117
Picea 380
pikieren 180
Pilze 24, 25, 26, 53, 56, **123**
Pilzkrankheiten 126, 127, 128
Pilzmycel 26, 122
Pilzwurzeln 26
Pimpinelle 241
Pinus 381
Plasma 33
Plastikfaß 83
Plastikhaube 180
Plattenwege 56
Plexiglasscheiben 178
Podsohlzone 165
Polsterphlox 337
Polygonum affine 337

Polygonum aubertii 374
Polypodium vulgare 321
Polystichum 321
Populus 379
Porenraum 19
Porphyr 17
Porree 203
Portulaca oleracea 236
Portulaca grandiflora 283
Portulak 236
Portulakröschen 283
Pottasche 127
Prachtspiere 299
Prachtstauden 296
Primel 310
Primula 310
Prunkbohnen 199
Prunus 366
Prunus laurocerasus 360
Puffbohnen 200
Pulmonaria 342
Puppen 109
Puppenräuber 112
Pyracantha 356

Q

Qualität 15, **47**
Qualitätskontrolle 48
Qualitätsmerkmal 49
Quarz 19
Quassia-Brühe **127**
Quecken 60
Quellfähigkeit 88
Quercus 378
Quercus robur 154
Quick-Return-Pulver 154
Quitten 271

R

Radicchio 193
Radieschen 92, 95, 99, 100, 208
Rainer, R. 16
Rainfarn 85, 125
Rainfarn-Brühe **126**
Ranunculus asiaticus 334
Ranunkel 334
Ranunkelstrauch 362
Rasen **383***
–, Aussaat 384
–, Bodenvorbereitung 384
–, Düngung 385
–, Pflege 385
Rasensoden-Kompost 66
Rassen, resistente 42
Ratten 125
Raubmilben 41, 107, 124
Raupen 41, 95, 109, 110, 112, 127
Regenfaß 85*
Regenwasser 83
Regenwurm 22, 24, 25, 27, 53, 55, 56, 62, 67, 73, 74, 84, 110, **114***, 165, 166, 169, 173
Regenwurmbrutkasten 115
Regenwurmkothäufchen 27
Regenwurmzucht 115
Reifekompost 183, 184
Reiherfedergras 319
Renekloden 274
Reseda 117, 283
Reseda odorata 283
Rettich 208
Rhabarber 92, 228
Rhododendron 66, 77, 90, 362, 363*
Rhus 355
Ribes 366
Rindenabfälle 67
Rinderdung s. Mist, Rinder-
Ringelblume 283*
Ringelwürmer 24
Rippenfarn 320
Rittersporn 284*, 310
Robinia 379
Robinie 379
Röhrensystem 31
Roggen 117
Rohfaser-Substanzen 48
Rohkompost 72
Rohphosphat 76, 86
Rosa canina 343
Rosa gallica 343
Rosen 79, 83
–, Nachbarschaft 350
–, Pflanzung **344**
–, Pflege 347
–, Schädlingsabwehr 349
–, Schnitt 345
Rosen-Arten 348
–, Bodendecker- 349
–, Edel- 348
–, Floribunda- 348, 349*
–, Kletter- 345*, 348*, 349
–, Park- 349
–, Polyantha- 348
–, Wild- 349
–, Zierstrauch- 349
–, Zwerg- 348
Rosenbalsamine 279
Rosenkohl 212
Rosen-Sorten 348
Rosmarin 95, 241, 243*
Rosmarinus officinalis 241
Roßkastanie 378
Rost 126
Rote Bete 92, 207
Rotenburger-Kombi-Gemenge 82
Rote Rüben 207
Rote Spinne 107, 113, 124
Rotkehlchen 110
Rotkohl 210
Rotschwänze 110
Rotte 25, 53, 54, 55, 58, 60
Rotteprozeß 62, 69, 70
Rotteschicht 24, 25, 27, 28, 106, 107
Rudbeckia 315
Rudbeckia hirta 286
Rüben 31
Rübenwurzeln 34
Rüster 379
Rusch, H. P. 33, 159, 160
Rutenhirse 319

S

Saatbänder 206
Saatbeet 63
Saatgut 148, 184
Saatkalender 161
Saatrillen 63, 70
Saattermine 152
Saatwicken 82
Säftestrom 32, 38, 39
Sägemehl 54, 57
Säulchenrost 127
Säure 88
Säureausscheidungen 33
Säuregehalt 77, 87
Säuren, organische 48
Sahara 16
Salat 92, 99, 106
Salbei 89, 95, 242, 311
Salix 379
Salpiglossis sinuata 288
Salvia nemorosa 311
Salvia officinalis 242
Salzdünger 60
Salzkonzentration 74
Sambucus 359
Sammelbehälter 58, 60
Samtkäppchen 287, 288*, 290*
Sandböden **19**
Sanddorn 363
Sandkörner 19
Sandstein 17
Sanguisorba minor 241
Santolina 336
Saponine 100, 195
Satureja hortensis 231
Saubohnen 200
sauer 76, 77, 78, 90
Sauerampfer 43
Sauerdorn 354
Sauerkirschen 271*
Sauerlandt 24
Sauerstoff 35, 36, 37, 53, 55, 63, 75
Saugkraft 38
Saugschäden 124
Sauzahn 72, 177
Saxifraga 315
Scabiosa atropurpurea 285
Scabiosa caucasica 313
Schachtelhalm 85, 125
Schachtelhalmbrühe 171
Schadensschwelle 150
Schädlinge **40**, 44, 108, 116, 122
Schädlingsabwehr, biologische **122**
–, mechanische **128**
Schädlingsbekämpfung, chemische 11
Schädlingspopulation 150
Schafgarbe 154, 160, 311
Schalotten 201
Scharlach-Erdbeeren 247
Schattengare 70
Scheinakazie 379
Scheinmohn 312*
Scheinquitte 363
Scheinzypresse 381
Schichten 24
Schiefer 17
Schildfarn 321
Schildläuse 111
Schillergras 319
Schlacke 86
Schlangen 109
Schleierkraut 284, 312*
Schleifenblume 284, 337*
Schlupfwespen **112**
Schmetterlingsstrauch 364
Schmierseifen-Lösung **127**
Schmuckkörbchen 284
Schnaken 108
Schnecken 22, 41, 109, 112, 126, 128, **132**
Schneckenbrühe 134
Schneckenkorn 109
Schneckenzaun 133*
Schneeball 364
Schneeglanz 325

Schneeglöckchen 325, 326*
Schnellgrüner 82
Schnellkompost 154
Schnittsellerie 95
Schnittsalat 191
Schöngesicht 307
Schuphan, W. 49
Schwachzehrer 91, 92, 93, 94, 177
Schwadengras 319
Schwalben 110
Schwächeparasiten 123, 148
Schwarzbeinigkeit 123
Schwarztorf 90
Schwarzwurzeln 92, 208
Schwebefliegen 113
Schwefelleber-Seifen-Lösung **127**
Schwefelwasserstoff 53
Schweitzer, A. 16
Schwermetalle 49
Schwertlilie 304*
Scilla 326
Sedimentgestein 17
Sedum 312, 338
Seggen 318
Seidelbast 364
Seifert, A. 43, 71, 159
Seitenwurzeln 32
Selbstversorger 186
Sellerie 77, 79, 83, 91, 204
Sellerieknollen 31, 36
Sempervivum 301
Senf 95, 164
Senfsaat 71, 82, 99
Sequoiadendron 381
Setzlinge 184
Sichtschutz 56
Sickersäfte 57
Siebeneicher, G.E. 15
Silberkerze 312
Silberwurz 338
Silikate 86
Silo 56, 58, 64
Skabiose 285, 313
Sojabohnen 82, 201
Solidago-Hybriden 303
Sommerazalee 278
Sommerflieder 364
Sommerfuchsie 285
Sommerphlox 285
Sonnenauge 313
Sonnenblume 56, 286*, 314*
Sonnenbraut 314*
Sonnenenergie 31, **34**
Sonnenhut 286, 315
Sonnenlicht 31, 35
Sonnenmotoren 34
Sonnenröschen 338
Sonnenrhythmus 31
Sonnenwende 280
Sorbus 377
Sorption 21
Sortenwahl 148
Spanner 108
Spargelkohl 212
Spartina michauxiana 319
Spatzen 110
Speisekürbis 218*
Spezialkomposte **65**, 76
Spezialpräparate 169
Spierstrauch 365
Spinat 49, 92, 95, 99, 100, 101, 102, 105, 195
Spindelbusch 259
Spinnenpflanze 286
Spinnmilben 111, 113
Spirea 365
Spitzmaus **109**
Spohn, E. 52
Springfüße 22
Springschwänze 24, 53, 56
Spritzmittel, chemische 13
Spurenelemente 17, 48, 60, 75, **76**, 82, 83, 87, 90, 161
Stabalge 35
Stachelbeeren 251*, 253
Stachelnüßchen 339
Stärke 36, 76
Stäuben **128**
Stalldünger 12
Standort 148
Stangenbohnen 56, 198, 199*
Stangensellerie 204
Staniolstreifen 128
Stare 110
Starkzehrer 65, 75, 79, 80, 83, 91, 92, 94, 95, 177, 178
Stauden 73
–, ausdauernde 71
Staudenrabatte 297
Staunässe 43, 118
Stecklinge 230, 298
Steinbrech 315*
Steindünger 59
Steiner, R. 159
Steinguttopf 83
Steinkraut 287, 339
Steinmehl 19, 59, 66, 70, 84, 85, 88, 89, 92, 183, 188
Steinstaub 17
Stelzwurzeln 32
Stengelfäule 125
Steppenkerze 306*
Stickstoff 26, 29, 54, 58, 60, **75**, 79, 80, 82, 90, 114
Stickstoffbindung, biologische 27
Stickstoffdüngung, natürliche 27, 60
Stickstoff-Mangelerscheinungen 75
Stickstoffproduktion 74
Stickstoffreservoir 27, 75
Stickstoffsalz 74
Stickstoffüberdüngung 75, 123
Stickstoffumwandlungen 77
Stiefmütterchen 89, 293
Stipa barbata 319
Stockrose 294*
Stöckli, A. 24
Stoffwechsel 33, 37, 53, 54, 76, 89
Stoffwechselbeziehung 21
Stoffwechselprodukte 25
Storchenschnabel 315, 316*
Straucheibisch 358
Straußenfarn 321
Stroh 54, 58, 67, 70, **90**
Strohblume 287
Strohhäcksel 166
Strohkompost 66
Strohmatten 58, 179
Strohmulch 75
Strohpackung 178
Strohstreu 69
Strukturverbesserung 90
Studentenblume 117, 287, 288*, 290*
Süßkirschen 77, 271
Sulfate 86
Sulfide 86
Sumach 355*
Superphosphat 86
Symbioflor 160
Symbiose 26, 82
Symphytum grandiflorum 340
Symphytum officinale 84, 126, 244
Symphytum peregrinum 84, 244
Syringa 357
System Mücke 64
System, ökologisches 46, 67
systematische Mittel 150

T

Tagetes 117, 168
Tagetes erecta 287
Tagetes patula nana 287
Tagetes tenuifolia 287
Taglilie 316
Tanacetum vulgare 126
Tanne 382
Taraxacum officinale 154
Tausendfüßler 22, 25, 128
Tausendschönchen 293*
Taxus 380
Teehybriden 348
Teerosen 343
Tennessy Whiggler 115
Teppichstauden 71
Theobaldsche Lösung **127**
Thomasmehl 76, **86**, 89
Thuja 382
Thujazweige 132
Thun, M. 152, 154
Thymian 95, 230*, 243*, 339
Thymus 339
Thymus vulgaris 243
Tigerblume 333
Tigridia pavonia 333
Tilia 378
Tokin, B.P. 116, 117
Tomaten 83, 92, 95, 102, 106, **221**, 222*
Tomaten-Auszug **127**
Tomatenkraut 71, 85
Tonböden **20**
Ton-Humuskomplex 27, 114
Tonmehl 19, 59, 88
Tonmineralien 59, 60, 88
Tonnen 64
Topinambur 227
Torf 76, 78, **89**
Torf-Schnellkompost 66, 90
Torftöpfe 180
Tradescantia 317
Tradeskantie 317
Tränendes Herz 316
Transpiration 39
Trauben 258*
Traubenhyazinthe 326
Treibbeet 178
Trichtermalve 288
Trichterwinde 288
Tritonia crocata 333
trocknen 188, 189
Trompetenwinde 375
Trompetenzunge 288
Tropaeolum majus 233
Tüpfelfarn 321
Türkischer Riesenmohn 308
Tulipa 326
Tulpe 326, 327*
Turgor 38
Tusser, T. 152

U

Überdüngung 80, 105
Ulme 379
Ulmus 379
Umfallkrankheit 123
Umsetzungsprozesse 30
umgraben **71**
Umstellungszeit 106
Unkraut **42**, 57, 67, 68, 69, 116
Unkrautsamen 110
Urgesteinsmehl 76, 88
Urtica dioica 154, 244
Urtica urens 244

V

Valeriana officinalis 154
Veilchen 117, 342
Verankerungswurzeln 32
Verbascum densiflorum 292
Verbascum-Hybriden 292
Verbrennungen 80, 83
Verbrennungsprozeß 53
Verdunstung 39
Vergißmeinnicht 294*
Veronica 317
Veronika 317*
Verschlämmung 21, 68
versetzen 184
Verstauben 21
Versteppung 19
Verwesung 51, 52, 53
Verwitterungsprodukte 17
Viburnum 364
Vinca 341
Viola odorata 342
Viola-Wittrockiana-Hybriden 293
Viren **125**
Virtanen 27, 33
Viruskrankheiten 124
Vitamin C 49
Vitamine 48
Vögel **109**
Vogelfraß 128
Vogelmiere 43, 118
Vogeltränke 110
Voisin, A. 43
Vorratsbehälter 31
Vorratsdünger 178

W

Wacholder 382
Wachstumsenergien 52
Wachstumsrhythmen 152
Wärme 36
Wärmeentwicklung 105
Wärmeregulierung 179
Wärmespeicher 21
Waksman, S. A. 21
Walderdbeeren 247
Waldmeister 343
Waldrebe 371*
Walnüsse 274
Wanzen **113**, 124
Warmhaus 179
Wasser **29**, 35, 53
Wasserabzug 58
Wasseraustausch 39
Wasserglas **127**
Wasserhaushalt 90
Wasserkreislauf **37**
Wasserstoff 35, 36, 75
Wegwarte 89
Weide 379
Weigelia 365
Weigelie 365
Weihnachtsstern 31
Weinreben 256, 257*
Weißdorn 56
Weißkohl 102, 210, 211*
Weißtorf 54, 90
Weizen 117
Wendepflug 72
Wermut 125, 244
Wermut-Jauche **126**
Wespen 124
Wicken 82, 289
Wickler 108
Wiesenblumenmischung 386, 387*
Wilde Kamille 154
Wilder Wein 375*
Wildkräuter 42, 43, 67, 118
Wildstauden 296
Wimpertierchen 22
Winden 56
Windschutz 56
Winteraster 300*
Winterjasmin 373
Winterling 327, 328*
Winterportulak 194*
Winterpostelein 194*
Wintersalat 99
Winterspritzung **127**
Wirsing 210
Wirtspflanzen 123
Wisteria 373
Wolfsbohne 306, 307*
Wolfsmilch 132
Wollbohnen 199
Wucherblumen 43
Wühlmäuse 107, 109, 125, 128, **132**
Würmer 109, 110
Wurmfarn 126, 321
Wurmeier 115
Wurzelälchen 117
Wurzelausscheidungen 94
Wurzelbildung 76
Wurzelhaube 32
Wurzeln **31**, 35, 38, 53, 70, 74
Wurzelspitzen **32**, 33
Wurzelstockteilung 298
Wurzelzone 71

Y

Yang 161
Yangtsekiang 87
Yin 161
Ysander 343
Ysop 85, 244
Yucca filamentosa 317
Yucca 317

Z

Zaubernuß 365
Zaunkönig 110
Zeder 382
Zeiger-Pflanzen 42, 118, 119*, 120 T
Zen-Buddhismus 161
Zichoriensalat, roter 193
Zierapfel 366
Zierjohannisbeere 366
Zierkirschen 366, 367*
Zierkürbis 56
Zierlauch 334
Zierpflaumen 366
Ziersalbei 311
Ziersträucher 56, 73
–, Pflanzung **350**
–, Pflanzzeit 352
–, Schnitt 354
Ziertabak 289
Zinnia elegans 289
Zinnie 289
Zinnkraut 126
Zittergras 319
Zucker 35, 36, 37, 49, 68, 76
Zucchini 218*
Zuckerhut 191
Zuckerlösung 38
Zuckermais 56, 227
Zweifelderwirtschaft 12
Zwergwuchs 125
Zwetschen 273
Zwiebelfliege 71, 100
Zwiebeliris 323
Zwiebeln 66, 85, 92, 100, 201
Zwiebelschalen-Brühe **127**